JN251786

日本的時空観の形成

吉川真司
倉本一宏［編］

思文閣出版

日本的時空観の形成◆目次

Ⅱ　古代から中世へ

Ⅲ　アジアという視座

日本的時空観の形成

序論

吉川真司

日本における古典的・伝統的な時空観はいつ、どのように形成されたのであろうか。このことを多面的に考えるべく、私たちは国際日本文化研究センター（日文研）において一年間の共同研究を組織した。本書はその主要成果を取りまとめ、今後の議論のためにさまざまな素材を提供しようとするものである。

ここでいう「時空観」とは、時間意識と空間意識の総称である。個人や集団がみずからを取りまく外界を意識し、しかるべき解釈を与え、その理解・言説を活用しようとするとき、時間と空間の双方が――たとえ両者の関係が明確でなくとも――問題として浮上するであろう。仏教用語では「世」を「過去・現在・未来」、「界」を「東西南北・上下」とし、「世界」に時間・空間を含みこませる例がある。この場合、「時空観」と「世界観」は近しい。しかし、「世界」は「世の中」「地球上」「宇宙」などを指すのが一般的で、「世界観」と言えばふつう空間意識に限定されるから、本書では簡明な「時空観」の語を用い、日本における時間意識・空間意識の形成について考えてみたい。

時間も空間も人間によって認識され、言語化されるものであるから、古今東西の時空観にはそれらを生み出した社会の諸条件、より具体的に言えば、社会の基盤となる地勢・気候と生態系、その上に展開される親族・生業の組織形態、さらに社会内外の政治・交通関係、そして思想・宗教を始めとする諸文化などが刻印されていた。こうした諸条件はむろん瞬時に成立するものではなく、それゆえ時空観もまた歴史的に生成し、時とともに移ろいゆくものであった。時空観を広く深く分析することにより、個々の歴史的社会に関する認識はいっそう豊かなものになるはずである。

日本人の時間意識は元来、四季の区分がはっきりし、暑さも寒さもさほど過酷ではない温帯モンスーン気候に根ざすものであったろう。季節のめぐりから導き出される「円環的な時間」――永遠に繰り返される時間の意識。それは夜と昼、ハレとケを振幅する「反復的な時間」とともに、時間意識の古層として『万葉集』の時代にも跡をとどめていた。しかし、それとともに、過去から現在を経て未来へと向かう「直線的な時間」の意識も確かに存在したと考えられる。世界の始原と終末を措定するヘブライズムの「線分的な時間」ほど強烈でないとしても、決して繰り返すことなく流れていく時間[1]。それは人間の一生を省察するとき、また地域社会や国家の歴史を振り返るとき、当然の想念として湧出するものであろう。可逆・不可逆という点で対照的な二つの時間意識は、古代前期（律令体制以前）にも共存しており、年を単位とする時のめぐりによって社会と政治が動く一方、大王の治世によって歴史の流れを区切ることもなされていた。

しかし、五世紀に伝来した暦法は、天体の運行と干支の循環を基礎としつつ、複雑な技術によって時間を秩序づけるツールとして深甚なる影響をもたらした。古代後期（律令体制期）には暦法が列島社会のすみずみまで行き渡り、人々の生業と行政にリズムを与え、中央では朝廷儀礼が年中行事として確立していった。暦法は王権による時間支配の手段にほかならず、さらには遙かなる過去を整序する力さえあったから、歴代大王の治世に具体的な紀年を与え、中国的な歴史書を編纂することも可能となった[2]。また、時刻を計測・表示する制度も導入され、王都の一日は鐘と鼓の音によって拍子がとられて、夜と昼の神話的断絶は少しずつ薄らいでいく。

日本の古代後期を特色づけ、前近代を通じて用いられ続けた暦法と時刻制は、言うまでもなく中国の時間システムである。中国の古典的な時間意識は、陰と陽を循環しながら、「道」が「無始無終」の虚無の流れを形づくるという「直線的な時間」観であったとされる。かかる徹底的な虚無に対抗し、人倫的原理によって現実世界の秩序を維持するのが為政者の務めであったともいう。[3] 歴史書も暦法も時刻制もそうした態度と不可分ではあった。ただ、古代中国においても原始的・神話的な時間意識、すなわち「円環的な時間」観があり、これを否定することで「直線的な時間」意識、あるいは歴史意識が形成された可能性が指摘されている。[4] 仮にそうだとすれば、「可逆から不可逆へ」という時間意識の転換は古代中国で独自に発生したことになる。世界史的に見れば、これはごく一般的なことなのだろうか。その上で中国周辺社会、とりわけ古代日本の時間意識の変化はどう理解されるべきなのか。「王統譜から歴史書へ」という発展を念頭に置き、万葉集と古今集の時間意識に差異を認める議論を見すえながら、[5] 周到な検討が望まれるところである。また、日本の古代後期に確立する時間意識・歴史意識が、中世の基盤となったことは容易に想定できるが、その具体的プロセスをたどることも重要な課題であろう。

日本的時間意識の形成を考える上では、古代前期から古代後期への転換をもたらしたもう一つの思想的基盤、すなわち仏教の影響を見定めねばならない。インドには時間意識・歴史意識が欠如していたともされるが、[6] 仏教経典には永遠・無限と言うべき時間記述が見られる。しかし、古代日本人の精神に強く作用したのは、仏教の無常観と現世・来世の観念であったらしく、文学や美術にもそれははっきり看取できる。さらに八世紀後葉以降、仏教学が隆盛を迎えるなかで仏滅年代が盛んに議論され、流伝・諍論・相承からなる「仏教の歴史意識」が形成された。[7] それが正法・像法・末法の時代観を問題化させ、「うつりかわり」の美意識[8]とともに、中世に継承される時間意識を形作るのである。なお、生活レベルにおいては梵鐘の役割が看過できない。仏都の官大寺でも、各地の山林寺院でも六時の鐘が鳴りわたり、都鄙の僧俗の生活意識を神話的世界から引きはがしていった。

日本人の空間意識は、日本列島という島嶼社会において育まれた。その大地は山や川によって小さく区切られ、大陸のような茫漠たる広がりをもたない。しかし、列島をとりまく海は水平線の彼方まで続き、外的社会との通路にもなっていた。こうした地理的環境から生まれた空間意識は、日常的な生活ゾーンの認識に始まって、地域的な政治領域、さらには国家領域をどのように説明し編成するかという関心へと広がり、さらには列島を包摂する全世界のなかに自分たちをどう位置づけるかという問題にも及んだ。

歴史的に見れば、古代前期（律令体制以前）に原初的な政治領域「クニ」が形成され、その集合体である「天下」を大王が支配した。「天下」は中国で生まれた政治的領域観念であるが、その内容について「天に覆われた地上のすべて＝全世界」と見る学説[9]と、「皇帝による実効支配領域＝中国（九州）」とする学説[10]が対峙している。前者を採れば、倭・日本の天下は中国の天下から離脱した「小世界的天下」となり、後者に拠れば、倭・日本の天下も大王・天皇が実効支配する領域、つまり「大八洲」と同義になる。私見は支配領域説を是とするが、ことは所謂「東夷の小帝国」論の当否につながり、日本古代の華夷思想の評価、さらには近世統一政権の「天下」言説の理解にも影響する。アジア諸王朝の「天」「天下」観念を見わたすことを含め、いっそう幅広い検討が必要であろう。

『古事記』の世界観もこれに関わる。[11]高天原（アメ）の力で葦原中国（クニ）が生成され、その葦原中国を中心に朝鮮をも含む「天下」が形作られて、天孫たちの支配領域になったとする言説――こうした読みは「小世界的天下」論に連接するが、実のところ「天下＝実効支配領域」説による読み替えも可能である。また、『古事記』の原史料として帝紀・旧辞が存在した以上、かかる言説を古代後期（律令体制期）の産物と見なすことは必ずしも正当ではなく、『古事記』的空間意識の形成過程は柔軟に考えられてよい。「東征毛人五十五国、西服衆夷六十六国」に加えて「渡平海北九十五国」と述べた倭王武、すなわち「治天下ワカタケル大王」の主張は『古事記』とどうつながっていたのか。また彼は、中国王朝の「天下」さえもが包摂される全世界をどのように認識していたのだろうか。

古代後期、列島社会空間の認識・編成はさらに精緻になった。その「四方の境」は「東方陸奥、西方遠値嘉、南方土佐、北方佐渡」とされ(追儺祭文)、実効支配領域は本州・四国・九州と周辺の島々に限定される。中世には東の限りは外浜、西の限りは鬼界島とされたが、基本的な国家領域は変わらなかった。「国―評―五十戸」の行政区画も七世紀中葉に生まれ、「国―郡―郷」として中世・近世にも襲用されていく。ただし、行政区画にあらざるムラやサトも古代には確かに存在し、それらは日常的な空間意識に近しいものであったろう。さらに京(ミサト)には条坊制、農地には条里制が形成されるが、その基準となったのは直線道路であった。直線と方格の地割は古代前期には存在せず、中国の制度・理念をきまじめに導入したものと思しい。これに対応して、京図・班田図・荘園図といった方格地図の文化も生まれるのだが、どこまで古代日本的な特質を認めるべきなのか、比較史的考察が要請される。また、中世以降において条里制は農地区画として踏襲され、条坊制や直線道路は姿を消していく。そのことの意味も問い直されてよい。

古代前期以来の「天下」観念も、古代後期に出現した方格地割も、中国の儒教的理念を基盤とした。しかし時間意識と同じく、空間意識についても仏教の影響は甚大であった。仏教の宇宙論・世界観(12)は中国思想とはまるで異なり、その伝来によって初めて、日本人は中国を相対化する視座を獲得したのである。すなわち、地上世界の中心には須弥山がそびえ、須弥山をめぐる海・山の外海に四大洲が浮かぶ。このうち南贍部洲が天竺を中心とする人類世界であり、中国はその東北の辺境地域、日本は東方海上に位置するものとされた。須弥山像は七世紀の飛鳥に建造されていたが、南贍部洲意識が広まるのは八世紀中葉以降のことと考えられる。大仏蓮弁や二月堂観音像光背に図像が描かれ、菩提僊那の来航とも相俟って、天竺への認識・憧憬が深まった[13]。九世紀には「天竺―震旦―日本」を世界の構成要素とする三国思想（三国世界観）が確立し、さまざまな要素を付加しつつ中世的世界観を形作っていく。南蛮人の渡来によってヨーロッパ的世界観が移入され、天竺がアジア一般のなかに埋没し去るのは、ようやく中世末～近世初のことであった[14]。

このほか国分寺・三戒壇・六所宝塔（最澄）なども仏教的な国土意識を考える上で重要であるし、浄土や地獄も世界観の問題と言えよう。ただ、平安以降の国際意識は三国思想だけではなく、日本と中国を対概念とし、「国風文化」の文化コードとなった和漢思想も存在した[15]。三国思想も和漢思想も、朝鮮の不可視化という点で方向性を同じくし、中国的華夷思想が希薄化していくなか、日本人の世界認識を呪縛し続けることになった。

共同研究「日本的時空観の形成」の出発に際して、私はおおむね右のようなことを話した。それは歴史事実と研究課題の羅列に過ぎなかったが、大局的見通しとして、日本の古典的・伝統的時空観は古代において主要部分が形成され、中世はその深化と変容の過程ではなかったか、との仮説を立てた。一年間にわたって日文研には文献史学（日本古代史・日本中世史・アジア史）、考古学、歴史地理学、国文学の研究者二八名が集まり、それぞれの視角・方法による研究報告を行ない、活発な議論を重ねた。論題は巻末の「共同研究会開催一覧」に示したが、実証的な共同研究から得られたものは決して少なくなかった。

第一に、古代・中世の政治的空間意識について集中的に議論することができた。具体的には、①古代・中世の支配領域認識としての「天下」観の問題、②日本国家が周辺諸国家との関係において自己をどう位置づけていたかという問題（例えば三国思想）、③日本国家内部の領域編成・領域認識に関する問題、④国土・都城・寺院の方位観の問題、などである。時代的には日本の古代前期（古墳時代）から中世まで、地域的には日本・朝鮮・中国のみならず、北アジア・南アジア・西アジアにわたる広域の比較検討を行なった。なかでも「天下」観については興味深い報告が集中し、基本的には「各王朝の実効支配領域」とみる学説が是認され、共通認識とされる一方、各時代・各地域の王朝ごとの偏差も確かに見出された。日本については古代的「天下」の変容が論じられたが、それが中世・近世の「天下」観にどうつながるかが、これからの研究課題と言えよう。

第二に、仏教的時空観が多方面において検討され、その重要性が再認識された。三国思想の展開、すなわち天竺の顕現と朝鮮の不可視化という現象が、日本的時空観において古代・中世をわかつ重要標識であることがたび たび指摘され、国内外にわたる政治・社会変動との具体的連関が論じられた。また、仏教的他界観は時間意識・空間意識の双方に関わるものだが、弥勒浄土の問題、冥界の問題、補陀落渡海の問題などが採り上げられ、古墳時代とは隔絶した他界観が古代後期に浸透し、現世的世界観と深く関わりつつ、中世的他界観を生み出した過程が跡づけられた。このほか寺院の鐘や暦が古代の時間意識に与えた影響もしばしば議論され、これまで儒教や律令など、中華王朝的支配システムとして考えられがちであった諸問題に新たな方向性が示された。もっとも、仏教的時空観のみでなく、儒教的（中華王朝的）時空観をめぐっても精緻な報告が重ねられ、貴重な新論点が提示されたことは強調しておかねばならない。儒教的時空観・仏教的時空観をバランスよく理解し、日本的時空観の形成を再構成する作業は、いよいよ喫緊の課題となりつつある。その際、やはり近世的時空観との関連が不可欠の論点となることが痛感された。

第三に、文献と非文献とを問わず、多様な史料から時空観が検討され、その意味で方法的錬磨の場となった。歴史・文学の諸文献が原本や写本に立ち返って分析され、数々の新知見をもたらしたことは何よりの収穫である。それとともに、史料の幅を拡げようとする試みが意識的になされたことは特筆される。例えば、絵画史料である

「梁職貢図」「五天竺図」「文安御即位調度図」「天寿国繡帳」「融通念仏縁起」などを用いた専論が用意され、そこから時間意識・空間意識が追究された。中世の伽藍神像から日中交渉を論じた興味深い報告もあった。また、考古学的・歴史地理学的な分析も縦横に展開され、古墳・都城・土器・木簡などのデータがふんだんに用いられた。ＧＩＳ（地理情報システム）を活用した報告が複数あったことも印象的であった。世界観・時空観を考える上で、文献史料と非文献史料の壁を越えた分析が不可欠であることが図らずも明瞭となり、分析手法そのものに関しても議論できたのは嬉しいことであった。

これらの研究成果をまとめたのが本書『日本的時空観の形成』である。口頭報告とは内容を異にする力作をお寄せ下さった共同研究者もおられ、全体をどう編成すべきか、いささか配慮を要した。空間と時間でわけることも考えたが、結局は「古代の時間と空間」「古代から中世へ」「アジアという視座」の三部構成とし、各部においてはおおむね時代順に論文を配列した。ただ、多忙のため原稿をお書きいただけなかった方、すでに日文研の『日本研究』に投稿された方もおられ、共同研究の成果のすべてが反映されているわけではない。また、編者でありながら、生来の怠惰ゆえ早期刊行を実現できず、貧しい序論しか記せなかった自己の不始末については、ただお詫び申し上げるほかない。

本書がひとつの叩き台となり、日本史・世界史における時空観の研究がいっそう進展することを、共同研究のメンバーを代表して心より願うものである。

（1）「時間意識の四つの形態」については、真木悠介『時間の比較社会学』（岩波書店、一九八一年）。
（2）鎌田元一『律令国家史の研究』（塙書房、二〇〇八年）。
（3）川勝義雄『中国人の歴史意識』（平凡社、一九八六年）。

(4) 内山俊彦「中国古代歴史意識の一考察」(『京都大学文学部研究紀要』三三、一九九四年)。

(5) 田中元『古代日本人の時間意識』(吉川弘文館、一九七五年)、平野仁啓『続古代日本人の精神構造』(未来社、一九七六年)。

(6) 中村元『東洋人の思惟方法』第一部(みすず書房、一九四八年)。

(7) 末木文美士『平安初期仏教思想の研究』(春秋社、一九九五年)。

(8) 西田直二郎「「うつりかわりの美」と日本文化(序説)」(読史会編『国史論集——創立五十年記念——』一、一九五九年)。

(9) 西嶋定生『中国古代国家と東アジア世界』(東京大学出版会、一九八三年)、石上英一「古代東アジア地域と日本」(『日本の社会史』一、岩波書店、一九八七年)。

(10) 渡辺信一郎『中国古代の王権と天下秩序』(校倉書房、二〇〇三年)。

(11) 神野志隆光『古事記の世界観』(吉川弘文館、一九八六年)。

(12) 定方晟『インド宇宙論大全』(春秋社、二〇一一年)。

(13) 吉川真司「天平文化論」(『岩波講座日本歴史』三、岩波書店、二〇一四年)。

(14) 応地利明『絵地図の世界像』(岩波書店、一九九六年)。

(15) さしあたり、前田雅之『古典論考』(新典社、二〇一四年)。

Ⅰ　古代の時間と空間

時空間情報科学からみた日本的時空観

宇野隆夫

はじめに

時間と空間をどのように認識するか。それは狩猟採集社会から、古代国家・現代にいたるまで、最も基本的なことがらであり、その営みの基礎を提供するものであった。それは世界観と呼び換えてよいものであり、とりわけ古代国家形成時に、大きな意味をもったと考えられる。

日本古代国家の時空観は東アジア交流と深く関わりながら生成したが、見逃せない日本的個性が存在する。本稿は、ＧＩＳ（地理情報システム）を基盤とする時空間情報科学の立場から、その一端を明らかにしようとするものである。

一　中国古代の時空観

漢代は、中国古代国家の一つの頂点であり、日本列島との交流が始まった時代でもあった。その時空観は『史記』をはじめとする史料と考古資料からうかがうことができるが〔黄 二〇〇〇、宇野編著 二〇〇六・二〇一〇〕、

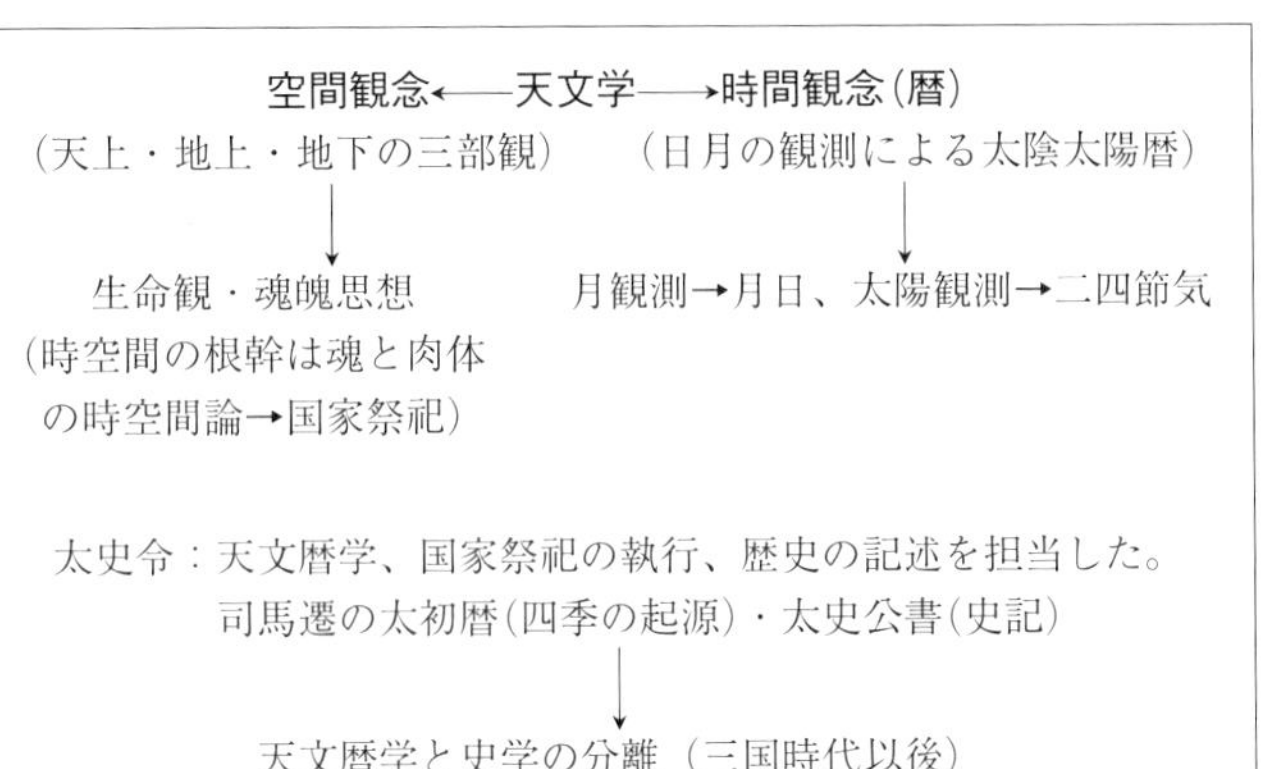

図１　中国古代国家の時空観（世界観）

その基礎をなしたものは天文学と考えられる（図1）。時間の尺度である暦を作るには、天文学が不可欠である。東アジアの暦は太陰太陽暦であり、一年を太陽観測により決め、月日は月の観測で決めて、その誤差は閏月で調整する。

具体的には、太陽観測で一年を二十四節気にわけ、月の観測で新月から次の新月の前日までを一か月とした。このような暦には長い歴史があるが、司馬遷が太史令として関与したと考えられる太初暦は、その一つの画期になるものであった（藪内・能田 一九四七、藪内 一九六九）。

太初暦は漢の太初元年（紀元前一〇四）に採用され、それまでの暦に多くの工夫が加えられたが、特に冬至を年始とすることを改め、立春正月を年始と定めて、以後の中国暦の手本となった。二十四節気のうち、立春・立夏・立秋・立冬が一年の大きな節目になったことは、東アジア文化圏における四季の観念の形成にも大きな影響をあたえたであろう。

天文学は時間に加えて、当然ながら空間の認識においても、その基礎をなした。天文の詳細な知識は、天上界・地上界・地下界という三部世界観の空間認識をうみ、そこを魂と肉体がゆきかう生命観（魂魄思想）とも深く関わっていた。

このことをよく示す中国長沙馬王堆漢墓の帛画では、天上界に神々と龍と鳥と門番、地上界に昇天直前の墓主の魂と天上界からの使者、地下界に棺（魄、肉体）と供物と世界を支える怪獣を描いている（図2）〔黄 二〇〇〇〕。この時点で、魂と魄はまだ綬（帯）で結ばれているが、これが切り離されて魂が昇天した時が死の瞬間であり、将来、再び魂と魄が出会って合体した時が生命の誕生である。

帛画の天上界には左右に月神と日神を配して、中央に上半身が人、下半身が蛇の神を配している。この中央の神はおそらく北斗星の化身であり、天帝とよぶべき存在であって、天文学の確かな知識が宗教思想や天道の観念の基礎にあったことを示している。

司馬遷は天漢四年（紀元前九七）以後に『史記』の執筆を本格化させたが、このような時空観（世界観）を確立していたことが、史記が事実の叙述にとどまらず、歴史への明快な評価が随所でなされたことの一つの背景であったと推察している。

また秦漢時代には、北斗星・天帝の地上での生まれ変わりとしての皇帝という称号が生み出された。その結果、

図2　中国湖南省馬王堆漢墓帛画の空間観と生命観（霊魂昇天図）〔黄 2000〕

図3　中国陝西省漢長安城と関中平野の都市計画〔宇野編著 2010〕

皇帝の住まいである首都を正方位に設計するようになったことが知られている。私が実施した精密測量の結果では、首都を正方位とすることのはしりは、戦国時代中期の趙王城にあるが戦国時代では事例が非常に少なく、秦漢時代以後に本格化したものである〔宇野 二〇〇五a、b〕。中国陝西省漢長安城・皇帝陵・周辺遺跡の調査では、漢長安城だけではなく長安城が所在する関中平野全体に及ぶ正方位を基調とする都市計画、交通網が存在したと考えられた（図3）〔宇野編著 二〇一〇〕。

他方、首都以外の郡県レベルの城址の調査の結果では、漢代でも漢以後においても正方位のものがほとんど存在しないという意外な結果が得られている〔宮原・宇野・臼井 二〇一三〕。そのほとんどは地形や街道にあわせて設計したとみられるが、調査したなかで唯一正方位の事例は中国山東省東平陵古城であり、洛荘漢墓も東平陵古城の東門から正しく東の位置にあった。ただし洛荘漢墓の被葬者は、「呂大官印」から漢の大権を掌握した呂太后の甥で呂国王であった呂台と考えられるため、例外的に首都に準じた設計がなされた可能性が高く、郡県城の範疇から外すべきものと推定している。また仏教寺院や道教寺院についても通時代的に調査したが、首都のなかにあって必然的に正方位をとるもの以外は、すべて地形に合わせて造営したと考えられた。

このように中国では秦漢時代以後、天文学の知識を基礎とする時空観に基づいて首都やその周辺施設の正方位設計・施行がなされたと考えられる。このこと自体は必ずしも新しい知見ではないが、ここでは天文学が果たした役割の重要性を強調しておきたい。

また地上界での正方位設計が首都とその周辺にほぼ限定されていたことを、中国の正方位の時空観の一つの特色として理解しておきたい。さらに唐長安城を最後として北宋時代以後は、唐代までの建物や城壁の基礎を利用して建設されたもの以外、精密な正方位をとるものが存在しなくなることも、この特色に加えておきたい〔宇野二〇〇五a、b〕。

二　日本古代の時空観

日本列島においても東アジア交流の結果、都城建設や官道（大和国上ツ道、中ツ道、下ツ道、横大路ほか）を代表として正方位の時空観に根ざした大土木工事が実施されたこと、また内務省陰陽寮に天文博士と暦博士がおかれたことが知られている。ここではそれを前提としつつ、中国との違いにも注目していきたいと思う。

日本列島に、いつ中国的な時空観がもたらされたかは、必ずしも明確ではない。天文に関する知識としては、すでに縄文時代から環状列石のような施設と山頂のような地形と日の出・日の入りの観察によって、冬至・春分・夏至・秋分などの季節の節目が認識されたとされる〔小林 二〇〇五ほか〕。このような事例は日本列島だけではなく、中国新石器時代、中央アジア初期遊牧文化からイギリスのストンヘンジをはじめとする西ヨーロッパ新石器時代の巨石文化などにいたるまで広くみることができるものである。

その解釈は簡単ではないが無文字社会の民族調査の成果をみると、その知識の奥深さに驚かされることが多く、緻密な自然観察に基づいた時空間認識として広く共有された能力であったと推定している。それは太陽の黄道や月の満ち欠けを観測して、高度な数学計算から一年の暦や閏月を決めるというような行為ではなかったが、このような時空間認識は古くから存在して、暦出現以後も基層文化として伝えられ、社会のさまざまな場の活動を支えたものと推察している。

以上に対して、中国の天地思想が日本に伝わった可能性をもつ古い事例としては、岐阜県養老町象鼻山古墳群の上円下方壇（弥生時代と古墳時代の移行期）をあげておきたい〔宇野 二〇一二〕。ただしこのような施設が継続的に作られることはなく、正方位の施設の施工事例も飛鳥時代以前には非常に少数であるため、定着したとは考えられない。ただ古墳時代後期（六世紀）には正方位の可能性をもつ石室や風水思想を思わせる古墳築造例が京都市西京区大枝山古墳群はじめ若干数存在し、渡来系の氏族による端緒的な営みであったと推定している。

さらに確かで本格的な事例は、蘇我馬子が主導して創建したとされる奈良県明日香村の飛鳥寺である（図4）〔坪井 一九六四・一九八五〕。重要な点は、七世紀前半においては、飛鳥の諸宮は従来どおりおよそ飛鳥川にそった方位にあわせて建設したことである〔林部 二〇〇八〕。また他の初期寺院も、私見では厩戸皇子が創建を主導した四天王寺以外は、地形に合わせて建設したと推定している。このことは、飛鳥寺の方位のうち、塔と中金堂の中心を結ぶラインが正方位（真南北方位）からの誤差が最も小さく、寺域の周辺にいくほど誤差が大きくなることが示している。

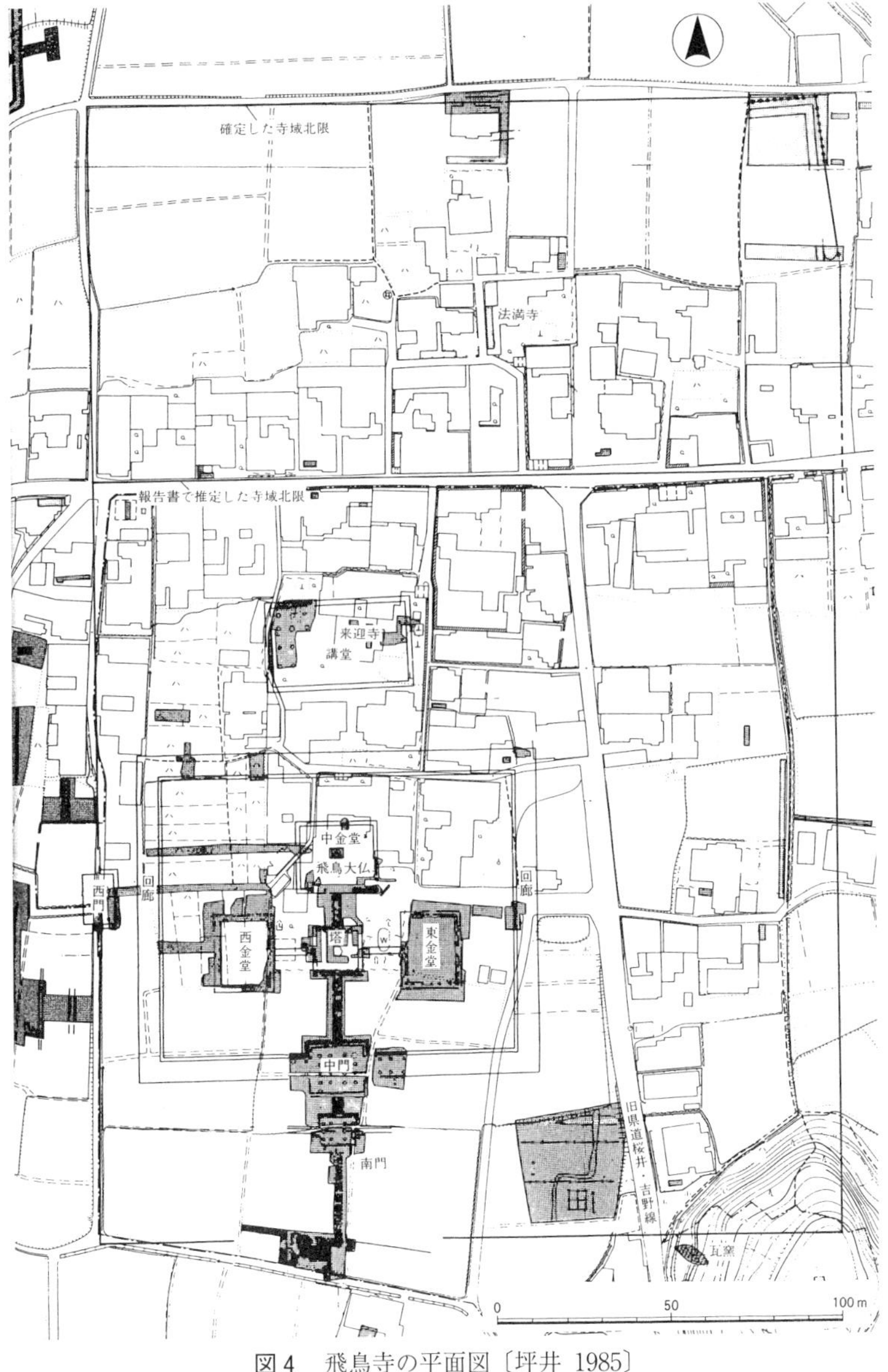

図4　飛鳥寺の平面図〔坪井 1985〕

おそらく飛鳥寺の建立にさいしては、塔心礎の位置から周極星（天の北極を中心として回転しているようにみえる星。当時の北極星は小熊座α星ではなかった可能性もある）を観測して真南北方位を定めたであろう。正方位の設計は飛鳥寺創建時には飛鳥寺の寺域のみを対象とする点的なものであったと考えられる。飛鳥寺の西辺に接する南北道は中ツ道であるが、飛鳥寺創建時にはこの道はまだ存在しなかったと考えられるであろう。

このように日本列島の本格的な正方位施設が宮ではなく寺院からスタートしたことは、正方位施設が首都に始まる中国との大きな違いである。私はこれについて、天皇号の出現と関わる可能性があると推定している。天皇あるいは天地思想にねざすその端緒的な概念が採用されたら、まず宮を正方位に作ると思うからである。他方、本書の基になった研究会では寺院を正方位に作ることが日本列島の特色であるのか朝鮮半島に始まるのかの確認が重要であるという貴重な意見をいただいている。今後、機会が得られたら韓国・北朝鮮において、精密な測定を実施したい。

飛鳥で宮を正方位に作ることは、皇極が即位して蘇我入鹿に飛鳥板葺宮建設を命じた皇極元年（六四二）に始まる〔林部 二〇〇八〕。以後、この場が飛鳥正宮となり、飛鳥地域の正方位地割り（道路網）も本格的に施工されたであろう。

七世紀中頃が日本列島における正方位施設建設の一つの画期になることは、この頃から宮都の外にある寺院も広く正方位に建設するようになり、近江崇福寺のような山中の寺院ですら正方位に建設したことからうかがえる〔宮原・臼井・宇野 二〇〇六〕。

唐長安城は、中国における正方位・東西対称の施設の最後を飾る巨大施設であるが、それは隋大興城を引き継いだからであり、唐においてその思想がどれだけ重視されたかは明らかでないところがある。唐代になって以後、その宮城・皇城はあまり使われなくなり、東北に大明宮、東南に興慶宮をつくり、みずからその東西対称を崩している。

粟田真人を執節使として大宝二年（七〇二）に派遣された遣唐使は、平城京建設のための情報を持ち帰ったと推定されるが、大明宮で武則天（則天武后）に謁見したにも関わらず、平城京では外京に大極殿や朝堂が建設されることはなく、平城宮という本来の場を政治・外交の中心的な場とした。外京は、藤原氏の氏寺である興福寺あるいはその後に建設される東大寺の先行寺院との関わりで設置した日本的な改変であったかと推定している。

このように日本では、中国における正方位の思想の末期に、それを本格的に継受したが、単に模倣したものではなく、本来は異質な仏教思想とともに強力に推進したと思われる。国郡制が施行されて以後も、国府を原則として正方位に建設したことは、中国の郡県制との大きな違いである。私のいくつかの測定結果でも、正方位からの誤差は非常に小さかった。ただそれを郡府とせずに国府と呼称したことは、正方位の思想における正しい用法であった可能性が高く、漢文・中国文化に対する深い理解力が存在したことをうかがわせる。

このような中国と日本の時空観の違いを端的に示すものとして、条里制が存在する。中国では正方位・方格の田畑は確認例がなく、河南省漢魏洛陽城のような代表的な首都遺跡でも、田畑に戻った現在、そこで正方位道路の痕跡を探すことは極めて難しい。このことは広く方格地割りが現存する奈良盆地と対照的であり、その背景には広範な条里制の施行があった〔金田 一九八五〕。発掘調査の成果からは、古代の条里制はプランと理解できることが多く、目に見える条里地割は平安期に増加して平安末期以後には正方位で平野をおおう大規模な条里地割が少なからず施工された〔宇野 二〇〇二〕。

飛鳥・奈良時代以後、このような日本的時空観の発信源は、平安京・京都にあったと考えられる。私がＧＰＳで記録した現存道路のラインと平安京や聚楽第のプランを重ねると、それが現代まできわめてよく踏襲されていると考えられた（図５・６）。

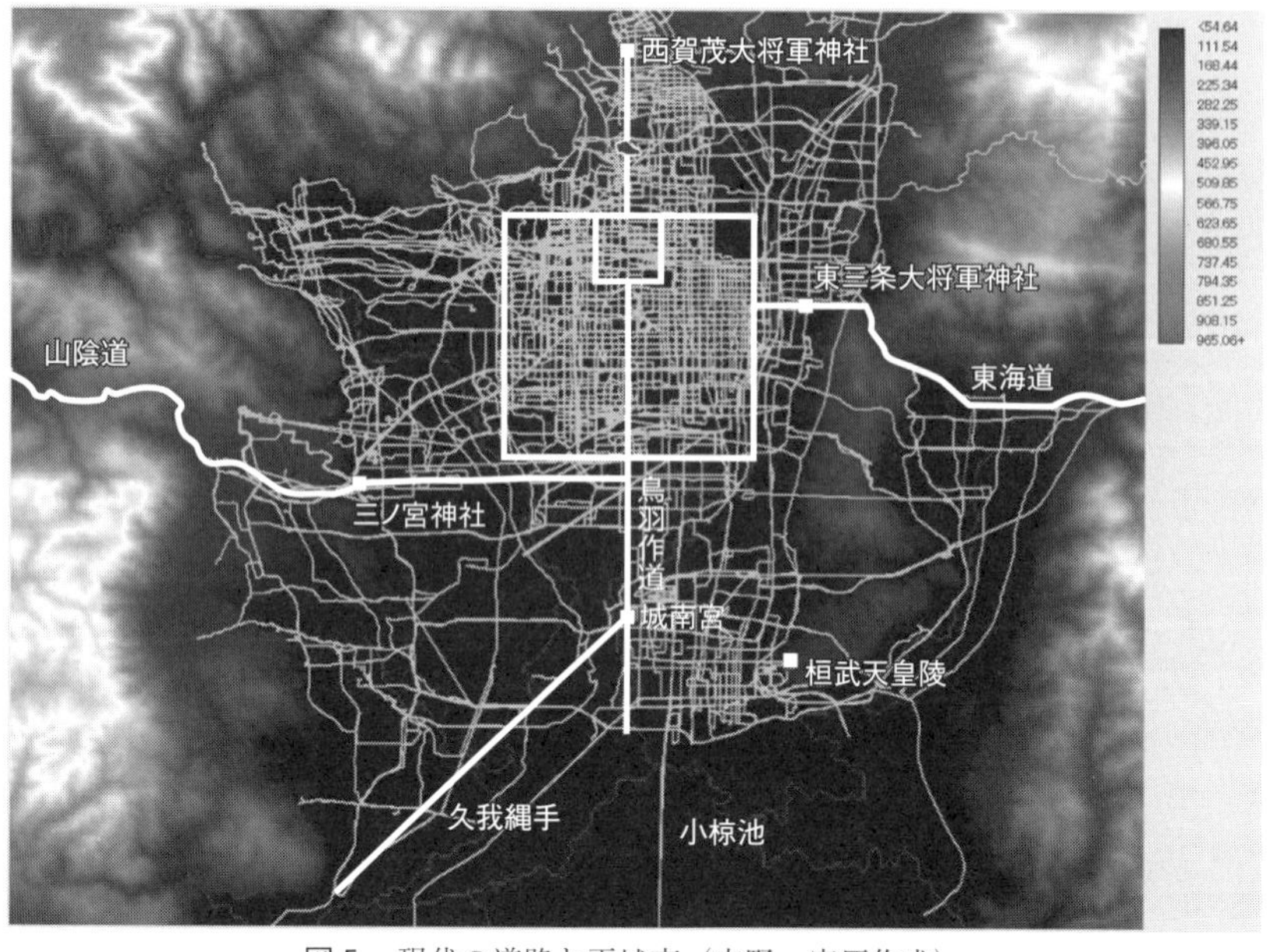

図５　現代の道路と平城京（宇野・宮原作成）

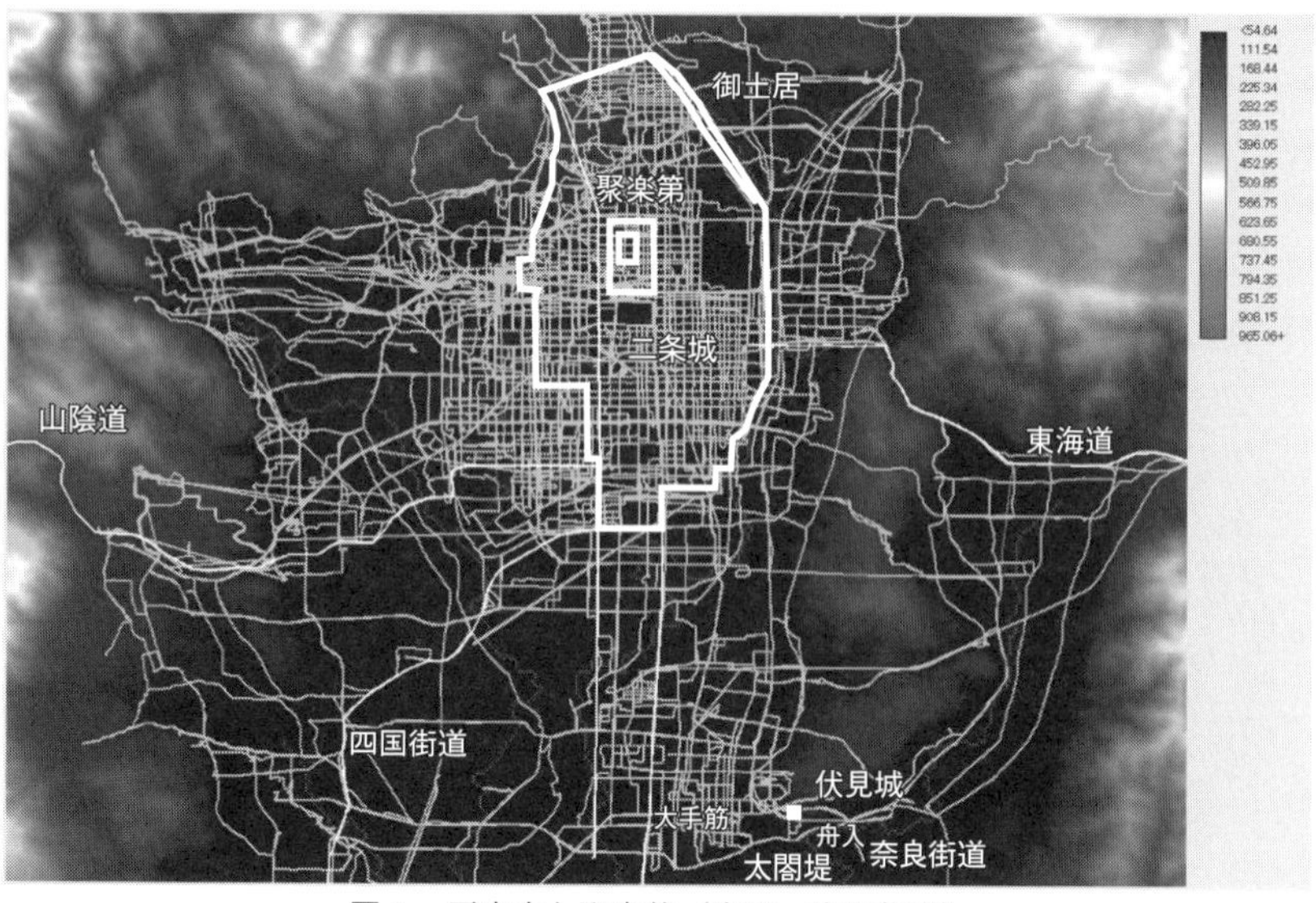

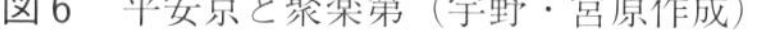
図６　平安京と聚楽第（宇野・宮原作成）

平安京のプランだけではなく、聚楽第が平安宮の東北部に正しく内接することは、豊臣秀吉といえども古代以来の日本的時空観のなかにいたことをうかがわせる。秀吉は京都市街地の大改造をしたと評価されるが、その実態は平安京以来の南北小路の間に新しく南北小路を開通させるという部分的なものであった。さらにこのような東西・南北方位への指向は織豊系城下町に共通するものであった。キリシタン信仰はこの日本的時空観を変える可能性があったと思うがそれは実現せず、江戸城以後、東日本を中心として限定的に脱却していくことになったと推定している。

なお旧平安京域における斜行道路は、すべて東京奠都後の開発にともなって施工されたものであることは、上記の日本的時空観の中心が何であったかをよく物語っている。

三　むすび

以上、主にGPSとGISを用いた精密調査データに基づいて、時空間情報科学の立場から、中国古代と日本古代の時空観を比較し、日本的時空観をどのように考えるかを述べた。最後にその主なものを再掲して結びとしたい。

(1)時間と空間に関する観念（時空観）は、世界観の骨格をなすものである。

(2)かつて人々は広く、緻密な自然観察にもとづく時空間認識能力をもっていた。

(3)中国において天文学が発達した結果、暦と天地思想が結合して、北斗星を中心とする新しい時空観が生まれた。本稿ではこれを中国的時空観とよんだ。

(4)中国で新しい時空観に基づく正方位の首都建設が本格化したのは、北斗星と関わる皇帝観念が生まれて以後（秦漢時代以後）のことである。

(5)日本列島では、右の中国的時空観を飛鳥・奈良時代に本格的に継受したが、中国的時空観とは異質な特色を強めていった。本稿では、これを日本的時空観とよんでいる。

(6)日本列島では、六世紀末の中国的時空観の継受に際して、宮よりも寺院が先行して正方位の施設を造営した。これに対して宮を正方位に整えた皇極朝には、皇帝に対する天皇あるいはそれに連なる端緒的な天地思想に基づく王の観念が採用された可能性を考えた。皇極は、それを示唆する名称と理解している。

(7)中国では正方位の施設建設は皇帝の居所である首都とその周辺にほぼ限定されていたが日本列島では、七世紀中頃以後、宮都の外の山中の寺院にいたるまで正方位に建立するようになり、国府も正方位で建設した。正方位条里地割が飛鳥・奈良時代以後に増加していったことも中国との大きな違いである。

(8)本稿では、中国では皇帝の居所のみを正方位に整えるべきであると考えられたのに対して、日本では王民のすまう王土のすべてを正方位の時空観のなかで整えるべきであると考えたであろうことが、中国的時空観と日本的時空観の最大の違いであると理解した。

(9)上記の違いの背景の一つとして、人間としての皇帝観と天孫としての天皇観の違いがあったと推定しているが、その検証は今後の課題としたい。

〔参考文献〕

宇野隆夫　二〇〇一『荘園の考古学』(青木書店)
宇野隆夫　二〇〇五a「城市的方位」(『考古与文物』二〇〇五―一)
宇野隆夫　二〇〇五b「王権の空間編成と国家形成――中国歴代の城市遺跡から――」(前川和也編『国家形成の比較研究』学生社)

宇野隆夫 二〇〇六「中国都市の唐宋変革――水運の時代の幕開け――」（吉岡康暢編著『陶磁器の社会史』桂書房）
宇野隆夫編著 二〇〇六『実践 考古学GIS――先端技術で歴史空間を読む――』（NTT出版）
宇野隆夫編著 二〇一〇『ユーラシア古代都市集落の歴史空間を読む』（勉誠出版）
宇野隆夫 二〇一一「天地思想と象鼻山」（『邪馬台国時代の象鼻山――古墳出現の背景を探る――』養老町教育委員会）
小林達雄 二〇〇五『縄文ランドスケープ』（アム・プロモーション）
金田章裕 一九八五『条里と村落の歴史地理学研究』（大明堂）
黄暁芬 二〇〇〇『中国古代葬制の伝統と変革』（勉誠出版）
黄暁芬編著 二〇一三『漢魏帝国の空間構造――都城・直道・郡県都市――』（平成二〇～二三年度科学研究費補助金基盤研究（B）海外学術研究成果報告書）
坪井清足 一九六四『飛鳥寺』（中央公論美術出版）
坪井清足 一九八五『飛鳥の寺と国分寺』古代日本を発掘する2（岩波書店）
林部均 二〇〇八『飛鳥の宮と藤原京――よみがえる古代王宮――』歴史文化ライブラリー249（吉川弘文館）
宮原健吾・宇野隆夫・臼井正 二〇一三「漢代郡県城址の調査成果とその特色」（黄暁芬編著 二〇一三）
宮原健吾・臼井正・宇野隆夫 二〇〇六「方位からみた大津京と崇福寺」（『佛教藝術』二八五）
藪内清・能田忠亮 一九四七『漢書律暦志の研究』（全国書房）
藪内清 一九六九『中国の天文暦法』（平凡社）

日本古代国家形成と時空観

下垣仁志

一　目的と方法

（1）考古学と時空観

本論は、時空観論を国家形成論に連接する考古学的な試論である。しかし考古学は、即物的な性格の強い学問分野であり、そもそも「観念」の復元に向かない。一般に、考古資料のみに依拠するならば、技術＜生業・経済＜社会組織＜信仰・精神の順で、復元が困難になるという〔Hawkes 1954 等〕。この一般論からすれば、困難度の最上位に位置する時空観を探ろうなどというこころみは、暴挙の類に属する。近年では、認知考古学やＧＩＳ（地理情報システム）を駆使して、時空観にせまろうとする意欲的な研究もなされている。とはいえ、国家形成のような社会像の大系的な究明にはまだ遠い。

このように、過去の観念への考古学的アプローチには大きな限界がある。これと対照的に、書き手などの主観が色濃く投影される文献に立脚したアプローチは有効性が高い。しかし、日本列島の国家形成期（≠成立期）にあたる古墳時代、とくに五世紀前半以前に関しては、肝腎の史料である『記』『紀』の記載内容に信頼がおけないという弱点がある。要するに、列島の国家形成期の時空観を論じる場合、考古学では資料から観念を抽出する方法に、文献史学では観念を抽出するための史料に、大きな問題をかかえているのである。

ただ、考古学もそう捨てたものではない。日々蓄積される厖大な出土資料を、多くの研究者が孜々として分析しつづけてきた甲斐あって、考古資料から当該期の社会の姿をかなり詳細に復元できるようになってきた〔若狭 二〇〇七等〕。文献史料に引きずられることなく考古資料からみちびきだした分析結果が、文献史による成果と合致する度合も高まりつつある。埴輪や副葬品の編年、そして暦年代比定などを総合的に駆使して組みあげた、主要な陵墓参考地の編年的配列が、文献から当

表1　歴代天皇(＋皇后)の没年代と治定古墳の推定年代

年	編年	大和他	佐紀	古市	百舌鳥	ほか	没年代(西暦)	
	前I・II	箸墓(⑦娘) 西殿塚(㉖妃)						
	前III	桜井茶臼山						
	前IV	メスリ山						
300	前V	**行燈山(⑩)**	**佐紀陵山(⑪妃)**				⑩崇神(312)	⑦娘 百襲姫 ⑪妃 日葉酢媛
	前VI	**渋谷向山(⑫)**	**宝来山(⑪)**				⑪垂仁(333) ⑫景行(355)	
	前VII		**佐紀石塚山(⑬)** **五社神(⑭妃)**	津堂城山			⑬成務(361) ⑭仲哀(368)	⑭妃 神功
400	中I			**仲津山(⑮妃)**	石津丘(⑰)		⑮応神(400)	⑮妃 仲津媛 ⑯妃 磐之媛
	中II			**誉田御廟山(⑮)**			⑯仁徳(433)	
	中III				**大仙(⑯)** **田出井山(⑱)**	太田茶臼山(㉖)	⑰履中(438) ⑱反正(443)	
	中IV		ヒシアゲ(⑯妃)	**市野山(⑲)**			⑲允恭(460) ⑳安康(463)	
500	後I			ミサンザイ(⑭) **白髪山(㉒)** **ボケ山(㉔)**			㉑雄略(496) ㉒清寧(500) ㉔仁賢(510)	
	後II			**高屋城山(㉗)**		**今城塚(㉖?)** 河内大塚山	㉖継体(534) ㉗安閑(535)	㉖妃 手白香
	後III							
600	後IV					五条野丸山(㊵㊶) **平田梅山(㉙)**	㉙欽明(571)	

〔凡例〕
各時期の主要王陵級古墳を抽出した
丸数字は『記』『紀』の歴代
没年は笠井倭人説〔笠井 1953〕による
編年は〔大賀 2002〕によるが、暦年代は訂正した
『記』『紀』の没年代と整合する古墳を太線で囲った

該墳墓の被葬者に治定される歴代天皇および皇后の順序のみならずその推定没年代とも、歴然たる対応性を示すにいたったこと〔表1〕は、その最たる例といえよう。後述するように、この符合を無条件には承認できない。しかし、考古学的検討の可能性と射程が広がってきたことだけはまちがいない。

（2）権力資源モデル

とはいえ、国家形成期の時空観の復元へと跳びうつるには、彼我間の距離はまだ遠い。理論面・分析面での架け橋となる枠組が不可欠である。そこで本論では、国家形成理論として有望な構造マルクス主義の流れをくむ権力資源モデル〔Earle 1997 等〕を導入する。当モデルについては、関雄二が精細な解説と説得力に富む実践的適用をおこない〔関 二〇〇六〕、また筆者も列島の国家形成への導入をこころみたことがある。要点のみを述べると、当モデルは、有力者が権力を発動し支配機構を形成するべく、その資源として効果性の高い経済（「基本物資財政」「富裕物資財政」）・軍事・イデオロギー・社会関係（・領域）などをいかに独占し、戦略的かつ効果的に複合してコントロールしたかを追究する理論大系である。そうしたコントロールの達成度が、国家成立の判断基準になるとの見解〔関 二〇〇六等〕を承け、筆者はこうした権力資源コントロールを効果的かつ恒常的に遂行する支配機構を国家ととらえた〔下垣 二〇一二a〕。

そうであれば、成文法にもとづく制度的支配システムが未構築であった大化前代には、複数の権力資源コントロールを発効させうる媒体が、政治的に重要な意義をもったはずである。考古学的データの実態と論理から推して、大型古墳と鏡が双璧をなす媒体であったと考えうる。詳細は別稿〔下垣 二〇一六〕にゆずるが、前者は「基本物資財政」「富裕物資財政」「軍事」「イデオロギー」「社会関係」「領域」を、後者は「富裕物資財政」「イデオロギー」「社会関係」「領域」を、それぞれ複合的にコントロールする媒体たりえていた。大化前代において、莫大な労働力と資材の消尽を意に介することなく巨大古墳が列島各地で造営され、実用面からみればとうてい理解しがたいほど、多種多様な鏡が列島広域に拡散し副葬されたのは、右記の理由が大きかったと判断できる。

（3）検討対象

したがって本論では、とくに鏡と古墳のあり方に焦点をあてて議論を展開する。まず次節では、鏡を中心とする器物の流通（分配）状況にくわえ、大型古墳の分布・造営状況や生産拠点の配置などをとりあげ、「領域」のコントロールをつうじた王権中枢勢力の空間観とその推移を追究する。この「領域」に関して、のちに「畿内」とよばれる地理的範囲が、国家形成の面で重要な意義をもったことが、「畿内政権論」をはじめ幅広く主張されてきた。しかし、「畿内制」の前提としての政治的領域である「畿内」が歴史的にいかに形成されたのかの段になると、文献史からの検討には限界があった。そこで本論では、畿内という範域が、いかなる経緯とコントロールをつうじて「領域」として確立していったのかの考古学的検討を、議論の軸にすえる[1]。

つづく第三節では、鏡の長期保有と「首長墓系譜」を俎上に載せ、有力集団の時間観を探る。さらに、これらが集団の継続性や同一性を保証する機能をはたしていたことをみちびきだすとともに、そうした器物の授受や墳墓造営を畿内中枢勢力が根底でコントロールしていたことを明らかにする。空間観に関する検討に目新しさがなく、いささか凡庸である反面、時間観に関する検討と推論は一風変わった視角からおこなう。

本論が検討対象とする時期は、国家形成において重要だが史料状況に難があり、そのため考古学的分析が有益な寄与をはたしうる、弥生時代後期から古墳時代後期[2]までとする。

二　空間観

(1) 弥生時代後期〜末期

本節では、「畿内」観の形成プロセスを具体的にとらえるために、関連する考古学的現象をとりあげつつ時期順に論じてゆく。考古学では早くから、土器様式の動態や集落ネットワークなどを根拠に、弥生時代中期の「畿内弥生文化の地域圏」が後期に向かって「一つにまとまっていく」こと〔佐原 一九七〇〕、あるいは当該期にすでに「一つの経済的・文化的複合体」である「畿内大社会」が成立していたこと〔酒井 一九七八〕が説かれてきた。しかしその後、当該期の畿内地域の内的な多様性が明らかにされ、単一的な「畿内大社会」の成立を強調することはもはやできない〔森岡 二〇一一〕。

とはいえ、巨視的にみれば、物流ネットワークや近畿式銅鐸の分布圏などに反映されるような、文化圏・経済圏としての「畿内」が生成しつつあったことを看取しうる。近畿式銅鐸が多量埋納される場合、こうした「畿内」の境界付近が埋納地として志向されており、心理面でも「畿内」意識が萌芽していた。他方、大型墳墓や居館、特定集団による器物流通の差配などの明確な物証はない。したがって、当該期における「畿内」の生成の背景に政治性は読みとれない[3]。

この政治性が現出してくるのが弥生時代末期後半であり、とりわけその後半期（末期末頃）に顕在化する。末期後半における畿内地域の政治的成長は、中国製鏡の流通状況に明白に反映している。末期後半の前半期頃に登場する上方作系浮彫式獣帯鏡（じょうほうさくけいうきぼりしきじゅうたいきょう）などの漢鏡七−一期鏡は、広域的かつ分散的な分布状況を示している（図1−上）。まさにこの時期に、交易拠点的な遺跡群を結ぶ広域ネットワークである「博多湾貿易」が列島西半部に成立しており〔久住 二〇〇七〕、分散的・広域的でありつつも交易拠点の近辺に目だつ当該鏡群の分布は、このネット

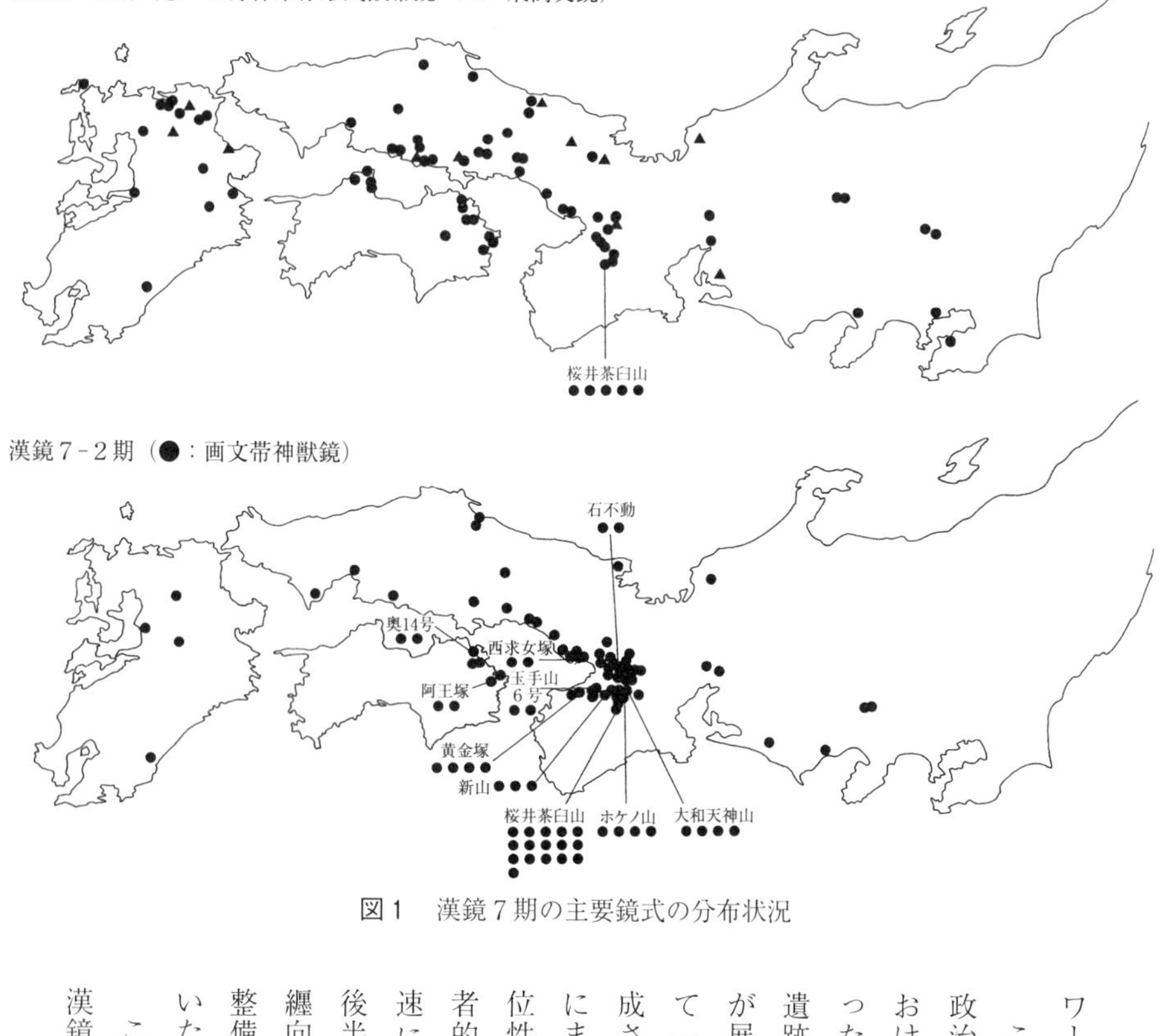

図１　漢鏡７期の主要鏡式の分布状況

ワークの賜物であることを明示する。

このネットワークは、畿内地域の政治的成長をもたらした。当地域における当ネットワークの結節点となった大阪府中田遺跡群と奈良県纒向遺跡群を軸にして、拠点集落間交流が展開をとげ、土器の分布圏において「畿内」に相当するまとまりが形成された〔田中元浩 二〇〇五〕。それにまして重要であるのが、地理的優位性ゆえに当ネットワークの「媒介者的位置」を占めえた両遺跡群が急速に発展し〔Mizoguchi 2008〕、末期後半の後半期頃には、その核となる纒向遺跡において「都市」的集落が整備され、大型墳墓が造営されるにいたったことである。

こうした急成長の明白な物証こそ、漢鏡七－二期の画文帯神獣鏡である。

列島の分布総数の約七割が畿内地域とりわけ奈良盆地に密集し、他方で弥生時代後期まで中国製鏡の入手・流通のセンターであった玄界灘沿岸地域の分布は皆無になる（図1-下）。新興イデオロギーである神仙思想を鏡背に濃密に表現した本鏡式の分布が畿内地域に、なかんずく奈良盆地東南部に集中する現象の背景には、強い政治的コントロールを想定するのが自然である。

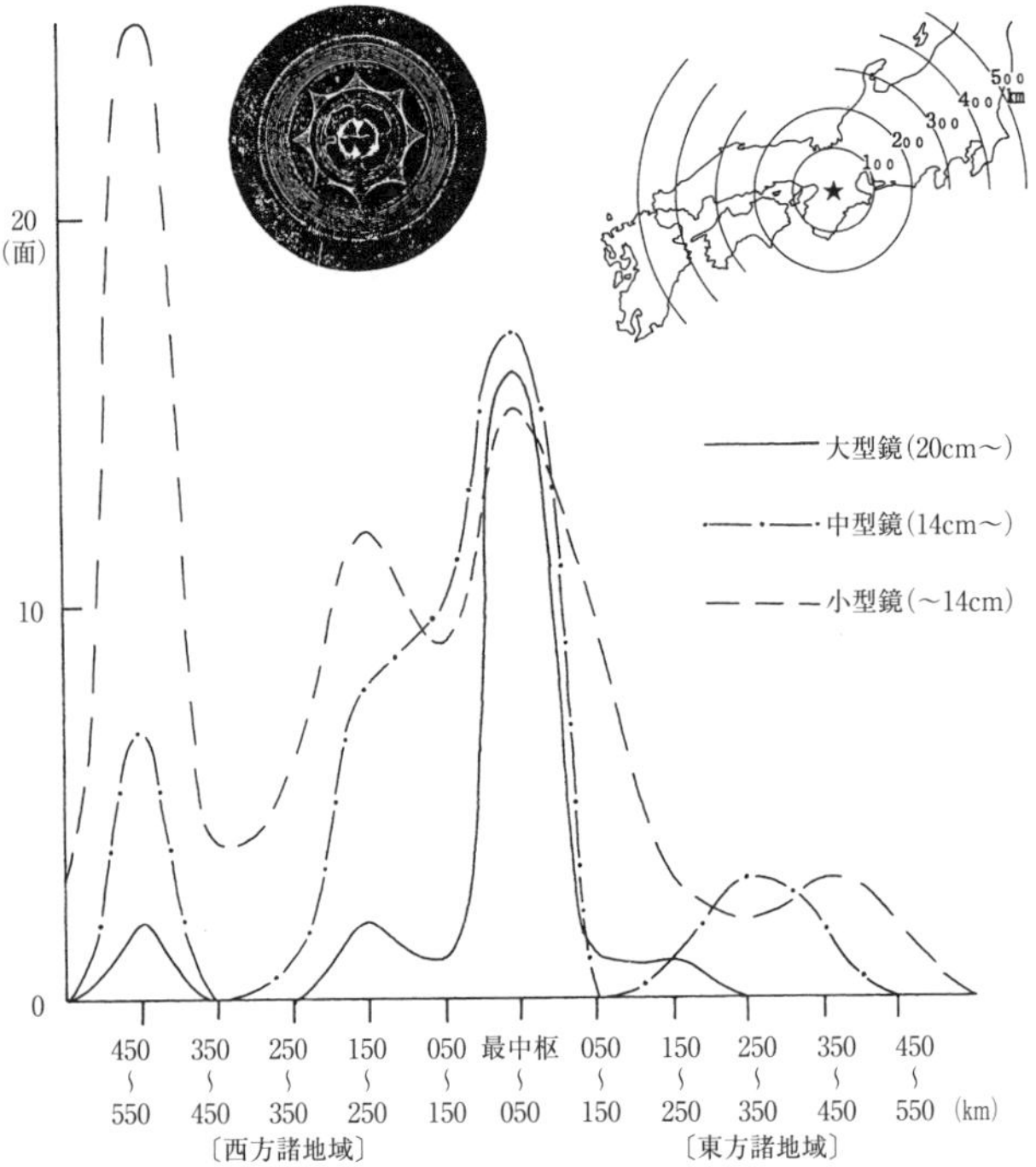

図2　漢鏡4～6期鏡の分布パターン（弥生時代末期後半頃～古墳時代前期）

また、出土状況などの考古事象を総合的に判断するかぎり、従来は弥生時代後期から古墳時代まで「伝世」されたと推定されてきた、中四国以東の漢鏡四・五（・六）期鏡は、弥生時代末期後半にようやく当該地域に流入しはじめた蓋然性が高い。その分布パターンを解析すると、中・大型鏡の大半が畿内地域に集中しており（図2）、これらの流通にも強い政治性が介在したとみるべきである(4)。

時期を同じくして、墳墓副葬鉄器の量的中心地が従来の九州北部から畿内地域に転じ〔野島 二〇〇九〕、「纒向型前方後円墳」が奈良盆地東南部を発信

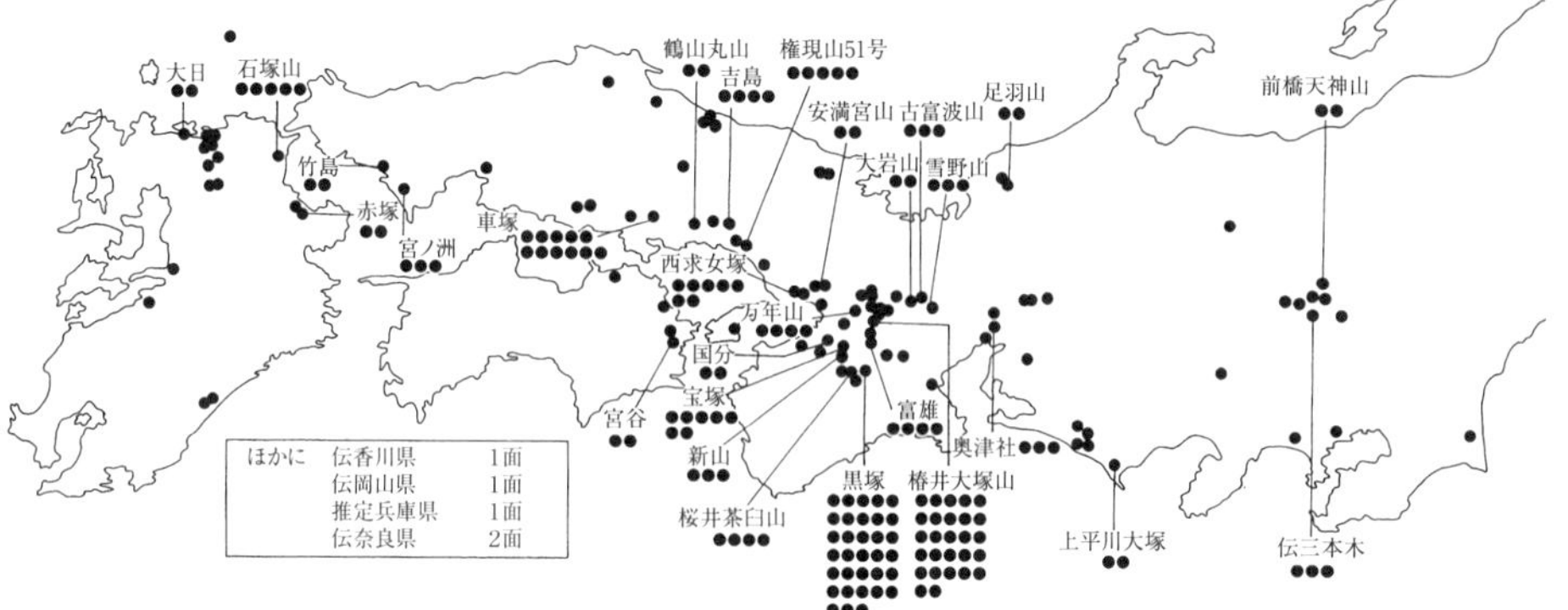

図3　三角縁神獣鏡の分布（古墳時代前期初頭頃）

地として、点的ではあるが広域に展開した〔寺澤　一九八八〕ことも、鏡の動態と関連して注目すべき現象である。末期後半の後半期には、列島広域に形成されたネットワークから畿内地域が頭ひとつ抜けでて、奈良盆地東南部を中枢として政治的なまとまりを形成しはじめ、その中枢勢力が畿外諸地域に影響力を行使するにおよんだのである。

(2) 古墳時代前期

定型化前方後円墳の登場を指標とする古墳時代の開始は、列島の社会・政治史上の重大な画期と断じられてきた。しかし実は、その直前期である弥生時代末期後半、とくにその後半期とは連続性のほうが強い。定型化前方後円墳とならぶ当該期の考古学的指標である三角縁神獣鏡が、畿内地域に濃密でありつつも、「博多湾貿易」の幹線である瀬戸内ルートに沿って集中的な分布地点を形成し、そして広域的なひろがりをみせること（図3）は、画文帯神獣鏡の分布と同質的である。むしろ両者は、量的な面で相違する。前代との質的な連続性と量的な拡大は、古墳の規模や副葬鉄器量などにも明瞭である。「纒向型前方後円墳」の相似墳が列島各地に点在する現象は、箸墓類型など王陵級古墳の相似墳に継承されるが、各古墳はその規模をいちじるしく増大させた。たしかに前代いらい、畿内地域は卓越した地位を安定的に保持しえていた。しかし、中国製鏡や鉄素材などの安定的入手には、幹線上の諸地域との連携が不可欠である。これら諸地域の成長もあいまって、畿内中枢勢力が外部に行使しうる影響力にはおのずと限界があった。

そうした状況への対処を企図してか、前期中葉頃には、以後へと継承される変化が生じた。「畿内」／畿外を区別すると同時に、「畿内」内部を分節化してゆく志向が強まったのである。たとえば、この時期の三角縁神獣鏡や、当該期に生産が軌道に乗った倭製鏡（仿製鏡）や腕輪形石製品などの主要分布域が、前代より縮小して瀬戸内中東部～東海西部におおむねおさまり、とくに畿内地域が重視されるようになった。とりわけ倭製鏡は、その大・中型鏡が畿内地域に集中し（図4）、大型鏡／中型鏡／小型鏡の比率が、隣接する山城と丹後・丹波、摂

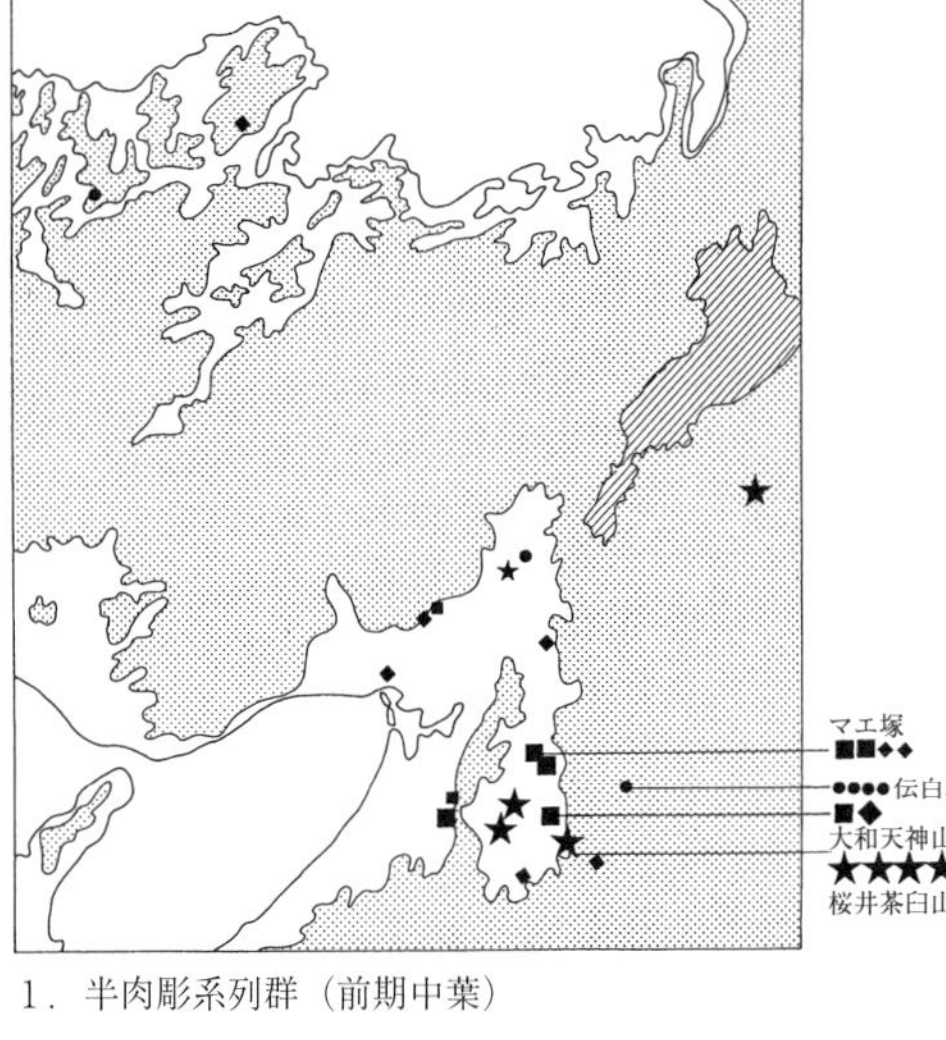

図4　主要倭製鏡群の分布と畿内地域
※図中の各種記号は、各系列を示す。

津と播磨、和泉と紀伊で顕著な相違をみせる。これらの器物の流通を管掌したのが畿内中枢勢力とみなせる以上、当該期に「畿内」に近い範域が政治的に強く意識され、さらにその内部の整序が目指されたことがうかがえる。物証にはとぼしいが、前期後半の動向から遡及的に推測すると、従来の広域的な連繋志向にたいし、みずからの範域を意識してその統制および内的な充実化がいっそう重視されるにいたったのであろう。

大型古墳（群）の造営と耕地開発との関連性〔坂 二〇〇九〕を考慮にいれると、前期後葉に畿内各地で大・中型古墳が激増する事態は、生産・開発面において畿内地域の充実策が奏功したことを示唆する。この時期に、新興勢力による「政権交替」を想定する有力説がある。しかし、王陵級古墳群をのぞくと、有力古墳群の墳丘規模の上限がおおむね一二〇メートル未満におさまること、この規模を超える墳丘が特定地域で連続的に造営される場合、しばしば一四〇メートル前後➞二一〇メートル前後という一律的な変化をみせ、しかも有力古墳の目だたない地域に突如、あるいは近隣の有力古墳群を断ち切るように登場することなどから、支持できない[5]。畿内各地の自律的展開を否定しさる気はないが、そうした展開に畿内中枢勢力が強いコントロールをおよぼしたことは、以上の状況などから疑えない。当該期に起きた王陵級古墳群の移動現象は、二〇〇～三〇〇メートル級の巨墳を陸続と造営しうるまでに成長した畿内中枢勢力が、要地の領有権を発動するにいたった帰結であろう。

要地と範域への強い意識を一定の強制力をもって現実に反映させたことは、当該期の王陵級古墳の相似墳が、のちの畿内「四至（しいし）」の近傍の要衝に拠点的に造営される現象に如実にあらわれている（図5）。この現象は、「都城と交通路」からなる「ネットワーク認知」による「畿内四至」の点的な「領域表示」〔佐々木 一九八六〕が、この時期に原初的なかたちで形成された可能性を、さらにいえば後代の「畿内」の前提となる政治的「領域」が、巨大古墳というモニュメント造営をつうじて萌芽的に形成されたことを示す。

「畿内」内部の充実化を推進する一方、前期後葉には畿外諸地域への政治的活動がより顕在化した。畿内中枢勢力によるコントロールのもと、鏡・石製品・武器類など多様な倭製器物の生産量が激増し、分配の量や質（サイズなど）において格差を付与して、畿内地域に重点をおきつつも、列島広域の諸有力集団に分配するにおよんだ。器物のみならず、古墳祭式なども同時に拡散した。畿内中枢勢力は、自「領域」である「畿内」を意識し、実際に墳墓造営や器物流通などをつうじて内的充実化をはかりつつ、他方で外部諸地域の統制に着手しはじめたのだろう。

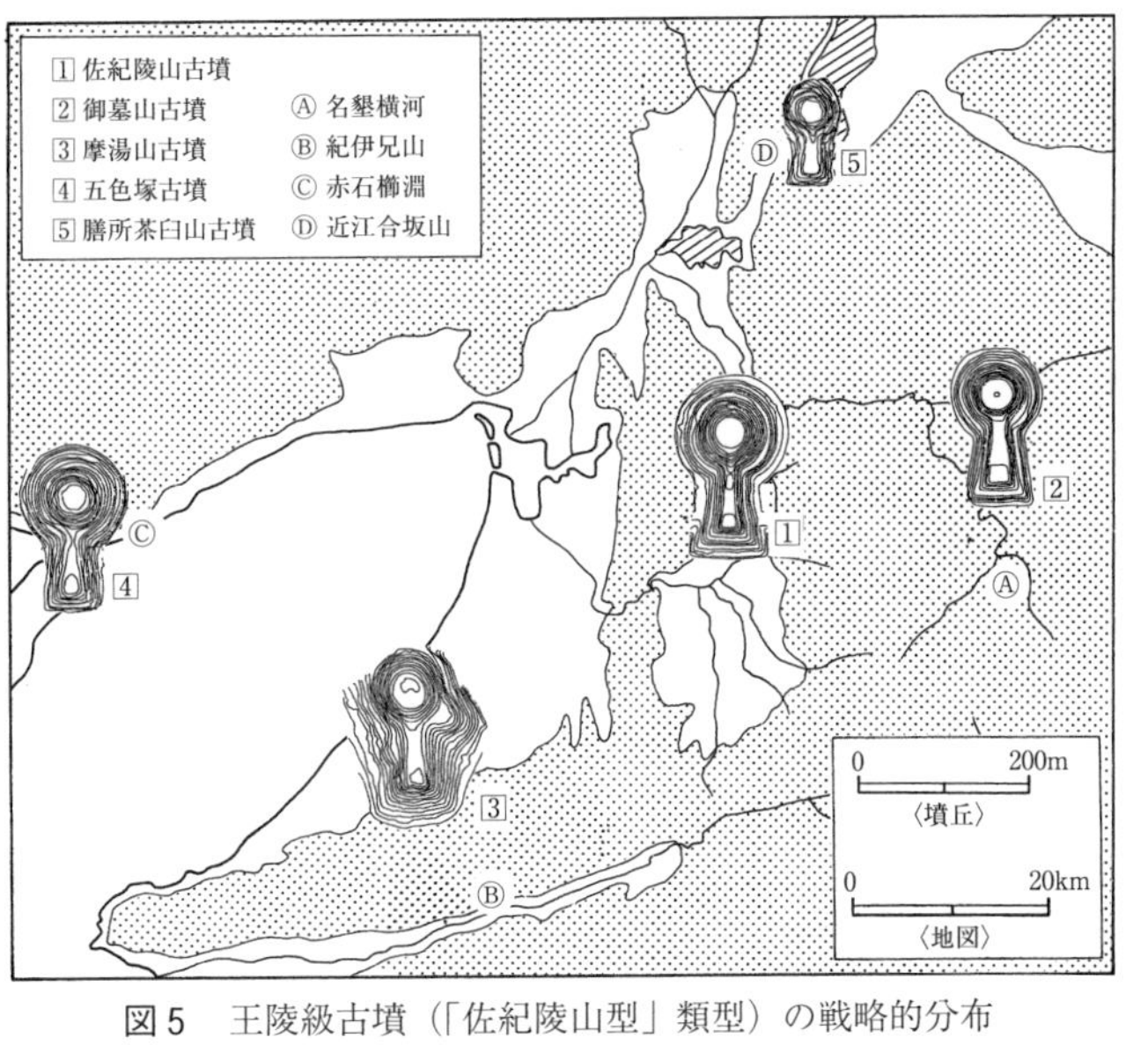

図5　王陵級古墳（「佐紀陵山型」類型）の戦略的分布（古墳時代前期後半）

この時期に瀬戸内ルートの拠点的な大集落群が同軌的に衰退し、「博多湾貿易」が解体する事実は、畿内中枢勢力が新たな交易相手である加耶中枢との交易および外交を直截に掌握した結果であり〔久住二〇〇七〕、ひいては畿内中枢勢力が畿外諸地域に覇権的な行動をとりはじめた帰結であろう。さらに、この時期を中心に畿内中枢勢力が、九州西南端・高知西南部・紀伊半島南端などといった、物流ルートとして重要な潜在性を有するがそれまで古墳が築かれなかった地域を、「ネットワークの拠点」に組みこむべく、広域的かつきめ細かなルート開拓を摸索した〔橋本 二〇一〇〕。事実、当該諸地域に突如として築かれる古墳には、当該期の小・中型倭製鏡が副葬されている。畿内中枢勢力は、サイズ差に格差を付帯させた倭製鏡の分配などをつうじて、より広域におよぶ畿外諸地域の有力集団を序列づける活動を展開したのである[6]。

(3) 古墳時代中期

この時期の畿内地域は、前代において政治性を萌芽させつつも観念先行的に形成されていた領域を前提として、その内部の実質的な開発と整備が大幅に進んだ。菱田哲郎の研究成果によると、中期前半に「王権の膝下」である大和盆地および河内平野を中心に、窯業・鍛冶・馬匹生産・塩生産などの多様な生産拠点と王陵級古墳の造墓地とを計画的かつ強制的に設置した「王権の内部領域」、すなわち「ウチツクニ」が成立した(図6)。この「内部領域」が律令期の「畿内のエリア」の前身になったという〔菱田 二〇〇七・二〇一二〕。さらにこの時期、奈良県鴨神遺跡や同巨勢寺下層遺跡のように、この「内部領域」の要所を結節する「幹線道路」が整備された〔鹿野 二〇一二〕。さらに、「倭王権中枢の王族」が、「対立する王族に対抗するための拠点」として、「奈良盆地北部・河内・山背南部」といった要所に「周縁部王宮群」を設置したという〔古市 二〇一一〕。

こうした王宮の推定所在地に工房群や有力な古墳群が存在することを勘案すれば、畿内中枢勢力による計画的な王宮の設置は、生産拠点や造墓地の配置と緊密に結びついていた。周縁部王宮群は「軍事的性格の濃厚な施設」だとされる〔古市 二〇一三〕。そうだとすれば、計画的かつ強制的に設置された王宮・生産拠点・造墓地には、権力資源の「経済」「軍事」「領域」「イデオロギー」が組みこまれていることになる。『記』『紀』には叛乱伝承が散見するが、少なくとも中期前半から王陵級古墳群や生産拠点が安定的に造営・運営されたこと、したがって前記した権力資源を有機的かつ安定的に操作しえたであろうことをふまえると、当該期の畿内地域に国家と評価できる支配機構が成立したと判断してよい。

ただし、この支配機構が強制力を直截およぼしたのは、畿内地域にかぎられた。甲冑や倭製鏡などの器物の広域分配、特定の墳丘規格や棺制の広域共有がなされたものの、畿外諸地域への影響力が前代より増強された様子はない。この背景には、諸地域の有力集団が、韓半島諸地域と独自の交流をもちえたことがあった。この支配機構の中軸をになった畿内中枢勢力からして、地位継承が双系的であるがゆえに、「対立する王族」〔田中良之 一九九五〕などの対抗勢力を必然的に生じさせてしまい、代替わりに際して政治的騒擾を惹き起こさざるをえない難点をかかえこんでいた。「大王家内部の秩序がそのまま広範囲に適用された」かのように、王陵級古墳群を頂点とする「古墳の政治的階層構成」が「きわめて明瞭」なかたちで列島広域にいきわたった〔和田 一九九四〕ことは重要である。しかし、中期前半の岡山南部において墓域と生産拠点を計画的に配置し

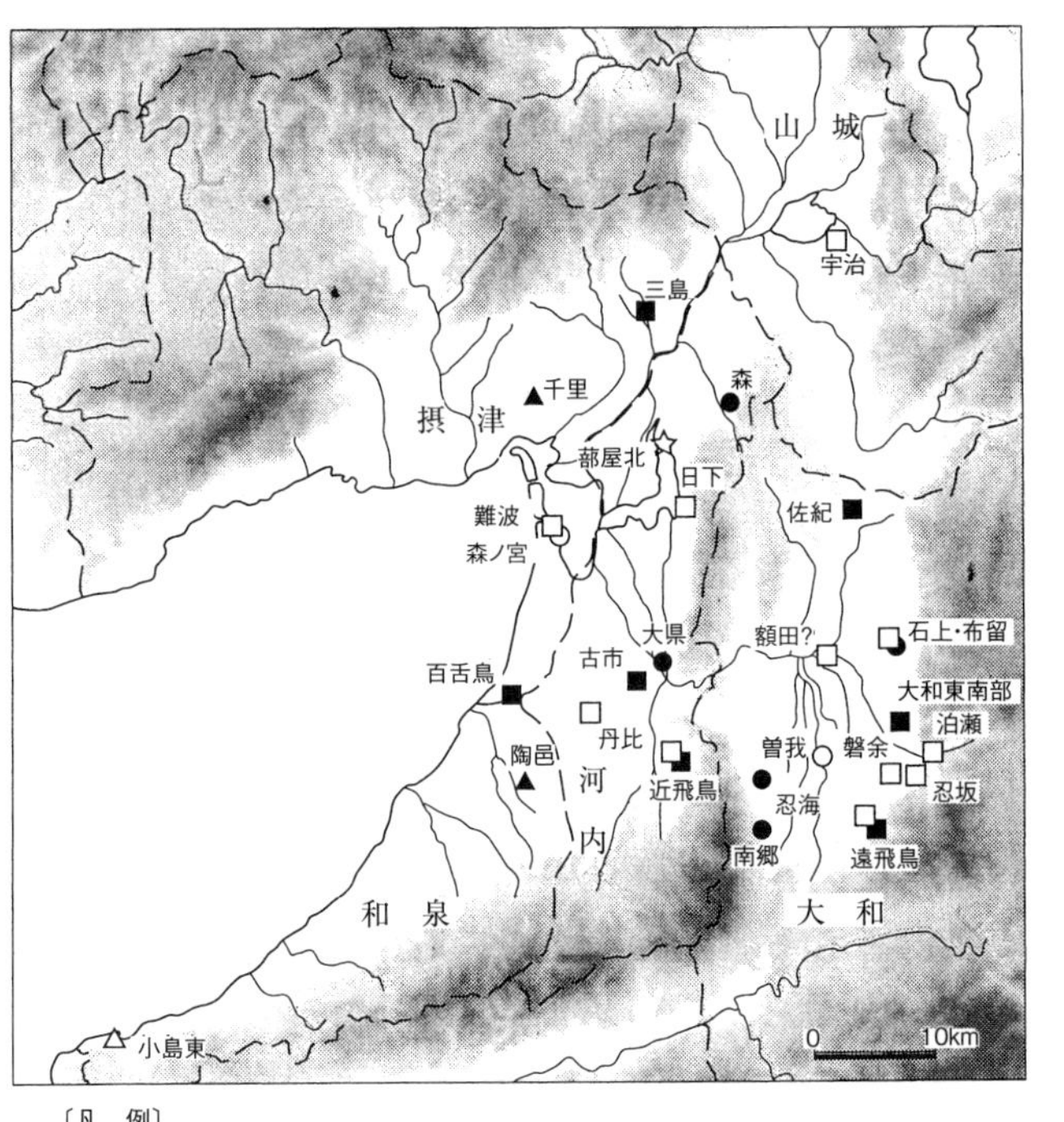

図6　「王権の内部領域」における手工業生産拠点と王墓・王宮（中期）〔菱田 2012〕

た、「王権の内部領域」の縮小版が形成されたこと〔菱田 二〇〇七〕が示すように、むしろ諸地域側が力量に応じて、ミニ「畿内」ともよべる「内部領域」の構築を目指した結果とみるのが穏当である。

支配機構に関する限界は、おそらく中国南朝への朝貢（および韓半島諸勢力との政治的交渉）をつうじて、中期後半頃に克服されはじめた。「父系直系の継承、それに基づく一系累代の王統・家系」システムを南朝から導入し〔田中良之 一九九五〕、畿外諸地域の有力者もとりこんだ「僚属制＝府官制的秩序」が採用された。広域的な奉仕システムである「人制」も当該期に登場したが、この時期に輸入された南朝鏡である同型鏡群は、「人制」の重要な対象者に広域的に分配された可能性が高い〔辻田 二〇一二〕。

このように、畿内地域の内的整備と支配機構の強化をへて、畿外諸地域の有力者をも支配機構に編成する政治的活動を本格化させはじめた。後期初頭頃（TK二三併行期）に顕著な、各地の有力古墳群の衰退と新興古墳群の擡頭、そして古式群集墳の簇生は、畿内中枢勢力が列島広域にたいして集権的支配を断行した結果とみて大過ない〔和田 一九九二〕。

（4）古墳時代後期

ただ、多くの論者が指摘するように、この活動は急進的にすぎた。古墳群の動態をみるかぎり、畿内地域に混乱が生じる一方、九州北部などが活況を呈した。文献史の成果を参照すると、おそらく「磐井の乱」をへて、ふたたび畿内中枢勢力は内部の整序と諸地域への制度的支配を本格化させた。この点で、畿内中枢勢力の戦略は前期いらい一貫していたが、前期には外来の物資流通とイデオロギーを、中期には生産と軍事を、それぞれその活動の基底にすえたのにたいし、後期には制度面での支配が前面化したことが重要である。

後期中葉には、王陵級古墳（群）を頂点とする墳墓（構成）によるそれまでの秩序表示が不要化し、おそらく官人的な秩序編成を反映するかたちで、畿内地域および周辺に横穴式石室を設置する統一性の高い新式群集墳が出現した。これに関連して、畿内型横穴式石室の構築技術の情報伝達と、重要な副葬品などの物資流通とにおいて、畿内／畿外を区別し前者を優先する「仕組」が形成されたという指摘は重要である〔太田 二〇一二〕。他方、ミヤケ制・国造制・部民制などの地方支配制度が畿外諸地域で実施されたことは、畿内中枢勢力の主導による、「経済」「軍事」「領域」などの権力資源の複合的コントロールが実現したことを示す[7]。とくに、主要生産品の生産拠点が畿外諸地域に定着したことは、「王権の内部領域」外から成果物を貢納させるシステムが整備されつつあったことを示唆する。後期後葉に新式群集墳が列島広域に拡散し、爆発的に築造されることは、こうした制度的支配が滲透した考古学的反映だと評価できる。

以上を総合的に判断すると、当該期には、中期までに進められた畿内地域の内的整備と畿外諸地域への原初的支配システムを前提にしたうえで、畿外諸地域への制度的・領域的支配の強化を展開しつつ、自領域である畿内地域を重視・優遇する畿内制の原型が成立した可能性が高い〔太田 二〇一二〕。

(5) 小結

以上述べきたったように、律令期の「畿内」が長い前史をふまえた存在であることを、考古学的に立証できる。図式的に単純化すれば、弥生時代後期～末期までに文化圏・経済圏としての畿内地域が生成し、心理面での境界意識も醸成されていた。遅くとも古墳時代前期中葉頃には畿内／畿外という政治的な範域意識が顕在化し、内部の充実化と外部への政治的作用というふたつの支配志向が、いっそう明確化した。中期には「王権の内部領域」の開発と整備が飛躍的に進み、後期にはこの内的整備をうけて畿内／畿外の制度的支配が進展し、畿内制の原型が形成された、という流れになる。その流れの基底には、のちの「畿内」に近似する範域とその外部とを区別する空間観がつねにあった。前記してきたように、そうした空間観は、国家機構の成立に帰結する「内部領域」の整備・開発と強く結びついていた。それゆえ、空間観の追究は国家形成論において少なからぬ意義を有する。むろん、空間観の追究を深化させるためにはきめ細かな分析が不可欠であり、本節のような概説的な記述では不十分である。本節は、大局観の提示として受けとっていただきたい。

三　時間観

空間観であれば、遺跡や遺物などの分布状況に立脚することで、まがりなりにも考古学的な分析が可能である。しかし他方、時間観を追究するとなると、分析が格段に困難となる。特定の考古事象間の時間幅を確定するという、容易ならざる作業に従事したうえで、そうした時間幅を当時の人びとがいかに覚知し意識したかという、至難きわまりない検討を遂行せねばならないからである。本節では、そうした絶望的な状況下において、微かな光明を差しいれる考古学的現象として、鏡の長期保有と「首長墓系譜[8]」に着目する。

（1）鏡の長期保有

鏡の長期保有といえば、小林行雄の「伝世鏡」論が学史上に燦然と輝く。「男系世襲制」による「首長の地位の恒常性」が「大和政権」から「承認」されたことにより、諸地域の「首長」が「伝世の宝鏡の保管」をつうじて保持してきた「権威」の源泉が刷新され、その結果として発生した古墳に従来の意義を失った「伝世の宝鏡」が副葬されたと推断した小林の説明大系〔小林 一九五五〕は、かつて一世を風靡した。しかしその後、古墳に先行する大型墳墓が次々に発見され、「男系世襲制」どころか父系継承の登場すら古墳時代中期後半にくだることが明らかにされ〔田中良之 一九九五〕、しかも小林説の根幹である弥生時代後期からの中国製鏡の伝世（長期保有）

が、中四国以東では例外的である蓋然性が高まってきた。こうした状況を承けて筆者は、大型墳墓の造営と中四国以東における鏡の長期保有とが、弥生時代末期におおむね同期的に開始したと推定する。この二現象を、後者から前者への政治史的展開の相で把握した小林説にたいし、筆者は両者の共時的な関連性を考えるわけである。

他方、鏡の長期保有が古墳時代開始後にも広くみとめられることを、森下章司の研究が明らかにした。その森下は、鏡の長期保有とその途絶（＝副葬）を生じさせる要因として、古墳時代の鏡が有力集団と当該集団の「各代の首長個人」とに二重に帰属していた事態を想定し、保有期間の不定性は「両者への帰属性の度合いがさまざまであったこと」に起因するとみた。鏡の長期保有を、「集団と個人という二つの主体への帰属性」の「拮抗性なる力学で、ケースバイケースに理解すべきだと提言したのである〔森下 一九九八〕。

これにたいし筆者は、長期保有とその途絶の背景にある法則性の抽出につとめてきた〔下垣 二〇一三〕。たとえば、鏡の製作（入手）時期・副葬時期・被葬者の推定死亡年齢（人骨による）の相関関係を分析し、(A)倭製鏡の保有期間がおおむね短いこと、(B)倭製鏡の保有期間が半世紀前後におよぶ事例の多くにおいて、被葬者が老年ないし熟年であること、(C)被葬者の死亡年齢に関係なく、中国製鏡は長期保有が顕著なこと、などの傾向性を抽出した（図7・表2）。つまり諸地域の有力者は、基本的に在位（活動）時に入手した倭製鏡を死亡時に副葬したが、倭製鏡の一部と中国製鏡の多くは「世代」を超えて保有されたのである。

この「世代」に関して、鏡の「本源的」な帰属先が「首長墳系列」（首長墓系譜）に「示される在地の集団」であったとする森下の提言〔森下 一九九八〕が重要になる。筆者をはじめ多くの鏡研究者がこの提言を是認している。しかし他方、古墳時代中期後半頃まで顕著な親族システムおよび地位継承における双系的性格や（有力）集団の流動性の高さ、古墳群の動態から窺知される「首長権」の非固定性、そして古代社会の状況から遡及的に想定される「世帯グループ」の不安定性〔今津 二〇〇五〕などを勘案すると、不安定かつ流動的な有力集団内でな

表２　被葬者の没年齢と副葬鏡の保有期間

被葬者の推定死亡年齢（人骨による）	倭製鏡との共伴例 ～25±	25±	50±	75±～
若年（12～20）		1		
成年（20～40）	5	7		
熟年（40～60）	1	2	1	1
老年（60歳～）	1	1	3	
	主要中国製鏡との共伴例 ～25±	25±	50±	75±～
若年（12～20）				
成年（20～40）	1		1	3
熟年（40～60）				2
老年（60歳～）				

副葬鏡の推定保有期間（年）

※倭製鏡では製作と副葬の時期差が、主要中国製鏡（画文帯神獣鏡・上方作系浮彫式獣帯鏡・吾作系斜縁神獣鏡・三角縁獣鏡）では流入と副葬の時期差が、古墳編年で１小期だと25±年、２小期だと50±年、３小期以上だと75±～年とした。

※本表は〔下垣 2012a〕などの表の小異を切り捨てて集計したもので、はなはだ大雑把である。詳細は原論文などにあたられたい。

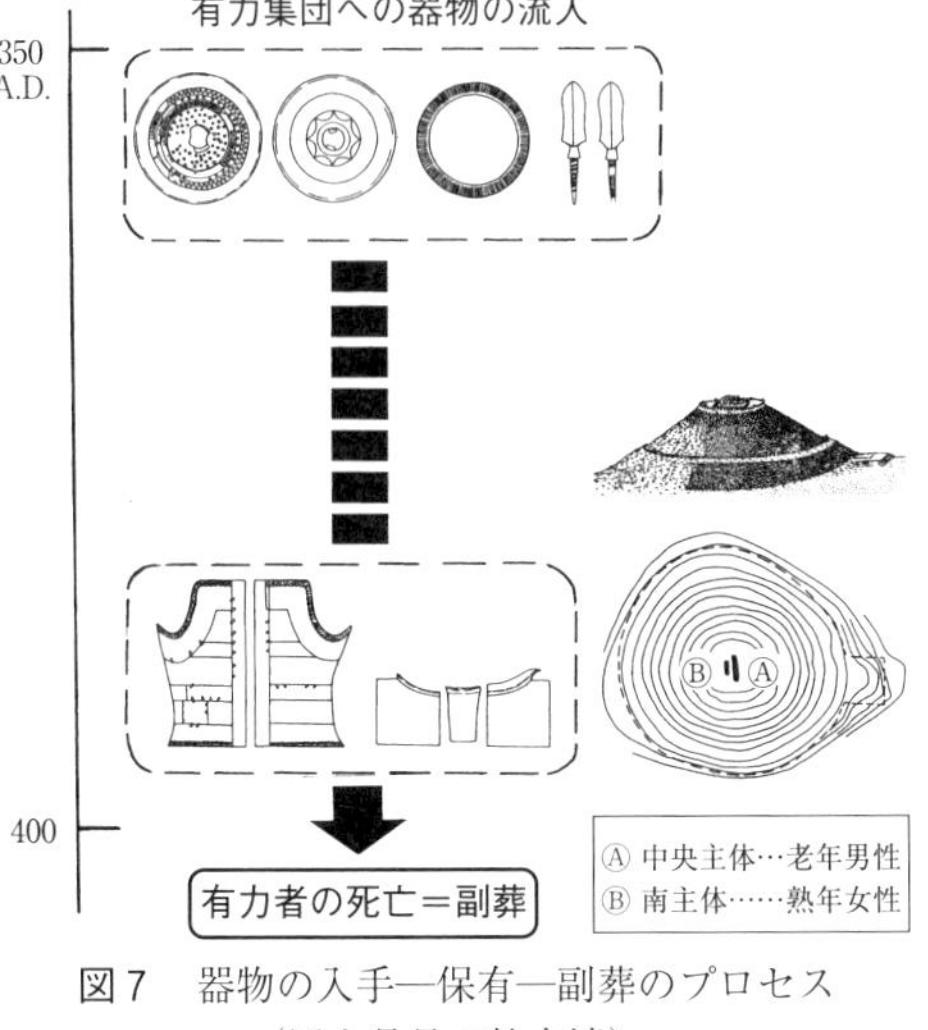

図７　器物の入手―保有―副葬のプロセス（岡山県月の輪古墳）

ぜ、そしていかに鏡を長期保有しえたのか、説明に窮することになる。

そこで筆者が注目するのが、特定小地域で新規に築造される有力な「首長墓」や、複数地域に覇を唱えるように造営される「盟主墓」に、長期保有鏡が顕著に副葬される現象であり、そうした古墳がしばしば首長墓系譜の初端をなす事実である。そうした諸状況を総合的に説明する仮説として、（Ａ）当該期の有力集団は自集団の同一性を鏡に付託し、その長期保有をつうじて流動的な自身の通時的同一性の保証・継続をはかっていたこと、（Ｂ）自集団から輩出し、「首長墓」や「盟主墓」に葬られるほどの威勢を誇った人物に、自集団の継続・結節の要である長期保有鏡を副葬することで、宏壮な奥津城（おくつき）においてその〈保有〉の確実な継続をはかったこと、を挙示したい〔下垣 二〇一三〕。

この私案がみとめられるならば、古墳時代の有力集団が、鏡という器物の保有をつうじて通時的な継続観をはぐくんでいた事態が示唆される。畿内中枢勢力とのあいだでなされた、そうした鏡の授受も、時間を覚知させる契機となりえた。というのも、古墳時代前期を代表する器物である三角縁神獣鏡も、古墳時代をつうじて製作された倭製鏡も、前者が中国大陸から輸入され、後者の多くが畿内中枢勢力の管掌下で製作されたという相違はあるにせよ、いずれも隔時的・契機的に分配されるのが基本であったからである〔下垣 二〇一一a〕。

このような推論は、鏡という一器物に過剰な意義を押しつけた憶測と思われるかもしれない。しかし後述するように、有力集団内／間関係を結節・維持する諸制度が成立する以前には、器物の授受や墳墓の造営がそうした機能をはたしていた可能性がある〔石母田 一九七三等〕。長期保有鏡が副葬時に特別のあつかいを受けたこと〔小林 一九五五・岩本 二〇〇四等〕や、諸地域の有力集団内で長期保有された鏡が畿内中枢に運ばれ、模作鏡とともに返還されたとおぼしき現象がみとめられること〔下垣 二〇一一a〕なども考慮にいれると、やはり鏡の長期保有には格別の意義があったとみたい[9]。

そうであれば、鏡の入手・製作・授受を畿内中枢勢力が掌握していたことには、たんに奢侈財の製作・授与権を占有したにとどまらない、政治的・社会的意義があったことになる。というのも、諸地域の有力集団の結節・維持の根幹となり、その通時的同一性を付託した器物を、畿内中枢勢力がコントロールしえたからであり、それは先述した権力資源である「社会関係」のコントロールにつながったからである。そしてまた、有力集団が鏡の長期保有をつうじてはぐくんだ通時的な時間観や、隔時的な器物の授受が覚知させたであろう時間観もまた、畿内中枢勢力を優位とする関係のなかでうみだされたことになる。

(2) 首長墓系譜

鏡とともに時間観の醸成に寄与したと思われる考古資料がある。首長墓系譜である。「数基が群をなし、一世代程度の時間差で築かれることが多い」、「代々の首長一族の墳墓群」という定義〔都出 一九八九〕をそのまま受けとるならば、こうした「墳墓群」こそ歴代「首長」の「系譜」の物的反映であり、造営順序が隣接する「墳墓」の造営時期差がすなわち「首長」の在位（治世）期間だということになる。

ところが、「系譜」の語とは裏腹に、首長墓系譜を構成する諸古墳の墳墓要素や造営地などを検討するかぎり、単一の「首長一族」が累代的に古墳を造営して首長墓系譜を形成した事例はむしろ少数派に属する〔下垣 二〇一二b〕。先述したように、少なくとも古墳時代中期後半頃になるまで、双系的な親族システムおよび地位継承ゆえに「首長」位の継承は強い流動性を帯び、それが首長墓系譜の不安定性をうみだした。前項では、こうした流動性や不安定性への対処として、鏡の長期保有やそれらの首長墓への副葬がなされたと推定したのだが、首長墓系譜の形成に関しても同様の理窟で説明できるのではないだろうか。すなわち、当該期の有力集団は、実際には安定性を欠きがちな自集団の通時的な同一性を、継続的な首長墓の造営や大型「盟主墓」という視認性に富んだモニュメントに仮託させる形式で、その強化および固定化をはかったのではないだろうか。つまり首長墓系譜を、確固たる「首長一族」の累代的な「系譜」が墳墓の形式で消極的に反映したものとみるのではなく、現実には安定性を欠く「首長一族」の継続性を、墳墓の継続的造営をつうじて補強（あるいは架構）しようとした積極的行為の所産とみるわけである。

この先鋭的な解釈には反論もあろう。たとえば大平聡は、「血縁原理」の介在しない古墳時代中期までの「首長権継承」（「王権継承」）は、「前首長」（「前大王」）が「新首長」（「新大王」）の「巨大な古墳」を造営することで確認され、したがって両者間で完結するものであったと説く。それゆえ、歴代の「王名」（「首長権継承者」）が記憶される「社会的要請」は想定しがたいと断じる〔大平 二〇〇二a・b〕。この見解からすれば、本論の主張は容認されないだろう[10]。しかし、大平の見解の考古学的根拠である、古墳での「首長権継承」の実施には実証性がなく、古墳が築造後に放置されたとする説も、埋葬後の定期的祭祀を示す考古資料が未検出だという裏づけしかない。むしろ、本論で説いたように、「血縁原理」が介在しないからこそ、集団の継続性を別個の手段で維持する必要があり、その手段が鏡の保有であり首長墓系譜の構築であったとみたほうが、当該期の資料状況に合致する。

事実、歴代の「王名」はともかく、歴代の「王」の順序と（治世）年数が記憶ないし記録されていた可能性を示す考古学的データがある。冒頭でかかげた、歴代天皇（および后妃）の推定没年代（A）とその治定古墳の推定年代（B）との整合性である（表1）。ただし、両者の符合を是認するためには、（A）の前提となる笠井倭人による紀年復元〔笠井 一九五三〕が正鵠を失していないこと、考古学的な分析から導出した（B）が確実であること、そして考古学者が（A）に引きずられて（B）を弾きだしていないことなどが必要となる。しかし、笠井の紀年復元の方法には疑義も示されているし〔鎌田 二〇〇四〕、古墳の年代比定にしてもなお流動性を残す。したがって、この符合性を無批判に受けいれるわけにはゆかない。

それでも両者の高い整合性は、探るべき価値のある有意な背景をうかがわせる。『記』『紀』批判の成果をひとまず脇において考えれば、古墳時代の早い時期から歴代の諸王の名前・后妃・在位順・在位（治世）年数・墓所などが記録され、この情報がのちに（原）帝紀に組みこまれたとするのが、もっとも単純明快な回答であろう。しかし、『記』『紀』の諸王に関する情報にみられる顕著な潤色・造作の痕跡は、そうした安易な回答をはねつける。また墓所の記録に関して仁藤敦史は、「四・五世紀の天皇陵の比定」に「確実な原資料」の存在を想定できず、「七世紀後半」に「体系的な比定」がなされたと主張し、具体例として奈良県桜井茶臼山古墳・同メスリ山古墳が「正しく王統譜に位置づけられておらず」、同西殿塚（にしとのづか）古墳に「明らかな時期的ズレがある」ことなどの考古学上の難点をあげる〔仁藤 二〇一三〕。北康宏も、律令期に「相当苦労し」て比定がなされたとみる〔北 二〇一〇〕。

ところが、この「時期的なズレ」は初期の巨大前方後円墳に集中し、かつて和風諡号などを根拠に画期的存在として重視された崇神から整合しはじめる点（表1）が、むしろ興味深い示唆をあたえる。また、「天皇陵の比定」がその造営から数百年の時をへて実施されたとするならば、その時期と順序がこれほどまで文献の内容と整合する理由を挙示しがたい。他方、整合的すぎる点を訝り、「四世紀の古墳」が「陵墓の記述とたいへんうまくあってくる」のは、「一から話を作っていけたから」だとする見方もある〔上田他 二〇一〇（菱田発言）〕。しかし、それだとなぜ年代まで整合するのかの理由を説明できない。

当該期の有力集団が、モニュメント的な墳墓の（継続的）造営をつうじて、自集団の（通時的）同一性の維持・固定化をはかったとする私見から、この整合性をめぐる以上の諸状況に合理的な解釈をくだすならば、次のようになろう。諸王の継承順・在位年数・后妃など「日嗣」や「陵墓」に関する情報が、実際に顕在していた歴代の奥津城とともに記憶ないし記録され、のちに帝紀を編む際に利用されたが、その名や継承関係に改変がくわえられた結果、『記』『紀』における「天皇」の名称・継承関係・在位年数に造作や潤色の形跡が濃厚でありつつも、復元された在位年代と継承順序が諸「陵墓」の暦年代および順序と整合するという、いっけん矛盾した事態が生じているのだ、と。

この私案は状況証拠から組みたてられており、あくまで仮説の域をでない。ただ、各氏の祖先伝承が「墓記」とよばれることに着目し、それは「氏族の系譜を含む祖先の事績が「墓」を媒介として伝承されていたこと、いいかえると「墓」すなわち古墳ないしはその系譜をひく諸氏の伝統的墳墓が、一族の系譜や祖先の事績を伝承する機能をもっていたことを物語」るとみる白石太一郎の推定〔白石 一九七八〕は、対象時期の相違はあれ、私案の追い風になる。また、埼玉県稲荷山古墳鉄剣銘などから、かならずしも血縁原理（父子関係）によらない「族長位」の継承順序を示す「地位継承次第」の存在が指摘されている〔義江 二〇〇〇〕。これらを右の私見とからめて積極的に評価するならば、当該期において古墳は、とくにそれらがつらなる首長墓系譜は、「首長」の「継承順序」を記憶・想起させるモニュメント的表徴の役割をになっていたとみなせるのではなかろうか。

鏡が長期保有される場合、通世代的な時間の経過が保有集団に意識されただろうが、具体的な時間幅（保有年数）までは覚知されなかっただろう。他方で歴代の「陵墓」は、被葬者の在位年数とともに記憶（記録）されたと考えられ、そうであれば歴代「陵墓」の造営はいわば量的時間観の生成につながりえた。こうした事態が、諸地域の首長墓系譜の形成をつうじても生じたか否か、現状では判断がつかない。しかし、王陵級古墳の造営を契機に新規の墳墓要素（墳丘形態・埋葬施設・外表施設等）が創出され〔広瀬 一九八八〕、それらの要素はすみやかに諸地域の有力集団にもたらされた。とすれば王陵級古墳の造営は、少なくとも間接的に、量的時間観が諸地域の有力集団に滲透する契機となりえた。

首長墓系譜の造営をつうじて諸地域サイドにおいても被葬者の在位年数が記憶（記録）されていたとしても、上記したような量的時間観が間接的に滲透したことにくわえ、墳丘規模の規制などにうかがえるように、古墳の造営じたいにも畿内中枢勢力が少なからず関与していた。そうであれば、鏡の保有の場合と同様に、首長墓系譜の形成をつうじた時間観の生成の根底にも、畿内中枢勢力のコントロールが潜在していた可能性があるわけである。

四　国家形成と時空観

以上、憶論に流れたきらいもあるが、国家形成期に相当する古墳時代を主対象にして、鏡などの器物と古墳（群）から当該期の時空観を探った。最後に、そのような時空観と国家形成との関連性について小考を提示する。

本論では、器物保有や墳墓をつうじて空間観（領域観）と時間観が生成する様態と機制を示した。そのうえで、畿内中枢勢力がそうした器物の製作（入手）・授受や墳墓の造営を主導することで、支配領域に直結する空間観

（領域観）にも、諸地域の有力集団の通時的同一性の維持にかかわる時間観にも、一定のコントロールをおよぼしえたと推論した。上記した権力資源モデルにあてはめると、この場合の空間観は「領域」の、時間観は間接的ながら「社会関係」のコントロールに、それぞれ関連していた。分析の疎漏さは否めないが、時空観を国家形成論に連接するひとつの方向性を提示できたのではないかと思う。

とはいえ、器物や造営物が時空観を醸成する媒体になったという推測はともかく、これらが集団の同一性の維持や、畿内中枢勢力による支配にかかわっていたとする解釈は、異説めいて映るかもしれない。しかし研究史をかえりみれば、たとえば制度的支配が確立する以前に、いわゆる「支配者層」の結節原理として古墳や器物のはたした社会的機能を重視する諸説が少なからず提示されており〔石母田 一九七三・義江 一九八五・岩永 二〇〇三等〕、むしろオーソドックスな解釈といえる。

このような論理からすれば、制度的支配が拡充するにつれて、器物や造営物による有力集団内／間の関係締結原理は必要性を失ってゆくことになろう。具体的にいえば、鏡の長期保有とその副葬、さらには首長墓系譜の形成は、制度的支配の滲透に応じて後景に退くことになるわけである。そして実際、このような連動性が、明快とはいえぬまでも確認できる。たとえば古墳時代中期末葉頃〔五世紀後半〕に、長期保有鏡の副葬が首長墓系譜や古墳群において目だって減少する。畿内地域をはじめ列島広域において巨大古墳の造営が影を潜め、まもなく従来の首長墓系譜の多くに代わって、小規模の円墳群が登場する〔和田 一九九二〕。この時期、さまざまな支配制度が導入されたと推定されるが、とくにウヂの形成〔熊谷 一九八九等〕が重要な変化をもたらした。器物を長期保有したり累代的な首長墓を形成せずとも、畿内中枢勢力への奉仕・服属関係の継続をつうじて、集団の結節が保証されるようになったからである。「雄略朝もしくはその直前」に元嘉暦（げんかれき）の渡来を契機として干支紀年が使用されはじめたとみられる〔鎌田 二〇〇六〕が、そうなると器物の保有やモニュメント的な墳墓をつうじて歳時の経過を覚知せずともよくなった。

ところが他方、「五世紀後半」頃から「六世紀中葉」頃に、関東諸地域や出雲など畿外諸地域において、「首長墓」造営地の固定化が生じ、首長墓系譜が安定的に形成される現象がみとめられる〔土生田 二〇〇六〕。これは上記した連動性と齟齬をきたすかにみえる。しかし、関東諸地域や出雲のように、こうした地域において鏡の長期保有とその副葬が継続する事実が、齟齬を解消する糸口をあたえてくれる。先述したように後期には、畿内中枢勢力が畿内／畿外を領域的に区別し、前者の制度的支配を積極的に推進すると同時に、後者にたいしてもミヤケの設置を介して拠点的な支配を志向した。その結果、前者の領域内では器物保有や墳墓構築といった旧套を踏襲する必要性が薄れた一方、後者のうち少なからぬ地域において、これらの旧套が依然として必要とされたのであろう。

ただしこれら諸地域でも、畿内中枢勢力による制度的支配の滲透にともない、首長墓の累代的造営と鏡の長期保有が古墳時代後期のうちに終焉をむかえることになった。典型的な様相をみせるのが関東地域であり、後期後葉〜末葉頃に（長期保有）鏡を副葬する前方後円墳を築いたのち首長墓系譜が途絶え、鏡副葬も終了した〔上野 二〇一二〕。白石は、関東地域で大型前方後円墳の築造が一斉に断絶したのち、「国造の支配領域」にのみ大型の円墳や方墳が造営されはじめる現象の背景に、同地への国造制の導入を推定する〔白石 二〇〇九〕。この推定をみとめるならば、国造への任命をつうじた畿内中枢勢力との支配／服属関係の定立と更新が、諸地域の有力集団を結節・維持する有効な新原理になったわけで、従来のように器物の保有[11]や累代的な首長墓の造営に自集団の結節・維持を仮託する必要性は大幅に後退することになったのである。

以上、本論では時空観と国家形成を考古学的に連繫する試論を展開した。しかし、考古学で観念をあつかうことにはやはり限界が多い。本論が今後、同種の研究の踏み台にでもなれば幸いである。

(1) 本節の検討内容については、旧稿〔下垣 二〇一一a・b〕をおおむね踏襲する。

(2) 本論では、考古学的な時期区分を使用する。各時期におおよその暦年代をあてると、弥生時代後期は一世紀〜二世紀半ば頃、末期が二世紀半ば〜三世紀前半、古墳時代前期が三世紀中頃〜四世紀後半、中期が四世紀末頃〜五世紀後半、後期が五世紀末頃〜七世紀初頭頃になる。

(3) 他方、「中河内・南大和の主導勢力」が政治的活動を積極的に推進しつつ、後期のうちに「畿内圏」すなわち「ヤマト国」を形成したとする構想がある〔岸本 二〇一四〕。しかし、いまや主要な根拠を失った「伝世鏡」と、肝腎の物証がほとんどない鍛冶炉の存在とを前提にした議論であり、考古資料の操作の点でとうてい承引できない。

(4) しかも、状況証拠からみて、これらは九州北部で長期保有されていたものが、畿内中枢勢力に吸収された可能性すらある〔下垣 二〇一六〕。

(5) 一二〇メートル以下・一四〇メートル前後・二一〇メートル前後が、それぞれ五〇〇尺・六〇〇尺・九〇〇尺に近似することは、墳丘の造営規模に規制があったことを暗示する。

(6) 本論では、畿内／畿外という空間観の摘出にとどめた。しかし、畿内中枢勢力が製作を管掌し、多彩なサイズの製品を配りわけることで、諸地域の有力集団を評価した倭製鏡の分布・副葬状況からすると、奈良盆地―畿内諸地域―瀬戸内中東部・東海西部・九州北部―それ以遠という、畿内中枢勢力の本拠地を核とするおおむね同心円的な空間観が、少なくとも当勢力内で醸成されていた可能性がある〔下垣 二〇一一a〕。

(7) 近年、後期中葉〜後葉頃に位置づけうるミヤケ関連遺構の検出事例が蓄積され、考古資料に立脚したミヤケ論も可能になりつつある〔日本考古学協会二〇一二年度福岡大会実行委員会編 二〇一二〕。

(8) 「首長墓系譜」とは、特定の小範囲に一定期間、継続して造営された「首長墓」群を指示する用語であり、「首長権」の継承および移動を究明する手がかりとして研究が活潑に推進されてきた。しかし「系譜」の語や、「代々の首長一族の墳墓群」という説明〔都出 一九八九〕からうかがえるように、この用語には「血縁的継承」が含意されており、当該期における「族長位」の非血縁的継承を明らかにした文献史の研究成果〔義江 二〇〇〇〕と齟齬をきたす。筆者は、中立的な「有力墓系列」なる用語が適切と考える〔下垣 二〇一二b〕が、混乱を避けるため本論では「首長墓系譜」の語を使用する。「首長墓」という用語も不適切と考えるが、同じ理由で便宜的に使用する。

（9）器物の授受・保有をつうじた時間間隔の覚知は、鏡に限定されなかっただろうが、そうした器物の抽出は今後の研究にゆだねられている。

（10）ただし、「強いて言えば古墳という構築物そのものが首長権の歴史性を支えるもの」だとの見方〔大平 二〇〇二a〕には、私見とつうじるものがある。

（11）国造任命において、畿内中枢勢力が国造が祭る鏡などの「神宝」を召しあげ、代わりの「宝器」が「大王」から賜与される儀礼がともなったとされる〔大津 一九九九〕が、このことも同一器物の長期保有を後退させる一因になったと考えうる。

〔引用文献〕

石母田正 一九七三『日本古代国家論 第一部』（岩波書店）
今津勝紀 二〇〇五「古代史研究におけるGIS・シミュレーションの可能性」（新納泉他著『シミュレーションによる人口変動と集落形成過程の研究』岡山大学文学部）
岩永省三 二〇〇三「古墳時代親族構造論と古代国家形成過程」（『九州大学総合研究博物館研究報告』一）
岩本崇 二〇〇四「副葬配置からみた三角縁神獣鏡と前期古墳」（『古代』一一六）
上田長生他 二〇一〇「座談会 歴史のなかの天皇陵」（高木博志他編『歴史のなかの天皇陵』思文閣出版）
上野祥史 二〇一二「金鈴塚古墳出土鏡と古墳時代後期の東国社会」（『金鈴塚古墳研究』一）
大賀克彦 二〇〇二「古墳時代の時期区分」（古川登編『小羽山古墳群』清水町教育委員会）
太田宏明 二〇一一『畿内政権と横穴式石室』（学生社）
大津透 一九九九『古代の天皇制』（岩波書店）
大平聡 二〇〇二a「「系譜様式論」と王権論」（『日本史研究』四七四）
大平聡 二〇〇二b「世襲王権の成立」（鈴木靖民編『日本の時代史』二、吉川弘文館）
笠井倭人 一九五三「上代紀年に関する新研究」（『史林』三六―四）
鎌田元一 二〇〇四「『古事記』崩年干支に関する二・三の問題」（『日本史研究』四九八）

鎌田元一　二〇〇六「暦と時間」（吉川真司他編『列島の古代史』七、岩波書店）
岸本直文　二〇一四「倭における国家形成と古墳時代開始のプロセス」（『国立歴史民俗博物館研究報告』一八五）
北康宏　二〇一〇「奈良平安時代における天皇陵古墳」（高木博志他編『歴史のなかの天皇陵』思文閣出版）
久住猛雄　二〇〇七「「博多湾貿易」の成立と解体」（『考古学研究』五三―四）
熊谷公男　一九八九「〝祖の名〟とウヂの構造」（関晃先生古稀記念会編『律令国家の構造』吉川弘文館）
小林行雄　一九五五「古墳の発生の歴史的意義」（『史林』三八―一）
酒井龍一　一九七八「弥生中期社会の形成」（『歴史公論』四―三）
佐々木高弘　一九八六「「畿内の四至」と各都城ネットワークから見た古代の領域認知」（『待兼山論叢』日本学篇二〇）
佐原眞　一九七〇「大和川と淀川」（坪井清足他編『古代の日本』五、角川書店）
鹿野塁　二〇一二「道路」（一瀬和夫他編『古墳時代の考古学』五、同成社）
下垣仁志　二〇一一a『古墳時代の王権構造』（吉川弘文館）
下垣仁志　二〇一一b「畿内」（『季刊考古学』一一七）
下垣仁志　二〇一二a「考古学からみた国家形成論」（『日本史研究』六〇〇）
下垣仁志　二〇一二b「古墳時代首長墓系譜論の系譜」（『考古学研究』五九―二）
下垣仁志　二〇一三「鏡の保有と「首長墓系譜」」（『立命館大学考古学論集』六）
下垣仁志　二〇一六「器物の保有と国家形成」（『国立歴史民俗博物館研究報告』）
白石太一郎　一九七八「日本神話と古墳文化」（『講座日本の神話』一二、有精堂出版）
白石太一郎　二〇〇九『考古学からみた倭国』（青木書店）
関雄二　二〇〇六『古代アンデス　権力の考古学』（京都大学学術出版会）
田中元浩　二〇〇五「畿内地域における古墳時代初頭土器群の成立と展開」（『日本考古学』二〇）
田中良之　一九九五『古墳時代親族構造の研究』（柏書房）
辻田淳一郎　二〇一二「雄略朝から磐井の乱に至る諸変動」（『日本考古学協会二〇一二年度福岡大会研究発表資料集』）
都出比呂志　一九八九「古墳が造られた時代」（都出編『古代史復元』六、講談社）

寺澤薫　一九八八「纒向型前方後円墳の築造」（森浩一編『同志社大学考古学シリーズ』Ⅳ、明文舍）
仁藤敦史　二〇一三「「記紀系譜」と古墳編年」（『季刊考古学』一二四）
日本考古学協会二〇一二年度福岡大会実行委員会編　二〇一二『日本考古学協会二〇一二年度福岡大会研究発表会資料』
野島永　二〇〇九『初期国家形成過程の鉄器文化』（雄山閣）
橋本達也　二〇一〇「古墳時代交流の豊後水道・日向灘ルート」（清家章編『弥生・古墳時代における太平洋ルートの文物交流と地域間関係の研究』高知大学人文社会科学系）
土生田純之　二〇〇六『古墳時代の政治と社会』（吉川弘文館）
坂靖　二〇〇九『古墳時代の遺跡学』（雄山閣）
菱田哲郎　二〇〇七『古代日本　国家形成の考古学』（京都大学学術出版会）
菱田哲郎　二〇一二「考古学からみた王権論」（土生田純之他編『古墳時代研究の現状と課題』下、同成社）
広瀬和雄　一九八八「大王墓の系譜とその特質（下）」（『考古学研究』三四―四）
古市晃　二〇一一「五・六世紀における王宮の存在形態」（『日本史研究』五八七）
古市晃　二〇一三「倭王権の支配構造とその展開」（『日本史研究』六〇六）
森岡秀人　二〇一一「近畿地域」（甲元眞之他編『講座日本の考古学』五、青木書店）
森下章司　一九九八「鏡の伝世」（『史林』八一―四）
義江明子　一九八五「古代の氏と共同体および家族」（『歴史評論』四二八）
義江明子　二〇〇〇『日本古代系譜様式論』（吉川弘文館）
若狭徹　二〇〇七『古墳時代の水利社会研究』（学生社）
和田晴吾　一九九二「群集墳と終末期古墳」（狩野久他編『新版古代の日本』五、角川書店）
和田晴吾　一九九四「古墳築造の諸段階と政治的階層構成」（荒木敏夫編『古代王権と交流』五、名著出版）
Earle, T. 1997. *How Chiefs Come to Power: The Political Economy in Prehistory*. California: Stanford University Press.
Hawkes, C. F. 1954. Archeological Theory and Method: Some Suggestions from the Old World. *American Anthropologist* 56: 151–68.

Mizoguchi, K. 2008. Nodes and edges: A network approach to hierarchisation and state formation in Japan. *Journal of Anthropological Archaeology* 28: 14–28.

古代日本の空間意識に関する覚書

門井直哉

一　東西に広がる世界

律令期の日本では国家の統治権が及ぶ範囲を「化内（けない）」、その外側の地域を「化外（けがい）」と称し、また「化外」には「隣国」「蕃国」「夷狄」の別があった。このうち「隣国」とは日本と対等な国家であり、すなわち唐を指す。「蕃国」とは日本に服属する国家であり、新羅・渤海などを指す。そして「夷狄」とは国家を形成しない民族集団であり、蝦夷・隼人などを指す。「隣国」「蕃国」の別は必ずしも現実の国際関係を反映したものではなかったが、日本は諸外国をこのように位置づけた。

いうまでもなく、こうした世界観のモデルは中国の華夷思想に求められる。古来中国では天命を受けた有徳の天子によって支配される地域を「中華」と称した。また、「中華」の外縁にあって天子の徳の及ばない異民族は東夷・南蛮・西戎・北狄と呼ばれ、「四夷」と総称された。しかし「四夷」もまた、やがては天子の徳よって教化され「中華」となりうる地域であり、このような世界全体が「天下」として観念された。そして現実の国際関係においても、「中華」を支配する皇帝は、「四夷」の国々の首長から朝貢を受け、その見返りとして彼らをその国の王として承認することにより、「天下」の主として君臨した。このように形成された古代東アジアにおける国際秩序は冊封体制と呼ばれている。

かつてはわが国もこうした冊封体制に組みこまれていた。このことは福岡県志賀島から出土した「漢委奴国王」の金印や、魏に朝貢した邪馬台国の卑弥呼が「親魏倭王」に封ぜられたとする魏志倭人伝の記事から知られるところである。倭国王が中国皇帝の冊封を受ける関係はその後、倭の五王（讃、珍、済、興、武）の時代にも続いていた。

しかし一方で、倭王武の上表文に「東は毛人を征すること五十五国、西は衆夷を服すること六十六国。渡りて海北を平ぐること九十五国[1]」とあること、また稲荷山古墳や江田船山古墳から出土した鉄剣に「治天下」の銘がみられることから、雄略朝の頃にはわが国独自の「天下」が構想されていた様子がうかがわれる。そして、大業三年（六〇七、推古一五）の遣隋使が持参した国書には「日出ずる処の天子、日没する処の天子に書を致す[2]」とあるように、推古朝になると冊封体制からの離脱を図り、中国と対等な意識をもって外交に臨もうとする姿勢が鮮明となる。冒頭に述べた律令期の日本の世界観はその延長に形成されたもので、いわば中国に対抗する日本型の華夷秩序とみることができよう。

一方、律令期以前のわが国では、世界の広がりを中国とは異なるイメージでとらえていたようでもある。そもそも中国においては古く「天円地方」という言葉があるように、天空は円形、大地は方形と考えられていた。大地は天帝の命を受けた天子が支配する世界であり、天子の居所が世界の中心となる。そして、そこから発せられる天子の徳もまた同心方格状に広がっていくものとされた。東西南北の各方面に夷狄を配する華夷秩序も、このような世界のイメージを基盤に成立している。

これに対して、細長い島孤に位置するわが国においては、国土やこれを含む全体としての世界を東西に二分してとらえる意識があった。たとえば『古事記』には小碓命（ヤマトタケル）が「東西の荒ぶる神と伏はぬ人等とを平げ」[3]たと記され、ヤマト王権の版図が東西に広がっていく様子がイメージされている。また前述の倭王武の上表文においても倭王はまず東と西の夷狄を征したとされていた。そこに南の記載はなく、北はあってもそれは西から派生したものであることに留意したい[4]。そしてよりマクロなスケールでも、遣隋使の国書に「日出ずる処」「日没する処」の表現がみられたように、わが国と中国は東西に対置されている[5]。このようにわが国においては世界とはまず東と西に広がるものとして認識されていた。

ところで記紀には「四方」（ヨモ）という表現も散見されるように、わが国においても四つの方面へと広がる世界のイメージがなかったわけではない。とくに崇神紀には皇太子選定の夢占で、兄・豊城命が「東」に向かって鉾を突き、刀を振るう夢をみたのに対し、弟・活目尊が「四方」に縄を引き渡し、粟を食す雀を追い払う夢をみたことから、豊城命には東国を統治させ、活目尊を皇太子とする話がみえる[6]。その文脈からして、ここにいう「四方」には東西南北の四方位の意味が含まれているとみてよいだろう。

一方、同じく崇神紀には「其れ群卿を選ひて四方に遣し、朕が憲を知らしめよ」として、いわゆる四道将軍が派遣されている[7]。しかし彼らの行き先はそれぞれ「北陸」「東海」「西道」「丹波」となっており、四道将軍のなかに南に向かった人物はいない。となれば、ここにいう「四方」とは東西南北の四方位とは結びつかない四つの方面、ないし漠然と周囲を意味するものと理解すべきであろう。

このことから考えるに、日本語でいう「四方」とは、元来、東西南北のような絶対方位を含意するものではなかったのではないだろうか。それは身体感覚から発するところの前後左右のような相対方位にかかわる概念であり、そこから周囲全体の意味が生じたのではないかと推察する。この場合、「四方」が示す方位は身体の向きによっていかようにも変わりうる。「四方」という言葉から本来イメージされる世界とは東西南北に向かって広がる世界ではなく、その時々の視点に応じて前後左右へと広がる世界であったのだろう。

二　東西南北の認識

東は古く「ヒムカシ」と訓まれ、日に向かうところを意味する。一方、西の語源は「イニシ」とする説があり[8]、日の往くところ、すなわち日の沈むところの意とされる。また南（ミナミ）と北（キタ）の語源に定説はないが、古く南は影面（カゲトモ）、北は背面（ソトモ）とも呼ばれ、それぞれ陽光の届く方向、陽光の届かない方向を意味する。これらの言葉が示すように、古代の日本人が太陽の運行を目安に東西南北の方位を識別していたことは明らかであろう。

なかでも太陽の出没地点を明確に特定しうる東・西は、南・北よりも容易に識別できたであろうことは想像に難くない。東西南北の四方位は、まず東・西が識別されて、次いで南・北が識別されるのである。日本でも古くは東西軸を主、南北軸を従とみる考えがあった。このことは成務紀に「東西を日縦と為し、南北を日横と為し[9]」と記されることからうかがえる。

もっとも、太陽の出没地点は季節ごとに変化している。したがって、東・西を単純に太陽の出没地点で識別するとすれば、東・西の示す方角は夏至にかけては北寄りに、冬至にかけては南寄りに移動することになる。しかし、それでは方位が定まらない。そこで年間を通じての太陽の出没ゾーンを東・西、これ以外のゾーンを南・北とするような方位認識が生じるのであろう[10]。

なお、人間が両目で同時に見ることのできる水平視野は一二〇度程度とされるが、この視野をもって太陽の出没する範囲を一つの方位ととらえるならば、東・西の範囲はさらに南・北寄りに六〇度ほど拡張することになる。おそらくはこのようにして東・西は南・北に優先し、ときに南・北を包摂しうる方位となりえたのではないかと推察する。

三　東の優位性

古代人は万物の恵みをもたらす太陽を神聖視した。あらゆる事物に神性を見いだし、それらを八百万の神と総称した日本においても、天照大神が皇祖神に位置づけられているように、太陽は王権をオーソライズする特別な存在であった。そして太陽を神聖視する思想は、その動きによって識別される東と西の方位におのずと非対称な関係を生むことになる。すなわち日の昇る東が上位、日の沈む西が下位として認識されるのである。

律令期以前のわが国にこうした方位観があったことを示す地理的な痕跡の一つには、奈良盆地を南北に併走する三本の計画道路があり、東から順に上ツ道・中ツ道・下ツ道と呼ばれている。これらの道は『日本書紀』の壬申の乱の記事に「上中下の道[11]」とみえる。

また、皇祖・天照大神を祭る伊勢神宮が王権の所在地である大和の東に位置することも、このような方位観と無関係ではないだろう。『日本書紀』によると、天照大神は崇神朝の頃、はじめ宮中に祭られていたが、その勢威が畏れられて、のちに笠縫邑（かさぬいのむら）へと遷された[12]。そして垂仁朝の頃、宇陀・近江・美濃を転々とし、最終的に伊勢の地に鎮座することになったという[13]。むろん、こうした所伝をそのまま史実とみることはできない。しかし、ある時期に皇祖神が王権の地から東方に遷されたという歴史的事実が含まれている可能性があり、岡田精司によるとそのある時期とは雄略朝とされる[14]。雄略朝は大和の有力豪族・葛城氏が没落し、王権が強化された時代であった。また前述のようにわが国独自の「天下」が構想され始めた時代でもあった。そのような時代に大王家の奉じた神が諸豪族の奉じる神々の頂点に立つ神へと昇格し、そして皇祖神を祭るにふさわしい土地、それが聖なる東の方位にある伊勢の地に求められたのである。

一方、大和からみて西の方面には大国主命を祭る出雲大社が存在することにも注目したい。出雲大社は『日本書紀』の一書に「天日隅宮（あまのひすみのみや）」と記されるように(15)、ヒノスミ、すなわち西の辺地にある宮という認識があった。そして、そこに祭られる大国主命は、『古事記』では天照大神の意向を受けて高天原から遣わされた建御雷神（たけみかづちのかみ）に葦原の中つ国を譲った神として登場する。国譲り神話には高天原と葦原の中つ国という垂直方向の対立構造があるが、それは換言すれば聖なる世界と俗なる世界の対立である。そして、このような対立構造を水平方向へと投影した場所、それが東の伊勢と西の出雲であった(16)。記紀神話において出雲がかくも重要な舞台としてあらわれるのは、現実に王権に抵抗する勢力がそこにあったということよりも、むしろ出雲が王権の地・大和からみて西にあるという地理的事実が重視されたためであろう。つまり葦原の中つ国とは俗なる世界として聖なる高天原に対置されるべきものであり、その象徴とされたのが出雲の地であったのである(17)。

さらにマクロなスケールでみるならば、「日本」という国号もまた東を神聖視する方位観と分かちがたく結びついた呼称とみることができる。大宝令に初見する「日本」という国号については『旧唐書』に「其の国日の辺に在るを以て、故に日本を以て名と為す。或いは曰ふ倭国自ら其の名の雅ならざるを悪（にく）み、改めて日本と為す」とその由来が記されている(18)。「日本」とは国土が太陽の側、すなわち東にあること、また「倭国」という古称をみずから嫌い、美称として名付けたものだという。おそらく「日本」という国号を採用した背景には、自国を中国の華夷秩序の外に置き、東を神聖視する方位観によって自国の自立性・優位性を暗に示す思惑もあったのだろう。

では、そのような国号が中国側に問題なく受け入れられたのはなぜなのか。それは北極星を重視する「天下」観をもつ中国からすれば、日の出の方位にあるという「日本」の由来の説明に他意を認めなかったからではあるまいか。思えば、かつて遣隋使の国書が「蛮夷の書、無礼なる者有り」と煬帝の怒りをかうことになったのは、隋を「日没する処」としたことではなく、むしろ倭国の君主に「天子」の称号を用いたこと(19)、すなわち中国皇帝が治める唯一の「天下」を否定し、二つの「天下」の存在を表明したためであった。この点、「日本」という国号そのものは中国的な世界観を真っ向から否定するものではなかったのである。

ところで、「日本」と同じく律令国家の形成過程で成立した呼称に「天皇」という君主号がある。[20] その由来については北極星を神格化した道教の最高神「天皇大帝」に由来するという説がある。[21] これに従うならば、やはり北極星を神格化した存在とされる天帝の命を受け天下を統治する中国皇帝よりも、日本の君主は優位に立つことになる。「天皇」を君主号として採用した背景には、国号「日本」の場合と同様、中国皇帝の権威を相対化し、自国の優位性を示す狙いがあったのだろう。

もっとも、開元二四年（七三六）の唐の国書には「日本国王主明楽美御徳」とあるように、中国側は日本の君主を「国王」と呼んでいる。[22] これは「天皇」号が唐に受け入れられなかったというよりも、そもそも日本側が「天皇」という表記を用いず、「スメラミコト」という和語を姓名に擬して伝えていた可能性をみるべきであろう。[23] それは唐との決定的な対立を回避するためであったと考えられる。

その点、「日本」という国号は中国的な世界観と共存することが可能であり、唐に対しても堂々と表明することができた。「日本」という国号は、中国的な世界観に寄り添いながら、精神的には中国と対等以上の立場にあろうとする自意識を満足させうる呼称であったのであろう。

四　東征のイデオロギー

『古事記』では高天原から天孫・番能邇邇芸命（ほのににぎのみこと）が「竺紫の日向の高千穂のくじふるたけ」に降臨し、「此地は韓国に向ひ、笠沙の御前を真来通りて、朝日の直刺す国、夕日の日照る国ぞ。故、此地は甚吉き地」と述べ、日向に宮処を定めたとされる。そして番能邇邇芸命より三代後の神倭伊波礼毘古命（かむやまといはれびこのみこと）、すなわち神武天皇は「何地に坐さば、平けく天の下の政を聞こし看さむ。猶東に行かむと思ふ」と述べて日向を発ち、各地の勢力を服属させ、最終的には大和に入り畝火の白檮原宮で「天の下」を治めたとされる。

神武天皇の東征伝承については、従来、九州から大和への政治勢力の移動といった何らかの歴史的事実を反映したものとみる向きもある。しかし、奈良県・纒向遺跡や箸墓古墳に関する考古学的知見を踏まえるならば、やはりヤマト王権は奈良盆地において発生し、全国へと勢力を拡大していったとみるのが妥当であろう。西郷信綱は神武東征伝承とは国覓ぎ、すなわち都とすべき吉き地を求める即位儀礼の物語化であったと説くが[24]、当を得た指摘と考える。

それにしても、なぜ神武天皇は日向から大和へと移動しなければならなかったのか。「天の下」を統治するのに相応しい土地を求めるためにせよ、それがなぜ東への移動として語られなければならなかったのか。案ずるに、それはみずからを「日の御子」と位置づける王権にとって、日の出の方位である「東」の世界を掌握することが王権の正統性の源泉であり、宿命と考えたからではないだろうか。

西郷は、そもそも番能邇邇芸命が国譲りの舞台となった出雲でも王権の発祥地である大和でもなく、国土の西南端に位置する日向に降り立ったのは、そこがヒムカと呼ばれた土地であり、文字通り日に向かう土地であったからとしている[25]。とはいえ日向はただ単なる地名の付会によって天孫降臨の地に選ばれたわけではあるまい。千田稔が指摘するような天皇家の母系に連なる海人族の文化が黒潮に乗って南九州から東へと伝播していったという歴史的記憶もその下地となった可能性があろう[26]。

もっとも、海人族の文化的ルーツはさらに南西諸島方面へと遡る。南九州は必ずしも伝播の起点となっていたわけではない。だとすれば、天孫降臨の地に日向が選ばれたのは、かの地が記紀編纂時における国土の西南端に位置するという地理的事実にこそ重要な意味があったとみるべきであろう。

ただし、日向の地は『古事記』の文脈においてはじめから国土の西南端として現れるわけではない。番能邇邇芸命が日向の地を「朝日の直刺す国、夕日の日照る国ぞ」と評したように、少なくとも天孫降臨の場面において日向は朝日の昇る「東」と夕日の沈む「西」の中間にある世界の中心として意識されている。

また番能邇邇芸命が「此地は韓国に向ひ、笠沙の御前を真来通り」と述べていることにも注目したい。天孫降臨の場面で「韓国」が言及されているのは、朝鮮半島の諸国がヤマト王権に服属すべき蕃国と考えられていたことと関係があるのだろう。

一方、「笠沙の御前」とは野間半島の古称である。野間半島周辺は律令期には薩摩国阿多郡に属したが、そこは阿多隼人の居住地であった。『古事記』では番能邇邇芸命は「笠沙の御前」で大山津見神の娘・神阿多都比売（コノハナサクヤヒメ）と出会って結婚する。この神阿多津姫はその名からして阿多の地の女神であることは明らかである。そうして生まれた第一子が阿多隼人の祖となった火照命（海幸彦）であり、第三子が神武の祖父となる火遠理命（山幸彦）であった。やがて火照命は火遠理命を攻めるが、逆に制裁を受けて火遠理命への服属を誓うことになる。「笠沙の御前」はこうした阿多隼人の王権への服属譚を示すため、その伏線として天孫降臨の場面で言及されたのであろう。

こうしてみると、蕃国と夷狄を従えた日本（倭国）という構図は早くも天孫降臨の場面で示されていることがわかる。さらに「韓国」と「笠沙の御前」は「日向の高千穂のくじふるたけ」の北と西にあり、日向より東の世界はここで言及されていない。つまり日向が国土の西南端に位置するという認識は、少なくとも『古事記』の天孫降臨の場面からはうかがうことができないのである。ここでは日向こそが「天の下」の中心かつ「東」のフロンティアであり、これと対置されるのが「西」にある夷狄と蕃国であった。番能邇邇芸命が発した言葉には、日本的な華夷秩序による世界観が凝縮されているのである。

となれば、天孫降臨の地が日向に設定された理由もおのずとみえてこよう。それは現実には国土の西南端に位置する日向の地を、「日の御子」が統治する「東」の世界の始まりとせんがためであった。そして「東」のフロンティアは、その後、神武の東征によって現実の王権所在地である大和に遷ることになる。神武の東征は神話の世界を現実の世界へと引き寄せるために必要なストーリーであったのである。と同時に、神武の東征は「日の御子」の統治する世界が東方へと拡張されるべきものであることをも示唆している。それは『古事記』が編纂された当時も進行していた蝦夷討伐を正当化するために必要なストーリーであったのだろう。

なお『古事記』では神武天皇ののち、孝霊朝に吉備国が平定され、崇神朝に高志道と東方十二道、および旦波国が平定されることになる。そして景行朝に小碓命が熊襲健・出雲健を討伐し、再度、東方十二道の平定に赴く話がみえる。このように『古事記』はあたかも現実の歴史的記憶をたどるかのように、大和を中心に王権の版図が全国へ拡大していく様子を記述する。とくに注目したいのは、小碓命が伊勢神宮に奉仕する姨の倭比売より西征に際しては衣裳を、東征に際しては草那芸剣と嚢を授かっているように、その遠征が天照大神の加護を受けながら熊襲・出雲・東方十二道の順に、すなわち西から東へと進行している点である。つまり小碓命の征討譚とは神武の東征が大和のさらに東方へ拡張する形で再現されたものとして読むことができよう。そうして景行朝に夷狄を従え、大八島国の支配が達成されたとするのが『古事記』の歴史観であった。

そして仲哀天皇が崩じた後には、大后・息長帯日売（おきながたらしひめ）（神功皇后）によって朝鮮征伐がなされ、新羅・百済が日本に従うことになる。この朝鮮征伐もまた天照大神の御心に従って実行されたものであったことに注意したい。ここに「西」の蕃国が「東」の日本（倭国）に従う構図が実現することになるのである。

五 「日高見」の東遷

東を神聖視する方位観が「日本」という国号を生み出したことについては先に述べたが、これに類する地理的呼称に「日高見」がある。ところが、「日高見」が示す場所は史料によって異なっている。

たとえば『延喜式』祝詞・大祓詞には「此く依さし奉りし四方の国中と　大倭日高見之国を安国と定め奉りて」という文言がみえる。ここでの「日高見之国」が大和を意味することはいうまでもない。ところが、景行紀には「東夷の中に、日高見国有り」[27]、「蝦夷既に平ぎ、日高見国より還りて、西南常陸を歴て、甲斐国に至りたまひ、酒折宮に居します」[28]などの用例があり、これらは陸奥の某所を指すものと解される。一方、『常陸国風土記』逸文は信太郡を「この地はもと日高見の国なり」[29]と記しており、別の逸文も信太郡の古称を「日高の国」[30]としている。

このように「日高見」が示す場所が異なるのはなぜなのか。それは「日高見」という呼称がそもそも特定の場所を示す地名ではなく、太陽の出る方向、すなわち東方の地を意味する呼称であり、王権の版図拡大とともに東進していく性質のものであったからであろう。[31]

また、先に引用した景行紀の続きには「日高見国」が「亦土地沃壌にして曠し」[32]と評されていることも注目したい。ここでは「日高見」が理想郷として語られている。大祓詞で「四方の国中」にあるという大和が「日高見」と呼ばれているのも、大和が日向から発して東方へと向かった建国神話における国覓ぎの終着地であったからであろう。[33]つまり、「日高見」とはある時期の東のフロンティアに用いられた美称と考えられるのである。

常陸国信太郡が「もと日高見の国なり」と記されているのも、かの地がある時期の東のフロンティアに位置する理想郷とみなされていたからにほかならない。そして、「日高見」の地は理想郷であったがゆえに、ひとたび王権の支配下に組み込まれれば、新たな「日高見」の地がより遠方に求められることになったのであろう。

六　「東」の二面性

古代日本人は「東」を聖なる方位とみなした。しかしその一方で、「東」は「西」と同じく王権に服属する土地でもあった。こうした現実的な政治関係においては、王権の地が上位と意識され、地方である「東」は「西」とともに下位に置かれることになる。

王権の地を上位とみる意識が古くよりあったことは、上野・下野や上総・下総のような国名の存在からもうかがい知ることができる。これらはそれぞれ毛野・総と呼ばれた地域を交通路を軸に分割し、王権の地に近い側を「上つ毛野」「上つ総」、遠い側を「下つ毛野」「下つ総」と名付けたものであった。

なお、毛野が上・下に分割された時期は仁徳朝と伝えられているが[34]、総の分割時期については定かでない。ただし、『常陸国風土記』総記には「難波の長柄の豊前の大宮に臨軒しめしし天皇の世に至りて、高向の臣・中臣の幡織田の連等を遣はして、坂より已東の国を惣領めしめたまひき。時に、我姫の道、分けて八つの国と為し、常陸の国は、その一つに据ゑたまふ」とある。ここにみえる「八つの国」は通説では相模・武蔵・上総・下総・上野・下野・常陸・陸奥の八国を意味するものと理解されている。これに従うならば、上総・下総も少なくとも大化の頃には成立していたことになろう。

また、律令期の上総国と下総国には海上(うなかみ)郡という同名の郡が存在するが、両郡は「国造本紀」にみえる上海上国造・下海上国造の本拠地であり、古くは上海上・下海上と呼ばれたものと考えられる。ここでもまた王権の地に近い方が上、遠い方が下とされた。

これらの地名からは王権の地を頂点とし、そこから離れるにしたがって下へと向かっていく空間意識を読み取ることができる。王権にとって日の出の方位である「東」とは王権をオーソライズする方位であり、「東」は

「西」に優越する上位の方位であった。しかし一方で「東」は王権に服属する土地でもあり、その意味では「西」と同様に、中央に対しては下位に位置づけられる方位でもあった。

七 「東」と「鄙」

雄略記にみえる次の歌にも注目しておきたい。(35)

纏向の　日代の宮は　朝日の　日照る宮　夕日の　日光る宮　竹の根の　根足る宮　木の根の　根延ふ宮
八百土よし　い杵築きの宮　真木栄く　檜の御門　新嘗屋に　生ひ立てる　百足る　槻が枝は　上つ枝は
天を覆へり　中つ枝は　東を覆へり　下枝は　鄙を覆へり　上つ枝の　枝の末葉は　中つ枝に　落ち触らば
へ　中つ枝の　枝の末葉は　下つ枝に　落ち触らばへ　下枝の　枝の末葉は　在り衣の　三重の子が　捧が
せる　瑞玉盞に　浮きし脂　落ちなづさひ　水こをろこをろに　是しも　あやに畏し　高光る　日の御子
事の　語り言も　是をば

この歌は長谷(はつせ)の百枝槻(ももえつき)の下で催された酒宴で粗相を天皇に咎められた三重の采女が、命乞いをする場面で詠まれたものである。ただし歌の冒頭にみえる「纏向の　日代の宮」とは景行天皇の宮殿であり、歌の内容も大八島国の平定を果たした景行天皇を賞賛するものとなっている。三重の采女は「纏向の　日代の宮」の「百足る　槻が枝」を長谷の百枝槻に重ねることによって、雄略天皇の治世が景行天皇の実現した世界を受け継ぎ、それを充足するものであることを歌おうとしたと理解されている。(36)

さて、この歌で注目すべきは、宮殿にある槻木が上・中・下に枝を延ばし、それぞれ「天」「東」「鄙」（原文は「阿米」「阿豆麻」「比那」）を覆うとされている点である。なお『万葉集』には「天離る鄙」という表現が多くみられるように、「鄙」は「天」と対をなしている。「天」が都だとすれば、「鄙」はそこから離れた田舎や辺境を意味することになる。ただし、三重の采女の歌には「天」「鄙」に加えて「東」もあり、しかも「東」は「鄙」よりも上位にある。本来は「東」も「鄙」に含まれるはずだが、「東」を格別とする意識があったのだろう。

前述のように雄略朝は日本独自の「天下」観の形成が認められる時代であった。この頃には王権の勢力が九州地方から今日の関東地方にまで及んでいたが、なかでも東国は伴造的国造が広く分布し、王権に対する従属性の強い地域であった[37]。東国は王権の支持基盤であり、律令時代に防人が遠江・信濃以東の国々から徴発されたことも、おそらくはそうした伝統を背景としているのだろう。「東」を「鄙」の上位に置く空間意識は、こうした現実の政治関係を踏まえて形成されたものと考える。

八　神社の配置

三重の采女の歌にみられる空間意識は、律令時代に神郡が設けられた神社の配置にもうかがわれる。それらの神社とは、すなわち常陸国の鹿島神宮、下総国の香取神宮、安房国の安房神社、伊勢国の伊勢神宮、紀伊国の日前・国懸神宮、出雲国の熊野大社と出雲大社、筑前国の宗像大社である[38]。

このうち伊勢神宮と出雲大社の関係についてはすでに述べたが、三重の采女の歌にみえる槻木の構造に当てはめるならば、天照大神を祭る伊勢神宮は「天」、大国主命を祭る出雲大社は「鄙」に対応することになろう。なお、出雲大社に奉仕した出雲国造は櫛御気野命（くしみけぬのみこと）を祭る熊野大社にも奉仕し、また『出雲国風土記』意宇郡条によれば両社は神戸を共有するなど密接な関係にあった。よって熊野大社もまた「鄙」に対応させることができよう。

日前・国懸神宮は天照大神の前魂とされる鏡（日像鏡・日矛鏡）を祭る神社で[39]、伊勢神宮とともに神階が与えられない別格の神社であった。したがって日前・国懸神宮は「天」に対応することになろう。なお日前はヒノクマと訓み、日没の方位にかかわることにも注目したい。伊勢神宮と日前・国懸神宮は、王権の地・大和の東西にあって「天」を象徴する神社とみることができる。

そして国譲り神話で活躍した建御雷神を祭る鹿島神宮は「東」に対応する。なお、日本列島は鹿島神宮にほど近い銚子付近で北に折れ曲がる。当地周辺は冬至の頃、日本列島で最も早く海の向こうに昇り来る太陽を望む場所にもなっている。鹿島神宮はいわば東の最果てに位置する神社でもあった。

鹿島神宮の南西約一三キロにある香取神宮もまた、『日本書紀』で武甕槌神（建御雷神）とともに国譲りで活躍したとされる経津主神を祭る神社である。(40)香取神宮は鹿島神宮とペアの関係にあり、両社はともに王権を支える「東」を象徴する神社であった。(41)

房総半島の南端にある安房神社は忌部氏の祖神・天太玉命を祭神とする。記紀および『古語拾遺』によると、天太玉命は天照大神の岩戸隠れの際に、中臣氏の祖神・天児屋命とともに神事を行い、天孫降臨にも随行した神と伝えられている。忌部氏は天児屋命を祖とする中臣氏とともに祭祀を職掌として朝廷に仕えた氏族であった。また『古語拾遺』によると、その昔、天太玉命の孫・天富命に率いられた四国・阿波の忌部が麻・穀の繁殖に適した良地を求めて当地にたどり着き、そこに住み着いたことが安房の郡名の由来となり、また天富命が当地に天太玉命を祭ったのが安房神社の始まりとされている。

ただし、安房神社の祭神が忌部氏の祖神・天太玉命となると、「国造本紀」が阿波（安房）国造の姓を大伴直としている点が気にかかる。大伴氏が神郡である安房郡の郡司職と安房神社の神職を兼ねていたならば、大伴氏は他の氏族の祖神を祭っていたことになるからである。

これに関連して注目したいのは、『本朝月令』所引の「高橋氏文」に上総国の安房大神が大膳職に御食神として祭られているとする記事がみえることである。高橋氏は内膳司の奉膳を世襲した氏族であり、天武朝以前には膳臣を姓としていた。その遠祖・磐鹿六雁は景行天皇の上総行幸の際、淡水門での供膳の功によって膳大伴部を賜ったとされ[42]、また景行天皇は全国から人を割いて「大伴部」と名付けて六雁に与えるとともに、「諸の氏人、東方諸国造十二氏」の子弟を膳夫として六雁に統率させたという[43]。阿波国造との関係からしても、安房神社は本来、御食神とされた土着の神・安房大神を祭神とした可能性が高いのではないだろうか。

だとすれば、安房郡が神郡と位置づけられた理由もより鮮明となる。それは安房神社が「食」の面において王権を支える神を祭る神社であったからであろう[44]。安房神社は鹿島神宮と香取神宮とともに「東」を象徴する神社であったのである[45]。

そして、宗像大社は天照大神と須佐之男命の誓約によって誕生した宗像三女神（多紀理毘売命・市寸島比売命・田寸津比売命）を祭神とする。宗像三女神は玄界灘の沖ノ島・大島と九州本土に祭られ、それぞれ奥津宮・中津宮・辺津宮と呼ばれている。『日本書紀』の一書によると、日神によって筑紫に下された宗像三女神は「汝三神、道中に降り居て、天孫を助け奉りて、天孫の為に祭られよ」と命ぜられたという[46]。なお、ここにみえる「道中」とは別の一書では「海の北の道中」とあり、北九州から朝鮮半島に渡る道中を指している[47]。また雄略紀には天皇が使者を派遣して宗像神を祭り、その後、宗像神の神託によって新羅親征が中止されたという話もみえる[48]。宗像三女神は朝鮮半島への航路の守り神であり、三女神を祭る宗像大社は国土の西辺に位置する「鄙」を象徴する神社であった。

以上のように、律令期に神郡が設定されていた神社の配置は、三重の采女の歌にみられた「天」「東」「鄙」からなる三層構造の空間意識に対応させてみることができる。律令期の日本では都の近傍諸国を畿内とし、その外側の国々を畿外とした。この地理区分には、「天」と「鄙」という二層構造の空間意識が投影されている。しかし、伝統的な三層構造の空間意識もこれらの神社や神郡の配置によって国土の中に刻印されていたのである。

九　都城と方位観

前述のように、わが国では太陽の昇る東を神聖視し、東西を主軸とみなす伝統があった。ただし太陽の運行にもとづく東西の認識には振れ幅があり、しばしば南北が東西に包摂されることもあった。その一方で、推古朝の頃までには大陸から正方位の測定技術が伝わり、六世紀末から七世紀にかけて飛鳥や難波において正方位をとる寺院、宮殿、道路などが出現するようになる。とくに南を正面として造営されたとみられる推古天皇の小墾田宮は、「天子南面」思想の受容とのかかわりにおいて注目されよう。

また、『日本書紀』は皇極朝の飛鳥板蓋宮や天武朝の飛鳥浄御原宮に「大極殿」という名の殿舎が存在したことを伝えている。[49]「大極」が「太極」のことで、北極星を意味するとすれば、「大極殿」の存在は皇極朝や天武朝の頃には王権と北極星との結びつきが意識されていたことを物語る。[50] 前述のように「天皇」という君主号が天武朝の頃には成立していたことも想起したい。

そしてわが国初の本格的都城として天武朝に着工され、持統朝に完成をみた藤原京は、『周礼』考工記に示される都市の理想型に範を求めたものといわれている。その都市プランは天帝の命を受けた天子が方形の大地の中心にあり、天下を支配する姿を表している。藤原京は中国的な王権思想と世界観を地表に投影した都市であった。[51]

このように総じて七世紀は、わが国に正方位の観念や北極星を重視する中国的な世界観がもたらされ、定着をみた時代であった。とはいえ、そのことによってわが国の伝統的な方位観が直ちに変化するようなことはなかった。このことは『万葉集』の「藤原宮の御井の歌」（巻一―五二）に依然として「日の経（たて）」「日の緯（よこ）」という表現が用いられていることからも明らかであろう。

また、藤原宮が香具山を東に望むようにして造営されていることにも注目したい。藤原宮をとりまく大和三山

（香具山・耳成山・畝傍山）のなかでは、香具山のみが「天」を付して「天の香具山」と呼ばれることがある。それは『伊予国風土記』逸文が香具山を天から降ってきた山と伝えているように、香具山が王権のより所である高天原と結びつく聖なる山と認識されていたからにほかならない[52]。この表現は古くは舒明天皇の御製[53]にみえ、その後も持統天皇の御製[54]や柿本人麻呂歌集の収載歌[55]に現れる。藤原京の成立後も香具山が聖なる山としての地位を失うことはなかったのである。

また伊勢神宮の起源が雄略朝に推定されることについては前述したが、皇女が天照大神に奉仕する斎王の制度は天武朝に確立し[56]、式年遷宮の制度も天武朝に発意され持統朝に始まったという[57]。天武・持統朝は王権の地・大和の東に位置する伊勢神宮に関わる諸制度が拡充整備された時期であった。このように正方位を取り入れ、王権と北極星との関係が意識されるようになっても、なお東は聖なる方位として重視され続けたのである。

ところで、南北を経（タテ）、東西を緯（ヨコ）とする中国の方位観[58]は本来わが国の伝統的な方位観とは相容れないはずのものである。にもかかわらず、わが国が「天子南面」思想を受容し、中国的な世界観を体現する藤原京のような都城を造営しえたのはなぜなのか。それはおそらく、天子の宮処の南側に朝廷、北側に市場を配置することを『周礼』が「面朝後市」と表現するように、南北は上下（北が上、南が下）としてではなく、前後としてとらえられたからであろう。また『周礼』には「左祖右社」という理念も示されているが、ここにいう左と右とは南面する天子の左と右であり、東と西を意味する。つまり南北と東西は南面する天子の視線を基準として前後と左右に置き換えられるのである。さらに、『周礼』では「前」「左」が「後」「右」に優先して記されている点にも注意したい。つまり天子からみてより重要な方位として意識されるのは南と東であった[59]。となれば、『周礼』の方位観は、太陽を神聖視するわが国の伝統に必ずしも反するものではない。『周礼』の都城理念はわが国においても十分に受け入れ可能なものであったのである。

なお今日、北に進むことを「北上」と表現するが、その用例は平安初期に初出するようである。[60]また一二世紀末頃には奈良盆地南部を東西に走る古道（いわゆる「横大路」）を「横路」と呼ぶ事例が現れている。[61]これらの事実は、わが国でもいつしか南北をタテ、東西をヨコとみなし、北を上とする認識が生じていたことを示している。

こうした方位観の変化の背景には、まずは北極星を祭る北辰信仰の普及が考えられるだろう。[62]さらに都城との関わりからいえば、宮を京域の北辺に配置するようになった平城京以降の都城のあり方も影響した可能性が考えられる。また、平城京以降の都城が藤原京のような南高北低の地勢ではなく、南低北高の地勢に立地するようになったこと、さらには藤原京以降、平城京・長岡京・平安京と、徐々に北へと都城が移動していったことなどもそうした方位観の形成を促したのではないかと推察する。

もっとも、東西がヨコとみなされるようになっても、なお太陽の昇る東は西よりも上位として意識されたはずである。さらに注目したいのは、天武朝ないし持統朝に始まったとされる大嘗祭において神饌を貢納する悠紀国・主基国の選び方である。これらは元来、東国・西国の別なく二ヶ国が選定されていたが、八世紀後半の光仁天皇以降、悠紀国は東国から、主基国は西国から選定されるようになっている。悠紀（ユキ）・主基（スキ）の語義を「聖域」「副次」の意とする説[63]に従うならば、東を重視する意識は奈良時代後半から平安時代にかけてより強化された側面もあったことになろう。律令時代のわが国では中国的な方位観の影響を受けて伝統的な方位観に変化も生じていたが、その一方で東を重視する意識は根強く残されていたのである。

（1）『宋書』倭国伝。

（2）『隋書』倭国伝。

（3）『古事記』景行天皇段。

(4) 記紀には新羅や百済・任那について「西の方」(『古事記』仲哀天皇段)、「西蕃」(『日本書紀』仲哀九年一〇月三日条、神功皇后四九年三月条、神功皇后五一年三月条、欽明九年四月三日条、欽明一三年一〇月条)、「西土」(『日本書紀』雄略九年三月条)、「海西の諸韓」(『日本書紀』神功皇后五〇年五月条)、「海西の諸国」(『日本書紀』欽明五年二月条、同五年三月条)、「海西の蕃国」(『日本書紀』欽明一六年二月条)などの表現がみえる。

(5) 『日本書紀』では魏の武帝・文帝、周の成王、漢の明帝が「西土の君」と称されている(大化二年三月二二日条、白雉元年二月一五日条)。

(6) 『日本書紀』崇神四八年正月一〇日条。

(7) 『日本書紀』崇神一〇年七月二四日条。なお、同様の記事は『古事記』崇神天皇段にもみえるが、『古事記』での派遣先は「高志道」「東方十二道」「旦波国」の三方面となっている。

(8) 『日本釈名』『和訓栞』などによる。

(9) 『日本書紀』成務五年九月条。

(10) 冬至・夏至の太陽出没地点をもって東・西と南・北との境とする考えは『淮南子』天文訓にもみえ、「日冬至、日出東南維、入西南維。至春秋分、日出東中、入西中。夏至、出東北維、入西北維」と記されている。

(11) 『日本書紀』天武元年七月是日条。

(12) 『日本書紀』崇神六年条。

(13) 『日本書紀』垂仁二五年三月一〇日条。

(14) 岡田精司は垂仁紀の一書が天照大神の伊勢遷座の年を丁巳年と記すことに注目し、その実年代を倭王・武が宋に上表文を送った西暦四七七年のことと推定する(岡田精司『古代王権の祭祀と神話』塙書房、一九七〇年。同『神社の古代史』大阪書籍、一九八五年)。

(15) 『日本書紀』神代下(第九段)一書第二。

(16) 西郷信綱『古事記の世界』(岩波書店、一九六七年)。荒川紘『日本人の宇宙観』(紀伊国屋書店、二〇〇一年)など。

(17) 『出雲国風土記』総記には「国の大体は震を首とし坤を尾とす。東と南とは山にして、西と北とは海に属けり」とある。ここには出雲の地勢は東から南西へと流れ、西には海が広がるとの認識がみえる。実際の国土は九州方面にまで伸びているので、出雲は国土の西端ではありえない。しかし、海を西にみる出雲の地は古代人の感覚では西の最果ての地となりえたのであろう。

(18)『旧唐書』東夷伝。

(19) 徐先堯「隋倭国交の対等性について」(『文化』二九—二、一九六五年)。東野治之『遣唐使と正倉院』(岩波書店、一九九二年)など。

(20)「天皇」号の使用時期については、奈良県・飛鳥池遺跡から出土した「天皇」銘木簡の年代観から、少なくとも天武朝に遡ることは確実視されている。ただし、「天皇」号の成立時期については推古朝～天武朝の間で諸説ある。

(21) 福永光司『道教と古代日本』(人文書院、一九八七年)。

(22)『曲江集』巻一二。

(23) 森公章『古代日本の対外認識と通交』(吉川弘文館、一九九八年)。

(24) 注(16)西郷書。

(25) 注(16)西郷書。

(26) 千田稔『王権の海』(角川書店、一九九八年)。

(27)『日本書紀』景行二七年二月一二日条。

(28)『日本書記』景行四〇年是歳条。

(29)『釈日本紀』所引『常陸国風土記』逸文。

(30)『万葉集註釈』所引『常陸国風土記』逸文。

(31) 松村武雄『日本神話の研究』第一巻(培風館、一九五四年)。『日本書紀(二)』(岩波書店、一九九四年)補注(巻第七)「日高見国」。

(32)『日本書紀』景行二七年二月一二日条。

(33)『日本書紀』では神武東征に先だって天皇に都とすべき場所を問われた塩土老爺が「東に美地有り。青山四周れり」と応じている(『日本書紀』神武即位前紀)。

(34)「国造本紀」下毛野国造の項に「難波高津朝御世。元毛野国分為二上下一。豊城命四世孫奈良別。初定二賜国造一」とある。

(35)『古事記』雄略段。

(36)『新編日本古典文学全集一・古事記』(小学館、一九九七年)頭注。

(37)井上光貞『日本古代国家の研究』(岩波書店、一九六五年)。

(38)『令集解』選叙令同司主典条の令釈がひく養老七年(七二三)一一月一六日太政官処分により八神郡の存在が確認できる。なお、伊勢国度会郡・多気郡および常陸国鹿島郡が神郡として成立した時期は大化五年(六四九)と伝られるが(『神宮雑例集』『常陸国風土記』)、その他の神郡の成立時期は不明である。

(39)『古語拾遺』は天照大神の岩戸隠れの際、石凝姥につくらせた日の像の鏡のうち最初にできた鏡が日前神で、次にできた美麗な鏡が伊勢大神であると伝える。一方、『日本書紀』は天照大神の像をうつした神が日前神であるとする(『日本書紀』神代上(第七段)一書第一)。

(40)香取神宮の祭神を経津主命とするのは『古語拾遺』が初見であり、元来の祭神は『日本書紀』にみえる「斎の大人」(『日本書紀』神代下(第九段)一書第二)とする説もある(注(14)岡田『神社の古代史』)。

(41)なお、『延喜式』神名帳のなかで「神宮」と表記される神社は、「大神宮」とある伊勢神宮の他は香取神宮と鹿島神宮に限られている。

(42)『日本書紀』景行五三年一〇月条。

(43)『本朝月令』所引「高橋氏文」。なお『政治要略』所引の「高橋氏文」は、磐鹿六雁の死後、その子孫は永く膳職の長および上総国・淡(安房)国の長に定められたとしている。しかし、安房国の成立は養老二年(七一八)のことなので、この記事の信憑性には問題があろう。

(44)越前国の気比神宮もその祭神・伊奢沙和気が太子時代の応神天皇にイルカを賜ったことにより「御食津大神」と称されたという由緒をもつ(『古事記』仲哀天皇段)。しかし、同社のある敦賀郡は神郡ではなかった。気比神宮が安房神社と同じく王権と関わる御食神を祭りながら神郡をもちえなかったのは、気比神宮が「東」の地になかったことにもよるのであろう。

(45)房総半島の野島崎沖や犬吠埼沖は古来、海上交通の難所であり、江戸時代の東廻海運も当初は銚子から利根川に入り、房総半島沖の航海を回避していた。そのような意味では、安房郡もまた鹿島郡・香取郡と同様、東の最果てと意識しうる位置にあったといえよう。

(46) 『日本書紀』神代上（第六段）一書第一。

(47) 『日本書紀』神代上（第六段）一書第三。

(48) 『日本書紀』雄略九年二月一日条、同年三月条。

(49) 『日本書紀』皇極四年六月一二日条。天武一〇年二月二五日条、同年三月一七日条。天武一二年正月七日条。朱鳥元年正月二日条。

(50) ただし、『日本書紀』における「大極殿」の古訓は「おほあんどの」となっているため、飛鳥板蓋宮や飛鳥浄御原宮における「大極殿」の存在については疑問視する向きもある。史料と遺構の両面から「大極殿」の存在を確認しうるのは藤原京においてである。

(51) なお、藤原京と『周礼』に示された諸理念（「方九里」「旁三門」「国中九経九緯」「前朝後市」「左祖右社」「中央宮闕」）との対応関係を検討した応地利明は、藤原京の様相は『周礼』を参照せずとも説明可能であることを指摘し、「遣唐使の中断による最新の中国都城情報の途絶という状況のなかで、先行諸宮処の造営経験からの「継承」と「革新」を模索して、条坊をともなった日本最初の独自に建設しようとしたところに藤原京建設の画期的な意味がある」と述べている（応地利明『都城の系譜』京都大学学術出版会、二〇一一年）。とはいえ、都城が世界観を地表に投影した存在だとすれば、藤原京の方形プランがわが国でまったく独自に構想されたものとも考えがたい。結果的に『周礼』の諸理念がほとんど取り入れられなかったとしても、藤原京の建設の際に『周礼』が参照された可能性は否定できないだろう。

(52) 記紀では香具山の鹿の骨や榊などが天照大神を岩戸から誘い出す場面で用いられている。また、神武即位前紀には「天下」平定に向けて香具山の埴土でつくった平瓮で天神地祇を祭る話がみえる（『日本書紀』神武即位前紀己未年二月二〇日条）。

(53) 『万葉集』巻一―二。

(54) 『万葉集』巻一―二八。

(55) 『万葉集』巻一〇―一八一二。

(56) 『日本書紀』天武二年（六七三）四月一四日条。

(57) 『太神宮諸雑事記』によると最初の式年遷宮は内宮が持統四年（六九〇）、外宮が同六年（六九二）とされる。

(58) 『淮南子』地形訓「凡地形、東西為緯、南北為経」。

(59) 中国では冬至に皇帝が都の南郊で天を祭る「郊祀」が行われており、天との関係においても南の方位が重視されていることに注目したい。なお、日本では桓武天皇が延暦四年（七八五）と同六年（七八七）に長岡京南郊の交野で「郊祀」を行っている（『続日本紀』延暦四年一一月一〇日条、同六年一一月五日条）。

(60) 『日本国語大辞典』によると「北上」の初出は平安初期の勅撰漢詩集『文華秀麗集』に収められた桑原腹赤の漢詩「仰同尚書良右丞銅雀台」とされる。

(61) 建久四年（一一九三）四月六日「大和平田荘惣追捕使注文案」（『鎌倉遺文』所収）。

(62) 平安時代には三月と九月に北極星に天皇が灯火を捧げ国土の安寧を祈る「御灯」という年中行事があった。その開始年代は不明であるが、『年中行事秘抄』三月三日条には桓武天皇が遷都後に霊厳寺に登って灯火を奉じたとする記事がみえる。一方、延暦年間には男女が集って風紀が乱れることや、斎宮の伊勢入りなどを理由に民間での北辰祭の禁止令が出されており（『類聚国史』延暦一五年三月一九日条、『日本後紀』延暦一八年九月是月条）、平安時代の初め頃には北辰信仰が民間にも広く定着していた様子がうかがえる。

(63) 西宮一民「践祚大嘗祭式重要語彙攷証」（皇學館大學神道研究所編『大嘗祭の研究』皇學館大学出版部、一九七八年）。

日本古代における王都の空間認識

林部　均

はじめに

もともと「都」「京」は、日本語では「ミヤコ」と訓じ、その意味は「ミヤ＋コ」で、王宮を意味する「ミヤ＝宮」に、そこらあたり（ミヤの周辺）という意味の「コ＝処」がつき、王宮とその周辺を意味する言葉であった[1]。そういう意味では、どのような王宮にも「都」「京」と呼ばれる空間は、たとえ漠然としたものであっても存在したとみなくてはならない。

それでは、このような「都」「京」、あるいは「ミヤコ」と呼ばれる空間を、古代の人々は、どのように認識していたのであろうか。ある空間を「都」「京」と認識する以上は、何らかの他と区別する指標があったはずである。

本稿では、日本古代において、「都」「京」と呼ばれる空間が明確な行政的な領域をもち、他とは区別できる空間となり、さらに、中国や朝鮮半島から導入した条坊、あるいは条坊制を導入した、いわゆる都城へと発展していく過程を、飛鳥宮や藤原宮・京を材料に分析することにより、「都」「京」の空間認識について検討を加えてみたい。

飛鳥宮は奈良県高市郡明日香村岡に所在する王宮である。最近、とくに発掘調査が進み、その中枢部の構造が明らかとなりつつある。(2) いっぽう、藤原京は、日本ではじめて条坊制を導入した王都(都城)である。(3) ここでは、飛鳥宮での遺構の変遷や、その周辺に分布する遺跡の実態を時代順に整理することにより、飛鳥宮にともなう「都」「京」空間の形成、そして、藤原京という条坊制都城がいかなる過程をへて成立するのかを検討し、日本古代における「都」「京」の空間形成の特徴を明らかにする。そして、「都」「京」と呼ばれる空間がどのように形成・認識され、変化していったのかを検討したい。

ところで、日本では、従来、「都城・宮室」(『日本書紀』天武一二年一二月庚午条)をもとにした「宮都」という学術用語が使われてきた。(4) しかし、東アジアのなかで、王権の支配拠点の比較検討を意図するときは、より普遍的な用語である王宮・王都(王京)が適切であると考えるので、ここではそれを使用する。また、藤原京以降の条坊制をそなえた王都にかぎって条坊制都城、あるいは都城と呼ぶ。

一　飛鳥宮の形成

一九五九年から開始された飛鳥宮の発掘調査では、三時期の遺構の存在が明らかとなっている(図1)。下層からⅠ期・Ⅱ期・Ⅲ期と呼称している。そして、遺構や土器、木簡の詳細な検討から、Ⅰ期が舒明(大王)の飛鳥岡本宮(六三〇年～)、Ⅱ期が皇極(大王)の飛鳥板蓋宮(六四三年～)、Ⅲ期が斉明(大王)・天智(大王)の後飛鳥岡本宮(六五六年～)、天武(天皇)・持統(天皇)の飛鳥浄御原宮(六七二年～)であることが、ほぼ確定している(5)(表1)。ここでは、これらの遺構の変遷を検討することによって、どの段階で大きな変化が生じているのかを明らかにしたい。(6)

図１　飛鳥宮の発掘調査（注(2)書より転載）

アミカケはすでに発掘調査が終了しているところ。
数字は調査次数。
遺構はⅢ-B期のもので●は発掘調査でみつかった柱穴を示す。

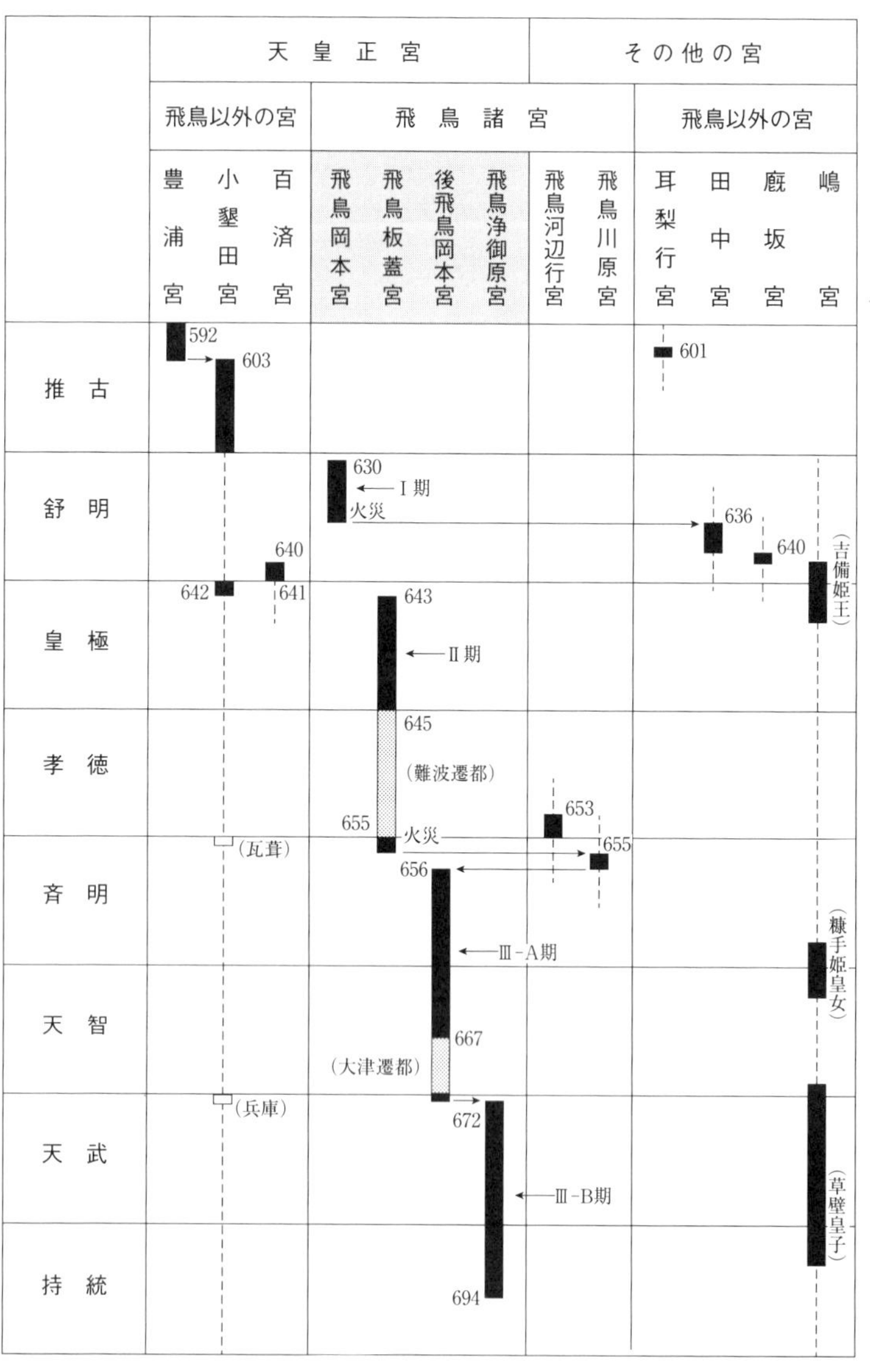

表1　飛鳥の諸宮の移り変わり（注(5)小澤書に加筆して転載）

Ⅰ期は最下層で検出される関係で、それほど具体的な様相は明らかでない（図２）。しかし、北で西に約二〇度振れる建物や塀が各所で検出されている。周知のとおり、飛鳥は、南東に高く、北西に向かって傾斜する地形である。このような地形条件に対して、地形改変を最小限にとどめて、土地利用をおこなうならば、北で西に振

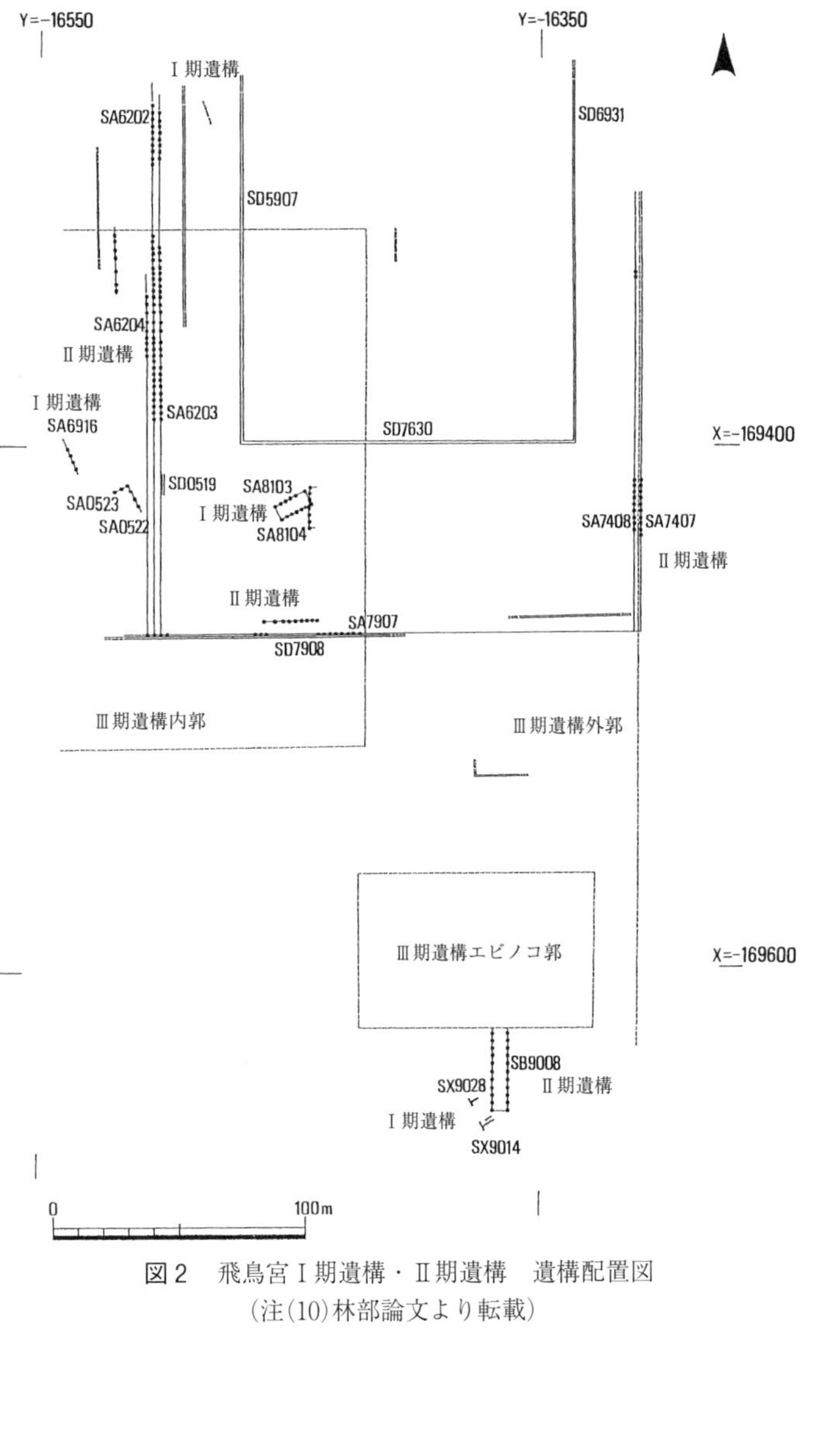

図２　飛鳥宮Ⅰ期遺構・Ⅱ期遺構　遺構配置図
（注(10)林部論文より転載）

れるかたちで建物をつくることが最も有効である。すなわち、Ⅰ期の建物や塀は地形条件に強く規制されているといえる。また、それほど地形改変をおこなわず、王宮の造営がおこなわれたと推定される。これは飛鳥宮だけではなく、その周辺に所在する島庄（しまのしょう）遺跡など、各所においても地形条件に制約された建物群が認められる。さらに、舒明（大王）は飛鳥岡本宮が火災焼失すると、別地に王宮をつくり再び、飛鳥に戻ることはない。このことからも、この段階の王権が飛鳥を支配拠点として整備しようとした形跡はない。

ところが、Ⅱ期になると、建物などの造営方位が真北を向くようになる（図2）。すなわち、地形条件を無視して、王宮の造営がおこなわれる。当然のことながら、大規模な土地造成をともなったものと推定される。また、そのことを示す遺構、すなわちⅠ期遺構の削平痕跡、Ⅱ期遺構造営のための大規模な整地土も検出されている。この王宮が正方位を指向して造営される段階を、王権による支配拠点としての飛鳥の整備の端緒として積極的に評価したい。ただ、Ⅱ期の飛鳥板蓋宮の段階は、それほど長くは続かない。皇極四年（六四五）の乙巳の変により、皇極（大王）は孝徳（大王）に譲位（なかば強制退位）し、王宮は難波へと遷される。飛鳥における支配拠点としての空間整備は一時頓挫したものと推定される。しかし、王宮が正方位を指向して造営されることは、そのまま孝徳（大王）が造営した難波長柄豊碕宮（前期難波宮）に確実に継承される。

斉明（大王）による飛鳥還都後（六五五年）、Ⅱ期の飛鳥板蓋宮が火災焼失すると、Ⅲ期が造営される。Ⅲ期はⅡ期とは、その構造は大きく異なるが、Ⅱ期の地割を基本的に継承する（図2）。皇極（大王）と斉明（大王）は同一人物であり、当然といえば当然のことである。

Ⅲ期は内郭とエビノコ郭、外郭とから構成される。内郭だけの段階がⅢ-A期（図3）、内郭をそのまま継承してエビノコ郭を付加した段階がⅢ-B期である（図4）。そして、Ⅲ-A期が後飛鳥岡本宮（六五六年〜）、Ⅲ-B期が飛鳥浄御原宮（六七二年〜）である。

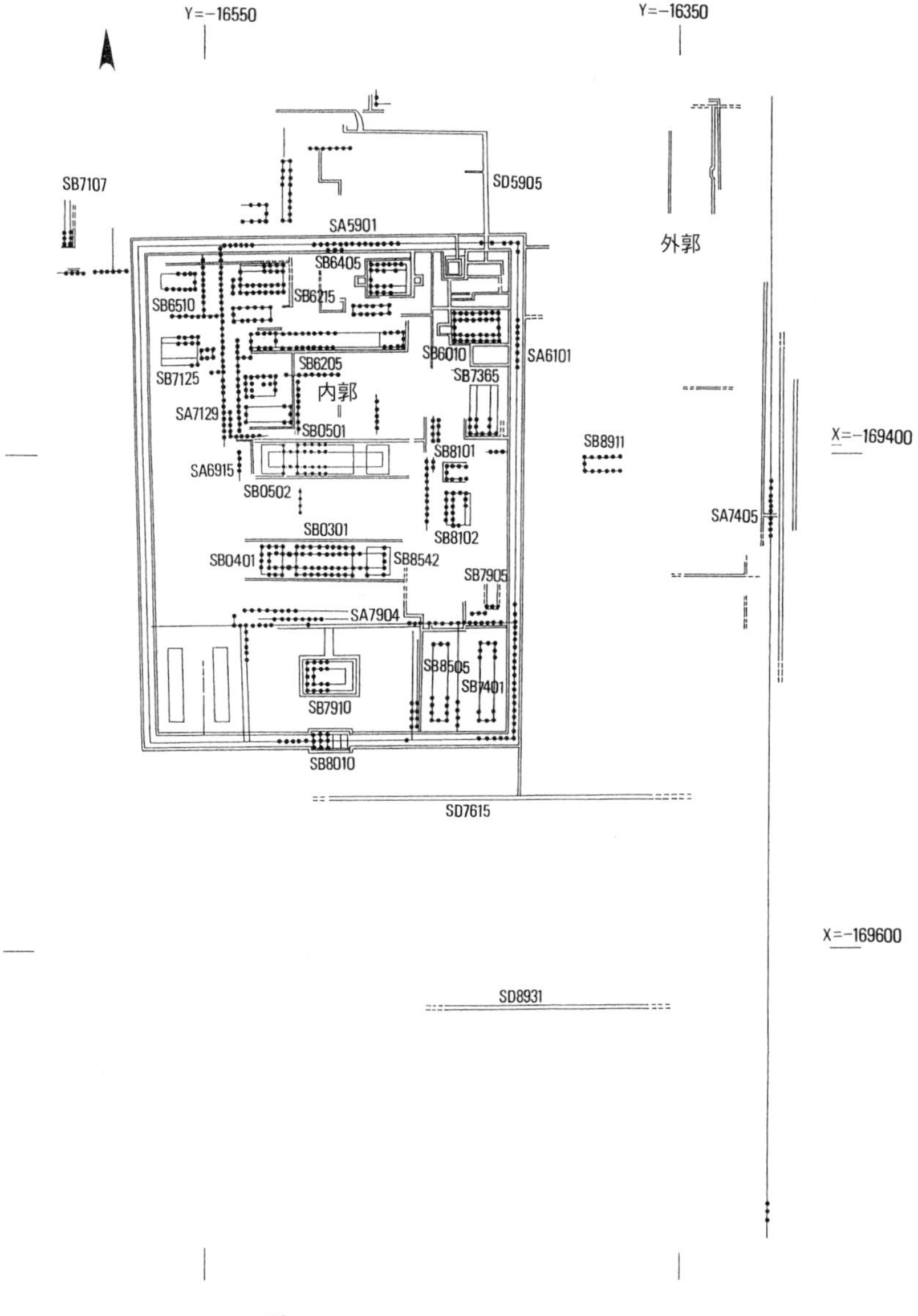

Y=−16550
Y=−16350
SB7107
SD5905
SA5901
外郭
SB6405
SB6215
SB6510
SB6010
SA6101
SB6205
SB7125
SB7365
内郭
SA7129
SB0501
SB8911
X=−169400
SB8101
SA6915
SB0502
SA7405
SB0301
SB8102
SB0401
SB8542
SB7905
SA7904
SB8505
SB7401
SB7910
SB8010
SD7615
X=−169600
SD8931
0
100m

図3　飛鳥宮Ⅲ−A期遺構　遺構配置図（注(10)林部論文より転載）

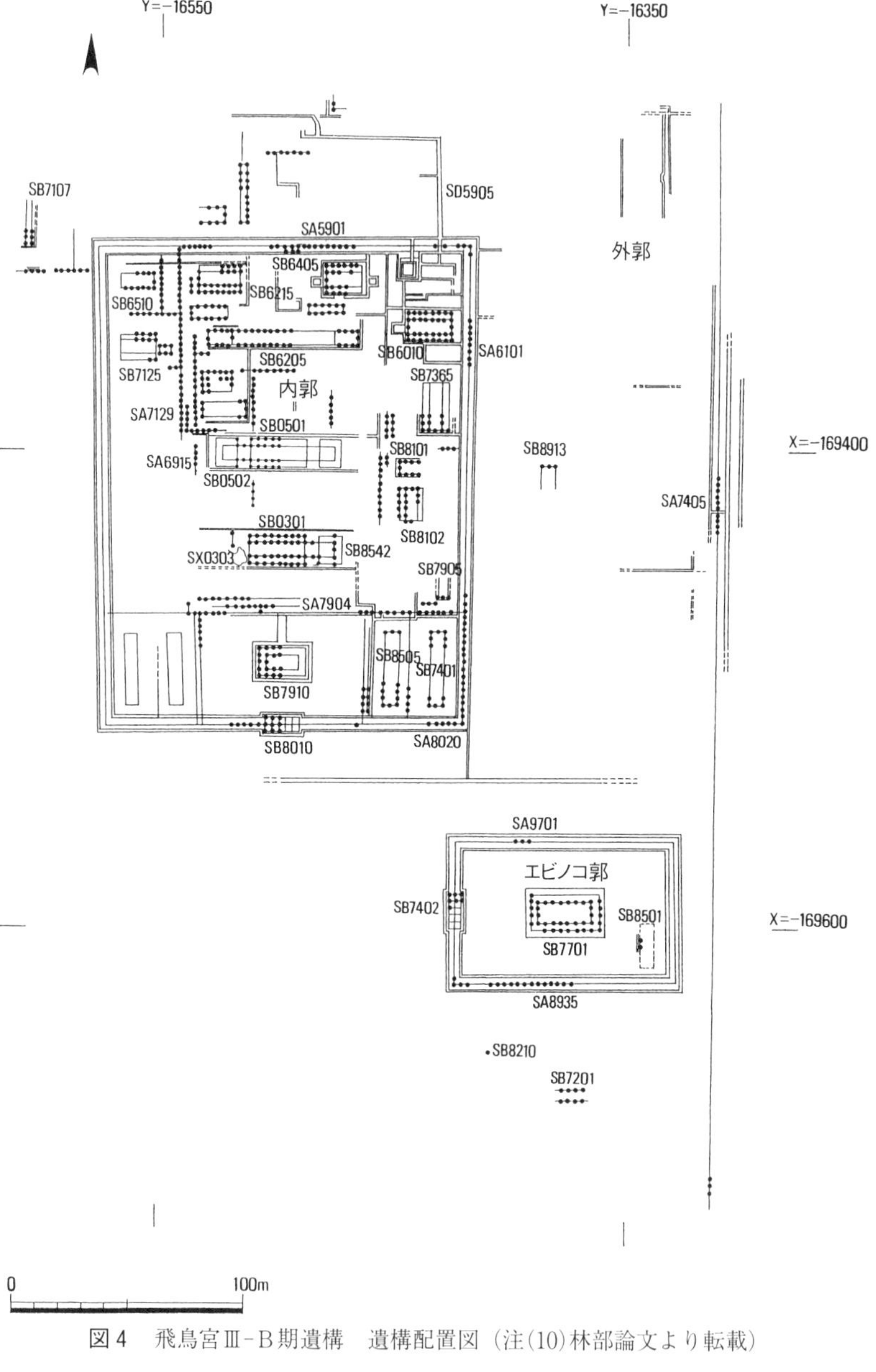

図４　飛鳥宮Ⅲ-Ｂ期遺構　遺構配置図（注(10)林部論文より転載）

とくにⅢ-A期の段階に王宮周辺が徹底的に整備される。王宮の北東に位置する酒船石遺跡は、『日本書紀』に記された「宮の東の山丘」と推定される。[7] また、その北には「狂心の渠」と推定される運河の跡も検出されている（飛鳥東垣内遺跡）。[8] 宮の北西に大規模な苑池遺構がつくられるのも、Ⅲ-A期である。[9] さらに飛鳥の北端には石神遺跡があり、それが最も整備されるのもこの段階である。石神遺跡の南には水落遺跡がある。

『日本書紀』は斉明（大王）を「時に興事を好む」と評する（斉明二年是歳条）。そして、斉明（大王）に対して批判的な記事が続く。『日本書紀』がここまで批判的に書くということは、逆に斉明（大王）は、徹底して飛鳥を王権の支配拠点として大改造しようとしたことを示すに他ならない。斉明（大王）は、自身が皇極（大王）であった段階に意図した飛鳥の支配拠点としての整備を確実に完成させていった。その結果、飛鳥は王権の支配拠点として、より荘厳に整備されることになり、「飛鳥宮」とも呼びうる特別な空間へと飛躍したと考えたい。

そして、Ⅱ期の地割を利用して、Ⅲ期が造営され、そして、Ⅲ期の内郭はそのまま、天武（天皇）の飛鳥浄御原宮へと継承された。飛鳥宮においては、Ⅰ期とⅡ期との間に、造営方位の違いだけではなく、大きな飛躍があることは明らかであろう。Ⅱ期以降、大王一代ごとで王宮の位置をかえるという歴代遷宮といわれた段階から脱し、王宮がほぼ同じ場所に固定される。このことは、飛鳥宮の変遷だけではなく、日本における王宮の形成史においても、ここに大きな画期を設定することができる。

二　飛鳥における「京」の形成

ここまで、飛鳥宮の発掘調査で検出される遺構を整理するなかで、そのⅡ期（飛鳥板蓋宮）に大きな変化があり、Ⅲ期（後飛鳥岡本宮）はそれを継承して造営されていることを述べた。つぎに飛鳥宮の周辺の遺跡をとりあげて、王都の形成について考えてみたい。[10]

先に王宮が正方位を指向するのはⅡ期からであることを述べた。そしてこれを、地形に大規模な地形改変を加える、王権による支配拠点としての整備のはじまりと考えた。それでは、飛鳥宮の周辺地域についてはどうであろうか。

飛鳥の周辺地域において、Ⅰ期・Ⅱ期では、飛鳥寺などの一部の寺院を除くと、真北を指向する建物群などは検出されていない（図5〜7）。基本的に王宮と同様、地形条件に規制され、北で西に二〇度前後振れた建物群が多い（図8）。そして、飛鳥宮が形成されるⅢ-A期の段階になっても、その様相は変わらない。すなわち、Ⅱ期以降、飛鳥は王権の支配拠点として重点的な整備が進められるが、それは、いわゆる飛鳥の範囲でとどまり、周辺地域には及んではいなかった[11]（図9）。

ところが、Ⅲ-B期の段階、すなわち天武（天皇）の段階になると、その様相は一変する（図10）。宮の南方、島庄遺跡では、斜め方位の建物が正方位で建て替えられる（図8）。宮の西方では、東西方向の道路が整備され（川原下茶屋遺跡[12]）、川原寺や橘寺もそれに沿って再整備される。さらに西方に位置する五条野内垣内遺跡や五条野向イ遺跡では、北西方向にのびる丘陵を平坦にカットして、正方位で建物群が造営された[13]（図11）。また、宮の北方、のちに藤原京となる地域で、北で西に約二〇度振れていた建物群が廃絶し、正方位で建てなおされるのもこの時期である[14]。さらに雷丘北方遺跡でも正方位の大規模な建物群が検出されている[15]。

ところで、飛鳥宮の北西の平坦地では、天武五年（六七六）以降、「新城」の造営がはじまる。結果として、その造営は中断することになるが、その時に造営された方格地割にもとづく道路は、基本的にそのまま藤原京へと継承される。この方格地割が正方位を指向することはいうまでもなく、そして、これらにともなう多くの天武朝の建物群も正方位を指向する。

真北を重視した正方位の建物群は、天武朝の段階になると、飛鳥の範囲を確実に越えて、その周辺地域まで拡

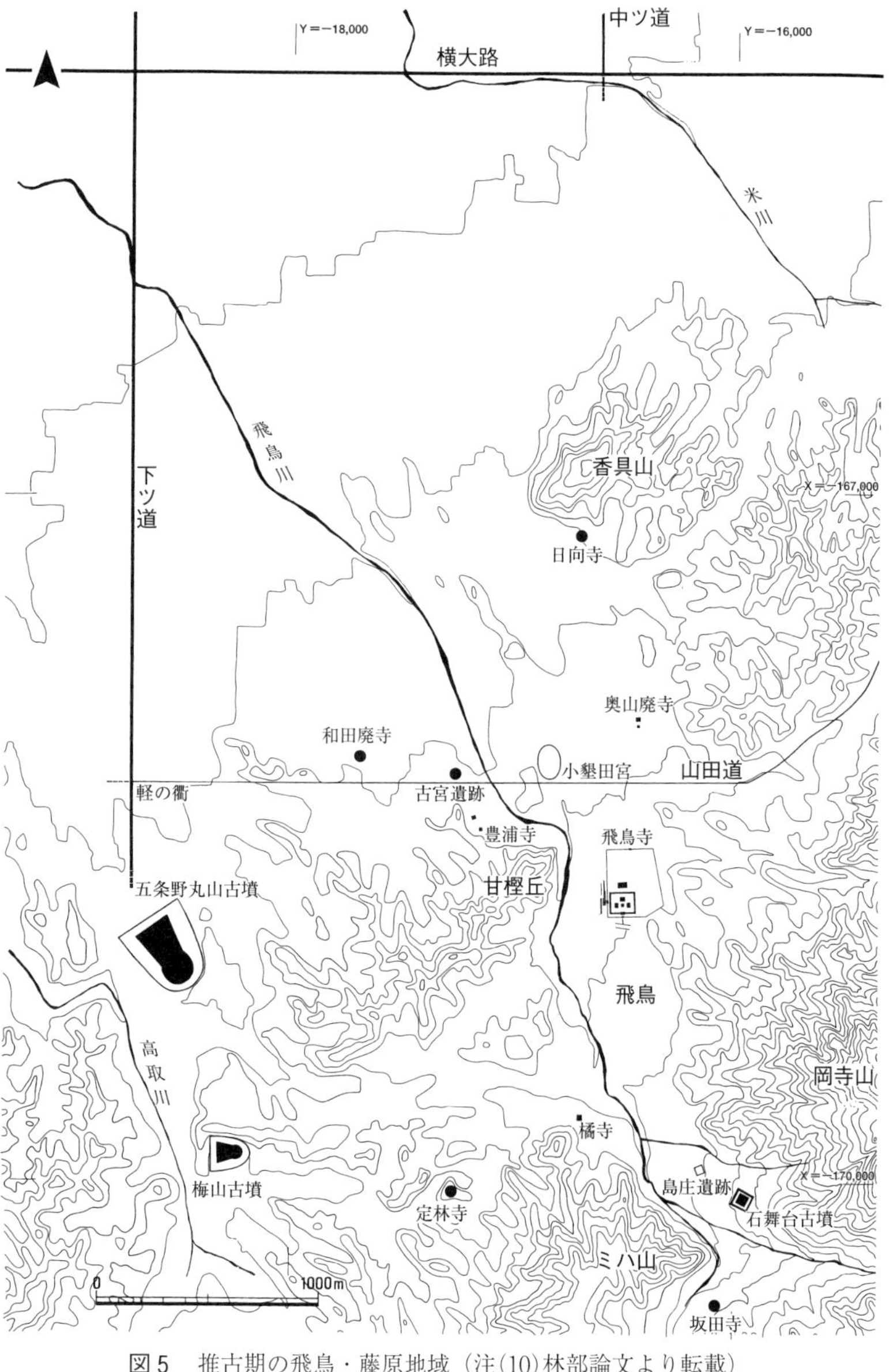

図5　推古期の飛鳥・藤原地域（注(10)林部論文より転載）

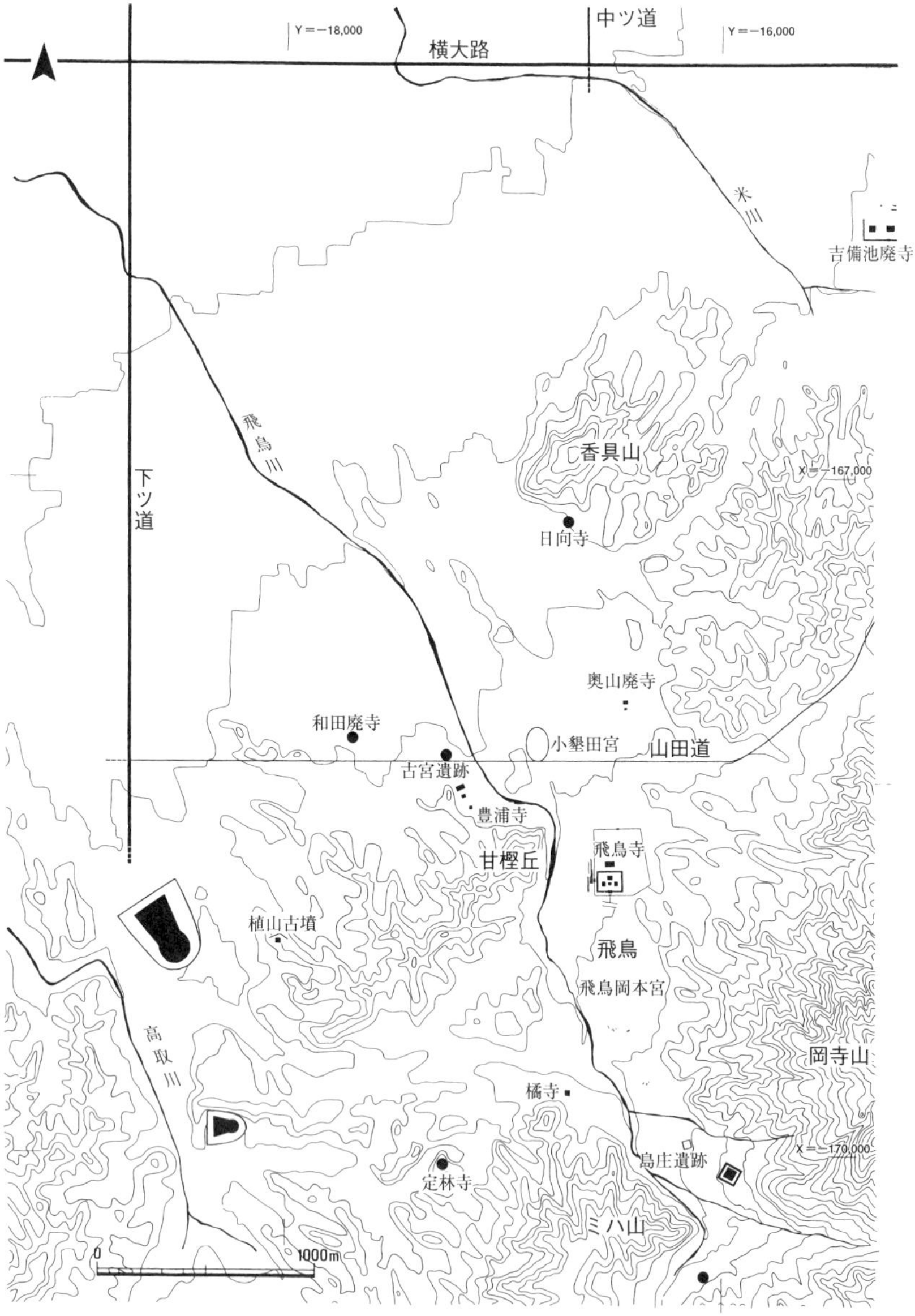

図6　舒明期の飛鳥・藤原地域（注(10)林部論文より転載）

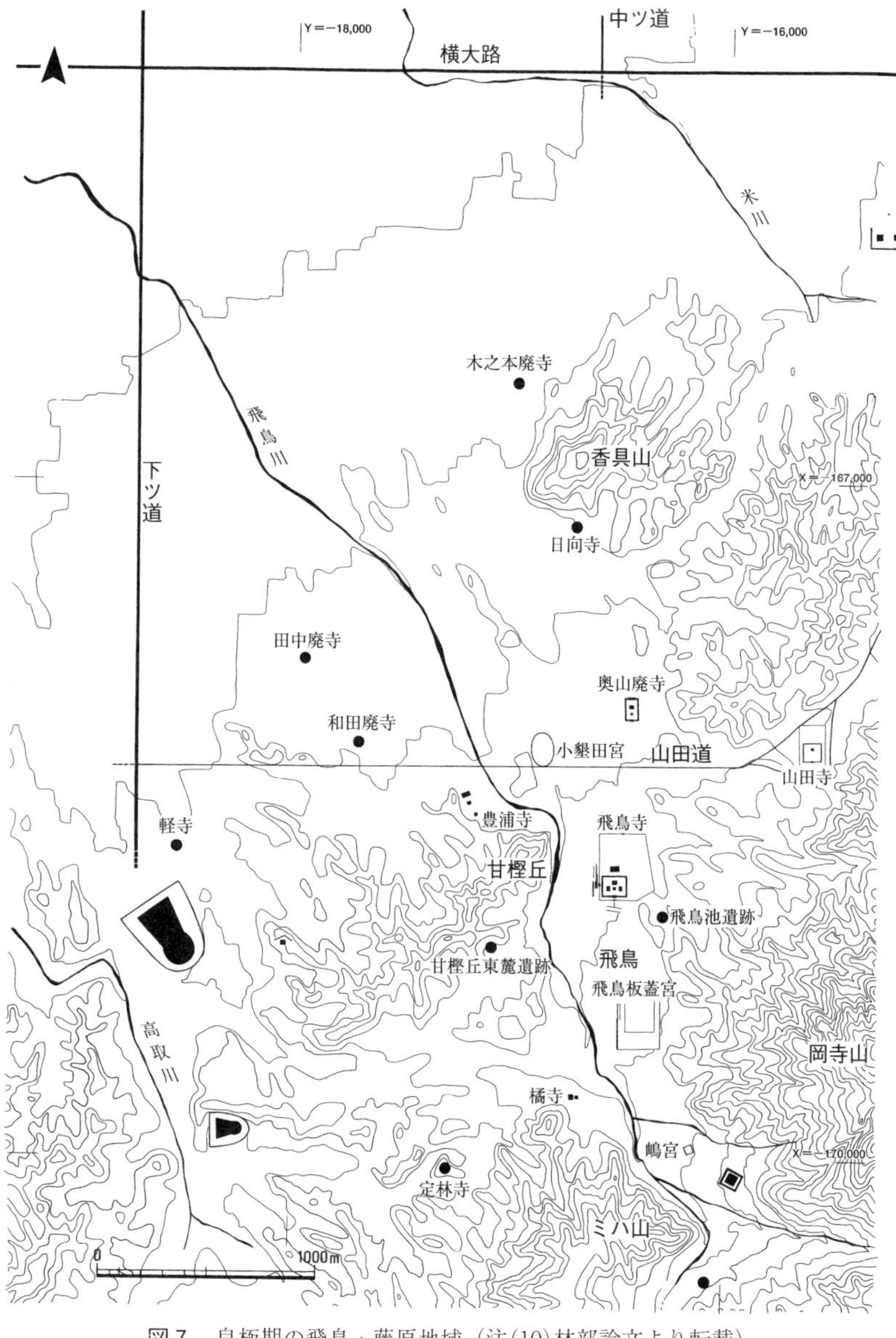

図7　皇極期の飛鳥・藤原地域（注(10)林部論文より転載）

方形池

0 20 40m

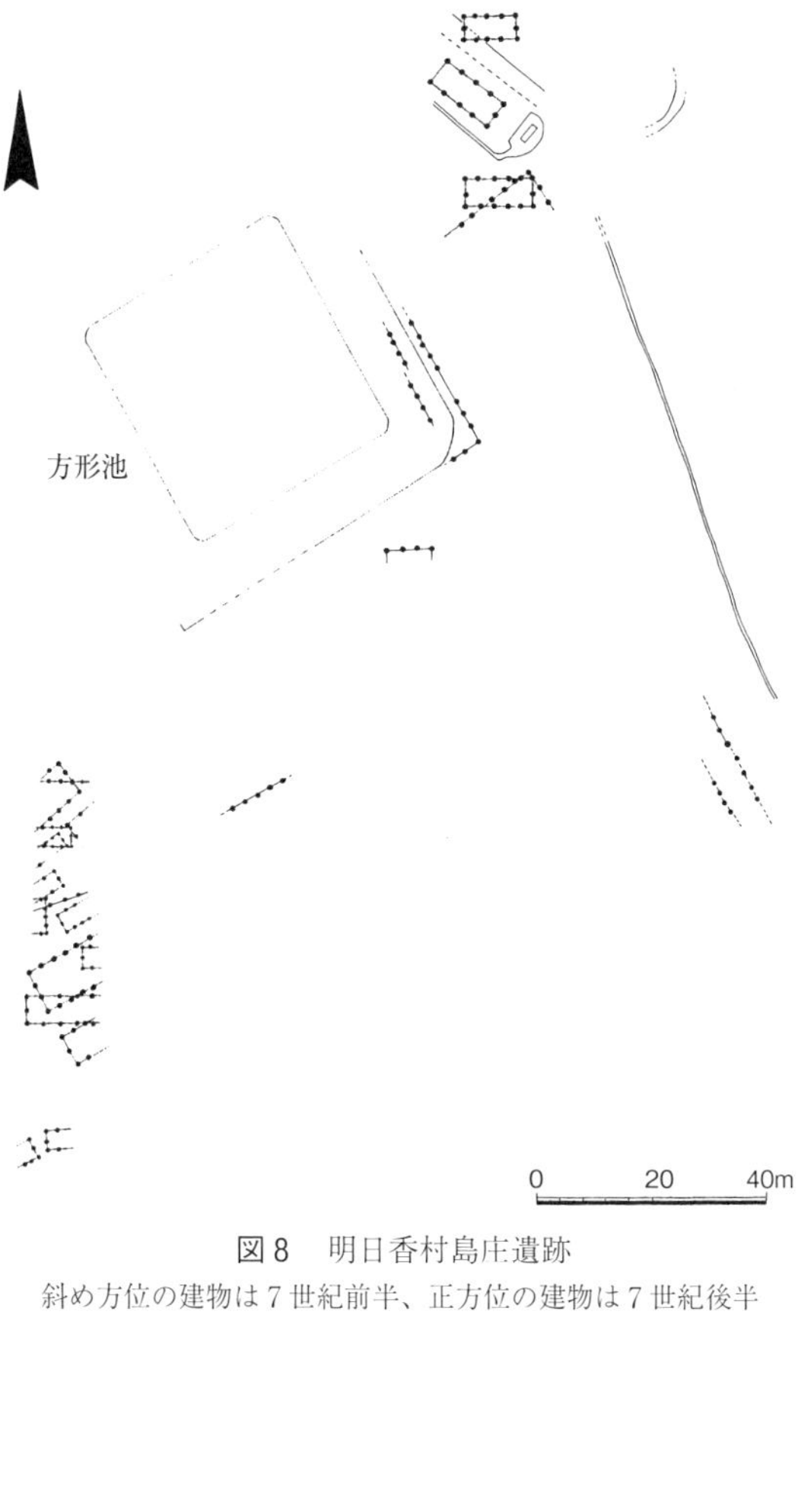

図８　明日香村島庄遺跡
斜め方位の建物は７世紀前半、正方位の建物は７世紀後半

大した。すなわち、王権による支配拠点の空間整備は、飛鳥の周辺地域まで及ぶことになった。

ところが、この正方位を指向した建物群が分布する地域のさらに周辺となる地域では、一般的に考えて、地形条件に制約され、造営方位も地形に沿ったものとなり、正方位に揃うことはなかったと推定される。その結果、周辺地域からみたとき、正方位で建物群などの造営方位が揃う地域だけが、視覚的にきわめて特殊な景観をもった空間として、他とは違った空間と認識されるようになったのではないだろうか。これを飛鳥宮にともなう「都」「京」と呼んでも、それほど問題ではない。すなわち、この段階になって、周辺地域とは、視覚的に明らか

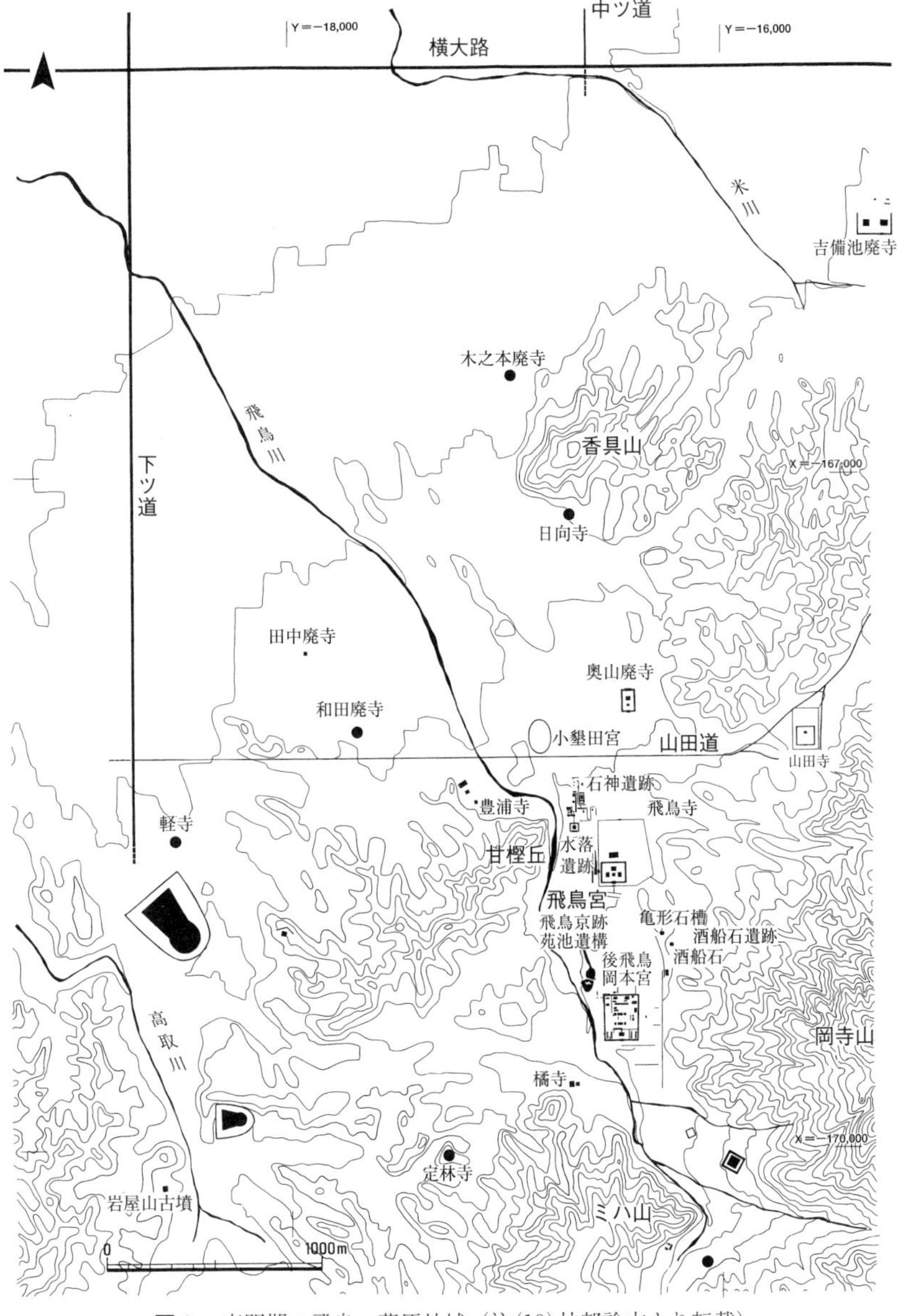

図９　斉明期の飛鳥・藤原地域（注(10)林部論文より転載）

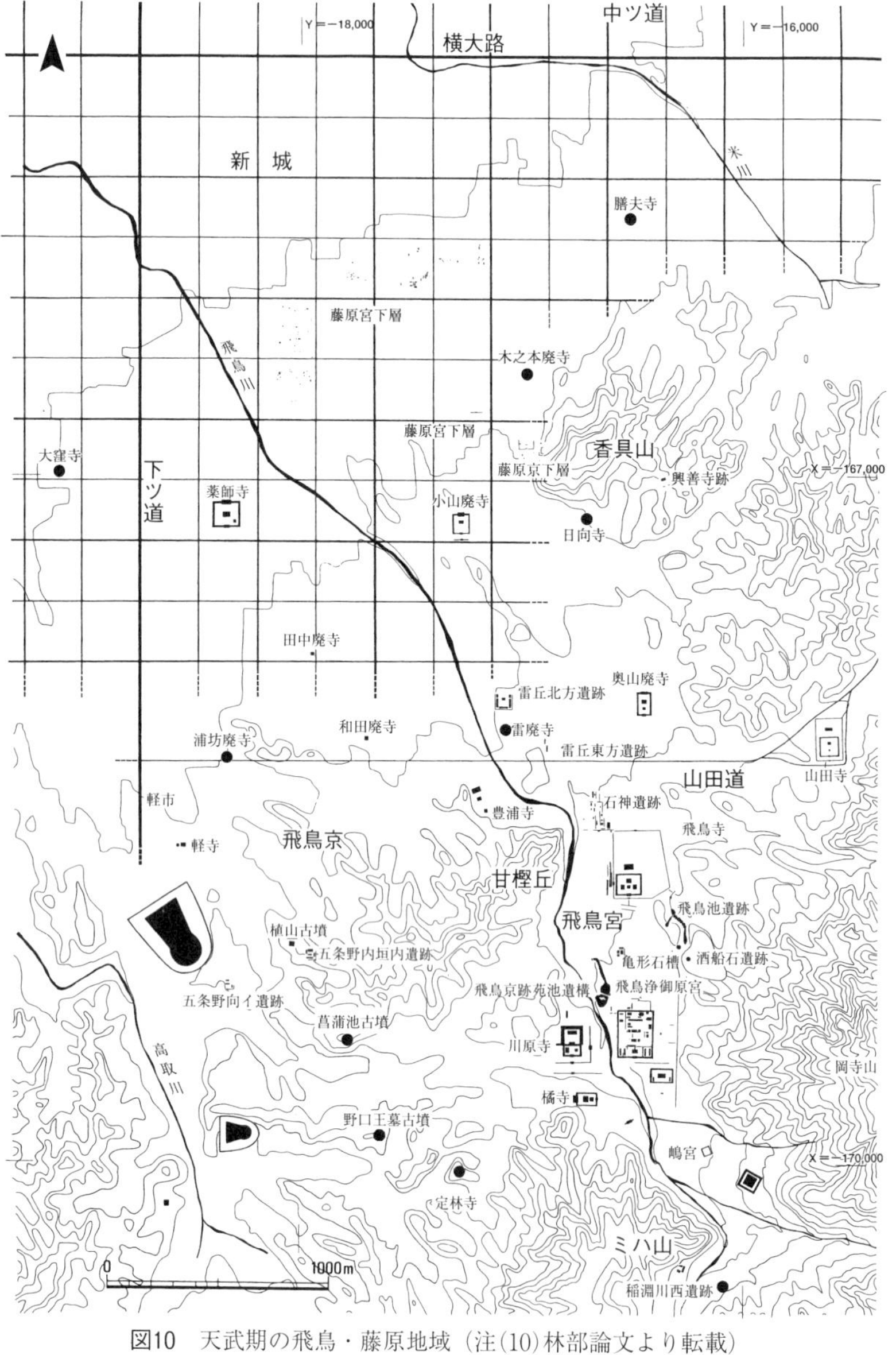

図10　天武期の飛鳥・藤原地域（注(10)林部論文より転載）

に異なる特別な景観をもった「都」「京」とも呼ぶべき空間が飛鳥・藤原地域に出現した。

このことは、『日本書紀』において、天武朝から「京」「京師」という言葉が頻繁に現れることと見事に対応している。また、天武一四年（六八五）には京職の存在も確認できる。すなわち、明確な領域をもった「京」の存在が考えられる。天武朝には飛鳥宮にともなう「京」は確実に存在したとみてよい。[16] そして、この段階における王宮である飛鳥宮にともなう「京」という王都空間の形成が、藤原京で条坊制を導入する歴史的な前提となったことはまちがいない。そこで、王都の形成にとって、飛鳥宮にともなう「京」の形成は、条坊制こそ導入されていないが、一定のきまりにもとづいて（建物などの造営方位を正方位に揃える）、決められた範囲に都市計画をおこ

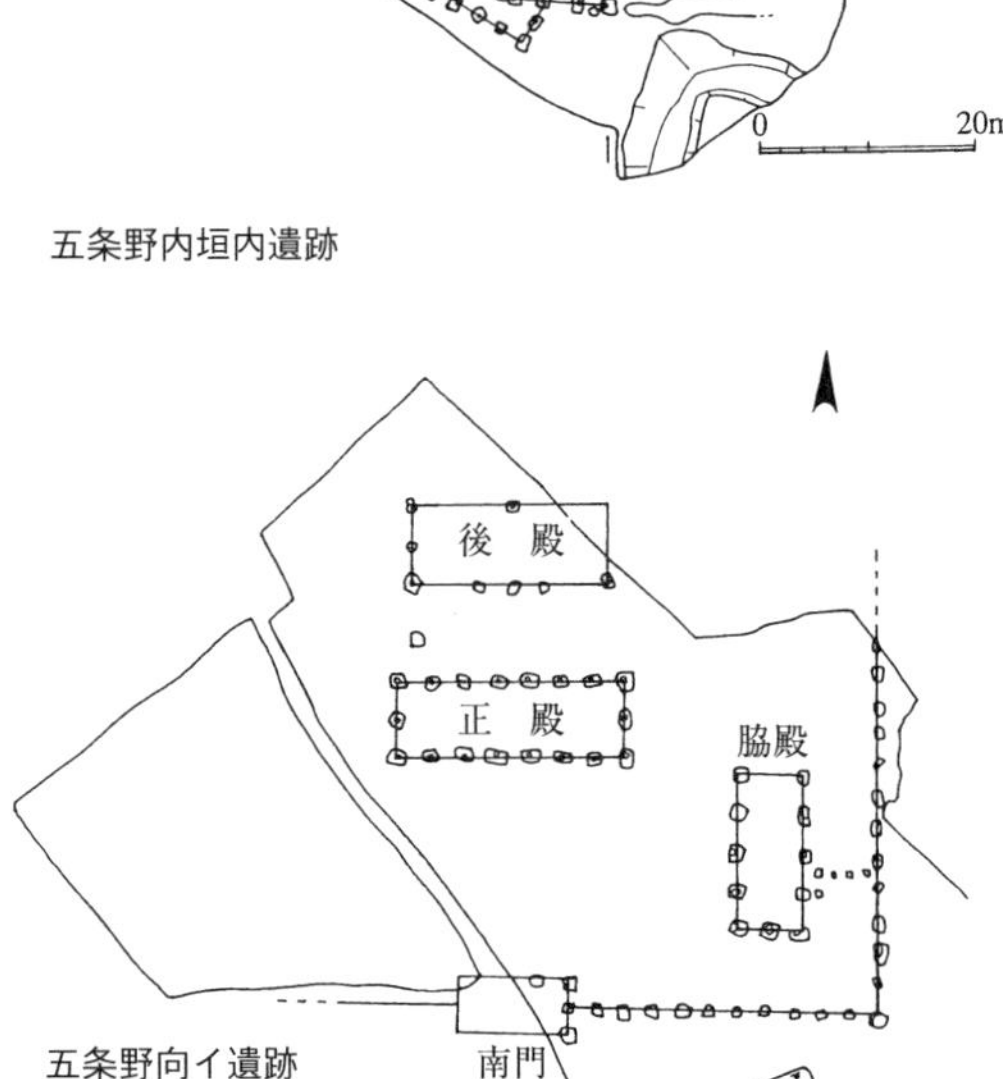

図11　橿原市五条野内垣内遺跡・五条野向イ遺跡
（注(12)露口論文・竹田論文より転載）

ない周辺地域とは異なる特別な空間を形成したという点で、大きな画期と評価できる。

このように考えると、「都」もしくは「京」、すなわち王都の形成にとって条坊の有無は、あまり大きな意味を持たなかったことは明らかであろう。王都の形成にとって、もっとも重要なことは、王権がどの範囲を「都」「京」として、一定のきまりにより支配拠点として整備するか、意図的に空間整備をおこなうか、その視角的な差別化とその範囲の確定にあったといえる。これは「ミヤコ」の本来的な意味から考えても当然のことであった。

三　条坊制の導入と藤原京

藤原京の前段階として条坊制をもたない王都の存在を考えるとき、藤原京の形成についても従来とは違った視点が見えてくる。

藤原京は『日本書紀』では「新益京」（アラマシノミヤコ）と呼ばれた。新たに益した京である。新たに益したということは、もともとの京があったとみるのが自然である。それが先に復元した天武朝の飛鳥の「京」であることはいうまでもない。すなわち、飛鳥宮にともなう「京」も含めて新たに益した京であったため、「新益京」と呼ばれたのである。[17]このように考えると、「新益京」には、飛鳥の「京」も含まれていたということになる。

このことは、藤原宮に遷居しても、飛鳥がいまだ利用されていること、そして、飛鳥の周辺の寺院や有力氏族の居宅がとくに藤原京へと移った形跡が認められないこと、さらに藤原遷都において、「留守司」の設置がみられないことなどからも検証できる。飛鳥の「京」とその北方の条坊が施工された地域は、一体の「京」であった。この実態こそが「新益京」であった（図12）。

「新益京」では、条坊制が施工された地域と飛鳥の「京」から継承した地域とが一体となって王都を形成していた。これは、もともと、条坊制をもたない飛鳥の「京」に新たに条坊制を導入して、ひとつの都として「新益

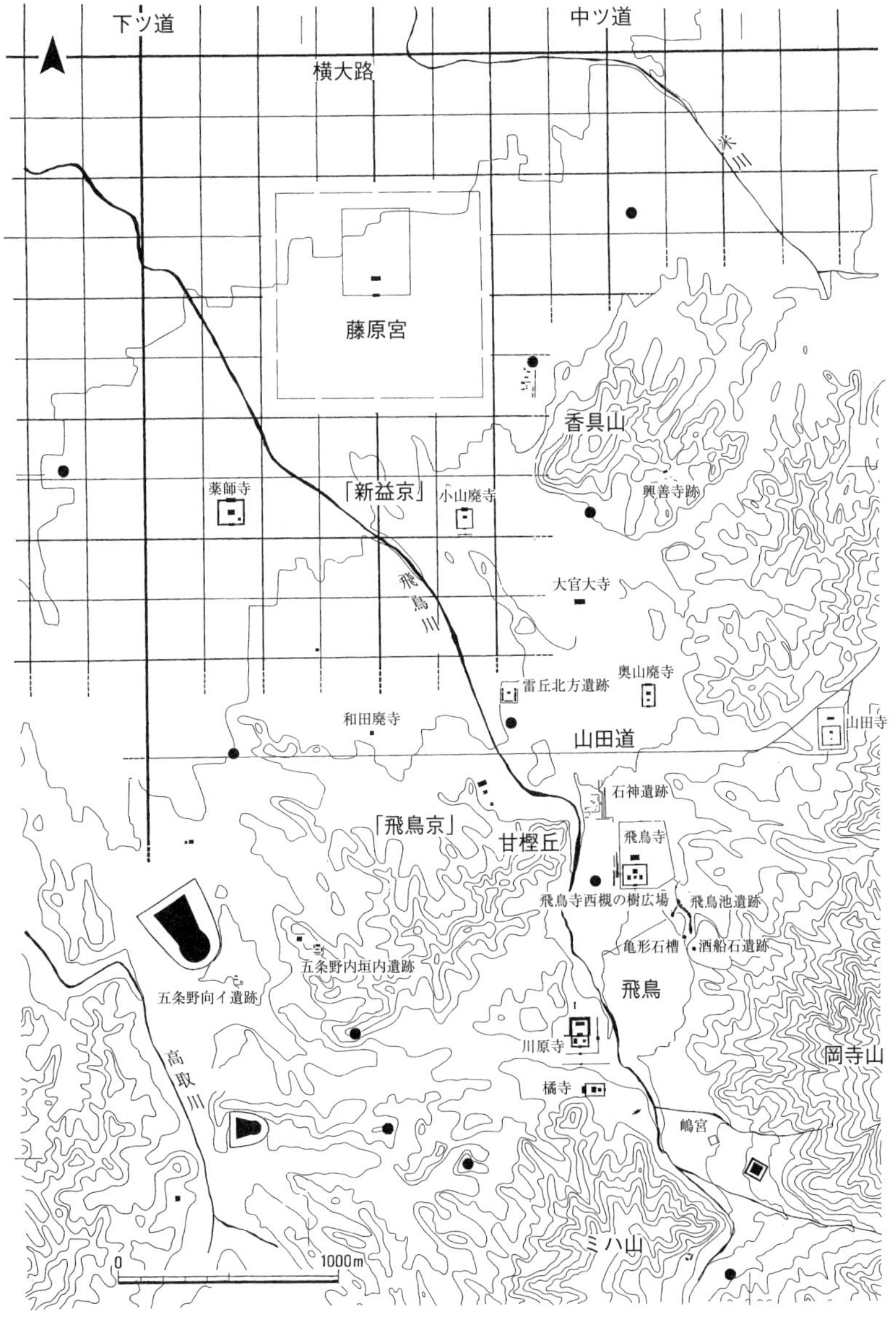

図12　藤原宮期前半の飛鳥・藤原地域
（林部均「大宝律令と平城遷都」『平城遷都』奈良県立橿原考古学研究所、2009年より転載）

京」としたために生じた変則的な形態であったとみてよい。条坊制というグリッドプランの都市計画をはじめて導入した藤原京がもつ特徴でもあった。条坊制導入期の複雑な様相を示すものと考える[18]。「都」「京」の空間認識でも、条坊は存在せず、正方位で空間整備をおこなった範囲と、条坊制都城の指標である条坊制が施工された範囲が併存するという過渡的な様相を示していた。

また、藤原京の場合、その存続期間である大宝元年（七〇一）に大宝律令が制定される。この前後で、都の統治・管理の方法が整備され、変化している可能性が考えられる。藤原京が右京と左京に分割されるのも、『続日本紀』によると大宝二年（七〇二）以降であり、東西の市の設置も『帝王編年記』によると大宝三年（七〇三）以降である。この段階で、藤原京は再整備がおこなわれ、条坊制が施工された範囲が、あらためて「都」「京」と認識される空間になったのではないかと考える。

しかし、このように藤原京において、変則的であれ、条坊制が導入された意義は大きい。次の平城京では、条坊が整備された範囲がまさに「都」「京」と認識されるようになった。条坊制は、「都」「京」と呼ばれる空間を、他の地域と視覚的に明確に区別する指標となった。条坊制は、もともと役人たちに土地を班給し、集住させる目的をもって導入された。どの程度、それが達成されたのかは定かではないが、「都」「京」と呼ばれる空間を、視覚的により荘厳にみせるために導入したのが、条坊制であった。そして、それは、より明確に「都」「京」と呼ばれる空間を認識させるための舞台装置でもあった。まさに王権が王都として空間支配しようとした範囲に条坊制が導入され、他とは異なる特別な空間としての「都」「京」と認識されるようになったと考える（図13）。

このように考えると、条坊制の導入は、飛鳥宮にともなう「京」空間の形成を前提として、その空間をより明確、かつ荘厳にみせるためのものであった。そういった意味で、飛鳥宮にともなう「京」空間の形成は、それ以前の「都」「京」とは異なるものであり、もっと評価されてもよい。

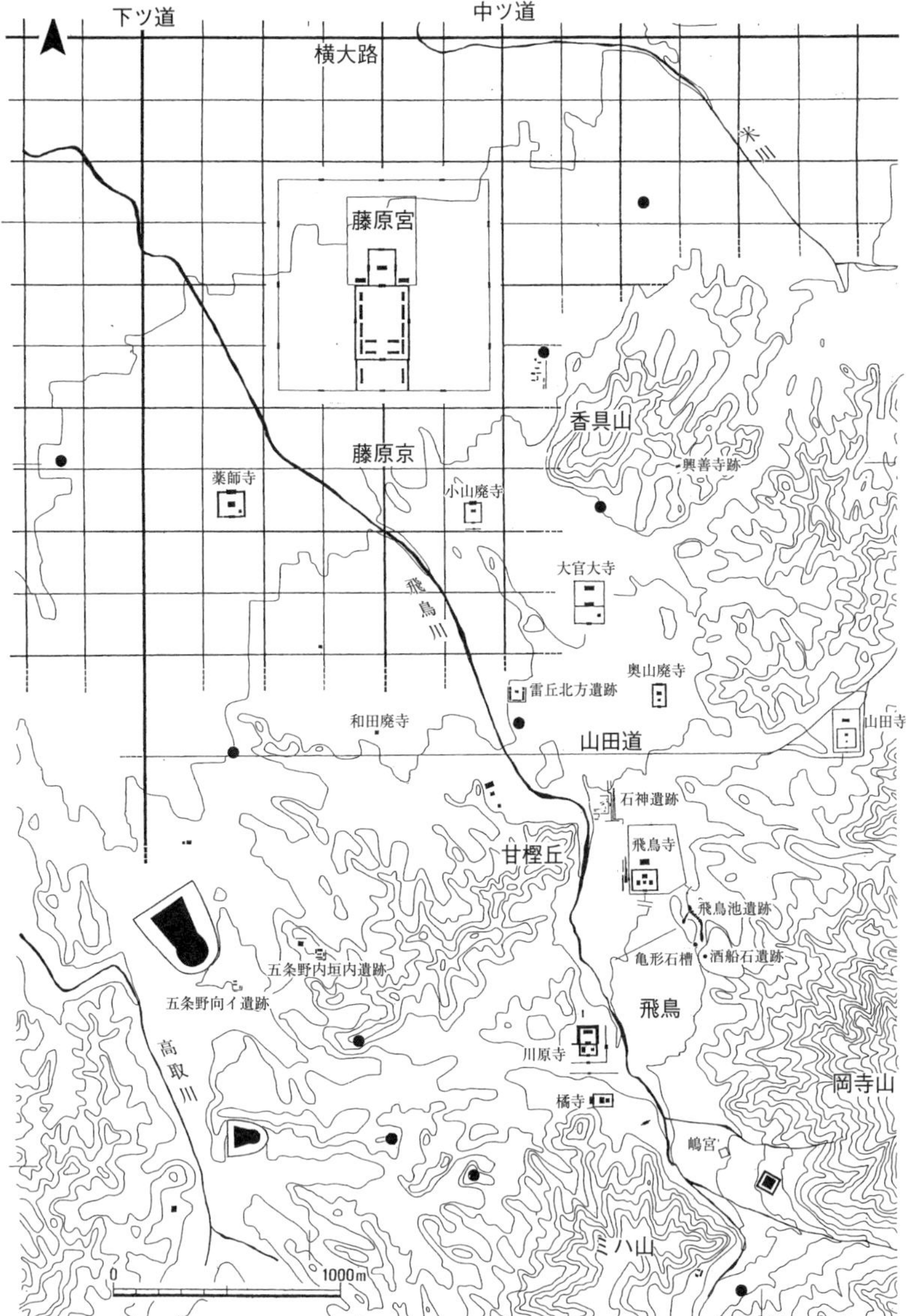

図13　藤原宮期後半の飛鳥・藤原地域
（前掲林部均「大宝律令と平城遷都」より転載）

まとめ

飛鳥宮と藤原宮・京を中心にとりあげて、日本における王宮の様相、そして「都」「京」とよばれる空間の形成とグリッドプランの都市計画をもつ条坊制都城制の導入過程について述べた。合わせて、「都」「京」と呼ばれる空間がどのように視覚的に、その他の地域と区別され特別な空間と認識されていったのかを考えた。

すでに飛鳥宮Ⅲ-B期の段階には、支配のうえでも、また、視覚的な面でも、周辺地域とは異なる空間が、飛鳥・藤原地域に出現していて、それが、まさに「都」「京」と呼びうる空間であったのではないかと指摘した。そして、そういった歴史的前提のもと、さらに、明確に「都」「京」である空間を意識して導入されたのが、条坊制であった。もとより条坊制は、土地区画のプランであるとともに、それを支配する制度でもある。土地を一辺約五三〇メートル単位で方形に区画された、すなわち条坊を施工されたところは、列島世界の中では、基本的には「都」「京」と呼ばれた空間にしかなく、きわめて特殊な空間と認識されていた。逆に、このような空間こそが「都」「京」であったと認識されていたとみてよい。

そして、ある時期以降、「都」「京」のまわりの耕地にも条坊制と同じ方形区画である条里が施工された。条里は基本的に水田などの耕地を区画するものではあるが、方形区画であることは、条坊とは変わらない。しかし、条里の基本単位は一一〇メートル前後であり、どのようにしても条坊の一単位とは整合しない。この場合においても、「都」「京」の空間として、やはり条坊が施工された範囲が特別な空間として意味をもっていたとみて問題はない。

本稿では「都」「京」と呼ばれる空間が、どのように認識されたのかという問題について、考古学の立場から、その指標を考えてみた。考古学は、あくまで検出された遺構、出土した遺物から検討を加えなければならない(19)。

そのため、正方位の造営方位であるとか、方格地割にこだわることになった。雑駁なものになったが、より確実な資料の蓄積をまって検証していきたい。

（1）岸俊男『日本の古代宮都』（岩波書店、一九九三年）。
（2）林部均編『飛鳥京跡』Ⅲ（奈良県立橿原考古学研究所調査報告第一〇二冊、二〇〇八年）。
（3）寺崎保広『藤原京の形成』（日本史リブレット六、山川出版社、二〇〇二年）、木下正史『藤原京――よみがえる日本最初の都城――』（中央公論新社、二〇〇三年）、林部均『飛鳥の宮と藤原京――よみがえる古代王宮――』（歴史文化ライブラリー二四九、吉川弘文館、二〇〇八年）。
（4）岸俊男『日本の古代宮都』（岩波書店、一九九三年）。
（5）林部均『古代宮都形成過程の研究』（青木書店、二〇〇一年）、小澤毅『日本古代宮都構造の研究』（青木書店、二〇〇三年）。
（6）以下は、林部均「飛鳥の諸宮と藤原京の成立」（『古代王権の空間支配』青木書店、二〇〇三年）、林部均「飛鳥の諸宮と藤原京――都城の成立――」（『都城――古代日本のシンボリズム――』青木書店、二〇〇七年）、林部均『飛鳥の宮と藤原京――よみがえる古代王宮――』（吉川弘文館、二〇〇八年）、林部均「発掘された飛鳥の諸宮」（『飛鳥から藤原京へ』古代の都一、吉川弘文館、二〇一〇年）をもとに記述した。
（7）明日香村教育委員会『酒船石遺跡発掘調査報告書』（二〇〇六年）。
（8）明日香村教育委員会『明日香村遺跡調査概報』平成一〇年度（二〇〇〇年）。
（9）奈良県立橿原考古学研究所『史跡・名勝飛鳥京跡苑池（一）』（奈良県立橿原考古学研究所調査報告第一一一冊、二〇一二年）。
（10）林部注（6）前掲の論文で、飛鳥・藤原地域の時代ごとの遺跡の変遷図を示している。それぞれ発表段階の最新の成果をもり込むべく、修正を加えている。ここでは、林部均「飛鳥宮と「飛鳥京」の形成」注（2）『飛鳥京跡』Ⅲ）に掲載した図面を使用する。

(11) ただ、Ⅲ-A期における中大兄王子による漏剋台の設置（斉明六年五月条）は、「都」「京」の空間の認識を考えるとき、注意しておく必要がある。すなわち、漏剋を設置して、民に時を知らしめたということであるから、その時刻を知らされた人々が、それにもとづいた生活スタイルをとった可能性がある。そうすると、それ以外の人たちは、そのような時刻とは無縁の生活をしていたと考えられるので、時刻を知らされた人々が住む地域が、周辺地域からみたとき、きわめて特殊な空間になった可能性がある。このことは、「都」「京」の空間をいかに周辺地域と区別するかということでは、きわめて重要なことである。極論すれば、中大兄がつくった漏剋で時を知らされた範囲、時刻が伝達された範囲が「都」「京」の空間として認識されていたと考えることもできる。中大兄が設置した漏剋台をおいたところは飛鳥水落遺跡といわれているので、飛鳥宮Ⅲ-A期における飛鳥の整備を受けて、その周辺地域が、すでに「都」「京」と認識されつつあったと考えることもできる。

(12) 明日香村教育委員会『明日香村遺跡調査概報』平成八年度（一九九八年）、相原嘉之「飛鳥の道路と宮殿・寺院・宅地」（『条里制・古代都市研究』一五、一九九九年）。

(13) 露口真広「五条野向イ遺跡（植山古墳他）」（『かしはらの歴史をさぐる』六、一九九九年）、竹田正敬「五条野内垣内遺跡」（『かしはらの歴史をさぐる』八、二〇〇一年）。

(14) 奈良県立橿原考古学研究所「藤原京左京十一条一坊発掘調査概報」（『奈良県遺跡調査概報』二〇〇一年度、二〇〇二年）。

(15) 奈良国立文化財研究所『飛鳥・藤原宮跡発掘調査概報』二四（一九九四年）。

(16) 岸俊男「日本における「京」の成立」（『日本古代宮都の研究』岩波書店、一九八八年）。

(17) 近年、このような考え方に、異論が出されている。西本昌弘「藤原京と新益京の語義」（『飛鳥・藤原と古代王権』同成社、二〇一四年）。「益」という文字の意味を優越する、すぐれていると解釈して、はるかに完備された賞賛の意味も含めて藤原京を「新益京」と呼んだという。ここでは詳論しないが、藤原京の複雑な造営過程、その実態を考えたとき、条坊制の導入は評価できるが、賞賛といえるまでの都であったかといわれれば、躊躇せざるをえない。

(18) 林部均「条坊制導入期の古代宮都」（注5林部書）、林部均「藤原京の条坊施工年代再論」（『国立歴史民俗博物館研究報告』一六〇、二〇一〇年）。

(19) この時期に、飛鳥・藤原地域を中心として、きわめて特異な土器様式が存在する。都に生活する役人たちの特殊な生活形態に起因すると考えられている。律令的土器様式などと呼ばれた土器様式で、その周辺地域とは明らかに異なる。これなどは、条坊制ほど明確ではないが、このような土器様式が存在する地域は、遺物のうえから、「都」「京」の空間と、視覚的に認識できた可能性がある。このような土器様式が成立するのは、七世紀後半から末（飛鳥Ⅳ）であり、遺構からみた「都」「京」の空間の成立とほぼ対応している。西弘海「土器様式の成立とその背景」（『土器様式の成立とその背景』真陽社、一九八六年）、林部均「古代宮都の成立と土器様式」（『考古学論究――小笠原好彦先生退任記念論集――』真陽社、二〇〇七年）。

日出処・日本の元日朝賀と銅烏幢

西本昌弘

はじめに

元日朝賀は年頭に正殿に姿をあらわした君主を百官や蕃客が拝する儀礼で、日本においては大化改新後の孝徳朝に成立したと考えられる。この元日朝賀は日の出に近い早朝に行われるものであったから、推古朝以来、倭国に導入されていた朝政という政務方式と深く関わるものであり、「日出処の天子」と名のった倭王がやがて重視することになる大儀であった。

また、朝賀の際に立て並べられた宝幢（ほうどう）を中国の皇帝・諸侯出行時の旗類と比較すると、日本ではとくに中央の銅烏幢が独自のものとして採用されていたことがわかる。日の精とされる三足烏を造形した銅烏幢は、国際社会に向けて「日出処」「日本」などと称した倭国の自己認識を示すものとして注目される。

本稿では、元日朝賀に立てられた宝幢や、朝賀の挙行される時間に注目することで、七世紀中葉の倭国が立脚していた空間認識と時間認識を明らかにし、日本国号の成立時期についての見通しを立てることをめざしたい。

一　元日朝賀における宝幢樹立

元日朝賀の際には、天皇が出御する大極殿の前庭に宝幢を樹立した。その初見記事は『続日本紀』大宝元年（七〇一）正月乙亥朔条である。

天皇御大極殿受朝、其儀、於正門樹烏形幢、左日像・青龍・朱雀幡、右月像・玄武・白虎幡、蕃夷使者、陳列左右、文物之儀、於是備矣、

藤原宮の大極殿に文武天皇が出御し、蕃夷の使者が左右に整列するなか、百官からの朝賀を受けた。大極殿院（内）の正門近くに烏形幢を立て、その左（東）に日像・青龍・朱雀幡、その右（西）に月像・玄武・白虎幡を配したという。

後述するように、平安時代の実例では、烏形幢と並んで日像幢・月像幢がみえ、旗竿の先端に日や月をかたどった作り物をつけたが、大宝元年の朝賀では日像・月像とも幡（ばん）と表現されていることは、この段階では日像・月像とも四神幡と同じく、幡に日や月を描いたものであったことを示しているように思われる。

平安初期の儀式書である『内裏儀式』の元旦受群臣朝賀式幷会によると、大極殿の中階から南へ去ること一六丈に銅烏幢を樹て、その東に日像幢、次に朱雀旗、次に青龍旗を、銅烏幢の西に月像幢、次に白虎旗、次に玄武旗をそれぞれ樹てるとある。弘仁一二年（八二一）撰進の『内裏式』上、元正受群臣朝賀式幷会と貞観年間（八五九〜八七七）の編纂とされる『儀式』巻六、元正朝賀儀は、大極殿の中階から南へ去ること一五丈四尺に樹てるとするが、宝幢の配列に関しては『内裏儀式』とまったく同じである。

延喜兵庫寮式では、元日および即位に宝幢を構建する際には、兵庫寮が木工寮とともに予め幢柱管を大極殿前庭の龍尾道上に建て、その後、内匠寮工と鼓吹戸らを率いて宝幢を構建するという。大極殿中階の南一五丈四尺

などとの間には、宝幢の配列法に関して相違点のみえることが注意される。

以上、元日朝賀時の宝幢樹立に関する記事をみてきたが、初見記事である大宝元年正月条とそれ以外の儀式書の位置に烏像幢を立てることなど、宝幢の配置に関しては『内裏式』『儀式』と同様である。

	（東）			（中央）	（西）		
Ⓐ大宝元年条	朱雀幡	青龍幡	日像幡	烏形幢	月像幡	玄武幡	白虎幡
Ⓑその他	青龍旗	朱雀旗	日像幢	銅烏幢	月像幢	白虎旗	玄武旗

ⒶとⒷでは、東側の朱雀幡・青龍幡と西側の玄武幡・白虎幡の並べ方が逆になっている。配列が逆になった理由は不明であるが、Ⓑは五行相生の順序に並んでいる。[1] 後述する『文安御即位調度図』に描かれた宝幢の配列もⒷと同じであるから、平安時代以前のある時期に宝幢の並べ方に変化が生じたのであろう。

元日朝賀の際に宝幢を立てることは、大宝元年にはじまるとみる意見が多い。[2] この記事が宝幢樹立の初見記事であり、「文物の儀、是に備われり」という表現に一つの画期を読み取りうるからである。ただし、藤原宮の大極殿と朝堂が完成したのが大宝元年頃であったことに注意する必要があろう。市大樹は、藤原宮大極殿と朝堂の初見記事がそれぞれ文武二年（六九八）正月壬戌条と大宝元年正月庚寅条であること、大極殿・朝堂院地区の瓦が大垣使用瓦より新しいものであることから、両者の完成は初見記事の時期と近かったと見通し、宝幢で飾り立てた元日朝賀が大宝元年に開始されたのは、大極殿・朝堂が揃った最初であったからに違いないと論じた。[3] 市の指摘は大変示唆的である。大宝元年の朝賀が藤原宮において大極殿と朝堂が完備したのち最初の朝賀であったとすると、大極殿院や朝堂院に百官・外国使節が居並び、殿舎や庭中に華麗な装飾を施した朝賀儀は特筆すべきものであったろう。「文物の儀、是に備われり」とは、大極殿・朝堂が完成したのち、列立する官人の服制が改められ、殿庭の鋪設も整備された朝賀儀を表現したものとみることもできる。

中国史料を検索すると、儀礼に関わる「文物」の記事として、次のようなものがみえる。

①梁元会之礼、未明、庭燎設、文物充庭、台門闢、禁衛皆厳、……隋制、正旦及冬至、文物充庭、皇帝出西房、即御座（『隋書』礼儀志四）

②（大業）三年正月朔旦、大陳文物、時突厥染干朝見、慕之、請襲冠冕、帝不許（『隋書』礼儀志七、衣冠）

③大業三年、始行新令、于時三川定鼎、万国朝宗、衣冠文物、足為壮観（『隋書』百官志上）

④司輿、典輿、掌輿、各二人、掌輿輦、繖扇、文物、羽旄、以時暴涼（『新唐書』百官志二、尚寝局）

①は梁代や隋代の元会の礼が「文物」を朝庭に並べて行われたこと、②は大業三年（六〇七）の元旦朝賀が大いに「文物」を陳列して挙行されたことを述べる。③に「衣冠文物」とみえ、④に輿輦や繖扇・羽旄などと並んで「文物」がみえることからすると、「文物」とは衣冠・輿輦などを含む儀式の際に整えられた服飾や器物をさすと考えることができよう。長廣敏雄は『続日本紀』大宝元年条の「文物の儀」を「中国列朝の儒教的〝礼儀〟の道具立て」と解釈しているが[4]、衣冠・服飾・持物・宝幢などを含めた中国的な礼儀物を「文物」と表現したとみてよいであろう。

衣冠や服飾に関わる改革が天武・持統朝から文武朝にかけて進められたことは周知の通りである。天武朝には位冠・脛裳などの着用禁止令と男女への結髪令が出され、男夫は漆紗冠をかぶることとされた。また、新しい爵位の制定とともに、爵位による朝服色が定められた。持統朝には朝服の改定が行われている[5]。こうした改革が文武朝までに一段落し、大宝元年には大宝律令が撰進されて、礼服の制度が整えられるとともに、藤原宮の大極殿・朝堂院が完成した。完備した大極殿・朝堂院において礼服・朝服や器物を整えた元日朝賀が挙行されたことを、『続日本紀』は「文物の儀、是に備われり」と表現したのであろう。

このように考えて大過ないとすると、宝幢を樹立した朝賀が大宝元年以前に遡らないとは断言できない。元日朝賀が成立したのは孝徳朝である。[6] 孝徳朝以降、大宝元年までの間において、朝賀時に宝幢を樹立することが開始された可能性を探ってみる必要があると思うのである。

二　唐太宗期の朝賀と宝幢

元日朝賀は中国の皇帝儀礼を継受して導入されたものである。しかし、隋唐代の朝賀において日月・四神などの宝幢が立て並べられたかどうかは判然とせず、『大唐開元礼』巻九五、皇帝元正冬至受皇太子朝賀や巻九七、皇帝元正冬至受群臣朝賀幷会などにも、宝幢樹立のことは記されていない。ところが、宋の董逌（字彦遠）が撰した『広川画跋』巻二には、「上王会図叙録」と題する長い文章が掲げられており、このなかには唐代の元日朝賀の様相をうかがわせる記述がみえる。文末に「崇寧五年七月五日編校、臣某上」とあるが、崇寧五年（一一〇六）は宋徽宗の治世下にあたる。原文は次の通りである（適宜段落を分け、㈠～㈤の数字を加えた）。

㈠　上王会図叙録

秘閣王会図帳録總幅二十四、亡者十有二矣、其伝制度、猶可槩見、蓋王者元日受朝之図也、……

㈡或疑、此図衣冠・服物、非周漢制度、臣得考於載籍、殆唐貞観所受貢於四海者也、文物・礼容雖不逮三世、自漢以来、無復此挙之盛矣、

㈢今按図得者、五輅時陳、百僚夜具、楽備肆夏、礼陳百物、鸞旍鳳節、犛氈（一作犛旄）獣鐸、飛旍容縿（一作縿）綴綴央央、則庭具而充矣、其外則青龍旗左、白虎幡右、清游隊前、白澤旗後、朱雀・白路（一作玄武）、銅鼓金鉦、簫笳之具、二十四列、横吹之序、百二十具、班剣儀刀、分行十二、……

㈣有司告弁、鴻臚導客、次序而列、凡国之異、各依其方、東首以三韓・百済・日本・勃海、而扶桑・勿吉・流球・女国・挹婁・沃沮次之、西首以吐蕃・高昌・月氏・車師・党項、而軒渠・厭達・叠伏羅・丁令・師

子・短人・撣国次之、……

㊄嘗考之、貞観十七年、其制如是、……

㊀〜㊄について、それぞれの大意をまとめると、以下の通りである。

①宋の朝廷の秘閣には「王会図」と題する絵図が伝わる。帳録にはすべて二四幅とあるが、そのうち一二幅は亡失し、一二幅が残されていた。いずれも王者（皇帝）が元日朝賀を受ける図である。

②董逌の考証によると、この図の衣冠・服飾は周漢の制度ではなく、唐の貞観年間に四海よりの貢納を受けた様子を示すものという。

③この図には、五輅（天子の車）・百僚・鸞旂（天子の旗）・鳳節などが庭中に充満するさまが描かれ、その他に青龍旗（左）・白虎幡（右）・朱雀・白路（玄武）・銅鼓・金鉦などが描かれていた。

④また、鴻臚が使客を導き、その方面ごとに並ばせた。東は三韓・百済・日本・勃海を先頭とし、これに扶桑・勿吉・流球・女国・挹婁・沃沮などが続いた。西は吐蕃・高昌などを先頭とし、これに而軒渠・厭達などが続いた。

⑤董逌の考証によると、貞観一七年の制がこのようであった。

以上に掲げた『広川画跋』巻二所収「上王会図叙録」の記述から、宋の宮廷の秘閣には唐の貞観年間（六二七〜六四九）に行われた元日朝賀の様子を描いた「王会図」が伝えられており、その「王会図」には庭中に充満する文物や諸国の使客が列立するさまが描かれていたという。長廣敏雄はこの「王会図」が唐の貞観年間に閻立徳と閻立本の兄弟によって描かれた「王会図」（「職貢図」）と結びつく可能性を、以下の史料をあげながら論じている。(7)

Ⓐ『資治通鑑』巻一九三、唐紀九、貞観三年（六二九）閏一二月丁未条によると、東謝・南謝など遠方の諸国

が来朝し、朝貢するものがきわめて多く、その服装が詭異だったので、中書侍郎の顔師古が図写して後世に示すため、「王会図」を製作することを請い、これが許された。『旧唐書』巻一九七、西南蛮伝、東謝蛮にもほぼ同様の記事があり、周の「王会篇」にならって「王会図」を作ったという。

Ⓑ『唐朝名画録』には「閻立徳職貢図」があげられているが、『歴代名画記』では初唐の論画家李嗣真が閻立徳と閻立本の画業について、「至若万国来庭、奉塗山之玉帛、百蛮朝貢、接応門之位序、折旋矩度、端簪奉笏之儀、魁詭譎怪、鼻飲頭飛之俗、尽該毫末、備得人情」と評言を加えているので、これも「王会図」のことをさすものとみられる。

Ⓒ清朝内府の所蔵絵画中には唐閻立徳「職貢図」一巻と閻立本「王会図」一巻とが伝わっていた（『石渠宝笈』巻三二）。これらは長尺の図巻で、異域の各種王族の風俗を描き、唐朝廷に来貢する情景を表していた。

長廣は以上の関係史料を総合しながら、宋の『宣和画譜』巻一、閻立徳条の指摘を継承して、貞観三年に顔師古が製作した「王会図」（「職貢図」）は、閻立徳らに命じて図せしめたもので、その内容をいくらか明らかにしたものが、『広川画跋』にみえる「上王会図叙録」であろうと論じている。長廣の指摘は十分に説得力のあるものといえよう。[8]

さて、以上の長廣説を踏まえながら、猪熊兼樹は次のように述べている。[9] すなわち、宋の宮廷には「王会図」と題する王者の元日受朝を描いた絵画の一部が伝わっており、董逌の考証によると、この図は唐の太宗の朝賀らしく認められ、そこには青龍旗や白虎幡が立ち、日本をも含む世界各地からの使節が参列する壮観が描かれていたという。また、長廣が別の論考において、『隋書』礼儀志に記載される北周の輅車制（日月五星・青龍・朱雀・黄麟・白獣〔白虎〕）を、日本の朝賀儀式に立てならべた旗類と比較すると、黄麟と銅烏とが異なるだけであると指摘したことを踏まえて、[10] 日本の幢旗類は唐の実例を参考として工夫を加えたものであると推定した。[11] 猪熊は

『広川画跋』の記載から、唐の太宗期の朝賀において青龍旗・白虎幡などが立てられていたことに注目し、こうした実例を参照して、日本は朝賀の宝幢を導入したと考えたのである。

『広川画跋』「上王会図叙録」の記載にはやや不審な点もあり、ただちに信用してよいかどうかは不安も残る。たとえば、東方に配された諸国について、その首は「三韓・百済・日本・勃海」とあるが、唐太宗の時代のこととするからには、日本は倭国、勃海は高麗（高句麗）とあるべきであり、三韓という国名も不審である。その次に挙げられた「扶桑・勿吉・流球・女国・挹婁・沃沮」に関しても、勿吉と挹婁は靺鞨の別称（『新唐書』北狄伝、黒水靺鞨条）であるから重複になる。また、扶桑と女国は『梁書』東夷伝にみえる国名である。

ただし、三韓は地域名としても使用されたので、これが新羅をさすものとみることは可能であろう。[12]「日本・勃海」についても、原図には「倭・高麗（高句麗）」とあったのを、後世の追記などによって「日本・勃海」と書き換えられた可能性がある。また、『冊府元亀』巻九七〇、外臣部、朝貢三には、唐太宗の貞観一七年正月朔に「百済・高麗・新羅」などとともに「女国」が遣使して方物を献じたとあるので、唐代初期に「女国」が朝貢してきたことは疑いない。また何よりも、百済は顕慶五年（六六〇）に滅亡しており、西方に配された高昌も貞観一四年（六四〇）に唐に滅ぼされている。これらの国々が正月元日に朝貢したことを伝える「王会図」は、六三〇年代までに原形が成立したと考えざるをえない。董逌は⑤において貞観一七年の制に言及しているが、②で考証しているように、広く唐太宗の貞観年間の元日朝賀を描いたものとみるのが穏当で、長廣が指摘するように、この「王会図」が貞観三年に顔師古が描かせたものである可能性はきわめて大きいといえよう。

以上を要するに、宋の董逌『広川画跋』にみえる「王会図」は、一部に不審な点もあるが、長廣敏雄や猪熊兼樹の指摘するように、唐太宗の貞観年間における元日朝賀を描いたものとみてよく、青龍旗（左）や白虎幡（右）、朱雀・白路（玄武）・銅鼓・金鉦などが描かれる点からみて、唐代初期の元日朝賀が纛旂・鳳節や四神旗を樹立して挙行されたことが確認できる。

唐の貞観年間といえば、遣隋使に同行して入隋した留学生・留学僧があいついで帰国する時期でもあった。舒明四年（六三二、貞観六）八月には唐使高表仁に従って、学問僧霊雲・僧旻、勝鳥養らが帰国し、舒明一二年（六四〇、貞観一四）一〇月には、大唐学問僧（南淵）清安（請安）、学生高向玄理が帰国をはたした（『日本書紀』）。彼ら留学生・留学僧らが唐代初期の元日朝賀を参照して、その儀礼を日本に持ち込んだとみるのは荒唐無稽な想定ではない。

日本における元日朝賀の成立は孝徳朝であり、大化二年（六四六）正月以降、百官人や外国使客を朝庭に集めて、新年の「休祥」をともに喜ぶ元日朝賀がとり行われていた[13]。元日朝賀の際に正殿前庭に烏形幢や日月・四神旗を樹立することは、朝賀成立期の孝徳朝から開始されていたとみることは可能で、少なくともその可能性を探ってみる必要はあろう。

孝徳朝には唐の太宗の施策を参照した新政策がある。『日本書紀』大化二年三月甲申条に記されたいわゆる大化の薄葬令がそれである。本条は『魏志』武帝紀・文帝紀とほぼ同文の記事を含むところから、大化薄葬令は魏代の薄葬思想にもとづいて発布されたとみるむきもある。ただし、貞観九年（六三五）の唐高祖の遺詔、翌一〇年の太宗皇后の遺詔はともに倹約を説くものであったため、太宗は秘書監虞世南の建言を容れて、魏文帝に倣い、薄葬による葬送を命じている（『旧唐書』高祖紀・文徳皇后伝）。横田健一と山尾幸久は、こうした動きが留学生などを通して倭国に伝わり、大化薄葬令の発布となったと論じているが[14]、説得力ある推論といえよう。

孝徳朝に創始された元日朝賀が一切の装束や鋪設を欠いた状態で挙行されたとは考えにくい。孝徳朝の朝賀成立時に唐太宗の朝賀にならって宝幢の樹立を志向し、少なくとも難波長柄豊碕宮が完成に向かう白雉年間には、宝幢を樹立した元日朝賀が行われた可能性は高いものと思われる。

三　銅烏幢と太陽・三足烏と日本国号

『隋書』礼儀志五には、北周の輅車制が詳述されているが、そのなかに、

凡旗、太常画三辰、日・月・五星、旂画青龍、皇帝升龍、諸侯交龍、旟画朱雀、旌画黄麟、旗画白獣、旐画玄武、皆加雲、

とあり、皇帝や諸侯が掲げるハタとして、ⓐ太常旗（日月・五星）、ⓑ青龍旗、ⓒ朱雀旗、ⓓ黄麟旗、ⓔ白獣（白虎）旗、ⓕ玄武旗の六種が記されている。長廣敏雄は、ⓓ黄麟旗が日本では烏形幢に変えられたのを除けば、日本の制度は中国とまったく一致すると指摘した。[15]

これをうけて猪熊兼樹は、日本の幢幡類は唐の実例を参考として工夫を加えたものと考えられるが、北周の輅車制の旗類における黄麟旗を烏形幢に置き換えるような工夫であったとすれば、ここに日本の主張が込められたはずであると説いている。[16]

それでは、烏形幢（銅烏幢）に付された烏形にはどのような意味があるのか。『文安御即位調度図』に即位儀に立てられた宝幢が描かれていることはよく知られている。石田実洋の最近の研究によると、同図は永治元年（一一四一）の近衛天皇即位礼に用いられた調度を描いたものと考えられ、藤原頼長の『台記別記』の逸文に相当するものである可能性が高いという。[17] 同図が平安末期の即位礼の調度を伝えるものであろうことは、これまでにも指摘されていたが、[18] 具体的な傍証が提示されたことは重要である。

『文安御即位調度図』中の日像幢の図様には「日中に赤烏有り」、月像幢の図様には「月形、桂樹・蟾蜍・菟等の形、中に在り。菟は左に在り」との注記があるが、群書類従本に所収の同図は不正確で、日像中の赤烏の足は二本しかなく、月形中には桂樹をはさんで二羽の菟が相対するように描かれている。一方、石田が紹介した壬生

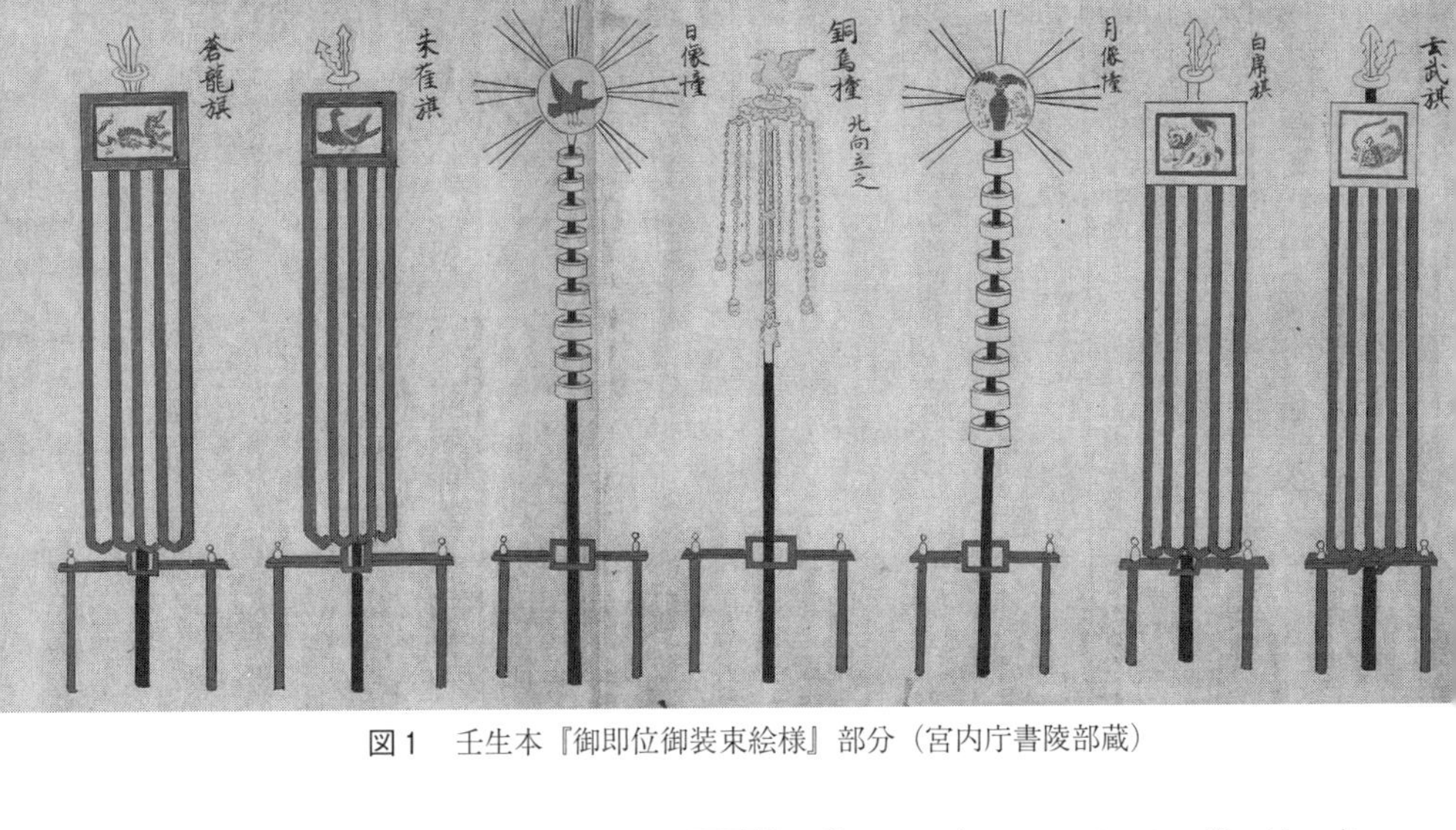

図1　壬生本『御即位御装束絵様』部分（宮内庁書陵部蔵）

本『御即位御装束絵様』の調度図は正確で、日像中の赤烏は三本足をもち、月像中には桂樹をはさんで左に菟、右に蟾蜍が描かれている（図1、2）。中国古代の神話では、日（太陽）のなかに三足烏がおり、月のなかに菟と蟾蜍がいて桂樹があると説かれていた(19)。

『淮南子』精神訓には「日中有踆烏、而月中有蟾蜍」とあり、後漢の高誘は踆烏について「謂三足烏」と注している。このほか『文選』巻四、蜀都賦に「陽烏」とあり、李善注は「春秋元命苞」を引いて「日中有三足烏」と述べて

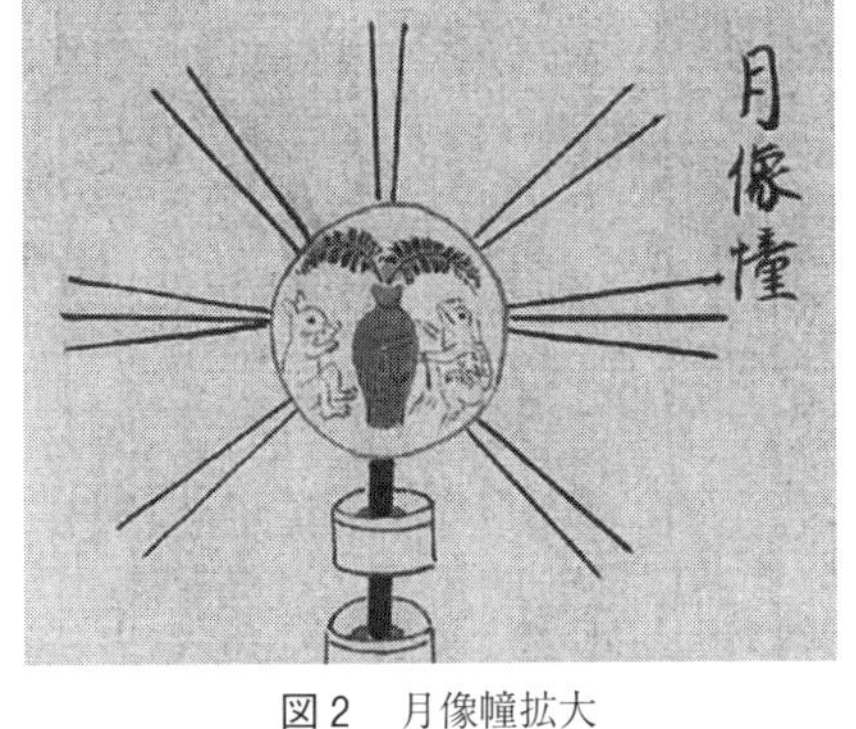

図2　月像幢拡大

いる。また、『芸文類聚』巻一所引の「五経通義」に「日中有三足烏」「月中有兎与蟾蜍」、『論衡』説日篇に「儒者曰、日中有三足烏」、『酉陽雑俎』に「旧言、月中有桂、有蟾蜍」などとある。中国の古典では日中に三足烏、月中に兎・蟾蜍・桂樹があると伝えられていたことがわかる。

中国や朝鮮半島の壁画古墳には日月を描いたものが多いが（四神図をあわせもつものも多い）、日像中には三足烏、月像中には蟾蜍・兎・桂樹のいずれか（あるいはそのうち二つか全部）を描くのが一般的であった。高句麗の角抵塚・舞踊塚・薬水里古墳・鎧馬塚、中国唐代の永泰公主墓・章懐太子墓・懿徳太子墓などである[20]。日本では法隆寺に伝わる玉虫厨子の須弥座の日像中に三足烏が描かれている。元日朝賀の際に樹立された日像幢（旗）中に三足烏が描かれていたのは、中国古代の神話に淵源をもつものであった。

しかし、日本では日像中の赤烏（三足烏）と重複して、中央に銅烏幢を立てた。銅烏幢にも三足烏が造形されていたことは前述の通りである。日（太陽）を象徴する三足烏を銅烏幢と日像幢の二つに重複して掲げたところに、日本独自の主張が込められているとみるべきであろう。

『和名類聚抄』天部には、

陽烏　歴天記云、日中有三足烏、赤色、今案、文選謂之陽烏、日本紀謂之頭八咫烏、田氏私記云夜太加良須、

とあり、日中の三足烏（陽烏）を記紀の神武東征伝承にみえる頭八咫烏（八咫烏）とみる解釈を示している。『淳和天皇御即位記』にも、「図書・主殿寮焼香、及立八咫烏・日月形」とみえ、弘仁一四年（八二三）四月の淳和即位儀で立てられた銅烏幢を「八咫烏」と表現している。『讃岐典侍日記』は、嘉承二年（一一〇七）一二月朔日に行われた鳥羽天皇の即位式で、大極殿の「南の方」に例の「八咫烏」などを立てわたしたことを記述している。頭八咫烏（八咫烏）は日本の初代天皇である神武天皇を熊野から中洲（大和の菟田・吉野方面）へ先導する役割を果たした。日神の子が日向から大和（日本）へ入るのを助けるという伝承において、頭八咫烏は日の精としてふ

さわしい役割を果たしているといえる。

猪熊兼樹は、銅烏幢は日神ゆかりの八咫烏を想定するものであり、これを国際社会を意識した儀式の場に立てるということは、みずから称した「日出処」（『隋書』倭国伝）や「日本」（『新唐書』日本伝）の象徴であったと理解されると説いている。[21] 猪熊の指摘は卓見であり、元日朝賀の場で日本が独自に銅烏幢を立てたことは、日本国号の成立問題とリンクしてくることになる。日本国号の成立時期をめぐっては、かつては孝徳朝説が通説の位置を占めていたが、近年では天武・持統朝説や文武朝説が支配的な見解となっている。

このような状況のなか、中国の西安で出土した祢軍墓誌に「日本余噍」「風谷遺甿」などと刻まれていたことが、日本国号の成立問題と関わるものとして注目された。ここにみえる「日本」については、これを百済をさすものとみる東野治之の説[22]が大方の支持を集めているが、私は天智三年（六六四）と同四年（六六五）に来倭した祢軍の経歴を重ね合わせてみるとき、墓誌の「日本」は倭国をさすとみるべきであると考えている。[23] ここにみえる「日本」は中国に承認された正式の国号ではないが、朝鮮諸国などに対して自称した国号であるとみる余地はあるであろう。

そこで注目すべきは、『日本書紀』大化元年七月丙子条に、

高麗・百済・新羅、並遣使進調、百済調使、兼領任那使、進任那調、……巨勢徳太臣、詔於高麗使曰、明神御宇日本天皇詔旨、……又詔於百済使曰、明神御宇日本天皇詔旨、……

とあり、高句麗使と百済使に対して詔書を宣する際に、改新政府の巨勢徳太が「明神御宇日本天皇詔旨」という冒頭表現を用いて宣詔していることである。これは養老公式令にみえる外国使に大事を宣する際の詔書の冒頭に用いられる表現と同じであり、令による潤色とみるのが通説である。[24] しかし、「日本」と書いても「やまと」と訓読されたことを考えると、[25] 大倭天皇（やまと）のことを日本天皇（やまと）と表記するのは、それほど大きな変化であるとは思えな

い。

石母田正は、大化元年七月条の「明神御宇日本天皇」は編者の作為とみるべきとしながら、この時期に詔書の形式が整えられたことは、大化改新の性格上あり得ることであり、それは船上にある蕃客を難波津に迎える儀式において、延喜玄蕃寮式に日本側の使者が「日本尓明神登御宇天皇朝庭」云々と呼びかけた形式の先駆となるものであると論じている。[26]改新政府が詔書の形式を整えたとすると、『日本書紀』大化二年二月戊申条に、天皇が宮の東門に幸し、右大臣蘇我石川麻呂に「明神御宇日本倭根子天皇、詔於集侍卿等臣連国造伴造及諸百姓」と呼びかけさせていることが注目される。「日本倭根子天皇」は「日本」と「倭」が重複しているため、『日本書紀』編者が「倭」を「日本」に置き換えたものとはみなしがたく、これは「日出処」の「倭根子天皇」というような意味に解するほかはない。当初は国内向けの詔書にも「日本」が用いられていた可能性を示唆する。年頭に百官を集めて「朝庭大事」を宣する元日朝賀は、天皇の命令すなわち詔書の重要性を認識させる儀礼でもあったこと[27]を想起する必要があろう。

問題は七世紀中葉に倭国が朝鮮諸国に対してみずからの国号を何と名のったかである。唐王朝が日本国号を承認した八世紀初頭まで、日本国号は成立しえないという議論もあるが、これは一面的な見方である。倭国が対外的な国号や君主号として、倭国や倭王を使用することを忌避する時期があり、そうした状況が一定期間続いたのちに、日本国号や天皇号が成立するとみなければならない。その際に注目すべきは、推古一五年（六〇七・大業三）に派遣された遣隋使が「日出づる処の天子、書を日没する処の天子に致す」ではじまる国書を持参し（『隋書』倭国伝）、翌年に派遣された遣隋使が「東の天皇、敬みて西の皇帝に白す」ではじまる国書を携行したことである（『日本書紀』推古一六年九月辛巳条）。卜部兼方『釈日本紀』、一条兼良『日本書紀纂疏』、新井白石『古史通或問』などが指摘するように、「日出づる処」は「日本」とほぼ同義である。[28]

星野恒は、推古朝に「日出処」や「東」と書いたが、三字は冗長、一字では国号とならなかったため、大化初年に「日出処」を約して国号を日本と撰定したという[29]。もちろん、「日没処」や「西」が隋の国号ではないのと同様、「日出処」や「東」は倭国の新たな国号ではありえなかったが、重要なのは七世紀初頭の対外交渉において、倭王権が倭国や倭王という名のりを忌避していることである。隋に対してさえ倭国や倭王という名のりを避けた倭王権が、みずからが「大国」として振る舞っている百済・新羅などの朝鮮諸国に対して、六世紀までのように倭国・倭王と称したとは考えにくい。改新政府が改革の一環として詔書の形式を整え、それを朝鮮諸国に対して宣したとすると、それは必ずや「日本」や「天皇」を含むものであったと考えざるをえないのである。

これに加えて注意すべきは、「日出処」に関する栗原朋信の研究である[30]。栗原は、後漢代に西南蛮夷の居所を「日入之分」とみなし、漢の皇帝を「日出之主」と仰ぎみる考え方が存在したこと（『後漢書』西南夷伝）、神亀元年（五一八）七月に波斯国王居和多が「中天子」と自称し、北魏の明帝を「日出処」の「大国天子」と敬仰した国書を送ったこと（『北史』西域伝）などに注目して、「日出処」「日没処」はたんに東・西という方角を意味するだけではなく、国書に記されると傾斜関係を意味する場合があったとし、国書に記された場合の「日出処」は、地上にただ一つの天子が支配する中国を意味すると結論づけた。従うべき卓見であろう。倭国の君主が隋への国書において「日出処の天子」と自称したのは、みずからを中国の天子に擬さんとする試みであって、これが煬帝の不興を買ったのも無理はない。倭国における小中華意識の高揚をよくうかがわせる[31]。

一方、中国では古くから、東海中の日の出づるところを暘谷・扶桑・搏木などと呼んだ[32]。その意味では、「日出処」という意味を残しながら、日の下という意味で日本を名のることは、唐王朝からも容認される可能性を有していた。中国からみて東方の極に位置する国という建前を前面に出し、その背後には「日出処の天子国」という矜恃を隠し持った「日本」という国号は、中国的な中央集権国家をめざした孝徳朝にふさわしいものである。

この国号が八世紀初頭に唐に承認されるまでまったく使用されなかったとみるのは不自然で、七世紀中葉に改新政府が主として朝鮮諸国に対して日本国号を使いはじめたと考えられる。孝徳朝は元日朝賀の成立期であるが、孝徳朝の元日朝賀においてすでに銅烏幢を含む宝幢が建てられていたとすると、外国使客の参列する国際的な大儀の場において、新たな国号たる「日本」のイメージを視覚的にも明確化する必要から、日（太陽）を象徴する三足烏を造形した銅烏幢を中央に立てたものと推考する。

四　元日朝賀・朝政の時刻と日の出

元日朝賀の開始時刻はどのように定められているのであろうか。まず、『内裏儀式』元旦受群臣朝賀式幷会によると、当日の「未弁色」（色が判別できる時刻。薄明の時間をさす）[33]に、諸衛が各々所部を勒し、大儀仗を殿庭および諸門に立て、辰一刻（午前七時）に皇帝乗輿が大極殿後房に入るとある。次に、『内裏式』上、元正受群臣朝賀式には、

其日未弁色、諸衛服大儀各勒所部、立大儀仗於殿庭左右及諸門、……

卯三刻以前、諸儀弁備訖……

四刻、大臣入自昭訓門就幄座、閤外大臣、（若無大臣者、議以上行事、）参令掟外弁鼓、諸門鼓皆応、（殿下鼓不応、）乃開章徳・興礼両門、（自余小門先已開、）……辰一刻、皇帝乗輿入大極殿後房、少時皇后御輿亦入後房、……門部開門、諸門与会昌門倶開、……皇太子始就幄下座、群官以次参入、就版位、……皇帝服冕服就高座、……宸儀初見、

とあり、『内裏儀式』と同様のところもあるが、卯三刻（午前六時）以前に諸儀の弁備を終えること、卯四刻（午前六時半）に大臣が昭訓門より入って幄座に就くことが、新たに規定されている。

さらに、『儀式』巻六、元正朝賀儀では、元日朝賀における諸司の動きが詳しく記され、それぞれの時刻につ

いても、次のように細かく定められている。

丑一刻（午前一時）から掃部寮が座席の設営をはじめる。

卯三刻（午前六時）以前に諸儀の弁備を終える。

辰一刻（午前七時）に天皇が建礼門より出て、大極殿後房に入る。

以上の諸準備のあと、開門、群臣参入、天皇の着高座、宸儀初見、皇太子以下群臣の拝礼と進行する。したがって、天皇が群臣の前に姿を現し、群臣の拝礼を受けるのは、辰二刻頃（午前七時半頃）とみられる。

延喜陰陽寮式にみえる朝政の時刻表によると、立春から雨水にかけての時期の開諸門鼓は卯三刻、日の出は卯四刻、開大門鼓は辰一刻であった[34]。太陰太陽暦では二十四節気のうちの大寒を含む月を一二月、雨水を含む月を正月と定めたから[35]、正月元日（朔日）は通常、大寒と雨水の間の新月の日となる。大化元年（六四五）の大寒は一二月二六日庚申、同二年の雨水は正月二八日辛卯であったから[36]、大寒から五日目にあたる大化二年正月元日（甲子朔）の日の出は卯四刻の終わり（午前七時頃）であった。元日朝賀の準備を卯三刻までに終える必要があったのは、儀式が日の出とともにはじまるという演出を行うためであったろう。こうして日の出直後の辰一刻に天皇が大極殿に出御し、同二刻にかけて群臣が拝礼を捧げたのであった。

元日朝賀は日の出と天皇の出御とを重ね合わせる儀式であり、日神の子であるとされる天皇を、その年最初の太陽が昇ってくる時刻に合わせて、百官が拝するところに大きな意義があったということができよう。また、天下の中心たる「日出処」「日本」の君主が、年頭に中央・地方の官人と蕃客を朝庭に集め、彼らの拝礼を受ける儀式は、東夷の小帝国[37]としての倭国（日本）がその小中華意識を満足させるための儀式でもあった。

一方で元日朝賀の成立は、倭国における朝政の成立とも深く関わる出来事であった。推古八年（六〇〇）に派遣された遣隋使が、倭王は日の出とともに理務を停むと発言して、隋の高祖から「太だ義理無し」と叱責され、改正するよう「訓戒」を与えられると（『隋書』倭国伝）、倭王権はただちに朝政の整備につとめたようで、憲法十七条の第八条には「群卿百寮、早朝晏退」と定められた。『日本書紀』舒明八年（六三六）七月己丑条には、大派王が大臣蘇我蝦夷に、

群卿及百寮、朝参已懈、自今以後、卯始朝之、巳後退之、因以鍾為節、

と語ったが、大臣は従わなかったという。卯一刻に朝参する早朝政務が蘇我氏の抵抗を受けながらも、実施されていたことを示している。ついで、大化三年（六四七）是歳条の小郡宮の礼法では、

凡有位者、要於寅時、南門之外、左右羅列、候日初出、就庭再拝、乃侍于庁、若遅参者、不得入侍、臨到午時、聴鍾而罷、其撃鍾吏者、垂赤巾於前、其鍾台者、起於中庭、

とあり、有位者は寅時（午前四時前後）に南門外に整列し、日の出とともに朝庭に入って、再拝ののち庁に臨んで執務することが求められた。遅参者は入庁できず、午時（正午前後）の終業時刻まで、中庭に置かれた鍾台の鍾が、官人たちに政務の開始と終了の合図を送ったのである。

養老宮衛令開閉門条によると、第一開門鼓を打ち終わると諸門を開き、第二開門鼓を打ち終わると大門を開いた。そして、退朝門を打ち終わると大門を閉じた。『令集解』の諸説は、諸門とは宮城門・宮門・閤門をさし、大門とは朝堂院南門と大極殿閤門をさすと解釈している。[38] 古記によると、諸門を開く第一開門鼓は寅一点、大門を開く第二開門鼓は卯四点に打たれた。また、養老公式令京官上下条には、

凡京官、皆開門前上、閉門後下、外官日出上、午後下、

とあるが、「開門前上」に対して、義解は「謂、第二開門鼓前也」という解釈を加えている。

以上を要するに、朝政の創始期には、寅時や卯一刻など午前四時～五時頃の相当早い時刻に官人たちは門外に参集し、日の出とともに入門して執務することが求められており、宮衛令や公式令の規定でも、京官は卯四刻、

外官は日の出前に、宮門の前に並ぶことが定められていたのである。このようにみてくると、元日朝賀と朝政の際の官人参集時刻はほぼ同じであることがわかる。いずれも卯刻のうちに準備を終了したり、門外に参集する必要があり、日の出を合図に入門・整列し、儀式や政務に臨んだのである。

その意味では、孝徳朝における元日朝賀の成立は、この前後から導入されていた日々の朝政を定着させる役割を果たしたものとみることができよう。正月元日の日の出直後に大極殿に出御した天皇を拝する元日朝賀は、年頭に行われる特別の大儀であった。一方で、日々の朝政では日の出後に入門し、内裏にいる天皇に対して拝礼を行ったのち、朝庭の庁に就いて執務した。天皇の出御は想定されていないとはいえ、早朝政務たる朝政は、開始時刻の点で元日朝賀と重なる側面をもっていた。大臣蘇我蝦夷が朝政励行の指示に従わず、これに影響された群卿百寮も朝政を怠りがちであったという舒明朝の状況を改善するため、蘇我氏を打倒した改新政府は元日朝賀を導入して、日の出とともに天皇を拝し、早朝に儀式や政務を執り行う慣行を定着させようとしたのであろう。

おわりに

元日朝賀は九世紀後半には衰退に向かう。斉衡元年（八五四）以降、雨雪などを理由に廃朝されることが続き、仁和元年（八八五）に久しぶりに挙行されるが、これ以後はあたかも一代一度の盛儀のようになった。天暦元年（九四七）に挙行されたのち、正暦四年（九九三）に行われたが、礼服着用の不備や儀式の違例が目立ち、この年を最後に廃絶した(39)。

元日朝賀に外国使節が参列するのも、弘仁一三年（八二二）が最後となった(40)。元日朝賀に外国使客を招き、百官・使客が天皇に拝礼を行う儀礼が、東夷の小帝国を誇示する儀礼であったとすると、九世紀前半にはこうした小中華意識は大きく変質していたといえるだろう。すでに唐風の早朝政務たる朝政も衰退し、平安初期には朝政を簡素化した外記政が開始されていた。[41] 外記政の申政時刻は、三月から七月までは辰三点（午後八時三〇分）、九月から正月までは巳二点（午前九時三〇分）、二月と八月は巳一点（午前九時）であった（『北山抄』巻七、外記政）。外記政の申政時刻は朝政の開始時刻と比べて、二～三時間ほど遅くなっている。

また、朝賀に代わって正月元日の行事として定着する小朝拝の時刻はさらに遅くなった。『西宮記』巻一、小朝拝裏書によると、延喜一九年（九一九）正月一日には、午三剋（午前一二時）に皇太子が東又庇で拝舞し、午四剋（午前一二時三〇分）に親王以下が東庭で拝礼を行った。康保三年（九六六）正月一日には、申刻（午後四時前後）以後に親王・侍臣らが東庭で拝舞している。小朝拝において天皇を拝する時刻は次第に遅くなり、正午から午後になってゆく。一〇世紀には、元日朝賀や朝政の伝統はすでに後退して久しいという状況にあった。

久保田和男は、宋代の朝政時刻を分析して、次のように述べている。[42] 宋代には夜間時間の最後の時間である五更五点になると、鍾が一〇〇回鳴らされる。それにつづく日の出の時刻（卯正一刻）が禁門の開門時間、つまり官僚の出勤時間であった。宋代には元旦の大慶殿での大朝会のほか、常日には垂拱殿での視朝と文徳殿での常朝が行われた。宰相以下が出席して行われる視朝は、禁門開門後すぐにはじめられ、形式的な政務である常朝は視朝終了後の辰刻に行われた。

このように、中国では宋代においても日の出が官人出勤の目安であり、重要な朝会である視朝は開門後すぐに行われていたが、同時代の日本では朝政や朝賀は衰退し、辰・巳・午などの時刻に行われる外記政や小朝拝が定着するようになっていた。元日朝賀は唐風の朝政を志向するなかで、天下の中心たる「日出処の天子」の国という本音を、東方の極に位置する日の下の「日本」という建前で隠しながら、国際的な大儀の場で主張する目的で創始されたが、日本国号が定着し、平安宮内裏に政務の中心が移るなかで、当初の意義は次第に薄れてゆき、摂関政治の確立とともに、年頭の一大盛儀は終焉を迎えたのであった。

(1) 四神幡（旗）と烏形（銅烏）幢の色彩に注目して、東から西へと順番に配列してみると、Ⓐでは赤→青→黄→黒→白となるが、Ⓑでは青→赤→黄→白→黒となる。このⒷの配列は五行相生の順序と同じであるから、大宝元年前後の朝賀宝幢は五行相生の順序に並んでいなかったが、その後のある時点において、五行相生の順序に並ぶよう改められたとみることができよう。

(2) 前川明久「金烏の史的系譜」（佐伯有清編『日本古代中世の政治と文化』吉川弘文館、一九九七年）八三頁。

(3) 市大樹「藤原京の構造・展開と木簡」（『飛鳥藤原木簡の研究』塙書房、二〇一〇年）二一一～二一二頁。

(4) 長廣敏雄「薬師寺本尊台座の四神図とその源流」（『中国美術論集』講談社、一九八四年）三〇一頁。

(5) 以上の位冠・服飾の改定については、武田佐知子「日本衣服令の成立」（『古代国家の形成と衣服制』吉川弘文館、一九八四年）、増田美子「天武朝～持統朝の服飾」（『古代服飾の研究』源流社、一九九五年）などを参照した。

(6) 西本昌弘「元日朝賀の成立と孝徳朝難波宮」（『日本古代の王宮と儀礼』塙書房、二〇〇八年）。

(7) 長廣敏雄「初唐の名匠閻立徳と閻立本」（『中国美術論集』講談社、一九八四年）。

(8) 北野良枝「「王会図」の変容」（『国華』一三五六、二〇〇八年）四頁は、長廣の研究に依拠しながら、「王会図」は「職貢図」のうち、貞観年間に制作された作品と結びついた画題をさすと論じている。

(9) 猪熊兼樹『有職文様』（『日本の美術』五〇九、二〇〇八年）二二～二八頁。

(10) 注(4)長廣論文三〇一頁。

(11) 注(9)猪熊著書二四頁。

(12) 『新唐書』天文志一（中華書局本八二五頁）に「為遼水之陽、尽朝鮮三韓之地」とある。

(13) 注(6)西本論文。

(14) 横田健一「蘇我本宗家の滅亡と大化改新」（『古代を考える　蘇我氏と古代国家』吉川弘文館、一九九一年）、山尾幸久「律令体制建設期の国家的喪葬統制」（『古代を考える　終末期古墳と古代国家』吉川弘文館、二〇〇五年）。

(15) 注(4)長廣論文三〇一頁。ただし、ⓐ日月・五星を描いた太常旗は日本の朝賀では樹立されなかったので、この点も彼我で異なる点である。『隋書』礼儀志に記された太常旗が北周の制度であり、隋唐では青地に升龍を描く太常・龍旆を用いたことは、吉川真司「天皇と赤幡」（『万葉集研究』三〇、二〇〇九年）を参照。

(16) 注(9)猪熊著書二四~二五頁。
(17) 石田実洋「所謂『文安御即位調度図』の祖本をめぐって」(『書陵部紀要』六四、二〇一三年)。
(18) 福山敏男「大極殿の研究」(『住宅建築の研究』中央公論美術出版、一九八四年)、米田雄介「所謂『文安御即位調度図』について」(『日本歴史』五一六、一九九一年)、山本崇「平安時代の即位儀とその儀仗――文安御即位調度図考――」(『立命館史学』六二四、二〇一二年)。
(19) 出石誠彦「上代支那に於ける神話及び説話」「上代支那の日と月との説話について」(『支那神話伝説の研究(増補改訂版)』中央公論社、一九七三年)。
(20) 東潮「高句麗壁画の四神と畏獣図像」「高句麗壁画の風景――山水・日月・狩猟図像――」(『高句麗壁画と東アジア』学生社、二〇一一年)。
(21) 注(9)猪熊著書二五頁。
(22) 東野治之「百済人祢軍墓誌の「日本」」(『図書』七五六、二〇一二年)、同「日本国号の研究動向と課題」(『東方学』一二五、二〇一三年)。近年までの研究史については、葛継勇「祢軍墓誌の発見と研究課題」(『日本歴史』八〇四、二〇一五年)を参照。
(23) 西本昌弘「祢軍墓誌の「日本」と「風谷」」(『日本歴史』七七九、二〇一三年)。
(24) 日本思想大系『律令』六三八頁補注一b。
(25) 『日本書紀』神代上、第四段本文に「廼生大日本、(日本、此云耶麻騰、下皆效此、)」とあり、『万葉集』でも「日本」はほとんどすべて「やまと」と読まれた(巻一、四四・五二・六三、巻三、三五九・三六六・三六七・三八九・四七五など)。
(26) 石母田正「天皇と「諸蕃」」(『日本古代国家論』第一部、岩波書店、一九七三年)三三八頁。
(27) 注(6)西本論文二一頁。
(28) 日本国号をめぐる近世までの研究史については、岩橋小弥太『日本の国号』(吉川弘文館、一九七〇年)を参照。
(29) 星野恒「日本国号考(承前)」(『史学会雑誌』三一、一八九二年)二四~二五頁。
(30) 栗原朋信「日・隋交渉の一側面」(『上代日本対外関係の研究』吉川弘文館、一九七八年)。
(31) 川本芳昭「隋書倭国伝と日本書紀推古紀の記述をめぐって――遣隋使覚書――」(『史淵』一四一、二〇〇四年)、同

「倭の五王の自称と東アジアの国際情勢」（『史淵』一四九、二〇一二年）は、遣隋使が隋に対して天子号や天皇号を称したのは、倭の五王以来の倭国外交が必然的に行き着いた結果であり、そこに倭国における中華意識の高まりを読み取ることができると論じている。

(32) 『淮南子』天文訓に「日は暘谷に出で、咸地に浴し、扶桑を払う、是を晨明と謂う」、同時制訓に「東方の極は、碣石山より朝鮮を過ぎ、大人の国を貫き、東のかた日出の次、搏木の地、青丘樹木の野に至る」、『論衡』説日に「日は旦に扶桑より出で、暮に細柳に入る。扶桑は東方の地、細柳は西方の野なり」、『爾雅』釈地、四極、那昺疏に「日下は日所出処をいう。その下の国なり」などとある。

(33) 久保田和男「宋代の時報と開封の朝」（『宋代開封の研究』汲古書院、二〇〇七年）一九九頁。

(34) 岸俊男「朝堂の初歩的考察」（『日本古代宮都の研究』岩波書店、一九八八年）二四九頁。

(35) 広瀬秀雄『日本史小百科　暦』（近藤出版社、一九七八年）二九頁、岡田芳朗『暦を知る事典』（東京堂出版、二〇〇六年）二〇頁。

(36) 内田正男『日本暦日原典』（雄山閣、一九七五年）七・八頁の凡例、七九・八〇頁の暦日表をもとに計算した。

(37) 石母田正「日本古代における国際意識について」（『日本古代国家論』第一部、岩波書店、一九七三年）。

(38) 直木孝次郎「大極殿の門」（『飛鳥奈良時代の研究』塙書房、一九七五年）。

(39) 西本昌弘「朝賀」（『平安時代儀式年中行事事典』東京堂出版、二〇〇三年）。

(40) 田島公「外交と儀礼」（『日本の古代七、まつりごとの展開』中央公論社、一九八六年）。

(41) 橋本義則「「外記政」の成立」（『平安宮成立史の研究』塙書房、一九九五年）、西本昌弘「古代国家の政務と儀式」（『日本古代の王宮と儀礼』塙書房、二〇〇八年）。

(42) 注(33)久保田論文一九八〜二〇三頁。

古代における国郡領域編成の一考察
——備前・美作の事例——

今津勝紀

はじめに

ここでとりあげるのは、古代の国や郡といった領域の編成についてである。現代人は幼い頃より、人工衛星の視点が当然のごとく身体化されており、それが知らず知らずのうちに諸事象の認識の前提となっていたりもするのだが、当然のことながら、こうした空間認識も歴史的に形成されたものであり、過去の人々がそのような認識方法をもちえていたわけではない。日本列島についていえば、現代につながる測量法で描かれた伊能図と、龍の鱗のように描かれる行基図との違いを思い浮かべれば明瞭であろう。

これまで古代史研究では、評や郡、そして国といった行政機構の歴史的特質について、さまざまな議論がなされてきたが[1]、これらは空間的に構成され、そこではじめて機能するものでもあった。当然のことではあるが、歴史学において研究対象となる事物は、時空間の位相において理解することが肝要である。国や郡という領域がどのような論理で編成されていたのか、それぞれの空間に即して考えてみることも意味あることと思う。そこで、八世紀を通じて目まぐるしく変化する吉備東部を事例に以上の点を検討してみたい。行論はいささか煩雑なものとなならざるをえないが、あらかじめ読者諸氏のご寛恕を乞いたい。

一　吉備の分割と備前・美作

はじめに対象となる空間のあらましにふれておこう。ここでとりあげるのは備前・美作であり吉備に属する。地名としてのキビは、現在の岡山県と広島県東部を含む広域の地域呼称であり、それ自体は古くから存在したが、キビの語義はわからない[2]。この空間が特定の意味を持った段階に生じた呼称であるが、こうした広大な領域が一貫して意味を持っていたわけではない。むしろ、そのような時期は特殊であり、吉備なる空間の内実はかなり複雑であり可変的なものであった[3]。

天武一二年（六八三）から一四年（六八五）にかけて国境確定の作業が行われ、後の日本の国制の基本的な枠組みとなる国と七道が成立するが[4]、吉備に関しては、次のような木簡が出土している。

①吉備道中国浅口評神部（荷札集成‐224）

②・吉備道中国加夜評
　・葦守里俵六□（飛鳥藤原京1‐107）

③・備道前国勝間田郡
　・鴨里田部□□□□（藤原宮3‐1181）

これらには吉備道なる表現がみえるが、①②の木簡が示すように、この表現は浄御原令制下にまで遡る。吉備なる空間の認識を前提として、それを前中後に三分割したものであるが、備後の三次盆地を除いて、瀬戸内海にそそぐ大河に注目するならば、備前は吉井川と旭川、備中は高梁川、備後は芦田川の流域世界であり、これらの大河が吉備の基本的な骨格をなしていた。

そして、③の木簡に示されるように、大宝令制下にも「備道前国勝間田郡」なる表記がみられるが、③と同じ遺構から出土した木簡には「備前国勝間田郡」という表記もみえる。[5] こうした二字による国名表記は、鎌田元一が指摘するように、大宝四年（七〇四）に諸国印が鋳造されることで確定する。[6] 八世紀初頭には備前・備中・備後の表記が一般化するのであろう。

さしあたり、備前と美作の変遷の概略にふれておこう。延喜式にかかげる両国の郡名は、美作が英多・勝田・苫東・苫西・久米・大庭・真島の七郡、備前は和気・磐梨・邑久・赤坂・上道・御野・津高・児島の八郡である。まず『続日本紀』和銅六年（七一三）四月乙未条に「割二丹波国五郡一、始置二丹後国一。割二備前国六郡一、始置二美作国一。割二日向国肝坏・贈於・大隅・始良四郡一、始置二大隅国二」とあるように、和銅六年に備前国から北部の六郡、すなわち英多・勝田・苫田・久米・大庭・真島郡を割いて美作国が成立する。なお、苫田郡は貞観五年（八六三）に東西に分割されるが、[7] こうした郡の東西分割は、阿波国名方郡をはじめとして、この時期以降、各地でみられるようになる。領域の再編成ではないため、ここでは検討の対象としない。

ついで、養老五年（七二一）に備前国邑久郡と赤坂郡から藤原郡が分離され（『続日本紀』養老五年四月丙申条）、この藤原郡が神亀三年（七二六）に藤野郡へと改称される（『続日本紀』神亀三年一一月己亥条）。さらに、天平神護二年（七六六）には「藤野郡者、地是薄塉、人尤貧寒。差科公役、触レ途忩劇。承二山陽之駅路一、使命不レ絶。帯二西海之達道一、迎送相尋。馬疲人苦、交不二存済一。加以、頻遭二旱疫一、戸纔三郷、人少役繁、何能支弁」として、邑久郡の香登郷、赤坂郡珂磨・佐伯二郷、上道郡物理・肩背・沙石三郷の六郷と美作国勝田郡塩田村を以前からの三郷に併せることで、藤野郡の拡大がはかられる（『続日本紀』天平神護二年五月丁丑条）。この記事により当初の藤野郡が三郷からなる小郡であったことがわかるが、この時点で藤野郡は九郷からなる中郡へと拡大した（戸令定郡条）。

神護景雲三年（七六九）には藤野郡が改称され、和気郡が成立するが（『続日本紀』神護景雲三年六月乙丑条）、延暦七年（七八八）に和気清麻呂の建言により「中有二大河一、毎レ遭二雨水一、公私難レ通。因茲、河西百姓屢闕二公務一。請河東依レ旧為二和気郡一、河西建二磐梨郡一。其藤野駅家遷置二河西一、以避二水難一、兼均二労逸一。許レ之」として、吉井川の東西で和気郡が分割され、吉井川の西岸に磐梨郡が成立する。それまで河東に存在した藤野駅家は河西に移され（『続日本紀』延暦七年六月癸未条）、これが兵部省式の珂磨駅家へとつながった。こうして編成された領域が、延喜式・『和名類聚抄』へと引き継がれてゆき、吉井川の河道の変化により多少の出入りはあるが近世へと継承されていった。

このように備前国では北部六郡が分離され、東南部で郡の分割・再編が行われるなど、郡の編成が頻繁に変更された。御野郡以下に大きな変化はなかったが、こうした変更の背景を考えることで、古代における領域構成の論理を明らかにしたいと思う。

二　『和名類聚抄』にみえる備前・美作の郷

近世の郡の領域を明示することは可能であるが、古代では多くの場合、そうした線引きを厳密に行うことができない。そこで、五〇戸（郷・里）の空間的な配置をもとに、郡域の分布指向性を示すこととしよう。分布指向性とは、空間上に散りばめられたポイントが、どのような分布の指向性をもつのか、それぞれの座標間の距離と偏差を計算し、標準偏差楕円を求めることで表現したものである。

郡を単位として五〇戸（郷・里）がどのように分布するのかを空間的に示すことで、その領域がどのような意味をもったかを考えるのだが、それには郷（里）の座標が必要である。もとより五〇戸は人為的な組織であり原理的に領域をもつものではない。郷長（里長）のもとに郡から符が下されることはあるが、郡衙のような恒常的な構造物が存在したわけではなかった。そのため厳密には座標など求めようもないのだが、郷名が地名化する場合があるように、その郷（里）に編成された人々が多く集住した場所は存在した。そこで、おおよそ、このあたりを中心に五〇戸が編成されたと仮定して、そこにふくまれる小学校や郵便局などさまざまなものの座標で代替させることとした。ここで言う代替座標とはそのようなものである。

さしあたり『和名類聚抄』にみえる美作・備前の郷名を確認しておこう（章末表）。『和名類聚抄』では、美作国は英多・勝田・苫東・苫西・久米・大庭・真島郡というように東から西の順に並ぶ。

まず英多郡だが、『和名類聚抄』では英多・江見・吉野・大野・讃甘・大原・栗井・広井・楢原・林野・巨勢・川会の九郷がみえる。吉野川流域を編成した郡である。このうち英多・吉野・栗井の郷（里）名は木簡にもみえる。(8) 江見郷以下の比定については、現在も字名に痕跡を残すものが多くあり、郵便局や簡易郵便局により座標をえることができる。(9) 冒頭の英多郷のみ、その痕跡が見いだせないが、『和名類聚抄』での郡名の配置、江見以下の地名の残存を考えるならば、英多郷は最東端部に求めることができるだろう。すなわち播磨から峠越えした出雲街道の土居宿のあたりが英多郷であった可能性が高い。そのため英多郷の代替座標は土居郵便局とした。

なお英多郡内の古代の遺跡だが、中国縦貫自動車道の建設にともない、美作市高本で英多郡衙とされる高本遺跡が発見されている。(10) その北東の四〇〇メートルほどには礎石が現存しており、江見廃寺と称される。(11) このほかにJR姫新線美作土居駅周辺では軒丸瓦の採取地が二か所ほどあり、駅の北西一・五キロの採取地を竹田廃寺、駅の南東四〇〇メートルの地を土居廃寺と称している。土居廃寺では軒丸瓦とともに鴟尾も確認されており、寺院跡である可能性が高い。また吉野川を遡った吉野小学校の西一キロほどの美作市山手には、法起寺式の伽藍配置が確認された大海廃寺がある。そこから、さらに吉野川をさかのぼり智頭急行宮本武蔵駅の南西約三〇〇メートルのあたりに今岡廃寺がある。寺域も確認されており、郷名に由来するであろう「讃」を記した墨書土器も出土している。古新羅系とされる素弁一〇葉蓮華文軒丸瓦と法隆寺系の複弁八葉蓮華文軒丸瓦が認められ、白鳳期にさかのぼる。なお梶並川左岸の美作市楢原でも軒丸瓦が検出されており、楢原廃寺と称される。

勝田郡では、勝田・飯岡・塩湯・殖月・香美・吉野・広岡・豊国・新野・賀茂・広野・河辺・鷹取・和気郷がみえる。吉井川中流域から広戸川流域にかけて勝田郡が編成された。『和名類聚抄』の郷名は木簡にも多くみえ、広岡・新野郷以外について確認することができる。[12] 勝田郡も英多郡と同様、字名などに旧郷名が残されており、香美・鷹取郷を除いて、郵便局や小学校などを代替座標とした。香美郷は高山寺本に「加々美」の訓があるが、直接これを示す遺存地名はない。『大日本地名辞書』は現在の勝田郡勝央町上香山から美作市下香山にかけての香山を転訛とするが、さしあたり美作市真加部から下香山のあたりで編成されたと考え、勝田郵便局をその代替座標とした。鷹取郷の遺称地は存在しないが、明治二二年の市町村制で勝南郡に高取村が成立する。現在の勝田郡勝央町黒坂一帯で編成されたものと考え、黒坂簡易郵便局をその代替座標とした。

なお郡内の遺跡であるが、郡衙は勝田郡勝央町の中国縦貫自動車道が滝川と交差するあたりに所在する勝間田遺跡・平遺跡が想定されている。[13] 英多郡と同様に中国縦貫自動車道の建設にともない確認されたものである。勝田郡の範囲には吉井川と吉野川の合流地点に、軒丸瓦を出土する飯岡遺跡が存在するが、伽藍などの遺構は確認されていない。また、そこから吉野川を少し遡った湯郷温泉の北東約三〇〇メートルの地点から複弁六葉蓮華文軒丸瓦が検出されており池の内遺跡と称される。これは播磨西部の奥村遺跡・越部廃寺・栗栖廃寺・長尾廃寺と同笵と考えられている。

苫田郡は吉井川上流域を含む津山盆地を中心に編成された。苫田・高田・高野・綾部・美和・賀和・賀茂・林田・高倉郷が苫東郡で、田中・田辺・田邑・布原・能鶏・大野・香美郷が苫西郡である。木簡で確認できるのは林田・田中・田邑・能鶏・香美郷である。[14] いずれも遺存地名を確認できるので、郵便局・小学校・居住地名を代替座標とした。郡内には美作国府がおかれ、現在の津山市総社で遺構が検出されている。なお津山市高野本郷の勅使遺跡が寺院に関連する遺構と考えられており、複葉蓮華文軒丸瓦が検出されている。

久米郡では、大井・倭文・錦織・長岡・賀茂・弓削・久米郷がみえる。久米川・皿川流域が久米郡をなした。久米郡の諸郷についてだが、これらは現在も遺存地名が存在し、おおよそどのあたりで郷が編成されたかがうかがえる。いずれも居住地名の座標を採用した。久米郡内に相当する範囲では、久米郡衙と推定される宮尾遺跡が中国縦貫自動車道の建設にともない検出されている。その西方、JR姫新線美作千代駅の東には久米廃寺が存在する。また、JR津山線弓削駅の北東約五〇〇メートルの日蓮宗蓮久寺の門前には塔心礎が存在する。この塔心礎自体は移設されたものとされており詳細は不明だが、弓削廃寺が存在した。

大庭郡は大庭・美和・河内・久世・田原・布勢郷からなり、真島郡は真島・垂木・鹿田・大井・栗原・美甘・建部・月田・井原・高田郷からなる。大庭郡と真庭郡は美作西部の旭川上流域の山間部で編成され、平野部は少ない。このうち大庭郡では大庭の郷名を木簡でも確認できる。[15] これらの郷名は現在でも字名に明瞭であり、代替座標は居住地名を採用した。郡内の遺跡だが、大庭郡域には五反廃寺が存在する。寺域を画する溝が検出されているが、伽藍などの詳細はよくわからない。数型式の軒丸瓦が検出されている。

次に備前についてだが、和気・磐梨・邑久・赤坂・御野・津高・児島・上道の順で記載されている。

まず和気郡についてだが、坂長・藤野・益原・新田・香止の諸郷がみえる。このうち香止については木簡でも確認できる。[16] 現在にまで遺存地名が存在するのは藤野・益原・香止であり、これらについては小学校・居住地名と郵便局を代替座標とした。坂長は字名を確認できないが、坂長駅が兵部省式にみえる。播磨国の野磨駅に次ぐ山陽道の駅家であり、播磨から船坂峠を越えて備前に入ったあたりに想定するのが一般的である。[17]『平家物語』に三石宿とみえる現在のJR山陽本線三石駅のあたりに駅家が置かれたと考えられるだろう。三石の居住地名を代替座標に選択した。新田郷については、「尓布多」の訓が付されており、JR山陽本線和気駅の東南三〇〇メートルほどの地点、和気町衣笠に「入田」の字名がのこることから、このあたりを中心に編成されたものと考えられる。入田の居住地名を代替座標とした。

なお、郡内の遺跡だが吉井川支流の金剛川北岸の藤野に現存する実成寺の周辺からは複弁六葉蓮華文軒丸瓦、均整唐草文軒平瓦が出土しており、藤野廃寺と称されている。延暦七年（七八八）以前には藤野駅家も置かれていたが、遺構は確認されていない。また金剛川南岸の衣笠からは、複弁八葉蓮華文の軒丸瓦が出土しており、こちらは和気廃寺と称される。藤野廃寺・和気廃寺ともに発掘調査はされておらず、寺域や伽藍などの様子はわからないが、それぞれ藤野郷、新田郷に近接して建立されたと考えられる。

磐梨郡は、『和名類聚抄』には和気・石生・那磨・肩背・磯名・物部・物理の七郷がみえるが、元慶四年（八八〇）一一月五日官符で磐梨郡に主政一員を加置するに際して、「管郷六、戸二百九十七、課丁二千三百六」とあり[18]、高山寺本の『和名類聚抄』では物部がみえないことから、物部郷が衍であったろう。また那磨なる郷名はほかにみえないが、延喜兵部省式に珂磨駅がみえるように、これは珂磨の誤りであると考えられる。

磐梨郡は、天平神護二年（七六六）に、邑久郡香登郷・赤坂郡珂磨・佐伯郷・上道郡物理・肩背・沙石郷を和気郡の前身の藤野郡に隷け、延暦七年に藤野郡が改称した和気郡を吉井川の東西に分割することで成立するのだが、香登は吉井川東岸に位置し、この後の赤坂郡と上道郡は吉井川西岸に位置するので、上記のうち珂磨・佐伯・物理・肩背・沙石郷は吉井川西岸の磐梨郡域に属したと考えられる。このうち『和名類聚抄』にみえるのは、珂磨・物理・肩背の三郷であり、和気・石生・磯名がみえない。『和名類聚抄』にみえない郷が佐伯・沙石を継承したものであったろう。石生は「以波奈須」（高山寺本）・「伊波奈須」（東急本）の訓があり、郡名そのものでもあるので、磐梨郡域の中心で編成されたと考えられる。また赤坂郡と上道郡の位置関係は、赤坂郡が北に位置し上道郡が南となるので、赤坂郡から移管された佐伯郷は磐梨郡の北部に、同じく上道郡から移管された沙石郷は磐梨郡の南部に位置したはずである。磐梨郡の南北は、吉井川流路の西岸を考えた場合、現在でも岡山市東区瀬戸町万富と赤磐市徳富で市域が画されるように、市域境界上の城山の東側が断崖となって吉井川に接し、交通の難所となっている。南側の旧瀬戸町域が上道郡から移管された範囲であったろう。すなわち礒名郷が沙石郷を継承したものであり、和気郷は佐伯郷を継承したものと考えられる。

現存する字名を拾ってみると、珂磨と肩脊は現在も地名が存在しており、それぞれ郵便局と居住地名を代替座標とした。石生郷は磐梨郡の中心域に想定できるので、近世の岩生本村や岩生原村へとつながった可能性が高い。おそらく田原下村・上村あたりから熊山町のあたりで編成されたものと考えられる。熊山郵便局を石生郷の代替座標とした。磐梨郡の和気郷については佐伯郷を継承したと考えられることから、磐梨郡内の佐伯村がそれに相当するだろう。佐伯小学校の位置を代替座標とした。

物理郷と礒名郷については字名が残っておらず、推測に頼らざるを得ないのだが、上道郡から移管された範囲が旧瀬戸町域だとすると、JR山陽本線の万富駅から瀬戸駅にかけての空間的広がりに、これらは編成されたであろう。近世の地誌『備陽記』では、この範囲において、物理保として坂根・森末・寺地・光明谷・瀬戸・下・沖の村々をあげ、塩納・鍛冶屋・宗堂・大井・多田原・梅保木・吉谷村を吉岡庄とする[19]。前者は現在のJR瀬戸駅周辺、後者は同じく万富駅周辺に相当する。物理保は建仁三年（一二〇三）七月に作成された東大寺の「備前国麦進未並納所所下惣散用帳」にみえており[20]、東大寺瓦窯で知られる万富周辺に想定する方が相応しいように思うが、さしあたり『備陽記』に従って、礒名を万富駅のあたりに、物理を瀬戸駅周辺に編成されたと考えておきたい。なお東大寺瓦窯のすぐ西隣の岡山市東区瀬戸町塩納に吉岡廃寺が存在する。塔心礎が確認され軒丸瓦・軒平瓦・鴟尾などが検出されている。

邑久郡についてだが、邑久・靭負・土師・須恵・長沼・尾沼・尾張・柘梨・石上・服部郷がみえる。邑久郡からの荷札木簡は多く検出されており、邑久・土師・須恵・長沼・尾沼・尾張郷が確認できる。[21] このうち靫負と尾沼には遺存地名がみあたらないが、それ以外は字名に痕跡を残しており、それぞれの居住地名を代替座標とした。柘梨郷については瀬戸内市牛窓町長浜の小字に「津なし」とあることから、さしあたり牛窓町長浜の居住地名を代替座標とする。靭負郷については現在の瀬戸内市長船町長船に靭負神社が存在するので、このあたりで編成されたものと考え、居住地名の長船を代替座標とした。尾沼郷については遺称地もなく郷域は不明である。[22] ただし、尾沼郷からは調塩の進上を示す荷札木簡が出土しており、[23] 製塩地帯に存在した可能性は高い。邑久郡では海に面した箇所では製塩が盛んであるが、錦海湾の奥まった瀬戸内市牛窓町長浜に柘梨郷が比定できるならば、可能性としてありうるのは、瀬戸内市邑久町虫明周辺のみであろう。確たる根拠があるわけではないが、尾沼郷は虫明郵便局を代替座標とした。

なお邑久郡内の遺構だが、瀬戸内市長船町西須恵に須恵廃寺が、同じく瀬戸内市長船町服部には服部廃寺が確認されている。須恵廃寺からは七世紀中葉にさかのぼり得る新羅系とされる軒丸瓦が検出されている。服部廃寺は郡内最大規模の前方後円墳である花光寺山古墳に隣接して建立され、発掘調査では四天王寺式の伽藍配置が推定されている。

赤坂郡は、『和名類聚抄』では周匝・宅美・軽部・高月・鳥取・葛木郷からなり、周匝郷は木簡でも確認できる。[24] このうち周匝・軽部は現在も字名が存在しており、それぞれ郵便局・小学校を代替座標とした。高月については高月駅家が延喜兵部省式にみえ、それを継承する馬屋村が近世まで存在し、東高月村・西高月村が成立する。赤坂郡内の西部に位置し山陽道が通過するところであり、近辺には古墳時代中期にさかのぼる全長一九〇メートル以上で周溝を構える両宮山古墳、古墳時代後期では全長一八メートルの玄室をもつ牟佐大塚古墳、さらに備前国国分寺・国分尼寺が分布する。さしあたり両宮山古墳の位置を代替座標とした。鳥取郷については明治二二年に鳥取上村・鳥取中村・鳥取下村が成立するが、現在の赤磐市山陽町の北部から中部にかけての地域で編成されたものと考えられる。ほぼ中央に位置する日古木の字名を代替座標とした。葛木郷は明治二二年に葛城村が成立し、岡山市北区御津町のうち旭川東岸域が相当する。これが古代の葛木郷に系譜するという確かな保証はないが[25]、下二保から国ヶ原にかけての旭川東岸で編成されたものと推定しておく。下二保に所在する備前西山簡易郵便局を葛木郷の代替座標とした。宅美郷は遺称地が見当たらないが、これまで旭川支流で旭川東岸を流れる新庄川流域が想定されており、町立五条小学校を代替座標とした。

なお寺院に関連する遺跡としては、吉井川と吉野川の合流域にあたる赤磐市黒本に黒本廃寺が存在し、鋸歯文縁の複弁蓮華文軒丸瓦が採取されている。山陽団地の北東側斜面では門前池遺跡が発掘調査され、素弁八葉蓮華文軒丸瓦が出土している。

御野郡は、枚石・広西・出石・御野・伊福・津島郷がみえる。いずれも現在の字名などに痕跡を残しており、居住地名や郵便局・学校で辿ることができ、木簡でも伊福郷は確実ではないが、広西を除いていずれの郷名も確認できる[26]。

津高郡は、駅家・賀茂・津高・建部郷である。このうち駅屋は津高駅家のことで、駅家そのものの遺構は検出されていないが、岡山市北区富原からは軒丸瓦が出土しており、駅家の存在をうかがわせる。富原の居住地名を代替座標とした。それ以外は役場・郵便局・学校を採用している。津高郡建部里のものと考えられる木簡が長屋王邸から出土している[27]。

児島郡は三家・都羅・賀茂・児島郷がみえる。三家・賀茂郷は木簡でも確認できる[28]。このうち賀茂郷については、式内社に鴨神社がみえ、それに連なる可能性のある神社が現在玉野市の長尾に所在する。児島の中央部北側に鴨川が流れるが、その鴨川流域で編成されたものであったろう。神社の所在する長尾の居住地名を代替座標とした。その他の郷については確かな遺称地、根拠が見いだせない。可能性として児島西部北川の郷内川流域の郷内から彦崎にかけての広がりと、現在の倉敷市田ノ浦・味野・田ノ口などの範囲には十分に人の集住しうる空間的広がりを有しており、五〇戸が編成された可能性はあるだろう。ここでは便宜的に前者については郷内郵便局を都羅郷の代替座標とし、後者は児島郵便局を児島郷の代替座標としておく。三家郷はまったく根拠はないが、児島東部を想定し、岡山市南区の「郡（こほり）」の居住地名を代替座標としておく。

上道郡については宇治・幡多・可知・上道・財部・居都・日下・那紀・豆田郷がみえ、木簡でも播多・宇治・豆田郷を確認できる。[29]このうち幡多・可知・居都・日下・豆田郷については字名が残っており、遺存地名を拾うことができる。小学校と居住地名を採用した。なお、豆田は現在では吉井川の左岸に位置し邑久郡に属するが、これは吉井川の河道の変化によるものと考えられる。[30]宇治・上道・財部・那紀郷の直接的な手がかりはないのだが、地誌『備陽国誌』は宇治郷を旭川下流域左岸の地域、現在の岡山市中区門田や国富などを中心とした範囲を想定する。[31]さしあたり国富の居住地名を代替座標に定める。上道郷は郡内の中心に相当すると考えられる。備前国衙は上道郡に存在したので、国衙周辺が想定できるだろう。便宜的に国府市場の居住地名を採用した。財部郷は高山寺本の表記で東急本では財田である。近世の長岡村を中心とする範囲に想定するのが一般的である。さしあたり財田小学校を代替座標に定めた。

問題は那紀郷である。『岡山県通史』などは吉井川右岸の近世の吉井・一日市・西祖村のあたりを想定するが、[32]これは現在の吉井川の河道を前提にしたものであり、豆田郷の推定ポイントと近接しすぎている。もう少し南で、吉井川の河口部から右岸を遡った範囲を想定するのが妥当ではなかろうか。現在のＪＲ赤穂線西大寺駅周辺を考えてみたい。ここでは便宜的に県立西大寺高等学校を代替座標とした。

上道郡内では推定国府域の北方に賞田廃寺、国府域の南方に幡多廃寺が存在する。賞田廃寺はこれまでに何度も発掘調査が行われ、おおよその伽藍配置なども確認されている。瓦類では素弁蓮華文軒丸瓦が確認されており、建立は七世紀中葉にさかのぼる。幡多廃寺では塔心礎が確認され、軒平瓦・軒丸瓦・鴟尾などが検出されており、七世紀末の複弁八葉蓮華文軒丸瓦が出土している。

三　木簡にみえる備前・美作の郷(里)

以上は『和名類聚抄』にみえる郷名であるが、次に木簡にのみ確認できるものを検討してみたい。

④・備前国勝間田郡荒木田里
・五〔保ヵ〕□□□部廣□俵五斗（藤原宮3−1182）

これは藤原宮跡東面大垣地区から出土した木簡で、大宝令成立以後、美作国が成立する和銅六年（七一三）以前、さらにいえば平城遷都以前のものとなる。近世の勝田郡内に荒木田を継承する村名は見えないが、英多郡の村名として荒木田村がみえる。梶並川と吉野川の合流地点にちかく、現在の美作市林野の倉敷村に接している。明治五年に別所村と合併して朽木村となり、現在は美作市朽木として字名が残る。『和名類聚抄』の段階では、林野郷は英多郡に属しており、これが近世にまで踏襲されるのであるが、八世紀初頭の段階で、この周辺は勝間田郡の領域に含まれていたことになるだろう。おそらく林野郷は荒木田里を継承したものであったと考えられる。

⑤・備前国邑久郡方上郷寒川里
・白猪部色不知□二尻（木研5−12）

平城宮内裏北外郭東北部から出土した郷里制下の木簡である。方上郷は『和名類聚抄』にみえないが、現在も片上として地名は遺存しており、JR赤穂線西片上駅周辺が相当する。寒川里は現在の寒河に相当し、これもJ

R赤穂線に寒河駅がある。『藤原保則伝』には「和気郡方上津」としてみえ、近世でもこの地域は和気郡に属した。天然の良港をなす片上湾の奥まった地点が方上津である。そこから寒河まではおおよそ一〇キロ以上離れているが、海浜の小規模な集落を編成して五〇戸を編んだのであろう。この木簡により当初の邑久郡が備前の東端部にまで広がっていたことが判明した。

⑥・備前国大来郡八浜里御調

・魚腊一斗五升（木研20-33）

という木簡が平城京左京二条二坊十・十一坪二条条間路北側溝から出土し、

⑦・備前国邑久郡八浜郷戸主□　□

・麻呂戸口大辟部乎猪御調塩三斗（城19-24）

という木簡が平城宮内裏東方東大溝地区から出土しているが、邑久郡八浜郷は『和名類聚抄』にみえない。前者⑥が出土したのは長さ一一〇メートルにわたり検出された素掘りの東西溝で、奈良時代中期に改修されているのだが、この木簡は改修前の溝から出土した。和銅から天平二〇年（七四八）にかけての木簡が出土しており、なおかつ⑥は「大来」という表現がみえることから、後世の邑久という表記が定まる以前のものである可能性が考えられる。平城遷都後の和銅末年のものであろう。後者の⑦は、郷里制以後のものであり、その段階ではすでに藤野郡（藤原郡）が成立していた。したがって、八浜郷（里）は後の邑久郡域で編成されたものと考えられる。

児島の北岸東部、現在の岡山市南区に八浜なる地名が存在するが、旧邑久郡内に八浜という地名は見当たらない。当時は後述するように小豆島も児島郡に属しており、児島の八浜が邑久郡に属していたとは考えがたい。いくつかの例があるように、調塩や調魚腊を貢納するのは沿岸部の集団だけとは限らないのだが、ひとまず海に面した辺りで想定するならば、邑久郷・柘梨郷・尾沼郷が想定できる。同時期に備前国邑久郡尾沼郷からの塩の貢納を示す木簡が出土していることから、尾沼郷と八浜郷は並存していたことになるので、必然的に邑久郷か栢梨郷ということになるが、八浜の浜に注目するならば、錦海湾の奥まった長浜あたりが妥当ではなかろうか。すなわち『和名類聚抄』の栢梨郷が八浜郷を継承している可能性が考えられるだろう。もとより推測に推測を重ねたものであり、確かな根拠は何もないがひとまずこのように想定しておく。

⑧備前国邑久郡旧井郷秦勝小国白米五斗（木研4-13）

墨痕は明瞭で旧井郷で間違いないが、この郷名も『和名類聚抄』にはみえない。読み方を確定できないのだが、旧を「く」と発音するならば「くい」・「くぐい」となり、久々井の字名がそれに相当するかも知れない。遺称地は二か所あり、一つは備前市の大字久々井、もう一つは、現在岡山市東区に編入されている大字に久々井がみえる。前者は近世には和気郡に属しており、後者は邑久郡となる。この木簡は郷里制以後のものであり、すでに藤野郡（和気郡）が成立しているので、候補地としては後者が適しているだろう。とするならば、近世邑久郡の西端部で編成された可能性が考えられるが、訓を押さえられない以上、憶測を重ねすぎるのは慎むべきであろう。今後の史料の増加を待ちたい。

⑨備前国藤野郡嶋[村郷カ]□□白米五斗（平城宮1-422）

平城宮内裏北方官衙地区の土壙ＳＫ八二〇から出土したものであり、天平末年の木簡である。天平神護二年の藤野郡拡大以前のものであり、赤坂郡と邑久郡から割譲された三郷で構成され藤原郡（藤野郡）の範囲からの白米進上に際して付けられた荷札である。「嶋」の墨痕は明瞭であるが、それにつづく文字は判読不能である。報告では二文字を想定しているが、二文字目に「郷」が入りうるか微妙なところであり、嶋村の可能性もあるだろう。藤原郡を編成した際の三郷の一つに嶋村郷を当てる考えもあるが[33]、この点は留保したい。残念ながら関連する地名を探すことができない。

⑩・備前国上道郡掲勢里

・秦部〔犬カ〕□養 秦部得万呂　二人庸米（城6-6）

第四四次調査により平城宮二条条間大路南側溝から出土した郷里制以前の木簡なのだが、掲勢里は『和名類聚抄』にみえず、類例もない。天平神護二年の割譲前、当初の上道郡の領域で編成された五〇戸なのだが見当がつかない。これも今後の史料の増加を待ちたい。

⑪・上道郡長野里□

・□　□道□道道□（藤原宮3-1489）

藤原宮第二七次の発掘調査により藤原宮跡東面北門より検出された木簡で、上が切断、下が折れ、左右割れという状態で原形は不明である。裏面は習書のようであり、正式な荷札ではないようである。そのためここにみえる長野里が本当に上道郡で編成されていたのかも留保すべきであろう。類例も見つかっておらず、よくわからない。

⑫・備前国上道郡沙石郷御立里

・若倭部五百足同若倭部百足合二一俵 五戸秦部得丸（城22-37）

⑬・沙石郷御立里若倭部五百足

・同若倭部百足合二人一俵（城22-37）

⑭・備前国上道郡沙石郷御立里

・戸主　秦勝千足庸米三斗 健部臣結三斗　幷六斗（城31-40）

⑮・□沙石郷資□□

・□六斗〔五戸カ〕□□□井（城31-30）

⑫と⑬は同一の俵に付けられたもので、⑭とともに郷里制下の木簡である。すでに述べたように、天平神護二年に沙石郷は藤野郡に移管され、礒名郷に系譜すると考えられる。ＪＲ山陽本線の万富駅から瀬戸駅にかけての平野部で沙石郷と物理郷が編まれたが、小字名にも遺称地を見いだすことはできない。

⑯備前国上道郡安度郷立原里大部□□足三斗 同得□三斗 并六斗（木研3-11）

平城宮南面東門（壬生門）二条大路北側溝で発掘された木簡で墨痕は明瞭だが、『和名類聚抄』に安度郷はみえない。「安度」は「あと」かと思われるが、これも字名などに遺称地を求めることができない。

⑰・赤坂郡楢□郷

・白米□斗〔五ヵ〕（平城宮2-2078）

平城宮内裏北方官衙地区の第二〇次調査で発掘されたもの。国名を欠くが赤坂郡は備前にのみ存在するので、備前からの荷札と考えられる。赤坂郡内で楢を冠するのは、周匝郷の南に位置する赤磐市吉井町福田の大字福田村が近世に楢津村と称した。周匝郷の木簡も確認されているため、この木簡が備前国赤坂郡のものであるとすると、併存した可能性があるが、『和名類聚抄』にはみえない。この頃には周匝郷に含まれたのかもしれない。

⑱・備前国子嶋郡小豆郷志磨

・里白猪部乙嶋調三斗（城31-40）

⑲備前国児嶋郡小豆郷調水母二斗八升（城24-30）

⑳・備前国子嶋郡小豆郷志磨里

・日下部忍□調十□（城22-38）

㉑・備前国児嶋郡小豆郷

・戸主間人連麻呂戸口間人連小人 調三斗（城40-20）

⑱〜㉑は児島郡小豆郷からの荷札である。小豆島で編まれた五〇戸が小豆郷である。現在は香川県に編入されている小豆島だが、『続日本紀』延暦三年（七八四）一〇月庚午条に「勅、備前国児島郡小豆島所レ放官牛、有レ損二民産一。宜レ遷二長島一。其小豆島者、任レ民耕作之」とあるように、備前国児島郡に属した。『和名類聚抄』に小豆郷はみえない。

㉒・備前国御野郡□□［ ］
・井上里秦□千四斗 日□部□一斗五升并□［ ］（城19-24）

墨痕が薄く読み取れないが、郡名の下に郷名が書かれ、裏面の井上里へとつづくものと思われる。御野郡内に井上の遺称地はみあたらない。

もう一つどうしてもふれておかなければならない木簡がある。

㉓・備前国〔珂〕□磨郡
・他田里□家 人麻［ ］（木研13-13）

これは藤原宮第六一次調査で発掘されたものだが、表面に双行で備前の国名と郡名らしきものを記載し、その下に墨痕はない。報告では備前国珂磨郡かとされている。上部に切り欠きがあり荷札と考えられるが、左側が割れており、「珂磨郡」の左側が欠け、「珂」の王と「郡」の君の部分は欠如している。報告では「磨」と「郡」を読み取るのだが、写真ではいずれも不明瞭であり躊躇われるところである。国名と郡名を双行で記載するのもあまり例がない。裏面の場合、「他田里」は明瞭だがその下は不明瞭である。すでに述べたように、珂磨は赤坂郡の珂磨郷にみえ、現在の赤磐市可真が相当する。近世の可真村の稗田地区の小字名には筬田（おさだ）もあるので、これが他田里と関係する可能性も考えられるが、この部分を里名と断定してよいか微妙なところもある。この木簡は藤原宮から出土したものであり、養老元年の郷里制施行以前のものと考えられるので、備前国珂磨郡他田里と読むべきことは理解できるのだが、はたしてこの珂磨郡なるものをどのように解すか悩むところである。

まず、管見の及んだところでは、「珂磨郡」の存在を前提として、のちの珂磨郷の地域を中心とした小規模な郡が存在したと考える説[34]と、赤坂郡の古称が珂磨郡であったと考える説がある[35]。前者についていえば、こうした小規模の評が大宝令以前に存在したことは、飽波評の例にもみられるが、この木簡に珂磨郡とあるならば、大宝令以降のものとなる。大宝令施行時に評制から郡制へと変更されるに際して、そうした小規模な評が郡に含み込まれるのは理解できるが、なぜ大宝令以降にもこうした小規模な郡が存在したのか、そもそもこうした小規模な郡が存在する理由はどのように想定できるのか、俄に疑問が生ずるところである。天平神護二年に赤坂郡の珂磨郷が藤野郡に編入されるので、この段階までに珂磨郡は解消していなければならないのだが、その痕跡は『続日本紀』に見当たらない。

また後者についても同様で、例えば藤原郡から藤野郡への改称や藤野郡から和気郡への改称については、『続日本紀』に記事がみえるのに対し、珂磨郡から赤坂郡への改称の記事がみえないことが最大の難点である。養老五年の藤原郡の成立に際して、分割されたのは赤坂郡と邑久郡からの三郷であった。養老五年の段階で赤坂郡とあるように、珂磨郡から赤坂郡への改称があったのなら養老五年以前ということになるが、その間に改称記事はみえない。いずれも何らかの理由で改称の記事が脱落したというのは証明のしようのないことであり、これらの説が成り立つためには、まだまだ考えなければならないことが多くある。現状では「珂磨郡」とされる木簡の報告は一点のみであり、これを前提に考えることには慎重であるべきだろう。この点は今後の史料の増加を待つこととし、ここでは判断を保留しておきたい。以下、行論はこの立場を前提にすすめることとする。

四　領域編成とその原理

（1）美作国の成立

以上が『和名類聚抄』にみえる備前・美作の郷（里）及び、木簡のみにみえる郷（里）のすべてであり、これらを前提として、当該地域の領域の変遷を検討してみたい。

備前・美作の五〇戸（郷・里）の代替座標をもとにして、おおまかな郡域の分布指向性を描いたものが図1である。美作分立の和銅六年を起点に、郡域が変更される養老五年、天平神護二年、延暦七年の郡域を描いたものである。この郡域の分布指向性をみると、後の備前と美作を構成する空間は連続しておらず美作が独自の世界を構成していたこと、備前東部・美作東部で郡域の変更が頻繁に起きていることがうかがえる。

まず美作という領域についてだが、この地域を中心にして、古墳時代後期以降、よく知られるように陶棺が広く分布し、古代でも火葬の風習が濃厚に認められるなど、美作は独自の文化圏を構成していた。おそらく美作成立の歴史的前提として、そうした独自性を考慮しなければならないだろう。この独自の空間が領域として和銅六年に分離されるのだが、同時に丹波国から丹後国、日向国から大隅国が分割されるように、これは美作に固有の事情を想定すべきものではなく、全国的な行政機構の再編の一環として考える必要がある。

というのも和銅年間は平城遷都にともない、全国的な交通通信網が再編される時期であった。例えば、『続日本紀』和銅四年正月丁未条には「始置二都亭駅一。山背国相楽郡岡田駅・綴喜郡山本駅・河内国交野郡楠葉駅・摂津国島上郡大原駅・島下郡殖村駅・伊賀国阿閉郡新家駅」とあり、畿内とその周辺で駅家を再編したことがみえる。また『続日本紀』和銅五年正月壬辰条には、「廃二河内国高安烽一、始置二高見烽及大倭国春日烽一。以通二平城一也」とあり、河内国高安烽を廃して高見烽を置き、大倭国春日烽に通ずるよう烽火のルートを変更しているが、

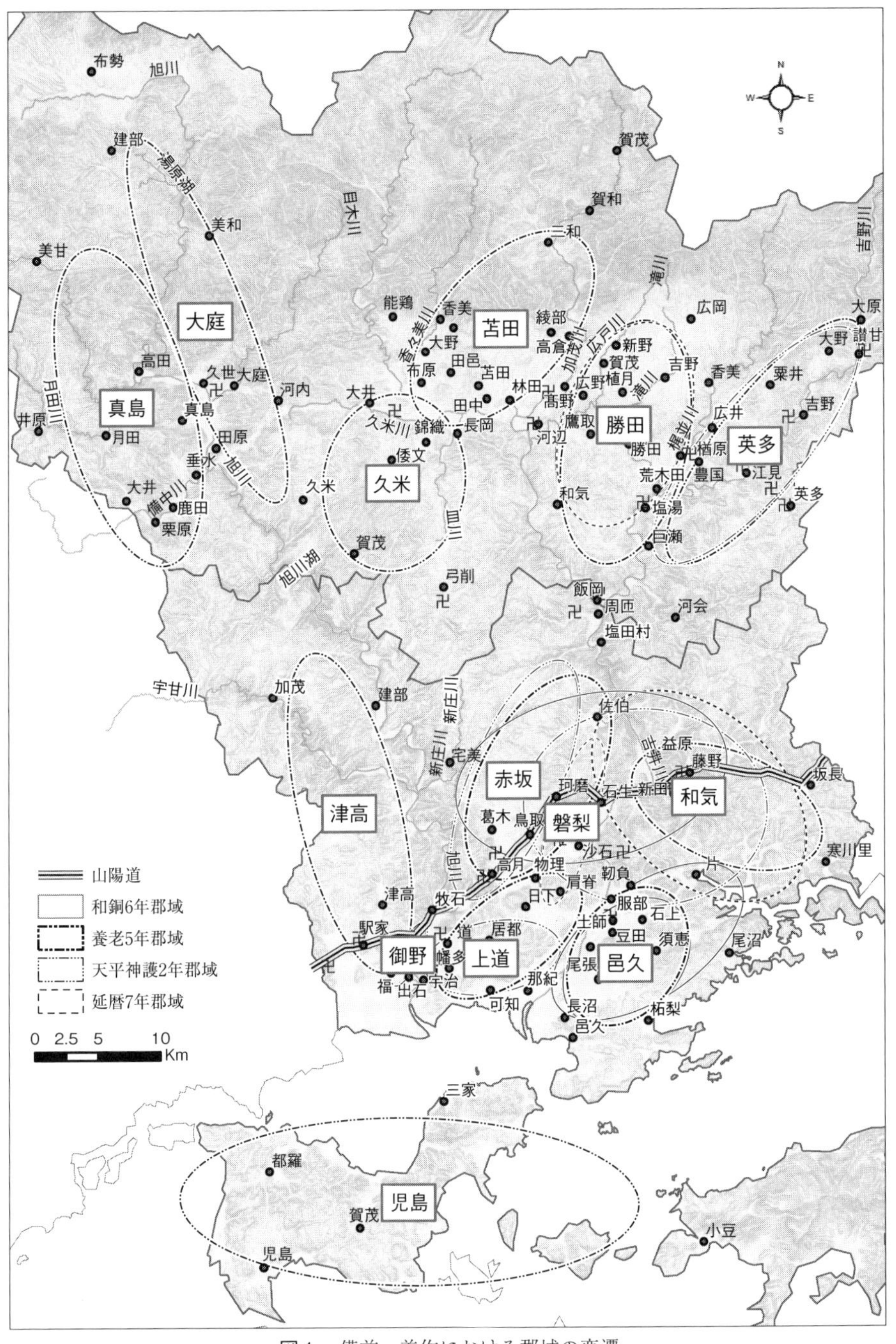

図1　備前・美作における郡域の変遷

これらはいずれも平城遷都にともなう措置であった。さらに、『続日本紀』和銅六年七月戊辰条には「美濃・信濃二国之堺、径道険隘、往還艱難。仍通二吉蘇路一」として、大宝年間より工事のはじまった吉蘇路が開かれるが[36]、美作国の成立もこうした一連の政策の延長上にあるのであり、播磨から美作に抜ける交通路が開かれたことがその大きな要因であったと考えられる。

『延喜式』や『和名類聚抄』での建制順をみると美作は播磨の後、備前の前に位置しており、これは播磨と美作の交通を前提とした配列になっていると考えられるが、この点に関連して興味深い遺跡が検出されている。承徳三年（一〇九九）に平時範が因幡入りした際の『時範記』のルートは、おおよそ播磨国府からJR姫新線にしたがって佐用郡に至り、そこから智頭急行に沿って鎌坂峠を越え美作国英多郡へと入り、さらに北上して志戸坂峠を越えて因幡国に至るのだが[37]、先に述べた英多郡の今岡廃寺から少し北に上がった現在の美作市中町の中町B遺跡で、奈良時代から平安時代にかけての全長一六八メートルの道路遺構が検出されている[38]。鳥取自動車道の建設にともなって検出された遺跡で、遺構は側溝間の距離からⅠ期からⅢ期の変遷をみるが、築造時の両側溝間の距離は心々で約九メートル、道幅三〇尺に相当する直線状の道路遺構である。

『日本後紀』大同三年（八〇八）六月壬申条には「省二因幡国八上郡莫男駅・智頭郡道俣駅馬各一匹一。以下不レ縁二大路一乗用希上也」とあり、八上郡莫男駅・智頭郡道俣駅の馬が減省されたことがみえるが、これは智頭郡から八上郡さらに因幡国府へと抜ける道、すなわち因幡道が存在し駅家が設置されていたことを示す。平時範が因幡に向かった際にも「智頭郡駅家」を利用しているが、因幡道は大路ではないが官道として整備されたものと考えられる。おそらく、播磨国佐用郡から西進して英多郡に抜ける中国縦貫自動車道のルート、すなわち美作道も存在したはずであり、これも因幡道と同様に、人為的に整えられた官道であったろう。美作国府を越えて伯耆・出雲へと抜ける、後の出雲街道にあたるものまでが整備されたかは不明であるが、中国山地を縦断して美作国府に至る道が存在したことは確実である。

こうした播磨と美作の交通に関連して言えば、すでに述べたように、英多郡を中心として、多くの寺院が分布することが注目される。なかでも今岡廃寺の創建期の瓦は法隆寺式の軒丸瓦と顎面施文軒平瓦の組み合わせなのだが、これは播磨国揖保郡の中井廃寺や下太田廃寺と同じであり、播磨国西部の寺院との共通性が認められる(39)。また、池の内遺跡から出土した複弁八葉蓮華文の軒丸瓦は、兵庫県たつの市神岡町奥村の奥村遺跡・たつの市新宮町千本の栗栖廃寺・たつの市新宮町野保の越部廃寺・佐用郡佐用町長尾の長尾廃寺と同笵であり、笵傷の進行もこの順に進んだとされている(40)。このように、美作国の古代寺院の軒丸瓦・軒平瓦には播磨西部の寺院と同笵関係にあるものが認められるが、こうした同笵関係は備前南部ではみられない。すなわち美作に固有の現象なのだが、これらの寺院はいずれも美作道上に並ぶものであった。この道にしたがって、瓦工人も移動していたに違いないだろう。古代の播磨国は全域で濃密に寺院が分布するが、播磨西部と美作東部の仏教文化は一体化していたのである。

また、天平四年以前と考えられる播磨国郡稲帳には、「中宮職美作国主稲」の錦部村主石勝が従者とともに国内を通過した際の食米と酒が計上されているが(41)、これはこの道が使われていたことを示すだろう。中宮職主稲の役割は今ひとつはっきりとしないが、中宮職の水田経営に関わるものであり、美作国には中宮職の田が設定されていたのだが、それが『日本三代実録』貞観二年六月二三日条に「皇太后宮職水田九町在二美作国英多郡一。今相二博勝田郡公田一。以三英多郡地狭田少、給レ民口分常煩二不足一故也」としてみえる、美作国英多郡の皇太后宮職の水田へと継承されたと考えられる。錦部村主石勝の主従への食米と酒の支給日数は他の支給例と同じく三日であるので、厳密にルートを確定することはできないが、貞観二年(八六〇)に勝田郡の公田と改替されるまでこの田は英多郡に所在した。播磨から英多郡への最短ルートは、JR姫新線のルートである。中宮職主稲の主従は播磨国府から北西にすすみ佐用郡から英多郡へと抜け、そのルートで帰京したと考えられる。和銅年間には、例えば備後国葦田郡と品治郡での郡域の変更[42]、上野国甘良郡・片岡郡からの多胡郡の分離[43]、摂津国川辺郡からの能勢郡の分離[44]が行われるが、これらは山谷阻遠・道路嶮難がいずれも理由であった。こうした交通路の成立により、美作が国として分立しえたのである。

（2）藤原郡（藤野・和気郡）の成立

では、備前東部での郡域の変遷はいかに考えることができるだろうか。その鍵となるのは藤原郡（藤野郡・和気郡）である。『続日本紀』養老五年（七二一）四月丙申条に、

分二佐渡国雑太郡一、始置二賀母・羽茂二郡一。分二備前国邑久・赤坂二郡之郷一、始置二藤原郡一。分二備後国安那郡一、置二深津郡一。分二周防国熊毛郡一、置二玖珂郡一。

とあるように、備前国邑久郡と赤坂郡から藤原郡が分離される。和気清麻呂の薨伝には、始祖である垂仁天皇の皇子鐸石別命の三世孫弟彦王が忍熊別皇子の逆謀に派遣され、針間と吉備の堺山にて誅した功により「藤原県」に封じられ、「今分為二美作備前両国也一」とする和気氏の伝承がみえるが[45]、領域としての藤原を冠する確かな史料は『続日本紀』の記事が初見である。

藤原郡が邑久・赤坂の二郡を割いて三郷で成立したことは、天平神護二年の藤野郡の拡大を示す記事によりわかるが、藤原郡を継承する和気郡は『和名類聚抄』では坂長・藤野・益原・新田・香止の五郷からなっていた。このうち藤野郷は、神亀三年の名称変更により郡名となるので、藤原郡の成立時には含まれていたと考えるべきであろう。香止郷は天平神護二年の改変で邑久郡より分離されたものであるので、残りは坂長・益原・新田郷となるが、すでにみたように、邑久郡方上郷寒川里を記した木簡が存在した。この地域が後世では藤野郡を改称し

た和気郡に属すること、天平神護二年に隣接する香登郷が邑久郡から藤野郡に移管されることから、方上郷のあたりが早くに藤野郡に属していたことは間違いない。すでに指摘されているように、養老五年の藤原郡成立時に邑久郡から分割されたのが方上郷であった可能性は高いであろう。(46)

『和名類聚抄』にみえる坂長・益原・新田郷が養老五年の段階でどのような五〇戸編成になっていたのかは、厳密にはわからないが、少なくとも藤野郷は赤坂郡から分割されたものであったろう。そして、後の新田・益原郷は藤野郷に近接して復原されることから、この範囲も確実に赤坂郡に属したはずである。坂長郷が邑久郡から分離された可能性もないわけではないが、当初の赤坂郡は備前東部の山陽道を含むものであり、陸路の山陽道と水路の吉井川が骨格をなしていたのではなかろうか。藤原郡の成立は、赤坂郡でいえば山陽道東端部を切り離したことになる。

なお、この藤原郡の成立について注意したいのは、佐渡国雑太郡の分割は別にして、同時に備後国安那郡から深津郡が、周防国熊毛郡から玖珂郡が分割されたことで、いわば、これは山陽道全体の改変でもあった。例えば、安那郡には安那駅が、熊毛郡には周防駅が延喜兵部省式にみえる。当時、藤原郡に坂長駅・藤野駅が存在したことは確実であり、分割後の赤坂郡には高月駅が存在した。これらの郡の分割はいずれも駅を含む郡の分割であった。すなわち、この改変も美作国の成立と同様に、藤原郡の固有の問題ではなく、深津郡や玖珂郡と同様の措置の一環であることに留意しておきたい。

そして、この藤原郡についてもう一つ注目したいのが、藤原郡の成立を示す記事につづいて『続日本紀』養老五年（七二一）四月癸卯条に「令三天下諸国、挙二力田之人一」とみえることである。(47) 癸卯は二七日に相当するが、同日に出された養老五年四月二七日格は天平八年二月二五日格に引用されている。

勅、養老五年四月廿七日格云、見レ獲浮浪一、実得二本貫一、如有二悔レ過欲レ帰者一、逓丁送本土一者。更煩二路次一。宜下随二其欲一レ帰与レ状発遣上。又云、自余無レ貫編二附当処一者。宜下停二編附一直録二名簿一、全輸二調庸一当処駆使上。

天平八年二月廿五日

養老五年四月二七日格は、括出した浮浪で本貫への帰還を願うものにつき、本土への逓送を命じたものであるが、[48]坂江渉も指摘するように、この浮浪の逓送と力田褒賞は関連するものであった。[49]『続日本後紀』天長一〇年（八三三）一〇月辛卯条には、「安芸国（中略）又言、力田佐伯郡人伊福部五百足・同姓豊公・若桜部継常等所二耕作一田各卅町已上、貯積之稲亦各四万束已上、並立性寛厚、周施二困乏一。往還糧絶・風雨寄宿之輩、皆得レ頼焉。詔各叙二一階一」とあるように、力田である伊福部五百足らが表彰された具体的な理由は、「往還糧絶・風雨寄宿之輩」といった「困乏」への施しであった。力田は、孝子・順孫・義夫・節婦とならび褒賞されることがあるが、卓越した農業経営が褒賞されるのではなく、『日本文徳天皇実録』嘉祥三年（八五〇）七月甲申条に「伊予国力田物部連道吉・鴨部首福主等叙位一階。道吉等傾尽私産。賑二贍窮民一。故有二此賞一」とあるように、私産を傾尽し、窮民を賑贍したがゆえに褒賞されるのであった。こうした窮民には「往還糧絶風雨寄宿之輩」も含まれるのであり、調庸運脚などの往還百姓への支援が力田には期待されていた。さすれば、養老五年の力田褒賞も本貫へ逓送される浮浪人への支援策として理解できるであろう。これが同日に出されている理由はそこにある。おそらくこの力田推挙の直前にかかる山陽道諸郡の分割もこうした交通政策の一環として理解すべきではなかろうか。養老五年に律令政府は山陽道をはじめとする交通制度を整備したのである。藤原郡は備前東南部の山陽道の交通を支えることを目的として建郡されたものであった。

この点に関連して、さらに注意したいものがある。それは方上津についてである。[50]すでにみたように、養老五年以前には邑久郡方上郷（里）が編成されていたのだが、『和名類聚抄』には方上郷がみえない。『和名類聚抄』で方上郷が何らかの理由で脱漏したと考えられなくもないが、それを証明するのは今のところ難しい。前節でみたように、木簡にのみ確認できて、『和名類聚抄』にみえない郷が多くあるのは邑久郡と上道郡であったが、このことは、郡域が頻繁に変更されたところでは、五〇戸編成もそれに連動して変更される場合の多くあったことを示すだろう。方上郷がいつ消滅し、他の郷に編成されたのか、正確にその時期を特定することはできないが、藤野郷・益原郷・新田郷が近接した距離に復原できることを考えるならば、方上郷は方上津の北方に編成されたと考えられる新田郷に継承された可能性が考えられる。

この場合、方上津から新田郷推定地へとぬける陸路に沿って五〇戸が再編成されたことになるが、実はこの道は古代でも重要な陸路であった。『延喜式』には諸国運漕雑物功賃が規定されているが（主税上）、美作国については「美作国廿一束、従国運備前国方上津駄賃五束」が計上されている。この駄賃であるが、船賃とは区別される駄についてのものであり、ほかに越前国の規定に「自敦賀津運塩津駄賃」、「自大津運京駄賃」がみえる。この場合、敦賀津で陸揚げし塩津まで峠越えする駄賃、大津から逢阪関を越えて京に至るまでの駄賃であり、それぞれ陸送する部分にかかるものである。しからば美作国で計上されている方上津までの駄賃も同様に考えられるだろう。すなわち、図2に示すように、美作国衙が所在した苫田郡から雑物を運ぶに際して吉井川の水運を利用して南下し、金剛川・初瀬川の合流地点、現在の和気郡和気町あたり、すなわち新田郷のあたりで陸揚げして、現在の国道三七四号線で小さな峠を越え方上津にいたるルートが復原できる。[51] これが新田郷の代替ポイントから方上津までの最短ルートであり、現在でもよく使われる道である。[52]

美作国からの物資輸送がどのようなものであったか具体的にはわからないが、播磨への陸路とともに、吉井川の水路も利用されたのであり、これも備前東部での郡域の再編に関わった可能性が考えられるだろう。よく知られるように大輪田泊では津の維持管理に勝載料が徴収され水脚の使役が行われていた。[53]『藤原保則伝』には保則が帰京するに際して方上津に停泊中、備前の郡司らが白米二〇〇石を奉るエピソードがみえる。このときは般若

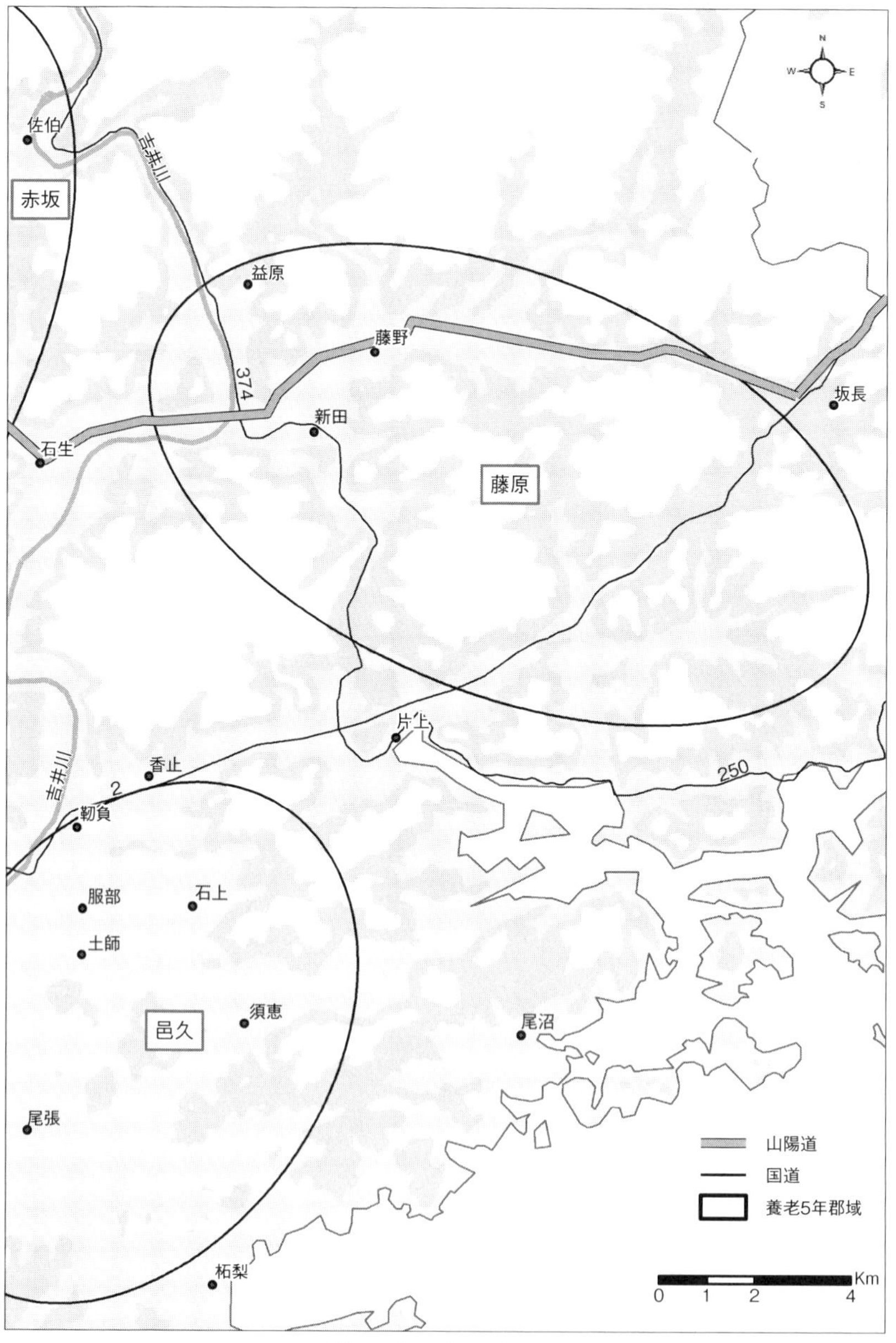
N
W
E
S
佐伯
吉井川
赤坂
益原
藤野
374
坂長
新田
石生
藤原
片上
香止
250
吉井川
2
靭負
服部
石上
土師
邑久
須恵
尾沼
尾張
山陽道
国道
養老5年郡域
栢梨
Km
0
1
2
4

図２　方上津への陸送路

心経誦経の布施に充当されたので実際に船に荷が積み込まれたのかどうかわからないが、官物をはじめとする荷の積み卸しに周辺の百姓が駆り立てられたであろうことは想像に難くない。現在でも同様だが道路は維持するだけでも相当の負担を要する。それも含めて駅家を維持する負担が重くのしかかったのだが、津にまつわる労役負担も考えられるのであり、こうした労逸を均す必要があった。これが備前東部において郡域が頻繁に変更される最も大きな理由であったろう。天平神護二年（七六六）の藤野郡の拡大は「人少役繁、何能支弁」というものであったが、結局、「中有二大河一、毎レ遭二雨水一、公私難レ通、因茲、河西百姓屢闕二公務一」ということで、延暦七年（七八八）に吉井川の東西で和気郡が分割されるわけである。山陽道についていえば、和気郡に坂長駅家、磐梨郡に珂磨駅家、赤坂郡に高月駅家がおかれることで、最終的な決着をみるのであった。(54)

おわりに

律令制当初の備前国東部では、赤坂郡と邑久郡が大きな領域を占めていた。こうした広域の領域を理解する上で想起されるのが赤坂郡であれば上道臣であり、邑久郡の場合なら吉備海部直の支配であろう。確かに、赤坂郡には備前で最大の前方後円墳である両宮山古墳が存在し、邑久郡では牛窓に牛窓天神山古墳をはじめとして五基の前方後円墳が集中するように、古墳時代にこれらの地域に大豪族が存在したことは間違いない。国造本紀にみえる上道国造や大伯国造は、そうした伝統を引くものと考えられるが、これまで古代の評・郡といった領域は、そうした国造の支配をビルトインしたものと考えるのが一般的であり、これらの領域の広大さから、上道臣や大伯国造の勢力の巨大さが思い浮かぶかも知れない。

しかし、かつて針間鴨国造・針間直について明らかにしたように、(55)そもそも国造の本質は、倭王権の権威を背景に周辺の集団を動員して朝鮮半島に渡った派遣軍の司令官なのであり、地方行政官ではなかった。また、その支配は領域一円に及ぼされるようなものではなくかなり錯綜したものであった。古代の豪族・貴族の別業が各地に点在するように、こうした支配関係は点と点を結ぶ個別的な契機の累積にすぎないのであり、あえて言うが国造の支配に領域性はなかった。さらに国造の配下にあったものでさえ、その諸集団が始祖を共有し、始祖からの系譜的距離により集団内の位置がきまるような首長制原理が働いていたことが論証されたことは一度もない。そうした個別的な支配関係の在り方が止揚されたのが評制の施行であり、この段階に至りはじめて領域的に人々を倭王権のために動員する体制が成立するのである。

令制当初の赤坂郡は陸路では山陽道を水路では吉井川を骨格とし、後の美作国境までを領域としていた。邑久郡は播磨国境までの海岸部分全体を領域としていたが、それは海路によるものであり、これら領域編成の本質は道にあった。山陽道の交通の維持、美作国成立にともなう輸送ルートの再編にともない、備前東部では目まぐるしく郡域が変遷したわけである。

（1）国郡編成についての論点は多岐に及ぶため、ここでそれを網羅することはしないが、代表的な先行研究例として、大町健「律令制的国郡制の特質とその成立」（『日本古代の国家と在地首長制』校倉書房、一九八六年、初出一九七九年）がある。

（2）吉備の呼称については、今津勝紀「吉備をめぐる予備的考察」（鈴木靖民編『日本古代の地域社会と周縁』吉川弘文館、二〇一二年）を参照されたい。

（3）今津勝紀「古代吉備地域の部の分布をめぐる若干の考察」（平成一七年〜平成一九年度科学研究費補助金（基盤研究（B））研究成果報告書『岡山市造山古墳測量調査概報』研究代表者　岡山大学文学部教授・新納泉　二〇〇八年）。

（4）鐘江宏之「「国」制の成立――令制国・七道の形成過程――」（笹山晴生先生還暦記念会編『日本律令制論集』上巻、吉川弘文館、一九九三年）。

(5) 藤原宮(3-1182)。なお、木簡については奈良文化財研究所の木簡データベースを利用した。凡例は木簡データベースによられたい。

(6) 鎌田元一「律令制国名表記の成立」(『律令公民制の研究』塙書房、二〇〇一年、初出一九九五年)。

(7) 『日本三代実録』貞観五年五月二六日条。

(8) 代表例だけをあげておくと、英多(城12-8)・吉野(平城京1-125)・栗井(長岡京2-828)。

(9) 以下の郷(里)の比定および近世の村との接続については、多くを『日本歴史地名体系34 岡山県』(平凡社、一九八八年)によった。

(10) 岡田博「官衛」(『吉備の考古学的研究』下、山陽新聞社、一九九二年)。

(11) 以下、古代寺院についての記述は、基本的に湊哲夫・亀田修一『吉備の古代寺院』(吉備人出版、二〇〇六年)による。

(12) 同様に代表例だけをあげる。勝田(藤原宮3-1180)・飯岡(平城宮6-10242)・塩湯(平城宮2-2186)・殖月(城32-13)・香美(長岡京2-811)・吉野(城38-18)・豊国(平城宮3-3111)・賀茂(長岡京2-817)・広野(城12-8)・河辺(城34-23)・鷹取(長岡京2-812)・和気(城12-16)。

(13) 注(10)に同じ。

(14) 林田(城15-12)・田中(城19-23)・田邑(木研22-35)・能鶏(長岡京2-818)・香美(長岡京2-821)。

(15) 大庭(城22-37)。

(16) 邑久郡段階のものであるが、香止里からの荷札が存在する(城6-6)。

(17) 山陽道と駅家については、高橋美久二『古代交通の考古地理』(大明堂、一九九五年)、中村太一『日本古代国家と計画道路』(吉川弘文館、一九九六年)、大橋雅也「備前・備中における古代山陽道と駅家」(『考古学研究会例会シンポジウム記録五 畿内弥生社会像の再検討・「雄略朝」期と吉備地域・古代山陽道をめぐる諸問題』考古学研究会、二〇〇六年)。

(18) 『類聚三代格』(巻七 郡司事)元慶四年一一月五日官符。

(19) 岡山大学附属図書館池田家文庫(A2-8)、『備陽記』(日本文教出版、一九七〇年)。

(20) 『鎌倉遺文』一三七〇。

(21) 邑久（平城宮1-423）・土師（木研25-48）・須恵（城19-24）・長沼（藤原宮3-1183）・尾沼（平城宮2-2207）・尾張（平城宮2-2752カ）。

(22) ちなみに代替座標を一瞥すればうかがえるように、邑久郡についての『和名類聚抄』の郷名の配列に規則性は認めがたいので、尾沼郷を比定する際に配列にこだわる必要はないだろう。

(23) 平城宮（3-3694）。

(24) 周匝郷からは調鍬の荷札が確認できる（平城宮1-311）。

(25) ただし当該地域で葛城姓を辿ってみると、下二保に五軒、馬屋に三軒、牟佐・瀬戸町瀬戸・五条村平岡西に各一軒を確認できる。もとよりこれがどれだけの意味をもつか心許ないが、赤坂郡西部に集中することは事実である（『改修赤磐郡誌』赤磐郡教育会、一九四〇年）。

(26) 津島（平城宮3-3082）・出石（城19-24）・御野（城32-13）。

(27) 城27-20。

(28) 三家郷（平城宮1-321）・賀茂郷（平城宮1-322）。

(29) 播多（城16-8）・宇治（城19-24）・豆田（城31-30）。

(30) 元亨元年（一三二一）一〇月九日の後宇多上皇院宣に、「上東郡豆田庄」とみえる（『鎌倉遺文』二七八七五）。中世に上道郡の北東部分を上東郡と称すようになるのだが、岡山大学附属図書館池田家文庫に収める慶長年間のものと推定される備前国図には（T1-5）、「八日市」と「福岡」とともに「まめ田」が吉井川の東岸に描かれ上東郡に塗り分けられている。

(31) 『吉備群書集成』一（吉備群書集成刊行会、一九二一年）。

(32) 永山卯三郎『岡山縣通史』（岡山県、一九三〇年）。

(33) 『熊山町史』（通史編上巻、熊山町、一九九四年）。

(34) 吉田晶「「珂磨郡」木簡について」（『吉備古代史の展開』塙書房、一九九五年、初出一九九一年）。

(35) 注(33)『熊山町史』に同じ。

(36)『続日本紀』大宝二年一二月壬寅条に「始開二美濃国岐蘇山道一」とみえる。

(37)早川庄八「時範記、承徳三年春」(『書陵部紀要』一四、一九六二年)、同「時範記、補遺」(『書陵部紀要』一七、一九六五年)、宮崎康充「時範記、承徳三年夏」(『書陵部紀要』三二、一九八〇年)。

(38)石田為成「中町B遺跡」(『岡山県埋蔵文化財発掘調査報告』二一三、国土交通省岡山国道事務所・岡山県教育委員会、二〇〇八年)。

(39)佐藤寛介『大原町埋蔵文化財発掘調査報告2　今岡廃寺』(大原町教育委員会、二〇〇二年)。

(40)義則敏彦『新宮町文化財調査報告21　栗栖里』(新宮町教育委員会、一九九四年)。

(41)『大日古』2-150、『正倉院文書目録1　正集』(東京大学出版会、一九八七年)。

(42)『続日本紀』和銅二年一〇月庚寅条。

(43)『続日本紀』和銅四年三月辛亥条。

(44)『続日本紀』和銅六年九月己卯条。

(45)『日本後紀』延暦一八年二月乙未条。

(46)吉田晶「古代邑久地域史に関する一考察」(注(34)『吉備古代史の展開』、初出一九八四年)。

(47)養老五年四月二七日格は『類聚三代格』(巻一二、隠首括出浪人)と同(巻一七、蠲免事)にみえる。

(48)鎌田元一「律令国家の浮逃対策」(『律令公民制の研究』塙書房、二〇〇一年、初出一九七二年)。

(49)坂江渉『日本古代国家の農民規範と地域社会』(思文閣出版、二〇一六年)。

(50)方上津については松原弘宣『古代国家と瀬戸内海交通』(吉川弘文館、二〇〇四年)を参照のこと。

(51)注(46)吉田論文。

(52)これは一九九一年に廃線となった片上鉄道のルートでもあり、片上鉄道は旧美作国勝田郡内に位置する現在の美咲町柵原の柵原鉱山から硫化鉄を片上港に運び出す目的で敷設されたものであった。吉井川には鉄道が敷設されるまでは高瀬舟が往来したが、こうした水運は古くからのものであり、吉井川と吉野川の合流する現美咲町飯岡に所在する月の輪古墳からは舟形の土製品も出土している(近藤義郎『月の輪古墳』吉備人出版、一九九八年)。吉井川の水運は古墳時代より吉備東端部を南北に結ぶ大動脈でもあった。

(53) 『類聚三代格』(巻一六) 嘉祥二年九月三日官符。

(54) 駅戸編成の特質については永田英明『古代駅伝馬制度の研究』(吉川弘文館、二〇〇四年) を参照のこと。

(55) 今津勝紀「既多寺大智度論と針間国造」(栄原永遠男・西山良平・吉川真司編『律令国家史論集』塙書房、二〇一〇年)。

表　備前・美作の郷里代替ポイント一覧

国	郡	郷	登録名	ポイントID	種別
美作	英多	英多郷	土居郵便局	KO33645000012	郵便局
		江見郷	作東郵便局	KO33645000005	郵便局
		吉野郷	吉野郵便局	KO33645000015	郵便局
		大野郷	大野郵便局	KO33641000003	郵便局
		讃甘郷	讃甘郵便局	KO33641000005	郵便局
		大原郷	大原郵便局	KO33641000007	郵便局
		粟井郷	粟井郵便局	KO33645000009	郵便局
		広井郷	粟広簡易郵便局	KO33644000027	郵便局
		楢原郷	美作楢原簡易郵便局	KO33644000026	郵便局
		林野郷	美作郵便局	KO33644000015	郵便局
		巨勢郷	美作巨瀬郵便局	KO33644000005	郵便局
		川会郷	河会郵便局	KO33646000007	郵便局
	勝田	勝田郷	勝央郵便局	KO33622000009	郵便局
		飯岡郷	飯岡簡易郵便局	KO33665000017	郵便局
		塩湯郷	湯郷郵便局	KO33644000002	郵便局
		殖月郷	植月郵便局	KO33622000004	郵便局
		香美郷	勝田郵便局	KO33621000005	郵便局
		吉野郷	石生郵便局	KO33622000013	郵便局
		広岡郷	広岡郵便局	KO33623000004	郵便局
		豊国郷	豊国郵便局	KO33644000022	郵便局
		新野郷	新野郵便局	KO33624000007	郵便局
		賀茂郷	勝加茂簡易	KO33624000003	郵便局
		広野郷	広野簡易	KO33203000117	郵便局
		河辺郷	大崎	KO33203000101	郵便局
		鷹取郷	黒坂簡易	KO33622000001	郵便局
		和気郷	北和気	KO33665000007	郵便局
	苫東	苫田郷	苫田	CM33203000082	居住地名
		高田郷	市立高田小学校	CM33203000180	学校
		高野郷	津山高野郵便局	CM33203000293	郵便局
		綾部郷	綾部	CM33203000308	居住地名
		美和郷	美和	CM33601000058	居住地名
		賀和郷	賀和	CM33601000100	居住地名
		賀茂郷	賀茂	CM33605000009	居住地名
		林田郷	市立林田小学校	CM33203000175	学校
		高倉郷	市立高倉小学校	CM33203000271	学校
	苫西	田中郷	津山小田中郵便局	CM33203000102	郵便局
		田辺郷	田辺	CM33203000045	居住地名
		田邑郷	田邑簡易	CM33203000036	郵便局
		布原郷	布原	CM33606000121	居住地名
		能鶏郷	能鶏	CM33606000057	居住地名

美作	苫西	大野郷	町立大野小学校	CM33606000130	学校
		香美郷	香々美郵便局	CM33606000165	郵便局
	久米	大井郷	大井	CM33664000091	居住地名
		倭文郷	倭文	CM33664000141	居住地名
		錦織郷	錦織	CM33661000078	居住地名
		長岡郷	長岡	CM33203000053	居住地名
		賀茂郷	賀茂	CM33661000018	居住地名
		弓削郷	弓削	CM33663000107	居住地名
		久米郷	久米	CM33662000065	居住地名
	大庭	大庭郷	大庭	CM33582000175	居住地名
		美和郷	美和	CM33583000151	居住地名
		河内郷	河内	CM33582000234	居住地名
		久世郷	久世	CM33584000026	居住地名
		田原郷	田原	CM33582000160	居住地名
		布勢郷	布勢	CM33588000006	居住地名
	真島	真島郷	真島	CM33582000089	居住地名
		垂木郷	垂水	CM33582000119	居住地名
		鹿田郷	鹿田	CM33582000072	居住地名
		大井郷	大井	CM33582000024	居住地名
		栗原郷	栗原	CM33582000054	居住地名
		美甘郷	美甘	CM33585000018	居住地名
		建部郷	建部	CM33583000029	居住地名
		月田郷	月田	CM33581000123	居住地名
		井原郷	井原	CM33581000028	居住地名
		高田郷	高田	CM33581000177	居住地名
備前	和気	坂長郷	三石	CM33211000215	居住地名
		藤野郷	藤野小学校	CM33346000107	居住地名
		益原郷	益原	CM33346000038	居住地名
		新田郷	衣笠	CM33346000087	居住地名
		香止郷	香登郵便局	KO33211000005	郵便局
	磐梨	和気郷	佐伯郵便局	KO33345000002	郵便局
		石生郷	熊山郵便局	KO33324000008	郵便局
		珂磨郷	可真郵便局	KO33324000003	郵便局
		肩背郷	肩脊	CM33321000038	居住地名
		礒名郷	瀬戸警察署	CM33321000065	警察機関
		物理郷	万富郵便局	KO33321000016	郵便局
	邑久	邑久郷	邑久郷	CM33201001430	居住地名
		靭負郷	長船	CM33363000022	居住地名
		土師郷	土師	CM33363000018	居住地名
		須恵郷	東須恵	CM33363000062	居住地名
		長沼郷	長沼	CM33201001406	居住地名

備前	邑久	尾沼郷	鹿忍郵便局	KO33361000004	郵便局
		尾張郷	尾張	CM33362000063	居住地名
		栢梨郷	長浜	CM33361000039	居住地名
		石上郷	磯上	CM33363000046	居住地名
		服部郷	服部	CM33363000019	居住地名
	赤坂	周匝郷	周匝郵便局	KO33325000014	郵便局
		宅美郷	町立五城小学校	KO33301000020	学校
		軽部郷	町立軽部小学校	KO33323000009	学校
		高月郷	両宮山古墳	CM33322000019	土地の利用
		鳥取郷	日古木	CM33322000067	居住地名
		葛木郷	備前西山簡易郵便局	KO33322000001	郵便局
	御野	枚石郷	市立牧石小学校	KO33201000364	学校
		広西郷	広瀬町	CM33201000805	居住地名
		出石郷	岡山出石郵便局	KO33201000287	郵便局
		御野郷	市立御野小学校	KO33201000283	学校
		伊福郷	岡山伊福町郵便局	KO33201000171	郵便局
		津島郷	岡山大学	KO33201000225	学校
	津高	駅家郷	富原	CM33201000569	居住地名
		賀茂郷	加茂川町役場	KO33305000017	地方公共団体
		津高郷	津高郵便局	KO33201000142	郵便局
		建部郷	町立建部小学校	KO33303000003	学校
	児島	三家郷	郡	CM33201001016	居住地名
		都羅郷	児島郵便局	KO33202000252	郵便局
		賀茂郷	長尾	CM33204000031	居住地名
		児島郷	市立粒江小学校	KO33202000219	学校
	上道	宇治郷	国富	CM33201000906	居住地名
		幡多郷	市立幡多小学校	KO33201000388	学校
		可知郷	市立可知小学校	KO33201000422	学校
		上道郷	国府市場	CM33201001033	居住地名
		財部郷	市立財田小学校	KO33201000413	学校
		居都郷	市立古都小学校	KO33201000421	学校
		日下郷	草ヶ部	CM33201001269	居住地名
		那紀郷	県立西大寺高等学校	KO33201000457	学校
		豆田郷	豆田	CM33362000046	居住地名

※代替座標のポイントデータは国土地理院の数値地図25,000（空間データ基盤）を利用した。

日本古代のオホヤケ構造

大津　透

はじめに——公とオホヤケ——

歴史学において「公」と「私」を切り口にして国家や社会を考えることは、普遍的な試みであろう。ただし、公、公共性の視点から国家にアプローチするのは西洋史的発想である。市民から選ばれた民会によって、共同体（国家）の共同性が代表されるという古典古代以来のヨーロッパ史の伝統が存在するのである。一方で東洋では、共同体が民会でなく首長、さらに皇帝によって代表されるので、官―民の対比が、公―私の関係に類似し、官と公が接近してくる。(1)

日本古代においても、律令法の中で唐の太宗の避諱（李世民）をうけて本来の「民田」を「私田」に改めたように、民＝私という理解が存在している。公はオホヤケ、公事がオホヤケゴトと日本語で読まれたことが『源氏物語』『栄花物語』など平安時代の仮名文学からわかる。そこではオホヤケは国家・朝廷・天皇を指し、オホヤケゴトは国政や宮廷行事を指し、(2)公は官に近い。貴族官人による古記録にも「公家のおんために」「公家荷前」「公家御祈禱」等の用例があるが、同じく国家・朝廷・天皇を指す。さらに遡って六国史においても「公」はオホヤケとよみ、朝廷や天皇の意味だったと考えてよい[3]。中国においても「公家」が国家の意味であることを渡辺信一郎が述べている[4]。

しかし東アジアにおいても「公」の意味は一様ではない。中国においては、『礼記』礼運篇の「天下を公となす」（天下は公共のものだ）という言葉が「天下を家（私）となす」の反対として王朝交代を正当化するスローガンとして用いられ、近代の康有為にまでいたるが、そのような意味の用例は日本では見られない[5]。日本では公にそのような道徳的な意味はないのである。

日本と中国の「公」について考察した溝口雄三は、日本では「公」に「公平」「公正」などの道徳的な意味がなく、オオヤケは思想とは言いがたく、「オオヤケ構造」としか言いようがないとし、特殊ヒエラルキー的な構造だと論じている[6]。これは日中の比較により、むしろ中国思想の優越を示した議論であるが、尾藤正英は逆の立場からこうしたあり方を日本思想の特色として評価している。すなわち、日本では国家など政治的組織や会社などの社会組織が共同体的性格を持ち、いずれもオオヤケとなる。日本近世思想における、個人の心の中に解決を求める中国の朱子学への違和感はそこに発していて、荻生徂徠などは「道」は国家制度であると考えるにいたったと論じている。さらにそこから尾藤は「役の体系」として近世社会の構造を提示したのである[7]。

このようにオホヤケは、日本の歴史を貫く重要な概念といえる。溝口やそれを継承した吉田孝によって、オホヤケは立派な建物（ヤケ）であり、地方の豪族のヤケを統合することによって天皇のオホヤケが成立するという仮説が提示されているが[8]、古代におけるオホヤケとはどのようなものか、考えてみたい。

一　公地・公田

日本古代史の重要な研究テーマとして「公地公民制」がある。『日本書紀』の大化二年（六四六）元日の大化改新詔には、私地私民の廃止、地方行政制度の創設、戸籍・計帳・班田収授制、さらに税制が規定されている。おそらく坂本太郎などにより、大化改新の中心が「私地私民」から「公地公民」へととらえられ、公地公民が律令国家の本質だと考えられるようになった[9]。

公地公民制の研究が、日本古代史研究の中心となった時期があった。一九七〇年代末から八〇年代にかけて、多くの若手研究者が公地公民制、つまり戸籍計帳や土地制度・身分制の研究をしていた。そのきっかけとなり、研究の頂点でもあるのが一九七二年に発表された吉田孝「公地公民について」であり、中国との詳細かつスケールの大きな制度の比較により日本律令制の特色が明らかにされ、多くの成果が生まれた[10]。

しかし実は、大化改新詔には「公地」も「公民」も見られない。ここでは、あらためて公田（公地）の意味を考えてみたい。

公田が見えるのは養老田令の二つの条文である。田令29荒廃条には「凡そ公私の田、荒廃して三年以上、能く借りて佃らむといふ者有らば、官司に経れて判借せよ（中略）。私田は三年にして主に還せ。公田は六年にして官に還せ（後略）」とある。なおこれにつづく、「替わり解ける日には公に還せ」とある最後の部分は、大宝令では「官に還し収授せよ」とあったことから「公」と「官」が通用することがわかる。この「公私田」に対する『令集解』諸説は、「口分田・墾田等、これを私田といふなり。乗田これを公田といふ」（令釈）のように、口分田を私田としている。

公地公民制という考え方は古代国家土地公有説を前提にしている。しかし戦前に法制史家の中田薫・仁井田陞は、これらを根拠に基本的に口分田はじめ有主田は私田であり、職分田など特定の用途にあてられる不輸租田を例外として、輸租田（田租をおさめる）は私田であるという分類が、奈良時代の民部例から延喜主税式まで一貫していることを示し、律令国家は土地私有制に基づくと批判したのである[11]。

これに対して虎尾俊哉が天平一五年（七四三）の墾田永年私財法を契機に永年私財田が私田、それ以外が公田とされ、平安時代には公田が口分田を含むのは一般的であったことを明らかにした[12]。公田は拡大していったのであるが、吉田孝は、公田とみなされる潜在的可能性は墾田永年私財法以前から存在していたとする。中田が明らかにした公私田の別は、唐の律令制の概念の枠組を示しているが、それは明法家（みょうぼうか）の議論ではあっても、日本律令制に現実に機能していたかは別だ、口分田が私田だったのが公田に変わっていったというより、仁井田などが指摘した律令制の公田・私田の理念はそもそも定着していなかったと考え、屯田制・課田制的原理で班給された口分田が、公田と観念されるのはむしろ自然な現象だと述べている[13]。その後、天聖令の発見によって養老田令29荒廃条の元になった唐令条文が存在し、ほぼ同じ構成であったことが確認され、本条の公田・私田は唐令の引き写しであることが明らかになった[14]。

日本的な公地（公田）制はあったといってよいだろうが、さらに公とはなにかを考える上で重要なのは、養老令田令11公田条であり、そこに規定する「公田」という律令制の地目である。

凡そ諸国の公田、皆国司郷土の估価に随ひて賃租せよ。其の価は、太政官に送りて、以て雑用に充てよ。

本条については、『続日本紀』天平八年（七三六）三月庚子条に、

太政官奏すらく、「諸国の公田は、国司、郷土の沽価に随ひて賃租し、その価を太政官に送りて公廨に供へむ。」奏するに可とす。

と、ほぼ同内容が法令として出されていることから、大宝令対応条文と養老令文との関係が研究史上問題となっている。天平八年三月官奏が養老令条文の部分施行だと考える場合は[15]、大宝令文は内容上養老令文と異なっていたはずである。『令集解』本条古記には、「販売、謂売也。供公廨料、謂供給官人也。以充雑用、謂臨時雑用耳」とあり、「販売」「供公廨料」「以充雑用」の字句、ほかに「公田」「価」が大宝令文として復原できる。大宝令で

は「公廨料に供す」とあったことがわかるが、渡辺晃宏がいうように太政官に送る規定がなかったとすれば、在外諸司公廨田とともに国衙雑費の財源にあてることを想定していた可能性がある[16]。虎尾俊哉による大宝令復原案をあげる[17]。

凡そ諸国の公田、皆国司郷土の估価に随ひて賃租せよ。其の価は販売し、公廨料に供し、以て雑用に充てよ。

あるいは大宝令では中央に送ることが明確に規定されず不分明だったのを、天平八年に養老令にあわせて地子米の京進を明文化した可能性もあるだろう。なぜなら、早川庄八の指摘するように、天平六年出雲国計会帳の記述から、天平八年以前においてすでに多くの国で地子が太政官に送られていた可能性がある[18]。

問題は、日本で独自に「公田」が規定された意味である。天聖令の発見により、公田条に対応する条文は唐開元二十五年令（七三七）の田令には含まれていなかった、つまりこの条は日本律令法が独自に作った条文であることがわかった[19]。明法家は「公田は乗田なり」（令義解）など、乗田――口分田を班給した残りの田――だと解釈するのだが、しかしそれなら唐の均田制にもあるはずである。わざわざ日本で独自に条文をたてたことは、最初から乗田つまり班給されない田地が存在していた、公田という日本独自の実態が存在したためだと考えるべきである。そこで、赤松俊秀が早く指摘したように、公田の起源が大化前代に各地に設定されていた屯倉にあった可能性が想起される[20]。屯倉は大化改新で廃止されたが、公田に継承され（公廨田にも設定されたか）、中央から赴任する国司とその役所の運営財源に充てられ、一部は朝廷に送られたのではないだろうか。

さて屯倉が公田になったとすると、公とは何かを考える鍵になるだろう。公はオホヤケであり、大きなヤケである。地方豪族のヤケ（経営体で、イへではない）がありそれを統合したのが朝廷・天皇のオホヤケだというのが吉田孝による魅力的な仮説だが、オホヤケの中心には各地に設定されたミヤケがあった、ミヤケが拡大されたのがオホヤケだともいえるだろう。

二　公民・オホミタカラ

公民については研究のすぐれた整理として佐々木恵介「律令制下の公民について」があるので、それを踏まえながら、考えてみたい。[21] そもそも「公民」は、中国にはほとんどなく、日本で独自に作られた語である。中国では基本的に「人民」「民」である。

公民の訓はオホミタカラであり、田名網宏が指摘するようにミコトノリ（宣命）の中での冒頭の呼びかけ対象としてあらわれる。『日本書紀』大化二年（六四六）三月甲子条の大化東国国司への詔に（同年三月辛巳条もほぼ同じ）、

集り侍る群卿大夫、及び臣連、国造、伴造、幷せて諸の百姓等、咸に聴るべし。

とあり、天武一二年（六八三）正月丙午詔には、

明神と大八洲御す倭根子天皇の勅命をば、諸の国司、国造、郡司、及び百姓等、諸に聴くべし。

とみえている。一方で『続日本紀』では文武元年（六九七）八月庚申条（文武即位詔）で、

現御神と大八島国知らしめす天皇が大命らまと詔りたまふ大命を、集り侍る皇子等・王等・百官人等、天下の公民、諸聞きたまへと詔る。

慶雲四年（七〇七）七月壬子詔（元明即位詔）でも、

現神と八洲御宇めす倭根子天皇が詔旨らまと勅りたまふ命を、親王・諸王・諸臣・百官人等、天下の公民、衆聞きたまへと宣る。

とあり、以後宣命においては慣用句となり、この形で奈良時代には定着したと考えられる。

これらの「百姓」「公民」の読みはオホミタカラであり、天武一二年以降文武元年までの七世紀末にオホミタ

カラにあたる字句として「公民」が成立し、天下を加えた「天下の公民」アメノシタノオホミタカラに呼びかけるのが定型となるのだが、それは諸王諸臣・百官人より下、賤民の上を意味するのだろう。(22) 正倉院文書中の天平宝字元年（七五七）の宣命草案にも「親王等・王等・臣等・百官人等、天下の公民等」がみえている。(23)

なお、水林彪は、『古事記』の理解を踏まえ、初期宣命の分析から「天下の公民」は王以下百官人以上を包括する支配者層を指すと解釈するが、(24) 荒井秀規に批判があるように無理があるだろう。(25)

さらに『日本書紀』には、天武朝以前に「公民」は二例みえる。

推古二八年（六二〇）是年条に「皇太子・嶋大臣、共に議りて、天皇記及び国記、臣連伴造国造百八十部并せて公民等の本記を録す」とあり、大化元年（六四五）八月庚子条（東国国司詔）には「天神の寄さし奉る所に随ひ、方に今、始めて万国を修めんとす。凡そ国家の所有る公民、大きに小さきに領れる人衆を、汝等任に之りて、皆戸籍を作り、及び田畝を校へよ」とある。後者では大小の豪族が支配している「人衆」に対比されて用いられているので、国家が直接支配をしている人々を「公民」と呼んでいるようにみえる。(26) これらをめぐる研究史については水林彪の整理があるが、水林は、『日本書紀』の「公民」は本来原史料には「王民」とあったと推測し、「王民」は「百八十部」以上の豪族層、支配者層を指すと理解している。(27) 天武朝以前に「公民」が存在した可能性も考えられるが、ここでは一応存在しなかったと考えておきたい。なお大化二年八月癸酉条のいわゆる部民廃止の詔では「国家の民」とすべしとみえている。

宣命と同じく特殊な口頭言語として、『延喜式』巻八に収められる祝詞をみると、広瀬の大忌祭には、皇神の御刀代を始めて、親王等・王等・臣等・天下の公民の取り作る奥つ御歳は、手肱に水沫画き垂り、向股に泥画き寄せて、取り作らむ奥つ御歳を、八束穂に皇神の成し幸はへ賜はば、初穂は汁にも穎にも、千稲・八千稲に引き据ゑて、横山の如く打ち積み置きて、秋の祭に奉らむと、皇神の前に白し賜へ、と宣る。

とあり、倭の国の六の御県、山口に坐す皇神の前にも「天下の公民の取り作る奥つ御歳」を積み置きて供えると宣する。また龍田の風の神の祭の祝詞でも、「天下の公民の作り作る物」を風害・水害にあわず収穫できたら、初穂を奉ると述べていて、アメノシタノオホミタカラという表現が見える。

広瀬祭・龍田祭（大忌祭・風神祭）は、神祇令に規定される祭祀であるが、比較的新しく天武四年（六七五）四月に開始された。『延喜式』の祝詞のなかで、「天下の公民」という表現が広瀬祭・龍田祭（および道饗祭）だけにしか見えないことは、これらの祝詞が、ほかの祭祀の祝詞と異なり、天武朝から持統朝にかけて宣命の呼びかけ対象として「天下の公民」が成立するのにあわせて成立したことを示しているのだろう。

広瀬・龍田祭は、天武朝に新たに始められた四月と七月に行う豊作祈願の祭祀で、両社を祭祀の場として皇族・大夫が使者となって赴き祭祀を行った。広瀬・龍田社は、奈良盆地の水が集まる大和川の合流点で、風の通り抜ける場所にも当たり、そこに大和の六御県の刀禰を集め幣帛を受け取らせ、大和川上流の六御県の神や山口に坐す神をも祭る。のちの律令制の班幣祭祀の原形として、両社において班幣を行い大和国の豊作を祈ったものであり、諸国から貢納された調を幣帛として奉献することに律令祭祀の意義があると佐々田悠が論じている。[28] そこでは実際には王権のある大和の神々をまつるのだが、「天下の公民の取り作る奥つ御歳」の豊作が祈られ、「天下」の収穫の初穂が秋の祭（七月祭のこと）に奉献されるのであり、のちに律令制では全国を対象とする祈年祭の班幣祭祀になっていくのである。

祝詞からは「天下の公民」は、水田で苦労しながら稲（御歳）を耕作し調庸の初穂を貢献する主体であると読み取ることができる。オホミタカラの語義については、「宝・財」（たから）とする考えもあるが、「奥つ御歳」を作る主体であることからも、大＋御田＋族（やから）で、御田・屯倉田の耕作民が元来の意味であろう。[29]

三　公民とミツキの貢納

帰降した夷俘・俘囚が公民になることを申請する例が見られる。『続日本紀』宝亀元年（七七〇）四月癸巳条に、帰降した陸奥国の黒川・賀美等一一郡の俘囚三九二〇人が、父祖はもと「王民」であったが、蝦夷の捕虜とされてしまったとして公民になることを求め、次のようにいう。

伏して願はくは、俘囚の名を除きて、調庸の貢を輸さむことを。

また神護景雲三年（七六九）一一月己丑条では、陸奥国牡鹿郡の俘囚外初位上勲七等大伴部押人は、もと紀伊国の人だったが、先祖が蝦夷を伐つのに従い小田郡に移住し、夷に捕らえられたとして次の申請をしている。

幸に聖朝運を撫し、神武辺を威すに頼りて、彼の虜庭を抜けて、久しく化民と為る。望み請はくは、俘囚の名を除きて、調庸の民と為らむことを。

以上から公民は「調庸の民」といわれ、公民になることは調庸ミツキを天皇に貢納することであったことがわかる。『日本後紀』弘仁二年（八一一）閏一二月乙巳条でも、紀伊国の人、紀直嗣宗の言上に「天下の人、皆父姓を承け、身は公民と為て、長く調庸を奉る」ともみえている。

『続日本紀』霊亀元年（七一五）一〇月丁丑条では、陸奥蝦夷第三等邑良志別君らは「請はくは、香河村に郡家を造り建てて、編戸の民として、永く安堵を保たむことを」と、蝦夷須賀君らは「請はくは、閇村に便りに郡家を建て、百姓に同じくして。共に親族を率ゐて、永く貢を闕かざらむことを」と申請して、ともに認められている。編戸の民＝百姓＝公民は、郡家をたてることと関係し、つまり郡の設定と調庸の貢納が密接に結びついていた。そのことは、帰化人による東国への植民により郡を設置していったこと、柵戸とよばれる移民集団を東国から東北地方に移住させ、やがて移民を主体に郡（辺郡・近夷郡）を置いていったことからもわかるだろう。

なお『続日本紀』天平宝字二年（七五八）六月癸巳条では、陸奥国が去年八月以来の帰降夷俘一六九〇人余について「望み請はくは、天平十年閏七月十四日の勅に准じて種子を量り給ひ、田佃ることを得しめて、永く王民として、辺軍に充てんことを」と申請している。ここにみえている「王民」については、帰降夷俘（俘囚と夷俘）が公民となる前に王民として組織され、衣服・田地・公糧などを与えられて王権に奉仕するのであり、調庸は納めないが王化には従う公民の前段階にあると考えられる[30]。王民とは、石母田正が指摘した研究史上有名な律令制下の二つの身分秩序の一つである。親王・諸王・百官人・公民という律令制的身分秩序に対して、大化前代にその起源をもつ天皇よりカバネをたまわり奉仕するという良民＝王民共同体という秩序が存在していたとされ、王民は夷狄・諸蕃と対比される概念であるとされる[31]。

遅れて院政期の史料であるが、『江家次第』巻一八改元事に、赦免の時の検非違使佐のことばとして、

其の事に依りて、殊に以て免し給ふ。各々本貫に罷り還りて、重犯仕へ奉らざれ。公御財（オホミタカラ）と為て、調物（ミツキモノ）備へ進れ。

と記されていて、公民オホミタカラは、ミツキを天皇へたてまつる存在であることが明示されている。たてまつられたミツキは、陵墓への荷前や神社の幣帛とされ国家や地方の祭祀を支える宗教的意味をもち、それが「公」だったのだろう[32]。調庸は、単に国家による人民からの強制的な搾取というだけにとどまらず、公民の義務であると同時に一種の公に参加する権利といえるだろう。

記紀に遡ると、『古事記』崇神天皇段で、オホヒコを高志の国に、タケヌナカワを東方十二道に派遣して、それぞれが平定して覆奏したところで、

しかして天の下いたく平らぎ、人民富み栄えき。ここに初めて男の弓はずの調・女の手末の調を貢らしめたまひき。かれ、その御世を称へて、初国知らしめしし御真木の天皇とまをす。

とあり、『日本書紀』崇神一〇年九月己丑条でも、

始めて人民を校へて、更に調役を科す。此れを男の弭調、女の手末の調と謂ふ。是を以て、天神地祇共に和享みて、風雨時に順ひ、百穀用て成りぬ（中略）。故、称して御肇国天皇と謂ふ。

と述べられる。調ミツキの貢上の実施、およびそれによる神祇祭祀の盛行と天皇の統治のはじまり（初国知らす）とが密接に結びついてると記紀の編者は考えていたのである。

荷札木簡や絹布などに調庸の物品名と貢納者名を記載するいわゆる調庸墨書銘について、従来は物実納入の検収（検査）のためと考えられてきた。しかしそのとき貢納者名を記す必要はないのであり、調庸を天皇が見て確認する御覧の儀に供するための儀礼的意味があると今津勝紀が論じている(33)。調庸墨書銘の法的根拠は、賦役令2調皆随近条にある。調について「国郡里戸主姓名年月日」を記し、「国印」を印することを規定し、唐令から輸入された規定である。そこでは納税の法的責任者である戸主名を記すのだが、しかし日本の実例ではその下の戸口名まで記しており、実際の納入責任のチェックよりも天皇に対して公民各人が貢納していることを示すものといえるだろう。

律令制下の負担の一つの兵役についていえば、『万葉集』巻二〇に採録されている防人歌が注目される。防人歌については、防人各人の階級や出身地、部領使の官位姓名が記されるような国家による公的性格と、故郷の家族を思って私情を歌い上げる私的性格という両方の契機があり、歌が詠まれた儀礼の場の性格や個人の歌か集団での歌かなど防人歌の性格をめぐる論争が上代文学研究で積み重ねられてきた。これについて最近、鉄野昌弘が、防人歌は、天平勝宝七歳（七五五）に公文書として防人部領使によって提出された歌録であり、それを兵部少輔大伴家持が拙劣な歌をのぞいて『万葉集』にとりこんだものであると論じた。つまり、出身地・姓名を記して防人それぞれが詠んだ歌を記録することは、調庸墨書銘と同じような意味を持つオオヤケへの奉仕なのであり、

各国の部領使から提出された防人歌の歌録は勅使（紫微大弼安倍沙美麻呂）によって検校され、あるいは京に持ち帰られて天皇の御覧を経たこともありえたのではないかと述べている。[34]

調庸や防人役と結びついたこうした公民制については、佐々木が指摘するように、一〇世紀に入ると、いわゆる王朝的公民は、国衙に対して租税（官物）を納入しているだけで、八世紀の調庸のような天皇に対して直接的な関係を結ぶということは見られなくなり、律令制下の公民とは大きく性格が変わると考えられる。[35] ただし、政府と受領国司との関係においては、調庸制は残っており、一〇世紀後半以降、特に率分として年額の一〇分の二を規定された品目で確保することをめざし、それを神社への幣帛を中心に重要な神事仏事に充てていた。調庸のもつオホヤケとしての性格は一定度残っていたと考えられる。[36]

一二世紀中葉になると、荘園・公領を問わず賦課される一国平均役が確立する。長承二年（一一三三）の太政官符に「天下一同公役、国内平均所課」と「公役」とみえるのを史料上の初見として、康治二年（一一四三）の勧喜光院あての太政官牒には「役夫作料・造内裏役・大嘗会・初斎宮・初斎院等召物、幷せて丹波国多紀庄大嘗会所役、大和国波多庄・河内国新庄・摂津国富島庄等野宮所課・斎宮帰京役、此の八箇公事」とみえるように、[37] 全国に課される役夫工・造内裏役・大嘗会召物・初斎宮召物・初斎院召物、特定の国に課される大嘗会役・造野宮役・公卿勅使役・斎宮参向帰京役などが「八箇公事」「七箇公事」と称され、一国平均役として制度化された。ここで荘園・公領を問わず公民に一律に賦課される一国平均役は、右にあげた重要な国家（宗教）行事のための「公役」「公事」オホヤケゴトであることを根拠として賦課されているのである。[38]

最後にふれたいのは、網野善彦の議論である。『日本中世の民衆像』や『日本中世の百姓と職業民』で、中世の「平民」の「自由民」としての特質を強調し、それは古代の公民に起源があるのではないかと述べている。そこでは年貢・公事の負担をとりあげ、「封建地代」や「地代」と考えるべきでなく租税の一種であるとし、「御成敗式目」四二条から年貢を完納した「百姓」の移動は自由であったとみられることや年貢減免を求めた一揆はあっても年貢廃棄をスローガンとした一揆は一つもないことなどをあげ、年貢負担は平民百姓と領主との贈与・互酬、貸借の契約関係であり、義務であると同時に権利であったと主張している。[39] 中世において、年貢は「公」へのタテマツリモノ・貢物とみなされていたことや、年貢の一部には調を受け継いでいることも指摘しているが、上に述べてきた調ミツキの特質が中世の正税・年貢に継承されているのだろう。

四　古代の国家支配領域と「天下」

さて日本古代の時空観ということになるが、日本古代の律令国家の空間、つまり国家・オオヤケとは、以上述べてきたところから、調庸を納めている公民であり、その地域ということになる。具体的には蝦夷が公民＝編戸の民になろうとして郡の設置を求めていることから、国郡制の施行されているところがオホヤケということになる。東北においては蝦夷を取り込んで領域が拡大していき、八世紀前半に大崎平野の黒川以北一〇郡が建てられ、九～一〇世紀には奥六郡が置かれ現在の岩手県地域に郡が施行されたのである。[40]

中国で用いられた「天下」という語について、天に覆われた地上すべて、無際限にひろがっていく世界だとする中華思想的な観念もあるが、天下は中国＝九州であり、唐代中国における天下とは、唐王朝の実効支配が及ぶ領域のことであると渡辺信一郎が論じている。そしてそのことは日本律令国家でも同じなのであり、天下は具体的には国・郡であり、天下百姓とは国郡制を通じて実効的に支配する編戸の人民であると述べている。[41] 律令制下の天下は日本の律令国家が実効的に支配する領域であると考えてよいだろう。

律令国家の国境の観念については、養老関市令6弓箭条での兵器などの諸蕃との交易禁止と、辺境地帯での鉄冶設置禁止の規定にうかがうことができる。

凡そ弓箭兵器は、並びに諸蕃と与に市易することを得じ。其れ東辺北辺は、鉄冶置くこと得じ。

本条に対応する唐令は、前半にあたるのは天聖令関市令唐6条で、錦・綾以下金銀などの諸蕃との互市禁止を規定し、「西辺北辺の諸関を将ち度たる」および「縁辺諸州に至り興易する」を禁止している。後半に対応するのは、唐雑令の金属採取規定と考えられ、天聖令の宋10条にあたるが、唐令では「其れ西辺北辺、公私を問ふことなく、鉄冶および採鉱を置くこと得じ」とあったと推定される[42]。後半から日本でも唐でも東辺北辺西辺などの国境が想定されていることがわかる。前半では、唐では中央・北アジアの国境に関が置かれているが、日本では海に囲まれているため陸地におかれる関がないので、諸蕃と接する国境の関の規定が削除されているのだが、国境の意識は存在しているだろう。

養老関市令9禁物条には、以下のように禁物の国外持ち出しの禁止と蕃客が別勅で賜った場合は持ち出しを認めることを規定する。

凡そ禁物は、境将て出すこと得じ。若し蕃客入朝せむ、別勅に賜へらむ者は、境将て出すこと聴せ。

本条に対応するのは、天聖関市令宋8条であり、そこから榎本淳一は、唐令を「諸そ禁物は、関を将て出すこと得じ。若し蕃客入朝せむ、別勅に賜へらむ者は、正勅を連写し、関に牒して出すこと聴せ」と復原している[43]。唐では国境に関が置かれ、日本の律令法ではそれを「境」に置き換えているのであるが、国境観念が存在したことは明らかであろう[44]。

これが中世になれば、「公役」である一国平均役を納める公領・荘園が「日本」の空間ということになり、王土王民思想が宣言されるのだろう。

問題は、律令制以前においてはどうだったかである。地方豪族が大王に服属することにより倭国の領域（天の下）は拡大していったと考えられるが、地方豪族が大王あるいは大和朝廷に服属するというのは、具体的にどのようなことだったかは史料もなくわからない。ただし次にあげる神功皇后に対して新羅の王が降服したといういわゆる「三韓征伐」の伝承は、具体的な服属のあり方を示していて貴重な史料である。ただし新羅と対立するのはもっと後の時代であるので時代的にずれがあり、六世紀以降に作られたと考えられ、また七、八世紀に新羅を服属させようとしたとしてその根拠を求める伝承だとしても、事実として服属したことはなかった可能性が高い。『日本書紀』神功皇后摂政前紀九年一〇月条によれば、神の教えに従わず仲哀天皇が亡くなった後、皇后の軍船が対馬を発ち、新羅にいたった。それを見て、

新羅の王（中略）、曰はく、「吾聞く、東に神国有り。日本と謂ふ。亦聖王有り、天皇と謂ふ。必ず其の国の神兵ならむ。豈兵を挙げて距ぐべけむや」といひて、即ち素旆にて自ら服ひぬ。素組して面縛る。図籍を封じて、王の船の前に降す。因りて叩頭して曰さく、「今より以後、長く乾坤に与しく、伏ひて飼部と為らむ。其れ船柁を乾さずして、春秋に馬梳及び馬鞭を献らむ。復た海遠を煩はず、年ごとに男女の調を貢らむ」とまうす。

この時ある人が「新羅の王を誅さむ」といったのに対して皇后は、初め神の教を承けて将に金銀の国を授けむとす。又三軍に号令して曰く「自から服はむをばな殺しそ」といひき。今既に財の国を獲つ。亦人自づから降ひ服ひぬ。殺すは不祥し。と降伏した者は殺さないと言い、新羅は服属した。さらにそれを聞いた高句麗・百済の王も「今より以後は、永く西蕃と称ひつつ、朝貢絶たじ」と降ったのである。

まず相手を「神の国」だと大和王権の神の加護を前面に出して、宗教的に服属し、「自からまつろふ」。つぎに新羅王は長く「飼部」となって仕え馬具などを献上することを誓う。国内の地方豪族の場合は部民を設置して自身は部を率いる伴造となって朝廷に奉仕するのだろう。あるいは国造となって奉仕し、その場合領内に屯倉をお

いて朝廷に献上する事例も見られる（罪を贖うためといって屯倉を献上している例は多い）。さらに「年ごとに男女の調」、ミツキを奉ることを誓うのである。ミツキの貢上こそが、「まつろふ」（服属）の具体的な内容である。なおみずから降服するものを殺すのはよくないといっていて、まつろう者は殺さないこともわかる。[45]

ここでの調は、新羅からのミツキ貢上の起源説話である。朝鮮半島からの調は、「任那の調」を中心として八世紀までいたる重要な外交問題である。こうした新羅や任那の倭に対する朝貢儀礼における貢進物としての調については石上英一に詳しい研究があり、こうした調をうけて、固有税制としてのツキに調の語があてられ、律令租税法の調へ転化していくと論じている。[46] しかし、外交上の調も「年ごとに男女の調」といわれて民衆から徴収するものとされていて、地方豪族から奉られるミツキと本来は同じ意味を持つのだろう。

さらに興味深いのは、高句麗・百済王の服属の後、「故、因りて、内官家屯倉を定む」とあり、ミヤケとあることである。同じ神功皇后の新羅征討を伝える『古事記』仲哀天皇段には「かれ、ここをもちて、新羅の国は御馬甘と定め、百済の国は渡の屯家と定めたまひき」と伝えていて、百済を屯倉としたとある。

のちに外交問題となる朝鮮半島の調の中心は、「任那の調」であり、実際にそれが問題になるのは、いわゆる任那が滅んでからあとで、百済や新羅との外交においてである。百済を「内官家屯倉」「渡の屯家」だというのも、中核となる「任那」が屯倉だからだろう。『日本書紀』欽明一四年八月丁酉条、一五年一二月条の百済の上表文には「海表の弥移居」「海北の弥移居」とみえ、これは「任那」や百済を指している。この「弥移居」ミヤケという表記は推古朝遺文などと同じ古い上古音で、倭国が「任那」をミヤケと認識していたのは七世紀以前に遡る可能性が高いと指摘されている。[47]

「任那の調」とは、旧金官国の多々羅・須奈羅・和陀・発鬼の四邑の調をさす（『日本書紀』敏達四年六月条）。それがミヤケでありそこからミツキが納められるならば、国造のミツキや各地のミヤケと同じで天の下（オホヤケ）

の一部をなしていたといえるのではないか[48]。

神野志隆光は、『古事記』中巻を「天下」の構造の達成の物語であるとし、前半が大八島国の言向けであり、後半は新羅・百済の平定の話とし、それを「王化」の拡大ととらえている[49]。そうして達成された「天の下」は、『古事記』が完成した八世紀初めの天下の世界観によるとするのだが、朝鮮半島、具体的には「任那」をその一部とする「天の下」は、律令制下ではなく、むしろ七世紀以前の大和朝廷の世界観、国土領域のように考えるべきではないだろうか。

おわりに

以上古代のオホヤケ構造について考えてみた。公田や公民を分析して、オホヤケのもとにミヤケがあるのではないか、調庸ミツキの貢納と密接に関わり、オホミタカラはオホヤケの一部を構成していたのではないかと推測したが、それが古代日本の国家領域につながるように思う。

古代の公民や租税の特質は、中世以降に大きく影響を与えている可能性があり、また公オホヤケは中世以降の公方や公儀へもつながるだろう。このつたない問題提起が、広く日本の歴史の特色を考える手がかりになれば幸いである。

（1）史学会第一〇九回大会（二〇一一年一一月）での公開シンポジウム「歴史のなかの公と私」で、橋場弦氏の企画・司会のもと「日本古代における「公」について」として報告したことが本稿のきっかけである。参加された方々、特にコメントされた近藤和彦氏。吉澤誠一郎氏にお礼申し上げる。要旨は『史学雑誌』一二一―一（二〇一二年）に掲載されている。なお拙稿「「日本」の成立と律令国家」（『上代文学』九二、二〇〇四年、のち『日本古代史を学ぶ』岩波書店、二〇〇九年）も参照。

（2）「かかる人は世にありては公の御ために大事出で来はべりなん」「よろづ宮司も、また公よりも、御祈りの事さまざまにいみじけれど」（『栄花物語』花山たづねる中納言）、「公よりほかの人いまだおこなはざるな大元法」「かけまくもかしこき公の御心地」（『栄花物語』浦々の別）など「公」＝朝廷、天皇を指す例がおおく、『源氏物語』帚木には「おほやけに仕うまつるべき道々しきこと」とあって、オホヤケと読んだことがわかる。また公事オホヤケゴトは、「源氏の公事知り給（ふ）筋ならねば」（紅葉賀）、「祭のほど、限りある公事に添ふこと多く」（葵）、「これ（道長の御嶽詣のこと）をまた世の公事に思へり」（『栄花物語』はつはな）など国政、儀式などを指している。

（3）『続日本後紀』承和九年七月戊午条に「心を改めて公に仕つれ」（宣命体）とあり、漢文でも『日本書紀』天武一一年三月辛酉に「親王以下、至于諸臣、被給食封、皆止之、更返於公」とあることなど、公＝オホヤケは、天皇や朝廷をさすだろう。関根淳「日本古代史料における「国家」」（『上智史学』五四、二〇〇九年）も参照。

（4）渡辺信一郎「天下を公と為す」（『岩波講座世界歴史月報』一二、一九九八年）。

（5）渡辺信一郎「『孝経』の国家論」（『中国古代国家の思想構造』校倉書房、一九九四年、初出は一九八三年）。

（6）溝口雄三「土着中国に対するこの土着日本」（『理想』四七〇、一九七二年）、「中国の「公・私」」（『文学』五六―九・一〇、一九八八年）、ともにのち溝口『中国の公と私』（研文出版、一九九五年）に収録。

（7）尾藤正英「伊藤仁斎の思想における「道」」（『大倉山文化会議研究年報』一〇、一九九八年）、「国家主義の祖型としての徂徠」（『日本の名著16　荻生徂徠』中央公論社、一九七四年）、ともにのち尾藤『日本の国家主義』（岩波書店、二〇一四年）収録。

（8）注（6）溝口論文、吉田孝「ヤケについての基礎的考察」（井上光貞博士還暦記念会編『古代史論叢』中、吉川弘文館、一九七八年）。

（9）坂本太郎『大化改新の研究』（至文堂、一九三八年）。

（10）吉田孝「公地公民について」（坂本太郎博士古稀記念会編『続日本古代史論集』中、吉川弘文館、一九七二年）、のちに改稿して吉田『律令国家と古代の社会』（岩波書店、一九八三年）に収録。
なお公民制の代表的研究として、吉村武彦『日本古代の社会と国家』（岩波書店、一九九六年）、鎌田元一『律令公民制の研究』（塙書房、二〇〇一年）をあげておく。

(11) 中田薫「律令時代の土地私有権」（『法制史論集』二、岩波書店、一九三八年、初出は一九二八年）、仁井田陞「中国・日本古代の土地私有制」（『中国法制史研究　土地法・取引法』東京大学出版会、一九六〇年、初出は一九二九年）。

(12) 虎尾俊哉「律令時代の公田について」（『法制史研究』一四、一九六四年、のち『日本古代土地法史論』吉川弘文館、一九八一年）。

(13) 注(10)吉田論文。

(14) 天聖令田令唐30条には「諸そ公私の田、荒廃して三年以上、能く借りて佃らむといふ者有らば、官司に経れて申牒して借せよ。隔越すると雖も亦聴せ（注略）。私田は三年にして主に還せ。公田は九年にして官に還せ（後略）」とある（天一閣博物館・中国社会科学院歴史研究所天聖令整理課題組校証『天一閣蔵明鈔本天聖令校証　附唐令復原研究』中華書局、二〇〇六年、以下天聖令は本書による）。坂上康俊「律令国家の法と社会」（『日本史講座』2、東京大学出版会、二〇〇四年）は、本条について日本では唐令にはなかった「荒地」の規定をしたことがわかり、新たな開発田を制度上想定していたことがわかるとした。

天聖令の発見とその意義について、拙稿「北宋天聖令の刊行とその意義」（『律令制研究入門』名著刊行会、二〇一一年、初出は二〇〇七年）、東洋史側の紹介として岡野誠「北宋の天聖令について」（『歴史と地理』六一四、二〇〇八年）がある。

(15) 榎本淳一「養老律令試論」（笹山晴生先生還暦記念会編『日本律令制論集』上、吉川弘文館、一九九三年）。

(16) 渡辺晃弘「公廨の成立」（笹山晴生編『日本律令制の構造』吉川弘文館、二〇〇三年）。

(17) 注(12)虎尾論文。

(18) 早川庄八「律令財政の構造とその変質」（『日本経済史大系1古代』東京大学出版会、一九六五年、のち『日本古代の財政制度』名著刊行会、二〇〇〇年）。

(19) 大津透「農業と日本の王権」（『岩波講座天皇と王権を考える』3、岩波書店、二〇〇二年）。

(20) 赤松俊秀「大化前代の田制について」（『古代中世社会経済史研究』平楽寺書店、一九七二年、初出は一九六〇年）。

(21) 佐々木恵介「律令制下の公民について」（山中裕・森田悌編『論争日本古代史』河出書房新社、一九九一年）。

(22) 田名網宏「古代文献に見えたる公民について」(『史学雑誌』六一―六、一九五二年)。

(23) 『大日本古文書』四巻二二五頁。

(24) 水林彪「律令天皇制における国制概念体系――「天皇」および「天下公民」を中心として」(『思想』八五五、一九九五年)。

(25) 荒井秀規「日本古代の「公民」をめぐって」(吉村武彦編『律令制国家と古代社会』塙書房、二〇〇五年)。

(26) 平野邦雄『大化前代社会組織の研究』(吉川弘文館、一九六九年)三三六頁や注(10)吉田著書六七頁は、品部・名代・田部など朝廷に属し国家に租税を貢納する民を指すとするが、石母田正「古代史概説」『岩波講座日本歴史1 原始・古代1』岩波書店、一九六二年)などは、官僚制的な国造を通じて支配する人々を指すと考えている。

(27) 水林彪「『日本書紀』における「公民」と「王民」」(『日本史研究』三九三、一九九五年)。

(28) 佐々田悠「律令制祭祀の形成過程」(『史学雑誌』一一一―一二、二〇〇二年)、「記紀神話と王権の祭祀」(『岩波講座日本歴史2 古代2』岩波書店、二〇一四年)。

(29) 注(10)吉田著書六八頁。

(30) 平川南「俘囚と夷俘」(青木和夫先生還暦記念会編『日本古代の政治と文化』吉川弘文館、一九八七年)。

(31) 石母田正「古代の身分秩序」(『古代史講座』7、学生社、一九六三年、のち『日本古代国家論 第一部』岩波書店、一九七三年)。

(32) 大津透「貢納と祭祀――調庸制の思想」(『思想』八五八、一九九五年、のち『古代の天皇制』岩波書店、一九九九年)。その基礎にある貢納制については、石母田正『日本の古代国家』(岩波書店、一九七一年)を参照。

(33) 今津勝紀「調庸墨書銘と荷札木簡」(『日本史研究』三二三、一九八九年、のち『日本古代の税制と社会』塙書房、二〇一二年)、吉川真司「税の貢進」(『文字と古代日本』3、吉川弘文館、二〇〇五年)。

(34) 鉄野昌弘「防人歌再考――「公」と「私」」(『万葉集研究』第三十三集、塙書房、二〇一二年)。

(35) 注(21)佐々木論文。

(36) 摂関期の財政については、拙稿「財政の再編と宮廷社会」(『岩波講座日本歴史5 古代5』岩波書店、二〇一五年)を参照。

(37) 長承二年一〇月二〇日太政官符案（平安遺文補二一〇）、康治二年六月一三日太政官牒案（平安遺文二五一四）。康治二年八月一九日太政官牒案（平安遺文二五一九）には同様に「此の七箇公事」とみえている。

(38) 上島享「一国平均役の確立過程」（『史林』七三―一、一九九〇年、のち『日本中世社会の形成と王権』名古屋大学出版会、二〇一〇年）、大津透「院政期における臨時雑役の拡大」（『山梨大学教育学部研究報告』四一、一九九一年、のち『律令国家支配構造の研究』岩波書店、一九九三年）。

(39) 網野善彦『日本中世の民衆像』（岩波新書、一九八〇年）、『日本中世の百姓と職業民』（平凡社、一九九八年）。『網野善彦著作集8』（岩波書店、二〇〇九年）に付された桜井英治による解説も参照。

(40) 奥六郡の建郡過程については、樋口知志「接触領域としての奥六郡・平泉」（『岩波講座日本歴史20　地域論』岩波書店、二〇一四年）を参照。

(41) 渡辺信一郎「「天下」のイデオロギー構造」（『日本史研究』四四〇、一九九九年、のち『中国古代の王権と天下秩序――日中比較史の視点から』校倉書房、二〇〇三年）。

(42) 榎本淳一「律令貿易管理制度の特質」（初出は二〇〇〇年）「北宋天聖令による唐関市令朝貢・貿易管理制度規定の復原」（ともに榎本『唐王朝と古代日本』吉川弘文館、二〇〇八年）。

(43) 注(42)榎本「北宋天聖令による唐関市令朝貢・貿易管理制度規定の復原」。

(44) 村井章介「王土王民思想と九世紀の転換」（『思想』八四七、一九九五年、のち『日本中世境界史論』岩波書店、二〇一三年）は、九世紀の東アジア世界の変化、新羅を中心にする対外意識の変化により、日本は持っていた中華思想を否定し国境の外を切り捨て、東西南北の四至の境界により閉じられた空間としての国土が成立すると論ずる。九世紀後半の『儀式』巻一〇の追儺の祭文に、疫神を「千里の外、四方の境、東方は陸奥、西方は遠値嘉、南方は土佐、北方は佐渡よりをちの所を、なむたち疫神の住みかと定め賜ひまけ賜ひて」と追い払うように、国土が四至による閉じられた空間とされ、その外側がケガレに満ちた空間と認識されるようになるとする。たしかに新羅がケガレに満ちた存在として認識されるようになり、ケガレ意識が強まったことは認められるだろうが、国境や上述の四至は八世紀以来存在していたように思う。

(45) 拙稿『天皇の歴史01　神話から歴史へ』（講談社、二〇一一年）終章2、拙稿「律令と天皇」（『日本思想史講座1

古代』ぺりかん社、二〇一二年）。

(46) 石上英一「古代における日本の税制と新羅の税制」（朝鮮史研究会編『古代朝鮮と日本』龍渓書舎、一九七四年）。

(47) 西本昌弘「倭王権と任那の調」（『ヒストリア』一二九、一九九〇年）。なお彌永貞三「「彌移居」と「官家」」（『日本古代社会経済史研究』岩波書店、一九八〇年、初出一九六四年）も参照。

(48) 鬼頭清明「『任那日本府』の検討」（『日本古代国家の形成と東アジア』校倉書房、一九七六年）は、任那の調に対するヤマト政権の強い要求は、王権の存立と関わるものだったからとし、ヤマト政権が原始的な貢納制を基礎とするプリミティブな支配体制であり、そのために任那の調という貢納制が、貢納制全体を維持する一つの重要な鍵であったと述べている。

(49) 神野志隆光『古事記の世界観』（吉川弘文館、一九八六年）。

古代日本の農事慣行と地方官人

武井紀子

はじめに

古代、人々の生活は、稲作をはじめとする農耕のサイクルに基盤が置かれ、[1]民衆支配・租税徴収といった律令に規定される行政システムもまた、農耕を中心とする人々の生活を基礎にして形成されていった。

中原に政権基盤の中心を置いた代々の中国王朝の支配は、律令にその原則を示しながらも各地域の風土の差を加味しながら行われ、それゆえに広い領域支配が可能となっていた。たとえば租税として納める作物について、律令には穀物をひろく指す語として「粟」と規定するものの、実際にはアワもあればイネもあり、各地域の相違を法の中に含み込みつつ運用されていたのである。

古代日本は、国制の根幹として唐から律令を導入したが、その際に日唐の差を踏まえて改変を加えた。その内容は、支配体制に関わる政治的な観点からの改変もあるが、日本と中国の風土差に由来する人々の生活実態に関わる社会的な観点からのものも当然ながら含まれている。特に、農耕に基盤を置いた立法という点では日本も唐も大差ないが、農耕にまつわる歳事や祭祀の位置づけは、日唐で大きく異なる。

日本律令の中で、農耕サイクルに根ざした古代の人々の生活に関する歳事として、従来議論の中心となっている史料に、儀制令春時祭田条がある。その内容は、郷内の老者を集めて饗宴を設け、尊長養老という儒教的な秩序を説くことを規定したものである。これを郷飲酒礼と言い、日本では唐令にならい本条を継受し、春時祭田の時にこれを行うこととした。本条は唐令を大きく改変して立条されており、『令集解』古記と古記所引の一云にかなり具体的な注釈が付されている。このことから、本条は唐令の影響を受けつつも、古代日本の在地社会内部における実態的あり方と密接に関連したものとして捉えられており[2]、これまで多くの論考の中で議論されてきた[3]。しかし、本条が当時の在地社会の実態をどこまで反映した規定なのか、また、令文や集解諸説からどの程度の実態的要素を抽出できるのかという点については、論者によって見解がさまざまである。この問題を解くためには、春時祭田という祭祀の内実を議論するだけではなく、それが律令の一条文として規定されたことの意義についても考えなければならず、なお検討の余地が残っている。加えて、従来論点の一つとなってきた国家と在地祭祀との関係についても、国郡司ら地方官人と在地における祭祀との関わり方を示す文字資料が出土しており、それらの位置づけを含めた全体的な考察が不可欠となってくるだろう。

そこで本論では、日本律令法全体の中で春時祭田条の位置づけを試み、その上で古代日本の農事慣行と地方官人との関わり方について検討してみたい。

一　古代中国における郷飲酒礼

儀制令春時祭田条に規定される郷飲酒礼とは、もともと中国における礼制の一つである。本節では、古代中国で郷飲酒礼がどのような目的で行われたものなのかについて、その性格と特徴を見ていきたい。

古代中国における郷飲酒礼の儀については、『儀礼』『周礼』『礼記』の三礼にそれぞれ言及がある。『儀礼注疏』巻八儀礼巻第四 郷飲酒礼第四の賈公彦疏、および『礼記正義』巻六一郷飲酒義第四五に付された孔穎達疏には、郷飲酒礼が用いられる場として、四つの場面を挙げている。

【史料a】『儀礼注疏』巻八儀礼巻第四 郷飲酒礼第四 賈公彦疏

凡郷飲酒之礼、其名有二四案一。此賓二賢能一、謂二之郷飲酒一、一也。又案二郷飲酒義一云六十者坐五十者立侍、是党正飲酒亦謂二之郷飲酒一、二也。郷射州長春秋習二射於州序一先行二郷飲酒一亦謂二之郷飲酒一、三也。案二郷飲酒義一又有三郷大夫士飲二国中賢者一用二郷飲酒一、四也。其王制云、習射尚レ功、習郷尚レ歯、還是郷飲酒党飲酒法。

【史料b】『礼記正義』巻六一郷飲酒義第四五 孔穎達疏

（前略）……凡有二四事一。一則三年賓二賢能一、二則郷大夫飲二国中賢者一、三則州長習射飲酒也、四則党正蜡祭飲酒、総而言レ之皆謂二之郷飲酒一。（以下略）

唐代に付されたこれらの疏は、『周礼』地官司徒篇の職掌および鄭玄注に基づき説明されており、①三年に一回郷大夫が賢能をもてなす場合、②郷大夫が国中の賢者をもてなす場合、③州長が郷射の際に飲食する場合、④党正が蜡祭の時に飲食する場合、の四つの場面で郷飲酒礼の儀を用いるとしている。この四種は、郷飲酒礼を催す目的によって、「賓挙之法」「貢士之法」（①②）と「正歯位法」（③④）の大きく二つに分けられる[4]。前者は、郷内の賢者・能者を国王や諸侯に貢挙するに際して、郷飲酒礼によって彼らをもてなすものであり、郷大夫が主人となって行う[5]。これに対して後者は、郷内の人々が一同に会する場において、歯位を正す、すなわち酒礼儀を通じて尊長養老の礼を体現するために行うものである。つまり、「郷飲酒礼」と一括りに称される儀礼であるが、その内実は、開催の目的が異なる二つの儀礼を総称したものであると位置づけられる[6]。

この二つの要素は、そのまま『大唐開元礼』の嘉礼の末尾に規定される巻一二七「郷飲酒」と巻一二八「正歯位」の項目に引き継がれている。これらは、それぞれ州、県における郷飲酒礼の儀式次第で、同書巻一二六に載せる諸州刺史都督県令の着任儀礼の次に位置する。巻一二七「郷飲酒」は、「郷飲酒之礼、刺史為二主人一、先召二郷之致仕有徳者一謀レ之、賢者為レ賓、其次為レ介、又其次為二衆賓一、与レ之行レ礼、而賓挙レ之」とあり、州において刺史が主人となり、賢者を賓客としてもてなす儀礼である。同書の注には「此謂貢人之中、有下明経進士出身、兼二徳行孝弟一灼然顕著、旌中表門閭上、及有二秀才一者、皆刺史為二主人一。若無二此色一皆判司摂二行事一」とあり、州の貢挙に関連して行われるものであったことが知られ、『周礼』にみられる郷大夫による酒礼儀を継いでいることがわかる。これに対して、巻一二八「正歯位」は「毎レ年季冬之月、県令為二主人一、郷之老人年六十以上有二徳望一者一人為レ賓、次一人為レ介、又其次為二三賓一、又其次為二衆賓一」とあり、『周礼』の党正の職掌に淵源をもつ儀礼である。

唐令には、『大唐開元礼』の二つの郷飲酒礼に対応する規定がそれぞれ存在した。

【史料c】『唐令拾遺』唐選挙令復旧第二〇条(7)

諸貢人、上州歳貢三人、中州二人、下州一人。必有二才堪者一、不レ限二其人数一。具申送之日、行二郷飲酒礼一。牲用二少牢一、歌二鹿鳴之詩一。

【史料d】『唐令拾遺』唐儀制令復旧第二四条(8)

諸県䄍祭月集二郷之老者一、一行二郷飲酒礼一、六十以上坐レ堂、五十以上立二侍堂下一、使三人知二尊長養老之礼一、皆用二酒脯物一、出二公廨一。

史料cでは、州貢挙の日に郷飲酒礼を行うことが定められている。史料dでは、県が蜡祭の月（一二月）に郷内の老者を集め、年序順に着座して官が準備した酒脯物を飲食し、尊長養老の礼を確認することが定められている。蜡祭とは、農閑期の臘日に農業の祖神をはじめとした百穀の精霊を祀って農耕の恩恵に感謝する祭りで、臘日は節日であり、唐代には役所や各家で宴が催されていたことが知られる(9)。中国では、晋代以降、礼（儀注）と令とが同時期に編纂されるようになり、祠令・鹵簿令・衣服令・儀制令・喪葬令・仮寧令など、令の中には社会における礼の浸透を前提とした篇目がみられ、両者は密接に関連していた。郷飲酒礼も、唐代には地方官人による実施規定は令に、具体的な儀式次第は礼にそれぞれ規定されていたのである。

このように、唐代には「賓挙之法」「貢士之法」と「正歯位法」の二種類の郷飲酒礼が受け継がれ、前者の貢挙にともなう郷飲酒礼は州刺史、後者は県令と、それぞれの主体を分けて規定しているところに特徴がある。前者は「部内有下篤学異能、聞二於郷閭一者上、挙而進レ之」[10]、「諸孝子・順孫・義夫・節婦、志行聞二於郷閭一者、州県申二尚書省一奏聞。表二其門閭一、同籍悉免二課役一、有二精誠致応者一、別加二優賞一」[11]という州刺史の職掌と結びついたものであり、唐令では両者は規定される篇目も異なり、州県でまったく別個に行われた儀礼のように見てとれる。しかし、唐代の史料をみてみると、後者については、州県双方の長官に対して、巡行して歯位を正すための郷飲酒礼を励行することが積極的に求められている。

【史料e】『唐会要』巻二六郷飲酒　貞観六年（六三二）詔（『通典』巻七三礼典三三嘉一八郷飲酒にも所収）

比年豊稔、閭里無レ事、乃有二惰レ業之人一。不レ顧二家産一、朋遊無レ度、酣宴是耽、危レ身敗レ徳、咸由二於此一。毎レ覧二法司所レ奏、因レ此致レ罪、実繁有徒。静言思レ之、良増二軫歎一、自匪二澄源正レ本、何以革二茲俗弊一。当納之軌物、詢二諸旧章一、可下先録二郷飲酒礼一巻一、頒中行天下上。毎レ年令下州県長官、親率二長幼一、歯別有レ序、遞相勧勉、依レ礼行レ之、庶乎時識二廉恥一、人知中敬譲上。

【史料f】『唐会要』巻二六郷飲酒　唐隆元年（七一〇）七月一九日勅

郷飲酒礼之廃、為レ日已久。宜レ令三諸州毎年遵二行郷飲酒礼一。

【史料g】『唐会要』巻二六郷飲酒　開元六年（七一八）七月一三日条

初頒二郷飲酒礼於天下一。令下牧宰毎年至二十二月一行上レ之。

【史料h】『唐会要』巻二六郷飲酒 開元一八年裴耀卿上疏（『通典』巻七三礼典三三嘉一八郷飲酒にも所収）

宣州刺史裴耀卿上疏曰、州牧県宰、所レ主者、宣二揚礼楽一、典二校経籍一。所レ教者、返レ古還レ淳、上奉二君親一、下安二郷族一。聖朝制レ礼作レ楽、雖二行レ之日久一、而外州遠郡、俗習未レ知、徒聞二礼楽之名一、而不レ知二礼楽之実一。竊見以二郷飲酒礼一頒二於天下一、比来唯貢挙之日、略用二其儀一、閭里之間、未レ通二其事一。臣在レ州之日、率二当州所管県一、一一与二父老百姓一、勧遵二行礼一。奏二楽歌一至二白華・華黍・南陔・由庚等章一、言二孝子養親一、及二群物遂性之義一。或有二泣者一、則人心有レ感、不レ可レ盡レ誣。但州県久絶二雅声一、不レ識二古楽一。伏計二太常一、具有二楽器大楽一、久備二和声一。望天下三五十大州、簡二有性識人一、于二太常一調二習雅声一、仍付二笙竽琴瑟之類一、各三両事、令二比州転次造習一、毎レ年各備二礼儀一、准二令式一行レ礼、稍加二勧奨一、以示二風俗一。

史料eの貞観六年詔によれば、社会の緩みを礼によって引き締めるために、郷飲酒礼の儀が用いられたことが知られる。貞観礼の頒下・施行は貞観一〇年（六三六）であるから、それに先行して「郷飲酒礼一巻」が頒下されていたことになる。史料gの開元六年の記事でも郷飲酒礼が単独で頒下されたことが確認でき、唐代には閭里における養老孝親の秩序を保つために郷飲酒礼儀の実践が重要視されていたことがうかがえる。さらに、前述の『大唐開元礼』では、同じ郷飲酒礼の名称で呼ばれているものの、州では貢挙にかかわる儀式を、県では歯位を正すための儀式を、州・県それぞれが行うものとして記載していたが、史料e～hの一連の記事をみると、いずれも礼の遵行主体とされているのは州である。史料hの裴耀卿の上疏文には、州が所管の県を率いて礼楽を実行したと彼自身の実践が述べられており、歯位を正す目的の郷飲酒礼は県のみに委ねられていたのではなく、州県官人双方にその実践が求められたと考えられるのである。

そもそも、唐令・唐礼において、郷飲酒礼を通じて正歯位を実践する役割を県が負ったのは、『周礼』党正の職掌を継いだためである。しかし、郷射にともなう郷飲酒礼が士大夫層の慣行に由来するものであったように(12)、民衆の齒位を正すという行為は本来党正に限ったものではなく、郷・州・党のどの段階でも行われるべきものである。これが特に党（県）を主体とする規定として唐令・唐礼に受け継がれたのは、民衆に儒教的な秩序を教導するための儀礼は、農事サイクルに沿った中で、彼らに一番身近に接するレベルの役人がとりわけ実践すべきと位置づけられていたためと考えられる。[13]

また、尊長養老の別を教導するのに郷飲酒礼がとられたのは、人々が一堂に会する酒宴の場で年齢に従って席次を設けて酒脯にあずかることで、わかりやすく孝弟の序を諭すことができたからである。[14] 蜡祭の時にこれが行われたのも、『周礼注疏』巻一二鄭玄注に「必正ㇾ之者、為ニ民三時務ㇾ農、将ㇾ闕ニ於礼一、至ニ此農隙一、而教ニ之尊ㇾ長養ㇾ老、見ニ孝弟之道一也」とあるように、農閑期に民衆へ儒教的儀礼の実施を浸透させることに主眼があり、農耕祖神を祭る祭祀自体と郷飲酒礼の目的とは直接関わらない。すなわち、県の蜡祭にともなう酒宴は、郷飲酒の儀礼を行うための場の設定にほかならず、その実践が地方官人に求められていたのである。

古代中国における郷飲酒礼の性格は、以上のように位置づけられる。しかし、これは郷里には浸透しなかったようである。[15] その理由について詳しい事情は知られないが、史料hには、近年の慣習として、諸州では貢挙の日にだけその儀礼を執っている様子が述べられている。ここからは、本来別義である貢挙の郷飲酒礼と正齒位のそれとが、唐代には州で一括して行われていた様子がうかがえる。唐では県が主導する農閑期の郷飲酒礼を儀制令および礼制に定めつつも、なかなか規定通りには実行されなかったのである。[16]

二　儀制令春時祭田条の構造と特徴

（1）日本令継受の論理

古代日本でも、儀制令の中に郷飲酒礼を規定した。日本令の規定は以下の通りである。

【史料・i】養老儀制令19春時祭田条（○印は大宝令として復原される字句）

凡春時祭田之日、集二郷之老者一、一行二郷飲酒礼一。使三人知二尊レ長養レ老之道一。其酒肴等物、出二公廨一供。

条文の字句から、本条が史料d唐儀制令を継受したことは明らかだが、細かな差異が認められる。主な日唐令の相違点は、以下の五点である。

①唐令では、季冬の県令主導による「蜡祭」となっていたが、日本令では春の祭祀（春時祭田）とされている。

②実施者について、唐令では県と明記されるが、日本令ではそれがない。

③祭祀の次第について、日本令では年序による席次の規定が削除されている。

④唐令で「使三人知二尊レ長養レ老之礼、」となっている部分が、日本令では「使三人知二尊レ長養レ老之道、」となっている。

⑤唐令の「皆用二酒脯物一出二公廨二」部分が、日本令では本注で「其酒肴等物出二公廨一供」となっている。

本条には『令集解』古記と一云が詳細な注釈を付けている。

【史料・j】『令集解』儀制令19春時祭田条古記および一云

古記云、春時祭田之日、謂国郡郷里毎レ村在二社神一。人夫集聚祭。若放二祈年祭一歟也。行二郷飲酒礼一、謂令二其郷家備設一也。一云、毎レ村私置二社官一、名称二社首一。村内之人、縁二公私事一往二来他国一、令レ輸二神幣一。或毎レ家量レ状取二斂稲一、出挙取レ利、預造二設酒一。祭田之日、設二備飲食一、并人別設レ食。男女悉集、告二国家法一令レ知訖。即以レ歯居レ坐。以二子弟等一充二膳部一、供二給飲食一。春秋二時祭也。此称二尊長養老之道一也。

このうち、唐令と日本令の大きな相違点は①実施時期と②実施主体である。唐では蜡祭の時に県が行う規定だったのに対し、日本では春時祭田の日とし、主体については令文で言及していない。古記および一云の解釈によれば、これを村落による祭祀と想定している。

本条および集解の記載の信憑性については、村落名を冠した墨書土器の存在、仏教の知識集団の単位などから、古代日本で「村」が祭祀や仏教など信仰の単位として機能していたことは認められる。[17]また、一云の「村内之人、縁二公私事一往二来他国一、令レ輸二神幣一。或毎レ家量レ状取二歛稲一、出挙取レ利、預造二設酒一」の部分も、この注釈は春時祭田の祭祀に限ったものではないと考えるが、『万葉集』や『日本霊異記』など別史料にみえる村落内の信仰のあり方も考慮すれば、村人たちによる祭祀の実情をある程度伝えているとみてよいだろう。[18]しかし、春時祭田そのものの性格や郷飲酒礼の具体的次第などの肝心な部分については史料j以外にこれを示す史料がほとんどなく、実証的に明らかにしつくすことは難しい。加えて、史料jのうち、古記の「郷家」は唐令の「郷」をそのまま残したものであり、一云の「男女悉集、告二国家法一令レ知訖。即以レ歯居レ坐」の注釈も、『周礼』の州長の職掌「若以二歳時一祭二祀州社一、則属二其民一而読レ法、亦如レ之、春秋以レ礼会レ民、而射二于州序一」に類似しているなど、これらの儀式次第の中に明法家（みょうぼうか）の法的解釈が含まれていることは明白である。[19]また、春時祭田の性格についても、古記が「放二祈年祭一歟」と曖昧な表現をしていること、令釈が古記を参照していないことなど、これがどこまで実態に裏打ちされた注釈とみなせるかは、甚だ心許ないのである。[20]

日本が当時の実態を考慮しつつ唐令を改変して継受したことは、もはや周知のことである。だが、これを単に当時の現実社会の様相をそのまま令文に反映させたものとみるのか、実態を加味した上で令制定者が机上で構想した結果と考えるのかでは、本条の位置づけは大きく異なってしまう。このように条文や集解諸説からうかがえる実態的様相が不明確な状況では、古記や一云の解釈を令意にまで遡らせて、本条の制定意図を論じるのは危ういといわざるをえないだろう。

そこで、まずは唐令から日本令への継受という観点からみて、日本律令全体の中で本条の制定意図を考える必要がある。ここではまず、本条が神祇令ではなく唐令と同じく儀制令に規定された点が重視されるべきであろう。[21]

日本令の中には、田令1田租条が唐賦役令から田令に移されたように、日本独自の位置づけに従って、唐令とは別の篇目に移動された事例がある。本条は「春時祭田条」と呼称されているので（日本思想大系『律令』）、祭祀関連の条文と捉えられがちであるが、本条は神祇令ではなく儀制令の条文であり、あくまでも民衆への儒教的秩序の教導に主眼があったと考えられる。すなわち、本条に規定される内容だけからは、これを郷飲酒礼の施策を通じた在地祭祀統制のための規定とまではいえないのである。さらに、前節で指摘したように、もとの唐令では蜡祭と郷飲酒礼の原理との間に直接の関係はなく、人々が集まる祭祀の機会を利用して儀礼を行うものであった。これを踏まえるならば、日本令制定者も規定上はこれにならい、人々が集う春時祭田の機会を郷飲酒礼を実施する場として設定したにすぎないと考えられる(22)。

また、実施時期を、日本で蜡祭から春時祭田の日としたのも、予祝祭祀としての共通性というだけで当てはめられたわけではないだろう。日本には蜡祭にあたる固有の祭祀は存在せず、唐からも継受していない。これに対し、『令集解』令釈は、唐令を引用したあとに「案、祭田与㆑禮雖㆓名不㆒レ同、原㆓其所㆒レ尊。但是先嗇、故一事以上、准㆑此施行耳」と述べ、農祖神を祀るという蜡祭との対応関係を説明している。予祝・田植・豊作を祈る祭祀行為は広く農耕社会の中で普遍的に見られるものであるが、春時祭田は農作業の開始時に実際の耕田作業をともなって行われる田おこしの祭祀であり(23)、予祝祭祀と一括されるとしても、冬季の農閑期に実施される蜡祭とは、実施時期や祭祀の性格が大きく異なるのである。

このことは、一年の農耕サイクルを始めるにあたって春の予祝祭祀には蜡祭も含めいくつかの祭祀形態が想定されるが、その中で民衆が広く集う場として春時祭田を選んだという、日本の主体的選択を示しているといえる。すなわち、この部分は日本の農事慣行に即して唐令を意図的に変更したものと考えられるのである。とするならば、令制定者は、立条の段階でまったくの無からこの祭祀を創造したのではなく、春の田起こしの祭祀が在地慣行の中に存在することを認識した上で、それを郷飲酒礼を行う場として選んだと考えられる。まずは以上の点を確認しておきたい。

（2）春時祭田条制定の意図

前項の検討をふまえ、改めて、なぜ日本では郷飲酒礼を春時祭田と結びつけたのかという問題を考えなければならない。そもそも唐令では、蜡祭および郷飲酒礼の主体は県とされていた。一方、日本では春時祭田を村落ごとの在地祭祀と位置づけているため、これまで祭祀後の郷飲酒礼も祭祀主体である村落で実践されると考えられてきた。そして、これが本条から国家による在地祭祀への関与をどう捉えるかという問題に直結していたのである。しかし、本条の立条意図が儀制令の範疇を超えるものではなかったとするならば、儀制令の篇目全体の論理構造の中で本条の位置づけを考える必要がある。そうすると、必ずしも先のように言い切れない側面が存在するのである。これを、本条の前条にあたる養老儀制令18元日国司条の排列論理から考えてみたい。

【史料k】養老儀制令18元日国司条

凡元日、国司皆率二僚属郡司等一、向レ庁朝拝。訖長官受レ賀、設レ宴者聴。其食、以二当処官物及正倉一充。所レ須多少、従二別式一。

大隅清陽によれば、唐儀制令の条文は吉・賓・軍・嘉・凶の五礼の区分に基づいて排列されていたとみられ、史料kに相当する唐州県長官の就任儀礼に関する令の規定は、『大唐開元礼』の嘉礼末尾の順番、すなわち京兆河南牧初上（諸州刺史都督同）→万年長安河南洛陽令初上（諸県令同）→州県の郷飲酒礼の順になっていたと思われる。本条は、郡司の国司に対する服属的性質に由来をもつ日本で独自に作られた条文であるが、大隅によれば、これを儀制令の中で位置づけるにあたり、日本令制定者は唐令の順序に着想を得て、地方官の着任に関する条文として郷飲酒礼の条文の前に排列したという[24]。

唐儀制令が礼の順序に照らし合わせて排列されていたことに加え、前節でみた唐令における郷飲酒礼の目的を踏まえると、唐令内における郷飲酒礼は、州県官人の着任後に彼らが部内へ礼の教導を行うことを意図して排列されたと説明できる。そして、日本儀制令でも、元日国司条の排列論理にうかがえるように唐令の枠組みを継受したとすれば、おのずと春時祭田条にも国郡官人の関与が想定されるのである。確かに令文や古記・一云からは、祭祀に対する国郡官人の主体的行為は抽出できない。しかし、『令義解』や跡記が「即令二郷党之人、親自執レ礼。於二国郡司一者、唯知二其監検一也」「此国郡加二検校一耳」と言及している点は無視できない。また、『令集解』職員令68摂津職条穴記・跡記にも、「祠社」の注釈として「仮春時祭レ田等是也」「謂検二校社并祠等事一、春祭レ田之時等是也」とあり、春時祭田は国司のもとで把握されるものと位置づけられている[25]。これらを踏まえ、さらに在地における儒教的教導が誰によってどのように達成されるべきなのかという視点で考えると、本条の郷飲酒礼が国郡司の関与をまったく意図せずに立条されたとは思えないのである。

ここで改めて史料jを見ると、古記で「祈年祭」、一云で「春秋二時祭」という具体的な祭祀の名前を挙げている点が注意される。祈年祭は中国皇帝が孟春に行う祈穀郊の儀礼に影響を受けて日本で整備された国家的な予祝祭祀で[26]、班幣によって全国の天神地祇を再編成するという政治的な意図を含んだ祭祀である[27]。春時祭田を行う村落の社には班幣にあずからないものも含まれるので、これが直接結びつくものではないものの、古記が確たる自信を持たないまでも祈年祭を挙げたのは、二月に行われる予祝祭祀という点で共通すると考えたからなのであろう[28]。これに対して、春秋二時祭は春の豊作祈願・秋の収穫感謝の祭祀であり、日唐の別なく農耕社会の中で広く見られるものである。むろん、中国祭祀の影響如何を考えるまでもなく、古代日本でも朝廷祭祀である神今食・新嘗祭をはじめ、在地社会でも広く催されていたとみられる。しかし、ここで一云が注釈を付すにあたり

『周礼』を参照していたことを考慮すると、これが一般的な春秋の祭礼を指す一方で、中国の春秋二社、すなわち社稷を念頭に置いたものとも十分考えられるのではないだろうか[29]。

社稷とは、社神を祭り五穀豊穣を祈る祭祀で、春は立春から、秋は立秋から数えて五番目の戊日に行われる。社の起源については諸説あるものの、周王朝以降、天子は内祠（祖先神）と外祠（土地神）の双方を祀り、民間では外祠のみを行うようになり、前者が朝廷の官社祭祀となり、後者は民間の年中行事として明清時代まで行われていたという[30]。また、社稷の祭りの後には酒宴が設けられ、人々がその席を楽しみ酩酊する様子が唐詩にも数多く詠まれている[31]。唐代には、武徳九年（六二六）に「初令三州県祀二社稷一、又令三士民里閈相従立レ社、各申二祈報一用洽二郷党之歓一」と、各里の入り口に社を立たせたことが知られ[32]、『大唐開元礼』巻七〇諸州祈社稷・巻七一諸県祈社稷および諸里祈社稷にあるように、州・県・里の各レベルで社が祀られ、それぞれ儀礼が定められていた。特に州県が行う社稷は、『唐令拾遺』祠令復旧第三一条に「州県皆置二社稷一、如二京都之制一。仲春上戊、州県官親祭。仲秋上戊亦如レ之」と規定され、春秋二社の祭日は節日とされており[33]、中国では年中行事として定着していた様子がうかがえる。

古代日本では、蜡祭と同様、州・県・里のどの段階で行う社稷も継受されなかった。そのため、日本神祇令や仮寧令の中には、唐令に存在していた春秋二社に関する条文は見いだせない。しかし、社稷は『礼記』月令などにも記載があり、一云のみならず令制定者がその知識を持たなかったとは考えにくい[34]。そこで、いま一度、社稷と春時祭田の対応関係を考えてみると、在地社会で営まれる行事という点で春時祭田に対応するのは、里社である[35]。中国の里社も、州県官人ではなく社正を主体とする点で春時祭田条の祭祀と共通するが、唐では里社と州県官人との関わりという点で注目される事例が存在する。

【史料1】『旧唐書』巻八五、列伝第三五張文琮伝

（前略）州境素尚二淫祀一、不レ修二社稷一。文琮下二教書一曰、「春秋二社、蓋本為レ農。惟独此州、廃而不レ立。礼典既闕、風俗何観。近年已来、田多不熟、抑不レ祭二先農一所レ致乎。神在二於敬一、何以邀福」。於レ是示二其節限一条制一、百姓欣而行レ之。

張文琮は、永徽年間に戸部侍郎を拝し、その後、従母弟の房遺愛が誅せられるにいたり建州刺史に遷せられた。その時、建州では淫祀が横行して社稷が執り行われていない状況にあった。そこで、張文琮は春秋二社が農業にとって重要であることを説き、条制を設けて百姓にその励行を促したという。里社はそもそも人々が主体的に集まって祭祀・酒宴を行う行事であるが、史料lによれば、刺史がその様子を把握し、励行を促しているのである。さらに、唐で郷飲酒礼の実践によって歯位を正すよう命じられていたのは、刺史であり県令であった。彼ら地方官は、州社・県社の祭祀主体であると同時に、部内において民間祭祀を励行させる立場にもあったのである。

このことを参照するならば、春時祭田条における国郡司の「検校」「監検」も、史料lにみえる刺史と里社の関係になぞらえて理解することができるのではないだろうか[36]。すなわち、国郡司の検校とは、村落で郷飲酒礼が滞りなく行われていることを確認するという意味であり、先に挙げた『令義解』の「即令二郷党之人、親自執レ礼。於二国郡司一者、唯知二其監検一也」とは、国家による祭祀自体の統制如何を問題にしているのではなく、部内での正しい道徳秩序の実現と維持を監督するという、まさに史料lにみる州刺史と里社の関係のような状況を想定していると考えられるのである。

このように見ると、在地における儒教的秩序の教導は、律令規定上は一貫して国郡司の責任のもとで担われたと考えられ、春時祭田条もその流れの中に位置づけることができる。そして、国司は部内を巡行することによって、郡司は日常的な部内支配の中で儒教的礼教の教導に務めると規定されていた。

【史料m】養老戸令33国守巡行条

凡国守、毎レ年一巡二行属郡一、観二風俗一、問二百年一、録二囚徒一、理二冤枉一、詳察二政刑得失一、知三百姓所二患苦一、敦喩二五教一、勧二務農功一。部内有下好学・篤道・孝悌・忠信・清白・異行、発二聞於郷閭一者上、挙而進レ之。有下不孝悌、悖レ礼、乱レ常、不レ率二法令一者上、糺而縄之。其郡境内、田疇闢、産業脩、礼教設、禁令行者、為二郡領之能一。入二其境一、人窮遺、農事荒、奸盗起、獄訟繁者、為二郡領之不一。若郡司在レ官公廉、不レ及二私計一、正レ色直レ節、不レ飾二名誉一者、必謹而察之。其情在二貪穢一、諂諛求レ名、公節無レ聞、而私門日益者、亦謹而察之。其政績能不、及還迹善悪、皆録入二考状一、以為二褒貶一。即事有二侵害一、不レ可レ待レ至レ考者、随レ事糺推。

【史料n】『令集解』戸令33国守巡行条（「敦二喩五教一、勧二務農功一」部分の注釈）

謂、五教者、五常之教。則父義・母慈・兄友・弟恭・子孝、是也。勧二務農功一者、文称二農功一。故知、巡行必以二春時一。史伝所レ謂、太守行レ春、勧二人農桑一、是也。（中略）跡云、巡行時不レ見レ文。然為レ催レ農、以二春時一巡行耳。穴云、巡行以二春時一、晋書之文称二春時一也。（以下略）

ここで、五教の教導と勧農とが一緒に論じられていることが重要である。亀田隆之によれば、古代日本における勧農政策には、当時の政治理念としての儒教的道徳により民衆の教化・社会秩序の確立・民生の安定をはかるという面と、現実に国家権力を強力に維持するため、農民の再生産を確保しようとする面の双方が働いていたという[37]。史料mの国守巡行条自体も中国的要素の強い条文だが、史料nの集解諸説によれば、中国史書で国守が春に巡行するのは人々に勧農を施すためとある。古代日本で郷飲酒礼が冬の農閑期や秋の収穫祭の時期ではなく春時祭田とされたのは、純粋に農耕開始前の予祝行事として重要視されたことに加え、人々が集まる場として設定されただけではなく、そこで国司の春の巡行に合わせた検校が行われることを想定していたためとも考えられるのではないだろうか。

以上、述べてきたことをまとめると、次のようになる。儀制令に定める郷飲酒礼は、日唐ともに、人々が集まる祭祀の場で、酒宴を通し民衆への儒教的教導を図ったものであった。唐では県令は里正等を率いて祭祀を執り行う立場にあり[38]、唐令に定める蜡祭の時に行われる郷飲酒礼でも、祭祀から礼の実践まで一貫して県令が主体となっていた。これに対して、古代日本では、県主催の蜡祭や州県の社稷を律令の中に継受しなかったが、村落内で行われていた春時祭田の祭りを郷飲酒礼による儒教的教導の場とした。これは、村落内での自律的な運営を前提としていたが、同時に国郡司による検校と励行を受けるものとされ、そこで行われる儒教的教導も、あくまでも律令に定められる国郡司、特に国司による部内秩序維持の政策の延長にあったと考えられる[39]。

また、このことは、日唐令条文における「礼」から「道」への改変、具体的な儀式次第の削除にもつながったと考えられる。すなわち、本条で意図された民衆への働きかけは、儒教的な教義に基づく礼（儀礼）の実践そのものに重きを置いていたのではなく、（国司が）教導するべき道徳的な心掛けとして位置づけられるにとどまったのである[40]。これが郷飲酒礼として春の田起こしの祭祀およびその後の饗宴と結びつけられて儀制令に立法されたのであり、国司の巡行による勧農行為と抱き合わせでその実施が企図されたと考えられる。古代日本では社会規範としての礼を体系的に継受せず、律令に定められた範囲で導入した。春時祭田条もそうした条文の一つであり、日本律令全体の、国司による部内の儒教的秩序の教導・維持という流れの中で、はじめてその位置づけを理解することができるのである。

しかしながら、酒宴を通じて尊長養老の道徳秩序を教導するという本来の目的は、唐の場合と同様、民衆に対してうまく機能しなかったと考えられる。その主な理由として、郷飲酒礼の行われた酒宴に祭祀の直会（なおらい）としての意味合いがあったと指摘されるように[41]、単純にこれを儒教的要素の教導実践の場として切り離せなかったことが挙げられよう。実際の地方官人による在地社会での秩序構築は、人々になじみの薄い儒教的礼の教導により達成されたのではなく、より現実生活に根ざした農事慣行の中で指向されたことは想像に難くない。

では、国郡地方官人たちは、具体的に在地の農耕祭祀・慣行にどのように関わっていったのであろうか。次節では、この点を検討したい。

三　在地の農事慣行と国郡司

(1) 在地の農事慣行と国司

国司の職掌には「字養百姓、勧課農桑」（養老職員令70大国条）とあるものの、実際の民衆への勧農行為は低調であり、またそれは帳簿上での勧農にとどまるものであったとされる。(42) 天平年間の正税帳には、国司の部内巡行に関する記載が見受けられるが、巡行は守に限らず、それも春夏の出挙稲班給時や秋の収穫稲の回収時、調庸など税の徴収時の巡行が主で、必ずしも規定通りに行われなかったことは、先学の指摘するところである。国司は春の部内巡行によって「敦喩五教、勧務農功」することが定められていたが、これは後段の「田疇闢、産業脩、礼教設、禁令行者、為郡領之能」と対応しており、国司は郡司による郡務の遂行を監督するために巡行することになっていたと考えられる。(43) 国司自身の民衆への直接的な働きかけは、出挙稲の班給など特定の事由に限られ、それ以外はもっぱら国司―郡司の律令地方行政における命令系統に則ったルートが用いられたとみられる。たとえば、八世紀の良吏として著名な道君首名の事績を次に挙げる。

【史料o】『続日本紀』養老二年（七一八）年四月乙亥条

筑後守正五位下道君首名卒。首名、少治律令、暁習吏職。和銅末、出為筑後守、兼治肥後国。勧人生業、為制条、教耕営。頃畝樹菓菜、下及雞肫、皆有章程、曲尽事宜。既而時案行、如有不遵教者、随加勘当。（以下略）

ここでの首名の行為は、制条を定め、それが実行されているかどうかを案行により監督することを主軸としている。ここからも、国司の役割は直接的に民衆に対峙するのではなく、法令を作りその遵守を促すことにあったことがうかがえる。これは前節史料lの建州刺史であった張文琮の行為にも通じる。

同様に、次の史料p石川県津幡町加茂遺跡出土の加賀郡牓示札をみると、「謹依二符旨一仰二下田領等一宜二各毎レ村屢廻愉一有二懈怠一者移レ身進レ郡符旨国道之裔糜羈進之牓二示路頭一厳加レ禁」とある。これは嘉祥二年(八四九)という九世紀の事例であるが(44)、国司は郡に対して勧農事項を国符として出し、それを受けた郡司が田領刀禰等に伝達して実践させている様子がうかがえる。

【史料p】石川県津幡町加茂遺跡出土加賀郡牓示札(45)

×符深見村□郷駅長幷諸刀弥等

応レ奉二行壱拾条一之事

一田夫朝以二寅時一下レ田夕以二戌時一還レ私状

一禁三制田夫任レ意喫二魚酒一状

一禁下断不レ労二作溝堰一百姓上状

一以二五月卅日前一可レ申二田殖竟一状

一可レ捜下捉村邑内竄宕為二諸人一被レ疑人上状

一可レ禁下制无二桑原一養レ蚕百姓上状

一可レ禁下制里邑之内故喫二酔酒一及二戯逸一百姓上状

一可レ填〔慎カ〕二勤農業一状　□村里長人申二百姓名一

×案内被二国去□〔正カ〕月廿八日符一併〔偁〕、勧二催農業一□〔有カ〕二法条一。而百姓等恣事二逸遊一不二耕作一喫二

×魚﹂殴乱為レ宗。播殖過レ時還称二不熟一。只非二
×弊一耳。復致二飢饉之苦一。此郡司等不レ治
×之□〔期カ〕而豈可レ○然哉。郡宜下承知並口二示
×事一早令中勤作上。若不レ遵二符旨一称二倦懈
×由一加二勘決一者。謹依二符旨一仰二下田領等一宜二
×毎レ村屢廻愉〔諭カ〕一。有二懈怠一者移レ身進レ郡。符
×国道之裔縻羈進レ之牓二示路頭一厳加レ禁。
×領刀弥有二怨憎隠容一以二其人一為レ罪。背不二
×有〔宥カ〕。符到奉行。

大領錦村主　　　主政八戸史
擬大領錦部連真手麿　　擬主帳甲臣
少領道公　夏□□　　副擬主帳宇治
□〔擬カ〕少領勘了
　嘉祥□〔二カ〕年□〔二カ〕月　□□〔十二カ〕日
　□〔二カ〕月十五日請田領丈部浪麿

（二三三）×六一七×一七　〇八一

ここからは国司自身が直接在地社会へ働きかける様子は見て取れず、実質的な勧農行為が郡司および郡雑任たちによって実践されていたことが知られる。ただし、国符が正月廿八日に出され、郡司による郡符が二月一二日、百姓への命令伝達が二月一五日となっている点は注目される。本史料は、九世紀中頃の段階で、春時祭田のような予祝行事が行われる二月という時期に、国郡司の法令伝達による勧農が実際に行われたことがうかがえる事例

として注意するべきであろう。[46]

このような中で、国司が部内巡行時に在地の慣行に積極的に介入した事例が見受けられる。

【史料q】『藤氏家伝』下巻　武智麻呂伝[47]

（前略）於レ是、因二按行一、至二坂田郡一、寓二目山川一曰、吾欲下上二伊福山頂一瞻望上。土人曰、入二此山一、疾風雷雨、雲霧晦暝、群蜂飛螫。昔倭武皇子、調二伏東国麁悪鬼神一、帰二到此界一、仍即登也。登欲レ半、為レ神所レ害、変為二白鳥一、飛レ空而去也。公曰、吾従レ少至レ今、不三敢軽二慢鬼神一。々々若有レ知者、豈其害レ我。若无レ知者、安能害レ人。即滲洗清斉、率二五六人一、披二蒙籠一而登。行将レ至レ頂之間、忽有二両蜂一、飛来欲レ螫。公揚レ袂而掃、随レ手而退帰。従者皆曰、徳行感レ神、敢無レ被レ害者。終日優遊、徘徊瞻望、風雨共静、天気清晴。此公勢力之所レ致也。（以下略）

本史料は、藤原武智麻呂が近江守在任中に、部内巡行の途中で坂田郡に立ち寄り、伊福山（伊吹山）に登山したという記事である。国司の部内巡行には、「風俗を観る」行為、すなわち天皇の名代であるクニノミコトモチとして国内を見て回り、国家による支配を確認するという国見の系譜を引く側面がある。[48] 史料qの武智麻呂の行為もそれに該当すると考えられる。鈴木景二は、部内巡行のルートに登山や国見が組み込まれ、国司が郡司をはじめとする在地の人々を従えて登山・国見を行う形態が想定されると指摘し、「土人」が倭武皇子の例を挙げて伊吹山への登山を制止したにも関わらず、武智麻呂が「吾従レ少至レ今、不三敢軽二慢鬼神一、鬼神若有レ知者、豈其害レ吾、若无知者、安能害レ人」として登山したことから、国司の部内巡行に在地の禁忌・因習との葛藤とその超越があったことを指摘し、この事例が「国司によってもたらされた儒教的律令制が在地社会に受容されていくパターンを示」していると述べている。[49] このことからは、国司が在地の慣行に参加すること、そして、単に参加するだけではなく慣行を打ち破り国司を中心とする新たな秩序の中にそれらを位置づけていく行為が見てとれる。

在地社会における国司を頂点とする新たな秩序の教導は、国司みずからが律令官人としての立ち位置により在地の慣行を克服していくことによって、達成されていったと考えることができよう。

以上から、国司による部内秩序の形成や勧農行為は、国司—郡司—郡雑任（田領）という律令制的な指揮系統を使った命令の発信という政策的な方法と、国司自身の部内巡行による在地社会への積極的な働きかけによって緩やかに構築される方法の二通りが取られていたことを指摘できる。

（2）在地の農事慣行と郡司

国司と比べて、より直接的に民衆と対峙したのは郡司である。史料p加茂遺跡出土加賀郡牓示札に見られるように、彼らは国司—郡司—郡雑任（田領）の指揮系統にしたがい、百姓への勧農命令の伝達にあたった。また、『常陸国風土記』行方郡条には、七世紀中頃のこととして、のちに立評者として見える茨城国造壬生連麻呂が「令レ修二此池一、要孟活レ民。何神誰祇、不レ従二風化一」と、すでに在地の神をも凌いだ王権に連なる者として池の修造にあたる姿が描かれている。(50) このような在地豪族の地方官人としての側面は、王権との関係を取り結んでいく中で、国造制・評制の段階を経て、徐々に在地社会の中に定着していったと考えられる。

その一方で、郡司は従来からの有力な在地豪族としての側面も保持しており、彼ら自身が共同体内の農事慣行を主催する、あるいは積極的に参加する立場でもあった。たとえば、天平神護二年（七六六）十月十九日越前国足羽郡大領生江臣東人解(51)からは、「右、依二一度神社春祭礼一、酔伏不レ堪二装束一不レ参」と、足羽郡大領である生江臣東人が神社の春の祭礼に参加している様子がうかがえる。

東大寺領越前国道守庄は、生江臣東人が私功力により開墾した土地を寄進したことに始まり、その経営は、生江臣東人自身の私富を持った在地豪族としての側面と、大規模な労働力徴発を可能にする郡領としての政治的な地位によって支えられていた。[52]郡内には生江臣一族以外に、これと対抗する阿須波氏などの氏族が存在していたと考えられるが、[53]東人は中央権力である東大寺と結びつきながら自身の在地における優位性を保っていたとみられ、同時に有力農民とも関係を結んでいた。[54]こうした状況を考えると、彼が東大寺田使の召喚よりも優先させた「神社春祭礼」とは、「私神祭祀」といったウジの祭祀ではなく、[55]生江臣東人の在地豪族としての勢力基盤を中心とした予祝祭祀であった可能性が高い。そして、このような祭祀は、在地秩序の中に自身を位置づけるための重要な行為として執り行われたと考えられる。[56]

同様に、郡司レベルの在地首長層による祭祀をうかがえる事例として、島根県出雲市青木遺跡が挙げられる。青木遺跡は、出雲国出雲郡に位置する八世紀中頃から九世紀前半の神社関連の建物を中心とする遺跡で、「伊」（伊努）・「美」（美談）・「神」（神戸・神代）・「海」（海部）・「久」（久佐加）など、郷名もしくは地域名をあらわす一文字に人名を加えた付札木簡が多く出土している。このことから、本遺跡では郷を越えたいくつかの地縁的集団を内包したレベルでの祭祀が行われたと想定されている。[57]

【史料r】島根県出雲市青木遺跡出土木簡

・八〇号木簡

「伊丈マ乙虫万呂」　（一九七）×二八×三　〇五一

・八三号木簡

「美□〔物カ〕マ美万呂」　（一六二）×二一×二　〇五一

・七五号木簡

「□□〔海　若カ〕倭□〔マカ〕馬手」　（二一七）×二六×四　〇五一

平石充・松尾晶両氏は、本遺跡における多量の墨書土器の存在から、農耕祭祀に関わる共同飲食がここで行われたことを指摘し、その実施主体として、水田管理や出挙関連の木簡にみえる若倭部臣を想定し、本遺跡をその居宅の一部であると推定している。(58) 若倭部臣は『出雲国風土記』出雲郡司主帳としてみえるが、平石らの指摘によれば、付札にみられる地名が伊努郷と美談郷に限られることから、ここでの祭祀は、郡司となる一氏族の掌握する農業共同体の範囲に限られるものと考えられる。

また、青木遺跡の「伊」「美」などのように、郡司レベルの在地豪族層が行う祭祀では、在地豪族のもとでいくつかの地縁的集団の存在が見受けられる。祭祀であると限定はできないが、神奈川県茅ヶ崎市本村居村B遺跡出土木簡も同様の事例と考えられる。(59)

【史料ｓ】神奈川県茅ヶ崎市本村居村B遺跡出土第四号木簡

・「貞観□年八月十□〔二カ五〕日勾村□殿秋村□□給［　　］［　　］
合　市田殿酒一斗　□□殿酒一斗　［　　］［　　］
吉成殿酒一斗　新勾殿酒一斗一　田□殿酒一
□□上□給酒一斗□殿酒一斗　□□［　　］［　　］」

・「□□□□雑物□
□□貝九〔十カ〕□□人　飯一石七斗
酒一石九斗　雑菜卌一根」　四五八×七八×五　〇一一

本遺跡は茅ヶ崎市南部の低位砂丘上に位置し、相模国高座郡家である下寺尾官衙遺跡群から三キロほど南に位置する。本木簡は、貞観年間の何らかの行事に際して、酒などを支給した帳簿である。表面には、参加者と考えられる人物に約一斗ずつ酒を支給したことが記され、裏面には、支給人数・支給物資の合計数が書かれている。表面の人名は「殿」と敬称されており、村落内の有力者とみられる。この木簡には具体的な行事の執行主体は書かれていないが、居村B遺跡の地では放生に関する木簡も出土しており[60]、ここで郡レベルの祭祀・仏事が行われたと考えられる。木簡の下半分の文字は判読できず全容は知られないものの、表面の人名と裏面の支給人数との関係から、勾村・秋村といった地域の人々が一〇名程度ずつ村落の有力者に率いられて参加する様子が想定される。ここでも、地縁的集団が維持されたまま、郡レベルの祭祀に参加していたことがうかがえるのである。

このように、郡司の農事慣行への関与は、律令地方官人たる職掌に基づき実施された一方で、彼ら自身が在地豪族として祭祀の執行主体となる場合があった。郡司は地方官人として国家に連なりながら、祭祀等を通じて在地社会に関与していき、地域内での地位の安定と維持をはかっていった。また、そこで形成された部内諸集団との人格的な結びつきは、郡内支配にも還元されていったと考えられる[61]。郡司のもつこの両側面を厳密に分離して考えることはそもそも不可能だが、国司が中央派遣官として在地の慣習を克服しながら自身の地位を確立していったのに対し、郡司は官人としての側面を持ちつつも、在地の秩序論理に則って地域内秩序の上位を占めたという点は、国司と郡司で対照的であるといえる。

ひるがえって春時祭田条をみると、古記や一云が想定したのは、これより下位の村落ごとの祭祀である。前掲の史料でいえば、在地豪族層の祭祀に内包された複数の地縁的集団がこれに相当しよう。しかし、これら個々の集団が在地豪族層の祭祀とは別個に各々独自の祭祀を実施していたかどうかは、また別の問題である。古代の村は、郡の行政上の支配基盤として実質的に機能し[62]、信仰単位ともなっていたが、その内実は私富の差のある個別経営体の緩やかな集合であったと考えられる[63]。在地における魚酒を介した雇用労働の淵源が農耕祭祀における共同労働と饗宴であると指摘されるように[64]、村落内では依然として農耕祭祀が人々の結合論理として重要な役割を果たしていた。郡司による在地秩序の形成が祭祀を媒介としていたのも、祭祀が地縁的集団を越えた労働力編成の紐帯として機能していたことによると考えられる。

実際の在地社会では、個々の家・村落・郡司ら在地豪族層と、各レベルの祭祀が重層的に行われていたことが明らかになりつつあるが[65]、その相互の関係は必ずしも明らかではない。たとえば、史料sにみられる有力者についても、彼らが史料jの一云にみえる「社首」に相当するようなそれぞれ村落内における祭祀の中心的人物だったかどうかまでは史料からは分からず、あるいは本来個々の集団で行われていた祭祀が在地豪族層レベルのそれに止揚・集約されることがあったのかもしれない。現段階では、両レベルの祭祀が在地社会の中で重層的あるいは入れ子状に展開していたと推測するにとどめたい。いずれにしても、在地祭祀は村落を単位に一律に捉えることはできない。春時祭田条において祭祀主体が明記されなかったのも、日唐での階級支配的構造の差に由来するというよりも、こうした在地祭祀の重層的構造が影響していたのではないだろうか。

むすびにかえて

以上、第一節では中国における郷飲酒礼のあり方について、第二節では日唐儀制令の条文比較を中心に、日本での春時祭田条の解釈およびその中での地方官人の位置づけについて、そして第三節では、彼ら地方官人と在地との実態的な関わりについて、順に述べてきた。

儀制令春時祭田条は、中国の郷飲酒礼の条文を日本に継受するにあたり、在地祭祀を基盤としつつも、国守巡行などと同じく、国司を主導とする儒教的な秩序の教導・維持という日本律令の中の一貫した論理の中に落とし込める内容として立条されたと考えられる。これは、日本律令が在地社会のあり方をくみつつも、あくまでも中央からの論理で構成されたことによると考えられよう。他方、実際の在地での地方官人による秩序の構築は、単なる民衆への儒教的道徳の教示として行われたのではなく、勧農行為など在地の農事慣行に即した形で展開した。この中で国郡司は、律令官人制に則った方式で命令伝達を行ったほか、国司はクニノミコトモチとして、郡司は有力な在地豪族としての性格をそれぞれ濃厚に残しながら、在地社会と接触していき、新たな秩序の構築を試みたのである。

本論では、農事慣行と地方官人との関係について、律令や祭祀を介した秩序形成という、いわば上からの論理を考えた。しかし、郡司に代表されるような在地社会における支配関係の形成という点からは、たとえば在地首長層とその下位の村落との関係など、(66) 祭祀のみならず、さらに多角度から検討しなければならない。論じ残した点は多くあるが、これらは今後の課題としたい。

（1） 舘野和己「村落の歳時記」（日本村落史講座編集委員会『日本村落史講座6 生活Ⅰ原始・古代・中世』雄山閣、一九九一年）、藤井一二『古代日本の四季ごよみ』（中央公論社、一九九七年）。

（2） 関和彦「古代神祇信仰の国家的編成」（『民衆史研究』一〇、一九七二年）、義江彰夫ⓐ「律令制下の村落祭祀と公出挙制」（『歴史学研究』三八〇、一九七二年）、ⓑ「儀制令春時祭田条の一考察」（井上光貞博士還暦記念会編『古代史論叢』中、吉川弘文館、一九七八年）。義江の論は、春時祭田条から実態的要素を抽出した点で先駆的な研究と位置づけられる。

（3） 春時祭田条を扱う論文は多岐にわたる。小倉慈司「古代在地祭祀の再検討」（『ヒストリア』一四四、一九九四年）に関係論文と本条をめぐる問題点がまとめられており、参照されたい。氏の論文以降も本条に言及した論考は多く、見解も各々で微妙に異なる。本論では、関連する範囲で適宜掲げることとしたい。

（4） 『儀礼注疏』巻八儀礼巻第四　郷飲酒第四　賈公彦疏。

（5） 『周礼注疏』巻一二の地官司徒篇大司徒および郷大夫の職掌に、「三年則大比、攷㆓其徳行道藝㆒、而興㆓賢者・能者㆒、郷老及郷大夫帥㆓其吏㆒、与㆓其衆寡㆒、以㆑礼礼㆓賓之㆒」とあり、同書鄭玄注にも、「賢者、有㆓徳行㆒者、能者、有㆓道藝㆒者、衆寡謂㆓郷人之善者㆒無㆓多少㆒也、鄭司農云与㆓賢者㆒、謂㆑若㆔今挙㆓孝廉㆒、与㆓能者㆒、謂㆑若㆔今挙㆓茂才㆒、賓、敬也、敬㆓所㆑挙賢者・能者㆒、玄謂変㆑挙言㆑与者、謂㆔合㆑衆而尊㆓寵之㆒、以㆓郷飲酒之礼㆒礼而賓㆑之」とある。

(6) 曾我部静雄「日唐の郷飲酒の礼と貴族政治」(『律令を中心とした日中関係史の研究』吉川弘文館、一九六八年)。

(7) 復旧根拠史料は、『唐六典』巻三〇京兆河南太原府功曹司功参軍、および『白氏六帖事類集』巻一二に「選挙令」として引用される。対応する日本令は、養老選叙令の中に見いだせない。

(8) 復旧根拠史料は、『令集解』儀制令19春時祭田条令釈所引唐令。「䄍」は「蜡」に通じる。

(9) 中村裕一『中国古代の年中行事 第四冊・冬』(汲古書院、二〇一一年)。

(10) 『唐令拾遺』唐戸令復旧第三八条。

(11) 『唐令拾遺補』唐賦役令復旧第一九条。天聖賦役令では宋7条にあたり、『唐令拾遺補』の「精誠致応」が「精誠冥感」となっている。李錦繡は『令集解』賦役令17孝子条の文言を元に、開元七年令では「致感」(『唐六典』の「致応」は誤り)、開元二五年令では「精誠通感」であったとし、天聖令で「冥通」とするのは宋代の避諱であったとする。「唐賦役令復原研究」(天一閣博物館・中国社会科学院歴史研究所天聖令整理課題組『天一閣蔵明鈔本天聖令校証』中華書局、二〇〇六年)。

(12) 『礼記』射義第四六に「古者諸侯之射也、必先行二燕礼一。卿大夫士之射也、必先行二郷飲酒之礼一。故燕礼者、所三以明二君臣之義一也。郷飲酒之礼者、所三以明二長幼之序一也」とあり、『周礼注疏』巻一二鄭玄注に「凡射飲酒、此郷民雖レ為、郷大夫必来観レ礼」とある。郷射については、丸橋充拓「中国射礼の形成過程――『儀礼』郷射・大射と『大唐開元礼』のあいだ――」(『島根大学法文学部紀要社会文化学科編 社会文化論集』一〇、二〇一四年)を参照。

(13) 『周礼注疏』巻第一二の賈公彦疏には、蜡祭時の郷飲酒礼の儀式次第に続けて「党正飲酒礼亡者、儀礼篇巻並在之日、別有二党正飲酒之礼一。見二今十七篇内一無二党正飲酒之礼一。故云レ亡也云。以二此事一属二於郷飲酒之義一、微失レ少矣者」とある。これによると、本来は党正の酒礼儀についても儀礼の篇目が存在したが、それが佚したため郷飲酒礼に分類しているという(注(9)中村論文)。郷大夫を主人とする儀礼と党正を主人とする儀礼は、本来別個だったと考えられる。

(14) 『礼記』郷飲酒義第四五には「君子之所謂孝者、非二家至而日見一レ之也。合二諸郷射一、教二之郷飲酒之礼一、而孝弟之行立矣」とあり、教導の場として郷射や郷飲酒が有効であると説いている。

(15) 中村裕一は、『通典』や『唐会要』にみえる郷飲酒礼の実施記事が少ないことからも、その実行性を疑問視している(注(9)書)。

(16)『儀礼』で郷飲酒礼を行う場面として挙げられていた射礼は、経費負担の面から唐高宗期を最後に継続的に行われなくなっていったことが指摘されている（注(12)丸橋論文）。郷飲酒礼についても、こうした州県の経済的負担が理由の一つに考えられるだろう。

(17)鬼頭清明「郷・村・集落」（『国立歴史民俗博物館研究報告』二二、一九八九年）、平川南「古代における里と村」（『律令国郡里制の実像』下、吉川弘文館、二〇一四年、初出二〇〇三年）。

(18)注(3)小倉論文、米田雄介「律令制と郡司制」（『郡司の研究』法政大学出版局、一九七六年）。

(19)注(6)曾我部論文および同「古代における村と神社との関係」（『日本歴史』一六二、一九六一年）、注(2)義江ⓑ論文、沼田武彦「古代村落祭祀の史的位置」（日本史論叢会編『論究日本古代史』学生社、一九七九年）など。

(20)森田悌「魚酒と農耕祭祀」（『延喜式研究』二九、二〇一三年）。

(21)西宮秀紀「律令制国家の〈祭祀〉構造とその歴史的特質――宗教的イデオロギー装置の分析――」（『日本史研究』二八三、一九八六年）、注(3)小倉論文。

(22)注(19)沼田論文、および注(21)西宮論文。

(23)たとえば、『皇太神宮儀式帳』『止由気宮儀式帳』にみえる御田種下始行事は、豊作祈願の模擬行事（耕作と種蒔き、田耕歌など）・田儛・直会・祭祀後の種下という次第で進められる。これは国家によって整備されたものであるが、在地社会においても、村落首長のもとで村人に農月を告げる農耕開始前の予祝行事として同様の慣行が存在したと考えられる。矢野健一「律令国家と村落祭祀」（菊地康明編『律令制祭祀論考』塙書房、一九九一年）、注(3)小倉論文。

(24)大隅清陽「儀制令と律令国家――古代国家の支配秩序――」（『律令官制と礼秩序の研究』吉川弘文館、二〇一一年、初出一九九二年）。

(25)吉松大志「古代出雲西部の神社と交通」（『古代文化研究』二一、二〇一三年）は、出雲西部の神社配置と交通の便との関係から、実際に国郡司が神社に巡行した可能性を指摘し、春時祭田時の国司巡行について言及している。

(26)早川庄八「律令制と天皇」（『日本古代官僚制の研究』岩波書店、一九八六年、初出一九七六年）。

(27)佐々田悠「平安期祭祀制度の展開と都鄙交通」（『国史学』一九一、二〇〇七年）。

(28)祈年祭は二月仲春に行われる。在地における春時祭田の時期を示す具体的史料はほかにないが、『皇太神宮儀式帳』

によれば、伊勢神宮の御田種下始行事も二月例として見える。

(29) 社稷と春時祭田との共通性は、早く曾我部静雄によって指摘されている。注(19)曾我部論文。

(30) 中村裕一『中国古代の年中行事 第一冊・春』(汲古書院、二〇〇九年)。

(31) たとえば韓愈『昌黎先生集』巻七「南渓始泛三首」など。また、『隋書』巻七七列伝第四二李志謙伝に「李氏宗党豪盛、毎レ至二春秋二社一、必高会極歓、無レ不二沈酔諠乱一」とある。

(32) 『資治通鑑』巻一九一唐紀七高祖武徳九年(六二六)二月丙子条。

(33) 『唐令拾遺』唐仮寧令復旧第一条。日唐の節日については、丸山裕美子「仮寧令と節日——古代社会の習俗と文化——」(池田温編『中国礼法と日本律令制』東方書店、一九九二年)参照。

(34) 七世紀の日本における礼制の継受については、歳事や月令といった年中行事の導入に大きな比重があり、中国で現実に行われている制度文物の導入に主眼を置いたものであったことが指摘されている。大隅清陽「礼と儒教思想」(注(24)書、初出二〇〇六年)。

(35) 義江彰夫も里社と春時祭田の類似性を指摘している(注(2)ⓑ論文)。氏は、両祭祀の性格的な共通点を認めつつも、『開元礼』と一云の語句が一致しないことから、『開元礼』の社稷の儀式次第と春時祭田条との直接的関係については否定的な見解を示している。しかし、一云は春時祭田を『周礼』によりつつ説明したものであり、両者に相違が生じるのはむしろ自然なことと考えられる。なお、一云の注釈は『周礼』州長の社稷をもとにしており、この点は厳密には村落内祭祀ということと対応しない。しかし、州長習射の時にも郷飲酒礼が行われることになっていたから、一云の解釈はこれに引きつけて、里社の事例に限らず「社稷で郷飲酒礼が行われる場合」という観点から付されたものと考えることができよう。

(36) 養老戸令34国郡司条には、「凡国郡司、須下向二所部一検校上者、不レ得下受二百姓迎送一、妨二廃産業一、及受二供給一、致上レ令二煩擾一」と、国郡司の所部検校に際しては百姓の生業を妨げることがないようにすることが定められている。「検校」という用語で表される国郡司の行為も、従来から存在する百姓の生活や在地慣行に対する強行的な統制とはとらえられない。

(37) 亀田隆之「古代の勧農政策とその性格」(『日本古代用水史の研究』吉川弘文館、一九七三年、初出一九六五年)。

(38) 武周の長安四年（七〇四）九月九日衛州共城県「百門陂碑」にみえる祈天活動では、県令以下の県官とともに、里正と坊正・村正が参加していたことが明らかになっている（石野智大「唐代前期村落制度構造の再検討」『唐代史研究』一七、二〇一四年）。県令の社稷に祈る行為は、碑文中に「祠令」とあることから律令に基づく行為であり（『唐令拾遺』唐祠令復旧第四三条「諸州県旱則祈雨、先祈社稷。又祈界内山川能興雲雨者、餘準京都例。若嶽鎮海瀆、州則刺史上佐行事。其餘山川、判司行事。県則令丞行事。祈用酒脯醢、報以少牢」）、これに里正たちが参加する構造になっていた。

(39) あるいは、日本令で官舎を意味する「公廨」の用語が本注部分から削除されなかったのも、こうした国郡司との関連が想定されたからかもしれない。

(40) 吉田晶「首長と共同体」（『日本古代村落史序説』塙書房、一九八〇年）。日本で継受が試みられたものが中国の礼制と性格的に異なることについては、注(34)を参照。

(41) 注(23)矢野論文、義江明子「殺牛祭神と魚酒――性別分業と経営の観点より――」（佐伯有清先生古稀記念会編『日本古代の祭祀と仏教』吉川弘文館、一九九五年）。

(42) 注(37)亀田論文。

(43) 注(37)亀田論文。森田喜久男「律令制下の国司巡行と風俗――越中守大伴家持と能登熊来――」（林陸朗・鈴木靖民編『日本古代の国家と祭儀』雄山閣、一九九六年）。

(44) 『類聚三代格』巻一六大同元年（八〇六）八月二五日太政官符所引の七道観察使解では、「今聞、諸国司等、官符到日施行諸郡。郡司下知郷邑。而後相俱点尓曾无争指示」と、国司―郡司を通じた符旨の伝達が百姓にまで周知されていないことが指摘され、「毎下官符、民疑尋問。良宰莅境豈其如之。伏請、下符諸国、毎事存限務加教喩、无致憂煩」と国司による符旨の教喩が求められている。このように、国司の民衆に対する直接的な働きかけは、平安時代初期の国司の「良吏」政策の中で再度強調されることになったと考えられる。八世紀と九世紀における民衆に対する国司の対応の変化については、有富純也「百姓撫育と律令国家――儒教的イデオロギー政策を中心に――」（『日本古代国家と支配理念』東京大学出版会、二〇〇九年、初出二〇〇三年）も参照。

(45) 平川南監修・(財)石川県埋蔵文化財センター編『発見！古代のお触れ書き　石川県加茂遺跡出土加賀郡牓示札』（大

修館書店、二〇〇一年）。

(46) 森公章は、加茂遺跡出土牓示札にみえる郡司の勧農行為を、『令集解』春時祭田条一云にみえる「告二国家法一」の実例としている。「木簡から見た郡務と国務」（『地方木簡と郡家の機構』同成社、二〇〇九年、初出二〇〇四年）。

(47) 本文は、沖森卓也・佐藤信・矢嶋泉『藤氏家伝〈鎌足・貞慧・武智麻呂伝〉注釈と研究』（吉川弘文館、一九九九年）による。

(48) たとえば、天平二〇年（七四八）大伴家持の越中国巡行にも同様の面が指摘されている。注(43)森田論文。

(49) 鈴木景二「国司部内巡行と在地社会――近江守藤原武智麻呂の事例から――」（『神戸大学史学年報』一一、一九九六年）。

(50) 増尾伸一郎「在地の固有信仰と律令国家――『風土記』の伝承を素材にして――」（雄山閣出版編『古代史研究の最前線』第三巻文化編上、雄山閣、一九八七年）、注(40)吉田論文など。

(51) 『大日本古文書』（以下『大日古』とする）五―五五一～五五三頁、東南院文書三櫃一六巻。

(52) 吉田晶「日本古代の首長制に関する若干の問題」（注(40)書）、吉村武彦「初期庄園の耕営と労働力編成――東大寺領越中・越前庄園から――」（『日本古代の社会と国家』岩波書店、一九九六年）、亀田隆之「用水をめぐる地方豪族と農民」（注(37)書）。

(53) 注(52)亀田論文。

(54) 天平神護二年十月十九日越前国足羽郡大領生江臣東人解によれば、水守である宇治知麻呂について、「東人私誂二件人一」とみえる。

(55) 氏の祭祀については、義江明子「古代における「私」の成立――「私氏神」をめぐって――」（『日本古代の氏の構造』吉川弘文館、一九八六年）を参照。義江によれば、平安期の氏神祭祀は「二月・四月・一一月」（『類聚三代格』巻一九禁制事、寛平七年〈八九五〉一二月三日太政官符）とされ、共同体の農耕儀礼の伝統をひく側面もあったという。しかし、正倉院文書中の氏神祭祀は「私氏神奉」（『大日古』六―四〇七）、「氏神祭奉」（同六―一七二）、「私祭礼」（同一七―六〇六）、「私神祭祀」（同六―一七一）などと呼ばれているので、ここでの春の祭礼とは異なると思われる。

(56) 注(52)吉田論文、鐘江宏之「郡司と古代村落」（岩波講座『日本歴史』第3巻古代3、岩波書店、二〇一四年）。

(57) 島根県教育委員会編『青木遺跡Ⅱ（弥生～平安時代編）第二分冊（文字資料）』（二〇〇六年）。青木遺跡については、上記報告書と、平石充・松尾充晶「青木遺跡と地域社会」（『国史学』一九四、二〇〇八年）による。

(58) 注(57)平石・松尾論文。なお、出雲郡の郡家は後谷遺跡周辺に比定される。

(59) （財）茅ヶ崎市文化・スポーツ振興財団『神奈川県茅ヶ崎市本村居村A遺跡（第6次）・本村居村B遺跡（第4次）』（二〇一三年）。本木簡については、武井紀子「居村遺跡出土木簡をよむ」、押木弘己「居村四号木簡が語る諸相」、および荒井秀規コメント「居村木簡の実像」（ともにシンポジウム「居村木簡が語る古代の茅ヶ崎」報告資料集、二〇一四年）による。

(60) 本村居村B遺跡出土第二号木簡

×□□郡十年料□　放生布施□□〔事カ〕

×飛飛鳥飛マ伊□豊春マ足人

（二九〇）×四六×七　〇一九

(61) 福島県いわき市荒田目条里遺跡出土第二号木簡で、「里刀自」以下が郡司職田への田植えのために「郡符」によって召喚を受けているのも、こうした郡司と地域社会の構成員との結びつきを示す一例である。いわき市教育委員会『荒田目条里遺跡（いわき市埋蔵文化財調査報告第七五冊）』（二〇〇一年）。

(62) 浅野啓介「日本古代における村の性格」（『史学雑誌』一二三―六、二〇一四年）。

(63) 注(52)吉田論文。

(64) 注(23)矢野論文、注(41)義江論文、加藤友康「日本古代における労働力編成の特質」（歴史学研究別冊特集『地域と民衆――国家支配の問題をめぐって――』青木書店、一九八一年）。

(65) 注(3)小倉論文、吉田孝「律令制と村落」（岩波講座『日本歴史』3古代3、岩波書店、一九七六年）など。

(66) 注(40)吉田書、大町健『日本古代の国家と在地首長制』（校倉書房、一九八六年）、田中禎昭「古代地域社会研究の方法的課題」（『日本古代の年齢集団と地域社会』吉川弘文館、二〇一五年、初出、一九九五年）など。

Ⅱ　古代から中世へ

陰陽道の成立についての試論
——呪禁師との関係と「初期陰陽道」概念について——

細井浩志

はじめに

一九九〇年代の『陰陽道叢書』〔村山他 一九九一〜九三〕、山下克明『平安時代の宗教文化と陰陽道』〔山下 一九九六〕に始まり、近年は陰陽道の歴史学的研究が増えている。二〇〇〇年代になると従来の古代史だけではなく、鎌倉時代史の赤澤春彦〔赤澤 二〇一一〕、室町時代史の木村純子〔木村 二〇一二〕、近世では林淳〔林 二〇〇五〕・梅田千尋〔梅田 二〇〇九〕、歴史民俗学の高原豊明〔高原 二〇〇二〕・小池淳一〔小池 二〇一一〕・田中久夫〔田中 二〇一四〕らの研究書が刊行された。古代史でも小坂眞二は陰陽師の占法である六壬式占を論じ〔小坂 二〇〇四〕、繁田信一〔繁田 二〇〇四〕は平安時代陰陽師の実態の解明を進めた。また山下は、平安時代の陰陽道が唐の道教呪術を日本に持ち込んで密教に影響を及ぼしたことを論証した〔山下 二〇一五〕。これにより陰陽道の平安時代史における位置づけが、より明確になった。この他、詫間・高田〔二〇〇一〕を始めとする史料集・概説書・関連するテーマでの研究書の刊行もあり、当該分野もようやく市民権を得たといえよう。

その中で筆者が注目するのが、平安時代の陰陽道を典型と見なし、そこから外れる中世以降の陰陽道を、一種の没落や逸脱とみる従来の研究視角に対する中近世陰陽道史研究からの批判である〔村山・脊古 一九九三、林 二〇〇五：七二～、梅田 二〇〇九：七～など〕。この批判を踏まえると、逆に平安時代の陰陽道も、陰陽道史の中でどのように位置づけるべきかの再検討が必要となろう。また鈴木一馨は、陰陽寮の発展形である陰陽道という概念で、陰陽寮とは別系統の術者（法師陰陽師・非僧民間陰陽師など）を包摂しようとする通説の視点に無理があるとする〔鈴木 二〇一二〕。しかし陰陽寮自体が僧侶出身者を取り込んで成立した官司であり、さらに八世紀には複雑な変遷を経ている〔細井 二〇〇四・〇八a〕。よって先行研究のように陰陽寮を単純な所与の存在として、陰陽道を論ずることは実はできない。そこで本稿では、陰陽寮の歴史的変遷に留意しつつ陰陽道の定義と成立時期について私見を述べ、従来の陰陽道史で位置づけが不明確だった八世紀段階に関わって、「初期陰陽道」という概念を提案して、大方の批判を仰ぎたい。

具体的には、古代の陰陽道（村山修一が「律令的陰陽道」としたもの〔村山 一九八一〕）を時期で区分して、八世紀前半を陰陽道以前の段階（前陰陽道）、八世紀後半～九世紀前半を初期陰陽道（八世紀後半は形成期）、九世紀後半以降を平安期朝廷陰陽道（九世紀後半～一〇世紀は形成期）とする。

なお行論の関係で、陰陽師と関わりの深い、呪禁師（じゅごんし）と追儺（ついな）についても言及する。また官職としての陰陽師を特に指す必要がある場合は、「令制陰陽師」と表記する。

一　先行研究における陰陽道の定義と本稿の視角

陰陽道研究の先駆けである斎藤勵は、「わが国に伝はりたる陰陽道は陰陽五行説といはむよりは寧陰陽五行説より出でたる俗信なり迷信なり。信仰が主にして理論は客也」〔斎藤 二〇〇七：三三〕という(1)。また野田幸三郎は陰陽寮の令制陰陽師の職掌（占法）に、祓・祭祀などの宗教儀礼が加わって宗教としての陰陽道として展開すると捉えている〔野田 一九五三・五五〕。近年の研究者で、陰陽道を宗教とするのは小坂や山下である。たとえば小坂は、「陰陽道とは、律令官制の中務省・陰陽寮に属する陰陽師が、式占という特殊な占法を用い、また祭祀を行って、古代日本の特に貴族社会で機能する宗教体系である」〔小坂 一九八〇〕とし、山下は、「陰陽道とはその人的側面から見ると、専門家である陰陽師の集団のことであり、性格からまとめると、彼らによって担われた占術や祓・祭祀を中心とする呪術宗教である、とするのが妥当であると言えるのである」と述べている〔山下 二〇一〇：一七〕。

これに対して脊古真哉〔村山・脊古 一九九三〕は、国家・王権に奉仕する宮廷祭祀としての神祇道との比較で、陰陽道を宗教の範疇に含めない方がよいとし、繁田は具体的に、平安時代の陰陽師を「神仏や霊鬼などの霊物を制御する技術を扱う職能者（芸能者）」だったと定義する〔繁田 二〇〇四：三一八〕。また木下琢磨〔木下 二〇一二〕は、陰陽道は呪術宗教ではなく技術だったと強調する。筆者も、陰陽道は少なくとも古代に関しては、技術とする方が誤解がないと考える。

翻って一九九〇年代までの歴史学で陰陽道研究を牽引した村山は、「陰陽道とは、古代中国に起った陰陽五行説を中心とする思想とそれに基づく諸技術をさすもので、日月星辰の運行・位置を考え、相生相克の理により吉凶を判じ、あらゆる思考や行動の指針を導き出そうとするところにおもな目的がある」〔村山 一九八一：四〕と述べている。この定義は、今日では批判の対象となっている。陰陽五行説[2]を前提とする中国やその影響を受けた日本では、あらゆる学問・技術・文化が陰陽道となりかねないからである。現実の陰陽道は、日本において歴史的に生まれたものである。しかし陰陽道は宗教というより技術という方が、感覚的に適合する場合があることを示していよう。

もっとも実際の陰陽師に関する、山下らと筆者らの認識にさほど違いはない。山下は陰陽師が特定の死霊の祭祀に関わらなかった理由を、「それは陰陽道が現世利益を目的とする宗教で、死後の世界、来世観をもたなかったことによるのであろう。怨霊や物の気は対立した相手への恨みと現世への執着により生じるが、陰陽師は霊鬼をいったんは退けても、無常観による悟りや即身成仏を説く顕密の仏教でなければ解脱という精神的な問題は解決できない」〔山下 二〇一〇：一八二〕と述べる。つまり陰陽道を、魂の救済を目的とする現代的宗教と同一視するわけではない。言い換えれば、現代ならある種の宗教者が行う宗教儀礼（ある立場からすれば「迷信的行為」）を陰陽師が担うので、陰陽道を「呪術宗教」とよぶのである。(3)

一方、技術の定義に関して吉岡斉は、「自然界の性質を利用した合理的・実証的・実用的なテクニックに関する情報（または知識）の体系、ならびにそれを不断に（定常的に）生産する社会的に組織された人間活動」とする〔吉岡 一九九一：一三〕。陰陽道の前提の陰陽五行説や神霊の存在は、古代には真実とされていた。要するに、当事者にとっての陰陽道は、依頼者の利益（延命・福徳・辟邪）のために、霊的存在（鬼気・七曜・泰山府君などの中国起源が多い）の意思を知り、働きかける実用的かつ陰陽五行説に基づく合理的な知識の体系およびそれを担う人間集団だったということができよう。(4)

つまり言葉は違うが二つの立場の陰陽道の捉え方は、実質は同じで、「迷信的」技術としての呪術宗教なのである。とすると陰陽道成立の指標に、呪術宗教になったかどうかは使えないと思われる。なぜなら陰陽師は、最初から占術を職能としたからである。(5)

小坂・山下の定義にも影響を与えた野田は、当初は令制陰陽師の職掌つまり占法を「陰陽学」と名付け、これに何物かが加わって陰陽道が成立するとした〔野田 一九五三〕。ところが、のちにはこの令制陰陽師の占法をも「陰陽道」とよび、「これもすでに宗教に属するもの」と見て、さらに祭・祓・呪詛等の宗教儀礼が加わると陰陽道は「より一層宗教としての性格を強くしたものといえよう」とする〔野田 一九五五〕。これは祓・祭祀も占術も、呪的技術という意味では「宗教」だからである。また野田の揺れは、奈良時代には陰陽道がなく、平安時代にはあるという区別をすることが実は難しいことをも示している[6]。

そこで筆者は、他の宗教や学問からは独立した技術・技術者集団として、次節で述べる陰陽師の職掌①~③のすべてを担う職能集団が成立することが、陰陽道成立の指標になりうると考える。そうすると九世紀前半には、陰陽道が成立していたといえるのではないかと思う。この点を次節以降で詳論したい。なお「陰陽道」の語は、九世紀に「道」が専門分野をさす用法として登場したため生まれる〔山下 一九九六：第一部第一章〕。よって「陰陽道」の語の有無と、実態としての陰陽道の有無とは別問題である。

二　初期陰陽道の成立過程（一）

（1）通説における陰陽道の成立時期と成立の指標

通説では陰陽道の成立は、九世紀後半から一〇世紀とされる。山下は陰陽道を、「陰陽師等を中核とし、彼らが専門的に掌った学術・技能および職務が一体化した」この時期に成立した概念とし〔山下 一九九六：二五〕、また「九世紀後半から陰陽寮は宗教的な活動を活発化させ、そして陰陽道の名称の定着と同じ頃、もともと定員六名の陰陽寮の官職名であった「陰陽師」が、占者・呪術宗教者の一般的職業名として用いられはじめる。このことから、陰陽道とは、陰陽寮を母体に呪術宗教家としての陰陽師を中核として九世紀後半から一〇世紀にかけて成立した〈宗教的職務＝呪術宗教〉であり、また専門家である陰陽師の〈学派的・集団的名称〉である」〔山下 二〇一〇：一七〕とする。また鈴木も九世紀末～一〇世紀半ばに、陰陽寮の陰陽部門が狭義の陰陽道に発展したと見る〔鈴木 二〇〇二：五〇・五五・七〇、鈴木 二〇一二〕。

また山下は一〇～一一世紀の代表的陰陽師である安倍晴明・賀茂光栄の活動記録を蒐集し、陰陽道の基本的職掌は、①占術、②呪術・祭祀活動、③日時・方角禁忌であるとした〔山下 二〇一五：序章〕。敷衍すると、②に関して陰陽師は、山陵鎮祭や怪異の解謝、続いて鬼気・雷公祭等の防災・豊穣祈願の公的祭祀、次第に貴族個人の攘災延命のための泰山府君・代厄祭等も行うようになるとされる。③に関しては、陰陽師が暦日により、物忌日や方角禁忌等を指定することを指す。この①～③が朝廷での政務に決定的な意味を持つようになるのが、九世紀後半～一〇世紀である。なお宗教人類学では人間の外面の諸力を制御するものを呪術、内面を制御するものを宗教とし、占いは呪術に含めたり含めなかったりと研究者により一定しないとのことである〔佐々木・山折・藤井 二〇〇六〕。この点、陰陽道史では、陰陽師の職掌の段階的拡大を表すため、①と②とを区別する。言い換えるなら通説は、①だけではなく②、および①②の応用である③をも含めた広義の呪術となったとき、陰陽道になると考えているのである。本稿もこれを陰陽道成立の指標と見なす。

ところでこの時期には、陰陽道祭祀独自の典拠として、董仲舒などに仮託されたらしい書物が史料上に現れる〔山下 一九九六：第一部第二章〕。また小坂は式占（太一式、六壬式）の重要性を指摘し、陰陽道は式占の世界観だという〔小坂 一九八〇〕。この定義によっても、滋岳川人によって代表的な式占書『新撰六旬集』などがまとめられた九世紀第3四半期が、陰陽道成立のひとつの目安となろう(7)。したがって平安時代の典型的な陰陽道（以下、便宜的に「平安期朝廷陰陽道」と仮称する）が成立する時期は、九世紀後半～一〇世紀とする通説の理解が妥当だと思われる。

ただし山下も、すでに八世紀に陰陽寮官人の呪者化が進んでいると認めている点には注意が必要である〔山下 一九九六：三二～〕。また山下〔一九九六：三三〕や大江篤〔大江 二〇〇七：第一・二章〕が指摘するように、平城京時代の『続日本紀』延暦元年（七八二）七月庚戌条以降、陰陽寮が神祇官と並び怪異を占う、平安時代に典型的な奉仕形態が史料に現れる。つまり八世紀後半には、陰陽道成立に関わる積極的な動きがあったのである。

（2）大宝令制下の陰陽寮と陰陽寮技術者

陰陽道の母体は陰陽寮である。陰陽寮は、『日本書紀』天武天皇四年（六七五）正月丙午朔条に見え、天武朝には成立していたことがわかる。ところで陰陽道成立を考える上で重要なのは、大宝元年（七〇一）の大宝令制定前後に行われた、勅命還俗である〔橋本 一九九二〕。つまり大宝僧尼令卜相吉凶条により、僧尼に仏呪以外の占術などの呪的行為を禁止し、そうした技術を持つ僧侶を還俗させ、陰陽寮などの在俗の官人としたのである。

従来は、僧侶が中国系占術を担い、僧侶のまま陰陽寮官人になることができたので、これは大きな転換であった。この政策転換が行われた背景はひとまず措くが、結果的に仏教というカテゴリーが明瞭になり、仏教以外の思想・技術と区別されるようになる〔新川 一九九九：二五四〜、細井 二〇一五a〕。逆にいえば従来は仏教と一体であった陰陽寮の占術も、仏教からの自立を余儀なくされた。律令制における陰陽寮技術者の職掌は、次の養老令から知ることができる。

【史料1】養老職員令9陰陽寮条（〇と（　）は大宝令にあった語句。大宝令の復原は『唐令拾遺補』による）

陰陽寮

頭一人。掌、天文、暦数、風雲気（卿）色雲、有レ異密封奏聞事。助一人。允一人。大属一人。少属一人。陰陽師六人。掌、占筮相地。陰陽博士一人。掌、教ニ陰陽生等一。陰陽生十人。掌、習ニ陰陽一。暦博士一人。掌、造レ暦、及教ニ暦生等一。暦生十人。掌、習レ暦。天文博士一人。掌、候ニ天文気色一、有レ異密封、及教ニ天文生等一。天文生十人。掌、習レ候ニ天文気色一。漏剋博士二人。掌、率ニ守辰丁一。伺ニ漏剋之節一。守辰丁二十人。掌、伺ニ漏剋之節一。以レ時撃ニ鐘鼓一。使部二十人。直丁三人。

令制陰陽師は占術（占筮）で神霊の意思を知ることはできるが、仏呪により神霊に対して禍福に関わる働きかけをする（狭義の）呪術的職能を喪失したのである。

この陰陽寮の職制は唐の太史局（＝国立天文台）を基本に、太常寺太卜署の卜師に当たる令制陰陽師を配属したものである。このような配置は中国の国立天文台の歴史において、取り立てて不自然ではない〔厚谷 一九七七〕。だが日本の陰陽寮の人員は、天体観測実務者が決定的に不足し、国立天文台として十分機能していたとはいえない〔細井 二〇〇八b〕。また天平二年（七三〇）に大学寮や陰陽寮に得業生が設置された時も、陰陽・暦得業生とは異なり天文得業生は置かれなかった〔細井 二〇〇八a〕。

また八世紀第1四半期のものと考えられる官人考文（史料2）を見ても、令制陰陽師・陰陽博士と天文博士の職掌に区別はなく、ともに雑多な占術を職能とする。さらに、天平二年段階にいたるまで、陰陽・天文・暦部門には学生がいない〔細井 二〇〇四〕。要するに四部門を揃えた国立天文台としての組織を規定する職員令陰陽寮条は、実態とは大きく異なる。陰陽寮は、漏刻を実際に管理する漏刻部門は別として、中国系占術や暦算などを身につけた技術者を、とりあえず配属した未熟な組織だったのである。(8)

【史料2】「官人考文」（いわゆる「官人考試帳」『大日本古文書』二四、田中 一九八五）

陰陽師

中上

正七位下行陰陽師高金蔵年五十八右京

能太一、遁甲、天文、六壬式、算術、相地

恪勤匪懈善、

従七位下守陰陽師文忌寸広麻呂年五十右京

能五行占相地

恪勤匪懈善

日参佰玖

占卜効験多者最

日弐佰玖拾肆

占卜効験多者最

陰陽博士
従六位下行陰陽博士觮兄麻呂年卅三 右京
能周易経及楪筮、太一、遁甲、六壬式、算術、相地　日弐佰捌拾玖
恪勤匪レ解善　占卜効験多者最
天文博士
従六位下行天文博士王中文年卅五 右京
能太一、遁甲、天文、六壬式、算術、相地　日弐佰漆拾
恪勤匪レ解善　占卜効験多者最
漏刻博士
正七位上行漏刻博士池辺史大島年五十七、右京
能匠　日参佰拾壱
恪勤匪レ解善　訪察精審、庶事兼挙最
大初位上守大属守部連豊前年卅九 右京
日参佰拾玖
恪勤匪レ解善　勤二於記事一、稽失無レ隠最
大初位下守少属大宅岡田臣末足年五十一 右京
日弐佰玖拾捌
恪勤匪レ解善　勤二於記事一、稽失無レ隠最
□従駕人□□□□之

そしてこの時期の陰陽寮は後継者不足に苦しんでおり、『続日本紀』天平二年（七三〇）三月辛亥条によれば、大津首のような勅命還俗世代の後継者ですら、育成されていない状況にあった。背景には、国家による陰陽寮技術者教育への見通しの甘さがある〔細井 二〇〇四・〇八b〕。

仏教の補助学である間は、陰陽寮の技術は寺院で学ばれたが、勅命還俗後はそれに代わる後継者養成法が必要である。養老雑令7取諸生条は「凡そ陰陽寮諸生を取るは並びに医生に准えよ」とあり、医疾令2医生等取薬部及世習条は、「先ず薬部及び世習を取り、次に庶人年十三以上十六以下の聡令者を取りて為よ」とある。九世紀の雑令7条義解は「先ず占氏及び世習者を取り、次に庶人年十三已上十六已下の聡令者を取りて為よ」と解する。だが大宝令制定後三〇年たっても後継者が得られないという状況は、大陸伝来の新知識であるために、寺院以外にはこの技術を担う人間集団が存在しなかったことを意味する。[9]

天平二年の陰陽寮得業生設置後、その技術を世襲し代々陰陽寮の官職に就任する主体――恐らく父子関係を中心とする伝習者集団――が登場する。[10] こうした中で、九世紀の陰陽道につながるような、技術の主要な典拠や方法が徐々に形成されていくと考えるべきだろう。

（3）藤原仲麻呂政権と陰陽寮

陰陽道成立の画期といえるのは、藤原仲麻呂政権期すなわち淳仁朝（七五八〜六四）である。唐風化政策で知られる仲麻呂は、陰陽寮を太史局と改称する。それだけではなく、大学寮算科をこの太史局の暦部門と合体させた〔細井 二〇〇四〕。その上で、難解であるため採用が保留されていた大衍暦を、太史局の暦生（暦日生）・算生に学ばせ、天平宝字七年（七六三）に採用にこぎ着けた〔細井 二〇一四：Ⅱ第二章〕。[11]

また①の占術だけを職能としていた陰陽師は、九世紀後半以降になると祓・祭祀といった霊的存在に働きかける②をも獲得したとされる〔山下 二〇一〇：四七〕。実際に同時期より、史料上の陰陽道祭が増加する〔山下 一九九六：第一部第二章〕。

しかし陰陽師は、仲麻呂政権期にはすでに祭祀活動を行っていた。天平宝字五年（七六一）造石山院所銭用帳（『大日本古文書』一五：四四四、年次は『正倉院文書目録』により訂正）では「鎮祀地」、天平宝字六年造石山寺所下銭帳（同一五）、神護景雲四年（七七〇）九月二九日奉写一切経用度文案（同一八）・奉写一切経所告朔解（同六）では、陰陽師による「院内鎮神」の祭祀が確認できる。もっとも当時の陰陽師の祭祀は、山陵の人霊の鎮謝・地鎮祭など限定されていたというのが従来の解釈である〔岡田 一九九四、増尾 二〇〇二〕。だがそうだとしても、「陰陽師」として祭祀を司るようになった意義は大きい。

また次の史料が注目される。

【史料3】『続日本紀』神護景雲元年（七六七）八月癸巳条

癸巳。改二元神護景雲一。詔曰。……復陰陽寮も七月十日に西北角に美異雲立て在。同月廿三日に東南角に有レ雲本朱末黄稍具二五色一と奏り。……陰陽員外助従五位下紀朝臣益麿叙二正五位下一。允正六位上山上朝臣船主従五位下今検。景雲二年始賜二朝臣一。此拠二位記一而書レ之。員外允正六位上日下部連虫麿。大属百済公秋麿。天文博士国見連今虫。呪禁師末使主望兄。並外従五位下。伊勢守従五位下阿倍朝臣東人従五位上。介正六位下日置造道形外従五位下。大神宮禰宜外従五位下神主首名外正五位下。等由気宮禰宜外正六位下神主忍人外従五位下。……

ここでは慶雲を観測した陰陽寮官人や伊勢国司・伊勢神宮神官らが叙位されているのだが、その中に呪禁師末使主望兄がいた。呪禁師はもとは典薬寮に属するが（養老職員令44典薬寮条）、この史料の叙位対象者の配置から見て、陰陽寮に所属が変わっていたのは間違いないだろう。では陰陽寮に呪禁師が移管されたのはいつだろうか。蓋然性が高いのは、陰陽寮の組織が大きく改変された仲麻呂政権期である。

『類聚三代格』五および『続日本紀』に、天平宝字元年（七五七）一一月九日（癸未）の孝謙天皇勅があり、国博士に就任する学生の学ぶ教科書が指定されている。ところがこの時期は呪禁師はまだ存在するのに、この勅で名があがるのは、典薬寮関係では医生と針生だけで呪禁生はない。一方で陰陽生はおり、「周易・新撰陰陽書・黄帝金匱・五行大義」が指定されている。後述のように呪禁師が日時・方角禁忌に関わったとすると、『五行大義』等の書を学んだ陰陽生が、令制陰陽師のみならず呪禁師になることをも期待されていたと考えることが可能である。陰陽寮の祭祀活動は、こうして強化されていったのであろう。[12]

なお鈴木は意志的存在（神、霊）と非意志的存在（気）を厳密に区別し、人格的な鬼（神、霊）を扱うのが神祇官、非人格的な気を扱うのが陰陽寮という分掌関係があったと見る（陰陽の気を扱うから陰陽寮という官司名にしたのではないかと推測）。一方、天安二年（八五八）より陰陽寮が始めた高山祭が、直接には気ではなく蝗などを攘うものであり、貞観九年（八六七）に鬼気祭も行われている点を捉え、貞観年間には陰陽寮の機能に霊的存在への対処が含まれるようになり、神祇官の職掌を脅かすようになったとする〔鈴木 二〇〇三〕。このため鈴木は八世紀の陰陽師による鎮祭を、方位神を対象としており占いとしての相地に含まれるとする。暦で所在位置が決まるから方位神は意志的存在ではないとするのである。[13]

しかし陰陽五行説では、人格的意志を持つものを含めて、すべてが陰陽の気の凝集体である。よって気の専門技術者が意志を持つ神霊に関わっても、問題はないのではないか。実際『漢書』芸文志には「陰陽家者流は……拘る者これを為すに及べば、則ち禁忌を牽き、小数に泥（なず）み、人事を舎（す）てて鬼神に任す」とあり、中国でも陰陽家が鬼神に関わった。

では③日時・方角禁忌についてはどうであろうか。養老職員令3私第宅条は「宮内に営造及び修理することあらば、皆陰陽寮をして日を択ばしめよ」とあり、令制陰陽師に択日の職掌があったことは確かである。その一方で、仲麻呂が採用した大衍暦の暦注書とされる『大唐陰陽書』は、その後の宣明暦時代を通じて具注暦のマニュアルに使われる〔大谷 一九九九：第一部第三・四章、細井 二〇一四：Ⅱ第二章〕[14]。この暦注が平安時代以降の陰陽道において日時・方角禁忌の指針となるのだが、仲麻呂政権期には、次のように日時・方角禁忌が明瞭に政策として現れた。

【史料4】『続日本紀』天平宝字二年（七五八）八月丁巳条

勅、大史奏云、案二九宮経一、来年己亥、当レ会二三合一。其経云、三合之歳。有二水旱疾疫之災一。如レ聞、摩訶般若波羅密多者、是諸仏之母也。四句偈等受持読誦、得二福徳一聚二不可思量一。是以、天子念、則兵革災害不レ入二国裏一。庶人念、則疾疫癘鬼不レ入二家中一。断レ悪獲レ祥莫レ過二於此一。宜下告二天下諸国一、莫レ論二男女老少一、起坐行歩口閑、皆尽念二誦摩訶般若波羅蜜一。其文武百官人等、向レ朝赴レ司、道路之上、毎レ日常念、勿上レ空二往来一。庶使下風雨随レ時、咸無二水旱之厄一。寒温調レ気、悉免中疾疫之災上。普告二遐邇一、知二朕意一焉。

三合厄（大歳・害気・太陰の合）が問題となっているが、この三神は一年ごとに方位を変える方位神である（『五行大義』五など）。なお天平宝字五年（七六一）正月癸巳条で「詔して曰く、大史局奏の事有るにより、暫く移りて小治田岡本宮に御す」とあるのも、日時・方角禁忌による行幸だったろう[15]。

要するに、九世紀後半～一〇世紀に姿を現す平安期朝廷陰陽道に対して、八世紀後半～九世紀前半はその原型が生まれた時期なのである。つまり陰陽寮諸技術の伝習者集団が八世紀第2四半期に創出されたのを受け、平安期朝廷陰陽師の三つの職掌（①占術、②呪術・祭祀活動、③日時・方角禁忌）が仲麻呂政権期には陰陽寮に揃う。そして八世紀後半～九世紀前半に、陰陽師が①②③すべてを職掌とするようになる。そこでこの時期の陰陽師たちとその技術を、「初期陰陽道」とよぶことを提案したい。陰陽師が②③の職能を本格的に備えるようになる経緯は、次節で詳述する。

三　初期陰陽道の成立過程（二）――陰陽師と呪禁師の関係――

陰陽寮に移された呪禁師の職能が何で、陰陽師が呪禁師の職能をどのように継承したのかは、陰陽道の成立を考える上で重要である。

（1）呪禁師の職掌

鈴木は呪禁師は天皇・貴族個人に取り憑く邪気を祓い、陰陽師は国家や都城に侵入する邪気を祓うのが本来の役割分担で、一〇世紀半ばに陰陽師が両方の役割を果たすようになるとする。またこれは陰陽師が式占で判断した病因が天皇・貴族個人を襲う邪気や怨霊であった場合、陰陽師自身がすぐにその祓を行うのが合理的だからだと見る〔鈴木 二〇〇二：六四～七〇〕。しかし下出積與が指摘するように、呪禁師・呪禁博士・呪禁生は、『延喜式』に登場しない。また天平宝字以後の技術振興のための褒賞に際して、典薬寮の按摩と呪禁が除外されている〔下出 一九九七〕。よって呪禁師の消滅は、史料3も勘案すると、恐らく八世紀末～九世紀初であり、呪禁師が令制陰陽師に統合されたのも恐らくこの時期になるだろう[16]。

ところで一〇世紀以降の陰陽師が病因判断で用いた六壬式は、陰陽師による使用が八世紀第1四半期にまで遡る（史料2）。よって鈴木に従うなら、陰陽師には当初から呪禁師の職能を吸収する合理性があったと見られる。それにもかかわらず律令で両者が別の官職とされ、別の官司に属したのは次のような理由である。

まず指摘できることは律令制当初の陰陽師の主な職務は、彼らが太一式占を使用する点から見て（史料2）、国家的大事の占いだったことである。太一式は唐と日本で、国家が独占する禁制品であった〔瀧川 一九六二〕。一方同じ式占でも、六壬式は庶民にも使用が許された。『大唐六典』一四には「一に曰く、雷公式。二に曰く、太乙式。並びに私家の畜を禁ず。三に曰く、六壬式。士庶これを通用す」とあり、養老律には次のように規定される（史料5）。

【史料5】養老職制律20玄象器物条

凡玄象器物、天文、図書、讖書、兵書、七曜暦、太一雷公式、私家不レ得レ有。違者徒一年。私習亦同。其緯候及論語讖不レ在二禁限一。（割注略）

この太一式盤は、一〇世紀に大火で焼失するまで仁寿殿に安置されていた（『村上天皇日記』天徳四年〈九六〇〉九月二三日条）。律令制当初の陰陽師は、占術による軍事指導が重視されたとの見解もある（瀧川 一九七〇、松本 二〇〇二）。小坂によれば一〇世紀までの日本での国家的大事は太一式で占い、六壬式は小事を占った（小坂 一九九三）。つまり陰陽師は国家的占術を第一の職掌としたため、疾病を主に扱う呪禁師と区別されたのである。

次に、日本が模範とした隋唐では、令制陰陽師のモデルである太常寺太卜署の卜師等と、呪禁師のモデルである殿中省尚薬局の呪禁師・太医署の呪禁博士とを区別する（『大唐六典』一一・一四）。さらに『日本書紀』持統五年（六九一）一二月己亥条には、「医博士務大参徳自珍、呪禁博士木素丁武、沙宅万首に銀を人ごとに廿両賜う」と、医・呪禁博士を並べた褒賞記事がある。彼らは百済人なので（下出 一九九七）、旧百済でも呪禁と医とが近しかったことが大宝令文に影響したと思われる。

だが実情を考えると、陰陽師と呪禁師の区別はかなり便宜的であり、占術と医術とを切り離すことは困難であった。現に『日本書紀』持統六年（六九二）二月丁未条に陰陽博士とある百済僧法蔵（天武一四年〈六八六〉一〇月丙子条）は、仙薬である白朮を煎るなど医術も担っていた。彼は陰陽博士なので、占術を得意としたはずである。

さらに暦注に見える人神の所在が、医療行為の禁忌として存在する。すでに天平勝宝八歳（七五六）暦首部（正倉院文書続修一四）には、「人神、其の所在、針刺灸すべからず」とある。平安時代にも治療の際には、人神が重視された。たとえば康平四年（一〇六一）四月二四日に権医博士和気相秀が出した蛭食勘文（『朝野群載』二一・

雑文上・凶事）は、「今月廿六日己卯　人神在二胸中一」「来月十二日甲午　人神在二左乳一」を御蛭喰吉日とする。(17)

ところで藤原京跡右京九条四坊からは、次のような短冊形（〇一一型式）の木簡（二〇五×三一×三ミリ）が発見されている。

【史料6】慶雲二年（七〇五）木簡〔木簡学会 二〇〇三：四二八番〕

「・年卅五　遊年在レ乾　絶命在レ離忌
　　　　　禍害在レ巽忌　生気在レ兌宜　占者　甚吉」

「・宮仕良日　□月十一日庚寅木開吉
　　　　　時者卯辰間乙時吉　」

この木簡は、数え年三五歳の官人が、出仕の日時を誰かに占って貰い、三月一一日が吉日との結果が出たことを示す。『五行大義』五・論人遊年年立によれば表面は八卦図の、☰戌亥乾皆連にあたる。遊年（乾＝北西）・絶命（離＝南）・禍害（巽＝南東）・生気（兌＝西）のいずれも方角禁忌である(18)〔黒岩 一九九四〕。この木簡は陰陽師の記したものとされるが、実は呪禁師が、次に掲げる職掌に基づいて行った可能性がある。

【史料7】養老医疾令14按摩呪禁生学習条

按摩生。学二按摩傷折方及刺縛之法一。呪禁生。学二呪禁解忤持禁之法一。皆限二三年一成。其業成之日。並申二送太政官一。

呪禁生は「呪禁・解忤・持禁之法」を学ぶ。これは『令義解』によると、次のように、外敵から身を守るための呪術である。

【史料8】『令義解』医疾令14按摩呪禁生学習条

謂、持禁者、持二杖刀一読二呪文一、作レ法禁レ気、為二猛獣虎狼毒虫精魅賊盗五兵一、不レ被二侵害一。又以二呪禁一、固二身体一、不レ傷二湯火刀刃一。故曰二持禁一也。解忤者、以二呪禁法一、解二衆邪驚忤一。故曰二解忤一也。

貴族官人個人の出仕日時を占い、災いを避けさせる行為は呪禁師にふさわしい。そもそも霊的存在に対処する呪禁師が、霊的病因を探る占術が使えないのは不自然ではなかろうか。呪禁師も六壬式などの、何らかの占術を駆使し得た可能性が高い。

古代の神祇官人は朝廷・天皇に関わる祓を、陰陽師は貴族個人の祓をしたとされる〔山下 二〇一五：六九〕。だが貴族の私的禍福に関わる①占術、②呪術・祭祀活動、③日時・方角禁忌は、以上から八世紀前半までは呪禁師が担ったとする方が自然である。そして陰陽師も、律令制当初より六壬式で個人用の占術も行いえた（史料2）。また長屋王家木簡には、「各兄麻呂之厭用糸十五絢布十五常」（『平城京木簡』一―一六一）が見えるので、すでに八世紀第1四半期には、陰陽師穌兄麻呂（史料2）が厭術を使っていたとの指摘がある〔櫛木 二〇一〇〕。仲麻呂政権期に呪禁師が陰陽師と同じ陰陽寮（太史局）に属した背景には、占う対象こそ国家と個人で違え、資質上、同一人物がいずれに任じられても不自然でないことが背景にあったのだろう。

（2）死霊祭祀と疫病祭祀

山下は、陰陽師が特定の死霊祭祀に関与しなかった理由として「それは陰陽道が現世利益を目的とする宗教で、死後の世界、来世観を持たなかったことによる」〔山下 二〇一五：八八～九〕と述べている。一方、仏教の場合は、死霊祭祀（死者供養）を含むさまざまな呪術を行った。また九世紀以降の陰陽道に包摂される諸技術は、仏教とともに倭国に伝来した。大宝律令成立以前の倭国仏教は、新川登亀男によれば「総合的なカルチャー」であり、僧侶が占術・暦術や医術を担っていた〔新川 一九九九：第二章〕。

ところが前述のように、八世紀初頭に勅命還俗が行われ、僧侶ではなくなった陰陽寮技術者は、仏呪による死霊祭祀を行えなくなる。その後も陰陽師は、死者の鎮魂や追善、特定の物の気や怨霊鎮祭に意図的に関わらなかったとされる〔山下 二〇一五：第一部第二章〕。陰陽師中原恒盛が亡くなった東宮妃藤原嬉子の魂喚の法を修して陰陽道の上﨟に祓を科され（『左経記』万寿二年〈一〇二五〉八月二三日条）、江戸時代に土御門家が配下に編成した民間宗教者に、憑き物落としや死霊降しは陰陽師の職分ではないと禁止しているのがその例とされる。例外として院政期に始まる霊気道断祭があるが、これも息災や除病のために、不特定の死霊の祟りを避けるものだったとされる。

関連して注目されるのは追儺である。追儺は次の『儀式』の祭文でわかるように、年末に疫鬼を国外に追放する、陰陽師も参加する儀礼である(19)。

【史料9】『儀式』一〇・一二月大儺儀

晦日戌二刻。諸衛勒二所部一。……于時陰陽寮官人率二斎郎等一。候二承明門外一。以二桃弓・葦矢・桃杖一、頒二儺人一守辰丁預。前造備。時刻陰陽寮官人共入。斎郎持二食薦一敷二庭中一陳二祭物一……訖陰陽師進読二祭文一。其詞曰。今年今月今日今時。時上直符。時上直事。一人一事。時下直符。時下直事及山川禁気江河谿壑二十四君。千二百官。兵馬九千万人已上音読。位置衆諸前後左右。各随二其方諦一定レ位可レ候。大宮内に神祇官宮主のいはひ奉り敬奉る。天地の諸御神等は、平くおたひにいまさふべしと申。事別て詔く。穢く悪き疫鬼の所所村々に蔵り隠ふるをば、千里之外。四方之堺。東方陸奥。西方遠値嘉。南方土佐。北方佐渡よりをちの所を、なむたち疫鬼の住かと定賜ひ行賜て、五色宝物、海山の種種味物を給て、罷賜移賜ふ所所方方に、急に罷往と追給と詔に、挟二奸心一て留りかくらば、大儺公、小儺公、持二五兵一て追走刑殺物そと聞食と詔。……

陰陽師が疫鬼に対して、日本の四至の外を住処に指定して、饗応をするから出て行くように告げるのである。ところで貴人が亡くなると、追儺は停止される（史料10）。

【史料10】『政事要略』二九・年中行事十二月下・追儺

延暦九年閏三月十五日外記別日記云、延暦八年十二月廿八日辰時、皇大夫人崩二於中宮一。今上即位之日、尊為二皇大夫人一。祓事。神祇官天慶(応)元年記文云、未二御葬送一、仍止二大祓一、又不レ追レ鬼者。朝議以為、有レ喪解除者、世俗所レ為、以レ此論レ之、大祓何妨。仍不レ停二其事一。……

長保三年閏十二月二十三日。東三条院崩今上母。廿四日。御葬。停二追儺一了。但有二大祓一。雖二御送葬了一、依二近日被レ停歟。爰散位従四位下安倍朝臣晴明、来俳、不レ可レ有二追儺一之由、私宅行二此事一之間、京中響共以追儺。其事宛如二恒例一。晴明陰陽達者也

ではなぜ追儺を停止するのだろうか。大日方克己は、追儺で陰陽師とともに疫鬼を追い出す役目を担う方相氏が、養老喪葬令8親王一品条(「凡そ親王一品、方相轜車各一具。……太政大臣。方相轜車各一具」)に基づき、大喪の方に参加するからだとする(大日方 一九九三:二〇二)。しかし長保三年(一〇〇一)の事例(史料10)は、朝廷のみならず民間も東三条院の崩御により追儺を自粛しており、しかも安倍晴明に触発されて京中が追儺を始めている。つまり単純に方相氏を欠くからという問題ではない。

ここで考えられるのは、この時代の死霊(鬼)が、疫鬼と同一視された可能性である。死者の霊も、日本の四至のひとつである値嘉島(三井楽)から国外に出て行く(史料11)。

【史料11】『蜻蛉日記』上・康保元年(九六四)七月条

僧ども念仏のひまにものがたりするを聞けば、このなくなりぬる人の、あらはに見ゆるところなんある。さて近くよれば、きえ失せぬなり。遠うては見ゆなり。いづれの国とかや。みゝらく(=三井楽)の島となむいふなる。

死後の世界観は多様だが、死霊は海の彼方に行くという考え方は古墳時代から存在した(白石 一九九九)。また中国でも、儺で鬼を追う際に誤って祖霊を追い払う危険があると意識されていた。また古代日本では同日に御

魂祭が行われ、亡き人をこの夜に迎え、追儺同様に飲食を供する習慣もあった〔山中 一九七二〕。

唐令でも葬送に方相氏が支給され、喪葬令の規定はその継受なので、律令制当初は、日本でも死霊と疫鬼を同一視していなかったかもしれない。だが生前の恨みを残した貴人の霊が、いわゆる御霊として疫病をもたらすとの観念は、恐らく八世紀第2四半期に発生する。さらに正式な葬送を経ない死霊が祟るという観念は、それ以前に遡ったと考えられる〔細井 二〇一三〕。要するに死霊と疫鬼とは早くから近しい関係にあり、前者は後者に転化しやすかった。したがって両者とも値嘉島など日本国の四至より外に住むべき存在であり、疫鬼も死霊も追儺の儺声によって、同じく日本国外に送り出されてしまうのである。

ただし九世紀の死霊観は単純ではなく、一方で天皇の霊は、何か不満があれば埋葬された陵墓の鳴動や災害などを引き起こして意志を伝えようとした〔大江 二〇〇七：第一章など〕[20]。つまり天皇やそれに準ずる高位貴族の霊は、陵墓に留まると観念されたのだろう。だから貴人の葬送では、追儺が中止されたのだろう。

以上の理解が正しければ、九世紀後半の陰陽師も、病因であれば例外的に死霊にも対処するわけであり、それだけ陰陽師と疾病との関係が深いことになる。陰陽師が修する主たる疫病祭には、鬼気祭や四角四境祭がある。鬼気祭の初見は『日本三代実録』貞観九年（八六七）正月二六日条で、董仲舒法に基づく陰陽道祭の典型と見なされている[21]。ところが疫病祭祀は、律令等の規定では、神祇官が道饗祭・宮城四隅疫神祭・畿内堺十処疫神祭として修しており、本来は陰陽師の職掌ではなかった。

一方で先述の追儺（大儺）は、『続日本紀』慶雲三年（七〇六）条の「是の年、天下諸国疫疾す。百姓多く死す。始めて土牛を作し大儺す」が初見である。山下はこれを陰陽師が執行したと見るが〔山下 一九九六：二八〕、時期的に疑念がもたれる。神祇官が行った可能性もあるが〔瀧川 一九六〇：註三〕、平安時代に継承されない点で躊躇される。史料8を踏まえれば、呪禁師が修した可能性が高いと思われる。関連して、平城京二条大路南濠状遺構

SD五一〇〇より呪符木簡が出土している。そこには「南山之下有不流水其中有一大蛇九頭一尾不食余物但食唐鬼朝食三千暮食八百　急々如律令」とある。これは唐初の医師で道術にも通じた孫思邈が著した『千金翼方』に基づく呪文で〔大形　一九九六〕、和田萃はこれを、疫病をもたらす瘧鬼を退治するよう九頭一尾の大蛇に求めたものだとする〔和田　一九九七〕。また僧尼令集解卜相吉凶条の古記は、「療病」に関わって「道術符禁。謂は道士法なり。今、辛国連の行うは是れなり」とする。この辛国連は呪禁師の韓国広足を指す〔下出　一九九七〕。したがって八世紀前半の、疫鬼防遏用呪符の作成者は、道士法を使う呪禁師に違いない。

また唐では太医署が太常寺に属しており、医と祭祀の関りは深い〔瀧川　一九八九〕。梁・陳それに隋では祠部が医薬を掌り、隋では太医署が「穢気」を除くための散薬（キヨメ薬）を給わった〔山本　一九八二〕。古代には医療行為自体が呪術と認識されており、平安時代日本でも、医薬は神や三尸（さんし）のような体内の霊物に働きかけるもので、五行説に基づく呪術に包摂された〔細井　二〇〇五〕。そうであれば典薬寮に属する呪禁師こそが、職能上、病因である「穢く悪き」疫鬼から人々を守る追儺執行者にふさわしい。史料4の太史局奏も、疫鬼侵入の予防が目的に含まれるので、呪禁師の関与があったと思われる。そして令制陰陽師と呪禁師の統合で、疫鬼防遏を陰陽師が執行するようになったのだろう。弘仁一二年（八二一）撰進の『内裏式』では、すでに陰陽師が追儺（大儺）を行っている。天長一〇年（八三三）の改訂を考慮しても、その時期はおおむね九世紀第1四半期以前と考えてよいだろう。

つまり陰陽師が司祭者として職能を拡げたのは、呪禁師の職能を吸収し、疫病に関わるようになったことが重要な要因である。一方で陰陽師は、相地を本来の職掌とするので（史料1・2）、その延長で八世紀後半には、土地神を鎮祭するようになったのだろう。この両者が統合したと推測される八世紀末〜九世紀初は、疫神祭祀の再編期とされる〔宮﨑　一九九六〕。何か関わりがあるのかもしれない。

四　初期陰陽道と平安期朝廷陰陽道との違い

初期陰陽道と平安期朝廷陰陽道との違いは、平安期朝廷陰陽道では陰陽部門を中心に陰陽寮四部門の一体化が進むが、初期陰陽道ではあまり進んでいないことである。もちろん八世紀第1四半期でも、すでに天文博士が式占を、陰陽師が天文を解した（史料2）。だがこれは、陰陽寮が組織としては未熟で、陰陽・天文が部門としては成立していなかったからである。

初期陰陽道期になると、陰陽・天文・暦は人材の重複はあるにせよ、基本的には別の部門として存在したと思われる。前述の天平宝字元年（七五七）孝謙天皇勅が陰陽生とは異なるテキストを天文生（「天官書」他四種）、暦生・算生（「漢晋律暦志」他五種）に指定しているので、彼らが令制陰陽師になることは期待していない。また八世紀末～九世紀前半に大学寮出身で天文や暦に通じた、だが恐らく陰陽師ではない貴族官人が陰陽頭となるのも背景は同じだろう。陰陽寮三部門のいずれかに通じていれば、陰陽頭にふさわしいと見なされたのだと思われる。なお九世紀後半になっても、算道家原氏の一族である家原郷好が陰陽頭兼暦博士になり、一〇世紀まで続く暦道の中心氏族の大春日氏は陰陽師としての活動が多くは見られない〔以上、宮崎 二〇一四など参照〕。

また承和五年（八三八）派遣の承和の遣唐使では、記録上初めて陰陽・天文・暦各部門ごとに請益生そして留学生が任命される。春苑玉成は遣唐陰陽師兼請益生として唐に渡って難義一巻をもたらし、陰陽寮諸生に伝学した（『続日本後紀』承和六年三月丁酉条・同八年正月甲午条）。請益生は各学問・宗派で生じた問題点をまとめ、宗派などを代表して唐の専門家より回答を得ることが目的である〔山下 一九九六：付篇〕。つまり請益生・留学生任命は陰陽寮三部門が、それぞれ学問的に成熟していたことを示すのである。

平安期朝廷陰陽道の場合、九世紀後半～一〇世紀に、天文・暦・漏刻博士もおおむね陰陽師が兼帯する官職となる。また陰陽寮学生の陰陽生・天文生・暦生（あるいは得業生）が、他部門の陰陽寮博士、令制陰陽師、陰陽寮事務官人となる慣習も成立する〔小坂 一九九三、高田 一九九六〕。一方、明経道ながら天文を解する局務家中原氏は、一一世紀まで天文密奏宣旨を蒙り天文道を担うが、天文博士などの陰陽寮の官職には就かない。以上は賀茂氏・安倍氏のような、暦道・天文道を兼ねる陰陽師が陰陽寮支配を強めるためだろう。

この陰陽・天文・暦部門の融合は、専門性の近さと人材の重複が誘因だが、中国では式占などの占術と天文暦学おのおのの専門性が強化される。これは中国では観象授時思想により、統治の正統性を示す暦法改定が頻繁に行われるので、天体計算法の進化とその前提となる天体観測の精密化・大規模化が進むためである。一方、観象授時思想が弱い平安時代以降の日本では、人的・財政的に負担が大きい天文暦学の専門分化は、それが必要となった江戸時代まで求められなかったのである〔細井 二〇〇二・〇八b、林 二〇〇六・六〕。

陰陽寮博士の中で、他と性格を異にするのは漏刻博士である。この博士は本来占術には関わらず、守辰丁から選ばれ（陰陽寮条集解朱記）、専ら守辰丁を率いて漏刻の保守管理を行った（史料1・2）。

一方で陰陽道にとって重要な式占は、怪異が発生した節月と時刻を重視する。恐らくこの結果、九世紀後半には、陰陽師が漏刻による時刻計測能力〔厚谷 一九九三〕を次のように獲得した。

【史料12】『類聚三代格』五・元慶六年（八八二）九月二九日太政官符

太政官符

応レ置ニ鎮守府陰陽師一事

右得ニ陸奥国解一偁、鎮守府牒偁、軍団之用卜筮尤要。漏剋之調亦在ニ其人一。而自レ昔此府無ニ陰陽師一、毎レ有ニ恠異一向レ国令レ占、往還十日僅決ニ吉凶一。若有ニ機急一何知ニ物変一。請被ニ言上一、将レ置ニ件職一者。国加ニ覆覈一事誠可レ然。望請、始置ニ其員一、令レ備ニ占決一。謹請ニ官裁一者。大納言正三位兼行民部卿藤原朝臣冬緒宣、奉勅、依請。

元慶六年九月廿九日

また追儺で疫鬼を射る葦矢は、本来木工寮が調達していたが、漏刻を保守する守辰丁が備えることとなる（史料9）。これも漏刻部門と陰陽道の融合を示す〔細井 二〇〇二〕。

以上の見通しが正しければ、九世紀後半～一〇世紀の平安期朝廷陰陽道の成立とは、後世まで続く――最終的には賀茂氏・安倍氏を頂点とする――陰陽師による陰陽寮支配が進んだことを意味する。同時にこの時期に「陰陽道」という言葉が普及し、また事実としても朝廷の陰陽道重視が強まった。山下は摂関政治の成立とともに、国風文化の一環として陰陽道が成立したとするが〔山下 二〇一〇：八〇〕、陰陽道重視の背景説明としては正鵠を射ていると思われる[22]。加えて記事が詳密な『日本三代実録』や貴族の日記の登場で、陰陽師の活動が目立つようになった。これらが複合して、陰陽道そのものが成立したと、研究者に認識されてしまったのである。

結論

従来の陰陽道研究は、平安時代を基準としたため、八世紀の陰陽寮諸技術の位置づけが曖昧であった。そこで本稿では、陰陽寮が①占術、②呪術・祭祀活動、③日時・方角禁忌という主要な職掌すべてを備えたことをもって、八世紀後半～九世紀前半を陰陽道の成立期と捉え、これを「初期陰陽道」とよんだ。正確にいえば八世紀後半を過渡期として、九世紀前半には①～③を陰陽師が担う初期陰陽道が成立したのである。八世紀には「陰陽道」の語はないので、これはあくまでその後に展開する陰陽道史を踏まえての用語であり、実際の呼称は明確ではない。この時期には、実態としての暦道と天文道も登場したといえよう。そして貴族社会での怪異重視が強まり、陰陽師による陰陽寮支配が九世紀後半～一〇世紀に進み、一一世紀までに典型的な陰陽道となっていた。これを、本稿では「平安期朝廷陰陽道」とよんだ。

初期陰陽道期以前に、大宝の勅命還俗により、陰陽寮技術者は僧侶として有した呪術・祭祀機能を失う。その後しばらくの陰陽寮の占術は、式占の使い手が多いとはいえ、単に亀卜を除く中国系占術というだけであった。この段階を「前陰陽道」とよぶことが可能である。これがある程度体系性をもつようになったと思われるのが初期陰陽道期で、同時に陰陽師が呪禁師の祓・祭祀、日時・方角禁忌といった職能を吸収した。これは藤原仲麻呂政権による陰陽寮改革が契機である。その背景には、陰陽師と呪禁師の本来的親近性があったと思われる。

なお陰陽道成立の指標としては、陰陽道を担う人間集団の登場が重要である。陰陽寮関連の諸技術は仏教と一体として伝来したので、亀卜とは異なり人的基盤としての職業部を編成せず、寺院で僧侶に伝習された。このため大宝の勅命還俗でこの諸技術が仏教の補助学としての位置を失った結果、後継者を得られなくなった。そこで律令国家の政策で、天平二年（七三〇）に後継者養成のシステムが構築され、諸部門の伝習者集団が創り出された。このなかの陰陽部門にあたる占術伝習者集団において職能の拡張と技術の体系化が進み、陰陽道（初期陰陽道）の成立となったのである。

以上、通説を若干修正し、①～③を包摂する八世紀以来の技術体系とそれを伝習する人間集団をもって陰陽道とした。もとより本稿はまだ試案に過ぎない。また平安期朝廷陰陽道と鈴木のいう別系統の術者（法師陰陽師や隠れ陰陽師）との関係はどうなるのか等の課題も残っている。不十分ながら本稿が今後の議論の叩き台となるなら、目的は達成されたものといえよう。

（1）陰陽道の定義に関する学説整理は、水口幹記の解説〔斎藤 二〇〇七所載〕、赤澤〔二〇一四〕が有用である。研究史の概観は中島〔二〇一四〕も役に立つ。

(2) 鈴木〔二〇〇二：第三章〕は、本来は陰陽家が五行説を、五行家が陰陽説を取り込んだものなので「陰陽・五行説」とすべきだと主張する。しかしその総称としての「陰陽五行説」は、歴史学に限らず通用しているので本稿もこれに従う。

(3) 鈴木〔二〇〇二：五九〕は「茶道」には技術とともに精神的な側面があるのと同様、陰陽道にも精神的宗教的な意味が込められているとする。

(4) 前近代の技術には、大なり小なり呪術性が含まれる。医道はもちろん、明経道も占術書である『周易』（養老学令5経周易尚書条）を、明法道は穢や祥瑞を扱った〔布施 一九六六〕。陰陽道は、他の朝廷諸道の技術・学問と比べて特殊ではないのである。

(5) 現代の宗教者は、占いと呪術と宗教は通底しながら区別があると感じることがある（たとえば頼富〔二〇〇六〕）。また易を呪的なものではなく哲学として理解する場合もある。『周易』を経典とする儒教を、宗教ではなく学問とする見方がその背景にあることが想定される。この感覚が、陰陽道の定義に関する議論を難しくしている面があると思われる。

(6) 小坂も、陰陽寮の陰陽・天文・暦の三科を、令制段階から「三道と呼ぶことは学問的には可能である」とする〔小坂 一九九三：二一〕。

(7) ただし室町時代後期には式占の地位が衰退し〔西岡 二〇〇二〕、江戸時代に式占は陰陽道から完全に失われる。つまり式占重視はあくまで当該期の陰陽道の特徴である。

(8) 和銅二年（七〇九）一〇月二五日弘福寺田畠流記帳（寧楽遺文中）署名には「正七位下守民部大録兼行陰陽（「寮」脱か）暦博士山口伊美吉田主」とあり、当該期で陰陽寮に暦博士が実在した時もある。

(9) 義解は陰陽寮学生を占氏・世習者より取るとするが、卜部・占部はあくまで亀卜・骨卜の専門集団である。また瀧川〔一九八九〕は世習者として「陰陽戸」の存在を想定するが、天平二年の後継者難からすれば考え難い。よって義解の当該部分は、単なる文理解釈と思われる。律令制初期の卜部については、細井〔二〇一五b〕を参照。

(10) 八世紀の陰陽寮官人については、宮崎〔二〇一四〕を参照。

(11) 仲麻呂の陰陽寮改革の背景については、志野〔一九九四〕がある。算科と暦部門の合体については、小坂〔一九九三〕も言及している。

(12) 呪禁師の職掌が陰陽師に引き継がれるという点は、多くの研究者が認めている。呪禁師の研究は、下出〔一九九七〕の他、下出〔一九七二〕、新村〔一九八三：第六章〕、黒板〔一九九五〕、松田〔一九九九〕、呪禁師と呪符木簡の関係に言及した和田〔一九九五〕などがある。

(13) ただし当該の鎮祭が、方位神を対象にしたという確証はないと思われる。

(14) なお『大唐陰陽書』が、そのまま大衍暦の暦注部分だったという点については、山下より疑問が呈されている〔山下二〇一五：第三部第三章〕。

(15) 時間禁忌に基づく方角禁忌が生まれる背景に、律令国家における都城空間の成立が存在する点は、細井〔二〇一四：Ⅲ第一・三章〕を参照。

(16) 下出〔一九七二〕は宝亀一一年（七八〇）に呪禁師が廃止されたと推測する一方、下出〔一九九七〕では天長一〇年（八三三）撰進の義解が呪禁師を「詳記」することから、九世紀中葉まで官制上存在したとする。だが前者に関しては廃止された明証はなく、後者に関しても義解が養老令文を引用するのは当然であり、しかも同書はすでに存在しない官司（内礼司など）に注釈をつけるので、これも文理解釈に過ぎないと見なせる。

(17) 蛭喰・針治に関しては、新村〔一九八三：別篇〕参照。

(18) 室町時代の陰陽道書『吉日考秘伝』（賀茂在盛撰、長禄二年〈一四五八〉・中村〔二〇〇〇〕）の八卦図とも一致する。

(19) 大日方〔一九九三〕、三宅〔一九九五〕は日本における追儺の本質を、ケガレを祓う儀礼だと見るが、水谷〔二〇一二〕は追儺で祓う疫鬼は穢れとは異なると批判する。また鈴木〔二〇〇三〕は中国の大儺の気を攘う側面を日本は継受したとするが、榎村〔一九九六〕が論ずるように、遷却祟神祭的色彩が強いといえよう。追儺の解説は斎藤〔二〇一二：第一章〕が平明。

(20) 国内に留まる死霊も辱めれば、怨霊（怨鬼）になるという観念は『続日本後紀』承和九年（八四二）七月丁未条・嵯峨上皇遺言に見られる。また死者に鬼物が憑き祟りをなすという考え方は、承和七年（八四〇）五月辛巳条・淳和上皇遺言にも見られる。

(21) 鬼気祭の成立については、宮崎〔二〇一二〕も参照。

(22) この他の要因として、貴族社会における穢意識の強化により、清浄性を要求される神祇祭祀の適用範囲が狭まったことや〔岡田 一九九四〕、平安京遷都および貴族社会の変質があったと思われる〔細井 二〇一四：Ⅲ第一・三章〕。

〔引用文献〕

赤澤春彦 二〇一一『鎌倉期官人陰陽師の研究』吉川弘文館
赤澤春彦 二〇一四「陰陽道・陰陽師をめぐる研究の新展開」『歴史評論』七七六
厚谷和雄 一九七七「陰陽寮の成立について」『大正大学大学院論集』一
厚谷和雄 一九九三「奈良・平安時代における漏刻と昼夜四十八刻制」『東京大学史料編纂所研究紀要』四
梅田千尋 二〇〇九『近世陰陽道組織の研究』吉川弘文館
榎村寛之 一九九六「儺の祭の特質について」『律令天皇制祭祀の研究』塙書房
大江篤 二〇〇七『日本古代の神と霊』臨川書店
大形徹 一九九六「二条大路木簡の呪文」『木簡研究』一八
大谷光男 一九九九『東アジアの古代史を探る』大東文化大学東洋研究所
岡田荘司 一九九四「陰陽道祭祀の成立と展開」『平安時代の国家と祭祀』続群書類従完成会
大日方克己 一九九三「大晦日の儺」『古代国家と年中行事』吉川弘文館
木下琢磨 二〇一一「平安時代の陰陽道と陰陽師」『就実大学史学論集』二五
木村純子 二〇一二『室町時代の陰陽道と寺院社会』勉誠出版
櫛木謙周 二〇一〇「長屋王家の宗教的習俗について」『木簡研究』三二
黒板昌夫 一九九五「奈良時代の道教に就いての試論」中井真孝編『奈良仏教と東アジア』雄山閣出版、初出一九三六年
黒岩重人 一九九四「藤原京出土木簡と陰陽五行」『東アジアの古代文化』八〇
小池淳一 二〇一一『陰陽道の歴史民俗学的研究』角川学芸出版
小坂眞二 一九八〇「九世紀段階の怪異変質にみる陰陽道の一側面」竹内理三編『古代天皇制と社会構造』校倉書房
小坂眞二 一九九三「古代・中世の占い」村山修一他編『陰陽道叢書第四巻』名著出版
小坂眞二 二〇〇四『安倍晴明撰『占事略決』と陰陽道』汲古書院

斎藤英喜 二〇一二『増補陰陽道の神々』思文閣出版
斎藤勵 二〇〇七（水口幹記解説）『王朝時代の陰陽道』名著刊行会、初刊一九一五年
佐々木宏幹・山折哲雄・藤井正雄 二〇〇六「占いの現代的意義を探る」佐々木宏幹他編『日本占法大全書』四季社
繁田信一 二〇〇四『陰陽師と貴族社会』吉川弘文館
志野友子 一九九四「天平宝字年間の陰陽寮関係施策について」『人文論究』四四―二
下出積與 一九七二「呪禁師」『日本古代の神祇と道教』吉川弘文館
白石太一郎 一九九七「令制下の呪禁」『日本古代の道教・陰陽道と神祇』吉川弘文館
新川登亀男 一九九九「装飾古墳に見る他界観」『国立歴史民俗博物館研究報告』八〇
新村拓 一九八三『古代医療官人制の研究』法政大学出版局
鈴木一馨 二〇〇二『陰陽道』講談社選書メチエ
鈴木一馨 二〇〇三「平安時代における陰陽寮の役割について」『駒沢史学』六一
鈴木一馨 二〇一二「「陰陽道」の枠組と「陰陽師」」上杉和彦編『経世の信仰・呪術』竹林舎
高田義人 一九九六「官職家業化の進展と下級技能官人」林陸朗・鈴木靖民編『日本古代の国家と祭儀』雄山閣出版
高原豊明 二〇〇一『晴明伝説と吉備の陰陽師』岩田書院
瀧川政次郎 一九六〇「令の喪制と方相氏」『日本上古史研究』三七
瀧川政次郎 一九六二「律令禁物考（上）（下）」『國學院大學政経論叢』一一―一・二
瀧川政次郎 一九七〇「律令と陰陽道」『東方宗教』三五
瀧川政次郎 一九八九「陰陽寮」「典薬寮」律令研究会編『訳註日本律令十 令義解訳註篇二』東京堂出版
詫間直樹・高田義人編著 二〇〇一『陰陽道関係史料』汲古書院
田中卓 一九八五「続・還俗」『壬申の乱とその前後』国書刊行会、初出一九五六年
田中久夫 二〇一四（酒向伸行編）『陰陽師と俗信』岩田書院
中島和歌子 二〇一四「古代文学と陰陽道概説」水口幹記編『古代東アジアの祈り』森話社

中村璋八 二〇〇〇「吉日考秘伝について」『日本陰陽道書の研究増補版』汲古書院、初版一九八五年
西岡芳文 二〇〇二「六壬式占と軒廊御卜」今谷明編『王権と神祇』思文閣出版
野田幸三郎 一九五三「陰陽道の成立」『宗教研究』一三六
橋本政良 一九九一「勅命還俗と方技官寮の形成」『陰陽道叢書 一』名著出版
野田幸三郎 一九五五「陰陽道の一側面」『歴史地理』八六―一（いずれも『陰陽道叢書 一』に所収）
林淳 二〇〇五『近世陰陽道の研究』吉川弘文館
林淳 二〇〇六『天文方と陰陽道』山川出版社日本史リブレット
布施弥平治 一九六六「明法勘文」『明法道の研究』新生社
細井浩志 二〇〇二「時間・暦と天皇」『岩波講座 天皇と王権を考える 八』岩波書店
細井浩志 二〇〇四「奈良時代の暦算教育制度」『日本歴史』六七七
細井浩志 二〇〇五「書評 繁田信一著『陰陽師と貴族社会』」『日本史研究』五一四
細井浩志 二〇〇八ａ「日本古代の宇宙構造論と初期陰陽寮技術の起源」『東アジア文化環流』一―二
細井浩志 二〇〇八ｂ「陰陽寮と天文暦学教育」『「第2回天文学史研究会」集録』
細井浩志 二〇一三「藤原仲麻呂と御霊信仰の成立」木本好信編『藤原仲麻呂政権とその時代』史聚会
細井浩志 二〇一四『日本史を学ぶための〈古代の暦〉入門』吉川弘文館
細井浩志 二〇一五ａ「七、八世紀における文化複合体としての日本仏教と僧尼令」新川登亀男編『仏教文明と世俗秩序』勉誠出版
細井浩志 二〇一五ｂ「古代対馬の亀卜」『高野晋司氏追悼論文集』
増尾伸一郎 二〇〇二「陰陽道の形成と道教」林淳・小池淳一編著『陰陽道の講義』嵯峨野書院
松田智弘 一九九九「道教伝来の可能性」『古代日本の道教受容と仙人』岩田書院、初出一九八八年
松本政春 二〇〇二「奈良朝陰陽師考」『律令兵制史の研究』清文堂出版
水谷類「葬送における方相氏と薄葬の思想」上杉和彦編『経世の信仰・呪術』竹林舎、二〇一二年
三宅和朗 一九九五「古代大儺儀の史的考察」『古代国家の神祇と祭祀』吉川弘文館

宮﨑健司　一九九六「奈良末・平安初期の疫神祭祀」日野昭編著『日本古代の社会と宗教』永田文昌堂
宮崎真由　二〇一二「陰陽道祭祀の一考察」『皇學館論叢』四五―三
宮崎真由　二〇一四「古代陰陽寮官人の基礎的研究」『神道史研究』六二―一
村山修一　一九八一『日本陰陽道史総説』塙書房
村山修一・下出積與・中村璋八・木場明志・小坂眞二・脊古真哉・山下克明編　一九九一～九三『陰陽道叢書』一～四、名著出版
村山修一・脊古真哉　一九九三「中世日本の陰陽道」『陰陽道叢書　二』名著出版
木簡学会　二〇〇三『日本古代木簡集成』東京大学出版会
山下克明　一九九六『平安時代の宗教文化と陰陽道』岩田書院
山下克明　二〇一〇『陰陽道の発見』ＮＨＫ出版
山下克明　二〇一五『平安時代陰陽道史研究』思文閣出版
山中裕　一九七二「冬の行事」『平安朝の年中行事』塙選書
山本徳子　一九八二「唐代における太医署の太常寺への所属をめぐって」『藪内清先生頌寿記念論文集　東洋の科学と技術』同朋舎
吉岡斉　一九九一『科学文明の暴走過程』海鳴社
頼富本宏　二〇〇六「宗教と占いと私」佐々木宏幹他編『日本占法大全書』四季社
和田萃　一九九五「呪符木簡の系譜」『日本古代の儀礼と祭祀・信仰　中』塙書房
和田萃　一九九七「南山の九頭龍」『大山喬平教授退官記念　日本国家の史的特質　古代・中世』思文閣出版

〔その他の引用史料〕

養老律令：日本思想大系『律令』、『続日本後紀』『令義解』『類聚三代格』『政事要略』『朝野群載』：新訂増補国史大系、『続日本紀』『蜻蛉日記』：新日本古典文学大系、『儀式』『内裏式』：神道大系、『左経記』：増補史料大成、『村上天皇日記』：『三代御記逸文集成』『大唐六典』：廣池千九郎校注・内田智雄補訂（三秦出版社）、『漢書』：中華書局標点本

〔付記〕　本稿の原型は、宗教史懇話会サマーセミナー（二〇一二年八月二六日）での報告「陰陽道の成立とその宗教性——陰陽道は宗教か？」である。その折に意見を頂いた各位に感謝する。なおその一人の増尾伸一郎氏は、二〇一四年七月に急逝された。ご冥福を祈りたい。その後、国際日本文化研究センター共同研究プロジェクト「日本的時空観の形成」の一環として大幅に修正したものが本稿である。またもとの報告は科学研究費補助金事業（課題番号二二五二〇七〇〇）による研究成果の一部でもある。

亀卜の時空

井上　亘

一　史卜同源

占いとは未来または未知を知る方法をいい、その方法には大きく分けて、偶然による占いと必然による占いの二種類がある。亀甲を灼いて出たひびの形（兆）で吉凶を求める亀卜は前者の占いの代表であり、蓍（筮竹）の束を振り分けて出た数により卦爻を求める易筮は、その数が一定であるという点に若干の必然性をふくみ（『周易』繫辞上）、前者に軸足を置きつつも後者への過渡的な位置に立つ。そして、「日書」「月令」といった天文暦術による後者の占いが発達してくる。[1] つまり、占いの方法にみる偶然から必然への展開は、そのまま占いの発展史であり、かつ天文暦術・陰陽五行思想が生み出される古代科学史の幹線でもあった。

偶然による占いは、偶然の結果を通して神意を問うもので、それじたい偶然の出来事に運命を見出す心持ちと相通ずる性格をもちつつ、それが下駄を転がして天気を占うようなやり方と異なる点は、占う物の「神格化」にある。亀卜では亀が神意を体する全知の、聖なる生き物とされる。『周礼』春官・亀人の天・地・東・西・南・北の「六亀」が、『史記』亀策列伝では北斗・南辰・五星・八風・二十八宿・日月・九州・玉の「八名亀」となり、また「神亀」と称されるにいたる。[2] これが『唐六典』太常寺・太卜に「天地を象り、万物を弁ずる」とする「亀神」「亀聖」の観念に受け継がれる一方、「如実にこれを論ずれば、卜筮は天地に問わず、蓍亀は未だ必ずしも神霊ならず。神霊有りとし、天地に問うとするは、俗儒の言う所なり」という批判をも招いた（王充『論衡』卜筮篇）。

また『周易』説卦伝に「昔者聖人の易を作るや、神明を幽賛して蓍を生ず」というように、蓍草もまた神聖な植物と観念された。卜筮は決疑の法であるから、それに答える占いの具は全知でなければならない。亀甲と同様に用いた獣骨も羊・牛・猪の肩胛骨であり、[3] それらは祭祀の犠牲とされた点から、[4] 同様に神聖視されたものであろう。

中国で亀卜が最も盛んに行われたのは殷代であり、河南省安陽の殷墟から大量の甲骨が出土し、そこに刻まれた文字が亀卜の記録（卜辞）であることはよく知られている。その甲骨文はまた中国最古の文字であり、その前史に新石器時代の陶器などに刻まれた「符号」があるとはいえ、中国の文字文化は殷代にはじまるといってよい。その後、金文・竹帛・石碑・紙へと展開するなか、文字と占いの結びつきもまた長く引き継がれた。

史・卜の子、年十七歳にして学ぶ。史・卜・祝の学童は三歳にして、学佴将いて大史・大卜・大祝に詣り、郡史の学童は其の守に詣り、皆八月朔日に会してこれを試みよ。

これは前漢呂后二年（前一八六年）に施行された『二年律令』史律の出仕に関する規定で、[5] 中央と地方の史（書記官）や卜者の子どもは一七歳から三年間その専門の課程を学んだあと、教師（学佴）に連れられて中央の大史・大卜または郡守のところへ行き、試験を受けて史・卜となるという内容だが、ここで注目すべきは、史・卜の官が世襲であったこと、そして両者が同列に置かれていたことである。

史・卜の共通性はその試験の内容をみても明らかであって、史は「十五篇を以て、能く五千字以上を諷書すれば、乃ち史と為るを得」といい、『史籀』一五篇の書き取り五千字を課せられたのに対して、卜は「能く史書三千字を諷書し、卜書三千字を誦んじ、卜して六発中一以上なれば、乃ち卜と為るを得、以て官□（佐？）と為せ」といい、卜は「史書」つまり史が常用する隷書で（おそらく史とおなじ『史籀篇』の）書き取り三千字と卜書の暗誦三千字（後述）、さらに亀卜の実修を六回試みて一回以上的中することを求められた[6]。史は篆書五千字の書き取りとは別に書法「八体」の試験が課せられたとはいえ、卜が史と共通の素養を求められ、そのうえで亀卜の技術を試されたことがわかるだろう。

かつて平岡武夫は、甲骨文の記録者（貞人）について「貞人が史官であり、史官が貞人なのである」と喝破したうえで、甲骨文から金文・竹冊をへて『尚書』へといたる「王者の記録」の系譜を論じ[7]、陳夢家は西周の公文書が当時の金文と『尚書』の周書に伝えられていると述べた[8]。後漢の王充が「『尚書』『春秋』、史記を采綴す。史記と『書』とは異なる無し」という（『論衡』書解篇）、この「史記」は史官の記録という意味の普通名詞だが、「子の雅言とする所は詩・書・執礼」というように（『論語』述而）、儒家はつまり『尚書』に伝わる史官の文と『詩経』に収める上古の詩を「雅言」として学んだわけである。

王国維「漢魏博士考」によると（『観堂書林』巻四）、前漢の文帝が詩・書・春秋の博士を置き、武帝がこれに易と礼の博士を加えて「五経博士」が成立する一方、漢代には書館・書師があって、『蒼頡篇』『急就篇』などの小学書を学び、書法を習得して「吏」（史？）となる道があり、進んで『論語』『孝経』を経師について誦得し、さらに一経を修めて「儒生」となる道があった。そして武帝が五経博士を立てて百余年、一経の説は百余万言におよび、経師の衆は千余人にいたったが、それは「禄利の路」ゆえであったという（『漢書』儒林伝・賛）。

一方、「前主の是とする所を著して律と為し、後主の是とする所を疏して令と為す」という『漢書』杜周伝の言葉は、王命がそのまま「律令」になったことを述べたものだが、近年この証言は事実であることが裏づけられた。つとに漢代の制詔は「著レ令」「具為レ令」といった著令文言を付して「令」に登録されたことが知られていたが、前掲『二年律令』の津関令全二三条は、関連する制詔をまるごと並べた「詔令集」の形をとっており、後にいう律令格式の「格」に似る。また睡虎地秦簡「為吏之道」に引く「魏戸律」「魏奔命律」は、〈年月日＋告某〉（年月日、某に告ぐ）という書式の王命そのものであり、戦国時代に王命の著律が行われていたことを証する。

秦律や漢律はもはや王命の書式をとっておらず、晋令も佚文を見る限りではみな条文化されていたようであるから、著律・著令された王命は、王朝の交替とともにその命令主体の人格を失って条文化、抽象化されたのであろう。つまり王命が法令になるわけで、法律のもつ強制力の根源が知られるとともに、この王命の記録の集成である「律令」と、王言の史記の集成である『尚書』はおなじ工程の典籍であることが判明し、そこに史官の仕事の実相が浮かび上がってくるのである。(9)

そして、その史官とは漢史律にいう史・卜にほかならず、史記と卜辞は「王者の記録」という意味で共通する。かれらにとって、文字文化と占いの文化は決して二つのいとなみではなく、一つの文化として根源的に融合していた。かつて顧頡剛は戦国時代に勃興した「方士」の術を漢代の「儒生」が取り込む形で儒学一尊の情況（いわゆる国教化）を創出したと論じたが、(10)その根底には殷代以来の史卜一体の伝統があり、漢代文字文化の担い手には方術の文化がよくなじんだという事情もあったのではなかろうか。

漢代に成熟した中国の文字文化はその後、極東地域において「漢字文化圏」を形成するにいたる。(11)しかしその前史には、ここに述べた千年にもわたる史＝卜同源の文化が存在していたことを忘れてはならないであろう。

二　楚簡と楚辞

（1）戦国楚の貴族の日常と占い

さて、話を亀卜にもどすと、湖北省荊門市包山二号墓から出土した戦国楚簡には「卜筮祭禱簡」とよばれる占いの記録がある。(12) これは楚の懐王に仕えた貴族（正確には「左尹」宰相補佐官）が紀元前三一八年から三一六年にかけて、貞人を招いて一年間の無事（歳貞）や病気の原因（疾病貞）を占わせたもので、戦国時代の貴族の占いの実際を伝える貴重な出土資料であるから、ここで少しくわしく紹介しておこう。(13)

紀元前三一八年四月乙未、この墓主（左尹卲尬）は三人の貞人を招いて歳貞を行った。一人目は亀卜で「（今年の四月から来年の四月まで）出入して王に事うるに、歳を卒うるまで、尚わくは躬身に咎有る毋からんことを」と占うと、「恒貞吉。(14) 少しく躬身に憂い有り。且つ事（王事）を志すに少し遅れて得ん」と出た。また「其の故を以てこれを説くに、人禹に攻解せんと思う」と占うと、(15)「甚だ吉なり。期中、憙び有らん」と出た。

歳貞はこのように二段階になっていて、はじめに一年の無事を占い、そこで出た結果について、さらに対策を提示して占う。その占いの内容を述べた文を「命辞」といい、その結果を「占辞」という。また各段の冒頭に占った年月日、貞人の名と占いの道具、依頼主の名前を書いた「前辞」があり、一つの記事は前辞・命辞・占辞／命辞・占辞というように構成され、「卜筮祭禱簡」全体でこういう記事が二六段ある（うち四段は祭祀の記録）。

図1　卦画（『包山楚簡』）

二人目も亀卜でおなじ内容（命辞）を占い、「恒貞吉。少しく外に憂い有り。事を志すに少し遅れて得ん」という占辞を得た。そこで、墓主の先祖である楚の昭王に特牛の饋祭を行い（特は一の意）、祖父や父などにそれぞれ特豕と酒食を供えて祭り、母には特豠（?）を供えて祭れば、「事を志すに速やかに得、皆速やかに賽せん」と占うと、「吉」と出て、六月と七月に「憙び有らん」という。

三人目は筮占で、前の二人とおなじ命辞のあと、『周易』六十四卦にいう兌と豫の卦画が書かれ（図1右）、占辞に「恒貞吉。少しく躬身に憂い有り。且つ爵位、遅れて践らん」と出た。そこで二人目の説に同意したうえで、さらに屋敷神（宮地主）に一羖（黒羊）、父に特狙と酒食、母と叔父に肥えた豬と酒食を供して饋祭することを提案したところ、「吉なり。九月に至り爵位に憙ぶ」と出た。

このあと、およそこの簡に書かれたことはすでにみな実施したといい、翌年（前三一七）正月に実施した昭王の祭りと、祖父や父などの祭りの記録がつづき、また三人目の二回目の命辞を書いた簡の裏面には、父と母の饋祭を実施した旨の注記がある。

墓主はこのあと三月に腹を病み、貞人を呼んで「腹疾を病み、以て気少なし。尚わくは咎有る母からんことを」と占うと、「貞吉。少しく未だ已まず」と出たので、このときは社（野地主）と屋敷神の厭祭および行祀（道祖神祭）を提案して、「吉」となり、四月には出仕できるだろうと出た。これを疾病貞といい、やはり二段構成になっている。

その後どうやら占いのとおりに回復したらしく、五月にまた三人の貞人を呼んで歳貞を行っている。このときは筮・卜・卜の順に占い、揃って「恒貞吉」としながらも「少しく躬身と宮室に憂い有り。且つ外に不順有り」とか「少しく王事に悪しきこと有り」と出たので、ここでもいろいろな対抗祭祀が提案されたが、これを実施したという記録はない。

その半年後の十一月、墓主は四人の貞人を呼んで疾病貞を行った。みな亀卜で「既に病有り、心疾を病む。気少なく、食も入らず、尚わくは恙有る母からんことを」と占うと、三月に疾病貞を行った貞人は己酉の日に卜して「庚・辛に間（小康）有り。病は速やかに瘥えん」といったが、ほかの三人はみな「祟有り」とし、うち一人は祖父と夭折した叔父の祟りだと明言し、特牛などをもって祭るよう提案して吉と出た。その七日後の丙辰の日に、この祖父と叔父の祭りを実施した記録がつづく。

そして翌年（前三一六）の四月、五人の貞人が招かれて歳貞と疾病貞が行われた。このときは卜・筮・卜・筮・卜と歳貞・疾病貞それぞれ五回ずつ同じ命辞を占ったが、歳貞は一人が「吉。咎無く、祟りも無し」としたほかは揃って「恒貞吉」とし、身体または宮室に憂いありとして、屋敷や道祖神の祭りなどを提案した。問題は疾病貞の方で、「既に腹心の疾あり、食甘からず、久しく瘥えず。尚わくは速やかに瘥え、奈（何）とも有る毋からんことを」という命辞に対し（「毋有奈」は「毋死」の意味）、五人揃って「恒貞吉」としつつ、毎年歳貞に呼ばれている一人は「疾瘥え難し」といい、ほかの四人も病状の悪化を告げている。

そして翌月、一人の貞人が呼ばれて疾病貞を行ったが、その命辞には「其れ重病有り、上気せるを以て、尚わくは死ぬこと毋からんことを」といい、占辞に「恒貞、死なず」といいつつ、祟り有りとして対策を講じている。墓主が死んだのはその翌月のことであった。

（2）楚の占いと日本の御卜

以上、長々と紹介してきたが、包山楚簡「卜筮祭禱簡」にみる中国の戦国貴族の占いのなかには、殷代や古代日本のそれと共通する点が数多くみられる。

まず、殷代には十日ごとに王の吉凶を卜した「貞旬卜辞」があり[16]、包山楚簡の「歳貞」はこれを一年に引き延ばした形であるが、このあと紹介する日本の「御体御卜（おおみまのみうら）」はなんと半年の吉凶を卜したもので（大化前代には毎月行われていたと私は考えているが）、これらはみな同系統の占いといえる。また、殷代の卜辞にはおなじことを何度もくり返し占う「多貞」というべき現象がみられるが、右に述べてきたように楚簡にもおなじ作法がみえ、後述するように御体御卜も同様である。さらに楚簡にみた前辞・命辞・占辞からなる構成も、「殷の卜辞によく似ている」[17]。日本の御卜でも書式は異なるが、亀卜の記録を「問文」に書いて、その結果を「奏文」にまとめて奏上することが行われ、また命辞に当たる問いを「平竹」に書いて占うことが行われた。そして殷代の命辞は疑問文の形をとらないのだが、(18) 楚簡の命辞も「尚わくは」という願望の形で問いを立てて疑問形を用いない。この点は実は日本の御卜も同様であって、五枚ある平竹（命辞）のうち、疑問文になっているのは一枚目だけで、ほかの四枚は疑問文になっていない。

日本の御卜ではこの平竹を折って占うのだが、『荊楚歳時記』逸文の秋社の条に「竹を折りて以て卜し」、来年の豊作を占うとあり、また『楚辞』離騒の王逸注に楚人は「草を結び竹を折りて卜す」という。この注は「藑茅（霊草）を索り筳（小折竹）を以て篿し」という本文にかけられたもので、そのあと本文は、

霊氛に命じて余の為にこれを占う（命靈氛爲余占之）。

とつづく。この「霊氛」を後漢の王逸は「古の吉凶を明占する者」と注するが、これは包山楚簡「卜筮祭禱簡」第一段の前辞に、

盬吉（貞人の名）、保家を以て左尹舵の為に貞う（盬吉、以保家爲左尹舵貞）。

というのとおなじ構文であり、「保（宝）家」は亀卜に用いた亀の名前である。このほかに「訓鼀」「長則」「少宝」「彤筈」「長霊」「駁霊」という名がみえ、蓍にも「央蓍」「丞悳」「共命」という名前がついている。(19) このように占具に名前をつける楚人の習慣からして、離騒にいう「霊氛」はおそらく亀の名であろう。

つまり、「霊氛に命じて」の「命」は命亀の意味で、その命辞は「曰く、両美其れ必ず合わん、孰れか脩（脩行忠直＝屈原）を信じてこれを慕わん」とつづく。以下、この霊氛と作者の対話を通じて、早く楚国を去るべきことが語られるが、実際には屈原が一々問いを立てて神意を聞いたのであろう。霊氛の答えが出たあとも、屈原が「心猶予して狐疑」していると、今度は「巫咸」なるものが百神とともに降りてきて、霊氛の説に同意したとつづく、この巫咸は一見、百神の意を体するシャーマンとよめるが、『周礼』春官の筮人が掌る「九筮」の第二

に「巫咸」がみえ、『世本』佚文に「巫咸作レ筮」とあることから、これもおそらく著の名前で、占具をして語らしめる擬人化の手法をとっているのであろう。

もとより屈原（前三四三～二九〇年ごろ）は、包山楚簡の墓主とおなじ楚の懐王に仕え、その懐王に疎まれて離騒を作ったといわれる。右の霊氛と巫咸のくだりはその後半部分にあたり、王に疎外されたわが身の処し方を卜筮に質した、その命辞と占辞（問いと答え）を文学的に再構成し、おのれの鬱憤と葛藤を表現した。ここがわからないと、この作品の真意はおそらく把握できないのではないか、という具合に、この古代文学の傑作について、出土文献の知見にもとづく新たな解釈を示すことができる意義もさることながら、本稿としては楚辞と楚簡の共時性と同質性、すなわち屈原の証言をもって「卜筮祭禱簡」の内容を補足することができ、結果、楚の占いと日本の御卜との密接な関係性が浮き彫りになることの方がより重要である。すなわち、楚簡の貞人はおそらく「竹を折りて卜」していたのであり、その方法が遠く日本の御卜にも伝えられていたのではないかということである。

三　卜筮並用

一般に、中国古代の亀卜については、『周礼』春官の大卜・卜師・亀人・華氏・占人や『史記』亀策列伝、および『尚書』周書の洪範・金縢・大誥・洛誥や『儀礼』の一部などにより議論されてきた。とくに『尚書』金縢の記事は、武王の不予に際して周公が疾病貞を行ったものであるから、ここで紹介しておこう。[20]

殷の紂王を倒した翌年、周の武王が不予となり、弟の周公がその無事を占った。広場に三つの祭壇を築き、父文王と祖父・曾祖父に擬してそれぞれに璧を供え、みずからは南に壇を設けて北面し、手に珪の玉を握って立った。そこで「史、乃ち冊祝して曰く」として長い命辞（祝文？）が語られる。内容は武王の身代わりに自分を天に召すよう願ったもので、文中みずからを「能く多材多芸、能く鬼神に事う」とし、武王を「旦」（周公）の多材

、多芸に若かず、鬼神に事うる能わず」と評しているところが面白い。そして結びに「今我、即いて元亀に命ず、

爾もし我を許さば、我其れ璧と珪とを以て、帰りて爾の命を俟たん。爾、我を許さざれば、我乃ち璧と珪とを屏てん」といって三亀を卜し、四回目にして吉と出た。鍵を開けて卜書を見ると、実はみな吉であった(21)。周公は「王其れ害罔からん」云々といい、（命辞と占辞を記録した）冊を金縢の櫃に納めた（縢は束、封緘の意）。武王は翌日快癒したという。

このあと、周公は武王のあと即位した成王に疎まれて窮地に陥るが、成王が金縢の書を見るにおよび、泣いてみずからの非を悟ったとつづく。ここにみる亀卜の次第は「公乃ち自ら以て功を為す」といい、功は攻に通じ、前節にみた「攻解」（祓え）の意と解されるから、祭壇を設け解除の祭りを行うなかで亀卜が行われたのであろう。楚簡にみえる占い方からすると、あらかじめ三王の祟りと知って祓えを行い、そこで身代わりの可否を占うというのは少々順序がおかしいが、この物語で注目すべきなのは、史が「冊祝」していること、すなわち『二年律令』史律にいう史・卜・祝の一体性が見られる点と、「書を見て」吉凶を定め、その書が「籥」をかけて厳重に保管されていた点である。

『尚書』だけをみると、亀卜は周公本人が行っているようによめるが、そうではない。『儀礼』には日取りなどを卜筮で決める場面が散見するが、たとえば巻一六・少牢饋食礼（卿大夫の宗廟祭祀）の冒頭をみると、「廟門の外に筮す」とあって、主人と史が朝服を着て向かい合い、主人が「孝孫某（主人）、来たる日の丁亥に、用って歳事を皇祖伯某に薦め、某妃（妻）を以て某氏に配す、尚わくは饗けよ」というと、史は諾して左手に筮竹を執り、右手にその箱を持って筮竹を撃ち（鄭注「以て其の神を動かす」）、「爾大筮の常有るを仮り、孝孫某……」と命辞を復唱してから、立って筮竹を振るい、占いを始める。その左手に卦者（部下）が座り、「卦するに木を以てし、筮し卒われば、卦を木に書きて主人に示す」。おそらく陰・陽のしるしをつけた算木のような棒を地面に一

本一本置いて卦爻を作り、六爻揃ったら、これを木牘に書いて主人に渡す。そうして卦者は戻って吉凶を定め（これを旅占という）、吉と出れば、史は筮竹を箱にしまい、これと卦（の木）を持って主人に「占に曰く、従う」と告げる。吉と出なければ、初めからやり直す。

このようにみてくると、周公は主人として壇上に立ったまま動かず、史が冊祝したうえに卜したのであろうと察しがつく。つまり史・卜・祝は祭儀の現場において同体であった。してみると、祝文の常套句「尚饗」がそのまま筮日の命辞に使われているのも容易に理解できる。楚簡の命辞で願望の「尚」を用いるのも、貞人が「冊祝」したからであろうと合点がいく。

『儀礼』士葬礼では、斂・殯といった遺体の処置を済ませたあと、筮人が墓地を占い、卜人が埋葬の日を占っている。筮人の占い方は右の史とほぼおなじだが、命辞は「哀子某、其の父某甫の為に宅を筮し、茲の幽宅兆基を度るに、後艱有る無からん（無有後艱）」とやはり疑問文の形をとらず、筮人はこの命を受けて「中封を指して筮す」、つまり墓穴の中央から掘り出した土の前で（?）占ったという。

一方、卜人の占いは廟門内に亀と灼亀の具（楚焞、日本のハハカ木に相当）を安置するところから始まる。族長が亀をあらため（腹甲の盛り上がりをみるので「視高」という）、「哀子某、来たる日某、其の父某甫を葬らんと卜す、考降（下棺）に悔いに近き有ること無からん」という命辞を下すと、宗人（執事）がこれを「亀に命じ」て卜人に亀を返す。卜人は坐して亀を灼き、立って宗人に渡し、宗人はこれをまた族長に見せて、返されるとそのまま旅占を行う。吉と出れば、亀を持ったまま族長と主人に「某日従う」と告げる。この宗人は天子の春官宗伯に当たる祭官で、[22]『周礼』春官はこの宗伯のもとに大史・大卜・大祝を置く。そして士葬礼の経文をみる限り、卜人は亀甲を灼くだけで、旅占は宗人が行っている。[23]要するに殷周の史の流れをくみ、史卜を兼務するのであろう。

以上の文献から史・卜・祝の一体性があらためて確認されるとともに、楚簡にみた亀卜と易筮の並用が一般的であったことが知られるだろう。『周礼』春官・筮人に「凡そ国の大事は先に筮して後に卜す」といい、『礼記』曲礼上の鄭注に「大事は卜し、小事は筮す」というが、楚簡では卜・筮・卜・筮・卜と交互に使っており、必ずしも守られていない。

卜筮並用もまた殷代にさかのぼる。その晩期から周代にかけての甲骨や青銅器・陶器・石器には三ないし六の数字の羅列が刻まれ、これが原始の易卦「数字卦」とされている。[24] その卦爻は一・五・六・七・八・九の六つの数字により示され（二〜四は横画の重複ゆえ故意に省かれたらしい）、このうちの一が陽爻となり、八が陰爻となって漢代まで使用された。上海博物館蔵戦国楚簡『周易』や馬王堆漢墓帛書『周易』の卦爻はみなこのタイプであり、[25] 前節に紹介した包山楚簡（図1）も同様であるが、この知見は従来の陰陽五行思想の成立論に重大な変更を求めるものである。すなわち、易は陰陽の概念をもとに構想されたのではなく、まず数字の象徴的な作用にもとづいて作られ、その後、一と八に収斂する形で陰陽思想と結びついたと考えられる。李零は古代の算法との関係を指摘するが、[26] かつて武内義雄が易は卜書から出たと論じたことをふくめ、[27] 本稿で述べた史卜同源・卜筮並用の観点から『周易』の成立を考えてみる必要があるだろう。[28]

殷代に隆盛を誇った亀卜の甲骨は周代に入ると次第に出土数が減少し、代わって数字卦から発展した易筮が流行したと考えられるが、戦国時代になると、五行思想や天文暦法と結びついた「日書」や「月令」が登場し、[29] それはやがて漢代の「緯書」へと展開する。[30] その間、卜書がどうなっていたかを、つぎに考えてみたい。

四　「卜書」と『亀卜抄』

（1）卜書の伝来過程

『尚書』金縢で周公が旅占に用いた「書」は、筮における『周易』に相当する書物で、漢の史律に卜が暗誦したという「卜書三千字」（第一節参照）がこれに当たる。[31]『漢書』芸文志の数術略・蓍亀類に『亀書』五二巻、『夏亀』二六巻、『南亀書』二八巻、『巨亀』三六巻、『雑亀』一六巻の五部を著録するが、史律にいう「卜書」がそのいずれであるかを考える手がかりもない。ただ『史記』亀策列伝や『周礼』の関係箇所にその佚文が含まれているだろうと推測されるほか、呂后死後の跡継ぎ騒動の過程で、即位前の文帝が亀卜を行った記事があり（『漢書』文帝紀）、そこに、

これを亀に卜し、卦兆「大横」を得たり。占して曰く、「大横は庚庚、余は天王と為らん。夏啓以て光いなり」

とあって、卜書に『周易』の卦辞に相当する占辞があったことをうかがわせる。[32]『周易』には六十四卦の卦辞があり（例「乾は元亨利貞」）、その一卦を構成する六爻の一本一本に爻辞があって（例・乾「初九、潜竜なり、用いる勿かれ」）、卦辞は文王、爻辞は周公が書いたものとされる。そして卦辞（彖辞ともいい、爻辞（象辞ともいう）のそれを象伝といって、現行の『周易』本文に「彖曰」「象曰」として組み込まれている。そして、この彖伝上下篇・象伝上下篇・繫辞伝上下篇と文言・説卦・序卦・雑卦の四伝を総じて十翼といい、古来これを孔子の作とする。一方、『周礼』春官・大卜に、

大卜、三兆の法を掌る。一に曰く玉兆、二に曰く瓦兆、三に曰く原兆。其の経兆の体、皆百有二十、其の頌、皆千有二百。三易の法を掌る。一に曰く連山、二に曰く帰蔵、三に曰く周易。其の経卦皆八、其の別皆六十有四。

とあって、[33]卜書には八卦に当たる卦兆が百二十、六十四卦に当たるものが千二百あったとよめる。そして『周礼』春官・卜師に、

卜師、亀の四兆を開くを掌る。一に曰く方兆、二に曰く功兆、三に曰く義兆、四に曰く弓兆。

とあり、その鄭注に「開は其の占書を開き出すなり。経兆百二十体、此れを四兆と言うは、これを分かちて四部と為す、『易』の二篇の若し。『書』金縢に「籥を開き(ママ)て書を見る」と曰うは、是の謂いか。其の方・功・義・弓と云う名は未だ聞かず」という。[34] つまり『周礼』は四兆百二十卦とし、方・功・義・弓兆各三十卦とするのだが、翻って現在、東京大学に所蔵される平安時代の『亀卜抄』をみると、

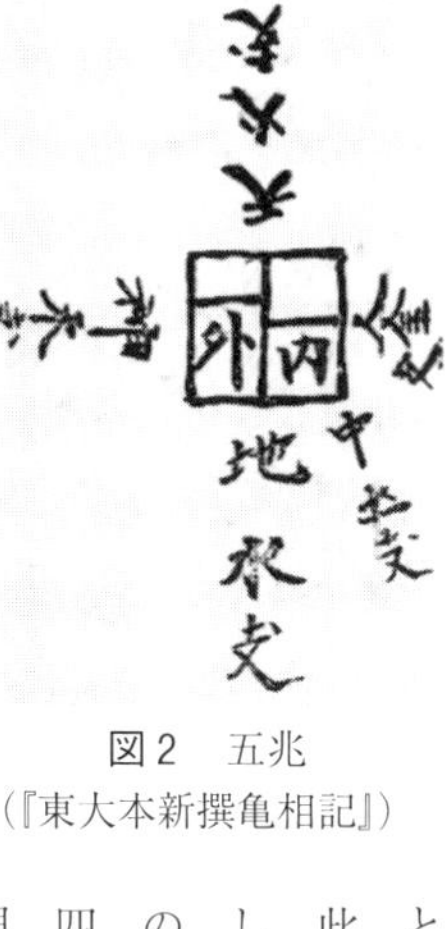

図2　五兆
（『東大本新撰亀相記』）

卜兆五枝（支）の内、惣じて百卅七卦有り。

として、地二九卦・天二九卦・神三八卦・人三八卦・中央三卦をあげている。[35] これは従来まったく注意されてこなかったと思われるのだが、ここにいう五兆百三十七卦は『周礼』の四兆百二十卦の発展した形ではなかろうか。『亀卜抄』の後半に収める『新撰亀相記』によると、御卜で亀甲を灼くときには、卜兆を見やすくするためにしるしをつけた。これを町といい（図2）、それはまず中央に縦棒を引き、その下の方をトオ（地）、上をホオ（天）とする。その線を五分して上（ホオ）から二分の位置に左へ横線を引く、それをカミ（神）といい、同様に下（トオ）から二分のところで右へ引いた横線をエミ（人）、カミとエミのあいだ、中央の一分をタメ（兆）という。これを灼くときは、まず亀甲を縦にもって、トオからホオへと火をあて、ひびが出やすいように水を差す。つぎに亀甲を横にして、手先の方のカミ、体に近い方のエミの順に火をあて、同様に水を差した。そして、

上古に灼く所は両支上下の別あり、中古に別と為り、惣じて五兆と称す(兆は支なり)。

といい、中古より五兆と称し、上古は「両支上下」すなわち四兆であったとする。『新撰亀相記』は別の箇所で宝亀六年（七七五）より前を「中古以前」といっているので、五兆は奈良時代に遣唐使がもたらした新知識であったと考えられる。[36]

つまり五兆百三十七卦は唐代卜書の説であった。『隋書』経籍志・五行に晋の掌卜大夫史蘇の『亀経』一巻を著録し、『旧唐書』経籍志・五行類に梁の柳彦詢『亀経』三巻などを著録するが、隋の蕭吉『五行大義』論五霊に史蘇『亀経』を引いて木・火・土・金・水の神霊を論ずるので、魏晋のころに五行思想と結びついて五兆が成立した経緯をうかがわせる。

そして『尚書』洪範で殷の箕子が周の武王に授けた「九疇（ちゅう）」の第七「稽疑（意思決定）」について、

択びて卜筮人を建立す。乃ち卜筮に命ずるに、曰く雨、曰く霽（せい）、曰く蒙、曰く駅、曰く克、曰く貞、曰く悔、凡そ七、卜は五、占は二に用いる。

とある「卜五」を、唐の孔穎達（くようだつ）『尚書正義』は五つの卜兆と解した。これは清の王引之が難じたように、「雨」以下の七事は「命亀」「命筮」の内容（命辞）とよむべきであって、[37]五兆ではないのだが、孔疏はつづけて、

其の兆、横をば土と為し、立つるを木と為し、径に斜向せるを金と為し、径に背くを火と為し、兆に因りて細曲せるを水と為す。

という「今の用亀」を紹介し、これと洪範の五兆がどう対応するのかわからないという。この「用亀」の説は『左伝正義』哀公九年条に引く後漢の服虔説と同文であり、ここから唐代の五兆が漢代に成立したものであることが確認される。『唐六典』太常寺・太卜署に、

太卜令、卜筮の法を掌り、以て邦家動用の事を占う。……一に曰く亀、二に曰く（五）兆、三に曰く易、四に曰く式。……凡そ兆は千里の径を以て母と為し、両翼を外（内？）と為す。正立を木と為し、正横を土と為し、内高を金と為し、外高を火と為し、細長く芒動するを水兆と為す。俯仰・伏倚・着落・起発・摧折・断動の状有り、而して其の吉凶を知る。又五行・十二気を視る。

とあるように、[38]服虔の五兆説は確かに唐代の公式な占法であった。

なお、唐の賈公彦『周礼注疏』は大卜の「経兆の体」百二十を「亀の金・木・水・火・土、五兆の体」として、兆別二十四ありと解している。これも右に述べたように、『周礼』の経兆百二十は卜師の四兆で割るのが正しく、賈疏は「今の用亀」の法に引きつけて五兆百二十卦の説を作り上げたのであろうが、ただしここにいう金・木・水・火・土の順序は、日本の呼び方に直すとエミ・カミ・トオ・ホオ・タメとなり、先に紹介した中古の灼甲の手順に近い。ちなみにトオ・ホオ・カミ・エミ・タメだと水・火・木・金・土となるが、これは『尚書』洪範の第一疇「五行」、すなわち最古の五行の排列に対応する。

（2）日本に伝来した亀卜

周知のごとく、日本古代の占いは『魏志倭人伝』に「其の俗、挙事・行来に云為（うんい）する所有れば、輙（すなわ）ち骨を灼きて卜し、以て吉凶を占う。先ず卜する所を告ぐるに、其の辞は令（命）亀の法の如く、火坼（かたく）を視て兆を占う」とあるのに始まり、弥生時代の中・後期には鹿や猪の肩胛骨を点々と削って卜していたが、古墳時代に入ると卜骨の裏面に円形の穴（これを鑽（さん）という）を掘り、裏から灼いて表面にひびを出すようになり、古墳時代中期にはその円形の鑽が整ってくる。(39) この変遷は中国でも同様で、夏王朝の都といわれる二里頭遺跡などの卜骨には不規則な円形の鑽がみられ、これが殷代の卜骨や卜甲になると、きれいな円形となり、やがて楕円形をへて方形の鑽が出てくるという。(40)

そして六世紀になると、方形の鑽に「＋」型の焼灼痕をもつ卜甲が壱岐や三浦半島から出土し始める。(41) それは、いわゆる任那四県割譲の見返りとばかりに百済の武寧王が継体天皇に送った「五経博士」の来朝（『日本書紀』継体七年六月条）、武寧王のあとを継いだ聖明王が任那をめぐる攻防のなかで欽明天皇に贈った釈迦金銅像や経論若干（同欽明一四年七月条）、これら儒教・仏教の公伝とともに医・易・暦の博士も百済から来朝し、「卜書・暦本・

種々の薬物」を要求するにいたる（同一五年六月条）、漢字文化の伝来時期にあたっていた。細井浩志はこのような経緯に注目して、欽明朝に亀卜が新しい「軍事技術」として王権主導で受容され、軍事拠点としての壱岐・対馬に亀卜専従の卜部を設置するとともに、東国の伊豆にその技術を移植して、「四国卜部」が成立したとする[42]（伊豆・壱岐に対馬の上下県を数えて四国という）。この見方は「軍事技術」を「漢字文化」に訂したうえで、基本的に継承されるべきであろう。

『隋書』倭国伝に「百済に仏経を求め得て、始めて文字有り」といい、「卜筮を知る。尤も巫覡を信ず」という。これが推古朝に来朝した裴世清らのレポートによるとすると、倭人は急速に漢字文化を学んだわけだが、この時期に方形鑽の「＋」型卜甲が登場するということは、その亀卜の技術が百済を経由して中国の南朝から伝えられたことを物語る。そして、この「＋」型の町こそが『亀相記』にいう上古の「両支上下」の四兆であったのではないか。

ここであわてて断っておかねばならないが、日本の町は亀甲の裏から火を当てる目安としてつけたしるしで、中国では鑿（さく）という。これに対し、裏から灼いて表に出たひびを兆といい、また（火）坼（たく）という。『周礼』卜師にいう「亀の四兆を開く」とは開鑿、裏面の町をいい、『唐六典』の「千里の径」や「両翼」もおそらく町の縦棒と横棒を指す。古墳時代の「＋」型焼灼痕もまた、開鑿してはいないが、灼甲の次第を示すので、町に準じてよい。一方、『正義』や『唐六典』にいう五行の兆は、その水兆に「芒動（ささくれ立つ）」などとあるように、明らかに表面の兆を指している。したがってこれと日本の町にいう五兆とは卜甲の裏と表で一応、区別しなくてはならない。

しかし発想を転換すると、戦国時代以降の卜甲の出土例が皆無にちかい現況において、中国南朝から百済をへて日本に伝えられたと考えられる卜甲の様式は、漢魏以降の亀卜を考える貴重な材料の一つといえるだろう。再

び『唐六典』太卜署条に、

『周礼』に太卜（下大夫）、卜師（上士）有り……亀人（中士）有り……秦・漢奉常の属官に太卜令・丞有り、武帝、太卜博士を置く。後漢は太史に幷せらる。又霊台待詔員に亀卜三人・易筮三人有り。魏・晋・宋・斉・梁・陳、其の職無し。後魏に太卜博士有り、従七品下。北斉太常に太卜丞有り。後周に太卜（下大夫）・小卜（上士）有り、又亀占（中士）有り。隋太常寺に太卜令・丞有り。皇朝これに因る。

とあるのによれば、六朝に太卜の官がなく、隋唐の太卜は北周の復古政策を継承したものであった。その間、『漢書』芸文志に著録された卜書はみな散佚し、漢代まで伝えられた亀卜の制度もまた衰退していた。『隋書』百済伝に「俗、騎射を尚び、書史を読み、吏事を能くす。亦医薬・蓍亀・占相の術を知る」とあるが、六朝に亀卜の官がない以上、百済が学んだのは南朝の民間に伝わる亀卜であったはずで、それは『漢書』芸文志に著録する『南亀書』や楚簡にみた南方の古い卜法を伝えていた可能性もあるのではないか(43)。

『亀相記』にいう上古の「+」型四兆はこうして百済から伝えられたと考えられるが、この四兆が『周礼』の四兆や『唐六典』にいう「千里の径」に「両翼」の璺と対応するかはわからない。しかし仮にそうであったとすると、四兆の璺（町）は漢代以来の五行の兆と矛盾する。よって、裏の璺を表の兆に合わせて五兆にした可能性は高いだろう。このように考えれば、いかようにも辻褄合わせができるが、私はいまのところ、『亀相記』にいう上古の四兆は『周礼』の四兆と対応し、それが南朝の民間から百済をへて六世紀の倭国に伝えられる一方、遣唐使が伝えた中古の五兆は、『唐六典』にいう「両翼」（横棒）を「径」（縦棒）の中央一分を空けて上下互い違いにずらす形で成立したもので、それは漢代以降、服虔の五兆説を採用したあとに調整された。その時期の穿鑿はもはや必要ないであろう。

五　亀誓の時空

（1）古代祭政の時間観念

こうしてようやく日本の御体御卜を紹介する段にいたるが、この行事についてはすでに二篇の専論を公表して検証してきたので[44]、ここではその成果の上に立って議論を進めたい。

御体御卜は六月と一二月の年二回、それぞれ向こう半年間の天皇の身体（御体）の無事を占う行事であるが、その成立時期については斎部広成の『古語拾遺』に、

難波長柄豊崎の朝に至りて白鳳四年、小花下諱部首作斯を以て祀官頭に拝す。王族を叙し、宮内の礼儀・婚姻・卜筮を掌る。夏冬二季の御卜の式は始めて此の時より起これり。

とあり、これをそのまま孝徳朝に御卜が成立したとよむこともできるが、私は御卜が月次祭の一環として行われていたことから、孝徳朝を境に御卜は毎月の行事から年二回の行事へと再編されたと考えている[45]。

六月と一二月に行われる行事をみると、月初めの御体御卜、一一日の月次祭・神今食、そして晦日の御贖・大祓という三つの大きなまとまりがある。御卜はまず一日に卜庭神祭を行い、九日まで御卜を行って、翌一〇日に結果を奏上し、また卜庭神を祭って終わる。

第二のグループは一日の忌火庭火祭と忌火御飯の供御に始まり、一一日に月次祭と神今食を行うが、神今食の日取りは嵯峨朝に固定されたもので、「大同以往」は御卜を始める前に「日問の卜」を行って決めていた（『新撰亀相記』）。また、神今食の前後には大殿祭を行い、一二日の大殿祭が終了したあと、また忌火庭火祭を行って終わる。

そして晦日に御贖（節折）と大祓を行うのだが、これに関連する行事として鎮火祭と道饗祭が吉日を卜して行

われた。

こうしてみると、六月と一二月は新嘗祭を行う一一月とならぶ祭祀の月であったことがわかるが、これを古くは毎月行ったとみる根拠は、それぞれのグループを括る卜庭神祭と忌火庭火祭・御贖が、令制下においても「毎月」行われていたことにある。ただしこれらのすべてを大化前代に行っていたのではなく、たとえば道饗祭・鎮火祭・大殿祭は京城・宮城・内裏という同心円状の規模の異なる祓えといえるが、京城と宮城（大内裏）は大化以降に成立したものであり、したがって大内裏の南門で臣下の穢れを祓う大祓も、古い段階にはなかったであろう。また月次祭は官幣三百四社にただ班幣するだけの行事であるが、これも新嘗祭に付随する相嘗祭と同様、神今食という天皇の神祭りに官社を参与させるという意味をもつ行事であるから、古い段階ではもっと数が少なかったであろう。

このように六月と一二月の祭儀を整理してくると、一日（月立ち）に御卜で無事を占い、その後の吉日に神今食で祖神を祭り、晦日（月籠もり）の御贖で身体の穢れを祓うという月次のルーティンが浮き彫りとなり、また月初めの御卜と月末の御贖がともに天皇の身体に関する行事で、その行事の主体もともに中臣と卜部であることから、これらの行事そのものが神今食を抱えこむ形で構成されていたことが明らかである。そしてこのような月次のルーティンが一年を通じて螺旋状にくり返されるなか、祈年―新嘗祭という歳時（農事）のルーティンがこれを貫く。これが倭王の宮廷祭祀の古儀であったと考えられる。

このような祭事の体系は政事においても認められる。これは律令制下の話だが、たとえば、中国の朝賀は「受朝」と表記されるのに、孝徳紀では「観賀正礼」とし、告朔も中国ではせいぜい「聴朔」というのに対して、日本では「視告朔」という。これは、見ることを知る（領有する）ことと同義とした「国見」の伝統によるのであろう。また朝賀と即位儀とはもとよりほぼ同儀であるが、日本では、百官の拝礼を受けることとともに、天皇が高御座に着座する即位そのものが重視された。これは、高千穂の峰を象る高御座に即くことで、天孫降臨神話を再演し、現神としての即位を儀礼的に表現したものとされる。このような即位が年頭の朝賀、さらに毎月の告朔においてくり返された(46)。

この拙文は就任儀礼としての「着座」が日常的にくり返されていたとつづく。ここには代替わり・年ごと・月ごと・日ごとという政事のルーティンが見出されるわけで、それは陰陽五行思想によって時間を分析した中国とは異質の、日本的なマツリゴトの時間観念といってよいと思う。ただし、儀式が何もないところから始まり、終わると撤収して何もない状態に戻すのは中国の礼の基本であり、不断に儀式をくり返して礼秩序を維持するという考え方も日中共通であるから、中国の礼文化の影響をある程度は見込んでおく必要がある。

（2）神話の再生

また、右の拙文にもふれたように、儀式が神話の再演という形をとる点も日本的な礼のあり方といえよう。むしろ儀礼の演劇性が神話を作るといってもよい。

御卜の卜庭神祭では平安京の左京二条にあった「太詔戸命神」「久慈真智命神」の二神を降ろして「卜庭」を現出させた。まず神祇官西院の北堂に神座を設けて供え物を置き、御卜を始める前に、卜部の長「宮主」が厳かに祝詞「亀誓」を読み上げる(47)。

皇親神魯岐・神魯美命、荒振る神をば掃い平らげ、石木・草葉も其の語を断つ。群神に詔りたまわく、「吾が皇御孫命は、豊葦原水穂国を安らけく平らけく知ろし食し、天降り寄させ奉る時、誰れの神か皇御孫尊の朝の御食・夕の御食・長の御食・遠の御食を聞こし食し仕え奉るべき」と神問い賜わん時、天香山に住む白真名鹿、「吾れ仕え奉らん。我が肩骨を内抜きに抜き出で、火成し卜えて問え」と、問い給わん時、已に火の偽りを致せり。太詔戸命、進みて啓さく、「白真名鹿は、上国の事を知るべし、何ぞ地下の事を知らん。吾は能く上国・地下・天神・地祇を知る。況んや復た人情の憤悒をや。但手足・容貌、群神と同じからず。故れ皇御孫命、天石座を放ち八重雲を別けて天降り坐すに、御前に立ちて下りて来たるなり。川に住む産は、昼は野の鳥を喫い、夜は山の獣を喫う。故れ水路を原ね大海を往き、下つ水は魚放る矢、上つ水は鳥放る矢、中つ水に浮き沈み、海菜を食とし、塩途を床とし、石屋を家とし、潮落もて羽翼とす。海の子釣を下し、吾れ若し釣を舎て、棹梶を放棄て、其の船を用いずは、大なる咎と為らん。損なうと雖も復た生命らんは、敢えて恨み咎むる莫し。海の子叉を以て撞いて、八十の村宍（肉？）を以て、海の子食らうと雖も、朝夕咎め崇ること有らじ。

吾が八十骨を日に乾き曝らし、斧を以て打ち、天の千別きに千別きて、甲の上・甲の尻を真澄鏡に取り作し、天の刀掘以て町を刺し掃い、天香山の布毛理木を採りて、火燧を造り、天香火を翡り出だし、天母鹿の木に吹き着け、天香山の節无き竹を取りて、卜串を折り立てて問え。

土曳かば、下つ国の八重にて聞かん。**天**曳かば、高天原の八重にて聞かん。**神**の方を通し灼かば、衆神の中、天神・地祇聞かん。正に青山を枯と成し、枯山を青と成し、青河を白川と成し、白川を青河と成さん。国は退き立つ限り、天雲（ママ）は壁立つ限り、青雲は棚曳く限り、白雲は向伏す限り、日の正しく縦さまに、日の正しく横さまに、聞き通さん。陸道は馬の蹄の詣れる限り、海路は船の艫の泊れる限り。**人**の方を灼かば、衆人の心の中、欝悒の事、聞きて正しく知らん。七年の内、病み苦しぶ人も、死なずと聞かば生きなん。石根・木立・草の片葉を踏み砕く英雄なりと雖も、死なんと聞かば、一時に死なん。故れ打ち置けば国の如く広く、曳き立てば高天の如しと雖も、罪は隠れ遁るること無からん」と申す。

長いので適宜段落を分けたが、第一段は天孫降臨神話の一幕、第二段は降臨後の水中の生活、第三段は海亀の捕獲、第四段は卜甲の製作、第五段は卜兆の効用を述べる。なお、これを「亀誓」とよぶのは第一段の「白真名鹿は」以下、最後までが亀卜の神「太詔戸命」（原注「天按持神の女、天香池に住む亀津比女命、今天津詔戸太詔戸命と称するなり」）のせりふになっていて、その内容が彼女の誓詞になっているからであろう。

まず、第一段に「天香山に住む白真名鹿」という神が出てくる。引用を省いた原注には「一説に白真男鹿と云う」とあり、これは『古事記』巻上・天の石屋戸に、

天児屋命・布刀玉命を召して、天香山の真男鹿の肩を内抜きに抜きて、天香山の天の波波迦を取りて、占合ひまかなはしめて、天香山の五百津真賢木を根こじにこじて、上枝に八尺の勾璁の五百津の御須麻流の玉を取り著け、中枝に八尺鏡を取り繋け、下枝に白にきて・青にきてを取り垂でて、此の種種の物は布刀玉命、布刀御幣と取り持ちて、天児屋命、布刀詔戸言禱き白して、（下略）

とみえる牡鹿のことで、「まかなふ」は準備することであるから、この「占合」は祭式の可否を質したとよめるが、『日本書紀』神代上・第七段（天石窟）一書第一には「真名鹿の皮を全剝ぎて、天の羽鞴を作る」とだけあって（ハブキはふいごのこと）、占いのことはみえない。

記紀にみる「真男（名）鹿」は天香山に住むただの牡鹿であるが、『亀相記』はこれを鹿卜の神として祝詞に登場させ、「火の偽り」をして太詔戸命に叱責される。太詔戸命は、白真名鹿が知る「上国」だけでなく、「地下」や「天神・地祇」「人情」をも知るという。ここで鹿卜に対する亀卜の優越が示されるのだが、「上国」「地下」とは鎮火祭の祝詞に、

吾が名妋の命（イザナキ）は上津国を知ろしめすべし、吾（イザナミ）は下津国を知らさむと申して（下略）

という人間の世界と根の国・黄泉国をいう。一方、第五段では卜甲の「町」にハハカ木をあてて占う次第にこと寄せて、亀卜の全知を請け合っているのであるが、そこにゴシックで示したように、町の土（トオ）に火を引く

（スーッと動かす）と、「下津国」のことが全部聞こえてくるという。では天（ホオ）は上国かと思ってよむと、「高天原」のことが聞こえるという。神の方（兆）と人の方はカミ（神）・エミ（人）と対応しているので、上国だけが浮く結果となり、前後の辻褄が合っていない。

この祝詞の出来の悪さはそれだけではなくて、そもそも第一段のカムロキ・カムロミの問いは「誰が皇孫の食事に奉仕すべきか」である。この場合、卜筮では奉仕する神の名前を一々あげてゆき、誰が吉と出るかを占うわけだが、それでなぜ「白真名鹿は地下の事を知らない」という話になるのか。このあたりは卜部が解除を担当する大祓の祝詞や中臣の寿詞などの表現を下敷きにしているらしく、特に中臣の寿詞で、カムロキ・カムロミの命のまにまに天皇が召し上がる大嘗祭の「斎庭の瑞穂を四国の卜部等、太兆の卜事をもちて仕え奉りて」とあるくだりが念頭にあると思われるが、心あまりて詞足らずというよりは、文意がそもそも通っていない（むろん転写の過程の錯誤という可能性もあるが）。

また、第五段のホオの「高天原」とカミの「天神」が重複するほか、そのカミの記述にみえる青山を枯山に変えたのはスサノヲの涙であり（神代紀上・第五段）、「国は退き立つ限り」から「海路」にいたる描写は祈年・月次祭の祝詞（伊勢神宮の辞別）にある「四方国」の情景であって、「地祇」の表現としても中身がそぐわない。

以上のような矛盾は亀卜を行う現実を神話化する過程で生じたもので、要するに卜兆の世界観を神話のそれに合わせようとして失敗したわけである。われわれはこの失敗に神話というものの意味の一端を見出すことができる。すなわち、いまあることの理由を神話として語っているのであり、したがってわれわれは神話を通して古代の現在を覗き見ることができるわけである。

そうしてあらためて亀誓をみると、第五段に語られる町が土（地）・天・神・人の四兆しかないことに気がつく。この祝詞は平安中期の『新撰亀相記』に載せられたものだが、平安時代にはすでに五兆の町を用いていたのであるから、この神話が語る現在は平安時代ではない。仮に平安時代の卜部がこの祝詞を作ったとしたら、前半に出てくる「地下」を五兆のタメ（中央）に配当し「上国」を正しく地（トオ）に当てて、辻褄を合わせることができたであろう。『亀相記』は上古の四兆から中古の五兆に切り替えられたと明言し、その時期は奈良時代末期と考えられるから、亀誓はそれ以前の成立と推定される。

この推定は第一段に語られる亀卜の、鹿卜への対抗心からも裏づけられる。『古事記』にみるように古来、宮廷の占いは鹿卜「太卜（ふとまに）」を用い、これを掌る氏族も、卜骨やハハカ木などが例外なく「天香山」のものとされることから、大和国にいたにちがいない。一方、亀卜を掌る卜部は伊豆・壱岐・対馬の氏族であり、まさに亀誓の第三段にいう「海子」であった。そして前節に述べたように、卜部は欽明朝以降、おそらく中臣氏の指導のもとで百済から伝えられた卜法を学び、宮廷の占いを独占するにいたったのであろう。亀誓の第四段に語られる火燧も卜串もみな「天香山」のものであるから、卜部はこれら占いの道具をすべて奪って鹿卜を宮廷から追放したわけで[48]、その理由が亀誓の第一段に語られている。つまりそれは卜部の存立根拠であった。

笹生衛は卜骨と卜甲の出土情況から七～八世紀を甲・骨並用の時期とし、九世紀に亀卜がその地位を確立して一〇世紀以降、卜骨が消滅すると述べた[49]。ただし卜部の地位は『律令』に定められているので、甲・骨並用は地方の現象とみるべきであろうが、その地方でも卜骨が消える平安時代に、卜部が鹿卜への対抗心をもって亀誓を書いたとは考えがたい。

してみると、『古事記』の天の石屋戸に太卜のことがみえ、亀誓の天孫降臨段に亀卜の神が登場する点は、やはり興味深い。記紀にはそもそも亀卜の記録も卜部の伝承もなく、『新撰姓氏録』にも卜部は載っていないのであるが、天孫降臨は王権の始源を語る神話であるから、卜部はそこに太詔戸命をねじこむ必要があったのであろう。一方、天の石屋戸の太卜は明らかに中臣や忌部の伝承にからんで入りこんだもので、それじたいやや不自然な記事ではあるが、『古事記』成立当時の卜部には、それを書き換える力もなかったのであろう。そう考えると亀誓の不出来も納得できるし、そもそも天地人の三才に神を加えた、それじたい非常に古い思想の産物であろう四兆の世界観を、かれらが果たして理解できていたのかさえあやしいように思われる。

六　平竹の時空

(1) 御体御卜と中国古代の卜法

御卜に従事するのは中臣二人・宮主一人・卜部八人（最も亀卜に優れた卜長上一人を含む）で、卜部は灼手四人と相量四人に分かれる。神祇官西院北堂に首座の中臣が東面、もう一人の中臣以下全員が首座の中臣の左手から順々に南面して座る。そして宮主が前節の亀誓を読み上げると、始めの日は拍手をしないが、終わりの日は二度の拍手を二回くり返す。そのあと「誓卜」という卜坏を使った試し灼きをしてから「御卜」を始める（大同以往はここで神今食の卜日「日問の卜」を行った）。

亀誓の第四段に、亀甲を天日にさらし、斧でバラバラに切り分けてから、一枚一枚表も裏も鏡のように磨き上げ、刀掘（卜鑿）で町を刻み、火燧で切った火を、ハハカ木に吹きつけて、[50]卜串を折り立てて占うとある。康安二年（一三六二）の成立という吉田（卜部）兼豊の『宮主秘事口伝』に「昔は本官において亀甲を破するなり。中古以来、然らず」というから、[51]天日干しはともかく、斧で切り分ける作業などは当日、おそらく卜庭神祭の前に済ませていたのであろう。

亀誓にいうとおり、御卜は卜串を立てるところから始まる。長さ八寸の節のない「丸竹」を一本立てる（だから当然この北堂は土壇の建物である）。『亀相記』に「御体に擬う」とあって、まず天皇の身体の形代を卜庭に立てるわけである。[52]つぎに「平竹」五枚に宮主が命辞を書く。

天皇自此六月至于＝来十二月十日平安御坐哉＝
神祇官仕奉＝諸祭者無落漏供奉＝莫祟
供奉＝親王諸臣百官人等事聞食者＝莫祟
風吹＝雨降旱事聞食者＝莫祟
諸蕃賓客入朝聞食者＝莫祟

このように書いた平竹を中臣が折り、宮主がこれを読み上げてから立てる（『亀相記』はその折り目とおぼしき場所を空格とするので「＝」で示したが、天皇の平竹のみ空格がないので、『宮主秘事口伝』の記載により補った）。つぎに卜長上が卜甲四枚を取って「肩乞の祝詞」を唱える。それは「益卜詔戸天津詔戸太詔戸命」の一二文字で、はじめの四字は、「白鹿より勝るなり」という原注があるから、「卜詔戸（白真名鹿）に益る天つ詔戸、太詔戸命」とよむのであろう（もちろん「いや卜詔戸」ともよめる）。『亀相記』はまた「古昔は亦櫛間道命（母鹿木の神なり）をも誦せり。而るに今は必ずしも誦せず」という。

こうしてようやく卜甲を灼く。卜甲を渡された四人の灼手が「天皇此の六月より来たる十二月十日に至るまで平らけく安らけく御わし坐すや」という平竹一枚目の命辞について、「吉哉」「凶哉」とそれぞれ二火ずつ灼き（その灼き方は第四節に紹介した）、相量四人がその吉凶を定めて（旅占）、その結果を宮主が記録する。これを朔日に二回（初回と「弥仰」）、翌二日にもう一回（「問返の卜」）、都合三回くり返す。一回に「吉哉」を四人で二火ずつ八火、「凶哉」も同様に八火、都合一六火で、これを三回くり返すと四八火となる（一火ごとにハハカ木を替えるので、その本数で火数をかぞえる）。『亀相記』はこのあと、

此の如く支兆を取りて、憂喜を決し、祟りを求む。録して問文と云い、卜部已上共に署す。更に奏文を注して、十日に奏聞す（大同以前は十一日にこれを奏す。而るに今は十日にこれを奏す）。

として奏文の書式と亀甲の来源（紀伊国一七枚・阿波一三枚・土佐一〇枚）を記して終わる。つまり、平竹一枚目の天皇の「平安」無事を四人で四八火卜して「憂喜を決し」、そのあと平竹二枚目以下の「祟りを求」めたのであろう。『亀相記』は御卜の式次第の冒頭に、

去んぬる延暦以前に灼く所、「吉（原脱）」哉八十火、凶哉八十火、物（惣）じて一百六十火。

として、大同元年（八〇六）に神祇大副の大中臣智治麿が平城天皇の詔を奉じて、四八火になったと記す。御体平安の御卜は一回一六火であるから、八世紀にはこれを一〇回くり返していたわけである。すると、御卜は一日二回行うので、大同以前は平竹一枚目の命辞に五日を要し、残る四枚の祟りに一日ずつかけて、十日に奏文をしたためた。『亀相記』に「大同以前は十一日にこれを奏す」というのは、そういう意味であろう。

以上が『新撰亀相記』に伝える平安中期の御体御卜の概容であるが、第二節にも述べたように、これは驚くほど中国古代の亀卜に似ている。御卜が半年ごと、より古くは月ごとに行われた点は楚の「歳貞」や殷の「貞旬」と対応し、おなじ命辞をくり返し占う「多貞」（習卜）にいたっては、御卜は三回四八火、古くは五回一六〇火もくり返した。卜部が八人いるのは、丸竹や平竹が八寸であることもふくめ、「大八洲」日本の聖数に合わせたものであるが、これを灼手・相量各四人で分業する点は『儀礼』にみた卜人と宗人ないし占者の関係に近い。そして「竹を折りて卜す」点も楚の卜法と合致し、その命辞が身体の無事と祟りの二段構えになっている点も完全に一致する。その区別を明示するように、平竹の命辞が一枚目だけ疑問文の形をとり、祟りを求める二枚目以下はそうなっていない。これはあるいは中国と同様、もともと五枚とも疑問文でなかったものを、一枚目だけは初日に読み上げるため、日本語に近い書き方に改めたのかもしれない。

（2）祟りの求め方

その祟りの求め方は『亀相記』にみえないが、南北朝時代の『宮主秘事口伝』に宮主が御卜を記録した「中古問文」が伝えられている[53]。これをみると、三回四八火の御体平安の御卜のあと、土公祟・水神祟・行幸祟・御膳過祟・竈神祟・北辰祟・鬼気祟・御身過祟・神祟・霊気からなる「十条祟」というメニューが出てきて、

問う、時推の内、土公の祟り有るべきか卜合。……神の祟り有るべきか卜合。

というように一条ずつ卜してゆく。平竹の二枚目以下に関係がありそうなものは「神祟」だけで、ほかは大体、陰陽道の祟りに入れ替わってしまったことが知られる[54]。

日本の陰陽道は、前にふれた欽明朝の暦博士来朝を初伝として、推古朝に百済僧観勒が「暦本及び天文地理書并びに遁甲方術（どんこうほうじゅつ）の書」を書生に授けてみな成業したといい（『書紀』推古一〇年一〇月条）、以後史上に祥瑞や災異の記事が散見し、年号の制定も始まった。自身「天文・遁甲を能くす」という天武天皇の時代には陰陽寮が初見し、令制では陰陽・暦・天文の博士各一人と漏刻博士二人とともに占筮・相地を掌る陰陽師六人を置いて、ここに神祇官の亀卜と陰陽寮の筮占が並び立つ体制が立てられたが、日本では易筮は振るわず[55]、平安以降は専ら儒家・文人ら個人の稽疑に用いられたのに対して、壬申年に天武が式盤を回して挙兵を決したように、日本では唐の太卜署が第四の占いに格づけた式占を専ら用い、平安中期には三式のうち士庶通用の六壬式を専用するにいたる。これと同時に、賀茂保憲や安倍晴明が出て陰陽家の地位を確立し、平安貴族の生活は陰陽師の語る物忌みに支配された。

こうした時代の流れのなか、古い平竹の祟りは卜庭に形だけ留め、新しい祟りが御卜に組み込まれたのであろう。土公や鬼気の祟りは平安後期の奏文にみえ（『朝野群載』巻六）、卜部が家職の存立をかけて貴族社会に適応しようとした姿勢がうかがわれるが、その一方で、亀卜の形骸化も進展した。『宮主秘事口伝』には「十条祟」は二条卜合と定まり、うち一条は必ず「神祟」を求めると決まっていた。こうなると、もはや占いとはいえない。

とはいえ、この神祟は平竹二枚目に「神祇官の仕え奉る諸祭を落ち漏るること無く供え奉らば祟り莫(な)からん」という命辞にかかわるので、その方法をみておこう。

問う、時推の内、神の祟りに合えるは、伊勢国に坐(ま)す太神宮の祟り給うかト合。豊受宮の祟り給うかト合。

（下略）

このように伊勢国太神宮・豊受宮・宮中・京中・五畿内・七道というメニューが開いて、これも一つずつト してゆくのだが（傍線はト合）、ここでも「神宮の祟りは定事なり」という。そしてこの太神宮と豊受宮の祟りの原因について近侍人等過・宮司等過・御常供田預等過・神戸司等過・御厨司等過と、どの関係者の過失による祟りなのかを一々推問する。さらに、ト合した御常供田預等過が安濃東郡・西郡・朝明郡のいずれかを問い、神戸司等過が遠江本神戸司・新神戸司・伊賀神戸司・河曲神戸司のいずれかを問う。こうして祟りの原因にたどりつくと、

問う、時推の内、太神宮幷びに豊受宮の御常田預・神戸司等の祟りに合えるは、上つ祓えを科すべきかト合。中つ祓えを科すべきかト不合。下つ祓えを科すべきかト不合。

というように、「祓物(はらえつもの)」（贖罪の品）のランクを定める（そのランクと料物は『類聚三代格』巻一・延暦二〇年五月一四日官符参照）。

つぎに、伊勢神宮とともにト合した七道について推問をつづける。

問う、時推の内、七道に坐す神の祟りに合えるは、東海道に坐す神の祟り給うかト合。北陸道に坐す神の祟り給うかト合。山陽道に坐す神の祟り給うかト合。

『宮主秘事口伝』に七道を二ないし三に分けて半年ごと順番に占うとあり、そのとおりここでは東海・北陸・山陽の三道しか占わない。それで東海道については伊賀国鳥坂神・尾張国河曲神・参河国稲前神・遠江国於侶

神・駿河国御穂神・伊豆国部多神・甲斐国笠屋神・相模国阿夫利神・武蔵国椋神・安房国天比理神・上総国姉埼神・下総国蛟泄神・常陸国藤内神の一三社を占って、すべて卜合と出ている。他の北陸道七社と山陽道八社も同様なので以下省略に従うが、国ごとに一神のみ推問し、『延喜式』神名帳と照合すると、道ごとに大社は一社で、あとはすべて小社である。そうしてまた上祓・中祓・下祓を定めて終わるが、『宮主秘事口伝』によると「諸国清祓祭物」などは「宮主の恩禄」なのだという。

問う、時推の内、土公の祟りに合えるは、来たる秋季に有る(ママ)べきか卜不合。冬季に有るべきか卜合。

こうして残る土公祟の時期を求めたうえで、最後につぎのように念を押す。

問う、時推の内、祟る所の貳条の事、行い治め忌み慎み給わば御体平らけく安らけく御わし坐すや。荒清め吉哉四火直卜三火交卜一火。真清め吉哉四火直卜二火交卜二火。凶哉四火直卜三火交卜一火。

このあと火数を集計して、交卜(卜合)については五兆の卦(地・天・神・人・兆)の火数をかぞえて、奏文に明記する(この点は『亀相記』にもみえる)。

以上、『宮主秘事口伝』の「中古問文」から祟りの求め方をみてきたが、そこに明確な方法論があることに気づくだろう。それは祟りの各項目が系統樹として構成されていて、みずからが位置する一点から分岐する枝をたどって祟りの所在に行き着くことができるようになっている。俯瞰をやめて卜部の視点に立てば、「御体平安」の御卜を終えると「十条祟」のメニューが開き、その十条祟で卜合した「神祟」のリンクを開くと神祟のウィンドウが出てくる。そこにまた五畿・七道・京内・宮中というメニューがあり、卜合したリンクを開くとまた別のウィンドウが出てくるといった調子で、まるでわれわれがパソコンを操作しているのとおなじ感覚で、目的の祟りを探り当ててゆく。

われわれがそのようにパソコンを操作するのは、いうまでもなくそのようにプログラムされているからであり、これと同様、古代の占いにもそれを動かすプログラムがあって、祟るものの系統樹をあらかじめ構築しておく必要があった。卜甲や卜骨が人の問いかけに答えるのは吉凶のみであり、それも占辞の蓄積や歴代の思想により意味づけられた卜書の卦辞をもとに、人が吉凶を判断するわけで、これは結局どのリンクをクリックするのかを決める手助けにすぎず、リンクを張ったメニューの系統がなければ何の役にも立たない。

二〇世紀初頭に甲骨文が発見されて、まず人びとを驚かせたのは、そこに殷王朝の系譜が書かれていて、それが『史記』の記述と合致したことであった。包山楚簡の歳貞などでも二段目の命辞で親族や屋敷神などの祭りを貞問しているが、それは族譜や神統譜などの名簿があって、はじめて占える。つまり、占いが世界の系統図を要求するのである。

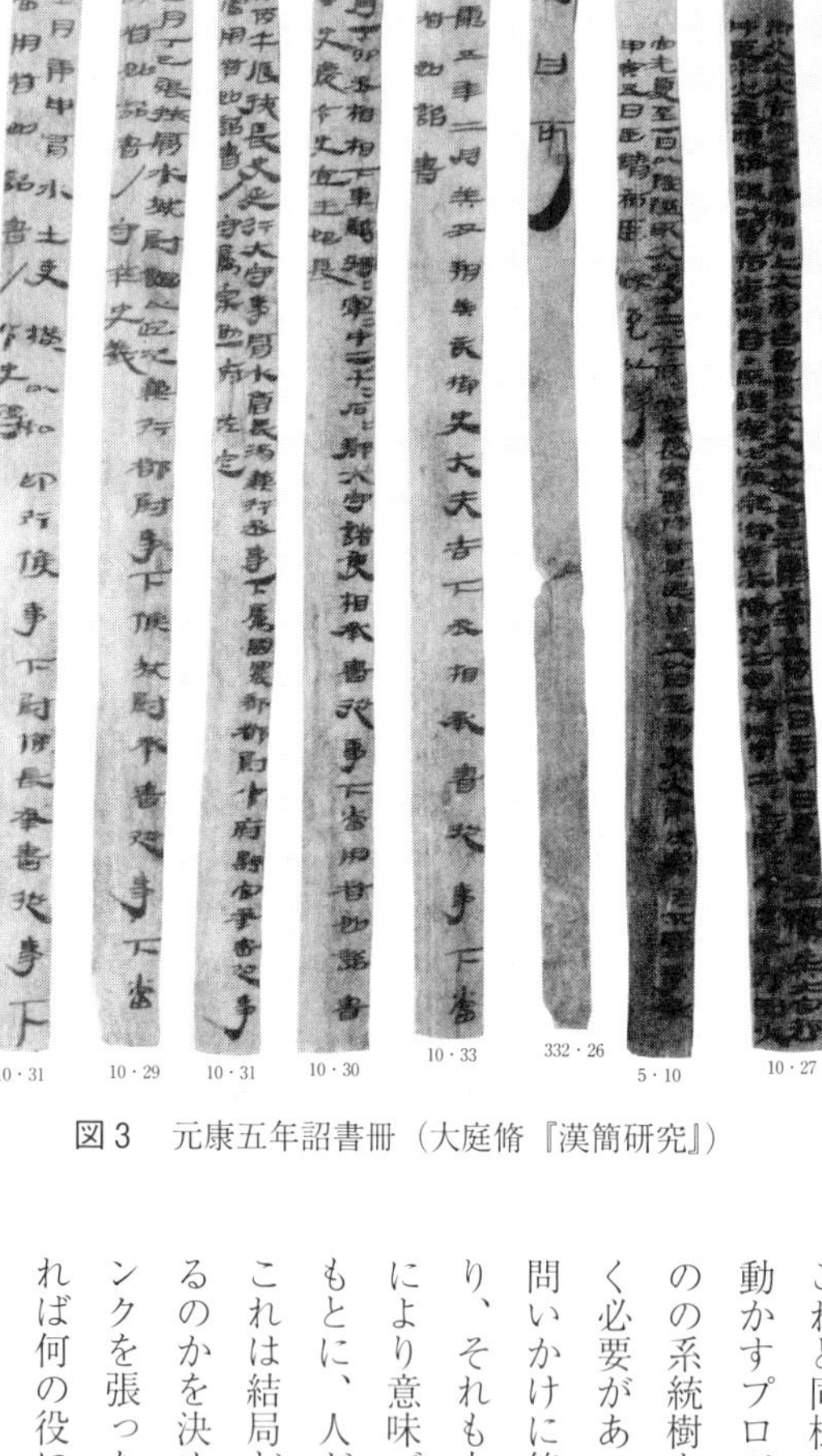

図3　元康五年詔書冊（大庭脩『漢簡研究』）

大庭脩が復原に成功した居延漢簡「元康五年詔書」冊は、[56] 冒頭の二枚が御史大夫丙吉の上奏文で、これに対する宣帝の制可が三枚目に大書され、以下、四枚目で御史大夫が詔書の奉行を丞相に命じ、五枚目で丞相が同様に車騎将軍・将軍・中二千石・二千石・郡太守・侯国の相に下し、六枚目で張掖郡太守から属国都尉・農都尉・部都尉・小府・県官へ、七枚目で肩水都尉府から候官・城尉へ、八枚目で肩水候官から配下の尉・候長に下された（図3）。その三枚目までが「詔書」の本体で、四枚目以下はその「送り状」なのだが、送り状には宛先が列挙され、傍線のリンクを開くと、つぎの簡の送り主が出てくる仕掛けになっている。これは系統樹をたどって祟りを求める日本中世の「十条祟」とまったくおなじ仕組みであり、この場合、その系統樹が漢代の官僚機構そのものである点が異なるのみである。

われわれはもはやこのような一致を単なる偶然とは見なさないであろう。これは本稿にいう「史卜同源」の漢字文化が然らしめるところであり[57]、もっといえば殷代以来の占いの文化が漢代の中央集権国家をこのように組織せしめた。古代の王権が卜骨・卜甲の占いを行うということは、その組織にとって決定的な意味をもったのである。

弥生時代の倭人が「命亀」「視兆」の法を知り、また古墳時代の卜骨・卜甲の様式からみて、倭国が相当早い時期に中国の卜占を受容していた（中国から、ではない）とすると、その占いは当然、祟りを求めるプログラムの構築を要求したはずである。『古事記』垂仁天皇条で、物言わぬ子に悩む天皇が夢に「我が宮を天皇の御舎（みあらか）の如く修理（をさ）むれば御子必ず真言（まこと）とはむ」という声を聞いて、

布斗摩邇（ふとまに）に卜相（うらな）ひて、何れの神の心ぞと求めしに、爾（そ）の祟りは出雲大神の御心なりき。

という場合、卜人は「神祟」とおなじ方法で祟りを求めたはずで、それには神名帳に相当する名簿がないと探すことはできない。占いを正確に行おうとすれば、支配領域を組織化する必要が出てくるわけで、そういう占いの系統樹（ネットワーク）と統一規格の前方後円墳が全国に展開する国家体制とは、果たして無関係なのであろうか。

ここであらためて祟りの平竹をふり返ると、二枚目に神祇官が落ち度なく神々を祭っているかを問う。きちんと祭らなければ神は祟る。その祟る官社（式内社三一三二座・官幣社七三七座）を京畿・七道から国郡制の系列をた

どって求めてゆく。これはいわゆる大伴家持の自署せる太政官符により[58]、奈良末期に行われていたことが確実である。三枚目の「供え奉る親王・諸臣・百官人等の事を聞こし食さば祟り莫からん」は官人の祟りであり、八世紀初頭の推算で五位以上約百五十人、六位以下約二千人、無位一万五千〜二万人程度という官人のなかから[59]、所属する官司の統属関係をたどって割り出すのであろう。以上は要するに官社制と官僚制のスキャニングである。

四枚目の「風吹き雨降り旱る事を聞こし食さば祟り莫からん」というのは災異に関する祟りで、これはおそらく「土公祟」のように時期を尋ねて、対抗祭祀を問うものであろう。最後の「諸蕃の賓客入朝を聞こし食さば祟り莫からん」とはけだし「四方国」外界を穢れに満ちた世界ととらえる古代の世界観から、外神の侵入を警戒して占うもので、いつ来るかわからないマレビトの入朝を予測し、やはり対抗祭祀を準備したのであろう。

このように五枚の平竹は、天皇の身体を中心として官社・官僚と災異・夷狄を網羅し、天皇をとりまく全世界に祟りがないかを点検して、向こう半年間の無事を確保するというスケールの大きい占いであった。ところが、平安時代に入って律令体制が解体し始めると、官社制も官僚制も大きく変化し、災異に対しても仏教や陰陽道による対処法が発達して、諸蕃にいたっては唐が滅んだ一〇世紀以降、全然来なくなった。だから平竹の二枚目以下は、もとの如く卜庭に立てられても、まったく占うことはなくなったのであろう。

結　語

古意を求めて漢意に染まるというのはよくあることで、亀卜から「日本的時空観の形成」を考えようと目論んだ本稿も、その轍を踏んでしまった観がある。この「日本的」という言葉はつくづく悩ましい。いまは六節の長きにわたる拙い論考をまとめて、結びにかえるほかはない。

本稿ではまず古代亀卜研究のブラックボックスであった中日間の亀卜の関係を明らかにするべく、中国の占いの現場に踏み込んで、日本の亀卜との異同を探った。結果、中国の占いの文化はその文字文化と「史卜同源」の一体性をもち、それが漢代まで継承される間に、偶然による占い（卜筮）から必然によるそれ（日書・緯書）へと発展を遂げ、殷代に栄えた亀卜は魏晋以降廃絶するにいたる。その後、北朝から隋唐にかけて亀卜は復活するが、日本の亀卜は南朝の民間に伝えられた卜法を百済経由で継承したため、戦国楚や殷代にも遡る、驚くほど古い様式を留めていることが判明した。

以上を確認したうえで、「第一の重事」たる御体御卜をとりあげ（『秘事口伝』）、それがまず古代日本のマツリゴトにおける「月次のルーティン」の一環を成したことを指摘する一方、その亀誓なる祝詞が天地人の三才に神を加上した古い四兆の世界観を、日本神話のそれに投影しようとして失敗したことを論じ、また御体平安と祟りからなる御卜の、その祟りを求める方法が漢代官僚制の情報伝達技術と完全に一致することから、「史卜同源」の漢字文化が古代国家の組織化をうながすニガリのような働きをしたとして、日本が早い段階に中国の占いを受容したことの意味を示唆しつつ、あらためて卜庭に立てられた丸竹と平竹に表現される天皇と、これをとりまく祟りの世界の大きさを確認した。

今後は平安時代の『亀卜抄』に書かれた卦兆の解読を進めて、引き続き右の考えを検証してゆきたいと思っている。諸賢のご批正を切にお願いする次第である。

（1）工藤元男『占いと中国古代の社会』（東方書店、二〇一一年）第二章などを参照。

（2）前漢末の一官吏の墓より出土した尹湾漢簡（いんわんかんかん）には「神亀を用いる法」として神亀の図と占辞が書かれている（連港市博物館ほか編『尹湾漢墓簡牘』（中華書局、一九九七年）二〇頁、YM6D9牘）。ただしこれは亀甲を灼く本格的な亀卜ではなく、朔日から数えてその日が神亀の図のどの部位に当たるかをみて占う通俗的なもので、それだけに亀の聖性に依拠した占いといえる。

(3) 朴載福『先秦卜法研究』(上海古籍出版社、二〇一一年)第二章参照。正確には殷代以前、西方では多く羊、東方では牛、北方では豚を用いたが、殷代には専ら牛を用い、羊や豚は用いなくなったという。

(4) 『春秋公羊伝』桓公八年正月条の何休注に、天子・諸侯および天子の卿大夫の祭りには「牛・羊・豕」の三牲「大牢」を用い、天子の士および諸侯の卿大夫は「羊・豕」の二牲「少牢」を用い、諸侯の士は「特豕」を用いるという。その少牢と特牲の祭りは『儀礼』第一五篇以下にくわしい。

(5) 『張家山漢墓竹簡〔二四七号墓〕』(文物出版社、二〇〇一年)簡四七四・四六〜四七頁、『張家山漢墓竹簡〔二四七号墓〕(釋文修訂本)』(文物出版社、二〇〇六年)八〇〜八二頁。以下の引用もこれらの書による。

(6) ちなみに、史・卜とともに史律にみえる「祝」の試験は、「祝十四章を以て祝の学童を試み、能く七千言以上を誦んずれば、乃ち祝と為るを得」とあり(簡四七九)、この「祝十四章」がいかなる書であるかは不明であるが、少なくとも史と卜にみるような課程上の共通性は認められない。

(7) 平岡武夫『経書の成立』(全国書房、一九四六年)八二頁。曹旅寧も『二年律令』の史律にふれて、「殷代卜辞の「貞人」も実際には当時の「史」であった」と述べている。『張家山漢律研究』(中華書局、二〇〇五年)一七五〜一七八頁。

(8) 陳夢家「王若曰考」(『尚書通論』河北教育出版社、二〇〇〇年)一六七頁。

(9) 以上、拙稿「漢代の書府」(『東洋学報』八七巻一号、二〇〇五年)による。

(10) 顧頡剛著・小倉芳彦ほか訳『中国古代の学術と政治』(大修館書店、一九七八年)二三二〜二三七頁、原題『秦漢的方士与儒生』。

(11) 大西克也・宮本徹『アジアと漢字文化』(放送大学教育振興会、二〇〇九年)、拙稿「漢字文化圏の形成」(『科学中国人』二〇一三年第一〇期、日本語版は拙著『古代官僚制と遣唐使の時代』同成社、二〇一六年)参照。

(12) 『包山楚簡』(文物出版社、一九九一年)図版八八〜一〇九、陳偉ほか『楚地出土戰国簡冊〔十四種〕』(経済科学出版社、二〇〇九年)九一頁以下。なお、この種の「卜筮祭禱簡」には包山楚簡のほか、平夜君成楚簡・天星観楚簡・望山楚簡などがある。

(13) 陳偉『包山楚簡初探』(武漢大学出版社、一九九六年)第六章、李零『中国方術正考』(中華書局、二〇〇六年)第四章、注(1)工藤書、第六章参照。

(14) 「恒貞吉」について、恒貞を長期的な貞問の意味とする疑古派の説と、「元亨利貞」の貞、正しいの意とし、恒を極めて・甚しい意と解する説がある（注(12)『楚地出土戦国簡冊［十四種］』九七頁）。しかし次節に紹介する『儀礼』筮日などの命辞「仮爾大筮有ㇾ常」の文意からすると（後出）、恒は常、貞は貞問・卜問の意とすべきで、敢えて訓ずれば「恒貞にして吉なり」となろうか。

(15) 「人禹」の解に二説あり、楚人の信仰した禹（大禹）をいい、これを祭ったという説と、禹は「偶」の通仮字で、人形を使って解除（祓え）したとする。注(12)『楚地出土戦国簡冊［十四種］』九九頁。

(16) 島邦男『殷墟卜辞研究』（弘前大学・中国学研究会、一九五八年）五五頁。

(17) 浅原達郎「殷代の甲骨による占いと卜辞」（東アジア恠異学会編『亀卜』臨川書店、二〇〇六年）九六頁。

(18) 同右、七九頁以下。注(13)李零書、二三四～二三五頁。

(19) 注(13)陳偉書、一五八頁、注(13)李零書、二二二～二二三頁。

(20) 加藤常賢『書経 上』（明治書院・新釈漢文大系二五、一九八三年）一六六～一七〇頁、吉川幸次郎『尚書正義』（『吉川幸次郎全集』第九巻、筑摩書房、一九七〇年）三四五～三五六頁。

(21) 原文「乃卜三龜、一習吉、啓籥見書、乃并是吉」。ここは議論のある箇所で、正義は「ざっとみて」吉と判断し、念のため書物で確認したと解するが（吉川訳、三五五頁）、「習卜」は多貞、すなわちおなじ命辞をくり返し占うことで（注(13)李零書、二三五頁・注一）、事実、前節に紹介した十一月の疾病貞（前三一七年）でも四人目について「屈宜（貞人の名）これを習するに、彤筎（亀の名）を以て左尹𠇷の為に貞う」とあり、これは『尚書』洪範に「卜筮を為すに、三人占えば、則ち二人の言に従う」といい、『礼記』曲礼上に「卜筮は三を過ぎず、卜筮は相襲ねず」というように、卜筮は一セット三回という決まりがあったので、四人目を「習（＝襲）」といった。ゆえにここは「乃ち三亀を卜し、一習して吉、籥を啓きて書を見るに、乃ち并びに是れ吉なり」と訓み、三亀を卜したが吉が出ないので、もう一度卜したところ吉と出た。その後、鍵を開けて卜書を見ると、実はどれも吉兆であったと解すべきだろう。

(22) 銭玄『三礼辞典』（江蘇古籍出版社、一九九三年）四六八頁。

(23) 原文「卜人坐作（灼）龜、興。宗人受龜、示涖卜（族長）、涖卜受視、反之。宗人退東面、乃旅占。卒、不釋龜、告

于湴卜與主人、「占曰某日従」」。廟門には「占者三人」もいるので、唐の『注疏』や清の胡培翬『正義』も宗人が亀を卜人・占者に渡して旅占したと解するが、本文（傍点部）は宗人が旅占したとしかよめないし、鄭玄も経文どおりに解しているようである。

（24）その発見にいたる八百年の「奇字の謎」については、注(13)李零書、一九八頁以下参照。

（25）丁四新『楚竹書与漢帛書周易校注』（上海古籍出版社、二〇一一年）など参照。

（26）注(13)李零書、二〇五～二〇六頁。

（27）武内義雄『易と中庸の研究』（『武内義雄全集』第三巻、角川書店、一九七九年）一一四頁。

（28）考古学の成果をふまえた研究として、李学勤『周易遡源』（巴蜀書社、二〇〇六年）などがある。

（29）島邦男『五行思想と礼記月令の研究』（汲古書院、一九七一年）、注(1)工藤書、第二・七章参照。

（30）安居香山・中村璋八『緯書の基礎的研究』（漢魏文化研究会、一九六六年）、安居香山『緯書と中国の神秘思想』（平河出版社、一九八八年）、同『中国神秘思想の日本への展開』（大正大学出版会、一九八三年）など。

（31）むろん史律にいう卜書が周公の時代に成立していたという意味ではない。『周礼』占人に「凡そ卜筮事を既われば、則ち幣に繫けて以て其の命を比し、歳終われば、則ち其の占の中否を計う」とあり、卜筮の記録は占ったあと直ちに幣帛（？）に書かれ、年度末にその占辞が的中したかどうかを集計した。殷墟などから出た甲骨文はそのような記録にほかならない。周公の命辞（祝文）が金縢の書として府庫に保管されたように、卜筮の記録は稽疑（意思決定）の檔案として厳重に管理され、周公が籥を開いて参照したように、過去の卜兆や命辞は適宜整理されていた。したがって長い間蓄積された亀卜の檔案を卜兆ごとにまとめ、その（的中した）占辞を掛けてゆけば「卜書」が出来上がる（芸文志の卜書五部はそのバリエーションと考えられる）。つまり第一節にみた『尚書』や『律令』と同様、先例集が典籍となるわけである。なお、上博楚簡「卜書」は「これまでに発見された最古の卜書」であるが（馬承源主編『上海博物館蔵戦国楚竹書（九）』上海古籍出版社、二〇一二年、二九一頁）、この出土資料については、いずれ折を得て専論をまとめたい。

（32）ほかに『後漢書』張衡列伝に収める「思玄賦」の李賢注に「『亀経』に棲鶴の兆有るなり」とある「棲鶴」（『文選』李善注は「大鳥」とする）も、「大横」と同様の卦兆である。

（33）孫詒譲『周礼正義』（中華書局、一九八七年）一九二四～一九三三頁。なお、この大卜は卜・筮とともに「三夢の法」

をも掌る。鄭炳林『敦煌写本解夢書校録研究』（民族出版社、二〇〇五年）五頁参照。

(34) 注(33)『周礼正義』一九四六～一九四七頁。経文の「開」字を金縢の「啓籥見書」に引きつけて解する鄭玄に対し、清の孫詒譲は「開発其兆」の意、すなわち亀を灼く際に穴（鑽）を掘ることと解する。春官で亀卜に携わる「亀人」が亀甲を掌り、「華氏」がこれを灼く火を掌り、「占人」が旅占を掌り、「大卜」が亀卜を総括することを考えても、卜師が亀甲の加工を掌るとする孫説は妥当であろう。

(35) 椿実解題『東大本新撰亀相記　梵舜自筆』（大学書院、一九五七年）一～三頁。『亀卜抄』は前半に卜兆の旅占に関する記述を載せ、後半は『新撰亀相記』という亀卜書の一部を収める。巻末に「天禄四年（九七三）六月廿八日書訖〈庚戌〉亀卜得業生正六位上卜部宿祢雅延」という奥書があり、これが『亀卜抄』全体の成立下限を示す。拙稿「御体御卜と『新撰亀相記』」（『東アジア文化環流』第一巻第二号、二〇〇八年。拙著『虚偽的「日本」』中国社会科学文献出版社、二〇一二年に中文版を再録）参照。

(36) 注(35)椿書、五二頁、拙稿「御体御卜考」（『古代日本の政治と宗教』同成社、二〇〇五年。のち注(11)拙著に再録）再録版三〇八頁参照。

(37) 王引之『経義述聞』巻三（江蘇古籍出版社、二〇〇〇年）八七～八八頁。注(20)加藤書、一六二頁参照。『周礼』春官・大卜に「邦事を以て亀の八命を作す。一に曰く征、二に曰く象、三に曰く与、四に曰く謀、五に曰く果、六に曰く至、七に曰く雨、八に曰く瘳」とある。

(38) 『唐六典』（中華書局、一九九二年）四一二頁。なお、職掌の二にみえる「五兆」について、下文に「凡そ五兆の索三十有六〈三十六算を用い、六変して卦を成す。……其れ五行の相生・相剋・相扶・相抑を用い、大抵易と同じく占う〉」とあり、亀卜とは別に「五兆」という占いがあった。これは敦煌写本の『五兆要決略』などにみる算木を用いた占いで、易に対する式占に相当し、注(2)に紹介した「神亀」の図と同様、五兆自体を神格化した占いであったと思われる。黄正建『敦煌占卜文書与唐五代占卜研究』（学苑出版社、二〇〇一年）一六～一八頁参照。

(39) 笹生衛「考古資料から見た古代の亀卜・卜甲と卜部」（注(17)『亀卜』）一一六～一一九頁。

(40) 注(3)朴書、一一一～一一五頁。本書の第三章は殷周卜甲の鑽・鑿・兆の様式の変遷を考察したものである。

(41) 注(39)笹生論文によると、最古の卜甲は神奈川県三浦市の間口洞穴（六世紀？）から三点、同横須賀市の鉞切遺跡

（六世紀末～七世紀初頭）から三点、長崎県壱岐市の串山ミルメ浦遺跡（六世紀末～七世紀）から一五点出土しており、このほかにも神奈川県三浦市の浜諸磯遺跡（七世紀後半）から二点、千葉県船橋市の印内台遺跡（同上）から七点の卜甲が出土しているほか、長崎県対馬市の志多留貝塚（年代不明）から一点出土している。それらはみな卜甲の裏に方形の鑚を掘り、「+」型の焼灼痕をもち（ただし印内台にのみ、この焼灼痕がみられない）、串山ミルメ浦の卜甲には「+」型の墨痕もみられるという。以上の出土地は概ね壱岐・対馬および東国（伊豆）の卜部の分布と重なり、亀卜の受容と卜部との関係が顕著にみられるが、宮城県多賀城市の山王遺跡（五世紀）の卜骨（鹿の肩胛骨）に「+」型の町（鑿）が刻まれており、卜骨による「太卜」が早く亀卜の占い方を取り入れていた可能性をうかがわせる。

(42) 細井浩志「古代対馬の亀卜」（『高野晋司氏追悼論文集』六一書房、二〇一五年）。

(43) 李零『蘭台万巻』（三聯書店、二〇一一年）によると、「南亀」は「宋亀」で（一八九頁）、宋人は殷の後裔として古い亀卜の法を伝えていたらしい。すると、それが南下して楚の卜法を形成し、やがて長江を下って南京（南朝の都）へと伝えられていた可能性もあるのではないか。

(44) 注(36)拙稿、注(35)拙稿。その後、考えが進んだ箇所も多々あるが、一々記すことはしなかった。

(45) 以下、詳しくは拙稿「天皇の食国」（『日本古代の天皇と祭儀』吉川弘文館、一九九八年）第一節参照。

(46) 拙稿「マツリゴト覚書」（學燈社『國文學』一九九九年九月号、のち注(11)拙著に再録）再録版六頁より。

(47) 注(35)椿書、四五～四六頁。原文は宣命体ではなく漢文であるが、読み下しは漢文訓読体を避けて祝詞風になるよう心がけた。また原文は多くカタカナで訓みを傍書するが、祝詞として不審な訓は採らず、存疑の箇所を除いてみな平仮名に改めた。

(48) 『日本書紀』神代下・第九段（天孫降臨）一書第二に、「天児屋命は神事の宗源を主る者なり。故れ太占の卜事を以て仕え奉らしむ」とあり、卜部の台頭以前、宮廷で鹿卜を行っていたのは天児屋命の後裔、中臣氏であったかもしれない。次節にみるように、中臣は卜庭にあって、ただ卜串を折るのみである。

(49) 注(39)笹生論文、一二六～一二九頁。

(50) 『延喜式』臨時祭式に「凡そ年中御卜料の婆波加木の皮は、大和国の有封社に仰せて採進せしむ」とあり、『宮主秘事口伝』には「此の木（波々賀木）は官掌、大和国笛吹社より請け取るなり」とある。よく燃える朱桜（ウワミズザクラ）の木の皮を細く切って、灼甲に用いたものらしい。

(51) 安江和宣「校訂宮主秘事口伝」（『神道祭祀論考』神道史学会、一九七九年）二一二頁。以下、該書の引用はこの校訂本による。

(52) 竹で天皇の身体を象るのは御卜だけではない。御卜とともに月次のルーティンの一環とした御贖でも、天皇の身の丈・両肩～足・胸中～左右指先を測って折った五本の小竹で等身大の衣紋掛を作り、これに天皇が息を吹きかけた荒世・和世の御衣を着せる（それでのちに「節折」とも呼ばれた）。そしてこれを、天皇が体をこすった御麻（撫物）と口気を入れた坩、御輿形に入れた人形や幣物などとともに、卜部が川へ持って行って流した（『儀式』巻五）。つまり御体のコピーを作って穢れを移し、これを川に流して解除したわけである。

(53) 注(51)安江「校訂宮主秘事口伝」二二四～二三三頁。年代はほぼ鎌倉時代のものとみてよい。

(54) 「十条祟」のうち、御身過祟と行幸祟は天皇本人の過失を問うものとして注意されるが、『宮主秘事口伝』は「此の二箇条をば、先例有りと雖も、卜合すべからざるの由、家の口伝なり」という（二二二頁）。また御膳過祟は下文の伊勢神宮のように卜したものであろう。以上のほかはみな陰陽道の祟りといってよい。たとえば、安倍晴明『占事略決』占病祟法第二十七（中村璋八『日本陰陽道書の研究』汲古書院、一九八五年）参照。

(55) その原因の一つに「易は忌諱多し」という俗諺と「五十にして以て易を学べば以て大過無かるべし」という『論語』述而の言があり、宋学受容以前は相当深刻に受け止められたようで、藤原頼長などは泰山府君に長い起請文を書いて『周易』を読み始めたほどであった（『台記』康治二年一二月七日条）。ところが近年、『論語』の漢簡本が出て「易」を「亦」に作ることが判明し（『定州漢墓竹簡論語』文物出版社、一九九七年）、述而の文は「五十にして以て学べば亦た……」とよむべきことが確定した。

(56) 大庭脩『木簡学入門』（講談社学術文庫、一九八四年）第十一章、同『漢簡研究』（同朋舎出版、一九九二年）第一編序章参照。元康五年は前漢の紀元前六一年。

(57) ここでわれわれは中国の古典籍によく見られる、ある項目を立てて、一に曰く、二に曰く……と箇条書きに系統づけてゆく記述様式を想起してもよいであろう。それは官僚制の伝統がもたらす数字の列挙とともに、いまも中国人の話し方のなかに根強く生きている。

(58) 弥永貞三「大伴家持の自署せる太政官符について」（『日本古代の政治と史料』高科書店、一九八八年）参照。

(59) 吉川真司『律令官僚制の研究』（塙書房、一九九八年）四頁。

親王にとっての過去・現在・未来
――『吏部王記』に見る日記執筆の意図――

畑中彩子

はじめに

天皇や貴族の系譜は、歴史的時空間に描かれた「線」である。その「線」は時空のなかで枝分かれすることも途絶えることもあるが、基本的には過去から未来へと繋がっていくことが前提となっている。しかし歴史的時空間のなかで、「親王」という存在は同質のままで未来に繋がっていくことができない、いわば「点」の存在である。

この「線」は、血縁や姻戚関係によって継承されていく「イエ」や「一族」とも言い換えることができる。そして家柄や財産とともに継承されていくものの一つに「情報」がある。正確な情報の収集は、天皇や貴族らにとって政務や行事の運営、「イエ」の存続のためなどに不可欠であった。情報は収集するのみでなく、他者へ伝えることによって広められていく性質も持つ。情報の性格により、伝えられる対象は不特定多数の場合も、ごく限定的な場合もある。

そして過去の情報を入手、消化し、さらに子孫に伝えていくことも重視された。継承方法は口頭であったり、文字であったりとさまざまであるが、情報の確実性や長期的な継承を目指すならば文字による記録が有効であり、これらの文字史料は過去から未来への情報伝達の担い手である。

このような文字情報のうち、個人によって記されたものに「日記」がある。九世紀後半より、天皇や貴族らによる日記が急速に増加していく。貴族の日記については、これまでの諸研究によって、行事や儀式を詳細に記録していること、当初は個人の備忘録的な性格が強かったが次第に子孫への継承が意図されるようになったこと、秘匿されたものではなく公開されることもあること、やがて代々日記を記す「日記の家」が形成されていくこと、などが明らかにされている[1]。すなわち天皇や貴族は、「日記」の価値を情報の継承という点に見出し、「未来」を見据えて、日記をしたためていたともいえるのである。

しかし、貴族と同じように日記を執筆しながらも、半永久的に「イエ」や「一族」としての継続を期す貴族と立場が異なるのが「親王」である[2]。親王は「イエ」として存続し得ず、子孫への情報の継承という視点からでは、親王の日記執筆理由を解明できない。

そもそも平安貴族や――天皇にとっても――過去とは〈自分の一族の系譜に連なるもの〉であり、未来とは〈自分の系譜をつないでいくもの〉であるが、親王は一族としての過去・未来に、このような単純な意味づけをすることはできない。

たとえば宇多天皇の『寛平御遺誡』は、「新君」すなわち醍醐天皇に対して、天皇の心得えを伝えたものである。遺誡の対象者として、醍醐以外の親王は、当然、除外されているのである。

このように考えると、親王としての過去の系譜は、系統の交替など特別な事情を除けば、原則的には父である天皇にまでしか遡り得ず、それ以前の過去は天皇家の歴史に吸収されてしまうものである。一方未来は、子の世代は「王」を称する、賜姓され臣下となる、出家し僧となるなど、いずれにしても「親王」としての身分は継続しえない。よって彼らが「親王」という立場に付随した経験を子孫に伝えたとしても、「親王」として再生産されない子供たちにとって、どれほどの意味があったのであろうか。

嵯峨天皇の皇子源融は、みずからの即位をほのめかしたと『大鏡』は記す[3]。ましてや自分自身が皇位につく可能性を残した親王は、一代限りの「親王」という身分をどのように認識していたのであろうか。そこで本稿では、親王からみた過去・現在・未来について、親王が日記を書き記すことの意味から考えてみることにする。そこで、まとまった逸文が存在する『吏部王記』を題材に、記主重明親王の日記執筆姿勢と目的を、歴史的時間軸のなかに位置づけてみたいと思う[4]。

一　重明親王の系譜と『吏部王記』の執筆

醍醐天皇第四皇子の重明親王は、大納言源昇の娘を母として延喜六年（九〇六）に誕生、同八年四月に親王宣下され[5]、同一一年一一月に初名将保から重明と改められた[6]。醍醐天皇には、即位することなく死去した皇太子保明親王、藤原基経女穏子所生の寛明（朱雀天皇）と成明（村上天皇）を合わせて一四人の親王、高明など源氏賜姓された皇子四人がおり、いずれも「明」を通字としている（図1）。また一六人の内親王、源氏賜姓された者二人がいた[7]。重明親王の薨去は天暦八年（九五四）九月一四日、四九歳のときであり、薨去前年の二月二三日までの日記の逸文が残存している[8]『吏部王記』という日記の名称は、極官の式部卿の唐名吏部尚書にちなむ。

『吏部王記』は原本が残らず、『西宮記』『北山抄』『政事要略』などの儀制書や、『源氏物語』の注釈書（『河海抄』『花鳥余情』など）、そのほか諸家の日記や部類記（『即位部類記』『大嘗会御禊部類記』など）に逸文が残るほか、江戸時代に『吏部王記』として編纂された写本がある。これらの逸文が史料拾遺および史料纂集に『吏部王記』

図1　重明親王関連系図

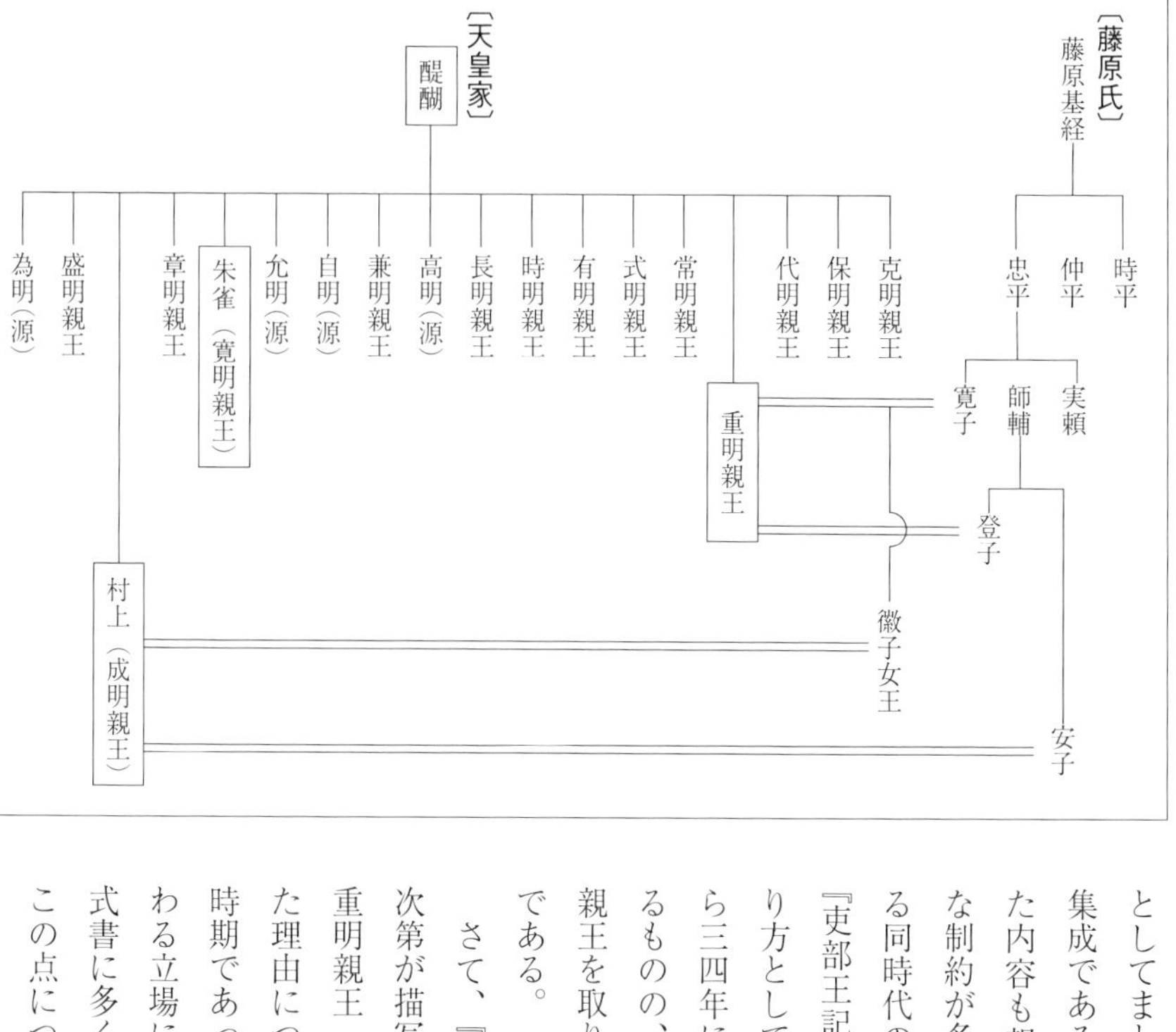

としてまとめられている。[9] しかしこのような逸文の集成であるということ、部類記作成の段階で欠落した内容も想定できるなど、『吏部王記』には史料的な制約が多い。さらに、比較・対照することができる同時代の他の親王の日記が存在しないことから、『吏部王記』の記載内容をもって、当時の親王のあり方として一般化することはできない。しかしながら三四年にも及ぶ日記の記載内容は、断片的ではあるものの、親王の目を通してみた、一〇世紀初頭の親王を取り巻く環境を明らかにするものとして貴重である。

さて、『吏部日記』の特徴の一つに、詳細な儀式次第が描写されている点が挙げられる。米田雄介は、重明親王（および本康親王）が詳細な儀式次第を記した理由について、儀式の形式が整えられつつあった時期であったこと、親王が儀式の執行などに深く関わる立場にあったためと指摘する。[10] さらに逸文が儀式書に多く採録されていることも要因とみられるが、この点については後述することとする。

まず日記の起筆であるが、現存の逸文で最も古い内容は、『河海抄』に「保明親王元服之夜、故左大臣、時平、女参、俗謂二副臥一乎、李部王記」と記された、延喜一六年一〇月紫宸殿で行われた兄保明親王（当時一四歳）の元服である。[11]当時一一歳の重明親王が当日に記したのではなく、後日、先例として引用したものとされている。[12]

重明の元服は、同二一年一一月に一六歳で、第五常明、第六式明、第七有明とともに清涼殿にて行われた。重明と式明の加冠役は右大臣藤原忠平、理髪役は左兵衛督藤原兼茂が務めている。[13]なお年少の弟皇子と同時の元服だったため、重明の元服は一六歳まで持ち越された。一〇代の重明にとって元服は最も重要な関心事であろうし、兄の元服に関心を抱き、形式が整わなくとも書き留めていた可能性は十分にある。もちろん、過去に遡って記載した可能性もあるが、「俗謂二副臥一乎」という記載は、皇太子の後見役への関心をうかがわせ、かつ記主が初めて元服に関する記述をしたことを想起させる。日記の起筆や情報の収集という視点からみると、メモ的な要素が多分にあるが、重要な記録である。重明自身の元服に関する日記については伝わっておらず、失われたのか、もしくは初めから存在しないかで『吏部王記』の起筆の意図についての評価も変わるが、現状では判断することができない。

現段階において、確実に最も古い記事とされる逸文は延喜二〇年正月、一五歳の時の御斎会内論議の記事である。

【史料1】『吏部王記』延喜二〇年正月一四日条（『御質抄』末、『続群書類従』第二十五輯下）

十四日。此日八省御斎会竟。申二刻僧綱率二法師等一参上。論議但真言宗。（院歟）依二御修法一（未歟）竟、了給二御衣被一如レ常。□刻法師退出。此日会事遅。（之脱歟）法師晩参。年来有二如レ此遅怠一。（未脱歟）

内裏有レ穢、不二参入一。

『儀式』には内論議の項目がないが、僧の参入、論議、賜禄という流れは、『日本後紀』弘仁四年（八一三）正月戊辰条の内論議の初見記事や、『西宮記』巻一、御斎会内論義の記述に一致する。抄出文の可能性もあるが、時刻を記載し時系列に従って記されていることから、当日の儀式の次第を記録したものとみられる。[14]

元服はこの翌年であることから、元服前より御斎会に参加していること、日記をすでに書き始めていることがわかる。大島幸雄は貴族の日記起筆について「記主の年齢・官職ともに個人差が認められる」こと、「殊に摂関家の子弟の場合、若年にして枢職に昇るため起筆が早まる傾向がみられ、平安後期には顕著となる」ことを指摘している。[15]初任を機に執筆を始める人物もみられ、大島の整理によると、藤原忠平が二八歳、実頼が二五歳、師輔が二三歳、師尹と実資がともに二二歳のときの記事が残っている。一〇代での起筆は万寿四年（一〇二七）、当時従三位権中納言・春宮権大夫であった源師房が一八歳で書き始めた事例がある。

九世紀末から一〇世紀初頭は、儀式の再興やそれにともなう式文の整備、そして儀式書の作成など、儀式に対する関心が高まった時期であり、天皇や貴族らが個人で日記を執筆する事例が増加していた。米田によると、宇多・醍醐・村上天皇は、皇位を継承するとともに日記を書き始めていたという。[16]『醍醐御記』の最も古い逸文は寛平九年（八九七）九月の日蝕修法で、醍醐一三歳の時である。醍醐は二か月前の七月三日、元服ならびに受禅しており、[17]父より『御遺誡』を授けられたのもこの時とみられ、即位が日記執筆の契機となったことが推定できる。

一五歳という重明親王の執筆開始時期は父にも匹敵するが、執筆の契機を元服や任官に求めることができない点で特殊である。延喜二〇年当時に確実に日記を執筆していたのは、醍醐天皇、藤原忠平の二名である。皇太子である兄保明親王は健在であり、みずからの即位を想定していたとも思い難い。[18]よって「親王」身分という要素を加味して考える必要がある。親王である重明は、元服以前より宮中に伺う機会があった。延喜一二年一一月には一人で、一三年正月には東宮や、他の兄弟らとともに童親王として朝覲しており、[19]御斎会内論議などの仏教行事にも参加していた。一〇代の日記には、兄皇太子保明親王の死去（延長元年〈九二三〉三月）、藤原穏子の立后

（同年四月）、延長改元（同年閏四月）など、天皇家に関わる出来事が記されており、まずはみずからの周囲に関することから、書き始めていたとみられる。

このように、親王である重明が日記を執筆開始した理由や目的については、天皇やほかの貴族と同様に考えることはできない。そして当初は儀式の次第を確認するような記述が目立ち、儀式の学習目的もあったようである。また元服を待たずに日記の執筆を始めたのは、すでに青年親王としての自負があったのであろう。そこで次節では「過去の情報＝先例」の収集という視点から、親王について考えてみることとする。

二　親王にとっての過去──情報の収集と活用──

（1）『吏部王記』にみられる先例の収集

親王にとっての「イエ」の歴史は天皇家の歴史と一致するものである。しかし重明が関心を持つ過去とは「王」としての天皇家の歴史ではなく、政治運営や儀式次第にあった。情報の収集方法は、①口頭、②書物によるものに大別され、必要な情報の種類により使い分けている。[20]

重明の官歴は、延長六年（九二八）正月二九日、二三歳四品で上野太守に任じられたことに始まり、翌二月には内裏の天皇および六条院の宇多上皇に任太守の慶を奏している。

【史料2】『吏部王記』延長六年二月二日条（『西宮記』巻一〇、殿上人事裏書）

参二内裏一、初疑二除外吏一之後（去月廿九日、任二上野大守一。）、更下二宣旨一後昇殿乎。問二諸人一。皆云、「年来例、更下二宣旨一聴二昇殿一。」即奉レ書問二弾正親王一。其報云、「被レ拝二常陸一之時、不レ下二宣旨一。問二先例一亦無レ下二宣旨一」者。仍今日初参。

参内するにあたり、昇殿宣旨が改めて下されるのか複数の人々に尋ね、「年来例、更下二宣旨一聴二昇殿一」との意見を得た。兄の第三皇子弾正尹代明親王にも書を奉って問い合わせ、常陸太守任命の際には宣旨が下されなかったこと、「先例」も同様であったとの回答を得ている。このように初任のころより先例について関係者に問い合わせ、確認をしており、以後、弾正尹、大宰帥、中務卿などを歴任していくが、折に触れて情報を収集していく様子が記されている。

①醍醐天皇による口伝・教授

重明親王は父醍醐天皇の言を「上曰」として書き留めている。延長八年、二宮大饗における吉服の着用について、代明とともに父に尋ねている。

【史料3】『吏部王記』延長八年正月一日条（『西宮記』巻一、正月二日二宮大饗）

弾正親王云、「明日二宮饗。可レ就レ吉否。依二雅明親王服内一之。」会了、参二清涼殿一候二気色一。上曰、「可レ就レ因〔吉歟〕。問二明日装束一。」弾正親王奏云、「諸卿云、可レ著二素服一」。上曰、「二宮饗雖レ従二簡易一、非レ無二拝礼一、是用二朝賀儀一。又両宮饗非二私〔事歟〕一、可レ謂二公事一。又東宮式云、此日宮人著二公服一云々。已著二公服一、著二魚袋靴等一、何用二素服一。又古皆三日就レ吉。近年有レ著二凶服一、是訛也。須レ著二吉服一。唯三日、可レ著二凶服一之。」。弾正親王及余、依レ詔不レ用二素服一之〔也〕。

前年一〇月に死去した雅明親王は宇多上皇の出家後に誕生したため、醍醐天皇の猶子となっており、代明や重明にとって名目上、弟にあたった[21]。そのため正月二宮大饗における素服の着用が問題となり、諸卿の意見を確認したうえ、結局は父醍醐の見解に従って素服を着用しないことになった。清涼殿にて天皇へ奏上しているが、やり取りは天皇と兄の代明の間でなされ、重明は立ち会うのみで発言はしていない。さらに父の回答を「依レ詔」と記録しており、天皇への敬意、親王間の一定の線引きが見られる。

八月には無位の一世源氏の直衣の着用や、殿上での座次について、代明親王が醍醐天皇に尋ね、天皇は嵯峨太上天皇が初めて源氏賜姓を行った時の及第者の位階や、直衣の着用の是非、座次について教えている。[22] 同六年一〇月の旬においては、近衛大将より前に親王が先に昇殿したことについて、天皇は「承前例」をあげて「是甚非二先例一也」と指摘している。[23] このように天皇が、親王たちに対して質問に答える形で先例を語るといった、ごく親しい身内のなかでの情報の伝達がなされていたことがわかる。

ただし醍醐天皇への質問は、兄代明が主体となって行っており、重明が直接やり取りした記事は同八年九月の信濃勅旨駒牽が最初となる。[24] この時は代明はおらず、重明は弟の常明、有明とともに、御前にて天皇から「親王等須レ賜レ之。公家所レ賜之物、無二殊障一。必参入賜レ之為レ良。非二必為レ馬。則是礼也」と教示されている。この直後より天皇の体調不良の描写が増えるが、九日の重陽の節会でも御前に候じ、一一日の伊勢例幣では宣命文の奏上の作法に対しての天皇の反応などを書き留めている。

しかし二二日、醍醐天皇は左大臣藤原忠平を召して譲位の意を示し、即座に剣璽渡御が行われた。[25] 醍醐は重明に命じて、内侍に宣輝殿に剣璽を渡すよう伝えさせている。また忠平が時簡や大床子を新造すべきか確認したところ、醍醐はそれぞれ「代々相伝」「累代物」のものであり、これらを奉るべきであると述べている。譲位から二九日の崩御までは、忠平とのやり取りに携わっていた代明親王に代わり、重明が天皇の側にあって状況を具さに書き残している。特に二九日の出家の折には剃髪を補佐し、詔により法名を書くなど、重要な役割を果たしている。そして臨終にあたり忠平、代明、重明親王の三名が、醍醐天皇のもとにて、諡号を辞退すること、左大臣忠平を太政大臣となすこと、醍醐寺に供米を施入し年分度者に充てることなど、醍醐の遺詔を承った。このようにまだ幼い皇太子に代わり、重明らが年長の親王として父の最期を見届けている。重明が醍醐天皇の皇子として、臨終間際に急速に醍醐との距離を縮めその存在感を高めたことは、以後の重明の立場に大きな影響を与えたとみられる。

では醍醐に、代明や重明親王らに先例や儀式次第を伝授しようとする意識はあったであろうか。日記執筆を重明に促したことも想定できるが明確には認められない。重明側も、醍醐の言葉を書き留めた事例は少なく、日記の執筆開始から父の崩御までの段階では、儀式や行事の理解のため先例を尋ねることもあるが、みずから率先して故事を収集し、天皇家の先例の記録を残そうとはしていない。

なおこの時に即位した朱雀天皇は当時八歳で、師輔に抱き抱えられて常寧殿に遷御した。父より五事の遺誡を伝えられ指を折って数えたものの、うち一つは忘れてしまうなど、醍醐が儀式次第や先例を伝えるにはあまりにも幼かった。

②書物の参照

逸文からみると、本格的な日記の執筆開始時期は、延長元年、重明が一八歳となって以降である。延長二年一二月の皇后藤原穏子による醍醐天皇四十算賀について詳細な儀式次第を書き残しており、すでに日記の執筆に「慣れ」が見て取れる。

醍醐天皇四十賀は、正月の宇多法皇主催のものに引き続き[26]、皇后主催で紫宸殿にて行われた[27]。舗設、次第、参加者、献物、禄、曲宴など、当日の様子について、詳細かつ時系列に従う定型的な儀式次第の書き方をしており、この頃までには何らかの儀式書を入手し、参照しながら書いていたと考えられる。正月の算賀については『西宮記』（巻一二、天皇御賀）や『新儀式』（第四、奉賀天皇御筭事）に詳細な記録が残されており、基本的な舗設や儀式の構成はほぼ合致するが、厨子や櫃などの数量や設置場所などに異同がある。曲宴の描写など『吏部王記』独自の記載もあり、「入日華門」「出月華門」と、起点を示す「自」（入自日華門）の語句を記さないなどの表現の違いもある。そしてこの日の行事では、特に貫首式部卿親王（敦慶親王）の動きに注目している。以後、親王の所作を意識的に記していることから、重明が行事や儀式における親王の役割に関心を抱いている様子がわかる。

翌三年は正月の御斎会内論議、女踏歌、四月の旬の儀式に関する記録が残されており、六月の慶頼王の葬儀の服法については「江都集礼文」の見解を書き留めている。(28)

【史料4】『吏部王記』延長三年一〇月二一日条（『西宮記』巻一一、立皇后太子任大臣事裏書）

立二寛〔明〕、親王一為二皇太子一云々。宣命了。按二内裏式一、有二再拝一無二拝踏〔舞踏〕一。仍執レ笏擬立之間、右大臣在レ後云、可二舞踏一。仍更置レ笏拝舞。左大史阿刀忠行云、此日先例唯開二南閤門一、不レ開二建礼及左右掖門一。而先太子冊立。及二是度一皆開二諸門一。又先度宣命不二舞踏一。又先例闈司不レ居二門側一。故今日大臣闈司未レ出之前召二舎人一。是等皆所司失礼云々。

十月の寛明親王の立太子儀では、重明はあらかじめ拝舞の作法について『内裏式』を勘案している。現存の『内裏式』に立太子儀はなく、文面を確認することはできないが、『儀式』巻第五、立皇太子儀には、宣命終了後に「皇太子進拝舞而退」とあり、延長三年の事例とは異なっている。『醍醐御記』の同日条にも「内裏式云、再拝令二拝舞一。依二前例一歟」とあり、醍醐や重明が参照したときには『内裏式』に立太子儀があったとみられる。また醍醐は、刀禰の召し方について忠平に先例を報告させており、当日刀禰を務めた重明が、父と忠平のやり取りを聞いていた可能性もある。

そして一一月は神嘉殿の舗設から豊明節会にいたる新嘗祭の様子、賀茂臨時祭の次第を記録している。

さて『吏部王記』で引用頻度が高いのは「外記日記」と「式」である。延長六年一二月、八省院における元日朝賀習礼にあたり、位程歩儀について外記に「外記日記」を勘案させている。また左右大臣位の位置に関しては、大納言藤原仲平の説について「式部式意」を検証し、甚だ「式意」に背くとして誤りを指摘している。(29) また先述した八年正月の二宮大饗では父との会話のなかではあるが、「東宮式云、此日宮人著公服云々」と「春宮坊式」が引用されている。(30) なお『延喜式』春宮坊式朝賀には、東宮のほか舎人らが朝服を服すとの記述はあるが、同一の文言はない。延長五年に奏上するも未施行であった『延喜式』ではなく、[31]『貞観式』を参照していたものと思われる。

このほか「荷前式」（延長八年一二月二九日、醍醐天皇陵参拝）、「朝拝式」（承平七年〈九三七〉正月五日、朱雀天皇御元服後宴）の引用例があり、具体的な式名は記さないが「案式無跪文」（天慶三年〈九四〇〉九月一一日、伊勢例幣）、「案式」（同年一一月一九日、豊明節会）、「有定依式再拝」（同七年四月二二日、成明親王立太子）、「違式」「按式及先例」（同九年四月二八日、村上天皇即位）、「甚違式也」（同年一〇月二八日、賀茂川行幸）、「已存式」（天暦元年〈九四七〉一一月一七日、倹約事）など、諸行事の判断基準に「式」を用いている。

この時期には、重明親王が儀式について実践を踏まえ、書物による儀式次第や旧例の確認作業を頻繁に行いながら学んでいる様子がうかがえる。また儀式書や式の文面をそのまま引き写すのではなく、経験をもとに儀式次第を再構成し記述しており、引用した書物は、それらの異同を確認するためのものでもあった。

さて醍醐崩御後、父の日記の参照例は二件ある。承平五年一一月、新嘗祭における警蹕について、藤原師輔が重明のもとを訪れ藤原時平の時の故実を「語次陳」べ、[32]さらに秋相撲節について「先帝御日記」の延喜二一年（九二一）の事例を引き、質疑を交わしながら確認している。『醍醐御記』の原本は宮殿内の厨子に保管されており、この時の二人の議論の場は重明親王邸とみられるから、和田英松が指摘したように、重明親王が『醍醐御記』の写しを持っていたとみられる。[33]また天慶六年二月、賭弓進奏について、忠平が、故藤原道明と藤原仲平の作法が違例であることを述べているが、この時「先帝御記」を参照し、「非近年例、可尋故実歟」と確認している。[34]

なお「外記日記」は、外記を経由してその内容を確認しており、実質的には他者から得た二次的な情報であった。また天慶年間以降になると『吏部王記』での引用は見られなくなっており、先例の問い合わせ先が、時間の経過に従い変化していることもわかる。

（2） 情報の相互交換

情報収集の方法で最も多いのは、口頭での問い合わせである。貴族らとの情報交換も、恒常的に行われていた。

【史料5】『吏部王記』延長三年一一月一四日条（『西宮記』巻六、一一月、中卯日新嘗祭事裏書）

（前略）大納言召二外記一、問二雨儀及不幸之時例等一。外記申云、「勘二日記一無二此例一」。掃部寮古老云、「先年有二此例一。先挙立二御畳於神嘉殿砌上一。侍従自レ廊進行二其行事一云々」。大納言依二其儀一行レ事。（後略）

延長三年、新嘗祭の雨儀および不幸の時の例を、大納言藤原清貫が外記に問い合わせたところ、「日記」を勘案したがその例の記載がなかったとの返答を得た。その代りに掃部寮古老より先年の例を聞いている[35]。同六年一〇月旬儀については、藤原仲平より、藤原諸葛、本康親王、藤原時平の時の旧例について教授されており[36]、翌一一月の豊明節会における小忌親王の座および饗の次第は、左衛門督藤原保忠に質問している[37]。

重明は実務的な用件は外記に直接的・間接的に問い合わせ、それでも不明な点については、仲平などの貴族のほか、先例に詳しい実務官人などを選んで情報を収集している。

藤原忠平から学ぶことは直接的間接的を問わず多い。延長三年正月の御斎会内論議における笏を置くタイミングについて「左大臣説（藤原忠平）」と注するのが最も早い例である[38]。重明は忠平の娘寛子を室としており、忠平は外戚にあたる。二人の婚姻は、長女徽子女王の誕生する延長七年以前となり[39]、この時期以降、忠平のもとをたびたび訪れ、忠平から語られたことを書き留めることが増える。

承平六年正月の大臣大饗において、忠平は心神不調として簾前に出なかった。この時参考にしたのが元慶八年（八八四）の太政大臣藤原基経の大饗の旧例である。この件は重明親王、忠平、師輔がそれぞれの日記に記している[40]。忠平は「元慶八年堀川院例」、重明は「元慶七年記云、主人大臣称レ病不レ出二客亭一、右大臣早到行事[41]」とするのみで典拠は記さないが、師輔の日記『九暦』によると、忠平が「外記日記」を勘案し、彼例に従って大臣大饗を行う是非を師輔に尋ねていることが判明する。

また忠平の子実頼、師輔兄弟など同世代の貴族とともに、先例や故事を学んでいることも多い。承平元年九月には実頼が重明を訪問し、父忠平が語った故事について談じている[42]。文徳朝の皇位継承や応天門の変にまつわる政治的な内容であり、忠平の指示か実頼の判断かは不明だが、重明に語ったということは、重明に対する信頼があったからといえる。天慶六年二月には忠平邸を訪れ、「先朝文献太子」の陪宴・読詩、および弘仁御帝（嵯峨天皇）の詩才について語っている[43]。

師輔とも、口頭や消息を通じて、頻繁に情報の交換や質疑を行っている。天慶七年、一七年ぶりに五月節が実施された。師輔は前回の延長五年の事例について、忠平らに先例を問い合わせ、「代々日記」を検じている[44]。菖蒲用の机については「中務卿重明親王云、先例件机立四角、而一行也云々」と、重明親王にも問い合わせている。さらに節会奏については重明が「私記」を参照して、延長五年の事例を密かに語っており、この「私記」が『吏部王記』に該当するものとみられ、これまで書き留めてきた日記を役立てているのがわかる。

ところで竹内理三が明らかにしたように、忠平から子の実頼・師輔に、口伝・教命によって儀礼が伝えられた[45]。竹内は、基経の死去時には時平、仲平、忠平らがまだ年も若かったことから、儀式の作法等は、基経より八条院式部卿本康親王、南院貞保親王に伝えられ、これらが忠平に伝えられたこと、また醍醐天皇から先例を諮問された時平は、先例故実を勘案し奉答していたと指摘する。そして忠平からさらに実頼、師輔へと伝えられた。竹内の指摘をふまえて右の重明親王の事例を見ると、重明の存在はかつての本康親王や貞保親王と同様に、摂関家と天皇家を結び、儀式作法の継承の経由者となる立場であると、忠平らが考えていたとみられる（図2）。

また黒板伸夫は、忠平が自身の政権維持を目的に、親王や賜姓源氏と積極的に血縁関係を結び、天皇を中心とした「ミウチ的」な権力集団を形成していたという[46]。そのなかで女婿重明親王が朱雀天皇母后藤原穏子と並び、忠平政権を支えていたとする。承平二年一二月、重明と代明は、代明の同母姉妹で斎院婉子内親王の初斎院を訪れ、実行に移されていなかった醍醐天皇の遺詔である忠平の太政大臣任命について諮っていることも、重明の姿勢を示すものであろう[47]。

高田祐彦は、重明による師輔への質問は「忠平の後継者として父の教えを正しく受け継いでいるかどうかを見ようとする、そうした性質のものではないか」と指摘する[48]。重明親王のほうが師輔より年長ではあるが、父から日常的に教命を受け、かつ「イエ」に伝わるさまざまな書物などを参照しやすい立場であった師輔に重明が質問することは、重明自身の関心に基づくものと考えられる。よって兄弟弟子のような関係性まで想定する必要はないだろう。

図2　親王・藤原氏を媒介とした口伝の系譜

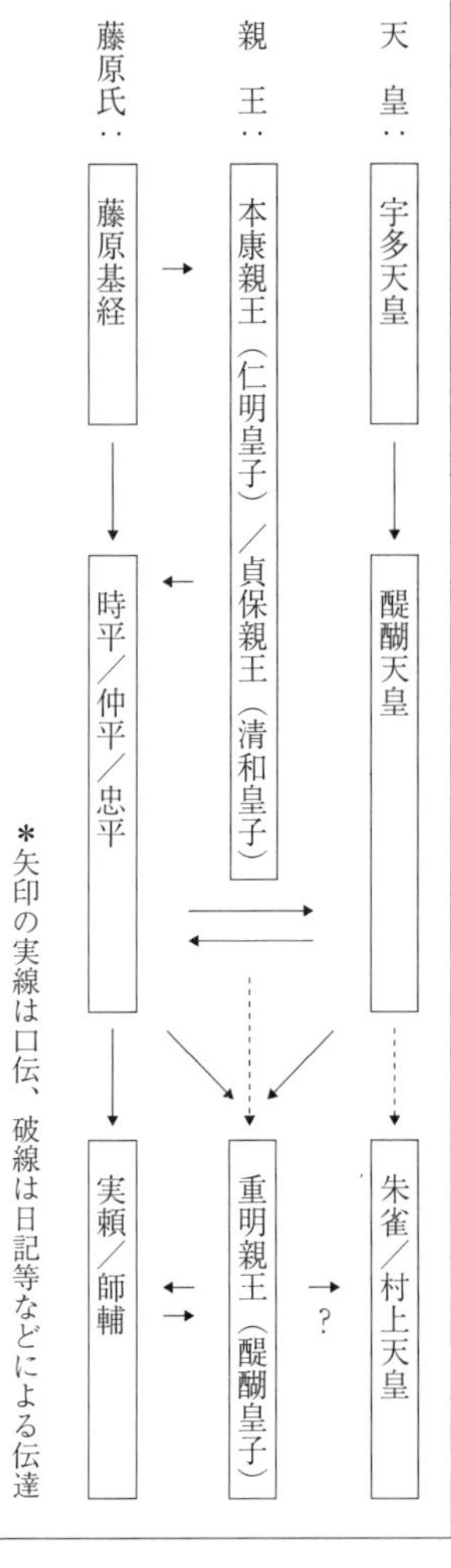

ただし重明が、師輔と頻繁に「語次」いだことを記すのに対し、『九暦』には重明親王に問い合わせた事例や意見を参照した記事は少ない。天暦四年一〇月八日、翌九日の節会で金銅の花瓶に菊花を立てるという重明の説に疑念を抱いた師輔は、装束司にその是非を問い合わせ、残菊宴に立花は不要との回答により、重明の意見を採用していない[49]。また同七年の東宮大饗にて重明や式明親王の所作について否定的な見解を述べるなど、師輔は必ずしも重明と先例を共有しようとはしていない[50]。

むしろ、師輔には源高明との親密な関係性が認められる。師輔の女二人が高明室となっていること、両者が儀式に関しての学究の上で深い学友関係にあったことが指摘されており[51]、竹内の想定した儀式の継承は、のちには源氏である高明が媒介者となっていったことがわかる。

以上のように、重明親王の過去の先例の収集状況をみてきた。行事や儀式次第について、藤原忠平、実頼、師輔らが重明も交えつつ先例を勘案し、必要に応じて採用していることがわかる。情報の伝達は同世代の貴族や親王を経由して、次世代に伝えられた。この情報伝達ルートには天皇も含まれており、重明および兄の代明は、父から承った事例を記録や記憶にとどめ、忠平ら父子らとともに情報を共有していたと考えられる。ただし師輔の行動規範には、父忠平の教え、すなわち「太閤教命」が重要であり、忠平の意図ほどには重明親王を重視していなかったようである。

三　親王にとっての【現在】——集合体としての親王——

藤原氏などの貴族に対し、親王や諸王を一つの「皇族勢力」とみなすことは否定されつつある[52]。それは同母兄弟であっても同様であり、「親王」を一つの集団としてみなすには注意が必要である。しかしながら醍醐所生の所生子らは、緩やかな繋がりをもつ集合体を形成していたとみられる。

承平元年（九三一）四月、醍醐寺上座延賀より代明親王に中文が送られたのを契機に、醍醐寺図および寺鐘の製作が開始された[53]。その費用は親王二一名、源氏八人が分担して供出することになった。そして九月二九日、醍醐寺にて中宮藤原穏子ならびに醍醐の皇子女による、醍醐天皇一周忌の諷誦の奉仕が行われた[54]。まず前日、重明と代明が同車して醍醐寺に向かい、ともに新鐘を見ている。戌刻には式明親王も醍醐寺に参到した。当日は、有明、長明親王、源自明が参到し、中宮穏子を筆頭に左大臣忠平らの参列のもと、代明の進行により諷誦が行われた。しかし源允明が諷誦を行わず、また鋳鐘料も送らず天下の嗤いとなっていたため、重明が「雖レ為二彼恥辱一即余等同无二面目一」として、奉仕の代行を代明に諮っている。結果、施物は代明と重明が肩代わりし、諷経文は代明が代理で記すことになった。終了後も二人は宿所に留まり、翌日、ともに鐘楼に昇り鐘声を聴いている。

この一連の行事は、代明を中心に重明がサポートする形で催行された。代明は右大臣藤原定方女を室としており、弾正尹、中務卿を歴任、保明、克明両親王の死後は最年長の醍醐皇子として醍醐皇子女を統括している。重明は代明と緊密に連絡を取り合い、先例の確認、儀式の遂行など、兄の補助的役割を果たしている。天皇も年長組の皇子として期待し、延長四年（九二六）六月の成明親王の産養にあたり、二人に詔して中宮への参入を促している[55]。承平七年三月に三四歳で代明が薨去したのちは、醍醐天皇の供養など、重明が中心となりほかの親王に働きかけており、兄弟間の序列が、重明を筆頭に変化している。

醍醐の皇子女の間で協力がみられるのは、父醍醐の法要および醍醐寺の管理、兄弟とその子女の元服・着裳である。特に経済的、社会的に恵まれない兄弟に対して、年長者が主導して援助を行っていた。たとえば天慶三年（九四〇）八月、代明と母を同じくする婉子内親王の要請により、重明と式明が故代明親王の子女の元服・裳着に腰結・加冠役として奉仕している[56]。この時、理髪を代明室の兄弟にあたる藤原朝忠が務めるものの、他に客はないといった寂しい状況であった。内親王も兄弟の子弟の行く末を案じ、援助を働きかけるなど、兄弟関係に主体的に関わっていることがわかる。

重明は藤原忠平ら摂関家との結びつきが強く、天皇を中心とした権力構造の枠組の中に取り込まれていたが、重明個人として重用されたのであり、皇族一般の代表者というわけではない。では「親王」という身分に基づき形成される集団にはどのような意味があったのか。共通目的を持った集団なのか、同母兄弟のみを構成員とするのか、もっと広く父の異なる親王を包摂する「親王」の集合体としてみなすべきであろうか。

安田政彦は、「当時の世間が、一世源氏と親王をある意味では同列に見ていた」ことから、親王・一世源氏が政治的に結束することはないものの、親王としての体面に関わる状況では、親王一族というべき意識が働くのではないかとし、前述の諷誦における源允明の肩代わりも、重明自身が「面目」を失わないためであったとする。(57)

天暦年間頃までは、陽成、宇多所生の親王も存命で、要職についている者も多い。先述した天慶七年の五月節には、陽成の皇子の元平・元長・元利の三親王、宇多の皇子の敦実・行明親王（醍醐の猶子）、醍醐の皇子の重明、有明、章明、常明、式明、長明らが参加している。このうち一品式部卿で醍醐の同母弟敦実親王が貫首を務めているが、実質的には重明が諸々のやり取りをしていた。同九年の大嘗会御禊行幸に名前のあがった親王は、敦実（式部卿）、元平（弾正尹）、元長（兵部卿）、重明（中務卿）、元利（上野太守）、式明（大宰帥）、有明（常陸太守）、行明（上総太守）、章明であり、(58)親王の就任可能な官職を、異なる天皇を父に持つ親王で分け合っている。

重明親王は源氏長者でもあった。『西宮記』（巻一三、諸宣旨定源氏爵人事）は重明親王と参議等を実例としてあげる。源氏長者は、親王源氏を論ぜず弘仁（嵯峨）御後の人が宣旨によって任じられることとなっていた。竹内理三は、母が嵯峨源氏左大臣源融の孫大納言昇の女であるという母方の系譜によって、「弘仁御後」として源氏長者に任じられたという。(59)参議源等は、嵯峨天皇の孫源希の第二子だが、参議就任は天暦元年（九四七）、六八歳の時であった。重明の源氏長者任命時期について宇根俊範は、他の源氏長者の任命期間を考慮して、承平元年～

天慶九年（九三一～四六）、あるいは天暦六～八年（九五二～五四）を想定している。[60] 重明は源等より二〇歳以上若いこと、重明から源等への交代は想定しづらいため、天暦五年三月の源等の卒去を受け、重明が源氏長者となったと思われる。翌六年正月、源氏爵に「延喜御後」が加えられているが、この変更に源氏長者の重明が関わっていた可能性も十分にあろう。[61] なお源高明も嵯峨源氏源唱の娘周子を母に持ち、源氏長者となる資格を有していた。

重明親王が源氏長者となったのは、嵯峨源氏の系譜をひく人材が欠乏したためであり、予期しないものであった。むしろ三品式部卿という立場からすれば王氏長者の資格があったが、天暦七年正月段階では陽成皇子の元平親王が是定を務めていたようであり、重明が王氏長者となることはなかった。[62]

一〇世紀初頭、親王のあり方は兄弟間の繋がりを中軸としつつ、年長の宇多、陽成所生の親王らとも、際立った対立も結束もすることなく、共存していた。天慶四年九月の信濃駒牽では、弟の式明・有明・長明らの参入に対し「先例に乖く」と批判しているが、これは醍醐所生親王の実質的長兄としての立場による発言とみられる。[63] しかし弟である村上天皇に対しては、本来ならば父醍醐からの教えを継承する立場にありながら、積極的な関わりが見られない。時に村上の政策に対し批判的立場に立つこともあった。[64] ただし天暦二年一二月には娘の徽子女王を入内させており、必ずしも不仲であったわけではない。前月一一月に重明自身が師輔の女登子と婚姻を結んでおり、重明は師輔らへの配慮から、村上天皇に対して一定の距離を取っていたとみられる。なお譲位した朱雀上皇のもとにはしばしば訪問するなど頻繁に交流しており、天暦六年一〇月に朱雀が崩御すると、醍醐寺で七七斎を修するなど、父醍醐の教えを守り朱雀を支えていたようである。[65] このような配慮から生じた村上天皇との溝が、重明親王家のその後を決定していったのではないか。

そもそも儀式には、親王は名前を持った個人としてではなく、「親王」身分に基づいて参加が求められる。父が誰かという要素を排除し「親王」身分を記号化して考えると、ある時点で存在する「親王」の集合体が出来上がる。そして「親王」に与えられた八省卿や太守などの官職や、儀式上の役割を分掌していくことになる。「親王」集団の代表者が必要となった場合、改めて出自、位階、官職、年齢、政治能力、血縁関係などの要素に基づき、代表者が決定されるが、必ずしも現天皇の親王が選ばれるとは限らない。この点で摂関家とのつながりが強い重明は他の親王と比べ優位ではあったが、親王として儀式をいかに円滑にこなすかに腐心しており、『吏部王記』の記述からは、親王集団としての結束を求めるような姿勢を見出すことはできない。時に、親王という身分への矜持から、厳しい批判の目をむけるものの、一方で対立することもなく、それぞれが親王身分を全うしようとしていたのではないだろうか。

四　親王の【未来】——継承されるもの——

重明親王が、自分の子に日記を伝えたことを示す史料はない。では重明が得た情報や知識は、未来にどのように継承されていったのだろうか。

重明の薨去直後より、日記の引用が始まる。生前より親交のあった師輔の『九条年中行事』に「式部卿親王記」とあるのが最も早い時期の引用である。また実頼の養子実資の『小野宮年中行事』には「重記」とあり、さらに源高明の『西宮記』、藤原公任の『北山抄』などの儀式書にも引用されるようになる。このような引用の状況から、重明の存命中ないし薨去直後より、摂関家を中心に師輔や源高明には参照できる状態にあったとみられる。

見方を変えれば、重明の子孫に独占的に伝えられていなかったといえる。薨去後の、日記の移動先の候補には、師輔や、異母弟の高明があげられるものの判然としない。和田英松は、重明所有とされる『醍醐御記』写本の伝来経路について、外孫藤原朝経に伝わり、朝経の子基房の外舅の源経頼が写すことになったと推定している(66)。朝経の祖母が重明室の師輔女登子で、この登子は重明の死後に尚侍として村上天皇の後宮に入っており[67]、幼い女王が師輔の邸宅で養育された可能性もあろう。このような系譜から、重明所有の書物や日記が、登子および娘を経由して師輔邸に伝えられたことは十分考えられる。山中裕は、源高明が師輔の日記を詳しく見ること、あるいは借用が可能であったとしており[68]、高明は兄からではなく、師輔を経由して重明の日記を見ることになったと想定できる。

醍醐・村上天皇の日記は、先例の重要な典拠としてかなり早い段階で半公開の状態にあり、貴族らによって多数の写本が作成されたという[69]。松薗斉は『醍醐御記』の公開の理由を、幼帝朱雀のため、醍醐天皇がみずから集積した公事情報を殿上人に提供することでその補佐の質が高まることを期待したこと、そして藤原忠平が醍醐の遺詔を奉じて実行したのではないかと推測している[70]。

『吏部王記』の共有財産的な性格は天皇の日記と共通するが、いわば朝廷の宝物として半永久的に継承される御記と、継承すべき「イエ」が存在しない「親王」の日記とでは、その未来には大きな隔たりがある。また摂関家などの貴族が子孫への情報伝達を視野に入れていたこととも大きく異なる。

ここで改めて「親王」であることを重視し、重明の日記の執筆理由を考えたい。

親王の日記の最古のものは、仁明天皇皇子の本康親王の日記「八条式部卿私記」とみられる[71]。本康は上野太守、弾正尹、兵部卿、上総太守、大宰帥、式部卿等を歴任、延喜元年（九〇一）に一品式部卿で薨去しており、重明親王の経歴とも共通する部分が多い。まとまった逸文は残存せず、『九暦記』に「故八条式部卿本康私記」「式部卿本康記」「八条式部卿親王所記」という名称で参照されている。『本朝皇胤紹運録』によれば、本康親王には一二人の子女があったが、日記は師輔の家に伝来していたとみられている[72]。日記の内容は、光孝天皇践祚における朝衣について（『九暦記』承平六年〈九三六〉九月二一日条）、陽成天皇の御元服にともなう元日節会の延期（『同』天慶七年〈九四四〉一〇月九日条）、本康親王室蜷淵氏の叙位（同日条）など、行事や出来事に関するものが多い。師輔が父忠平からさまざまな昔語りを聞くなかで、あわせて過去の出来事を知る典拠として、是忠親王をはじめとする、儀式に詳しい歴代の親王らの言説とともに用いられている。重明親王は本康親王の日記の内容について、師輔から聞かされており、重明の手元にはなかったとみられる[73]。よって、日記執筆のきっかけの一つとなった可能性は十分想定できるものの、書き方までは学ぶことはできなかったと思われる。

ついで父の影響をみると、醍醐は国史を含むさまざまな書物を常に参照して、過去の事例を引用している。また忠平との間で、頻繁に口頭での情報収集、および情報の共有がなされている。参照した史料の明記、具体的な儀式次第・登場人物への言及などの内容を含むこと、定型的な記録の記述方法に則っている点で、『醍醐御記』と『吏部王記』は共通し、父の日記執筆姿勢の影響を見ることができる。他方、同じ天皇の日記でも、祖父宇多の日記には過去の書物の参照事例は少なく、感情の吐露が多いという点で異なる。佐藤全敏は宇多天皇の日記について、中国古典文を志向した、「記録体」とはまったく異なった文体であったと指摘している[74]。感想を述べることも多いが、基本的には一般的な記録体で執筆されている重明の日記とは、類似性が認められない。

重明親王が儀式について詳細に書き遺した理由は、儀式を掌る式部卿への就任とも関連づけられる。親王は皇族の一員として天皇の輔弼、儀式への参加、特定の範囲での政治への参画、文化・芸術の表現者など、多岐にわたる役割を担うが、すべての親王に一律に課せられたものではなく、血縁や姻戚関係、本人の資質によってその役割は変化した。そのような状況下において、「親王」として自分の能力を朝廷のなかで生かすには、儀式への参加と、的確な儀式次第の理解が重要であり、その最高の地位として式部卿がある。

安田政彦は、九世紀の式部卿は、諸親王中で品位・年齢・生母の身分において、諸親王に優越する者＝第一親王が任じられたとする[75]。加えて有能・好学であることも必要であったという。一〇世紀以降、式部卿の任命の要件に変化がみられると安田は指摘するが、重明親王がイメージしたのは、本康親王のような儀式や有職故実に明るい式部卿像であろう。そのような式部卿像をめざし、重明は儀式を中心とした日記を執筆したのではないか。

ところで『吏部王記』の特徴の一つに、家族の記述が少ない点がある。室藤原寛子については天慶八年正月の死去にともなう喪葬や法要、(76)室藤原登子については天暦二年（九四八）一一月の婚儀について記録している。(77)寛子との間に邦正、行正、信正、徽子女王、旅子女王、登子との間に二人の女王、このほか天慶九年四月の村上天皇即位儀に褰帳命婦を務めた麗子女王という娘がいた。(78)徽子女王の斎宮退下後、同年一〇月の賀茂行幸における二人での二条路見物、(79)天暦二年の村上天皇への入内時、重明が三日夜御餅を捧げて参内したことを記している。(80)男子のうち邦正は、村上天皇即位儀での従四位下叙爵を記す。(81)一三歳との注記から息子の叙爵への喜びが感じられるが、これ以外に子息に関する記述がない。逸文のみという制約はあるが、子弟に関する言及がほとんどないことは、自身の子供への日記の継承を意図していなかったためではないか。

藤原師輔は『九条右丞相遺誡』において、家訓として日記の執筆を子らに促している。(82)さらに過去の日記や記録を参照すべきこと、故老など公事を知る者に、その知識を教え乞うこと、「多聞多見」の重要性などを説く。師輔が父忠平の教えを受け、師輔自身の経験や受け継いだ過去の事例など、子々孫々へ伝えていこうという明確な意思がある。宇多天皇が醍醐天皇に伝えた遺誡と同様に、線として繋がっていく一族の流れのなかに身を置き、これから続いていく子孫に思いを馳せている。

一方、重明親王の日記にはこのような視点はない。そこに継続し得ない「点」としての立場の親王が浮き彫りになってくる。むしろ同時代の天皇や皇族、貴族らと、情報を共有していきながら、親王としての知識を集積していこうという意識がみられる。そして「親王」に有益な知識が、再生産される親王へと伝えられることとなる。

このような重明の意図を実質的に継ぎ、さらに一般化して儀式書として完成させたのが、源高明の『西宮記』

である。また書名しか伝わらないが、代明親王子の源延光が「親王儀式」[83]、および「延光記」「延光殿上記」「故延光大納言私記」と称される日記を執筆している[84]。延光は後に「延喜時之三光」として村上天皇に信頼を受け権大納言に昇進し、また実頼と故実を伝え合ったとされる[85]。延光自身がどのように故実を学んだのかは不明だが、亡き父に代わり、叔父の重明から教授された可能性もあろう。

しかし『吏部王記』以降、親王による日記の執筆は途絶える。『九暦』以後は、日記執筆の目的が、記主の備忘録や個人的関心に基づくものでなく、「イエ」の歴史をつなぐものとして認識されるようになったこと、一方で『西宮記』や『北山抄』など儀式の詳細な手本が完成することによって、親王の日記の存在価値が失われてしまったからである。

むすびにかえて

以上『吏部王記』を題材に、先例の収集、同時代における親王のあり方、日記の継承という視点から、親王の日記を歴史的時空間と関わらせて考えてきた。先例を参照するという点では天皇や貴族の日記と共通し、情報を忠平や師輔らと共有することは、親王を媒介として儀式や行事を継承させていくという、親王に期待された役割を示すものである。

ただし日記執筆開始当初と、醍醐天皇皇子の中心的人物となった壮年以降では、執筆目的も変化する。若年のころの執筆目的は清和・光孝・宇多らの皇子や兄らが担っていた儀式等における親王の役割を記録することにあった。そのため仏事、神事、政務、儀式などにおける親王の役割を積極的に記載している。すなわち若いころの日記は、未来の自分のためのものであり、日記の有効期限は長くとも数十年であった。

やがて醍醐天皇皇子の筆頭になると、重明の日記は公共性を帯びてくる。個人的な記録ではなく、広く親王間で共有すべき儀式次第や行事の記録へと変化する。そのことを重明自身が意識していたかは不明だが、実子（特に男子）への言及がほとんどないこと、儀式における親王の動向に着目している点からも、「親王」身分を継承しない我が子に向けてではなく、「親王」全般の規範として、広範な利用を予期していたものと考えられる。

一方で重明の執筆方針転換は、親王が日記を記すことの意味も失わせた。後世に『吏部王記』が儀式の典礼として広く重用されたことはあくまでも結果論であって、継承されない日記は、淘汰されてしまう。親王であるがゆえ政治への関わりに制限があったこと、また承平・天慶の乱の発生時にも関わらず、動乱に対する言及があまり見られないなど[86]、その記載内容に社会性が乏しかったことなども、親王の日記が重要視されなくなった要因であろう。

ところで九世紀半ば以降、親王の存在意義に大きな変化が認められる。嵯峨天皇皇子への源氏賜姓以降、元皇族という身分の高さを維持しながらも、政治へ参加可能な人材が急速に増加した。さらに光孝天皇即位にあたり、その子らすべてを賜姓させたことにより親王の数が減少、そして宇多天皇以降、改めて親王が創出されていく。醍醐の皇子たちは、このような親王の再興の時期に誕生した者たちである。

臣下となった源氏は、摂関家と議政官の地位を取り合うことになり、時に貴族らの対立軸におかれることもあったが、親王は絶対的に優位な皇太子が存在する場合や、血縁・姻戚の相対的な弱さから皇太子に対して危険を及ぼさない場合は、安定した「親王」の立場を得ることができた。そのため議政官の席を空けるために、改めて親王宣下がなされた左大臣源兼明の事例なども存在するのである[87]。

このような親王の性格が変化していく一〇世紀という時期に、日記という表現方法を一度は手にしたものの、すぐに手放していった「親王」という存在を、改めて歴史的空間のなかで考えていく必要があろう。

（1）「日記」に関する研究は非常に多くの蓄積があるが、個別に触れたもののほか、以下の先行研究を参照した。山中裕編『古記録と日記』上巻（思文閣出版、一九九三年）。松薗斉『日記の家』（吉川弘文館、一九九七年）。同『王朝日記論』（法政大学出版局、二〇〇六年）。倉本一宏編『日記・古記録の世界』（思文閣出版、二〇一五年）。

（2）平安時代の親王および源氏について、主として以下の論文を参照した。林陸朗「嵯峨源氏の研究」（初出は一九六二年）、同「賜姓源氏の成立事情」（ともに『上代政治社会の研究』吉川弘文館、一九六九年）。黒板伸夫「摂関制展開期における賜姓源氏――特に安和の変を中心として――」（『摂関時代史論集』吉川弘文館、一九八〇年、初出は一九六九年）。虎尾達哉「律令国家と皇親」（『律令官人社会の研究』塙書房、二〇〇六年、初出は一九八八年）。京楽真帆子「律令的秩序と親王」（『寧楽史苑』三五、一九九〇年）。安田政彦「平安時代の皇親勢力」（『平安時代皇親の研究』吉川弘文館、一九九八年、初出は一九九七年）。

（3）『大鏡』第二巻、太政大臣基経昭宣公。

（4）『吏部王記』全般については、米田雄介・吉岡真之校訂『史料纂集三九　吏部王記（増補）』（続群書類従完成会、一九七四年）に詳細な解説がある。本稿では『吏部王記』の引用に際しては史料纂集本を用い、（　）内に引用元を記した。また『吏部王記』および重明親王については以下の論文を参照。河北騰「吏部王記の特色」（『歴史物語の新研究』明治書院、一九八二年、初出は一九七九年）。安田政彦「醍醐皇子女」（注(2)著書、初出は一九九一年）。同「醍醐内親王の降嫁と醍醐源氏賜姓」（『続日本紀研究』三七四、二〇〇八年）。高田祐彦「吏部王記のまなざし――漢文日記と源氏物語――」（『源氏物語の文学史』東京大学出版会、二〇〇三年、初出は一九八七年）。なお高田は『河海抄』『花鳥余情』に引く『吏部王記』の特徴として、病気、死、賀、元服、裳着といった人の一生に関わる項目にかなり偏っていると指摘する。

（5）『日本紀略』延喜八年四月五日条。『一代要記』醍醐天皇皇子、重明親王。

（6）『日本紀略』延喜一一年一一月二八日条。『別聚符宣抄』改定皇太子御名事、延喜一一年一一月二八日付太政官符。この時に改名されたのは皇太子保明のほか、克明、代明、重明、常明の四名。また皇子式明、有明の親王宣下、皇女敏子、雅子、普子の内親王宣下が同日に行われた。

（7）醍醐の皇子女については、史料纂集『吏部王記』に系図としてまとめられている。

(8) 『北山抄』巻四、賜御盃事にみえる「見吏部王天暦七年菊合日記」の記述から、天暦七年一〇月二八日まで日記が執筆されていたとする（注(4)解説）。
(9) 注(4)解説。
(10) 米田雄介「皇族の日記」（注(1)『古記録と日記』上巻）。
(11) 『河海抄』（巻第一、桐壺）が延喜一二年とするのは誤りで、『日本紀略』によると延喜一六年が正しい（『日本紀略』延喜一六年一〇月二二日条）。
(12) 注(4)解説。なお『西宮記』巻一一、親王元服に延喜一七年四月二九日の陽成上皇第三皇子元長、第四皇子元利の元服の記事があるが、この記事についても一二歳時の執筆ではないと指摘する。
(13) 『日本紀略』延喜二一年一一月二四日条。『御遊抄』（『続群書類従』第十九輯上）三、御元服、親王御元服加冠以下例。
(14) 内論議の儀式次第については、倉林正次「御斎会の構成」（『饗宴の研究　歳時・索引編』桜楓社、一九八七年、初出一九八〇年）を参照。
(15) 大島幸雄「私日記の起筆に関する覚書」（史聚会編『奈良平安時代史の諸相』高科書店、一九九七年）。
(16) 米田雄介「天皇の日記」（注(1)『古記録と日記』上巻）。御記については所功編『三代御記逸文集成』（国書刊行会、一九八二年）所収の和田英松「三代御記解題」（初出は一九一七・一九三三年）、所功「三代御記の伝来過程」を参照。
(17) 『践祚部類鈔』醍醐天皇（『群書類従』第三輯）。
(18) 『中外抄』（上、東三條為吏部王家之時夢事）によると、重明親王が即位の夢をみていたというが、この時点で即位を期していたとは思われない（『続群書類従』第十一輯下）。
(19) 『貞信公記抄』延喜一二年一一月二〇日条。同一三年正月四日条。
(20) 日記の記主の情報収集や先例についての認識については、末松剛「摂関家の先例観――御堂流故実の再検討――」（『平安宮廷の儀礼文化』吉川弘文館、二〇一〇年、初出は一九九九年）。重田香澄「『小右記』にみる藤原実資の文字情報利用――身分の変化にもとづく時系列的把握の試み――」（『お茶の水史学』五六、二〇一三年）など参照。ただし一〇世紀初頭と、日記の継承を前提として執筆していた摂関期とは、先例に対する認識は異なる。
(21) 『小野宮年中行事』によると雅明親王の死去は、延長七年一〇月二六日。

(22)『吏部王記』延長八年八月二九日条（『政事要略』巻六九、糺弾雑事、致敬拝礼下馬）。

(23)『同』延長六年一〇月一日条（『政事要略』巻二五、年中行事一〇月）。

(24)『同』延長八年九月一日条（『政事要略』巻二三、年中行事八月下）。

(25)『同』延長八年九月二二・二六・二九日条。承平二年一二月二日条（『西宮記』巻一一、天皇譲位事裏書、『山槐記』治承四年〈一一八〇〉三月九日条、『醍醐寺雑事記』）。

(26)『同』延長二年正月二五日条（『花鳥余情』巻一九、若菜上）。

(27)『同』延長二年一二月二一日条（『西宮記』巻一二、天皇御賀裏書）。

(28)『同』延長三年六月二三日条（『西宮記』巻一二、太子薨事裏書）。

(29)『同』延長六年一二月二九日条（『政事要略』巻二八、年中行事一二月上）。『延喜式』式部式上、元正行列次第に「太政大臣就レ例之時、右大臣在レ西」とみえる。

(30)『同』延長八年正月一日条（『西宮記』巻一、正月二日二宮大饗）。

(31)『延喜式』が頒下されたのは康保四年（九六七）のことである（『日本紀略』康保四年七月九日条）。

(32)『吏部王記』承平五年一一月九（一九）日条（『政事要略』巻二六、年中行事一一月二）。

(33)注(16)和田解題参照。

(34)『吏部王記』天慶六年二月二日条（『西宮記』大永鈔本、恒例一、正月賭弓・内宴裏書）。

(35)なお『政事要略』（巻二六、年中行事一一月二）では神祇官人とし「年月行幸不二分明一」としており、それぞれの書に引用する際に、文面や語句が変更されていたことを示す事例となっている。

(36)『吏部王記』延長六年一〇月一七日条（『政事要略』巻二五、年中行事一〇月）。

(37)『同』延長六年一一月二一日条（『政事要略』巻二六、年中行事一一月二）。また保忠に節会に用いるのは餛飩か粉熟かについて尋ね、索餅と称すると教えられている。

(38)『同』延長三年正月一四日条（『続群書類従』第二十五輯下『御質抄』末）。

(39)承平六年に八歳で斎宮に卜定されているので、誕生は延長七年頃となる（『日本紀略』承平六年九月一二日条）。

(40)『貞信公記』逸文、承平六年正月四日条。『九条殿記』大臣家大饗、同三日・四日条。なお『貞信公記抄』の「此日具

旨見二九記一」の文言は、のちに記入されたものである。

(41)『吏部王記』承平六年正月四日条（『年中行事秘抄』正月）。

(42)『同』承平元年九月四日条（『大鏡』第一巻、裏書）。

(43)『同』天慶六年二月二日条（『西宮記』巻二、正月内宴）。

(44)『九条殿記』五月節、天慶七年五月五日条。

(45)竹内理三「口伝と教命――公卿学系譜（秘事口伝成立以前）――」（『竹内理三著作集　第五巻　貴族政治の展開』角川書店、一九九九年、初出は一九四〇年）。

(46)黒板伸夫「藤原忠平政権に対する一考察」（注(2)著書。初出は一九六九年）。

(47)『吏部王記』承平二年一二月二一日条（『政事要略』巻二八、年中行事一二月上）。仲平を介し奏上したがこのときは任命されず、結局、忠平の太政大臣任命は承平六年まで見送られた。

(48)注(4)高田論文。なお、重明が実頼に対しては批判的な言辞が多いことも指摘している。

(49)『九条殿記』菊花宴、天暦四年一〇月八日条。翌年の残菊宴では、重明親王の説に改められている。

(50)『九条殿記』東宮大饗、天暦七年正月二日条。

(51)山中裕「藤原師輔の時代」（初出一九七八年）、同「源高明と師輔」（初出一九八三年）（ともに『平安時代の古記録と貴族文化』思文閣出版、一九八八年）。

(52)注(46)黒板論文。倉本一宏「律令貴族論をめぐって」（『日本古代国家成立期の政権構造』吉川弘文館、一九九七年、初出は一九八七年）。注(2)京楽論文。注(2)安田論文。

(53)『吏部王記』延長九年（承平元）四月二〇日条（『醍醐寺雑事記』）。梵鐘の鋳造の経緯については、古尾谷知浩「平安時代の梵鐘生産」（『文献史料・物質資料と古代史研究』塙書房、二〇一〇年、初出は二〇〇九年）。

(54)『同』承平元年九月二八・二九日・三〇日条（『醍醐寺雑事記』）。なおこの時、当時生存していた醍醐皇子女全員が参加していたと安田は指摘する。注(4)安田「醍醐皇子女」。

(55)『同』延長四年六月六日条（圖書寮叢刊『御産部類記』）。

(56)『同』天慶三年八月二六日条（『西宮記』巻一一、親王元服裏書）。

(57) 注(4)安田「醍醐皇子女」。

(58) 天慶九年一〇月二八日条(『大嘗会御禊部類記』所引『吏部王記』『九暦逸文』)。なお敦実、元平、元長、元利親王が障りを称し、重明自身も腰痛により辞退を申し出ており、行明・章明のみが参加している。

(59) 竹内理三「氏長者」(注(45)著作集。初出は一九五四年)。

(60) 宇根俊範「氏爵と氏長者」(坂本賞三編『王朝国家国政史の研究』吉川弘文館、一九八七年)。

(61) 『河海抄』巻第一、桐壺。

(62) 『権記』長徳四年(九九八)一一月一九日条。『小右記』長元四年(一〇三一)正月一二日条。この時元利は王氏爵の巡を故意に偽ったとして、罪に問われている。天暦七年当時の式部卿は重明であり、式部卿の肩書は後世に追記されたものであろう。ところで土橋誠は、氏推挙権を含む皇親の族長権などを、天皇ではなく親王が分掌していたとして、親王諸王を中心とした一つの「ウヂ」のようなまとまりを想定している(土橋誠「皇親における族長権などの所在について」(『ヒストリア』一一〇、一九八六年)。ただし一〇世紀にはさまざまな昇進の機会があり、推挙権そのものには皇親集団としての求引性を生む力はなかったであろう。

(63) 『吏部王記』天慶四年九月一三日条(『政事要略』巻二三、年中行事八月下)。

(64) 『同』天慶九年九月一〇日条(『群書類従』第十七輯『源語秘訣』)。村上即位直後、蔵人の宿直衣の裏地の紅色が濃いとして詔によって破かせたことに対し、或云としながら、「頗る苛酷」であると批判している。

(65) 『同』天暦六年一〇月二日条(『醍醐寺雑事記』)。

(66) 注(16)和田解題。

(67) 『尊卑分脈』摂家相続孫。

(68) 注(51)山中各論文。

(69) 松薗斉「天皇家」(注(1)『日記の家』。初出は一九九二年)。

(70) 松薗斉「王朝日記の〝発生〟」(注(1)『王朝日記論』。初出は二〇〇一年)。

(71) 和田英松「日記に就いて」(『日本歴史「古記録」総覧』古代・中世篇、新人物往来社、一九九〇年、初出は一九一三年)。注(10)米田論文。

(72) 和田英松『皇室御撰之研究』(明治書院、一九三三年。国書逸文研究会より一九八六年に再版)。

(73)『吏部王記』承平六年一一月一九日条(『政事要略』巻二六、年中行事一一月二)。

(74) 佐藤全敏「宇多天皇の文体」(注(1)『日記・古記録の世界』)。

(75) 安田政彦「平安時代の式部卿」(注(2)著書。初出は一九九二年)。なお、重明の場合は、村上天皇の血縁において陽成皇子に勝ること、醍醐皇子中の最年長などを背景にした、異例の補任であったことも指摘されている。

(76)『吏部王記』天慶八年正月一四日条〜二月一八日条(『仁和寺流記』)。

(77)『同』天暦二年一一月二二・二四日条(『花鳥余情』巻二七、寄生)。

(78)『同』天慶九年四月二八日条(『即位部類記』)。

(79)『同』天慶九年一〇月二八日条(『大嘗会御禊部類記』)。河北は、黴子女王の入内を目指してのものと推測している。注(4)河北論文。

(80)『同』天暦二年一二月三〇日条(『群書類従』第十七輯『源語秘訣』)。

(81) なお邦正は「青経君」とよばれ、奇行が目立つなど、後継者にはふさわしくなかった可能性もある(『今昔物語集』巻第二八、左京大夫□付異名語第二一)。

(82) 日本思想大系8『古代政治社会思想』(岩波書店、一九七九年)。

(83)『本朝書籍目録』(『群書類従』第二十八輯)、『北山抄』巻一、五月五日節会に「親王儀式延光卿撰也」とみえる。

(84)『西宮記』巻一一、皇太子元服、『同』巻四、六月雷鳴陣、『北山抄』巻三、官奏事など。

(85) 延光と藤原実頼の交友関係については、渡辺滋が「冷泉朝における藤原実頼の立場——『清慎公記』逸文を中心に——」(『日本歴史』七八七、二〇一三年)で述べている。

(86) 警固諸陣、固関使派遣が行われたことが天慶二年二月二九日条(『山槐記』治承四年一二月二日条)に、祈禱事が天慶五年四月二七日条(『西宮記』巻六、一一月賀茂臨時祭裏書)などに見える。

(87) 結果、藤原頼忠が左大臣に就任した(『日本紀略』貞元二年〈九七七〉四月二四日条)。また一五皇子源盛明も親王に復している(『同』康保四年〈九六七〉六月二二日条)。

『御堂関白記』古写本・寛仁元年九月三十日条と十月一日条の書写順序をめぐって

倉本一宏

はじめに

かつて『御堂関白記』の自筆本と古写本を調査し、その一環として、藤原道長の記録の時間観念についても考察したことがある。その一部は『藤原道長「御堂関白記」を読む』（講談社、二〇一三年）に、写真と共に示しておいた。

自筆本では、道長が数日間の記事を一気にまとめて記した場合があること、具注暦の別の日付の箇所に記してしまい（必ずしも毎日、具注暦を巻いていなかったことを示している）、後にそれを圏線（けんせん）で結ぶことで何日条の記事であるかを示している場合があること（このような圏線は、全部で一一箇所存在する）、古写本では、自筆本の記述を一行飛ばして書写し、後で気付いて行間に補った場合があること、自筆本の裏書をまったく見落として書写し、後で気付いて行間に補ったり紙を貼り継いだりした場合があること、自筆本の異なった日の裏書と勘違いして表の記述に続けて裏書を書写し、後で気付いて抹消したり補った場合があること、などを明らかにした。

また、『御堂関白記』自筆本の裏書を調査し、裏書の機能を考察した際に、古写本や新写本についても、裏書と思われる部分があることを推定した。そして、古写本が自筆本の裏書を見落として書写し、それに気付いて行間補書として記した場合があることを明らかにした（「古記録の裏書について――特に『御堂関白記』自筆本について――」倉本一宏編『日記・古記録の世界』思文閣出版、二〇一五年）。

本稿では、これらの考察の際に気付いてはいながらも、古写本と自筆本の関係がよくわからなかった条について（主に『大日本古記録 御堂関白記 下巻』の説明註のせいなのであるが）、古写本の書写の時間軸を推定してみることとしたい。

一 『御堂関白記』寛仁元年九月三十日条と十月一日条

『御堂関白記』の寛仁元年九月三十日条と十月一日条は、それぞれ、道長第の例講と、後一条天皇即位にともなう大神宝使の宣命について摂政頼通が「大殿」道長に諮ったという記事である。特に十月一日条の宣命については、伊勢神宮や宇佐・石清水八幡宮、香島・香取・枚岡社、春日・大原野社、賀茂・稲荷社の扱いに関するきわめて興味深い内容を含んでいるのであるが、ここではそれには立ち入らず、古写本書写者の書写の順序について考えることとする。

なお、寛仁元年は自筆本が残っておらず、古写本は、前半は師実、後半は「某」によって書写されている。量が多いのでいったんは前半と後半を別の巻にしようとして七月の前に表紙を付けたものの、結局はそれも貼り継いで一巻としたものである。ここで問題とする九月三十日条と十月一日条は、「某」によって書写された方である。

まずは本文を掲げてみよう。陽明文庫蔵『御堂関白記』古写本・第十巻になるべく近いかたちで示す。陽明文庫編『陽明叢書 御堂関白記 五 古写本・御記抄』（思文閣出版、一九八四年）を参照した。行替えなども原本の通

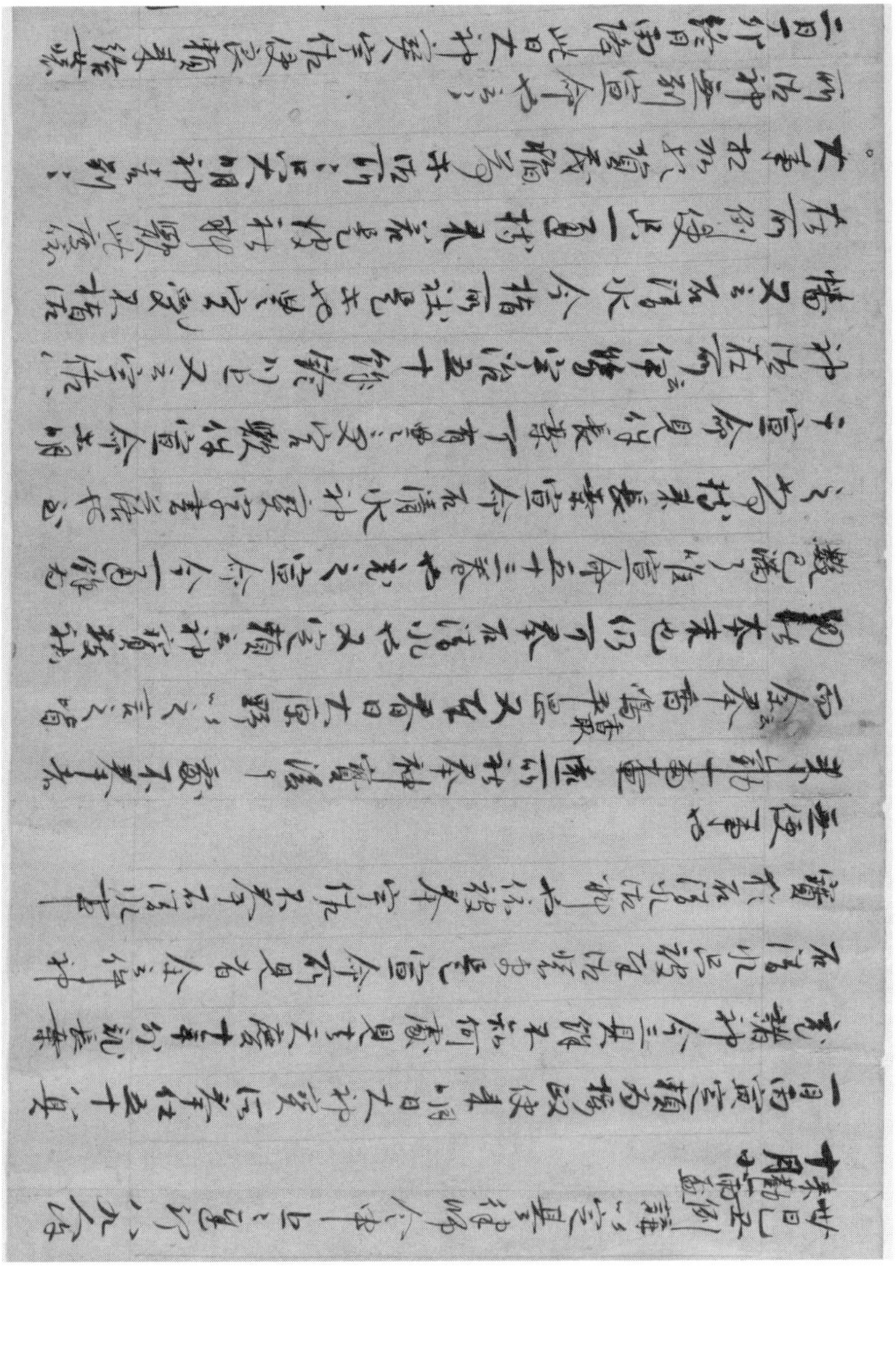

写真　『御堂関白記』古写本・寛仁元年九月三十日条、十月一日条（公益財団法人陽明文庫蔵）

りである。なお、九月三十日条の二行目、「来勧一両盃」は、「卅日」という日付のある行と「十月 小」との間の行間補書である。

卅日乙丑例講以定基律師令申上々達部八九人許
来勧一両盃
十月 小
一日丙寅定頼為摂政使来明日大神宝所奉仕五十八具
充諸神今三具余不知何処見去天慶十年外記長案
石清水只被奉御装束是宣命所見者余云件神
宝猶石清水御料也依被奉宇佐不奉石清水事
無便事也
来勧一両盃遠所社奉神宝後○□処不奉者
而余云奉香島香取平岡又奉春日大原野以之言之皆
同社本末也仍可奉石清水也又定頼云神宝数社
数已満了唯宣命五十三巻也充之宣命今一通余為
之如何持来長案宣命石清水神宝字書落也至
于宣命見件長案可有豊受宮歟件宣命等明
神御在所云伊勢宇治五十余鈴川上云又云宇佐八
幡又云石清水今指所社是等也豊宮受不指御
在所例使只一通持来若是彼社料歟此度依

○大事相加歟賀茂稲荷等御所々只大明神者別々
所御神無別宣命也云々

これだとわかりにくいので、句読点を付して、訓読文にしてみよう。国際日本文化研究センターウェブサイト(http://db.nichibun.ac.jp/ja/) にアップしている「摂関期古記録データベース」によるものである。

三十日、乙丑。例講。定基律師を以て申上せしむ。上達部八、九人ばかり来たる。一両盃を勧む。

十月

一日、丙寅。定頼、摂政の使と為て来たる。「明日の大神宝、五十八具を奉仕する所、諸神に充つるに、今三具、余る。何処なるを知らず。去ぬる天慶十年の外記の長案を見るに、石清水は只、御装束を奉らる。是れ宣命に見ゆる所なり」てへり。余、云はく、「件の神宝、猶ほ石清水の御料なり。宇佐に奉らるるに依りて、石清水に奉らざる事、便無き事なり」と。

「遠所の社に神宝を奉る後、□処、奉らず」てへり。而るに余、云はく、「香島・香取・平岡に奉る。又、春日・大原野に奉る。之を以て之を言ふに、皆、同社の本末なり。仍りて石清水に奉るべきなり」と。又、定頼、云はく、「神宝の数、社数、已に満ち了んぬ。唯し宣命、五十三巻なり。之を充つるに、宣命、今一通、余る。之を如何為ん」と。持ち来たる長案は、宣命に「石清水神宝」の字を書き落とすなり。宣命に至りては、件の長案を見るに、「豊受宮」と有るべきか。件の宣命等、明神の御在所は、「伊勢宇治五十鈴川上」と云ふ。又、「宇佐八幡」と云ひ、又、「石清水」と云ふ。今、所を指す社、是等なり。豊受宮は御在所を指さざる例なり。使、只、一通を持ち来たるは、若しくは是れ、彼の社の料か。此の度、大事に依り、相加ふるか。賀茂・稲荷等、所々に御すも、只、「大明神」てへり。「別々の所に御す神には、別の宣命無きなり」と云々。

ついでなので、現代語訳（案）も掲げよう。倉本一宏『藤原道長「御堂関白記」全現代語訳(下)』（講談社、二〇〇九年）による。

三十日、乙丑。　道長第例講

我が家の例講を行なった。定基律師を招請して申上させた。公卿八、九人ほどが来た。一、二盃の宴飲を勧めた。

一日、丙寅。　摂政、大神宝使について問う

（藤原）定頼が摂政（藤原頼通）の使として来た。「明日の大神宝使には、五十八具を奉仕したのですが、諸神に充てたところ、あと三具が余りました。何処の神社のものかがわかりません。去る天慶十年の外記の長案を見てみますと、石清水八幡宮には、ただ御装束だけを奉納しております。これは宣命に見えることです」と云った。私が云ったことには、「この神宝は、やはり石清水八幡宮のためのものである。宇佐八幡宮に奉納しているのであるから、石清水八幡宮に奉納しないというのは、不都合な事である」と。

定頼が云ったことには、「同社の場合は、遠所の宇佐八幡宮に神宝を奉納した後には、近処の石清水八幡宮には奉納しないものです」と。しかし、私が云ったことには、「同社であっても、鹿島社・香取社・枚岡社には奉納している。また、春日社や大原野社にも奉納している。このことを考慮して言うと、皆、同社の本社と末社である。そこで石清水八幡宮にも奉納すべきなのである」と。また定頼が云ったことには、「神宝の数も、社数も、すでに満たしてしまっております。宣命は、ただ五十三巻です。石清水八幡宮を加えますと、宣命はあと一通、余ります。これをどうすればよろしいのでしょうか」と。定頼が持って来た宣命の写しは、宣命に「石清水神宝」の字を書き落としたのである。宣命については、この写しを見てみると、「豊受宮」と有るべきであろうか。この宣命には、明神の御在所を「伊勢宇治の五十鈴川上」と云っている。

また「宇佐八幡」と云い、また「石清水」と云っている。今、場所を指し示す社は、これらの社である。豊受宮は御在所を指し示さないのが例である。使が、ただ一通だけを持って来たのは、もしかしたら、この社のためのものだったのであろうか。今回は、朝廷の大事であったので加えたのであろうか。賀茂社や稲荷社は、所々に鎮座しておられるが、ただ「大明神」とだけ云っている。「別々の所に鎮座しておられる神には、別の宣命は無いのである」ということだ。

問題なのは、九月三十日条の「来勧一両盃」という行間補書と、十月一日条の行替えの後の抹消「来勧一両盃」である。これらの他の箇所の九月三十日条と十月一日条を含め、いったい自筆本ではどのような順序で記録され、古写本ではどのような順序で書写されたのであろうか。

二　自筆本の記録順序

まずは自筆本において、道長がこの二日分の記事を、九月三十日条を起点として、どの順番で記録したかを推定してみよう。

最初に道長が、具注暦の表の三十日の日付のある行と「十月　小」と月の記載のある行の間の二行の間明きに、「例講以定基律師令申上々達部八九人許」を記したことは確実である。この行の字数は一七字であるが、一般的な『御堂関白記』自筆本の一行の字数が二〇から二五字くらいであることを考えると、一七字を一行に記し、「許」で行末に至ったものと考えられる。

九月三十日条を記録した日時は、常識的には十月一日の朝ということになるが、道長の場合、何日分かをまとめて記すことも多い。自筆本だと墨の濃淡や筆の勢いから、何日分かを続けて記したことを推測することが可能なのであるが、古写本となると、それができない。ただ、九月三十日条と十月一日条を続けて（つまり同じ日に）

記した可能性も、考慮に入れておく必要があることを付記しておきたい。

道長は後になるほど大きな字を書く傾向があるから（老眼のせいかもしれない）、一七字で一行というのも、ちょうどいい字数である。また、「上達部八、九人ばかり」で、一見すると文脈が切れているので、ここで一段落するというのも、よくあることである。以前に考えたところであるが、『御堂関白記』自筆本の裏書というのは、表の具注暦に書ききれなかったから仕方なく紙背に記したというのではなく、表には表用の内容、裏には裏用の内容（参列者の歴名、賜禄の明細、儀式の開始など）を記すことが多い（倉本一宏「古記録の裏書について」）。ここまでの記載状況を概念図にすると、図1のようになろう。暦注はすべて略し、日付のある行と間明きの行の行数を下に付すこととする。

次いで道長は、三十日条の裏書を記し始めた。「来勧一両盃」の五字である。表の「八、九人ばかり」と、裏の「来たる」は文章がつながっており、この箇所で紙背に記すのはおかしいとも考えられるが（もっとも、文章の途中で裏書に続く例も、ないわけではない）、表の「八、九人ばかり」でいったん意識が途切れてしまい、改めて紙背に裏書として記したものであろう。

通常、道長は具注暦の二行の間明きに四行の日記を記すことが多い。ここで一行しか記していないのは不審ではあるが、二行目を記そうとした際に「十月 小」という月の記載のある行が見えてしまい、そこまで詰めて記すと、月の記載がわかりにくくなると考えて、紙背に記すこととしたのであろう（その時点では、この日の記事をもっと大量に記そうと考えていた可能性が高い）。

具注暦をひっくり返して裏書を記すのであるが、当然ながら、表と裏では左右が逆になる。表では「三十日→一日→二日」と、左に書き進めて行くにしたがって日付順に進むのに対し、紙背では「二日の裏→一日の裏→三十日の裏」と、書き進めて行くにしたがって日付が遡る箇所の裏となる。また、紙背には日付の記載や罫線はな

図1　自筆本概念図（表）

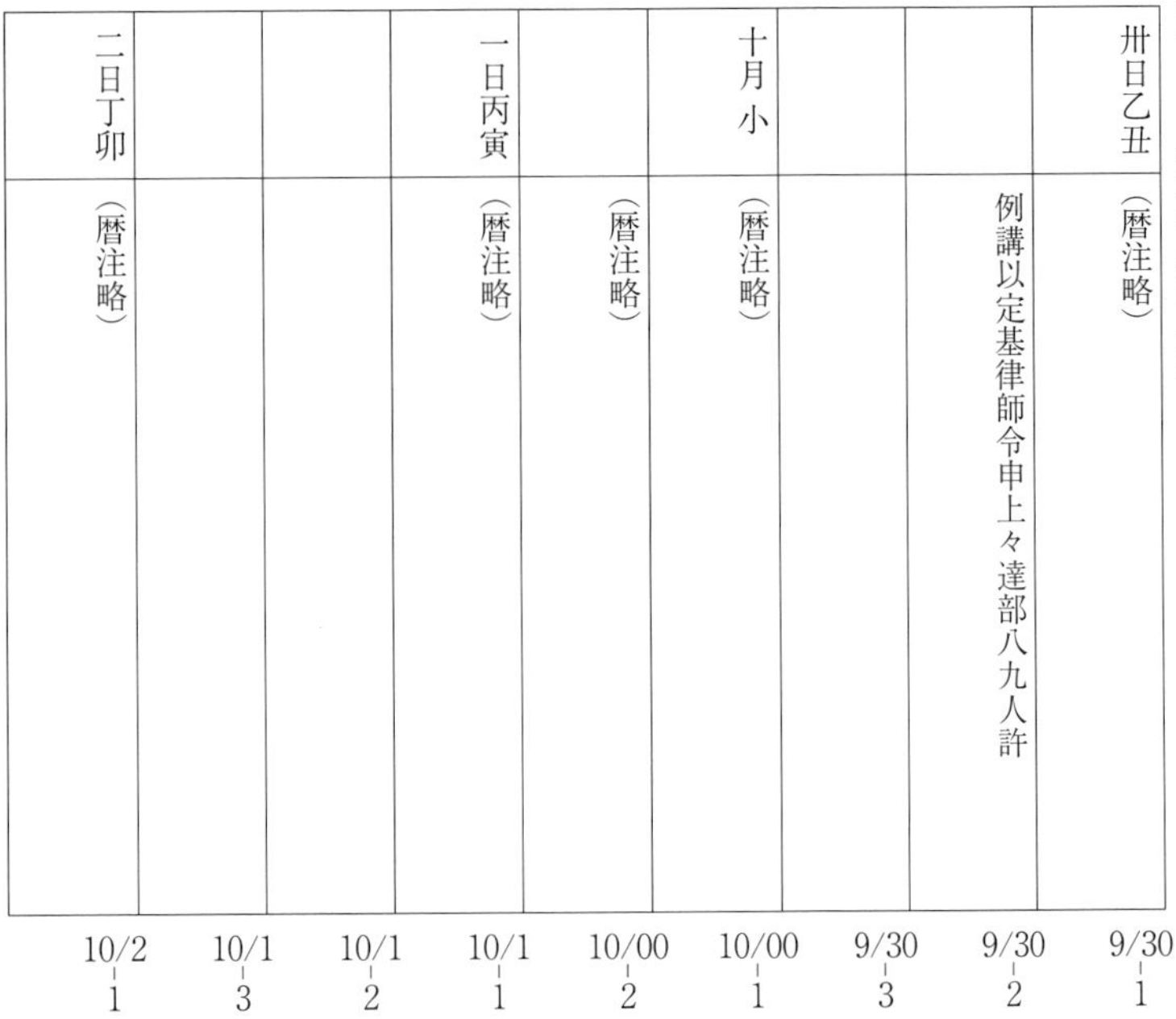

9/30-1	9/30-2	9/30-3	10/00-1	10/00-2	10/1-1	10/1-2	10/1-3	10/2-1
卅日乙丑			十月　小		一日丙寅			二日丁卯
（暦注略）	例講以定基律師令申上々達部八九人許		（暦注略）	（暦注略）	（暦注略）			（暦注略）

図2　自筆本概念図（紙背）

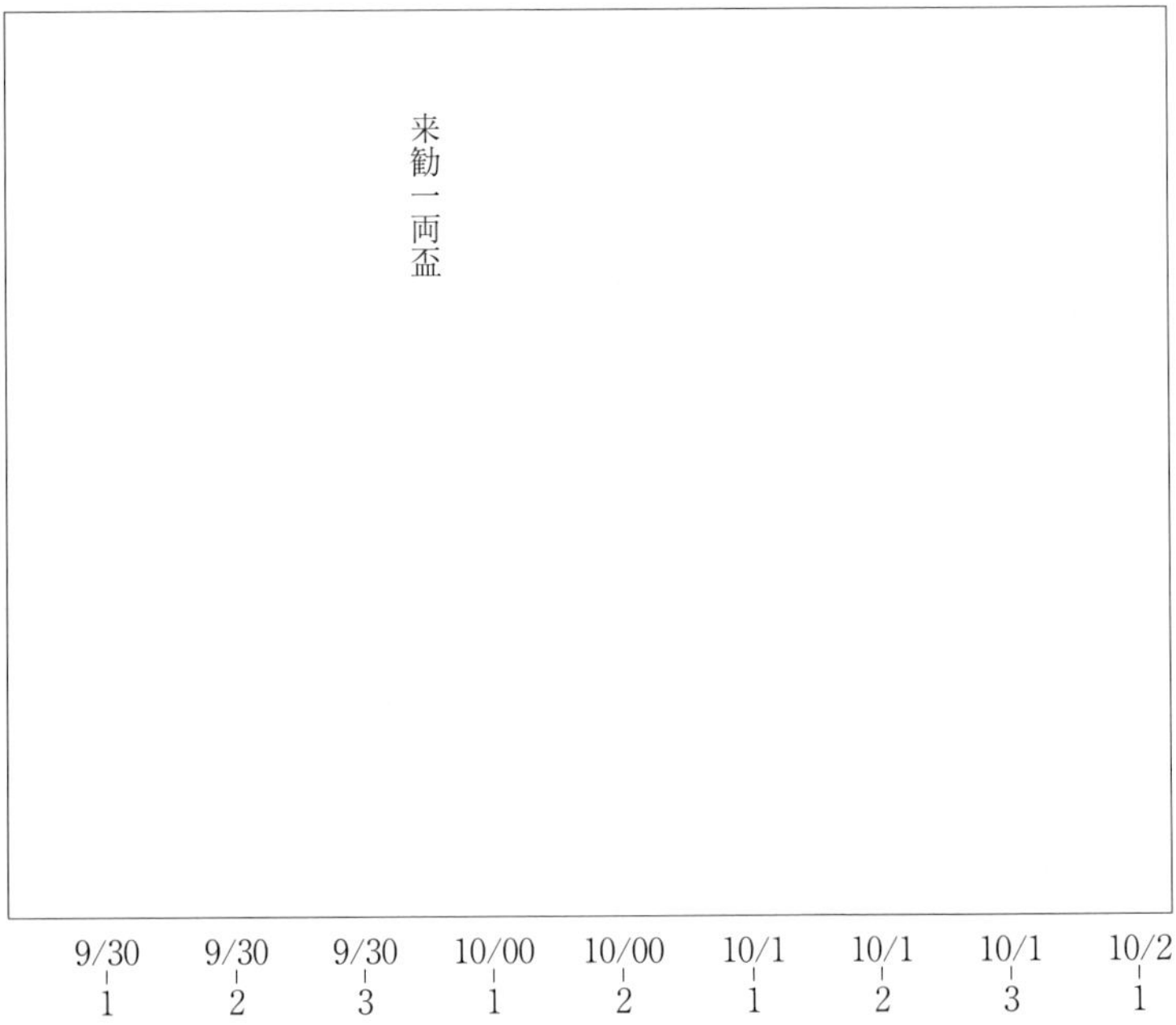

10/2-1	10/1-3	10/1-2	10/1-1	10/00-2	10/00-1	9/30-3	9/30-2	9/30-1
					来勧一両盃			

い。道長が紙背に裏書を記し始めるのは、通常、その日の間明きの二行目の裏であることが多い。ここで言うと、三十日の裏書は3の紙背から「3→2→1」と書き進めるのである（この場合は一行なので、3の紙背）。この裏書を記した時点での紙背の状況を、これも概念図にしてみよう（図2）。

次に道長は、十月一日条の記事を記し始めた。その時間は、十月二日の朝と考えるのが常識的であるが、これも十月二日条以降と続けて記した可能性もある。ただ、道長は『小右記』のように基になった資料（儀式の次第を記した書き付けなど）に書き込んだり、その紙背に日記を記したりはしていないから、内容の複雑さから考えると、十月一日のうちに記したと考えるのが自然かもしれないが。

十月一日分の具注暦に記したのが、「定頼為摂政使来明日大神宝所奉仕五十八具充諸神今三具余不知何処見去天慶十年外記長案石清水只被奉御装束是宣命所見者余云件神宝猶石清水御料也依被奉宇佐不奉石清水事無便事也」の八二文字であることは、ほとんど疑いのないところであろう。これを二行の間明きのスペースに四行として記したのであろう。

一般的な『御堂関白記』自筆本の一行あたりの字数にも合致するし、内容もここで区切りが付いている。九月三十日条よりも一行あたりの字数が多くなっているのは、この日の記事を大量に書くことがあらかじめ予想されていたので、頑張って小さな字で書いたからであろう。ここまでを概念図にしてみると、図3のようになる。

次に十月一日条の裏書を紙背に記したであろう。ちょうど台詞が裏書の第一字目から始まるので、区切りもよかったはずである。その場所は、一日の行が終わるあたりの紙背、番号でいうと10／1-3と10／2-1の間であったはずである。

ところが、この十月一日条の裏書として記したのはちょうど二〇〇文字と、『御堂関白記』としては多い文字数となってしまった。これを一行に二〇文字で記したとすると、一〇行も要してしまうことになる。すると、九

図3　自筆本概念図（表）

位置	日付	本文
9/30-1	卅日乙丑	（暦注略）
9/30-2		例講以定基律師令申上々達部八九人許
9/30-3		
10/00-1	十月 小	（暦注略）
10/00-2		（暦注略）
10/1-1	一日丙寅	（暦注略）
10/1-2		定頼為摂政使来明日大神宝所奉仕五十八具充諸 神今三具余不知何処見去天慶十年外記長案石清
10/1-3		水只被奉御装束是宣命所見者余云件神宝猶石清 水御料也依被奉宇佐不奉石清水事無便事也
10/2-1	二日丁卯	（暦注略）

図4　自筆本概念図（紙背）

遠所社奉神宝後○┃□処不奉者而余云奉香島香取
平岡又奉春日大原野以之言之皆同社本末也仍
可奉石清水也又定頼云神宝数社数已満了唯宣
命五十三巻也充之宣命今一通余為之如何持来
長案宣命石清水神宝字書落也至于宣命見件長
案可有豊受宮歟件宣命等明神御在所云伊勢宇
治五十余鈴川上云又云宇佐八幡又云石清水今
指所社是等也豊宮受レ不指御在所例使只一通持
来若是彼社料歟此度依大事相加歟賀茂稲荷等
御所々只大明神者別々所御神無別宣命也云々
来勧一両盃

10/2-1　10/1-3　10/1-2　10/1-1　10/00-2　10/00-1　9/30-3　9/30-2　9/30-1

月三十日条の裏書「来勧一両盃」とほとんど接してしまったはずである。概念図は図4のとおりである。

道長は、裏書を記すに際して、日付を記すこともあるが、記さずに続けてしまうこともよくある。自筆本を数えてみたところ、

・裏書に日付を記した場合　五三例
・裏書に日付を記さなかった場合　二七例

となった。続けた日付で裏書を記していないものについては、

・日付を記した場合　四三例
・日付を記さなかった場合　二三例

である。

ここで問題にしているように、続けた日付で裏書を記した場合は、

・両方に日付を記した場合　四例
・どちらか片方に日付を記した場合　二例
・どちらにも日付を記さなかった場合　一例

となり、この場合はきわめて稀な例ということになる。自筆本では日付が有ったものを古写本で記さなかった場合も、考慮に入れなければならないが、自筆本が残っておらず、古写本から自筆本の記録状況を推定しているのであるから、致し方ないところである。

三　古写本の記録順序

問題は、古写本がこれをどのように書写してしまったのかという点である。古写本では、具注暦の表に記され

た日記に続けて、紙背に記された裏書を書写することが多い。その際、行替えをすることもあるが、『小右記』や『権記』など、他の古記録の裏書のように（古写本しか残っていないが）、ここから裏書であることを示す「裏書」や「在暦裏」「ウラ」といった書き込みをすることはない。

また、表の記事を書写した後で、その日の記事に裏書があることを見落として、次の日の表の記事を書写してしまい、後で裏書の存在に気付いて、行間に書き込んだり、（一例だけではあるが）裏書を書写した紙を挟み込んだりしている例もある。

逆に言えば、古写本しか残されていない年には、古写本の書写者が最後まで裏書の存在に気付かずに、表の記事だけが今日まで残されている場合もありうるということになるのである。

さて、煩雑になるが、現状の九月三十日条と十月一日条を、これも概念図に示してみよう（図5）。

古写本の書写者「某」は、これらをどの順番で記したのであろうか。順を追って推測してみよう。まず、自筆本の九月三十日条の日付と表の記載を最初に書写したことは確実であろう。概念図は図6のとおりである。

次いで九月三十日条の裏書に進んだかというと、三十日条と「十月　小」という記載の間隔があまりに少ない。古写本の書写者「某」が九月三十日条の裏書を見落として、十月を書写することに意識が向いたことは確実であろう。それは九月三十日条の表の記事があまりに少なく、それに続く裏書が存在するとは、とうてい思えなかったことによるものであろう。

実は先にも述べたように、道長は表の具注暦に書ききれなかったから紙背に裏書を記すのではなく、表でいったん文脈を切って、裏には裏に書きたい事柄を記すことが多い。しかし、ここまで短い表に続いた裏書は少なく、古写本の書写者「某」が見落としてしまったのも無理はない。図7のような感じであろう。

次いで書写者「某」は、十月一日条の表を書写した。一日条の表は、道長の台詞で終わっており、分量もいか

図5　古写本概念図（全）

卅日乙丑例講以定基律師令申上々達部八九人許
来勧一両盃
十月　小
一日丙寅定頼為摂政使来明日大神宝所奉仕五十八具
充諸神今三具余不知何処見去天慶十年外記長案
石清水只被奉御装束是宣命所見者余云件神
宝猶石清水御料也依被奉宇佐不奉石清水事
無便事也
来勧一両盃遠所社奉神宝後○┃□処不奉者
而余云奉香島香取平岡又奉春日大原野以之言之皆
同社本末也仍可奉石清水也又定頼云神宝数社
数已満了唯宣命五十三巻也充之宣命今一通余為
之如何持来長案宣命石清水神宝字書落也至
于宣命見件長案可有豊受宮歟件宣命等明
神御在所云伊勢宇治五十余鈴川上云又云宇佐八
幡又云石清水今指所社是等也豊宮受不指御
在所例使只一通持来若是彼社料歟此度依
○大事相加歟賀茂稲荷等御所々只大明神者別々
所御神無別宣命也云々

図6　古写本概念図（1）

卅日乙丑例講以定基律師令申上々達部八九人許

図7　古写本概念図（2）

卅日乙丑例講以定基律師令申上々達部八九人許

十月　小

図8　古写本概念図（3）

卅日乙丑例講以定基律師令申上々達部八九人許

十月　小
一日丙寅定頼為摂政使来明日大神宝所奉仕五十八具
充諸神今三具余不知何処見去天慶十年外記長案
石清水只被奉御装束是宣命所見者余云件神
宝猶石清水御料也依被奉宇佐不奉石清水事
無便事也

にも表の間明き二行に四行記した字数に相応しい。ここまでは、書写者「某」は何の疑問もなく、書写していたことであろう。図8のようになる。

ここで書写者「某」は具注暦を裏返し、裏書の存在を確認したことであろう。十月一日条がいかにも裏書に続きそうな内容であったからである。紙背におそらくは一一行にわたって記されていた裏書のうち、最後の行の「来勧一両盃」から書写し始めたということは、この一行が十月一日条の裏書の最末尾であると認識したわけではなく、九月三十日条の裏書であると認識したことを示している。

問題は、それを十月一日条の表の記載に続けて書写してしまったことにある。ここで行替えを行なっているということは、これが裏書であることを示そうとしたからであろう。しかしこれを、どうしてそう考えることになったのか、十月一日条の裏書として書写してしまった。これが単純なミスなのか、あるいは何か事情があったのかはわからないが、おそらくは何も考えずに十月一日条の表の記載に続けて書写してしまったのであろう。ここまでを概念図に示すと、図9のようになる。

ここまで書写して、書写者「某」は、はたと困ってしまったことであろう。「来勧一両盃」を十月一日条の裏書として書写してしまったではないか。これでは「遠所社奉神宝後」から「御神無別宣命也云々」までの一〇行はどこに書写すればいいのであろうか。やっと「来勧一両盃」を間違った箇所に書写したことに気付いた書写者「某」は、「来勧一両盃」を抹消線で消した。この時点では、図10のような感じであろう。

その後、九月三十日条の箇所に三十日条の裏書「来勧一両盃」を改めて記したはずであるが、すでに「卅日乙丑」以下の行に続けて「十月 小」を記してしまっており、行間にはスペースが残されていなかった。仕方なく書写者「某」は、行間にむりやり挿入した（図11）。

よく見れば、「十月 小」の行は下部に随分とスペースが空いている。たとえば「卅日乙丑」以下の行の「八九

図9　古写本概念図（4）

卅日乙丑例講以定基律師令申上々達部八九人許

十月 小

一日丙寅定頼為摂政使来明日大神宝所奉仕五十八具

充諸神今三具余不知何処見去天慶十年外記長案

石清水只被奉御装束是宣命所見者余云件神

宝猶石清水御料也依被奉宇佐不奉石清水事

無便事也

来勧一両盃

図10　古写本概念図（5）

卅日乙丑例講以定基律師令申上々達部八九人許

十月 小

一日丙寅定頼為摂政使来明日大神宝所奉仕五十八具

充諸神今三具余不知何処見去天慶十年外記長案

石清水只被奉御装束是宣命所見者余云件神

宝猶石清水御料也依被奉宇佐不奉石清水事

無便事也

来勧十両盃

図11　古写本概念図（6）

卅日乙丑例講以定基律師令申上々達部八九人許
来勧一両盃
十月　小
一日丙寅定頼為摂政使来明日大神宝所奉仕五十八具
充諸神今三具余不知何処見去天慶十年外記長案
石清水只被奉御装束是宣命所見者余云件神
宝猶石清水御料也依被奉宇佐不奉石清水事
無便事也
来勧一両盃

図12　古写本概念図（7）

卅日乙丑例講以定基律師令申上々達部八九人許
来勧一両盃
十月　小
一日丙寅定頼為摂政使来明日大神宝所奉仕五十八具
充諸神今三具余不知何処見去天慶十年外記長案
石清水只被奉御装束是宣命所見者余云件神
宝猶石清水御料也依被奉宇佐不奉石清水事
無便事也
来勧一両盃遠所社奉神宝後 i □処不奉者
而余云奉香島香取平岡又奉春日大原野以之言之皆
同社本末也仍可奉石清水也又定頼云神宝数社
数已満了唯宣命五十三巻也充之宣命今一通余為
之如何持来長案宣命石清水神宝字書落也至
于宣命見件長案可有豊受宮歟件宣命等明
神御在所云伊勢宇治五十余鈴川上云又云宇佐八
幡又云石清水今指所社是等也豊宮受不指御
在所例使只一通持来若是彼社料歟此度依
○大事相加歟賀茂稲荷等御所々只大明神者別々
所御神無別宣命也云々

人許」の横にでも「来勧一両盃」を記せば、こんなに窮屈に記さなくてもよさそうなものであるが（自筆本では道長がよくやる手である）、無理をしても行頭に「来勧一両盃」を記したのは、これが裏書であることを示すためだったのであろう。

なお、『大日本古記録 御堂関白記 下巻』（東京大学史料編纂所・陽明文庫編纂、岩波書店、初刷一九五四年）がこの部分を「　」の中に入れ、（行間補書、次張トノ継目上ニアリ）と注しているのは、「行間補書」だけあればいいのであって、「次張トノ継目上」に記されているかどうかは、まったくの偶然によるものであるから、蛇足であった。

最後に、書写者「某」は、本来の十月一日条の裏書を書写した。場所は抹消した「来勧一両盃」の次である。これで現状の古写本九月三十日条と十月一日条が完成したということになる（図12）。

おわりに

以上、『御堂関白記』古写本・寛仁元年九月三十日条と十月一日条の書写順序を推定してきた。順序はほぼ推定できるのだが、いまだにわからない点が二つある。

一つは十月一日条の本来の裏書部分に、『大日本古記録 御堂関白記 下巻』が、（遠以下ハ恐ラク自筆本ニ於ケル裏書ニシテ、始メ前月卅日条ノ裏書ト認メ、後本日条ニ改メシナラン）という註を付している点である。これは初刷の時点ですでに記されていたばかりでなく、四刷（一九九一年）にいたるまで、すべて踏襲されている。

これによると、「遠（遠所社奉神宝後）以下」を九月三十日条の裏書と誤解し、後にこれが十月一日条の裏書であるとわかったので、十月一日条に改めて記したということになるが、それはちょっと違うのではなかろうか。自筆本において、「遠（遠所社奉神宝後）以下」の一群の裏書は全部で一一行あり、「遠（遠所社奉神宝後）」はその冒頭、十月一日の具注暦の紙背に記されている（図4）。そして一一行目の「来勧一両盃」だけが九月三十日条の裏書なのであって、これは九月三十日の具注暦の紙背に記されている。これらをすべて九月三十日条の裏書と誤認することは、ほとんど考えられないのではないか。

また古写本は、この一一行を九月三十日条として書写したのではなく、最後の「来勧一両盃」だけを十月一日条の裏書の位置に書写しているのであって、それを後に九月三十日条に改めたのである。説明註を付けるのならば、抹消した一〇月一日条の「来勧一両盃」の傍に、（来以下五文字ハ恐ラク自筆本ニ於ケル裏書ニシテ、始メ十月一日条ノ裏書ト認メ、後抹消セシナラン）と付けるか、九月三十日条の行間補書の「来勧一両盃」の傍に、（来以下五文字ハ恐ラク自筆本ニ於ケル裏書ニシテ、始メ十月一日条ノ裏書ト認メ、後本日条ニ改メシナラン）と付けるのが正しいのである。

しかし、まだどうしてもわからない点がある。道長は何故、九月三十日条の具注暦の表に一行一七字しか記さず、三行分のスペースを残したまま、「来勧一両盃」のたった五文字を紙背に記したのであろうか。しかも、表の記事と裏の記事は一続きの文章の途中であり、ことさらに紙背に記す必要性も感じられない。先ほどは、表の「八、九人ばかり」でいったん意識が途切れてしまい、改めて紙背に裏書として記したとか、二行目を記そうとした際に「十月 小」という月の記載のある行が見えてしまい、そこまで詰めて記すと、月の記載がわかりにくくなると考えて、紙背に記すこととしたと推測したが、それでも腑に落ちない部分がある。改めて、『御堂関白記』と道長の謎は深まるばかりである。

前述のように、道長は表でいったん文脈を切って、裏には裏に書きたい事柄を記すことが多い。しかし、ここまで短い表に続いた裏書は少なく、古写本の書写者が見落としてしまったのも無理はない。とはいえ、この場合は後で九月三十日条の裏書に気付いて行間に補ったからいいものの、最後まで気付かなかった例もあるのではないかと怖れる。

自筆本と古写本が両方残っている年は少なく、古写本しか残っていない年だと、その裏書は永遠に読めなくなっている可能性もある。そのような例がなるべく少ないことを祈るばかりである。

『今昔物語集』の成立と宋代

――成尋移入書籍と『大宋僧史略』などをめぐって――

荒木　浩

一　隆国と成尋の交叉点――散佚「宇治大納言物語」と『今昔物語集』――

日本古典文学史の中で、古代や中世の説話や説話集をめぐる研究環境は、ここ半世紀の間に大きく変わった。(1)それでも『今昔物語集』という一二世紀の巨大な作品が照らし出す意味は、依然、小さくない。いやむしろ、対外交流史研究が劃期的な転換を遂げた今日こそ、三国仏法史という世界観を中心的主題とするこの作品の意義は、より大きくなったといえようか。特に、この作品の情報源としての出典文献群の伝来とその活用状況の把握は、現在の研究状況に即した巨視的なスキームの中で、新たな検証を待っている、というべきかも知れない。

『今昔物語集』のもっとも根幹的な前史と考えられているのは、散佚した「宇治大納言物語」である。その作者・源隆国（一〇〇四～七七）は、「天竺震旦の顕密聖教、本朝の人師の抄出私記、二百余巻が中に、阿弥陀の功徳を釈する要文を選集」して『安養集』を撰した。(2)そして、彼の甥とされる延暦寺阿闍梨・大雲寺寺主の成尋に(3)託してそれを北宋へと運び、当地の人々の好評を得たという。

近時、この成尋と源隆国との文物・情報交流に焦点を当て、『今昔物語集』生成の根幹を問う議論がある。『安養集』には「南泉房大納言（源隆国――引用者注）と比叡山の阿闍梨数（十）人」が作業をしたと伝える注記があり、宇治平等院一切経蔵の南の山際にある南泉房で、隆国と叡山の阿闍梨とが共同編集をして成立した書物であることが示される。[4] 南泉房は、隆国が「宇治大納言物語」を編集した場所である（『宇治拾遺物語』序）。延暦寺阿闍梨だった成尋も、単なる運搬者ではなく、『安養集』撰者の一人であったとおぼしい。[5]

隆国の宇治での創作活動を担った成尋は、宋の地で得た新しい豊富な文物を隆国の周辺に送付した。その行為と情報が、同じトポスで繰り広げられた、散佚「宇治大納言物語」などの隆国の説話集形成に、深く関わったのではないかと注目されているのである。[6]

……成尋が中国へ携えたものは、わが国の天台教学の撰述を中心に、隋唐時代に訳出され撰述されたものも加えた顕密両経の六百余巻に及んでおり、それらは成尋とともに中国に留めおかれたと思われる。

一方、成尋は神宗より賜わった宋雍熙元年以降の新訳経四一三巻、成尋自身が購入した新訳経一〇二巻、天台教籍九〇余巻、その他に中国の知人達より贈られたものを含め、六百数十巻に及ぶ典籍を日本に送りとどけたことが判明する。（中略）

日記の巻六・熙寧六年正月二十三日条にいう。

百官図二帖・百姓名帖・楊文公談三帖八巻・天州府京地里図一帖・伝灯語要三帖、〈宇治御経蔵奉納〉、法華音義一巻〈大雲寺経蔵奉納〉、唐暦一帖・老君枕中経一帖・注千字文一帖、以上、進上日本左大臣殿、暦一巻、進上民部卿殿、寒山寒（＝詩）一帖・暦一巻、進上治部卿殿、且預惟観了、永嘉集一巻、証道歌注一帖・泗州大師伝二巻、広清涼伝三帖・古清涼山伝二巻、入唐日記八巻、送石（＝岩）蔵経蔵

これによって成尋が典籍を贈ったところは、大体のところ想像がつく。それは宇治殿藤原頼通の子左大臣師

実、民部卿藤原俊家、治部卿源隆俊そして平等院経蔵、岩倉大雲寺の経蔵とあり、外典以外はすべて宇治と岩倉に納めているところをみても、経典類はこの両経蔵および慶耀とのつながりを通じ、三井寺の経蔵に送られたとみて差支えないのではあるまいか。

それにしても、成尋が送った典籍は、彼自身が「未だ日本に到らず」と称する宋代の新訳経典類であり、これを手にしたわが学僧達をして雀躍させ、その後の天台教学に多大の影響を与えたであろうことは、推測にかたくない。しかも五臺山文殊信仰の沸鼎している平安時代に、妙済大師延一の『広清涼伝』などを送り込んだことは、まことに意義深いものといわねばならない。（藤善真澄「成尋の齎した彼我の典籍」[7]）

確かに、この移入書目がもたらした当代仏教文化への「多大の影響」は「推測にかたくない」。ただし右の記述を見ても、石井正敏が「源隆国宛成尋書状について」という論文の中で確認するように、成尋が日本へ運んだ書物の移送先に「不思議なことに源隆国宛のものはない[8]」。しかしこれらは結局、多くは隆国へと帰着すると考えられている。

たとえば成尋は大雲寺寺主であったが、「一一世紀末から一二世紀初めにかけての大雲寺は、成尋の縁もあって、源隆国の一族が経済的に支えていたと考えても良いのではないだろうか」。「民部卿殿」俊家は藤原道長の孫にあたり、「隆国の娘を室とした人物である。この女性が、藤原宗忠の『中右記』には「一条殿」などと出てくる宗忠の祖母にあたる人物である。この祖母の縁もあって、宗忠は隆国の一族と親しく交流している。特に隆国の三男俊明からは公事に関してさまざまな教示を受けており、「厳親」のような存在であると書き残している（『中右記』永久二年一二月二日条）。民部卿藤原俊家が、成尋の後援者と思われる中に登場するのは、このように後まで続く、隆国の家と俊家の家との関係もあったからなのかもしれない」。このように述べる原美和子は、次の如くに推測を進めていく。

つまり、ここに送られた典籍は、隆国の一族が自由に閲覧することが可能であったのではないだろうか。上に表示した『参記』（『参天台五臺山記』――引用者注）の記事では、大雲寺の経蔵に送ることとなっていた「古清涼山伝」は、後条では「治部卿殿」に送ると記されている（熙寧六年正月二九日条）。あるいは、大雲寺と治部卿源隆俊ら隆国の一族との密接な関係から、どちらあてに送っても同じであるという成尋の意識がこのような記述に現れたのかもしれない。（中略）憶測をたくましくすれば、隆国の説話集編纂意欲は、成尋の旅の体験とその記録に大いに刺激されたものと思われる。(9)

ここで改めて注目されるのが、承保四年（一〇七七）に隆国が成尋に宛てて送った書状である。私に訓読して示す。

禅札一緘、万里に投ず。封を折（析カ）り紙を伸ばせば、宛も面展するかの如し。就中、先に天台山を巡礼し、賽いで五台山に参詣する旨を示さる。宿願既に満ず。誰か悦ばざらんや。加之、禅下、天子の喚に応じ、雨沢の験を露ほす。叡感已に至り、大師号を賜ると。我が朝に聞く者、嘆美せざるはなし。況んや下官に於いてをや。但し恨むらくは溟海渺焉たり、再帰を期する無からんことを。

抑も宇県禅定前の大相国、去ぬる延久六年甲寅二月二日薨去す。同年九月二十六日、愚息左親衛相公、溘然として長逝す。承保二年乙卯三月十三日、又た家督礼部納言、尋いで薨逝す。余以るに、憖じひに生き、死を欲すること能はず。天の我に与みせざるなり。而して我が詞頑にして筆禿にあらず、猶ほ一二にし難きのみ。(10)彼の安養集称揚の由、随喜極まり無し。石蔵禅師闍梨位に至る、是れ只だ禅下の多年の授法の然らしむるか。書、言を尽くさざるは、古賢の戒めなり。不宣。謹状。

承保四年三月　日

謹上　石蔵阿闍梨善恵大師禅室(11)

大江佐国によって代筆されたこの書状は、先掲石井正敏「源隆国宛成尋書状について」が行った(イ)〜(ト)の七分割の整理によれば、「承保四年の源隆国書状から知られる成尋書状の内容は、(イ)宿願の天台山・五台山巡礼を果たしたこと、(ロ)祈雨の功績により、善恵大師号を賜ったこと、(ヘ)『安養集』が宋で高い評価を得ていることなどで、これに対して源隆国は、(ハ)宇県禅定前大相国すなわち藤原頼通が延久六年二月二日に逝去したこと、(ニ)左親衛相公すなわち隆国の二男隆綱が同年九月二十六日に逝去したこと、(ホ)家督礼部納言すなわち隆国の一男隆俊が承保二年三月十三日に逝去したこと、(ヘ)『安養集』の評判を喜ぶこと、(ト)石蔵禅師すなわち源隆国の息男隆覚が阿闍梨位を得たこと、などを報じている[12]」。

そして石井は、『阿娑婆抄』第一九六・明匠等略伝下・日本下所引の熙寧六年(一〇七三)五月一七日付成尋書状に着目し、同書状が「全体として」「『参記』の抄録ということができる」とその内容を確認する。そしてこれが隆国書状が返信した「禅札一緘」に相当するとして、前掲の原美和子説などを踏まえつつ、書状の読解によって、成尋から隆国へと、説話集制作の重要な契機と寄与があった可能性を論じていく。

現在知られる書状は、承澄(一二〇五〜八二、『阿娑婆抄』撰者——引用者注)が〈要所を少々抄出〉したというのであるから、もとは相当長文であったと推測される。こうした長文の書状を隆国に送っているのは、すでに指摘されているように、隆国の説話蒐集に資するという意味合いもあったと考えられる。特に天竺僧らの動向に詳しい注をつけていることに注意したい。源隆国が天竺に関心を寄せていたことは、『宇治拾遺物語』序の「天竺の事もあり、大唐の事もあり、日本の事もあり」といった記述などによく知られているところである。『参記』熙寧六年正月二十三日条等に、成尋が宋で入手した書籍類を左大臣師実や民部卿藤原俊家(隆国の娘婿)・治部卿源隆俊(隆国の嫡男)らに送る記事はあるが、不思議なことに源隆国宛のものはない。成尋は自らの貴重な異国体験を綴った「熙寧六年書状」こそ、説話に興味を持つ源隆国への何よりの贈り物と考え、弟子の帰国を目の前にして『参記』からの抄出に努めていたのではなかろうか。

（石井正敏「源隆国成尋書状について」）

しかしこれは、右引用文中に言及される如く、成尋から隆国宛て文物の指示がない、という事実を前提に考えるとき、相応に不整合な面が残る立論である。隆国書状にあるように、成尋入宋後まもなくして、隆国と成尋とそれぞれが恩顧を受けた頼通が亡くなった（一〇七四年）。頼通は成尋渡航の経済的パトロンで[13]「宇治御経蔵」＝平等院一切経蔵の統括者であった。その代わりに、隆国書状には名前が見えないが、成尋が名指しで書籍を送ったのは、次世代の氏長者、頼通長男の師実である。成尋は師実の護持僧であった[14]。次いで隆国の次男隆綱、そして長男の隆俊が、相次いで世を去る。才気ある二人の早世は惜しまれるが、より大事なことは、隆俊もまた成尋が指名して書籍を送った人であるということだ。そして書状が記すように、隆国に残された希望は、成尋無きあとの大雲寺に住する、息男隆覚の存在ばかりだという。大雲寺もまた、書籍の送り先であった。

かたや隆国は、このあと間もなく同年七月に、享年七四で没する。こうした状況を反映するかのような書状の表現より見ても、成尋からの刺激と通信を、隆国の新しい説話集創造の契機として捉えるのは、いささか無理ではないだろうか。また隆国の説話集編纂とは、いわゆる散佚「宇治大納言物語」を指す。それは『今昔物語集』の偉大な母胎ではあるが、今日、『今昔物語集』と安易な同一視は許されない別作品である。文学史研究の観点から見ると、原や石井の論述は、「隆国の説話集編纂」と、隆国没後に新たな作品世界を構築して成立した巨大説話集『今昔物語集』という結実とを、やや短絡的に重ねているのではないかとも懸念される[15]。

ここでむしろ注目すべきは、成尋の情報をめぐる世代交代と、隆国の位置取りの問題ではないか。成尋は、隆国の次世代の人々を指名して書物群と情報を送った。皮肉なことに、彼が渡宋している間に隆国の家系は逆順に子を喪う。一方で隆国が歎く頼通の死は、成尋の書籍送付の意図には関わらない。すでに対象は世代交代した師実に移っていた。このたすき掛けのような交叉に留意すべきだと思う。詳しくは別稿を用意したいが、それはあたかも、隆国の遺志と営為、そして新たに出現する『今昔物語集』という達成との間に存する連続とズレという問題を、象徴的に提示するからである。

二　入宋僧がもたらす天竺イメージと宋代情報——一二世紀の断続性——

ところで石井正敏の前掲論文「源隆国宛成尋書状について」は、『阿娑婆抄』所引伝成尋書状がもたらした「天竺僧の動向」に注目して、隆国との関連を探っていた。それは「太平興国寺伝法院。依レ為二訳館一、天竺訳経三蔵等多以集住。西天訳経三蔵朝散大夫試鴻臚卿宣梵大師賜紫日称〈中天竺人也。来唐二十六年〉、詔同訳経朝散大夫試鴻臚小卿宣秘大師賜紫恵賢、詔同訳経梵才大師賜紫恵詢〈已上二人唐朝人也〉、證梵義西天広梵大師賜紫天吉祥〈中天竺人也〉、筆受・証義等大師有二其数一」（前掲石井論文の引用に返り点等を付した）という記述である。しかしこの記述だけを見る限りは、人名の列挙に過ぎない。石井も触れるように、この部分が意味を持つとすれば、結句、次のような『参天台五臺山記』（『参記』）記述に戻して理解してこそであろう。

（熙寧五年一〇月）十二日……早旦従二太平興国寺伝法院一告送、八月四日安下処　宣旨下了、早可二来入一者。巳時向二伝法院一。（中略）院少卿〈副寺主、名少卿〉来迎、諸僧有二其数一。（中略）院大卿乗レ馬還レ房。即崇班相共参向。中天竺人也。年五十六云々。出二西天一三箇年。来二著当朝一、已経二二十五年一。名日称三蔵。色黒如レ墨。依レ有二徳行一、公家為二国師幷院司一云々。

（同一四日）大卿者、西天訳経三蔵朝散大夫試鴻臚卿宣梵大師賜紫日称、中天竺人也。小卿者、朝散大夫試鴻臚少卿同訳経宣秘大師賜紫慧賢。三蔵者、詔同訳経梵才大師賜紫恵詢。訳経証義文章文恵大師賜紫智普。訳経証義講経論慈済大師賜紫智孜。訳経証義西天広梵大師賜紫天吉祥、中天竺人也(16)（下略）。

右は、夙に森克己[17]が注目した、『参記』に特徴的な天竺風俗の描写である。『参記』において天竺への注目はこれに留まらないが、その意義については、横内裕人に的確な指摘がある。

成尋は、北宋の都開封や五台山でインド僧や契丹人と出会っている。そこでは、従来知られていなかった様々な大陸の情報を得ている。成尋に遅れること一〇年、入宋した戒覚もまたインドを往来した僧から西域情報を得て、著書に記している。

「(成尋、広梵大師天吉祥と談話)話云、王舎城為二外道婆羅門家一、今無二王舎城一、登霊鷲山一日云々」
(『参天台五台山記』熙寧六年(一〇七三)正月四日条)

「天竺往還僧相談曰、菩提樹者払レ根而不レ見、祇園精舎只礎石遺、除二摩堤国一之外、余国国無レ王之由云々」
(『渡宋記』元豊六年(一〇八三)四月十六日)

二人は、実際にインド僧に取材して、王舎城、菩提樹、祇園精舎など釈迦の聖蹟が、当時すでに荒廃していたことを聞き、それを日本へ伝えたのである。

それればかりではない。成尋は、中国北地は華厳・法相・律が主流で天台宗が広まっていないことを理解した。また遼僧章疏を入手したり、実際に契丹人にも出会っている。

日本の僧侶は、成尋の情報を通じて、インドにおける仏教の実態を把握し、仏教の始源を同時代のインドに求めえないことを知った。また中国の南北で仏教諸宗の分布に差異があることを了解した。それは中国仏教の分裂性・相対性を認識する前提になったと推定される[18]。

ただし、この程度のインドの荒廃ならば、成尋の聞書を経なくとも、おそらく隆国には充分に予想されることがらだったかも知れない。『今昔物語集』の仏法史記述を形成した重要な出典文献としても知られる源為憲『三宝絵』(永観二年〈九八四〉)の叙述に、玄奘の『大唐西域記』見聞を援用して、すでに次のように説明されているからである。

抑、天竺は仏のあらはれて説き給ひし境、震旦は法の伝りてひろまれる国なり。この二所を聞くに、仏の法漸くあはでにたるべし。もろこしの貞観三年に玄奘三蔵の天竺にゆきめぐりし時に、鶏足山のふるき室には竹しげりて人もかよはず、孤独苑の昔の庭には室うせて僧もすまざりけり。摩竭陀国にゆきて菩提樹院をみれば、昔の国王のつくれる観音の像あり。みなつちのそこに入りて肩よりかみわづかに出でたり。「仏法失せをはらむに、この像入りはて給ふべし」といひけり。また、もろこしにも、聖おほく満ちさかへたれども、しばしばみだれたる時あり。後周の代に大に魔の風あふぎてまさに法の燈をけたむとせしかば、靄禅師のよを悲み身を恨み命をすて、遠法師の道をしみしかば王にむかひてつみを論じき。開皇の比かさねてひろまり、大業のよにまたをとろへしかば、鬼泣き神なげき、山なり海わき、また、会昌の天子おほく経・論をやきしかば、宮のうちの公卿は頭をたれてなげき、門の前の官人は涙を流してかなしびき。彼の貞観よりこのかた三百六十余年をへだてつれば、天竺を思ひやるに観音の像入りやはて給ひぬらむ。会昌よりのち一百四十余年に及びぬれば、大唐をおしはかるに法文の跡すくなくや成りぬらむ。あなたうと、仏法東にながれてさかりに我が国にとどまり、あとをたれたる聖、昔おほくあらはれ、道をひろめ給ふ君、今にあひつぎ給へり。十方界に会ひがたく無量劫にも聞きがたき大乗経典を、ここにしておほく聞き見ること、是れおぼろげの縁にあらず。

（中巻趣[19]、傍線引用者）

成尋の見聞した宋の様相と天竺の情報とが一体でもたらされたこととよく似て、右の『三宝絵』でも、偉大なる入唐天台僧の先達・慈覚大師円仁の見た唐代の会昌の廃仏と対比して、天竺・震旦それぞれの仏法衰退（「あはでにたる」）の現在を推し量る記述がなされている。『三宝絵』にとっての円仁の役割と相俟って、この叙述と認識が、仏法東漸史観へとつながる日本仏教の矜恃として継承され、『今昔物語集』の三国仏法史観をかたどる重要な資料となっていることも念頭に置いておきたい[20]。

もちろん原美和子が前掲論文の最後に述べるように、「この時代、中国に渡り、かつ各地を旅することができた日本人は数少なかった。だからこそ、成尋の旅はさまざまな期待を担ったのであり、影響を及ぼすこととも なった」ことは間違いない。横内裕人の整理に拠れば[21]、遣唐使中止後、中国へ入国した僧侶は少なく、あまつさえ「十二世紀前半の五〇年は一人も見出せない」という途絶がある。それはあたかも『今昔物語集』の成立が想定される時代である。横内が同上論文で作成した「入中求法僧」一覧は、九〇一年から一二〇〇年までを区切って整理しているが、九〇九年の「中瓘」から、一一九九年の「俊芿ら」まで一二回以上のケースを数える。その内訳は「九〇一～九五〇：四回、九五一～一〇〇〇：四回、一〇〇一～一〇五〇：四回、一〇五一～一一〇〇：四回、一一〇一～一一五〇：〇回、一一五一～一二〇〇：七回以上」という分布である。横内が表に掲げながら、遼への渡航であるためその分布に勘定しなかった「※一〇九二　明範（入遼）」も、後述するように、忘れてはならない存在である。

一〇〇〇年代の最後の入宋僧が『渡宋記』の「戒覚・隆尊ら」で、一〇八二年のことである。そこから長い空白があり「一一六七年まで実に八五年もの長期にわたり断絶する」。復活するのは「仁安二年（一一六七）に、重源が八五年ぶりに渡宋を企て、翌年には栄西が入宋し、二人同時に帰国した。……二人の入宋が呼び水となり、僧侶の入宋は再び開始され、鎌倉初期には「禅僧の世紀」と呼ばれる奔流を生み出すことになる」時期である。この数をどう見るか。横内論文を承けて、上川通夫は次のように視野を拡げてまとめている。

戒覚の記した『渡宋記』は、五台山から帰国する弟子僧によって抄本が日本に伝えられた。そこに記された、天竺僧から聞いた菩提樹や祇園精舎など仏教聖地の荒廃事情は、日本側で関心を惹いたようである（横内裕人 二〇〇八）。このことは、天竺を軽視することにはつながらない。むしろ、北宋に対峙して軍事強国となった遼で養成された仏教や、北宋と遼に通交しつつ義天版なる刊本仏書を作成した高麗の仏教への関心が芽生えていく。北宋仏教の相対化と、日本仏教の自負形成が加速される。

この歴史段階の特徴を鮮やかに示す特異な渡航僧がいる。宋商劉琨らと組んで、おそらく高麗人をも乗せて遼に通交した、明範である。一〇九一年（遼大安七）に渡航したらしい（『遼史』巻第二十五）。兵器を売って金銀宝貨を得て、一〇九二年（寛治六）に帰国したが、私的渡航と兵器売却の罪で大問題になった。明範は「商人僧」と呼ばれている（『中右記』寛治六年九月十三日条など）。出自は不明ながら、白河院が優遇しつつあった真言宗の僧であるらしい。劉琨は成尋や戒覚とも接触のあった、日本事情通であって、仏書の商品価値にも通暁していただろう。結果的に、明範は検非違使の拷問を受け、関与していた大宰権帥伊房と対馬守藤原敦輔が処罰された。（以下事件の背景と国際情勢、また仏書移入の動きなどを論ずるが、中略）この後十二世紀前半の国際情勢は、北宋や遼の滅亡による、金と南宋の対峙という情勢に推移していき、巡礼僧の時代は跡を絶った。（中略）

（六世紀末から一二世紀まで――引用者注）史料に痕跡をとどめていない者を想定しても、約六〇〇年間という長期であるにもかかわらず、全体としてはあまりに少ない。海域における人的交流は活発であったとしても、僧侶の往来は少ないのが事実である。しかし外来宗教である仏教の直接的な導入者は、外交政策と不可分の任務を負う少数の渡航者だった。そのこと自体が、この間の仏教史ないし日本史の特徴を表している。

一一六七年（仁安二）に真言僧長元が明州にいたり、重源と同行して阿育王山や天台山を巡礼した。平氏ないしは朝廷による便宜なども想定されている。これ以後、十二世紀末までに十七人の渡宋僧が確認され、次の世紀はこれよりはるかに人数が多い。新しい歴史的世界の開幕とみるべきであろう。(22)

田島公の追跡に拠れば、『今昔物語集』の出典のうち、もっとも新しい外来資料の一つである『三宝感応要略録』は、寛治六年に明範が多くの仏典をもたらしたその中に、この『三宝感応要略録』を含む非濁の著作があったと考えるべき状況がある。[23] あるいは、高麗続蔵経を編んだ義天が、非濁の『随願往生集』を推賞して宋に送ったように『三宝感応要略録』を日本に贈ったと考える塚本善隆の説を取るにしても、渡来はほぼ同じ時期になる。[24]『今昔物語集』が生成された世紀は、おそらくこのような対外観の中で認識されなければならない。初めての入宋僧奝然の劃期（寛和二年〈九八六〉帰国）があってから成尋が渡航するまでの一世紀と、その後入宋僧侶が長く途絶えたその先に、爆発的な日宋交流が始まる、その時まで、という区切り。『今昔物語集』のような類聚行為を考える場合、この時間軸と時代の変革は、極めて大事な状況であると思う。[25]

三　『今昔物語集』巻六冒頭と『大宋僧史略』

如上の舶来資料の利用や中国情報への関心から説話集生成を考える時、初めて本格的に作られた中国仏教史の説話集でもある『今昔物語集』震旦仏法部、とりわけ劈頭の巻六に注意される。しかもその冒頭六話は、いくつかの点で独自性を有する。たとえばそれぞれの説話がなぜか漢文典拠ではなく、基本的に『打聞集(うちぎきしゅう)』と同文的に共通する和文説話群から採用され、それを骨格に叙述を重ねるかたちであることだ。[26]

秦始皇時天竺僧渡語第一　→『打聞集』二、『宇治拾遺』一九五
後漢明帝時仏法渡語第二　→『打聞集』二
梁武帝時達磨渡語第三　→『打聞集』一
康僧会三蔵至胡国行出仏舎利語第四　→『打聞集』三
鳩摩羅焔盗仏伝震旦語第五　→『打聞集』八
玄奘三蔵渡天竺伝法帰来語第六　→『打聞集』九

しかしてこのいくつかは、右の骨格的な和文資料を包み込むように、新たに漢文資料が補足的に用いられている。あたかも隆国と成尋伝来資料の関わりと類比的、とまでいうと先取りの読み過ぎだが、ここでもっとも注目すべきは、秦代に仏教が伝来し損なったという巻頭説話の構成である。

今昔、震旦ノ秦ノ始皇ノ時ニ、天竺ヨリ僧渡レリ。名ヲ釈ノ利房ト云フ。十八人ノ賢者ヲ具セリ、亦、法文・聖教ヲ持テ来レリ。国王、此レヲ見テ問給ハク、「汝ハ此レ、何ナル者ノ何レノ国ヨリ来レルゾ。見ルニ、其ノ姿極テ恠シ。頭ノ髪無クシテ禿也。衣服ノ体、人ニ違ヘリト」。利房答テ云ク、「西国ニ大王在マシキ、浄飯王ト申シキ。一人ノ太子在マシキ、悉達太子ト申シキ。其ノ太子、世ヲ厭テ、家ヲ出デ、山ニ入テ、六年、苦行ヲ修シテ、無上道ヲ得給ヘリキ。其レヲ釈迦牟尼仏ト申ス。四十余年ノ間、一切衆ノ為ニ種々ノ法ヲ説給ヘリキ。衆生機ニ随テ教化ヲ蒙テ、遂ニ八十ニシテ入涅槃シ給ヒニキト云ヘドモ、滅後、四部ノ弟子□（二行分欠字）一ツ也。而ルニ、彼ノ仏ノ説置キ給ヘル教法ヲ伝ヘムガ為ニ来レル也」。国王ノ宣ハク、「汝ヂ仏ノ弟子ト名ノルト云ヘドモ、我レ、仏ト云フラム者ヲ未ダ不知ズ。比丘ト云フラム者ヲ不知ズ。者ノ体ヲ見ルニ、極テ煩ハシキ者也。速可追却シト云ヘドモ、只可返キニ非ズ、獄禁シテ、重ク可誡キ也。此ノ後、如此キ恠キ事云ハム輩ニ可令見懲キ故也」ト。即チ、獄ノ司ノ者ヲ召シテ仰セ給テ、獄ニ被禁レヌ。……其ノ時ニ利房、歎キ悲テ云ク、「我レ、仏ノ教法ヲ伝ヘムガ為ニ遥ニ此土ニ来レリ。而ルニ、悪王有テ仏法ヲ未ダ不知ザルガ故ニ、我レ重キ誡ヲ蒙レリ。悲哉、我ガ大師、釈迦牟尼如来、涅槃ニ入給テ後久ク成ヌト云ヘドモ、神通ノ力ヲ以テ新タニ見給フラム。願クハ我ガ此ノ苦ヲ助ケ給ヘ」ト祈念シテ臥シタルニ、夜ニ至テ、釈迦如来、丈六ノ姿ニ紫磨黄金ノ光ヲ放、虚空ヨリ飛ビ来リ給テ、此ノ獄門ヲ踏ミ壊テ入給テ、利房ヲ取テ去給ヒヌ。十八人ノ賢者同ク逃去ヌ。其ノ次デニ、此ノ獄ニ被禁タル多ノ罪人、如此キ獄ノ壊ヌル時ニ、皆心ニ随テ方々ニ逃ゲ去ヌ。其ノ時ニ、獄ノ司ノ者有テ聞クニ、空大キニ鳴ル音有リ。恠テ出デ、見レバ、金ノ色ナル人ノ、長一丈余許ニシテ、金ノ色ノ光ヲ放テ虚空ヨリ飛来テ、獄門ヲ踏壊テ入□（二行程欠）ヂ怖レ給ヒケリ。此レニ依テ、其ノ時ニ、天竺ヨリ渡ラントシケル仏法止テ、不渡ズ成ニケリ。

其ノ後、々漢ノ明帝ノ時ニ渡ル也。昔シ周ノ世ニ正教、此ノ土ニ渡ル、亦、阿育王ノ造レル所ノ塔、此ノ土ニ有リ。秦ノ始皇諸ノ書ヲ焼クニ、正教モ皆被焼ケリ。此ナム語リ伝ヘタルトヤ。

（巻六「震旦」秦始皇時天竺僧渡語第一(27)）

日本で撰述された中国仏教史関連書物の記述では、右の説話に該当する伝来失敗を語らず、『今昔』巻六・二の後漢明帝の伝来話相当から叙述を開始するのが通例である。本話を巻頭に置く『今昔』は「ユニーク」な存在だと評価される(28)。右は基本的に『打聞集』（『宇治拾遺』も同然）の説話構成と同文的であり、散佚「宇治大納言物語」などの共通母胎が想定されるが、その前後を枠取るように叙述する傍線部は別である。冒頭の利房という人名、一八名の賢者(29)という形象、さらに「法文・聖教」の伝搬を伝える描出、そして末尾に付された聖教の焚書などは、『今昔』とともに「宇治大納言物語」系と分類される『打聞集』や『宇治拾遺』の同話では説明できない。すべて『大宋僧史略』所引の「五運図」に拠る。

五運図云、周世聖教霊迹及阿育王造塔置二于此土一。合有二伝記一、良以二秦始皇焚レ書、此亦随爇。故今無レ処二追尋一。案始皇時、有二沙門釈利房等十八賢者一、齎レ経来化。始皇弗レ信遂禁二錮之一。夜有二神人一破レ獄出レ之。又漢成帝時、劉向挍二書於天禄閣一、往往見レ有二仏経一。及レ著二列仙伝一、得二一百二十六人一、七十四人已見二仏経一。以レ此詳究、知下周秦之代已有二仏教沙門一、止未二大興一耳上。至二後漢第二主明帝永平七年一、因夢二金人一、乃令下秦景蔡・愔王遵往二天竺一迎中仏教上。於二月氏一遇二迦葉摩騰・竺法蘭二沙門一、入二東夏一。今以為レ始也。……

（『大宋僧史略』上二「僧入震旦」(30)）

「五運図」は『三宝五運図』といい、「法宝大師玄暢」が「費長房開皇三宝録」のように「佛法伝行年代」を明らめるべく撰述したもの（『大宋僧史略』巻中）。唐帝武宗の会昌三年の成立だという（『仏祖統記』四二）が、『大宋僧史略』『仏祖統記』の所引以外伝わらないようである。右に見るように、説話は『打聞集』などと共通する和文系を骨格にするが、本話を震旦仏教史の嚆矢と位置づける仏教史的見取り図は『僧史略』所引「五運図」の枠取りによって築かれ、次話以下を導いている、とみなされる。

はやく『今昔』同話と『僧史略』との一致に着目したのは本田義憲である。本田は、利房の説明に付加された仏伝も併せて、「『今昔』本文は、共通母胎の上に独自に、冒頭に固有名詞等を書きこみ、中半に仏伝を要領してはさみ、結文には別伝を癒着して、すべて仏来震旦史譚を『今昔』として史実的に語ろうとする。この時、『大宋僧史略』巻上僧入震旦条が、その補充と癒着とをともかく充たすべきを見出す[31]」という言い方で、この現象を説明した。

「癒着」もしくは「補充」というのは、本田が独自に用いる『今昔』翻訳論の術語である。この場合は『今昔』の説話形成が、歴史順に語る『僧史略』所引「五運図」の記述に倣わず、叙述順を入れ替え、共通母胎の説話叙述を骨格として、漢文資料で補いながら説話形成を行った形態を指す。しかし本田が「ともかくも充たすべきを見出す」という表現でこの類似性を指摘したのは、宋代史料の『僧史略』を『今昔』の出典に位置づけるという、客観的研究状況がなかったからであろう。今野達がかつて述べたように、「狩谷棭斎一門によって今昔の出典研究が開始されて以来、当否はともかく、膨大な中国内外典の今昔への影響が指摘され、特に天竺・震旦部に対する指摘は集中的、重層的であった。しかし、不思議なことに、それらは例外なく唐以前の文献で、宋の文献に原拠を確認し得た事例は皆無であった[32]」からである。

しかし、震旦仏法史冒頭の劃期的デザインという、構想的な意味を含めた一致は、『僧史略』の参照を否定しがたいものとする。別稿で『今昔』説話に同じく宋代文献の『新唐書』が参照される例も見た。[33]『今昔物語集』において、『僧史略』を含めた宋代文献の影響は再検討される必要があるだろう。もっとも、宋代の渡来資料でありながら、あえて峻別されていた出典文献もある。今野達は前掲論文で、宋代文献の例外として「もちろん、岡本保孝等が指摘した遼僧非濁の三宝感応要略録だけは宋代のものであるが、それはあくまでも遼仏教の所産で宋のものではない」という言い方でそのことを指摘していた。先述した対外交渉史の文脈の中で、『三宝感応要略録』という『今昔』最重要出典[34]をめぐって、宋代史料の影響という視点から、当然、再検証が必須なのである。

旧稿で述べたように、巻六は『三宝感応要略録』と『今昔』とが象徴的な関わりを見せる部分である。『打聞集』関連話の「巻六第一〜第四話までは確認できず、『要略録』冒頭話に関係話を有する第五話を経て、その次話第六話から、ようやく説話一部の出典とすることが始まる。そして第七話以下、全面的圧倒的な受容が連続する[35]」。ところが第九話だけは、やはり本田義憲前掲論文が先駆的に指摘していたように、再び『僧史略』を出典資料であるとみなさざるを得ない。

今昔、不空三蔵ハ南天竺国ノ人也、幼少ノ時、金剛智ニ随テ天竺ヨリ震旦渡テ、震旦ニシテ出家シテ、金剛智ニ瑜伽无上秘蜜ノ教ヲ受テ世ニ弘メ、衆生ヲ利益ス。其ノ時ノ震旦ノ国王、玄宗皇帝、不空ヲ敬テ国ノ師トス。

而ル間、天宝元年ト云フ壬子ノ年、西蕃ノ大石康ノ五国ノ軍、来テ安西城ヲ責ム。其ノ年ノ二月十一日ニ、彼ノ城ヨリ□云、「大石康ノ五国軍、此城ニ責メ来ル。然バ、軍ヲ給ハリテ彼レヲ可禦(ふせぐべ)シ」ト。玄宗、此レヲ聞キ、驚テ、宣旨ヲ下シテ軍ヲ発ス。其ノ数二万余人有リ。軍、日来ヲ経テ安西城ニ至リ近付ク。其ノ時ニ、一人ノ大臣有テ、王ニ申サク、「暫ク、詔シテ、此ノ事ヲ不空三蔵ニ問ヒ奉リ可給(たまふべ)シ」ト。此レニ依テ、玄宗、三蔵ヲ宮ノ内ニ請ジ入レ給テ、玄宗自ラ香爐ヲ取テ持念シテ三蔵ニ申シ給ハク、「願ハクハ、大師、毘沙門天ヲ請ジ奉リ給テ、此ノ難ヲ救ヒ給ヘ」ト。其時ニ、三蔵、仁王護国経ノ陀羅尼二七遍ヲ誦シ給フ。其ノ後、玄宗、常ニ気高ク器量キ人ヲ見給フ。其数、五百人許也、甲ヲ着、鉾ヲ捧テ殿ノ前ニ有リ。玄宗、此ヲ見テ、驚キ恠ムデ不空ニ問テ宣ハク、「我ガ見ル所、此レ、誰人等ゾヤ」ト。不空答テ宣ハク、「此レ、毘沙門天ノ第二ノ子独健、数ノ兵ヲ随テ来テ、陛下ニ副ヘル也。亦、彼ノ安西城ニ行テ、其ノ難ヲ救ハムガ故ニ来レル也。王、速ニ食ヲ儲テ供シ可給シ」ト。（中略、その後安西城より、毘沙門出現とそれに付随する奇跡があった故、その毘沙門の形を写して王に献上する旨の奏上があった）

王、此レヲ聞テ喜ビ給フ事無限クシテ、宣旨ヲ下シテ、「道ノ辻、若ハ洲府ノ城ノ西北ノ角ニ、各沙門天ノ□置テる令供養ム」。亦、諸ノ寺ニ勅シテ、「院毎ニ天王ノ像ヲ安置シ奉テ、月ノ朔日ニ至テ、洲府皆、香華・飲食ヲ捧ゲ、歌舞ヲ調ベテ専ニ供養シ可奉シ」ト被下ル。其後、此ノ事競テ勤ム。然レバ諸ノ城ノ門ニ天王ノ像ヲ安置シ奉ル事、此レヨリ始マルトナム語伝ヘタルトヤ。（不空三蔵、誦仁王呪現験語第九）

この説話は『三宝感応要略録』中五八を出典とするが、傍線部は対応箇所がない。だが冒頭の不空の略伝は別として、その他の部分は概ね『大宋僧史略』で説明ができる。

凡城門置二天王一者、為二護世一也。唐天宝元年壬子歳、西蕃大石康居五国来寇二安西一。其年二月十一日、奏請レ兵解レ援。玄宗詔発レ師、計二一万余里一累月方到。時近臣言、且可三詔問二不空三蔵一。帝依レ奏詔入内持念、請二天王一為救。帝秉二香鑪一、不空誦二仁王護国経陀羅尼二七遍一。帝忽見下神人可二五百員一帯レ甲荷レ戈在中殿前上。帝驚疑問二不空一。対曰、此毘沙門第二子独健領レ兵。是必副二陛下意一。往救二安西一。故来辞耳。請設レ食発遣。其年四月。安西奏云、去二月十一日已後、城東北三十里雲霧晦冥。中有下人衆可二長丈余一、皆被中金甲上。至二酉時一、鼓角大鳴、声振二三百里一、地動山傾。経二二日一、大石康居等五国、当時奔潰。諸帳幕間有二金毛鼠一、齧二断弓弩弦及器仗一、悉不レ堪レ用。斯須城楼上有二光明一天王現レ形無二不レ見者一。謹図二天王様一、随表進呈。帝因勅二諸道節度所在州府一、於二城西北隅一、各置二天王形像部従一供養。至二於仏寺一、亦勅別院安置。迄レ今朔日州府上二香華食饌一動二歌舞一。謂二之楽天王一也。所レ号毘沙門者、由下此天王与二于闐国一最有中因縁上偏多二応現一。于闐国是毘沙部故、号二毘沙門天王一。如レ言二于闐国天王一也。亦猶三観音菩薩所在現レ形而偏曰二宝陀落山観音一同也。

（『大宋僧史略』下五七「城闍天王」）

本田論の対比と分析は詳細で示唆的だが、ここでは別の観点からの考察を参照しよう。岡田健は、東寺毘沙門天像の図像学を考究する論文の中で、この『今昔』巻六第九話を分析し、『今昔』説話の形成が『三宝感応要略録』だけでは説明できず、『大宋僧史略』を出典として踏まえるものではないかとして精細な説話比較を行い、注において次のように述べている。

（注35）……確かに、筆者の検討では『三宝感応要略録』は『大宋僧史略』の系統に入り、類似点も多い。しかし、

①『今昔物語集』が「王、速ニ食ヲ儲テ供シ可給シ」とある部分、『三宝感応要略録』にはなく『大宋僧史略』などに見える「請設食発遣」にあたる。

②『今昔物語集』「然バ謹々敬テ天王ノ形ヲ写シテ王ニ奉ル」は『三宝感応要略録』「謹図天王様矣」では足りず、『大宋僧史略』「謹図天王様。随表進呈。」でその内容が一致する。

③『今昔物語集』「王此レヲ聞テ……」の一段は『三宝感応要略録』にはまったくなく、とりわけ「月ノ朔日ニ至テ、洲府皆、香華・飲食ヲ捧ゲ……」のくだりは『大宋僧史略』の「迄今朔日州府上香華食饌動歌舞。謂之楽天王也。」以外には見えない。

④『今昔物語集』の最後の段、このことにちなんで（中国の）もろもろの城の門に毘沙門天の像を安置するようになった、というのも『大宋僧史略』をはじめとする他の文献いずれもが場所の違いこそあれ毘沙門天

像の安置を言うのに対して、『三宝感応要略録』のみがまったくそれに触れていない。以上のような違いがある。他の文献とも比較すれば、むしろ『三宝感応要略録』こそが『今昔物語集』からはもっとも遠いようにさえ感じられる。

ただし末尾に「然レバ諸ノ城ノ門ニ天王ノ像ヲ安置シ奉ル事、此レヨリ始マルトナム、語伝ヘタルトヤ。」とあるのは『大宋僧史略』にもなく、『大宋僧史略』が冒頭で「城闍天王」「凡城門置天王者。為護世也。」とするのを翻案した『今昔物語集』における独自の付加とみなされる。

（注36）……いま『今昔物語集』震旦部巻六第九が少なくとも現存の『三宝感応要略録』巻中五十八を底本にしたものでないことは確かである。この取捨選択、あるいはテキストの差し替えは、『三宝感応要略録』が毘沙門天像の城楼等への安置をいっさい記さないことによるものなのか。『大宋僧史略』の輸入年代をどのあたりと考えるかによって、『今昔物語集』震旦部の成立年代の議論にも影響がおよぶ問題であろう。(36)

岡田は右のごとく「『大宋僧史略』の輸入年代をどのあたりと考えるかによって、『今昔物語集』震旦部の成立年代の議論にも影響がおよぶ問題であろう」と論述を展開した上で、『僧史略』の伝来について、後掲する牧田諦亮の研究を参照しつつ、次のように整理している。

ではこの二書（賛寧『宋高僧伝』と『僧史略』——引用者注）はいつ日本へ輸入されたのだろうか。大中祥符四年（一〇一一）に編纂の始められた『大中祥符法宝録』によると『大宋僧史略』は大中祥符四年この年すでに大蔵経へ入蔵されているという。ここでいう大蔵経とは、北宋の太宗の勅命によって開宝四年（九七一）からの太平興国八年（九八三）までに開版したいわゆる蜀版大蔵経（永延元年（九八七）に奝然が日本へ将来したもの）を基礎として順次新訳諸経典を増補していたもので、延久五年（一〇七三）には当時入宋中の僧成尋によっても輸入されている。奝然将来の大蔵経にこの二書が含まれる可能性はないが、成尋のものには時間的に間に合う。

ここで注目したいのは、同じ頃高麗に伝えられた大蔵経である。高麗ではまず文宗代（一〇四六―八三）に太平興国の蜀版大蔵経の復刻を完成し、さらに宣宗の二年（一〇八五）に北宋へ大蔵経一覧と華厳経一部の購入を申し入れ、成尋が輸入したのとほぼ同じころの大蔵経や古逸の経典を将来し新たに開版した（続蔵経）。高麗版の二つの大蔵経は元寇の兵火によって経板のすべてを失ったが、高宗三十八年（一二五一）に再彫本がつくられ、それが海印寺に保管され現在の『高麗大蔵経』として伝わっている。その再彫本には、『大宋僧史略』も『宋高僧伝』も収録されていないのである。

いっぽう、『大宋僧史略』は紹興十四年（一一四四）鏤刻版の「重開僧史略序」に、崇寧四年（一一〇五）に『宋高僧伝』とともに大蔵経に加えられたことが見える。

これを参照すると、『大中祥符法宝録』の記述はあるものの、成尋将来時の大蔵経にも二書が含まれていたかは疑問である。恵什の時代までにはまだ間があり、しかも当時の経典の日本への輸入が、何も常に大蔵経として一括のかたちであったとは限らないとしても、（『僧史略』などに見える要素を――引用者注）『勝語集』が引用しないこと、十二世紀後半以降の成立である『鵝珠鈔』や『覚禅抄』になってようやく現れることを考えると、実際の二書の輸入時期はやはりずっと下ったもの、十二世紀半ばであったかという推測が生まれる。

岡田論文には、『僧史略』の入蔵と伝来について、成尋にも注目して、行き届いた整理がなされている。学ぶところが多いが、近年、成尋と『参天台五臺山記』の研究は大きく進展しており、いくつか補える点がある。

四 『大宋僧史略』の意義と成尋の収書

前掲した藤善真澄「成尋の齎した彼我の典籍」によれば、「成尋は天台・五臺山を巡礼する旅の最中に、かなり多くの漢籍や経典をあつめ、明州より宋商孫吉の船に乗って帰国の途につく弟子五人に托している。その際、将来書籍の目録を献上しているのであるが現存しておらず、したがって彼がどのような典籍を齎したかも、旅行記中よりピックアップする以外に方法がない」。全き目録が伝わらないようで、その総体的把握はむずかしいが、(37)『参記』に見えないからといって、日本に届けられなかったわけでもないのである。以下、藤善の論文をたどりながら、その状況と問題を確認していこう。

「まず、成尋は都開封にあって、神宗より新訳経典を下賜されている」。岡田が確認したように、新訳の大蔵経である。「熙寧六年三月廿三日条に、伝法院からの牒文があり」、そこに成尋の書状が紹介されて、「新訳経典の下賜を要請した成尋の状がみえ」る。

拠二日本国延暦寺阿闍梨大雲寺主伝灯大法師位賜紫成尋状一、伏覩二聖朝新訳経五百余巻一、未レ伝二日本一。去雍熙元年、日本僧奝然来朝、蒙二大宗皇帝賜一号二法済大師一、三年還帰。賜二大蔵経一蔵及新訳経二百八十六巻一、見二在日本法成寺蔵内一。成尋今来、欲レ乞二賜上件新訳経一。所レ冀流通祝二延聖寿一。況成尋曾去二顕聖寺一、揀点収贖、官中不レ許二外国収贖一。是致レ有二此陳贖一、伏乞拠レ状敷奏……

（『参天台五臺山記』）

藤善によれば、「成尋は最初、顕聖寺印経院に行って経典を購入しようとはかったものの、外国人には売れない規則だと拒絶されたことが分る。ここにいう新訳経とは、宋太宗の太平興国年間より以後に漢訳されたものを指」す。成尋のいう日本未伝の「聖朝新訳経五百余巻」とは何か。「宋代の訳出経典数は二五九部・七二七巻であるが、成尋の入宋に先立つ三六年前、景祐三年（一〇三六）に出来た『景祐新修法宝録』は五七四巻を収録している。けれども成尋はなぜかこの『景祐法宝録』は見ておらず、『大中祥符法宝録』と『天聖釈教総録』、就中、後者に拠った」らしい。『参記』巻八・熙寧六年四月一一日条に「祥符録朽損四巻替送」とあり、「印経院から

『大中祥符法宝録』を購入しているが、巻七の熙寧六年三月十五日、つまり賜経の請文を上程する直前に」「〔定〕照大師、聖秀、張行者、至二感慈塔院一、買二来天聖摠（総）目録一部三帖一、六百文者……天聖目録、天聖五年作了、至二今年一卅七年、此間新経論、不レ入二天聖録一」とあるから、「この『天聖総目録』を手懸りに、成尋は新訳経典の下賜を願い出ていることは明らかである」と藤善は分析する。

つまり北宋に撰ばれて現存する三つの経録『大中祥符法宝録』『天聖釈教総録』『景祐新修法宝録』のうち、前二書、特に『天聖釈教総録』をもとに成尋は新訳経の目安を付けたというのである。「同目録巻下によれば」「聖朝新訳大乗経律論・小乗経律・西方東土聖賢集伝、見レ入レ蔵者、総二百三十二部、五百六十九巻、六十帙」の巻数がある。「では成尋は奏請文のように、この五六九巻すべてを求め得たかといえば、実はそうではない。結論からいえば奝然将来を除く新訳経、つまり雍熙元年以後の訳出経典中からピックアップしたものだけに過ぎなかった」のである。

成尋は、渡宋中文に「天慶の寛延・天暦の日延・天元の奝然・長保の寂昭、皆な天朝の恩計を蒙りて、唐家の聖跡を礼するを得」（『朝野群載』巻二〇、延久二年〈一〇七〇〉正月二三日条）と先達を挙げた。天慶の寛延（正しくは寛建）・天暦の日延は北宋以前の渡航だ。成尋が仰ぐ入宋僧の系譜は、初めて宋版の一切経を運び、多くの文物をもたらした奝然に始まる。そのリストは、成尋の収書の大前提であった。

『参記』巻七・熙寧六年三月二四日条の伝法院からの返牒に次のようにある。

……成尋注二送顕聖寺一。『天聖録』下冊内、二百八十六巻、自『仏母出生三法蔵経』至『中天陀羅尼経』。九十三巻、自『大乗律』至『沙弥十戒経』。二十九巻、『西方賢聖集伝』。一百九巻、自『白衣金幢縁起経』至『海恵所問経』。合五百卅巻。未入録幷天聖五年以後、治平四年以前印版経。（通説とは句読を変えて引用した）

藤善によれば、これは、成尋が奝然の将来を前提に、それ以外の余部を移入しようとしたことがよくわかる文献である。

……成尋は『天聖目録』によって、雍熙元年以降の新訳経を求めたのであり、現存する『天聖目録』（宋蔵遺珍）下冊には

大乗経

自二仏母出生三法蔵般若波羅密多経一至二息除中天陀羅尼経一計一百四十部、二百八十六巻、三十帙

とあるほか、ことごとく成尋の記載と合うのである。伝法院牒には雍熙元年以後とあるが、成尋が雍熙以後と限定した裏には、奝然将来のものが念頭にあったためであろう。

実際に『天聖釈教総録』原文と照合してみると、成尋の言及する「二十九巻、『西方賢聖集伝』」と「一百九巻、自『白衣金幢縁起経』……」との間には、「東土聖賢著撰自　太宗皇帝御製『蓮華心輪迴文偈頌』至『大宋大中祥符法宝録』計一十一部凡一百六十巻一十六帙」に相当する書目を掲げる部分があるが、それは省かれている。そして『天聖釈教総録』には「又自大中祥符五年五月後、続訳出経論等、自『白衣金幢二婆羅門縁起経』至『海意菩薩所問浄印法門経』総一十七部一百七巻、未経編収名録、今且以巻部年次勒成一十帙、附『大中祥符法宝録』後収。冀所未再編修続録已来不至湮墜経本、今列于左」とあり、「『仏説白衣金幢二波羅門縁起経』一部三巻」以下へと続く（『宋蔵遺珍』所収）。

このとき「二十日後の四月十三日に印経院より齎されたものは四一三巻であった」が、「とどいた文状」には「顕聖寺印経院、近准二伝法院〔剳子〕一、印二新経一賜二与日本国成尋一、内除丁『法苑珠林』一百巻、日本国僧称丙本国已有、更不レ消（須）乙印造甲外……」（藤善前掲論文）とある。顕聖寺印経院から示された印刷候補には、訳経に留まらず『法苑珠林』が挙げられており、それはすでに日本にあるので、成尋によって省かれた、とあることにも注意しておこう。日本での『法苑珠林』受容と成尋の役割について注目する見解もあるからだ。(38)

さて「東土聖賢著撰」には『大宋僧史略』が含まれる。同書はどのように扱われたのだろうか。

成尋は、寿聖院尼大師の斎に招かれたその帰途に、「依二路次一寄二印経院一、買二取千鉢文殊経一部十巻、宝要義論一部十巻、菩提離相論一巻、広釈菩提心論一部四巻、円集要義論四巻、祥符法宝録二十一巻、正元録一、与二銭一貫五百文一了」(『参記』煕寧六年四月六日条)と『大中祥符法宝録』を購入している。先に引いたように『参記』には、「祥符録朽損四巻替送」ともあり(四月一一日条)、成尋は、購ったこの本に欠損を認め交換を申し出ている。『大中祥符法宝録』をも精読したことは間違いない。

『大中祥符法宝録』巻二〇には、『宋高僧伝』に次いで「僧史略一部三巻」が掲載され、次のように説明される。

右三巻、右街僧録通慧大師賜紫賛寧撰。

賛寧以太平興国初至京師、

詔於天寿寺安置。

披覧多暇、樹立門題、捜求事類始乎、仏生教法流衍、至于三宝住持、諸務事始、括成三巻、号僧史略。

大中祥符四年　詔許編入蔵。

『大中祥符法宝録』は『僧史略』について、仏教史の事源を叙述する書物としての意義があり、しかもそれは入蔵したばかりだと記す。

先述したように、成尋が日本へ運ぶ経典をピックアップするための直接的依拠資料であった『天聖釈教総録』下冊「東土聖賢著撰」にも、「高僧集伝」として「大宋高僧伝一部三十巻」と「僧史略一部三巻」が掲げられている。成尋が『僧史略』を認知していたことは間違いない。成尋が上記の経録に従って経典を選別して送った以上、その目録情報は、日本にも確実に伝えられたはずだ。

『大宋僧史略』の価値にも再認識が必要である。牧田諦亮は、本書を「片々たる小冊子ではあるが、此の君主独裁の社会にあつて、如何に仏教は処すべきかについての賛寧の意志を表現したものとして、はなはだ重要な意義を有するものである」[39]と簡潔明快に評価しているからだ。

『僧史略』上巻「此土僧遊西域」の条では、中国の訳経史を概観し、唐の元和年中の『本生心地観経』翻訳以来、一六〇年に渡り翻訳事業が途絶えたことを語った上で、北宋の太祖・太宗が百余僧を西域に派遣して求法し、太平興国七年に訳経院を建て、新訳事業を進めた「訳経の務」の「中興」を讃えている。藤善真澄に拠れば、訳経院は、翌年伝法院と改称され、「おおよそ北宋末までの一三〇余年の間、王朝による仏典漢訳所として存続し続けた」。成尋は「神宗の熙寧五・六両年にわたり伝法院に住み、実情を具に見聞し」て『参記』にそれを記している[40]。伝法院から新訳経典を借り出して熱心に読み耽る成尋にとって、『僧史略』への関心はむしろ必然である。牧田諦亮は『大宋僧史略』の価値と伝来について次のように述べている。

> 『僧史略』三巻は、仏降生年代より上元放燈にいたる五十八条並に総論の一条を以て、中国仏教史各般の問題についてその縁由を記したものであつて、簡略ではあるが要を得たものとして古来重宝されている。（中略）おそらく賛寧が『僧史略』を著したのは、『高僧伝』を完成した太平興国七年（九八二）以後のこと……大中祥符四年（一〇一一）には仁贇が編纂した『釈氏会要』四十巻を上進しており、道誠は天禧三年（一〇一九）に『釈氏要覧』三巻を撰しており、『僧史略』は之等とともに、中国仏教のハンドブック程度にしか評価されていぬ憾みがあつたが、然も猶必ずしも看過し得ぬものが『僧史略』に見られる。『大中祥符法宝録』によると、『僧史略』は大中祥符四年には入蔵されており、崇寧四年（一一〇五）に再入蔵、紹興十四年（一一四四）には法道によつて鏤刻されている。此の時に出版された本が、今日名古屋真福寺宝生院に重要文化財として襲蔵されている『僧史略』と思われ、さらに同寺には之によつたと思われる鎌倉期鈔本（残欠）があり、和刻本には五山版（室町期）、慶安四年（一六五一）、延宝四年（一六七六）、延宝八年（一

六八〇）、明治十六年（一八八三）福田行誡校刊等の諸本がある。その巻頭に……と序していることによって、『僧史略』編纂の意図を知ることができる。即ち梁の武帝の著作郎裴子野（四六七—五二八）の『宋略』にのっとつたというのである。これはかの有名な史学者沈約が『宋書』を公けにした後、その煩雑なるをもつて、裴子野が『宋略』を編纂したのであつて、其の記述は沈約自身自ら吾れ逮ばずと歎じているほどである。(41)

『僧史略』には日本仏法への言及もある。同書上巻「伝密蔵」には「日本大師常為王公大人演密蔵。至今弟子繁衍」とある。横内裕人によれば「北宋の僧侶、賛寧（九一九～一〇〇二）が、「日本の大師は常に王公大人のために密蔵を演ず。今に至るまで弟子繁衍す」（『大宋僧史略』）と述べ、十世紀末の段階で、中国にも日本真言密教の王権との密着性とその変わらぬ隆盛が伝えられていた」(42)という意義を持つ。下巻「賜僧紫衣」には「又日本国僧円載住西明寺。辞迴本国。賜紫遣還」と入唐僧円珍と深い因縁のある「悲運の遣唐僧」(43)円載についての記事も見える。『僧史略』には、成尋のような立場の入宋僧にとっても、必読書とすべき要素は多いのである。

五 「宇治大納言物語」から『今昔物語集』へ——おわりにかえて——

見てきたように『大宋僧史略』は、おそらく『今昔物語集』の出典であった。ただし文物移入をめぐる隆国と成尋との交錯とも相俟って、こうした宋代の新来資料と『今昔』との間には、まだはっきりと説明のできないミッシングリンクが潜在する。あたかもそれは、隆国の和文説話集編纂と、その和文説話に覆い被さるかのように枠取る漢文資料の織りなしによって成立した『今昔物語集』の姿に投影され、またそれは、本田義憲のいう「補充」行為として、欠字を作ってまで和文説話にはない固有名詞比定を完遂しようとする『今昔』の編集行為の根幹とも一体的に連動するだろう。

そもそも成尋は、渡宋前に「宇治大納言物語」という営みと実態をどれほど知り、また関心を持ったものだろうか。あるいはまた、成尋からの劃期的な文献群の恵与を真摯に受け止め、『今昔物語集』へと導いた隆国の次代の達成とは何だったのか。「宇治大納言物語」として成就した説話の集成には、正統の漢訳仏典には決して伝わり得ない独自の論理の仏伝を、漢文文化圏の海外では読めない和語であえて記したり[44]、本稿で見たように『打聞集』の如き和文でユニークな中国仏法史を描く対外観も含まれている[45]。「宇治大納言物語」とは、「天竺震旦の顕密聖教、本朝の人師の抄出私記」を「撰集」して投企的な遺宋を目途とした『安養集』の編者隆国が、天竺・震旦・本朝という三国を強く意識しつつ、逆にそれに反発して、拗ねた国際意識と反転する教養意識がほの見える作品なのである[46]。いまだ分からないことばかりだが、ここでは、『今昔物語集』の成立とは、一見語り尽くされた話題に見えて、実はきわめて今日的な対外交流史と自国意識をめぐるテーマを内在する、熱い課題なのだということを確認して、つたない小稿を閉じたい。

(1) その中間時点で、拙稿「説話文学と説話の時代」(『岩波講座日本文学史』第5巻一三・一四世紀の文学、一九九五年)という概観を試みたことがある。
(2) 引用は、西村冏紹監修・梯信暁著『宇治大納言源隆国編　安養集　本文と研究』(百華苑、一九九三年)により、原漢文を付訓を参照して訓読した。
(3) 成尋は「大日本国延暦寺阿闍梨大雲寺主伝灯大法師位」と署名する(『参天台五臺山記』熙寧六月二日条など)。
(4) 注(2)『宇治大納言源隆国編　安養集　本文と研究』参照。
(5) 注(2)『宇治大納言源隆国編　安養集　本文と研究』参照。
(6) 永井義憲「今昔物語の作者と成立」(『日本佛教文學研究　第二集』豊島書房、一九六七年、初出一九六五年)、棚橋光男『後白河法皇』第四章「『参天台五台山記』——日宋交流史の一断面——」(講談社撰書メチエ、一九九五年)、及

び後掲する原美和子、石井正敏論文など参照。

(7) 藤善真澄『参天台五臺山記の研究』第五章第二節（関西大学東西学術研究所研究叢刊二十六、二〇〇六年）。

(8) 石井正敏「源隆国宛成尋書状について」（『中央史学』三〇、二〇〇七年三月）。

(9) 原美和子「成尋の入宋と源隆国の説話集編纂」（『アジア遊学37　特集マルコ・ポーロの仲間たち』勉誠出版、二〇〇二年三月）。

(10) このあたり、旧稿（拙著『説話集の構想と意匠　今昔物語集の成立と前後』第一章第四節、勉誠出版、二〇一二年）では、戸松憲千代の読解に引かれて原文の打ち消しを読まずに記述したため、訂すべき点があり、その補正を反映した。ここでは仮に「自らを省み思うに、不本意ながら命長らえ、死を望んでも果たすことができません。天が私を見放しているようです。私の言葉は愚かなものですが、筆が禿びていないので黙するあたわず、書き連ねてはみるものの、やはり一つ一つこまやかに言い尽くすことはできません」との大意を別解として示しておく。

(11) 原文は『朝野群載』巻二〇、大江佐国「大納言遺唐石蔵阿闍梨許書状」（新訂増補国史大系）。

(12) 注(8)石井「源隆国宛成尋書状について」。

(13) 石井正敏によれば、「成尋の後援者を考える場合、まず注目されるのは、五台山において、日本出発のときに皇太后藤原寛子から託された先帝後冷泉天皇（一〇六八年〈治暦四〉四月没）書写経と太皇太后宮亮藤原師信の亡妻の遺髪とその愛用の鏡を供養していることである。（中略）寛子は藤原頼通の女であり、藤原師信室は藤原頼宗の第六女であり、いずれも藤原道長につながる人々である」。成尋の書物の送り先としても「何といっても頼通との関係が注目される。頼通の女寛子は後冷泉天皇の皇后であり、かつて天皇が宇治平等院に行幸した際、頼通とは名は君臣であるが、義は父母のごとくである、と語ったというエピソードが伝えられている。そして成尋がこの両名の信頼を得ていたことは、成尋がまだ入宋する前、後冷泉天皇不予に際して内裏に招かれて祈禱している様子や頼通の要請で宇治と内裏との間を往復していた様子を伝える『成尋阿闍梨母集』によって知ることができる。頼通の信頼があつかったことは、入宋後、五台山巡礼を求める上表文のなかで〈左丞相ヲ護持スルコト二十年〉と、頼通の息男で当時左大臣の師実の護持僧を長く勤めていたことにも知られよう。（中略）それにたいして、成尋入宋の延久二年・四年当時の関白教通（頼通の同母弟）の名がみえないこと、あるいは肝心の今上帝後三条天皇の二世を祈ることなどが一切でてこないことが注目される」

出版会、一九九三年）。（石井正敏「入宋巡礼僧」荒野泰典・村井章介・石井正敏編『アジアのなかの日本史Ⅴ　自意識と相互理解』東京大学出版会、一九九三年）。

(14) 通説では成尋を藤原頼通の護持僧とするが、注(13)石井「入宋巡礼僧」、同「成尋生没年考」（『紀要』史学科第四四号、中央大学文学部、一九九九年一月）の解釈に従って、師実の護持僧と解する。

(15) たとえばこの問題についての重要な先行研究の一つ、注(6)棚橋「『参天台五台山記』――日宋交流史の一断面――」には「隆国の『宇治大納言物語』が『今昔物語集』や『宇治拾遺物語』の直接の祖本の位置にあったことは、さきにふれた。成尋が故国に送り届けた『景徳伝灯録』はこうして、隆国の『宇治大納言物語』を経て、『今昔物語集』巻六＝三話にとりいれられたのだ」という短絡的記述がある。これが誤りを含むことは、拙稿「『今昔物語集』成立論の環境――仏陀耶舎と慧遠の邂逅をめぐって――」（『国語と国文学』二〇一五年五月号）参照。

(16) 『参天台五臺山記』の引用は、原文は王麗萍校点本（上海古籍出版社、二〇〇九年）により、森公章『遣唐使の特質と平安中・後期の日中関係に関する文献学的研究』（基盤研究（C）科研費報告書、課題番号1952058）所収の校訂本文と返り点、藤善眞澄の訳文（『参天台五臺山記』上下、関西大学東西学術研究所、二〇〇七年）、平林文雄『参天台五臺山記校本並に研究』（風間書房、一九七八年）などを参照した。

(17) 森克己「参天台五台山記について」（『続日宋貿易の研究』十七章、勉誠出版、二〇〇九年、初出一九七五年）。

(18) 横内裕人「自己認識としての顕密体制と「東アジア」」（『日本中世の仏教と東アジア』塙書房、二〇〇八年）四一九頁。

(19) 引用は平凡社東洋文庫。こうした天竺・震旦をめぐる日本側の認識については、たとえば前田雅之『古典論考――日本という視座――』（新典社、二〇一四年）に多様な分析が示される。

(20) 注(10)拙著『説話集の構想と意匠』第三章第一節参照。

(21) 注(18)横内「自己認識としての顕密体制と「東アジア」」。

(22) 上川通夫「入唐求法僧と入宋巡礼僧」（荒野泰典、石井正敏、村井章介編『日本の対外関係3　通交・通商圏の拡大』吉川弘文館、二〇一〇年）。

(23) 前田育徳会尊経閣文庫編『尊経閣善本影印集成43　三宝感応要略録』（八木書店、二〇〇八年）に付された田島公

「解説」。

(24) 注(23)田島「解説」参照。かつて『今昔物語集』成立の上限を劃していた東大寺東南院覚樹奥書本唐・慧祥撰『弘賛法華伝』(現東大寺図書館所蔵二帖)は「唐末には成立していた」「法華霊験説話集的なもので」、東大寺写本は下巻奥書より「天慶五年(永久三・一一一五)に開板せられたもの」で、「高麗版である」。巻上の奥書によると「覚樹の勧誘によって、恐らく太宰府に居住していたか、往来していた宋商荘永・蘇景が高麗に渡り、壱岐島で海賊に遭遇しつつも、かえってかれらを鎮圧して将来した高麗版百余巻の一部であったことが明らかである」(堀池春峰「高麗版輸入の一様相と観世音寺」『南都仏教史の研究』上、法藏館、一九八〇年、初出一九五七年)。本書は「義天は一一〇一年に死去しているから義天版続蔵経とは厳密にはいえない」(横内裕人「高麗続蔵経と中世日本」注(18)『日本中世の仏教と東アジア』第三部第十章)が、覚樹による続蔵請来の経緯とともに、覚樹の名声が宋に聞こえ、「崇梵大師」からも称賛されて「仏舎利と書簡を送ってきた」という逸話の存在に気付かせる点で興味深い。横内によれば「この僧侶は、かの成尋『参天台五台山記』熙寧五年(一〇七二)十月十四日条にみえる「崇梵大師賜紫明遠」と同一人物で」、前掲したように「太平興国寺訳経院の訳経三蔵大師の一人である。宋国の一大国家事業である宋版一切経開板に携わった僧侶と覚樹との間に、かような交流があったとすれば、その情報収集力は、続蔵経輸入にも大きく寄与したのであろう」という別の重要な問題が浮かび上がる(前掲論文)。ただしすでに平林盛得が詳述するように、この覚樹本(一一一五年刊行本を保安元年〈一一二〇〉以前に書写した本)の奥書を『弘賛法華伝』が本邦初伝であると読むのは誤読であり、むしろ写本系の『弘賛法華伝』がすでに渡来していたことを語っている可能性が高い。平林盛得「『弘賛法華伝』保安元年初伝説存疑」(平林『説話と聖の史的研究』吉川弘文館、一九八一年、初出一九六八年)参照。

(25) 奝然の入宋とその意義に関する今日的研究については、上川通夫「奝然入宋の歴史的意義」(同著『日本中世仏教形成史論』校倉書房歴史科学叢書、二〇〇七年)、手島崇裕『平安時代の対外関係と仏教』(校倉書房歴史科学叢書、二〇一四年)など参照。時代の転換期と類聚行為との密接な関係については、拙稿「知識集積の場——中世への表徴として——」(苅部直・黒住真・佐藤弘夫・末木文美士編『岩波講座　日本の思想2　場と器』岩波書店、二〇一三年)など参照。なお関連する別稿を用意している。

(26) 黒部通善『説話の生成と変容についての研究』(中部日本教育文化会、一九八二年)第四章・第五章参照。

(27) 引用は新日本古典文学大系によるが一部表記を訂した。「震旦」は本文表題にのみあり、目録表題にはない。注(10)拙著『説話集の構想と意匠』第二章第四節など参照。

(28) 注(26)黒部『説話の生成と変容についての研究』。

(29) ただし『今昔』の説話構成では、利房が一八名を引き連れて来たことになり、誤解がある。

(30) 『大宋僧史略』の引用は大正新脩大蔵経により、福田大教正(福田行誡)校正『僧史略』(須典教社、一八八三年)の訓点、国訳一切経の訓読を参照した。

(31) 本田義憲「今昔物語集震旦仏来史譚資料に関する二の問題」(『和漢比較文学叢書　説話文学と漢文学』汲古書院、一九九六年、同著『今昔物語集仏伝の研究』勉誠出版、二〇一六年に再収)。

(32) 今野達「心性罪福因縁集と説話文学——今昔巻四の第九・十の原拠など——」(『文学』五五—一、一九八七年、『今野達説話文学論集』勉誠出版、二〇〇八年に再収)。その反証として今野は『心性罪福因縁集』所収話と『今昔』との影響関係を論じたが、現在、『心性罪福因縁集』は宋代の撰述ではないとの見解が優勢である。吉原浩人による、院政期の古写という新出の真福寺本の復元と読解などもあり、研究の進展を見守りたい。ただし興福寺の永超(一〇一四〜九五)が寛治八年(一〇九四)に自ら校正して青蓮院に献上したという『東域伝灯録』の南都本系に『宗鏡録』などとともに永明延寿として掲出され、その後もその伝称が継承されたということは、本邦では同書が、宋代の延寿の撰として信じられていたことを示す、という意味で重要である。

(33) 拙稿「かへりきにける阿倍仲麻呂——『土左日記』異文と『新唐書』——」(倉本一宏編『日記・古記録の世界』思文閣出版、二〇一五年)参照。

(34) 『三宝感応要略録』は震旦部の根幹的典拠であり、その影響は天竺部にも及ぶ。また二話一類という『今昔』の配列原則に影響を与えた可能性も指摘されている。国東文麿『今昔物語集成立考　増補版』(早稲田大学出版部、一九七八年)他参照。

(35) 注(10)拙著『説話集の構想と意匠』第二章第五節。

(36) 岡田健「東寺毘沙門天像——羅城門安置説と造立年代に関する考察(上、下)——」(『美術研究』三七〇・三七一、一九九八・一九九九年)。

(37) 大塚紀弘は醍醐寺の『三宝院経蔵目録』の末尾に収載の『大宋国新訳経論等目録』(「或本云已下成尋」と注記あり)を「成尋の請来仏典目録」に比定する(同「平安後期の入宋僧と北宋新訳仏典」『汲古』六二、二〇一二年十二月)。今後の追尋が待たれるが、同目録には『大宋僧史略』を掲出しない。

(38) 注(6)棚橋「『参天台五台山記』――日宋交流史の一断面――」は『法苑珠林』が『今昔物語集』の出典であるという判断からこの記述に注目している。ただし今日の出典研究では『法苑珠林』を『今昔』の直接的出典とは捉えない。宮井里佳・本井牧子編著『金蔵論　本文と研究』(臨川書店、二〇一一年)では『金蔵論』と『法苑珠林』の受容交替時期の象徴的エポックとしてこの記事を取り上げ、「『東域伝灯目録』では『金蔵論』と同じ「雑述縁四」の部分」に『法苑珠林』が掲載されるなど、「院政期前後には『金蔵論』と『法苑珠林』が併存していたと考えられる……しかし、この時期を境に『金蔵論』は姿を消し、逆に『法苑珠林』は広く読まれていくようになる」(七七五～六頁、本井稿)と述べている。

(39) 牧田諦亮「僧史略の世界」(『印度学仏教学研究』二―一、一九五三年)。

(40) 藤善真澄「宋朝訳経始末攷」(注(7)『参天台五臺山記の研究』第五章第一節)参照。

(41) 牧田諦亮「賛寧とその時代」(『中国近世仏教史研究』仏教文化研究所研究報告第三、一九五七年)。

(42) 注(18)横内「自己認識としての顕密体制と「東アジア」」。

(43) 円載については佐伯有清『悲運の遣唐僧――円載の数奇な生涯――』(歴史文化ライブラリー、吉川弘文館、一九九九年)、同『人物叢書円珍』(吉川弘文館、一九九〇年)など参照。

(44) 注(25)拙稿「知識集積の場――中世への表徴として――」など参照。

(45) 注(10)拙著『説話集の構想と意匠』第二章など参照。

(46) 注(10)拙著『説話集の構想と意匠』最終章など参照。

法隆寺所蔵『五天竺図』にみる仏教的世界認識の更新
――仮想現実としての補陀落山の登場――

横内裕人

はじめに

本稿は、中世日本において仏教にもとづく世界認識がどのようになされていたのかを、法隆寺所蔵『五天竺図』を手がかりに検討するものである。

日本中世における世界とは、日本列島の南北に接続する南西諸島と蝦夷島、そして中国大陸および朝鮮半島に所在した諸国家・諸民族との政治・経済上のリアルな諸関係から成り立っていた。中世日本人は、そうした直接通交可能な現実世界の背後に広がるグローバルな世界をも認識していた。そのひとつが仏教が提示する世界認識である。

六世紀における仏教の伝来により、日本は朝鮮半島や中国大陸以外に釈迦の活躍した仏国インド（天竺）の存在を知ることになった。そして五世紀のインド僧ヴァスバンドゥの著した『倶舎論』の説く仏教宇宙観――須弥山世界――が知られるにいたり、仏教の神々のすむ天界、人間の住む地上界、地獄の存在する地界を認識する。(1)人間は、須弥山を取り巻く海中の贍部洲（閻浮提）に住むとされる。贍部洲は、インド亜大陸の逆三角形の形状に類似していることからわかるように、インド人の地理的知識から構成されたものである。そのため、仏教をインドから継受した地域では、インドを中心に描き出された贍部洲にそれぞれの地域・国を配置していく作業が必要となった。インドと直接通交していた国と、遼遠なために行き着くことができず、仏国インドを想像でしか認識できなかった国とがある。前者が中国・朝鮮、後者が日本である。この両者では、仏教的世界認識において、精疎あるいは濃淡、または性質において大きな差異が見られるものと思われる。仏教的世界認識はそれぞれの地域の仏教の特性を映し出す鏡の役割を果たすのではないか。このような見通しのもと、仏教的世界認識を考察することで中世日本仏教の特質の一端を明らかにしたい。

その際、手がかりに用いるのが、法隆寺に所蔵される『五天竺図』と呼ばれる世界図である[2]。本図は贍部洲を描いたもので、『五天竺図』の名称は後世につけられたものである。贍部洲をあらわす大陸のなかに五つの「天竺」と西域諸国および「晨旦国」が、海中には南方に補陀落山と「執師子国」らの群島、そして東方海中には日本を現す小島が表現されている。本図は仏教が説く世界上に日本を配置した最初の世界図として注目され、これまでに多くの先行研究が蓄積されてきた。本稿では、先行研究に導かれながら、特に『五天竺図』が内包する〈新・旧二重の世界認識の構成〉に着目し、中世の日本人が自らの住む世界をどのように認識したのかを読み解いてみたい。

一　『五天竺図』とは

考察の前提として、先行研究に関説しながら、『五天竺図』の書誌的情報を記し伝本や類似の絵図との関係を概略する。

（1）伝本について

法隆寺本は三種類が知られており、いずれも紙本墨画淡彩の掛幅装となっている。マイケル・ジャメンツは、これら三種を甲本・乙本・丙本と称して、相互の関係について述べている。(3)

まず甲本（図1）は、縦一七六・六センチ×横一六六・八センチ、画風から三本のなかで最も古いと考えられている。その書写年代は、本図に書写識語がなく不明であるが、鎌倉時代一三世紀から江戸時代まで諸説ある。成立年代の下る後述の乙本には識語があり、

□□□／彼図者貞治三年甲辰五月日奉二図絵一、重懐図給、法隆寺律学院経蔵在レ之、借用而写レ之、為二後代興隆一、拭二老眼一而成二渡天之思一奉二書写一、後見人可レ憐々々、奉レ仰二太子聖徳法皇納受一者也、禅成（返点は横内、以下同）

と記されている。乙本の祖本は、貞治三年（一三六四）に重懐なる人物が図絵したという所伝を記している。乙本の祖本を甲本であると考える海野一隆・室賀信夫は、「図の描法や文字の書風」から甲本を貞治三年重懐図画と考えている。(4)これに対し、荻野三七彦は、甲本が一三世紀初頭の僧・慶政の手で図画されたとの説を唱えている。(5)近年、谷口耕生は、美術史学の観点から、甲本の波の技法に一四世紀元代絵画との共通性が見いだされ、また本図に描かれた補陀落山図が元代絵画を模写した長野県・定勝寺所蔵「補陀落山聖境図」のモチーフを踏襲しているとみられることなどから、本図を貞治三年図画と考えて矛盾はないと主張した。(6)

この重懐は興福寺で学んだ学僧で、移住した法隆寺では五師として学侶の中心人物となる一方、延文五年（一三六〇）には法隆寺龍王絵像の筆主をつとめており、画僧としての才能ももっていたことが知られる（彩色は別人）。(7)また彼の自筆本として『法隆寺縁起白拍子』が残っている。荻野は、甲本の色紙形に記された文字の筆跡が『法隆寺縁起白拍子』の筆跡とは異なると断じ、(8)ジャメンツもこれに従う。(9)

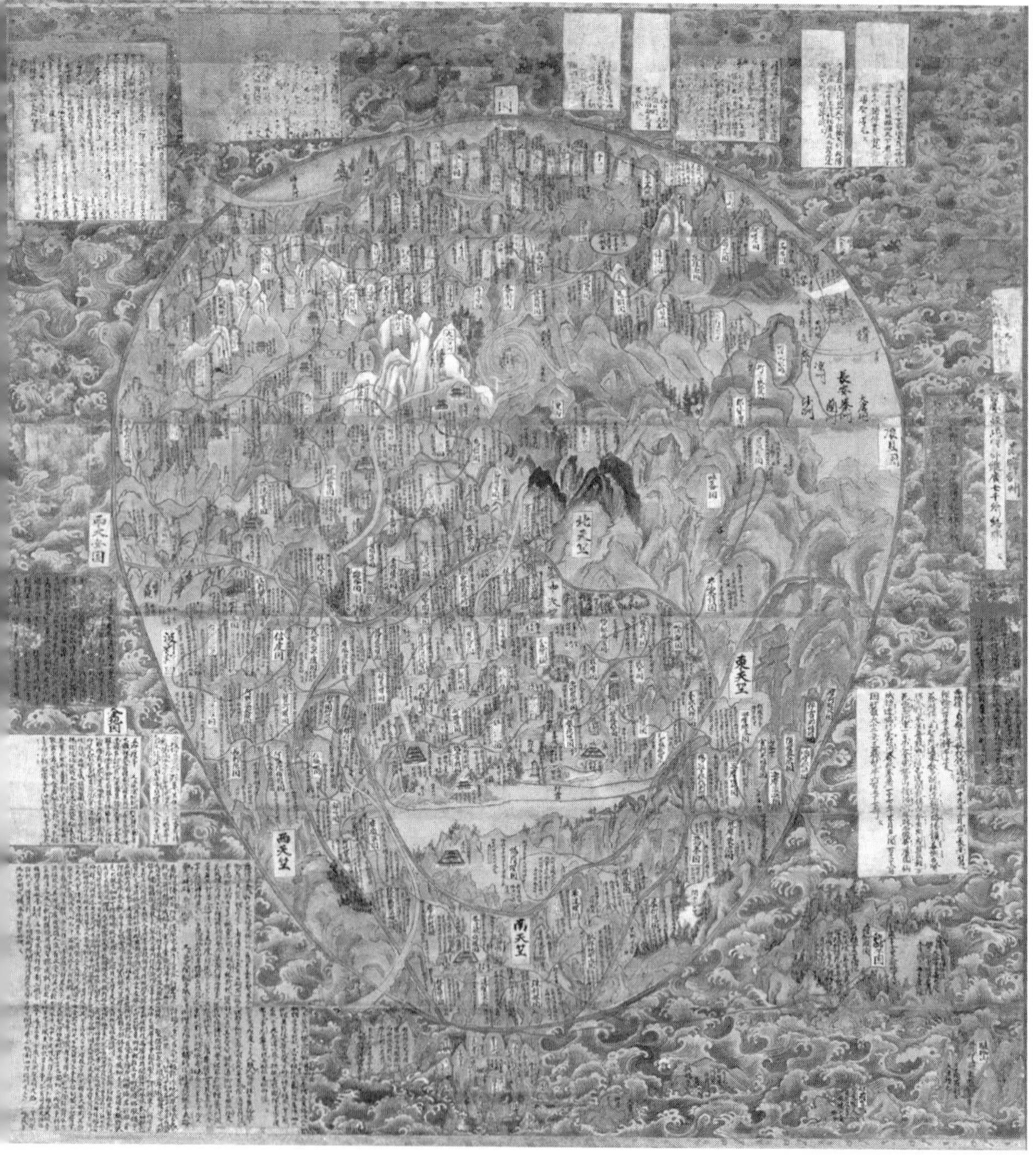

図1　法隆寺『五天竺図』甲本
画像提供：奈良国立博物館(撮影 佐々木香輔)、『五天竺図』甲・乙・丙本は以下同じ

図2　法隆寺『五天竺図』乙本

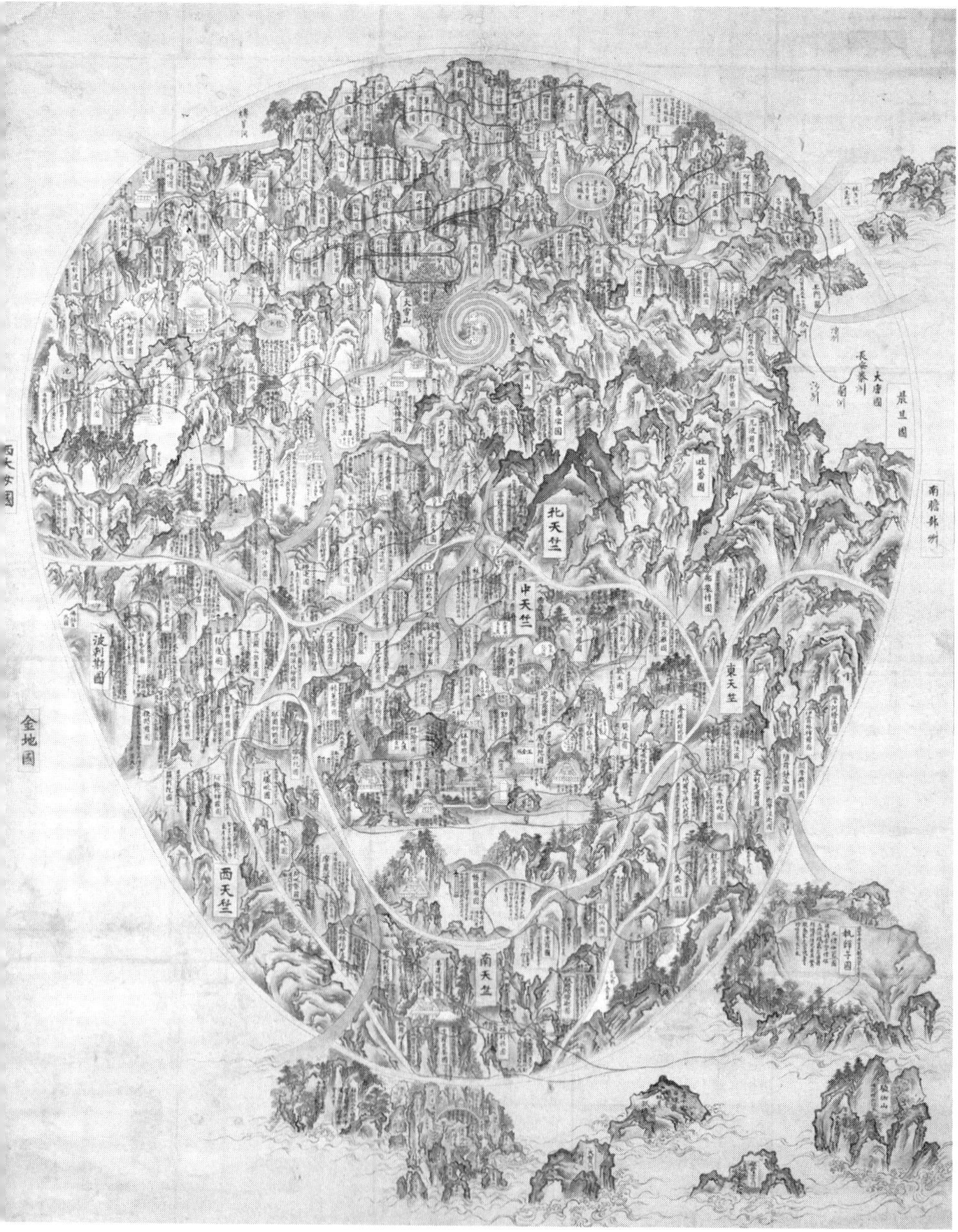

図 3　法隆寺『五天竺図』丙本

乙本（図2）は、縦一六一・八センチ×横一三二・四センチ。先ほどの識語から、法隆寺律学院経蔵にあった重懐図絵の祖本を禅成が借り出し書写したものと解される。禅成なる人物に関する史料が他になく、乙本の成立年代は不明であるが、谷口は一八世紀の書写になるものであろうと判断している。[10]

丙本（図3）は、縦一六七・三センチ×横一七五・三センチ。ジャメンツによれば、甲本・乙本と比べると最も簡略で、波の描写や海中の色紙形を欠いている。成立は、乙本同様一八世紀書写と見られている。[11]

また先行研究では、室賀・海野は、他寺に所在する同様の『五天竺図』について、色紙形・図の註記・玄奘の辿ったコースに相違が認められるとして、これらを東寺系『五天竺図』と分類し、法隆寺系とは異なる系統と考えたが、[12]ジャメンツが色紙形を考察した結果、東寺系と称されていた諸本も法隆寺甲本を共通の祖本としていたことが明らかになっている。[13]

以上を確認すると、法隆寺甲本は貞治三年に法隆寺重懐が図画したもので、法隆寺所在の江戸時代写本の乙・丙本のみならず、他寺所在の異本の共通の祖本であるとするのが、大方の共通理解となっている。

（2）内容

次に描かれた内容について確認しておこう。これまでの研究により以下の三つに分類して考えるのが妥当だと思われる。（A）贍部洲、（B）日本、（C）補陀落山の三つである。

（A）贍部洲　画中の中心にあり最も多くの画面を割いて描かれているのが、須弥山世界のなかで人間が住む世界として考えられている贍部洲（南贍部洲）である。贍部洲は、波立つ海中のなかに逆三角形の大陸として描かれる。北東端に「震旦国」が配置され、北側に西域諸国、南に北・中・東・南・西の五天竺が配置される。「震旦国」大唐国長安から、西域諸国を経由して五天竺に朱線が伸びているのは、玄奘三蔵の渡天の行程である。各

図4　晨旦国・日本国部分（法隆寺『五天竺図』甲本）

所に書き込まれた色紙形には『大唐西域記』に基づく地域の諸情報が記されている。そのうちの一つに、「依二慈恩伝西域伝寄帰伝法顕伝等一記レ之、但代々伝法聖者行度不同也、暫局二玄奘法師首途之道一云々」とあることからわかるように、本図は、玄奘の渡天情報にもとづき、仏国土天竺を視覚的に表現したものであることが知られる。

(B)日本　海中にはいくつかの島々が所在している。東方海中には、三つの島があり、そのうち二島には「九国」「四国」の墨書がある（図4）。この島を説明している色紙形に「□□又云□形□（蜻）蛉□故云二秋津島一」の記載があり、日本を表現したものであることが知られる。

(C)補陀落山　南方海中には「執師子国」ほか多くの島々が描かれる。そのなかで、瞻部洲「南天竺」の真下に「布陀洛山」の書き込みをもつ特徴的な島が所在している（図5）。また「布陀洛山」の島を取り囲むように、秀山、蓬莱山、馬泰山、新羅礁、六師山、昌国、沈家門、洋□、招寳山、明州などの地名を冠した小島がある。「布陀洛山」の東南「甘露澤」の地名がある箇所には、東方の海中から小船で乗り付けた僧侶が立ち、まさに歩み出そうとしており、その後には俗人と目される人物が僧侶を拝み伏している。小船には、船頭と目される、も

図５　補陀落山図（法隆寺『五天竺図』甲本）

うひとりの俗人が座している（後掲図７）。

以上の三つのパートについて、先行研究では次のような議論がなされてきた。

まず室賀・海野は、本図の主題を（A）贍部洲図と見て、なかでも最も重要なのは「西域を含むインド図」であると判断している[14]。すなわち『大唐西域記』に記される渡天僧玄奘の足跡を辿るかたちで西域・インド諸国を中心として描くもので、中国は大陸東方に小さな座席を与えられるのみで、海中の南方に執師子国などの群島が、東海上に（B）日本を示す小島が記されている。例外としては、『西域記』に見えない地名をともなって、インド南海中に（C）布陀洛山を記すが、これは中国の観音霊場普陀山を混同したもので、画中の主題からははずれた潤色に過ぎない、とみる。

これに対して、荻野は、「布陀洛山」に小船で乗り付けた三人の僧俗に着目し、これを日本からの補陀落渡海者と考えた[15]。荻野は、本図の作者に比定した慶政のインド憧憬にも注目し、本図は「渡天」の信仰を図画したもので、具体的には平安時代に流行した補陀落渡海信仰にもとづき、インド南方に所在したと考えられた補陀落山への渡海を表現したものであると主張した。荻野の主張は、室賀・海野が副次的な画題と考えた「補陀落山図」こそが重要であるとする。ジャメンツもこれに同意しつつ、補陀落山については、慶政ではなく、貞慶の観音信仰と関係すると指摘する。[16]

さらに谷口は、明恵や明恵に親しい貞慶ら南都僧にとって、インド南方の補陀落山は海を通じて結ばれる実在の島であり、天竺にいたることのできる重要なルートとして認識されていたと述べる。[17]

ただし、なぜ「インド図」と「補陀落山図」が併存するのか、渡海してたどり着く補陀落山とインドとの関係はどのようなものなのか、といった問題については考察の余地が残されている。

(3) 原図との関係について

以上のように法隆寺『五天竺図』甲本の成立や主題について、さまざまな説が出されているが、仮に貞治三年に重懐が図画したことを認めるにしても、その画題すべてが重懐のオリジナルでないことは諸説一致している。室賀・海野の論考は、「五天竺図の源流に関しては、今はただそれが凡そ唐宋の間に中国でつくられ、おそらく朝鮮を経由して日本に伝来したものと一応想定しておくにとどめなければならない」と中国起源・高麗改編説を提起している。[18]

法隆寺甲本の主要画題がすでに中国・朝鮮で成立していたとするならば、貞治三年に重懐は具体的に何を新たに付加したのかという問題が残される。その点について、室賀・海野が後補と位置づけた(B)日本・(C)補陀落山の表現が、日本でのアレンジ、具体的には重懐の手になった可能性が浮上する。ここに東アジアにおける仏教的世界認識の日本的受用の問題として、本図を考察する意義が認められる点に注意したい。

（4）本図の歴史的性格

数ある先行研究のなかでも、先駆的な研究である室賀・海野が、法隆寺甲本の歴史的性格について重要な指摘を行っている[19]。

本絵図の内容は、玄奘の足跡と伝聞の範囲を出ず、中国すらも発着点に過ぎない小国として描いており、地理上の正確さを捨象している。つまり本図は、高僧の遍歴という行為を空間的秩序の原理に据えたもので、「仏国土への憧憬」が生み出した「仏国土巡拝地図」であるとした。そしてこの五天竺図（インド図）が南瞻部洲図（世界図）へ発展する契機として、①「比類ない精詳さ」をもって仏蹟を描く点、②仏教的世界を意味する南瞻部洲の形で描かれている点をあげている。五天竺図は鎌倉後期に成立した『拾芥抄』所載の「天竺国図」へと発展するが、ここにいたると玄奘のコースが消え、そのかわりに契丹・高麗・南蕃・安息国などの国名が付加され、文字通りの世界図となった。天竺を中心に世界を描く『拾芥抄』「天竺国図」は、中華的世界認識を相対化する役割をも果たし、「直接に現実的な交渉をもたない宗教的国土としての天竺の優位を認めることによって、日本と中国とを平等の位置におくことのできる仏教的世界認識に従うことを好もしいものとした」という。後述するが、これは平安時代初期の興福寺僧護命による震旦の小国視や、『神皇正統記』による日本特殊視に共通するもので、「仏説に基づいて、いわば天竺を楯とした中華思想へのレジスタンスの試み」であった。その裏返しとしての、粟散辺土の小国観ともあいまって、中世日本では「南瞻部洲大日本国」という世界認識が定着した。法隆寺甲本から『拾芥抄』「天竺国図」への展開のなかに、三国思想、辺土観、中国相対化論、日本特殊視観の諸要素を見いだした貴重な研究である。

また谷口は、「五天竺図」を生み出した宗派環境に着目し、インド起源の法相宗が、中国起源の天台宗との差異化を図るため、玄奘を介して天竺に有縁であることを強調している、との作画背景にも論及している[20]。

こうした三国図としての側面は、インドから中国を経て東漸した日本仏教がもつ固有の伝統的主題といえる。ただし、室賀・海野が副次的と評価した補陀落山の位置づけ——日本において付加された新しい主題——を無視している点は、荻野・ジャメンツの批判のとおり問題を残す。以下、これを踏まえつつ、補陀落山が後補された意味を考えることで、法隆寺甲本に描かれた世界像がいかなる内容と意味を備えているのか、具体的に論じていこう。

二　三国図——伝統的主題——

まずは、伝統的仏教世界の表現である三国図としての側面を検討しよう。

法隆寺甲本の制作者は、原図をどのように受容し、現在の姿に翻案したのであろうか。この問題を考える手がかりとして、本図が表現している時間と空間の軸がいかなるものであるのか、という点をまず明らかにしておきたい。

（1）時間の問題

①「天竺求法図」として

法隆寺甲本の依拠した原図のうち、(A)贍部洲つまり震旦から天竺に関する部分は、玄奘が『西域記』で記録した天竺情報に基づいて製作された図である。室賀・海野のいう「仏国土巡拝地図」、いわば「天竺求法図」としての性格を有している。『西域記』から原図を描き起こした人物は、出来るだけ釈迦生存時の〈始原〉に近い天竺のスクリーンショットを描く意図をもって「精細に」原図を製作したのであろう。時間軸の観点からいえば、本図は、天竺の同時代図ではなく、釈迦生誕の時代に迫るべく、時間を遡及する指向を表現した図なのである。

すなわち、（A）贍部洲部分は、制作時からすでに同時代の「世界」とのズレが生じており、天竺部分に関しては、そのズレを積極的に埋める必要性はあえて拒絶されていたのだ。本図の特殊性は、東福寺栗棘庵所蔵「宋拓輿地図」と比較するとより明瞭になる。[21]「五天竺図」の震旦部分は地理情報に乏しく、ほぼ白地図状態であるのに対し、「宋拓輿地図」は同じエリアを稠密な山川・地名・地形情報で埋め尽くしている。「宋拓輿地図」では、「輿地」すなわち〝世界〟を中国大陸と朝鮮半島として把握し、南宋時代の最新の地理認識に基づいて精細かつ正確に書き込んでいる。一三世紀の〝最新〟東アジア図たる「宋拓輿地図」と七世紀玄奘時代の過去を投影した天竺世界図との相違は明らかである。[22]

日本において法隆寺「五天竺図」を制作した人物は、「宋拓輿地図」の情報を知っていたとしても不思議はない。しかし震旦エリアに関しては、あえてその最新情報を盛り込むことはしなかった。後代における本図の享受者たちも、「五天竺図」を同時代世界図として扱うことはなかったであろう。本図は、時間のズレが織り込まれた過去投影図である点を特徴としているのである。

②末法思想との関係

では、玄奘時代の過去投影図として「五天竺図」をとらえることができるならば、制作者と享受者たちは玄奘の目を通して形となった「五天竺図」に何を求めていたのであろうか。

承安三年（一一七三）に興福寺の学僧覚憲は『三国伝灯記』を執筆し、玄奘の『遊西域伝』を引きながら、インドでの「論師」の出現は釈迦滅後から二千年を経ていない時代の出来事で、護法の弟子戒賢に玄奘が学んだのは、釈迦滅後、一一七七年目、それから数えると『三国伝灯記』執筆の今年は釈迦滅後一七一八年目である。つまり今年は正像末三時のうち「像法末」で、さらに五五百年説による「福徳堅固」の時代でもある。像法は日々に傾き、福徳は時々に衰えている。だから闘諍がしばしばおこり、像法がまさに隠れようとしているのだ。ゆえに仏法信者は、如来の遺法を惜むべきなのだ。という[23]。

一二世紀の興福寺僧にとって、現在は像法であり、玄奘の時代も同じ像法に属していた。だが時の推移とともに末法が目前に迫るなか、如来の遺法を尊べと主張している。

ここにみえる末法思想こそが、「五天竺図」の過去投影図のベースになっているものなのだ。末法思想は、釈迦の生誕時をもって現世の至上とし、時間の経過とともに仏法は衰滅に向かうとする下降史観である。まさに像法末の時代にあり入末法の危機を迎えるなかで、下降しつつある「今」から玄奘時代つまり像法時代の天竺に遡及しようとする思考が反映しているといえよう。

(2) 空間の問題

①三国図

では空間の視点からみると、どうであろうか。ここでは日本がこの世界図のなかにどのように位置づけられているか、という問題を考えてみたい。

本図は、南贍部洲の大部分を天竺が占め、その東方に震旦がごくわずかな面積で描かれる。海中の国々は、東方に日本国、南方に補陀落、執獅子国などの虚実を取り混ぜた島々がある。東海の波起つ海中に浮かぶ三つの島――本州と思われる大きな島と「九国」「四国」の二島。これが本図に描かれた日本である。日本を構成する三つの島じまは比較的大きく描かれている。室賀・海野の指摘通り、本図が主張するテーマの一つが、天竺・震旦・日本の三国図であることは容易に推測できる。

仏教的世界認識のなかでは、天竺こそが中心であり、震旦は小さいながらも南贍部洲という大陸を構成する東端の国であり、そして日本は大陸から離れた海中の孤島と表現されている。

本図のほとんどを占める天竺の描写が精細であるのに比べて、震旦が小さく簡略に描かれているのが特徴である。だが、日本の優位を表現するため、本図の主題を震旦ではなく天竺に置くことで、震旦を相対化する意図が反映されていると解釈することはできるであろうか。すでに中国あるいは高麗で描かれた原図においても、震旦は小国として描かれていたであろう。天竺を優位とする中華的世界の相対化は、中国においてすでに始まっていた。日本はそれをみずからの都合のよい形に解釈したにすぎないのである。

②海中の孤島

日本の地理的な位置づけについては、平安時代以降の僧侶が言及している。

まず平安時代初期の興福寺僧護命による「神洲大乗世界」が注目される。護命は、世界を構成する四大洲・八中洲・五百小洲のうち、日本は南贍部洲中の二中洲の一つ「遮末羅州」に当たると述べる。護命は、玄奘の『西域記』を分析し、西域・天竺周辺諸国は唯小乗・唯大乗・大小乗兼学とまちまちで、「天神」「外道」を信仰して仏法不信の国もあり、大唐国にも「道士」がおり仏法を誹謗するが、日本は仏法僧いずれも盛んで、(外道・道士がいない)「神洲大乗世界」なのだという(以上、『大乗法相研神章』)。仏法を阻害する要因が存在しない国として日本を独自に位置づけ、大乗国という点で天竺と日本を等価と考えている。中心(天竺)から周縁(西域・大唐)に移行するにつれて、仏教の純粋性を損なわせる異分子が多くなるが、日本は純粋性が保たれているというのである。日本が南贍部洲という大陸からは離れた島であることを逆手にとり、西域・大唐と日本は異なるのだという考えを生み出したといえよう。〈海中の孤島〉は、辺土のマイナスイメージを逆転させ、純大乗国を強調するアイコンとして利用されていたのである。平安時代初期には、いわば「裏返しの三国観」が生まれ、これを起点にして仏教的世界のなかでの日本認識が拡張されていく。

たとえば院政期の興福寺僧覚憲は、この護命の教説を引用しつつ、「日本国是大乗善根之界、人亦菩薩種姓之類」と述べ、さらに華厳経（八十巻華厳住所品第三十二）中の「海中有レ処、名二金剛山一」を引き合いにだしている。経文では、海中にある金剛山では、菩薩が止住し、現在の法起菩薩が眷属諸菩薩衆千二百人とともに説法していると説いている。すなわち金剛山は、我が国の葛城山を指すのであって、『縁起』によれば、大唐第三仙人、日本国行優婆塞、金剛山法起菩薩、金峯山大政威徳天、箕面山竜樹菩薩、滝基大聖不動尊らが存在している。だから「諸仏大聖之所二居住一」の日本を軽んじてはならず、「菩薩乗姓之所二浮沈一」の日本の住人を貴ばねばならないのだ、と覚憲は主張する。「裏返しの三国観」が発展し、現実の日本に諸仏菩薩大聖諸天が現住するという認識にいたっている。「海中有処」としての日本に対する辺土観と国土の神聖視が併存している様が明らかである。(24)

この絵図が享受された時期には、三国のなかでの〈海中の日本〉という認識が明らかに存在した。ただし本図では、日本は海中に浮かぶ三つの群島として描かれるのみで、絵図表現からは「裏返しの三国観」や国土の神聖視の認識と一致する可能性を指摘できるにすぎない。

そこで注目したいのが、絵図の色紙形に書かれた日本の呼称である。剥落が激しく全文を読むことは困難であるが、かろうじて「秋津島」という語句が読み取れる。この語は、『日本書紀』神武天皇三一年四月乙酉条に、神武天皇が掖上の嗛間丘（ほほまのおか）から国見をした際に、長く連なる国土を、交尾した蜻蛉が連なって飛んでいく様になぞらえて「秋津洲」と名づけたことにちなむ。古来、日本を称する語句は複数存在するが、形状をもとに名づけたこの語は、閻浮提の海中に浮かぶ日本を示すのに適していたのであろう。また『神皇正統記』には、神代の天御虚空豊秋津根別の神にちなみ「大日本豊秋津洲」と名づけたとの説も見える。本図の作者が、神話色の濃い「秋津島」という語を選択している点に、注意を払う必要がある。つまり、これは仏菩薩が垂迹し神として現住する国土を強調するための表現なのであろう。

本絵図に表現された日本は、南贍部洲の大陸から離れた海中の小さな孤島として描かれる。これは「辺土」を表現しているが、神話的表現で日本を表している点は、すでに仏法が衰滅した天竺・晨旦（三国仏法衰滅論）に対比させつつ、仏法が盛んである証としての神国を表現したものと考えておきたい。

三　補陀落山図――新しい主題――

（1）五天竺図中の補陀落山と普陀山

次に検討したいのが、先行研究にて潤色と位置づけられた「布陀洛山」（補陀落山）である。すでに述べたように、室賀・海野は、『西域記』に見えない多数の地名が記されていることから、中国の観音霊場として知られた浙江省沿岸の普陀山を「混同」した潤色であり、その背景に補陀落観音信仰があると指摘している。[25] 玄奘による仏国土巡礼地図（つまるところの三国東漸図）とは異なる主題で描かれた部分との主張は注目に値する。荻野三七彦は、『五天竺図』甲本・乙本の「布陀洛山」の部分に、扁舟で上陸しようとする僧侶の描写を見いだし、これを日本から渡海をはかった僧侶であると考えた。[26]

前述のように谷口は補陀落山の潤色の問題について重要な指摘をしている。すなわち、甲本「布陀洛山」の島内各所に「潮音洞」「円通峯」「沈家門」「明州」など浙江省に実在する普陀山とその周辺からとられた名称があることを確認しつつ、甲本「布陀洛山」の描写が、一四世紀元時代の普陀山を描いたとされる補陀落山聖境図（長野・定勝寺）や宋代江南の版本絵図の描写に酷似していると指摘、この部分の図様が入宋・入元僧が中国からもたらした元時代の地図・絵図情報をもとにしたものであると推定した。[27]

谷口の主張に導かれつつ、該当箇所をみると「秀山」「馬泰山」「沈家門」「昌国」「招宝山」「明州」など舟山列島を描写していることは明らかである。一点付け加えるとすれば、「明州」の呼称の時期についての問題があ

図6　『法界安立図』所載南贍部洲図

る。現在の寧波を指す明州という呼称は、紹熙五年（一一九四）に慶元府、至元一四年（一二七七）に慶元路総監府に改称、明初に明州府に戻されるも洪武一四年（一三八一）に寧波府に改称され現在にいたっている[28]。すなわち甲本「布陀洛山」は、一一九五年以前に作られた舟山・普陀山図に依拠している可能性が考えられる。

中国に流行した天竺図のなかには、一七世紀・清代の『法界安立図』所載南贍部洲図[29]（図6）のように「補怛洛迦山」を書き込むものもある。とすればもともと原図にあった補陀落山の様相を、南宋前期にさかのぼる普陀山周辺図にもとづき脚色して追記したのではなかろうか。当時の中国に実在した地名を、観音の所在する天竺海中の補陀落山とその周辺にそのまま当てはめる行為は、中国人の仕業とは思われない。この改変追記の作業は、谷口の推測するように、日本でなされたものであろう。

では、いったいなぜ、本図を制作した日本人は、オリジナルの玄奘の渡天図に、わざわざ南宋時代の普陀山という新たな主題を書き加える必要があったのであろうか。まずは渡天図と普陀山との関係を考えるところから考察したい。

（2）天竺南海の補陀落

そもそも経典に説く補陀落山とは、どのような性格の場所であったのであろうか。

菩提流支訳『不空羂索神変真言経』・玄奘訳『不空羂索神呪心経』（いずれも大正蔵二〇巻）には、山中の観音の宮殿などの様子が子細に説かれる。八〇巻『華厳経』入法界品（巻第六八、大正蔵一〇巻）に、善財童子が観自在菩薩を訪ねる場面があり、「此の南方に山あり。補怛洛迦と名づく。彼に菩薩あり。観自在と名づく」と見えるのがそれで、その山は海上にあると記される[30]。

また『西域記』巻第一〇には、「秣剌耶山の東に布呾洛迦山あり。山径危険にして、巌谷敧傾なり。山頂に池あり。その水は澄むこと鏡のごとくして流出す。大河周流し、山を繞ること二十匝にして南海に入る。池側に石天宮あり。観自在菩薩往来の遊舎なり。それ菩薩を見ることを願うものあらば、身命を顧みず水を厲り山を登る。その艱険を忘れ、能達の者、蓋しまた寡し。しかるに山下に居る人、祈心し見ることを請うに、あるいは自在天形と作り、あるいは塗灰外道と為り、その人を慰喩しその願いを果遂す」と玄奘の知るところとなった補陀落山の様子が記される。

まず『西域記』の前半部分に注目すると、甲本の色紙形に「池自流出匝廿匝、池側有レ石、天宮観自在菩薩所居也」とあるものと一致する。すなわち甲本の作者は、玄奘の『西域記』を意識して「布陀洛山」を描いていることがわかる。さきほど甲本の「布陀洛山」は、日本人による後世の潤色としたが、それは不正確な表現であった。より正確を期すれば、オリジナルの玄奘渡天図に記載されていたであろう補陀落山を、南宋時代の普陀山をもとにしてアップデートしたというべきである。

『西域記』後半は補陀落山に斗藪を試み観音と直接まみえようとしたり、山下で祈心して観音の変化身に値遇しようとする修行者の姿を伝えている。補陀落山は、観音値遇を願う修行者が訪れる実在する聖地として描かれているのである（玄奘は、実際には補陀落山を訪れた訳ではなく、こうした情報は伝聞による）。

では、こうした教説や玄奘の伝記に見える補陀落山の世界は、実在する当時の普陀山とどのような関係にあったのか。

元・至正二一年（一三六一）『補陀洛迦山伝』（大正蔵五〇巻）には、五臺山の観音を安置した日本僧恵蕚による開創の伝記、北宋代の高麗・日本・東南アジア諸国に渡る商船の信仰、南宋の史浩・史弥遠ら有力政治家の帰依、元代にも変わらぬ信仰の様子が詳細に描かれ、『西域記』に見える修行者のごとく観音に値遇しようとする信仰者の存在が知られる。観音が常住する補陀落山の「写し」として、普陀山は多くの供養を寄せられる聖境であった。[31]

ここで長野定勝寺「補陀落山聖境図」を一瞥すると、普陀山に参詣する人物が多数描かれている。普陀山に対面する寧波側の「沈家門」からは出港する一隻の舟、普陀山の「登彼岸」と呼ばれる港に着岸しようとする「智慧舟」の旗を掲げた舟、また潮音洞の洞窟を垣間見るように「大法舟」の旗を掲げた舟が描かれている。[32]乗船しているのは、いずれも俗服を着た中国人とみなされる。そして、これらの図様がモチーフのひとつとなり、法隆寺甲本等に描かれた「僧侶を乗せた渡海船」、つまり荻野のいう補陀落への渡海船の図様が生まれたのであろう。[33]

以上のように、法隆寺甲本の「布陀洛山」は、現実世界の中国・普陀山の信仰形態——普陀山に渡船し修行する人々——をより所としながら、天竺南海上の補陀落山へ日本から渡海するありさまを想起させるべく、玄奘の渡天図に重ね合わせて改変追記されたものと考えたい。

では日本における補陀落信仰は、天竺南方海上に浮かぶ補陀落山を表現するのに、なにゆえ中国・普陀山の似姿を必要としたのであろうか。

（3）彼此の浄土と補陀落渡海

『梁塵秘抄』に補陀落渡海を歌った今様がある。

観音大悲は舟筏、補陀落海にぞうかべたる。善根もとむる人しあらば、乗せて渡さむ極楽へ。[34]

観音は舟を補陀落海に浮かべてくださり、善根を積んだ人を〈極楽浄土に渡す〉というものである。極楽への橋渡しとしての観音への信仰をもとに、実際に舟に乗り補陀落山を目指したのが、補陀落渡海であった。

日本における補陀落渡海信仰については、多くの先行研究がある。根井浄は、文献・絵画を博捜し、古代から近世にいたる補陀落渡海の史料を収集するとともに民俗学的知見を加えつつ補陀落渡海の実態を明らかにしている。[35] そのなかで根井は、入水往生と補陀落渡海との相違に注意を促し、入水往生が生を断ち彼岸の浄土を目指す行為であるのに対し、補陀落渡海は現身のままで南方に所在する浄土に渡る儀式だと指摘する。[36] これを受けて、神野富一は、補陀落渡海の二つのタイプを見いだした。すなわち「補陀洛をあくまでもこの世にあるとして現し身のままに補陀洛への到達をめざすもの」と「補陀洛をあの世にあるとして沖合で「入水往生」をするもの」で、前者は一一世紀から一六世紀前半まで、後者は一六世紀後半から認められるという。[37] 日本の中世における補陀落渡海は、「生きたままで現世にある補陀落山に渡る」行為であったのだ。

あらためて史料を確認してみよう。

『台記』康治元年（一一四二）八月一八日条

戊寅、招二権僧正覚宗一、習二千手経一至二陀羅尼一止レ之、後日可レ習レ之、僧正語云、少年籠二那智一之時、有二独僧一云、我現身祈レ参二補陀落山一、小舟上、造二立千手観音一、奉レ令レ持レ楫、祈請已及二三年一、祈二北風一、七日不レ止也、如レ此経二数日一、得二大北風一、僧慶乗レ舟、向レ南、礼拝無二止時一、差レ南遙行、僧都以為二希有一、登レ山見レ之、覚宗同見、七箇日之間、風不レ止、料知二願成就一矣、余云、何時哉、答、堀川院御時也、

堀河天皇の在位中（一〇八六～一一〇七）、補陀落山を目指して熊野那智山から南方に向けて渡海した僧侶を三井寺の覚宗が目撃したとの記事であり、補陀落渡海の初期の史料である。ここで注目すべきは、傍線部「我、現身に補陀落山に参らんと祈る」との文言で、補陀落山参詣を「現身」つまり生きたまま果たそうとしている点である。

『吾妻鏡』天福元年（一二三三）五月二七日条には、北条泰時が将軍藤原頼経に、「自二熊野那智浦一、有下渡二于補陀落山一之者上」り、これが智定房と号した御家人「下河辺行秀法師」であると告げたとの記事がある。行秀は頼朝が主催した那須野の御狩で大鹿を射損じたことを悔い、その場で出家・逐電したのち、「近年在二熊野山一、日夜

読二誦法花経一之由伝聞之処」、補陀落渡海を企てたのであった。注目すべきは渡海船の様子が記されていることで、「彼乗船者、入二屋形一之後、自レ外以レ釘皆打付。無二一扉一。不レ能レ観二日月光一。只可レ憑レ灯。三十ヶ日之程食物幷油等僅用意云云」と、補陀落山に到着するまでの一ヶ月分の食料を積載しての渡海であった。やはり当初から「入水自殺」を試みたのではなく、現身での補陀落到達を目的としていたはずである。

さらに『発心集』には、ある入道が、

此の生を改めて極楽へまうでん詮もなく、又、凡夫なれば、もし終りに至りて、いかが、なほ疑ふ心もあらん。補陀落山こそ、此の世間の内にて、此の身ながらも詣でぬべき所なれ。

と考えて、土佐国から小船に一人乗船し南方を指して出帆したという話を載せる。[38]傍線部にあるように、補陀落山は「此の世間の内」にあり「此の身」のままで詣でる、いわば現世往生を叶える〈此土浄土〉であったのだ。

（4）貞慶と補陀落浄土

さて、現世往生を叶える〈此土浄土〉としての補陀落山信仰の形成と展開については、興福寺貞慶の観音思想が手がかりになる。すでに多くの先行研究が蓄積されているが、やはり西山厚による貞慶草・観音講式の分析を参照するところから始めたい。[39]西山がとりあげた観音講式は以下㋐〜㋒の三種がある。

㋐建仁元年（一二〇一）五月一八日作
㋑建仁元年（一二〇一）五月二三日作
㋒承元三年（一二〇九）作

㋐の内容で興味深いのが、観音信仰と阿弥陀信仰の共存である。貞慶は、仏刹（浄土）を、遠くは西方極楽、近くは補陀落山であり、その補陀落山は「娑婆而不二娑婆一、賢聖実可レ欣、浄土而不二浄土一、凡夫誰不レ生」と位置づけている。修行者は、補陀落山に住して観音に仕え、大悲法門を修するが、観音は「極楽之補処」であり、本師阿弥陀の浄土に導いてくれるものだと述べる。補陀落山は「行業未レ備往生暫滞」場合に赴く所であり、いわば、現世・来世に両属しつつ、来世の西方極楽浄土に橋渡しする場として理解されている。

㋐の五日後に書かれた㋑においても、㋐の内容を継承しつつ、奥書において、阿波国賀登上人の補陀落渡海説話を引用し、「現身」にて補陀落往生を遂げた先例としている。

㋒ではさらに、補陀落山の特性を明確にしている。まず場所については、その方角を「当二我国之西南一歟」と推測し、距離を「煙波雖レ遙、風帆可レ通」と述べ、「夫三界九地之中、同界同地四州五趣之間一州也」と此土に所在する到達可能な場所であることを強調している。

注目すべきは、天竺の釈迦の遺跡と補陀落山とを比較した箇所である。「如二彼楞伽山無熱池一者、深位菩薩雖レ住二其所一、楞伽王者鬼神也、阿耨王者竜神也、恨為二垂跡一未レ顕二本身一」とし、天竺の楞伽山や無熱池では深位菩薩が住んではいるが、楞伽王や阿耨王は鬼神・竜神という垂迹神であり、仏の本身でもなく、仏の住地でもないと述べる。続けて、「又如二祇園精舎・竹林道場一者、釈尊聖跡恋慕雖レ深、庭宇荒廃無人止レ住、豈如二彼宝山一」と祇園精舎や竹林道場の仏蹟が荒廃しており、結論として天竺は補陀落山に叶わないと結んでいる。すなわち平安時代に広く流通したインド仏蹟の荒廃を認める思考と現世仏刹としての補陀落山とが関連づけられ、後者を優位に見ているのである。

貞慶の思索によって、此土浄土としての補陀落山は、来世に赴く彼岸浄土としての西方極楽浄土への〈布石〉としての地位を獲得し、さらに天竺を凌ぐ高い位置づけを与えられたのだ。

近年杉崎貴英によって見いだされた高山寺方便智院旧蔵の貞慶草「不空羂索蓮光房願書」も貞慶の補陀落観を

知る上で貴重な史料である。(40) 貞慶は、ここで「又浄業未熟、暫可レ廻二此界一者、願三先生二補陀落山一、彼山者観自在尊遊化居正、菩薩天仙聞レ法得レ益」と述べ、やはり西方極楽浄土に届かない修行者のための「斯界」の補陀落山と位置づける。その上で、補陀落山を「設雖二瓦石之地一、大聖現居尚可二傾楽一、設雖二凡類之栖一、清浄殊妙猶足二止住一、況兼衆徳乎」と、俗世ではあるが、大聖の所住する清浄の場所であるとその特殊性を言挙げしている。そして「但今所レ期者、不レ足レ聖(望カ)二南海之孤嶋一、只悦レ為二西土之初門一、若又重業輙難レ転、善報必可レ受者、願以二我大悲尊神通方便一、乍レ在二彼山一早償二其報一」と西方極楽浄土に往生するための補陀落往生であり、そこでの修行を望むのだとし、補陀落山に西方極楽への足がかりという新しい意義を付加している。

日本と天竺との関係を示す点も重要で、「瞻部洲辺東北海中有二一渚一、名二日本国一、多二亜羊僧一、所レ謂二我侶一也、対二此処於天竺仏生之国土一、猶如三毛人之渟二天子一、比二我等於持戒座禅之比丘一、何異三蝙蝠之災二鸞鳳一、上代猶可レ恥、況於二当世一乎、名士猶可レ恥、況於レ某乎」と述べ、辺土たる日本やそこに住む自分たちは天竺や持戒座禅の僧に遠く及ばないという認識を示しつつ、そのままでは西方浄土への往生が難しいため、「西方補処大士、斯界施無畏者」たる観自在菩薩を信仰し、「若廻二閻浮之旧域一、更望二南海之値遇一、設有二余善提之可レ償、任二大聖之方便二」と此土閻浮提にある南海の観音に値遇し、その方便にすがると述べる。西方極楽浄土へのステップ——踏み石——としての補陀落浄土は、天竺に対する極端な日本辺土観が生み出した第二の浄土であり、前述の天竺荒廃観と相まって、日本国にいる人々が目指すべき中世的此土浄土として創出されたのである。

四　南都の補陀落山信仰と『五天竺図』

以上、南都における補陀落浄土信仰の展開を跡づけてきた。最後に新たな此土浄土として急浮上してきた補陀落への関心と『五天竺図』との関係を検討する。

（1）僧侶の渡海というモチーフ

『五天竺図』補陀落山のモチーフの一つとなったとされている元代の普陀山図（「補陀落山聖境図」）にも舟で島に上陸し山中の伽藍に詣でる人々を描いている。こうした図画は宋代にまで遡るものがあったであろうし、『五天竺図』がそれらに着想を得た可能性を指摘した。だが、渡海場面における普陀山図と日本の補陀落浄土図との決定的な相違がある。それは、前者では参詣する人々が聖俗入り交じっているのに対し、後者では渡海して修行するのはあくまで僧侶であり、俗人は従者か舟の漕ぎ手に限られている点である。この点からも僧侶の渡海を描いた『五天竺図』中の補陀落山部分は、中国の原図にあったと考えることはできず、先に指摘したように南宋時代の浙江・普陀山周辺の図をベースにして、日本において付加されたとみるべきであろう。

では、僧侶の渡海という日本独自のモチーフは、どこから生まれてきたのであろうか。

これはやはり、前述の平安時代後期に始まる南方補陀落山を目指す補陀落渡海を描いたものであろう。これが図画されるきっかけとなったのは、貞慶の補陀落浄土信仰であった。西山厚や清水健が指摘するように[41]、貞慶の周辺から、補陀落山浄土図や十一面観音来迎図などの来迎図が生まれており、特に補陀落浄土図には、僧侶が渡海し山中で修行する様子が描かれている。貞慶は、前掲の観音講式㋑の奥書に「阿波国賀登上人は、長保二年（一〇〇〇）八月一八日に土佐国室戸津から弟子一人をともない船で南に向かった、観音の方便により、「本懐」を遂げたはずである、現身で渡海したのだから、後生での到達は必ず可能である」（取意）と述べ、日本で現身にて補陀落渡海を遂げた人物として、「賀登上人」の例をあげている。ジャメンツの指摘するとおり、補陀落山浄土図の僧は、日本から補陀落山を目指して渡海した僧であり、その代表が「賀登上人」なのであろう。

「賀登上人」が実際に南海への渡海を企画したかどうかは、同時代史料からは確かめることができない。だが、渡海者としての彼の名は、おそらくは天台浄土教の宗教環境において育まれ[42]、多くの史料に補陀落渡海を遂げた先蹤として彼の名があげられている(43)。

東大寺に所蔵される建保三年（一二一五）撰『観世音菩薩感応抄(44)』には次のような記述がある。

如レ此観音若知二小僧別願一者、大海之底、盤石之中、現身随遂(遂)、惣不レ可レ疑、況如二補陀洛山一、南天竺之辺、願レ見二菩薩一之者、不レ措二身命一、渡レ水登レ山、以雖二(祈)レ心求(請)レ見、或作二自在天形一、或為二塗灰外道一、慰二喩其人一果遂二其願一西域記文、如二阿波国賀登上人一者祈請有二感応一、飛レ船至二彼山一、何況於二後世往生一乎、凡彼山者、金剛最宝摩尼今成二花林満一、其中流泉廻二其砌一、所者穢土之中浄土也、

まず、①大海の底あるいは盤石のなかに現れた観音に「現身」のまま値遇できるという熱烈な信仰が吐露され、次に、②南天竺の辺にある補陀落山で観音菩薩を見ようと願うものは、身命を惜しまず、水を渡り山を登るとその願いが叶う事を『西域記』の引用を交えて記載し、③その成功例として、「阿波国賀登上人」の（現世での）渡海をあげて、後世の補陀落山往生の根拠としている。

『西域記』の記述を根拠とした〈現世の補陀落〉という認識と日本僧賀登上人による補陀落山渡海成功事例の掲出がセットになっている。これは、五天竺図における僧侶の渡海場面とまさしく重なり合う内容といえる。五天竺図の補陀落の場面は、貞慶周辺の南都の宗教環境から生まれてきたことは間違いないであろう。

（2）「穢土之中浄土」たる補陀落山

こうした新しい補陀落世界が、法隆寺『五天竺図』という仏教世界図に新たに付加された意義について考えてみたい。

第二節で検討したように、伝統的な仏教的世界認識では、人間が住む贍部洲のなかでは、釈迦の遺跡がある天竺こそが此土において目指すべき仏蹟であった。『五天竺図』に表された玄奘の足跡は、すなわち天竺以外に住

む僧侶が目指すべき理想の先例として崇敬され、日本においても繰り返し顕彰されて、人々の世界認識を形作った。だが、世は像法末、あるいは末法にあって、日本が粟散辺土にあるという認識が深められると同時に、天竺とまったく没交渉であった日本は、時間の経過に比例して仏国土天竺から離れていかざるを得ない構造をもっていた。

また辺土観・末法観を背景に、彼岸にある阿弥陀浄土への往生が目指されたが、それと同時に彼岸の浄土への到達の困難性が貞慶らによって自覚されたのである。

此土たる釈迦遺跡、彼岸たる阿弥陀浄土。本来めざすべき此土・彼岸の仏刹は、時間の経過・空間の認識が進み深まるほど到達が困難となった。そのような認識段階を経て登場したのが、「穢土のなかの浄土」補陀落山であった。

観音の住処補陀落山は、現身のまま到達可能な此土（穢土）の浄土であり、彼岸の極楽浄土への布石としての役割を与えられた。いわば此土／彼岸に両属する仏刹として再認識されるにいたったのである。とすれば、此土としての補陀落山は天竺と同様にリアルでなければならない、と法隆寺『五天竺図』甲本の作者が考えたとしても不思議はない。それゆえに、甲本作者はすでに中国において観音の聖地として信仰を集め、日本僧にもゆかりのある、現実世界で最も「補陀落山らしき」普陀山のイメージを借りて『五天竺図』上に表現したのではなかろうか。[45]『五天竺図』の補陀落山が南宋時代の地図により、その時代の地名が冠されているのは、〈借り物としての現実性〉の表現であったと考えたい。すなわち、一一世紀初頭の天台浄土教に発端し、一三世紀初頭の南都で体系化された補陀落山認識が、現実から仮想したバーチャルリアリティを生み出したのであった。

古代中世を通じて三国思想や末法観が一様であったわけではない。仏教的世界認識を可視化した『五天竺図』は、伝統的な三国観に基づく天竺図と日本独自の補陀落山図の二つが並び記される特異な図様であった。これは南都仏教が、新時代に対応し独自の補陀落山図を付加してその世界認識を更新したことによるものであるが、かならずしも同時代の情報を正確に反映したアップツーデートの更新ではない点が大事である。

『五天竺図』は、天竺の衰滅が暗黙裡の前提となっている時代において、玄奘時代の天竺を描くことで天竺の衰滅を顕在化させることを回避しつつ、あらたに此土の浄土としての補陀落山を第二の主題にとりあげ、肥大化した補陀落観を表現している。日本的な仏教東漸の歴史を前提にしつつ、震旦・天竺を飛び越えて、現世／来世が交錯する「穢土中の浄土」補陀落山に直結しようとする新しい時空観でもあった。補陀落山は、中世日本における仏教的世界認識には必要不可欠な要素として取り入れられたのである。

おわりに

法隆寺『五天竺図』は、伝統的な天竺に変わり、新たな仏刹たる補陀落浄土を仏教的世界図に組み込み、その世界認識を更新した図像であった。平安時代末期から胎動した中世的往生観に基づいた日本的世界図といえる。この世界図が、諸寺に伝来する異本として変容を遂げていく過程にも、世界認識の変遷を辿ることができると思うが、もはやその余裕はない。

最後に、法隆寺甲本と、その江戸時代の模本である甲本・乙本との相違を一点指摘して、仏教観の変化の一端を示そう。

それは補陀落山に渡海した僧侶たちの描き方の相違である。前述のように甲本は、①上陸した僧侶、②同じく上陸して彼を伏し拝む俗人、③船頭の三人を描いている（図7）。ところが乙本では、②が上陸せずに船上で仰臥し、あたかもすでに船上で死去した僧侶のごとくであり、それを③俗人船頭が船で渡すさまに描く（図8）。丙本では、乙本と同じく②は死去し仰臥した僧侶に描かれ、さらには③の船頭までもが僧侶姿に描かれる（図

9)。これを解釈すると、甲本では、①僧②従者③船頭とそれぞれの役割を果たしつつ〈生きながらにして〉補陀落山に上陸するさまを描いていたのに対し、乙本では、②〈一旦死去した〉僧が③船頭にともなわれて補陀落山に着岸し、①〈あの世に転生した〉僧として補陀落浄土に往生したさまを描き、丙本では、③生きていた僧が、②死去した上で、①補陀落浄土に往生するさまを絵巻物の異時同図法のように描いている。これは、中世では現身のままで往生可能であった〈此土の浄土〉が、近世には死去してようやくたどり着ける〈彼岸の浄土〉に変化していることを意味する。この変化は、第三節三項で指摘した、沖合で入水往生する補陀落渡海が一六世紀後半に出現するとの説を端的に表現したものである。

図7　渡海部分（法隆寺『五天竺図』甲本）

図8　同上（法隆寺『五天竺図』乙本）

図9　同上（法隆寺『五天竺図』丙本）

現世の浄土から来世の浄土へ。補陀落山をめぐる認識の更新が、どのような過程でもたらされたのか、中世から近世への変化を探る手がかりとして、考察を継続していきたい。

(1) 定方晟『須弥山と極楽――仏教の宇宙観――』（講談社現代新書、一九七三年）。

(2) 本図については、織田武雄・室賀信夫・海野一隆著『日本古地図大成 世界図編』（講談社、一九七五年）に大型の写真が載る。奈良国立博物館特別展図録『天竺へ』（二〇一一年）にも精細なカラー画像が掲載される。

(3) マイケル・ジャメンツ「法隆寺所蔵「五天竺図」についての覚え書き」（藤井譲治他編『大地の肖像 絵図・地図が語る世界』京都大学学術出版会、二〇〇七年）。

(4) 室賀信夫・海野一隆「日本に行われた仏教系世界図について」（『地理学史研究』第一集、一九六二年）。

(5) 荻野三七彦「法隆寺の「天竺図」と慶政上人」（『日本古文書学と中世文化史』吉川弘文館、一九九五年。初出一九八二年）。

(6) 谷口耕生「総説 玄奘三蔵絵――三国伝灯の祖師絵伝――」（注2『天竺へ』）、同「五天竺図と中世南都の仏教世界観」（『平成二五年度～平成二八年度科学研究費補助金基盤研究(B)研究成果報告書 東アジア仏教美術における聖地表象の諸形態』研究代表者 稲本泰生、二〇一六年三月）。

(7) 加賀元子「『法隆寺縁起白拍子』の周辺――作者重懐の文学環境に関わって――」（『芸能史研究』一三九、一九九七年）。

(8) 注(5)荻野論文。

(9) 注(3)ジャメンツ論文。

(10) 注(2)『天竺へ』図録個別解説。

(11) 注(3)ジャメンツ論文。

(12) 注(4)室賀・海野論文。

(13) 注(3)ジャメンツ論文。

(14) 注(4)室賀・海野論文。

(15) 注(5)荻野論文。

(16) 注(3)ジャメンツ論文。

(17) 注(6)谷口「五天竺図と中世南都の仏教世界観」。

(18) 室賀・海野は、注(4)論文で、高麗毅宗八年(一一五四)没の尹卒墓誌に「又掫唐玄奘法師西域記、撰進五天竺国図、上覧之、賜燕糸七束」とあることから、一二世紀のはじめに朝鮮でこの種の地図が作成されていたことを指摘する。さらに、時代は下るが、五天竺図の系統を引く南贍部洲図が中国諸書に散見(「法界安立図」万暦三五年(一六〇七)原刊、『図書編』所載「四海華夷総図」万暦四一年など)することから、もともと中国に原図があったものを、尹卒が補訂した可能性があると海野・室賀は推定している。くわえて一三世紀末に遡る『拾芥抄』所収天竺国図には、法隆寺甲本の日本の位置に、島の形で、高麗を表現していることから、もともと高麗で作成された原図には高麗を指すものとして描かれていた島を、日本において原図を受容した際に日本をあらわす島々に改編したのではないかとの興味深い指摘をしている。

(19) 注(4)室賀・海野論文。

(20) 注(6)谷口「五天竺図と中世南都の仏教世界観」。

(21) 京都・栗棘庵所蔵の宋拓輿地図は『京都五山禅の文化展』(東京国立博物館、二〇〇七年)に掲載されている。

(22) 森克己「日宋交通と地理学的世界認識」(『続々日宋貿易の研究』森克己著作選集第三巻、国書刊行会、一九七五年。初出一九五一年)。

(23) 横内裕人「東大寺図書館蔵覚憲撰『三国伝灯記』――解題・影印・翻刻――」(『日本中世の仏教と東アジア』塙書房、二〇〇八年)。

(24) 高木豊「鎌倉仏教における歴史の構想」(『鎌倉仏教史研究』岩波書店、一九八二年)、市川浩史『日本中世の光と影』(ぺりかん社、一九九九年)、同『日本中世の歴史意識――三国・末法・日本――』(法藏館、二〇〇五年)。

(25) 注(4)室賀・海野論文。

(26) 荻野三七彦「法隆寺の「天竺図」と慶成上人」(注(5)荻野著書)。荻野は、本図の制作者を鎌倉時代前期の入宋僧・慶政上人と考え、布陀洛山への渡海僧の書き込みは、「渡天」を目指した同人の思想によるものと主張した。が、その根拠は薄弱であり、従いがたい。

(27) 注(6)谷口「総説　玄奘三蔵絵」。谷口は、一三世紀末に成立した『拾芥抄』所収の「天竺国図」に日本が描かれていないことから、この段階では、日本を描く天竺図像が未成立であったと考え、法隆寺甲本の図様は鎌倉時代後期以降、一四世紀に入ってからの成立であり、乙本の識語に見える貞治三年（一三六四）重懐図絵との記述の可能性が極めて高いとしている。

(28) 井手誠之輔「長野・定勝寺所蔵　補陀洛山聖境図」（『美術研究』三六五号、一九九六年）。

(29) 注(2)『日本古地図大成　世界図編』所収。本図は、万暦三五年（一六〇七）原刊、承応三年（一六五四）翻刻。

(30) 神野富一『補陀落信仰の研究』（山喜房佛書林、二〇一〇年）。

(31) 清水健「垂迹する聖地——中世日本の補陀落山表象の諸形態を例として——」（注(6)科研報告書）。

(32) 注(28)井手論文。

(33) 荻野は、日本における補陀落渡海信仰が発展した結果、甲本にみる補陀落渡海船が描かれるようになったと考えているが、その前提として元代における普陀山への船舶による参詣（参詣図）が描かれていたことにも注意を払う必要がある。注(5)荻野論文。

(34) 『梁塵秘抄』（佐佐木信綱校訂、岩波文庫、一九九三年。初版一九三三年）。

(35) 根井浄『補陀落渡海史』（法藏館、二〇〇一年）。

(36) 注(35)根井著書、七〇八頁。

(37) 神野富一『補陀洛信仰の研究』（山喜房佛書林、二〇一〇年）三二三頁、三二九〜三五三頁。

(38) 『発心集』（三木紀人校注、新潮日本古典集成、一九七六年）。

(39) 西山厚「講式から見た貞慶の信仰——『観音講式』を中心に——」（中世寺院史研究会編『中世寺院史の研究』下、法藏館、一九八八年）。

(40) 杉崎貴英「高山寺方便智院伝来『上人御草等』（抄）——解脱房貞慶関係史料の紹介と翻刻——」（同志社大学博物館『博物館学年報』三三、二〇〇一年）。

(41) 注(39)西山論文、清水健「根津美術館所蔵春日補陀落曼陀羅小考」（『美術史学』二五、二〇〇四年）。

(42) 近世の地誌『山城名勝志』では、乙訓郡金蔵寺の項に「金蔵寺略縁起」を引き、「中興開山之記」から「賀登〈慈恵徒〉常州筑波根人三浦曾孫也、寓居比叡山、一日有不思議之感、天徳二年之春、登西岩倉云々」と記しており（『大日本史料』第一編之二十、二〇八頁）、彼が比叡山で修行した良源門徒であるという。また京都青蓮院所蔵の「遮那業血脈譜」には、天台の覚空の師のひとりに「賀登」をあげており（『大日本史料』第二編之二十八、一七〇頁）、天台僧であったのは間違いなかろう。くわえて群馬県長楽寺所蔵の「印信目録」には、山門穴太流のひとりに「賀登上仙」をあげ、「一条院御宇人／生身観音令受合行汀（灌頂）」と注記している（『大日本史料』第五編之二十一、四五五頁）。仏教説話で語られる年代と一致し、また生身観音から両部合行灌頂を受けたとの記述は、その内容は明瞭ではないが、補陀落渡海譚と何らかのかたちで関連すると思われる。

一〇世紀後半の生身信仰といえば、北宋から帰国した奝然が生身釈迦の写を持ち帰ると、これに対抗して天台浄土教において大安寺釈迦信仰等が高まるとの指摘が先学によりなされている（奥健夫「生身仏像論」長岡龍作編『講座日本美術史第四巻造形の場』東京大学出版会、二〇〇五年）。賀登上人による生身観音・補陀落渡海譚の創始も、こうした流れのなかで理解すべき事柄かもしれない。

(43) 鴨長明の著作とされる『発心集』（「賀東聖」）や中世末成立の『興福寺略年代記』（長保三年条「賀登上人」）などに見られ、鎌倉時代以降、広く伝播していたことが知られる。

(44) 東大寺図書館貴重書一〇四函九〇一号。本書の作者は不明であるが、補陀落山を「穢土之中浄土」と称するところも、前述した貞慶の思想と共鳴する部分があり、貞慶周辺での制作と考えて良いであろう。

(45) 清水は、注(31)論文において、鎌倉時代以降の仏教絵画の分析を通じて、〈垂迹する聖地〉という現象を析出し、「五天竺図は南天竺の補陀落山を現しながら、実際には中国の普陀山を描いているのであり、普陀山をインドの補陀落山が垂迹したものとして描くようなかたちとなって」いると指摘し、日本では普陀山が垂迹として認識されていた可能性があると述べる。

〔付記〕 本稿は、国際日本文化研究センター共同研究会「日本的時空観の形成」第三回研究会（二〇一三年一〇月二〇日、国際日本文化研究センター）において「日本中世仏教の世界観——法隆寺蔵五天竺図を手がかりに——」と題して報告したものである。脱稿直前に、注(6)谷口「五天竺図と中世南都の仏教世界観」、注(31)清水論文に接した。本稿は、両氏の論旨と重なる点が多いが、上記の事情を汲み諒とせられたい。本稿では、両氏の主張を咀嚼し、本稿に盛り込むことは叶わなかったため、読者におかれては、両氏の論考を参照していただければ幸いである。なお執筆に際しては、東京大学史料編纂所の検索データベースを利用した。

日本中世生霊試論

徳永誓子

はじめに

「生霊（いきりょう）」という言葉は、生きている者の霊魂がその肉体を離れ、他者に対し何らかの働きかけをする現象をさして用いられる。たとえば、実際には遠くにいるはずの人間があたかもその空間に存在するかのように姿を現し言葉を交わすといったことが、死を直前にした人間とその縁者の間に生じた場合、「生霊」という表現が使われる(1)。また、恨みや妬み等の負の感情が強くなったあまり、魂が肉体を抜け出し、そのような感情を向ける相手を苦しめるといった場合も「生霊」と呼ぶ。一般に「生霊」として思い起こされることが多いのは後者の例であろう。本稿でも、後者の、負の感情によって肉体から抜けだし他者を苦しめる、狭義の生霊を対象に考察を行う。

霊的存在を把握する観念として、中世の人びとの世界観に注目するならば、「顕」と「冥」の二つに分けて世界を捉えていたことが指摘されている。冥の世界は人間の目に見えない神仏の世界であり、人間の領域である顕の世界にさまざまな形で働きかける。中世の人びとがこのような世界観を持っていたことに注目したのは、九条家出身の天台僧慈円（一一五五〜一二二五）の著『愚管抄』を詳細に分析した大隅和雄である(2)。

大隅は『愚管抄』において、冥の世界から現れ顕の世界に力を及ぼすとされたものを四つに分類した。第一が時代を超えて存在する神、具体的には皇祖神天照大神と藤原祖神春日大明神等、第二が仮の姿をとって顕の世界に現れる「化身・権化」の人、第三が怨霊、第四が天狗・地狗・狐・狸等の邪悪な魔物である。

この四分類に則った場合、生霊はいずれに属するのだろうか。『愚管抄』巻第七では、世の中を乱し人を滅ぼしてきた怨霊として、現身のまま龍となり藤原百川を蹴り殺した井上内親王、藤原伊尹に取り憑いた藤原朝成（あさひら）の「生霊」の名をあげている(3)。井上内親王、藤原朝成とも、彼らと同じ時代に生きた人びとが、その二人が生霊になったと見なしていたかについては検討を要するが(4)、『愚管抄』において慈円は、井上内親王と朝成は生霊になったとし、「怨霊」に分類する。

『愚管抄』以外の史料では、鎌倉時代後期、一四世紀初頭成立の絵巻物『春日権現験記』第三巻第四段に「験者と申すは、まつ病相をしる也、生霊死霊のたゝりをも見、大神小神の所為をもわきまへてこそ加持護念すへき(5)」という、生霊と死霊を並列して把握していたことを示す一文があり、生者の霊と死者の霊を一括して捉える見方は、『愚管抄』に限らないと推測できる。

しかし、顕と冥、二つの世界の関係を踏まえて生霊の性質を確認するならば、死霊との違いは存外に大きい。肉体が顕の世界での活動を終えている死者は、基本的に霊のみの存在であり、冥の世界に属する。一方、生霊は、肉体が必ず顕の世界――生きた人間の息づく空間に存在する。冥の世界を通じて肉体を離れた空間に現れた霊魂も、必ず顕の世界にある生身の身体へと戻っていく。生霊は、死霊とは違い、顕の世界と冥の世界にまたがって現れ、原則的には顕の世界に属する存在なのである。

生霊に対処する祈禱法が、死霊に対するものとは別に定められていたことは、江戸時代以後成立のものが中心になるが、複数の史料に見える(6)。すなわち、『愚管抄』のような「怨霊」として同じ範疇に入れる認識が見られる一方、生霊と死霊を区別する観念があったことも確認できるのである。ただし、祈禱方法はしばしば簡略な記述にとどまるため、両者への対処にどのような違いがあったかは明確にしがたい。

そもそも、生霊を扱った専論自体が、死霊を対象とするものに比べ明らかに少ない。死者の霊には「御霊」「幽霊」等、複数の概念があり、そのそれぞれについて相当数の成果が蓄積されてきた。対して、生霊をタイトルに含む論考は数が限られ、またその多くが、一一世紀に紫式部が著した『源氏物語』の登場人物六条御息所を論じたものになる。(7) 前近代の現実世界に現れた生霊を取りあげたものは、民俗事例を中心に考察する中でそれらに言及した石井正己、高見寛孝の論考、モノノケ全般の考察において古代・中世の漢文日記に見える生霊の事例を概観した上野勝之の論考等、非常に少ない。(8)

よって、本稿では、主に上野の研究によって、古代・中世の記録類に見える生霊の事例を確認し、次いで、生霊への対応が具体的に分かる事例を取りあげ、死霊に対するものとの違いを意識して、その特徴を検討することにしたい。

一　記録に現れた生霊

(1) 平安時代日記の憑霊記事

『源氏物語』以外の物語、随筆等に「生霊(「いきずたま」あるいは「いきすたま」)」が登場することはよく知られており、たとえば同じ時期に成立した『宇津保物語』『枕草子』には、具体的な事件の記述はともなわないものの、「生霊」の語が見いだせる。(9) これらより時代の下がる一二世紀前半以後の成立と推測される『今昔物語集』、建長六年(一二五四)成立の『古今著聞集』には、嫉妬に苦しむ女性が生霊と化す話が収録されている。(10)

漢文日記については、『源氏物語』と時代を同じくする、藤原実資の『小右記』、藤原道長の『御堂関白記』、藤原行成の『権記』に生霊の記事が見えないことが、藤本勝義により確認されている。藤本はこの事実を傍証の一つとして、『源氏物語』の六条御息所の生霊事件を「事実として裏付けられない創作」と位置づける。[11]藤本の見解を踏襲し、「生霊」という言葉は存在しても、実際に平安時代の貴族社会に生霊が現れることはなかったとする論者もいるが、[12]生霊をあたかも『源氏物語』の作者紫式部の創作物のように捉えることの問題性も指摘されており、[13]本稿も後者に同意する。

藤本が検証した通り、『小右記』以下の平安中期の日記では、憑霊現象が数多く記録されるものの、霊の正体を明示した例は限られており、正体に名指しされるのはすべて死者、それも政治的地位を持つ人物がほとんどである。

日記に正体が書かれない例では、被憑依者が政治の中枢にいる人物でないため誰の怨みを受けていることが予想することができず、正体を特定することができなかったのであろうと、藤本は考察する。

しかし、この問題については、別の解釈も可能である。古代・中世の貴族にとっての日記は、現代の人びとにとっての日記と異なり、政務に関わる先例を子孫に伝えることを目的の第一として書かれた。貴族の日記は他者に読まれることを前提にしており、書き手の個性により差異はあっても、書き残すべき事柄、そうすべきではない事柄の別が、明確に意識されていた。[14]

政治の中枢に位置する人物の憑霊現象は政治的事件である。そのような立場にない人物の周りで起こったそれは重要事ではない。前者が詳細に記述され、後者が簡略に済まされるのは当然であろう。自身や家族にまつわる出来事であれば、身内にとって不名誉な事実も絡むだろうから、記録すべきではないと判断された可能性もある。

貴族の日記の特質を考慮するならば、憑霊の正体が記録されない事例のすべてを、正体が明らかにならなかったものと見なすのは早計だろう。正体の記されなかった事例において、生霊が出現する場合もあったかもしれず、それが皆無であったとは言い切れないのである。

（2）中世の記録類における生霊

上野勝之は、日記に「生霊」の語が確認できる初例は、藤原定家の『明月記』寛喜三年（一二三一）七月四日条であり、室町時代に入ってから複数の事例が見いだせるようになると指摘している[15]。

上野があげた『明月記』該当条には「現形生霊之邪気[16]」とのみ記し、この時の被憑依者、後堀河上皇中宮藻壁門院九条竴子に何者が憑いていたのか、霊の正体に関して何も伝えないが、これと同じ一三世紀中葉、鎌倉時代中期には、正体の名が広く知られた生霊が出現していた。

それは、承久の乱（承久三年〈一二二一〉）で鎌倉幕府方に敗れ、隠岐に遷された後鳥羽上皇（一一八〇～一二三九）の霊である。後鳥羽の霊が特に恐れられたのは、崩御した延応元年（一二三九）以後であるが、生前にも、鎌倉・京双方の要人の死に際し、その祟りが噂された。

鎌倉幕府政所別当大江広元、初代将軍源頼朝正室北条政子が没した嘉禄元年（一二二五）の六月には、近江国琵琶湖畔の志賀浦に奇妙な鳥が集まり、それを捕って食べた者が死ぬという変事が起き、人びとはその鳥を「隠岐の掾」と称したと『明月記』に記録されている[17]。

貞永元年から嘉禎元年頃（一二三二～一二三五）にも後鳥羽霊に関する噂が流れたと推測される。承久の乱後、後鳥羽の孫仲恭天皇を廃し、後鳥羽の兄行助入道親王（後高倉上皇）の子後堀河天皇が即位し、貞永元年（一二三二）、後堀河はその子四条天皇に位を譲った。その翌年、天福元年（一二三三）に後堀河の后藻壁門院竴子が、翌々年に後堀河と、九条廃帝と称された仲恭が、さらに一年後には摂政九条教実が相次いで亡くなる。

後堀河から亀山天皇までの時代を記した、一四世紀初頭成立の歴史書『五代帝王物語』は、藻壁門院竴子に続く後堀河の早過ぎる死に関し「後鳥羽院の御怨念、十楽院僧正などの所為にやとぞ申あひける、[18]」と書いている。『五代帝王物語』は、この事件の半世紀以上後に著されたものだが、嘉禄年間に流れていた風聞を念頭に置くならば、貞永・嘉禎の時期にも後鳥羽の祟りが実際に囁かれた可能性は高いと考えられる。

また、正体は明示されないが、延応元年（一二三九）五月、九条道家の病に際して邸内の女房に憑いた「比良山の大天狗」と法華山寺の僧慶政との問答を記録した『比良山古人霊託』に、道家を最も悩ませていた霊が去った後も残っている霊の中に、女性の生霊が一人いたことを記している。[19]

室町時代については、上野が言及しているものも含め、[20]活字化されている漢文日記に以下の事例が確認できる。

（A）生霊　室町幕府六代将軍足利義教側室洞院光季娘（「西御方」）

被憑依者　義教側室三条公雅娘（「三条上﨟」）

典拠　『看聞日記』永享六年（一四三四）二月一六日条

（B）生霊　花山院親類の女（三時知恩寺尼僧、「今御寮」）

被憑依者　伏見宮貞成親王第一皇女性恵（三時知恩院尼僧、「今御所」）

典拠　『看聞日記』永享一〇年（一四三八）一二月三日条

（C）生霊　将軍義教正室日野重光娘宗子

被憑依者　義教側室　日野重子（宗子の妹）

典拠　『建内記』永享一二年（一四四〇）正月二三日条

（D）生霊　万里小路家の官女

被憑依者　万里小路成房（のちに冬房と改名）

典拠　『建内記』嘉吉元年（一四四一）四月二五日条

右の四例ではすべて生霊の正体が特定されている。ただし、一覧して分かるように、右記の例は永享年間後半から嘉吉初年までに集中している。このうち二例が伏見宮貞成親王（一三七二～一四五六）の『看聞日記』、残る二例が万里小路時房（一三九四～一四五七）の『建内記』の記事である。また、事例(A)(C)はいずれも室町幕府六代将軍足利義教（一三九四～一四四一／将軍在位一四二九～四一）の妻妾が別の妻妾に憑依した例である。

先学の指摘する通り、一五世紀中葉、四代将軍義持から八代将軍義政の時代には、室町幕府および朝廷の最上層において狐憑きその他の怪異現象が頻発していた[21]。また、専横的振る舞いの多さで知られる六代将軍義教は、記録に見えるだけで一〇人を越える妻妾がいたことが知られており[22]、婚姻関係においても複雑な面を有していた。義教の妻妾同士の間で起こった事例(A)(C)二つの生霊事件も、義持の代から続く怪異の種を孕んだ時代の空気と、義教の周りの尋常ならざる人間関係によって引き起こされたと考えられる。義教と直接に関係のないところで起こった事例(B)(D)も、同時期の出来事であり、政権中枢の動きに間接的であれ影響を受けたものと解せよう。

室町時代の日記に見える生霊現象は、この時代の特異な社会状況によって生じた可能性は高いが、生霊の正体を明示する例は数が限られる。先にあげた例の検討を通じて、中世の人びとがどのように生霊に対処していたか探るしかなかろう。

以下、義教在位期の四例のうち、比較的詳しい事情の分かる(A)(D)を中心に、生霊への対処の具体相を追う。

二　室町時代における生霊への対処

(1) 義教側室洞院満季娘「西御方」の例——事例(A)

五代将軍義量が夭折、息子に先立たれた四代将軍義持が、正長元年（一四二八）後継者を定めることなく没し、籤引きによって選ばれた義教が、天台僧の身から還俗して将軍の座に就任した後、彼の正室となったのは、義持後室日野栄子の姪宗子であった。この婚姻は栄子の意向により進められたものであり、自身の意志を無視して押し付けられた正室に、義教は早くから不服だったらしく、二人の仲はとても円満といえるものではなかった。永享元年（一四二九）に二人の間に生まれた息女も、幼くして亡くなり、栄子が没した永享三年に、義教は居所を上御所に移し、宗子一人が下御所に残されてしまう。実質、正室の座を退かされた宗子は、以後、「本御台」「下御台」と呼ばれることになり、彼女に代わって正室の待遇を受けることになった三条公雅娘の尹子が「新御台」「上様」と称された。[23]

事例(A)において、義教側室の一人、洞院満季の娘で「西御方」と呼ばれた女性に憑かれた「三条上﨟」は、「新御台」尹子の妹にあたる。名は伝わっていない。尹子・三条上﨟姉妹は、本来の正室日野宗子や他の側室たちが義教の不興を買い、次々に追い出される中、概ね彼と良好な関係を保つことができ、二人の兄実雅も義教に厚遇され、その寵臣と見なされた。[24]

永享六年（一四三四）の生霊事件より早く、同四年から、尹子・上﨟姉妹は、憑霊を中心とする怪異現象に悩まされていた。二人に憑くものは「野狐」と見なされ、永享六年一月二五日にも、上﨟が「例野狐」に憑かれたと『満済准后日記』同年一月二六日条に書かれている。[25]

その翌月、『看聞日記』二月一六日条に事例(A)について記される。貞成親王が「御乳人」から聞いた世事の一つとして「又西御方洞院娘、入江殿姫君之母、御追出、是嫉妬之故也、此間上﨟上様之妹、邪気興盛、此西御方入二物気一云々、如レ此事共露顕之間追出、洞院へ被レ帰遣一云々、種々事共委細不レ能レ記、[26]」とある。

上﨟を悩ませていた「邪気」、すなわちモノノケが西御方であったことが露顕したために、将軍御所から彼女は追い出された。その原因は「嫉妬之故」と書かれている。

西御方の追放以後も憑霊現象は続いた。同年七月、またしても将軍御所で邪気が盛んになり、原因は西御方の「怨念呪咀」と判断された。これへの対処として、医師坂胤能は、西御方を出家させ栂尾あたりに置くべきと進言し、この件を自身の日記に記録した満済は、何よりもまず御所の邪気に対して祈禱を行うべきだろうと答えている。[27]

その後、西御方には何とも奇妙な対応が取られる。同じ年の一一月、時の関白二条持基の息持通の許に嫁がされるのである。これを差配したのは将軍義教であった。西御方の邪気とされる現象は、以後も三条上﨟の周りで収まらず、そのことで義教が持通を叱責するといったことも起きている。[28]事の顚末をまとめて、斎木一馬は、家の安泰を計るために、持基は義教の意に応え嫡男持通を犠牲に差し出したのであろうと評する。[29]斎木が解する通り、西御方への対処には、義教による二条家への政治的圧力、より端的にいうならば嫌がらせという側面が強い。

以上の経緯を踏まえ、西御方が起こしたとされる憑霊現象を振り返るならば、どのように理解できるだろうか。永享六年二月の段階では「物気に入る」、霊となって現れたと書かれていた西御方は、七月には「呪詛」を行ったとされる。以前から三条上﨟には「例野狐」、いつものお馴染みの「野狐」が憑いていたという。したがって、西御方は狐を使役する呪詛を用いており、それが露顕したとも解釈できる。

生霊と呪詛は、恨みや妬みといった負の感情から発する、霊的手段による他者への暴力という点で共通する。ただし、生霊が、霊になった人自身の明確な意図によらず生じることが多いのに対し、[30]呪詛は相手に危害を与えたいという確固たる意志に基づき実行される。呪詛は、陰陽師や僧侶等専門知識を有する者の手を介して行われるものであり、術を施す時には呪物が用いられる。呪詛の対象になった相手の邸内、主に床下や井戸の中から呪物が発見され、それによって術がかけられた事実が明らかになり、呪詛を行った者が誰であるか追求されていくのである。[31]

永享六年の西御方の事件の場合、呪物が見つかったので、二月に生霊とされたものが七月にいたって呪詛と判断されたのだろうか。

呪詛に関しては、八世紀成立の養老律において人を殺そうとした場合、病で苦しめようとした場合とも処罰の対象とされており、平安時代中期にも重罪に位置づけられ、実際に処罰されたことが知られる。[32] 室町時代においても、応永二七年（一四二〇）に、四代将軍義持に狐を付けたとして捕らえられた医師高間（高天）父子、および陰陽師定棟以下の関係者が流罪に処せられている。[33]

西御方に処罰が加えられなかったのは、名門洞院家の息女にして、将軍の側室という身分の高さに配慮してのこととみることもできよう。けれども、彼女を二条家に嫁がせた後、三条上﨟がまたしても邪気に悩まされた際、義教は、新しい夫が彼女に会わず疎遠にしているからこのようなことが起こるのだと持通を責めている。[34] 西御方の抱える負の感情を和らげれば事態が収まるという考えは、三条上﨟を苦しめる邪気が、確たる意志に基づいて行われる呪詛に発するのではなく、本人の意識を越えたところで生じる生霊によると認識していたから出てきたものではないだろうか。

西御方に原因が求められた憑霊現象については、呪詛の疑いが持たれたことはあっても、結果的には生霊と見なされたと考えるべきであろう。このような判断を下したのは、いうまでもなく、西御方を二条家に押し付けた義教であった。

事例(C)永享一一年（一四三九）に義教の本来の正室「下御台」日野宗子が、義教の側室で、自身の妹である日野重子に憑いた時にも、義教が対処を行っている。

『建内記』永享一二年正月二三日条に「伝聞、旧冬月迫比若公御母儀北向御局有二労給事一、邪気歟云々、下御台御

霊気歟云々、仍弐万疋自室町殿被進之被宥申云々、」[35]とある。「北向御局」と呼ばれた重子は、引用部にもあるように、義教との間に「若公」息子をもうけていた。重子は男子をもう一人産んでおり、兄義勝が七代、弟義政が八代将軍となる。

重子が病を患ったのは記事の前年永享一一年の末である。原因は邪気とされ、正体は宗子の霊と考えられた。そこで、義教は宗子に銭二万疋を送り、その心を宥めようとしたのである。[36]

事例(C)については、残念ながら他に関連記事はなく、重子に憑いた霊がなぜ姉の宗子と目されたかは判明しない。御台とは名ばかりで義教から疎んじられた姉と違い、将軍嫡男の生母となった妹を羨んでいたと思われていたかもしれないし、[37]重子に邪気の疑いが生じた際、その原因を他の妻妾に求めるより、その身内であり、政治力は持たないに等しい宗子の所行と見ておいた方が、事が穏便に済むと、重子の周囲の人びとが考えたからかもしれない。

いずれにしても、重子を苦しめたのは宗子の霊と見なされ、それを治めるために義教は金銭の贈与という手段を取った。中世における冥と顕という二つの世界のあり方に照らし合わせれば、義教の対処は、顕の世界の中での関係性に則ったものといえるだろう。

冥の世界の存在として生霊に対処する方法が取られなかったわけではなく、たとえば、事例(A)において永享六年七月に満済が提言した祈禱はまさしくそのための手段にあたる。冥の世界に働きかける手段に通じた僧侶等が、その専門性をもって生霊に働きかけたのに対し、義教は、別の家に嫁がせる、金銭を贈る等、顕の世界に存在する生身の相手に対処することで、生霊になった者たちの負の感情を抑えようとしたのである。

こうした対処を通じて、西御方や下御台宗子の苦しみが癒されることがあったかは甚だ疑問であるが、義教の意図はそこにあったのは確かであろう。

(2) 万里小路家官女

事例(D)万里小路家に仕える官女の生霊は、事例(A)・(C)のような当時の人びとの耳目を集めた社会的事件ではなく、この一件を自身の日記『建内記』に書きとめた万里小路時房の家で、その家族を対象に起こったものである。

残る事例(B)も、生霊に憑かれた皇女性恵の父貞成親王が『看聞日記』に記したものであり、日記の書き手にとって身内の出来事であることは共通する。ただし、永享一〇年(一四三八)一二月に起こったこの憑依現象は、生霊と目された「今御寮」と呼ばれる花山院家の親類の女性も、性恵と同じく浄土宗寺院三時知恩寺の尼僧であった。「入江殿」と通称される三時知恩寺には、他にも貴顕の女性が入寺しており(38)、この一件は伏見宮家の身内以外でも知りえた可能性があるものの、関連記事はこれのみであり、詳細は不明である。

では、事例(D)を記した『建内記』嘉吉元年(一四四一)四月二五日条を引用する。

(前略)

今朝雖二夢幻不一レ弁、是為二伊勢之御祟一之由有レ告云々、因レ茲母問二巫女一之処、宇治神明託給、母可二参詣一之由約レ之不レ参之祟云々、母今病気之間ウフスナ護給、仍詫二小冠一御之由云々、自レ今可二避給一也、但有二人霊一、可レ避之由宣云々、重令二駆出一之処、至二当年二月一所二召仕一之官女也、依二自身之事一□(退カ)出雖レ無レ恨、愁歎之思云々、今夕即致下避二彼霊一之法上云々、又鎮守同出給家中不浄云々、

冒頭の「今朝雖夢幻……云々、」の主語は、時房の息子成房(のちに冬房と改名。一四二三〜七五)である。この時、一九歳だった成房は、『建内記』では引用記事のように「小冠」、元服して間もない者と書かれることが多かった。

流行中の「赤斑瘡」すなわち麻疹を患っていた成房は、二五日の朝、夢とも幻ともつかない状態で、伊勢の祟

りであるというお告げを受けた。そこで、成房の母親で、時房の室にあたる女性が巫女に問うたところ、宇治の神明神社の神が巫女に憑いて託宣を下した[39]。成房の母が神明神社に参詣すると約していたのにそれを果たさなかったので、今、病気で産土神が護っている彼女の代わりに成房に憑いたのだという。伊勢の神は、今から成房の許を離れるが、他に人の霊もいる、これを除く必要がある、と告げる。

そこで、巫女が再び霊を駆り出したところ、今年の二月まで召し使っていた「官女」が現れた。彼女は自身の事によって万里小路家を退出したのであり、恨みはないけれども、愁い歎く気持ちがあって現れたのだという。原因が分かったので、この夕に彼女の霊を去らせるための法を行うことになった。また巫女に憑いて、鎮守の霊が現れ、家の中が不浄であると伝えた。引用部には以上のように記される。

伊勢の神とは別に、成房に憑いていたという官女であるが、『建内記』に「官女」と書かれる場合、そのほとんどは、引用記事では「母」と記される成房の母、すなわち時房室をさしている。ただし、生霊と目された方の官女と比定できる記事も確認でき、まず、この前年永享一一年（一四四〇）三月一四日条に「自二今日一官女召仕云々、老尼退出、無レ人之間也、」とあり、次いで嘉吉元年二月二七日条に「官女号二御今一、日来在レ里、今日乞レ暇云々、」と見える。万里小路家を辞した時期が二月である点は生霊の言葉と合致するし、「御今」という呼び名も、仕えるようになってまだ一年足らずであった彼女にふさわしい。二つの記事に見える「官女」が、事例(D)で生霊と目された女性とみて間違いないだろう。

漢文日記に記録された巫女による祈禱であること等、この記事には興味深い点が多いが[40]、生霊に関して注目したいのは、恨みの感情はなく、愁歎のあまり現れてしまったとする点である。同じ負の感情であっても怨恨ではなく、攻撃性のない愁い歎きが原因とされ、さらに、その歎きは自身の都合により万里小路家を離れたためであると、生霊自身により語られている。

被憑依者とその周囲の人びとへの害意を否定する言葉を、生霊自身が伝えることは、被憑依者側の生霊になった者に対する非難の念を和らげたと考えられる。事例（D）においても、成房と母、そして時房ら万里小路家の人びとは、この家を辞して歎き悲しむ宦女に怒りを募らせるより、むしろ哀れと思ったはずである。

死者の霊と生者の霊を比べた場合、どちらがより憑依者と被憑依者の関係に影響をおよぼす可能性が高いかといえば、やはりそれは生者の霊になるだろう。人の目には見えない、冥の世界を信じる中世の人びとにとっても、自分たちとは隔たった冥の世界に属する、霊のみの存在である死者との関係は、更新されるものではない。死霊に憑かれた人物と、その死者の縁者の間に、憑依の露顕により軋轢が生じることもあったであろうが、生きている者同士の葛藤の方が、今後の人間関係に支障を生じさせる、直接的な危険を有したと考えられる。

鎌倉時代の事例としてあげた『比良山古人霊託』にも、「女人ノ一人生霊ニテ有ツルナ、泣申シツル、哀ニ候ツランナ」という状態であったと、ヨリマシになった女房の口を通じて比良山の大天狗が述べている。女人の生霊が泣いており、その様が哀れと言い表したのは、同時に憑いていた僧正承円らに比べ、この生霊は害意の低い存在であると伝えたかったためとみられる。

中世における類似の例はこの一件のみであり、時代は二〇〇年ほど前とかなり隔たっている。この二例をもって一般化するのは謹むべきだが、生霊になった動機を攻撃性の低いものとみなすことにより、それ以後も続いていく生身の人間同士の関係が悪化しないよう、ことを穏便に収めようとする機微が、霊の正体を明らかにし、憑依の原因を解き明かす場において働いていたことは確実といえる。(41)

おわりに

中世の記録類に見られる生霊の事例について、どのような対処がなされたかを検討してきた。生霊に対しては、死霊に対するのと同じように祈禱が行われるだけでなく、生霊になった者自身に直接働きかけ、憑霊現象の原因となった負の感情を抑えようとする措置が取られることがあった。冥の世界と顕の世界双方にまたがる存在である生霊に対しては、顕の世界内部での対処、生身の人間同士の関与に、効力を求める見方が強かったとみられる。

該当する事例が非常に少なく、対処の具体的内容が判明する例が、室町幕府六代将軍足利義教の在位期、しかも義教周辺の人びとに集中しているため、本稿において指摘した生霊への対処の特徴を、中世全般に当てはめることには慎重にならねばなるまい。しかしながら、鎌倉時代中期、後鳥羽上皇生霊の祟りが噂された時期に、京の貴族たちの間で上皇の帰京を求める声が高まり、九条道家を通じて幕府に打診したことが知られる[42]。鎌倉側の拒絶により、後鳥羽は隠岐を出ることなく生涯を終えたが、生霊を鎮めるには、生きている人自体の処遇を改めるべきという考えは、この事例からも読み取れる。

『愚管抄』に見えるような、生霊を、死霊とともに「怨霊」に分類し、冥の世界から現れるものと捉える見方がある一方、実際の対処においては顕の世界という生きた人間の空間内部での働きかけが重視されたのである。顕と冥という二つの世界において、生霊は越境的性格を有した。このような側面に注目して生霊の考察を進めることは、中世の人びとの顕と冥という世界観に対する理解を深める上でも意義を持つであろう[43]。

最後に、本稿で言及した事例のほとんどで、生霊になったと目されているのが女性である点に触れておきたい。生霊になるのは女性が多いとする伝承は、近代の民俗事例においても複数確認でき、生霊全般の傾向と見なされている[44]。

ただし、右の後鳥羽のほか、『愚管抄』において藤原朝成が生霊に化したと書かれたように、一二、三世紀には男性が生霊になったと考えられた例も複数指摘できる[45]。その人物と同じ時代に生きた人びとは彼らが生霊になったと考えていなかったとしても、院政時代から鎌倉時代にかけてこのような説が流布し、それらが特殊なものでなかったことは確かである。

生霊といえば女性という観念は、時代が下るにつれ、強固になったと見るべきではないだろうか。嫉妬によって生身の身体から抜け離れてしまった女性の霊というモデルが、『源氏物語』の六条御息所によって確立し、以後、継承、定着していったと見なすのが適切と考えられるのである。

憑霊の正体を何に求めるかは、霊になったとされる側ではなく、霊に憑かれた側、被憑依者側の問題である。そもそも、ある人物の心身に生じた変事を憑霊が原因と見なすことからそれは始まっている。[46] 生霊についても、ある変事の原因がそれに求められ、それを女性の嫉妬に起因すると見なす時、そのように読みとった者がそう判断を下すことで何をなそうとしたのか、そのことを問題にすべきであろう。本稿で扱った事例に対しても、今後、このような視角からの考察が必要である。

（1） 品田定平「越後における霊魂処理について」（『高志路』二一一、一九六七年）。高見寛孝「生霊信仰と脱魂文化」（『巫女・シャーマンと神道文化――日中の比較と地域民俗誌の視角から――』岩田書院、二〇一四年。初出二〇一三年を改題）。

（2） 大隅和雄『愚管抄を読む』（講談社学術文庫、一九九九年）。顕の世界と冥の世界という中世の世界観については、佐藤弘夫、池見澄隆が積極的に論じている（佐藤弘夫『アマテラスの変貌――中世神仏交渉史の視座――』法藏館、二〇〇〇年。池見澄隆編著『冥顕論――日本人の精神史――』法藏館、二〇一二年）。

（3） 『愚管抄』巻第七（『日本古典文学大系』八六、岩波書店、一九六七年）。

（4） 井上内親王が現身に龍になったという話は、『愚管抄』の他に『水鏡』に見えるが、こちらも成立は鎌倉時代である。藤原朝成が生霊になったとする記述は『古事談』にあるが、一二世紀前半成立の『大鏡』他では死後、怨霊と化している。また『大鏡』の記事に関しては、史実と食い違いが多いことが検証されている（松本治久『大鏡の構成』桜楓社、一九六九年）。

（5）『春日権現験記絵　上』（『続日本絵巻大成』一四、小松茂美編、中央公論社、一九八二年）。

（6）『修験深秘行法符咒集』巻第八「二百六十九　諸仏枕加持大事」（『修験道章疏』二、日本大蔵経編纂会、一九一九年）。『修験深秘行法符咒続集』巻下「生霊教化」（同上）。なお、本稿第二節（2）に引用する事例（D）『建内記』嘉吉元年（一四四一）四月二五日条に巫女が生霊を避ける法を行ったことが見える。

（7）岡田藤吉「生霊死霊の間――「葵」の巻の怪異描写――」（『東京学芸大学紀要第二部門人文科学』二〇、一九六九年）、土方洋一「表現された生霊――『源氏物語』から――」（『鶴見大学紀要第一部国語国文学篇』二二、一九八五年）他。死霊も含む六条御息所による憑霊現象については、松岡智之「研究史」（西沢正史企画監修、上原作和編『人物で読む『源氏物語』第七巻――六条御息所』勉誠出版、二〇〇五年）、「〈夢と物の怪〉を読むための文献一覧」（三田村雅子・川添房江編『源氏物語をいま読み解く三　夢と物の怪の源氏物語』翰林書房、二〇一〇年）他参照。また、日本史学・民俗学関係の辞書の「生霊」項目においても、代表例として六条御息所に言及している（『国史大辞典』第一巻、吉川弘文館、一九七九年、項目執筆大藤時彦。『平安時代史事典』上巻、角川書店、一九九四年、執筆福嶋昭治。村上健司編著『妖怪事典』毎日新聞社、二〇〇〇年、等）。

（8）石井正己「生霊事件と噂の視点――『源氏物語』のシャーマニズム――」（『日本文学』四八（五）、一九九九年）。注（1）高見論文。上野勝之「精神史のその後」（『夢とモノノケの精神史――平安貴族の信仰世界』京都大学学術出版会、二〇一三年）。

（9）森正人「〈もののけ〉考――源氏物語読解に向けて――」（注（7）三田村・川添編書）等。

（10）『今昔物語集』巻第二七「近江国生霊、来京殺人語」（『新日本古典文学大系』三七、岩波書店、一九九六年）。『古今著聞集』巻第二〇「或僧の妻嫉妬して蛇と化し夫の件物に喰付く事」（『日本古典文学大系』八四、一九六六年）。

（11）藤本勝義「物の怪の史実・記録と源氏物語」（『古典ライブラリー四　源氏物語の〈物の怪〉――文学と記録の狭間――』笠間書院、一九九四年）。

（12）繁田信一「王朝物語の中の〈見えない暴力〉――語られた呪詛――」（『日本文学』五四（一）、二〇〇五年）、上野勝之「平安貴族社会の邪気概念」（注（8）上野著書）。

(13) 今井上「平安朝の遊離魂現象と源氏物語――葵巻の虚と実――」(注(7)西沢企画監修、上原編書)、吉田幹生「六条御息所の生霊化」(同書)等。

(14) たとえば、倉本一宏は、夢に関して、平安貴族が日記に記録する場合、そうしない場合の要因を考察している(『平安貴族の夢分析』吉川弘文館、二〇〇八年)。

(15) 注(8)および注(12)上野論文。

(16) 『明月記』第三(国書刊行会)。

(17) 『明月記』嘉禄元年(一二二五)六月一三日条。当該記事および後鳥羽院怨霊の先行研究については、山田雄司「崇徳院怨霊譚の誕生」(『崇徳院怨霊の研究』思文閣出版、二〇〇一年)参照。

(18) 『六代勝事記・五代帝王物語』(弓削繁校注、三弥井書店、二〇〇〇年)。句読点は適宜改めている(本文引用史料については以下同。字体は原則的に常用漢字に改めた)。「十楽院僧正」は天台僧仁慶であり、九条道家の干渉によって天台座主の地位を追われたことにより、寛喜元年(一二二九)恨みを抱いて没していた(同書、「五代帝王物語」補注参照)。

(19) 『宝物集　閑居友　比良山古人霊託　新日本古典文学大系四〇』(岩波書店、一九九三年)。

(20) 注(8)上野論文では事例(A)・(D)について言及する。

(21) 中村禎里『狐の日本史』古代・中世篇(日本エディタースクール出版部、二〇〇一年)。西山克「室町時代宮廷社会の精神史――精神障害と怪異――」(『怪異学の可能性』東アジア恠異学会、角川書店、二〇〇九年)等。

(22) 羽下徳彦「義教とその室」(『中世日本の政治と史料』吉川弘文館、一九九五年。初出一九六六年)。

(23) 羽下同右論文。

(24) 羽下同右論文。なお、同論文は、三条上臈が永享五年(一四三三)、将軍義教の怒りを蒙って三条家に戻され、しばらく後に復帰したことも指摘する。

(25) 『満済准后日記』永享六年(一四三四)一月二六日条(『続群書類従』補遺一、続群書類従完成会)。

(26) 『看聞日記』永享六年二月一六日条(『図書寮叢刊』明治書院)。

(27) 『満済准后日記』永享六年七月一一日条。

(28) 斎木一馬「二条持通の結婚」(『古記録の研究　下　斎木一馬著作集二』吉川弘文館、一九八九年。初出一九六八年)。

(29) 斎木同右論文。

(30) 注(1)高見論文。

(31) 繁田信一「呪詛と陰陽師」(『陰陽師と貴族社会』吉川弘文館、二〇〇四年)。

(32) 繁田同右論文。

(33) 瀬田勝哉「伊勢の神をめぐる病と信仰」(『洛中洛外の群像　失われた中世京都へ』平凡社、一九九四年。初出一九八〇年を改題)。

(34) 注(28)斎木論文。

(35)『建内記』永享一二年(一四四〇)正月二三日条(『大日本古記録』)。

(36) 斎木一馬は、注(28)論文において、日野重子が姉宗子の霊気に悩まされた一件も、「呪詛」と表現している。ただし、この件については、本文引用記事以外に関連記事はなく、「呪詛」と判断できる傍証は確認できない。その後の宗子への対処から考えても、生霊と見なされたと解釈すべきであろう。

(37) 斎木は注(28)論文において日野宗子の霊が出現した理由をこのように推測している。

(38) 松薗斉「『看聞日記』に見える尼と尼寺」(『人間文化』一七、二〇〇二年)。

(39)「宇治神明」は現在宇治市宇治に所在する神明神社に比定できる。同社は、室町時代、伊勢信仰の高まりにより京近郊において参詣者を集めた「今伊勢」の代表例である。萩原龍夫「京都の神明社」(『民衆宗教史叢書第一巻　伊勢信仰Ⅰ古代・中世』雄山閣出版、一九八五年。初出、一九六二～六三年)参照。

(40) 上野は注(8)論文においてこの記事に関し、巫女が多様な役割を果たしている点、重層的な霊魂観念が見られる点に注目する。なお、『建内記』の巫女関連の記事では、嘉吉元年(一四四一)七月二六日条に見える、嘉吉の乱後、三条尹子が亡夫足利義教と言葉を交わすことを望み巫女に口寄せをさせた一件、およびこれに付随して記される口寄せ巫女の起源にまつわる伝承が有名である。

(41) 事例(D)においては、巫女の口を通じて現れた宇治神明が語るのが、被憑依者成房ではなく、その母に関わることばかりなことも興味深い。巫女を呼んだのが母であり、引用記事に「巫女」とあるのみで、万里小路家に来た巫女が複数ではなく一人と考えられることから、宇治神明を自身に憑けた巫女は、成房母との対話を通じ、託宣を下したと考えられる。『建内記』嘉吉元年五月二二日条には、成房母が宇治神明参詣を行ったことが見え、四月の託宣に応えたことが分かる。巫女の口を通じて語られた物事には、成房母の心のわだかまりが反映されていたとも推測できる。そのように見るならば、宦女の生霊も、成房母にとっての懸念の表れと解釈できる。成房母も「宦女」、万里小路家の女房であり、生霊となった女性と身分を同じくする。時房の母も家の女房であり、生霊の宦女は、時房あるいは成房と関係があったのかもしれない。

(42) 龍肅「承久の変の遺響」(『鎌倉時代　下〔京都〕——貴族政治の動向と公武の交渉——』春秋社、一九五七年)。

(43) たとえば、池見澄隆は、顕界には、本来、人の目に見えない冥界の存在が可視化される場所があることを指摘し、そのような境界的な場を「異界」と表現する(「「序」にかえて——冥・顕論の地平——」、「冥衆との対話——慶政『比良山古人霊託』の場合——」、いずれも注(2)池見編著書)。

(44) 前田廣造「紀北の俗信集(三)」(『旅と伝説』一四〇、一九三九年)。太田明「阿州犬神考(一)」(『上方』六三、一九三六年)等。『民間信仰辞典』の「生霊」項目でも、男性より女性が憑く場合が多い、なかでも内攻的で気むずかしい女性が憑きやすいと記述される(桜井徳太郎編、東京堂出版、一九八〇年。「生霊」項目執筆は宮本袈裟雄)。

(45) 注(8)石井論文参照。

(46) 立石和弘は、「物の怪とは解釈行為であり、そこには必ず遂行的な意味作用がある」と、モノノケ全般についてこのことを指摘する(「物の怪をめぐる言説——『源氏物語』と女性嫌悪——」注(7)三田村・川添編書)。

Ⅲ　アジアという視座

『十節記』新考

劉　暁峰

一　『十節記』について

『十節記』は散逸した古代歳時記である。長い間、本書は日本人が編纂した「和書」と誤解されてきた。『十節記』については、和田英松が『本朝書籍目録考証』で言及しているのが比較的早いものである。

十節録　一巻。

これも今伝はらねば、いかなるものとも知り難し。但し年中行事秘抄正月七日白馬、十五日献御粥、十七日結射の条に、「十節云」と記したるものあり。年中行事抄には、「十節記云」として、五月五日節供、十二月追儺の条にのせたり。この十節記と同じきものか、これに類したるものにて、正月七日、十五日等、十節の事を記したるものならんか。(1)

和田が『十節録』『十節』『十節記』を同じものとみなしたのは正しい。しかし、伝存する資料の制約から、『十節記』の成立年代や和書・漢書のいずれであったかについては考定しがたく、ただ存疑とするのみであった。正面から『十節記』が和書であることを提起し、長くこの説を守ってきたのは日本古代歳時研究の権威、山中裕である。山中は「十節記考」を発表し[2]、この佚書が日本人の手になることを確認した。その主要な論拠は、（一）本書が『本朝書籍目録』に著録されていること。（二）日本で正月七日の白馬節会にいう「白馬」と、『十節記』の記載が合致すること。中国の『帝皇世紀』や『礼記』などにはみな「青馬」とあり、日本でも律令時代には「青馬」と書いたが、平安以降、当時の民間信仰にもとづいて「白馬」と改めた。これらの点から、本書は日本人の撰であり、延喜年間（九〇一〜九二三）以後の成立とされたのである。「十節記考」のほかにも、山中は自らの著述においてこの考えをくり返し述べており、爾来数十年間、『十節記』和書説はほぼ定論とされてきた。

しかし、『十節記』の国籍はこれで確定できたのであろうか。そこで、私が取り組んだ調査と研究の結果、山中とは異なる結論を得た。その結論は、（一）『十節記』は漢籍であって和書ではない。（二）『十節記』は隋唐以前に成立し、中国から日本に伝来したあと中国では散逸してしまった古代の歳時記である。（三）『十節記』逸文には多くの中国古代歳時に関する重要な古伝説が含まれている。その新たな発見は中国古代歳時の発展の歴史を研究する上で重要な意義をもつ。

本稿ではテクスト・クリティークの立場から、『十節記』の成立年代とその佚文の史料的価値などについて再検討をおこない、同時に『十節記』の国籍についても再確認する。山中の「十節記考」が先行することから、本稿を名づけて「『十節記』新考」という。

二　現存する『十節記』逸文

管見では日本の典籍に伝存する『十節記』の逸文はおよそ九条、そのうち、和田や山中によってすでに指摘されているものが七条あり、それぞれ『年中行事抄』や『年中行事秘抄』などに散見する。

①『年中行事抄』追儺条

『十節記』云、十二月晦、夜厭儺鬼何、昔高辛氏子十二月晦夜死、其霊成鬼、致疾病、奪喰人祖霊祭物、驚祖霊、因之以桃弓葦矢、逐瘧鬼、静国家『世風記』云、顓頊氏子云々。[3]

② 『年中行事抄』正月上子日内蔵寮内膳司等供若菜事（十二種）条

『十節記』云、正月七日採七種之羹、嘗甘味、是除邪気之術也。[4]

③ 『拾芥抄』上・歳時部正月子日条

正月子日登岳何「耶」。伝云、正月七日登岳遠望四方、得陰陽静気、除煩悩之術也十節記。[5]

④ 『年中行事抄』七日節会条

『十節録』云、正月七日看白馬。馬性以白為本、天有白龍、地有白馬。是日見白馬、即年中邪気遠去不来也。[6]

⑤ 『年中行事秘抄』（正月）一五日主水司献御粥事条

『十節』云、高辛氏之女、心性甚暴悪。正月十五日巷中死、其霊為悪神於道路憂吟、過路人相逢、即失神、人々令盗火、此人性好粥、故以此祭其霊無咎害、凡作屋産子、移徙有恠、即以粥灑於四方、災禍自消除矣。[7]

⑥ 『年中行事秘抄』（正月）十七日射礼・結射事条

『十節』云、蚩尤天下怨賊也。故歳首射其霊、以静国家。凡村里皆可結、邪気不起、的者蚩尤面目也。毬者蚩尤頭也。因之射之蹴之。[8]

⑦ 『年中行事抄』五月五日内膳司供御節供事

『十節記』曰、五月五日茎纏、昔高辛氏子乗船渡海、急逢暴風、五月五日没海中、其霊成水神、令漂失船、或人五月五日以五色絲茎纏投海中。茎纏変化成五色鯾龍、海神惶隠、敢不成害、後世相伝。[9]

このほか、私が書見の折に見出したものが二条ある。

① 『和漢三才図会』時候類上巳条

『十節録』云、昔周幽王淫乱、群臣愁苦之。於時設河上曲水宴。或人作草餅貢幽王、嘗其味為美也。王曰、是餅珍物也、可献宗廟。周世大治、遂致太平、後人相伝、作草餅。是日進於祖霊、従此始也。[10]

② 『年中行事抄』七月七日内膳司供御節供事

『十節記』云、七月七日索餅何、昔高辛氏小子、以七月七日死、巳其霊為無一足鬼神、於人致瘧病、其存日常喰麦餅、故当其死日以麦餅祭其霊。後人是日食麦餅、其年中無瘧病。[11]

以上、追儺一条、正月七日三条、正月十五日粥事一条、正月十七日射礼事一条、三月上巳曲水宴一条、五月五日茎纏一条、七月七日索餅一条、あわせて九条が、現在われわれが見ることのできる『十節記』の全内容である。

三 『十節記』の成立年代について

『十節記』の成立はいつ頃か。山中裕は早くて一〇世紀初頭の成立だという。その主要な根拠は逸文の第四条、すなわち「白馬節会」に関する逸文である（以下、「白馬逸文」と略称する）。

「白馬逸文」と密接な関係にあるのが正月七日の節会の習俗である。日本の『養老令』雑令には「凡正月一日・七日・十六日・三月三日・五月五日・七月七日・十一月大嘗日、皆為節日。其普賜、臨時聴勅」と規定されている。[12]中国古代の暦法が日本に伝来してのち、一定の段階をへて、日本の朝廷ではしだいに正月の歳時儀礼として三大節会が形成された。すなわち元日節会、白馬節会、踏歌節会である。

この三節会の形成にはそれぞれ中国の新年、人日、上元の節日習俗の大きな影響を受けている。正月七日の白馬節会に直接影響したのは中国の人日の習俗である。中国古代歳時文化の影響を受けた日本では七日節会の眼目として、この日に日本の天皇が群臣とともに豊楽殿で馬を観覧し、宴会を催すことになっていた。[13]ただし、古代日本の正月七日の節会が一般に広く「白馬節」と呼ばれるようになったのは、天暦元年（九四七）以降のことである。『日本紀略』天暦元年正月七日条が七日節会を「白馬宴」と書いた初見であり、その後いくつかの特例を除けば、白馬宴は七日節会の基本的な呼び方となった。『十節記』の白馬逸文はまさに正月七日になぜ白馬を用いるかの説明になっている。もし『十節記』が山中ら日本の学者のいうように、日本人が歳時節日の由来を解説するために編纂した著作であるとすれば、白馬逸文の書かれた年代はちょうど正月七日の節会を「白馬会」と呼ぶようになった時期と呼応していることになる。山中はまさにこの点を根拠として本書を日本人が延喜（九〇一～九二三）以降に編纂したものと推定したのである。[14]

しかし、上記の『十節記』逸文を総合的に考察した結果、私が得た結論は、やや控えめにいっても、その成立は必ずや隋唐以前であろうというものである。まず、時代の思想的変化についていえば、殷周革命以降、「人を率いて以て神に事える」殷人の政権に取って代わった西周の社会では「天命思想」がしだいに中国古代統治文化の主流となった。孔子が出て、さらに「修身・斉家・治国・平天下などの実用を教えとし、鬼神を語ることを欲せず、太古の荒唐の説もまた、倶に儒者のいわぬところとなった」[15]。また漢人は質朴で、漢の武帝以後、思想では儒術独尊となった。このように大きな思想文化の雰囲気のなか、古い上古の神話や伝説は非主流の周縁の思想として広く流布する土壌を失い、また歳時に関する各種の伝説もこれと運命をともにして、漢末から魏晋にかけてその多くが失われた。たとえ残ったとしても、その古い神話や伝説と対応する禁忌・迷信・魔除け・お祓いなど神秘的な部分との関わりは乱れ、あるいは薄れゆき、あるいは剝げ落ちた。その一方で、漢末から魏晋にかけては中国古代思想の変化が激しい時期でもあった。仏教が中国に入り、多くの新しい神格が次々ともたらされ、それが刺激となって中国の道教の発展をも促し、その神々の体系を打ち立てた。この二大神統譜の出現は確実に古い上古神話や伝説の未だ主流の思想に吸収されていない部分の解体を加速させた。しかし歳時節日そのものの発展と変化についていえば、古い禁忌・迷信・魔除け・お祓いの慣行と神話・伝説とが関わり合う神秘的な部分が乱れ、薄れゆくにつれて、歳時慣行はまさに「嘉節良辰」（めでたい日）の方向へと転換していった。この転換に対応する形で、一つの新しい解釈が現れ、古い伝説に取って代わりはじめた。節日の倫理性・娯楽性・礼儀性がしだいに突出してきたのである。そのために隋唐以降の歳時文化は、積極的な「好事（こうじ）」への追求へと傾いていた。かかる方向性と、残された『十節記』逸文九条とは性質上、明らかに大きな差異がある。

漢末に始まるこの変化は中国古代歳時の発展史上、一つのハイライトであり、その変化は多方面にわたるが、いまだこれにはっきりとした輪郭を与えたものはいない。ここではこの時期に起こった上述の変化を歴史的事実として確認した上で、再び『十節記』の逸文をふりかえってみると、われわれは『十節記』にみる神話・伝説の人物がみなかなり古いというだけでなく、実はその九条の逸文がその内容において顕著な同質性をもつことに気がつくであろう。この内容的な同質性がこの史料の成立年代を考える糸口となる。

『十節記』の逸文の多くは「帝子神話」である。それらは、たとえば『初学記』に冬至の起源としてみえる「昔共工氏有不才子、以冬至死、為疫鬼。畏赤豆。故冬至日做赤豆粥以禳之」や、『玄中記』にみえる「姑獲、一名天帝少女、一名隠飛、一名夜行遊女。好取人小兒養之。有小子之家、則血點其衣以為志。今時人小兒衣不欲夜露者、為此也。時人亦名鬼鳥」[16]、また『時鏡新書』に引く『洞覧記』の「帝（帝嚳――引用者注）之女胥死、生好音楽、正月十五日可以衣見迎」などと同一系列に属する[17]。これらの神話・伝説の主人公はみな帝王の子であり、同時に人間に危害を与える力をもっている。彼らを祭る理由は概ねその神性に対するおそれや祈り、厄除けから出ている。こうした共通の性質については別に述べたことがあるが[18]、これらは草創期の中国古代歳時史料の生き残りである。

正月一五日に「粥好き」の悪神を祭って「災禍を消し去る」といい、一七日の射礼に「年始に蚩尤を射て」、的に当てて「国家を静め」「邪気を避ける」といい、五月五日の荃纏を水神となった「高辛氏の子」に用いて

「害を成さないようにする」という。その性質からいうと、これら高辛氏に関する記述の基本モチーフは、その神ないし神の子が死後、恐るべき霊となって人間を祟り、人びとは一定の魔除けの方法を用いてその恐るべき脅威を解除しなければならないというものである。これらは全体に人びとの恐怖や畏敬を喚起するもので、これと『荊楚歳時記』にみる歳時節日の倫理化・人格化された解釈の傾向、あるいは後世の「嘉節良辰」を強調する傾向と比べると、明らかに古い。両者には明らかな差がある。また「白馬逸文」と他の人日に関する二条の逸文は内容的にみな「除邪気之術也」「除煩悩之術也」「除瘧病之悩」、つまり邪気払いや魔除けと関係がある。したがって、これらは古い神話・伝説とつながりがあり、しかも歳時節日の禁忌・迷信・魔除け・お祓いといった神秘的な部分を残していて、その性質上、隋唐以降の「嘉節良辰」型の歳時慣行とは根本的に違っている。ゆえに、その成立時期は、おそらく『荊楚歳時記』よりも早く、漢末から晋代にかけてのもので、控えめにいっても、その成立が隋唐以前であることは疑いないといえる。

『十節記』逸文がこのように時代性とその傾向が大変はっきりした史料であるからこそ、われわれはそれらを中国古代草創期の歳時伝説を留めたものの一部であると判断できるのである。古代日本にはこうした一連の逸文をかくも完璧に偽造する条件もなく、またその必要もない。と同時に、これらの逸文はまた、日本人が中国の古典籍から逐一抜きだして統一し、編集したということもありえない。なぜなら、これらの逸文が含むところの内容は多く宗懍の『荊楚歳時記』にも反映されていない、完全に中古に行われた歳時節日解釈の体系以外の、地域性の明らかな解釈の体系に属しているからである。中国の古典籍からこのように時代性・地域性や傾向が大変はっきりした条文を選び取ることは、古代日本の漢文理解・把握のレベルを超えているだろう。この点は以下にまたくわしく論ずる。

四 『十節記』の史料価値

日本の古典籍に保存された『十節記』の逸文は大変高い史料価値をもっている。それというのも、新しい解釈が古い伝説に取って代わった時代にあって、『十節記』が古い伝説をわれわれに残してくれているからである。今日われわれが古代の歳時節日文化の起源を研究する場合、通常『荊楚歳時記』を基準としている。しかし、ある意味で、『荊楚歳時記』が反映しているのは宗懍の生活範囲における歳時慣行にすぎない。その見識には限界があり、他の地域文化については知識が乏しかった可能性もある。そしてわれわれが中国古代歳時の起源を研究する上で、『十節記』の古い伝説は、かの三星堆の青銅文化のように、われわれにもう一つの失われた世界を見せてくれるのである。

以下、『十節記』の逸文について分析を加えてゆくが、まずはこの逸文が中国では散逸した古代伝説をどれほど含んでいるかについて述べてみよう。

追儺については一般に、儺は周の制度で、古代の鬼やらいや厄除けの儀式とされている。『周礼』夏官・方相氏に「方相氏掌蒙熊皮、黄金四目、玄衣朱裳、執戈揚盾、帥百隷而時難。以索室驅疫」とある[19]。漢代になって宮中で儺を行うようになると、方相氏が甲作・胏胃といった十二神と一二〇人の「侲子」を率いて虎や魅・不祥などの悪神を払うようになった（『後漢書』礼儀志参照）。一二月晦日の大儺の起源について、儒家は伝統的に陰陽情報の転換という立場から説明する。『礼記』月令に「季春之月……命国難、九門磔攘、以畢春気」「仲秋之月……天子乃難、以達秋気」「季冬之月……命有司、大難旁磔、出土牛、以送寒気」とあるように[20]、季春・仲秋・季冬に儺を行うことについてみな陰陽転換の論理で説明している。儺に関してもう一つ有名な記事は「郷人儺、朝服而立於阼階」という『論語』郷党篇で、その注に「孔曰、儺、駆逐疫鬼、恐驚先祖、故朝服而立於廟之阼階」とあることから、ある人は、祖霊もまた鬼類であるから追儺の一団がやってくると先祖もビックリして逃げ出してしまう、だから孔子は朝服を着て阼階に立ち先祖を守ったのだと解釈する。『年中行事抄』追儺条に引く『十節記』に、「十二月晦、夜厭儺鬼何。昔高辛氏子十二月晦夜死、其霊成鬼、致疾病、奪喰人祖霊祭物、驚祖霊、因之以桃弓葦矢、逐瘧鬼、静国家」とあり、ここで人に病をもたらす疫鬼が高辛氏の死後化けたものとする伝説は、われわれが追儺という習俗の起源を理解する上で、新しい考え方を提供するものである。高辛氏が化けた疫鬼には「奪喰人祖霊祭物、驚祖霊」という特徴がある。これは孔子の「朝服而立於阼階」という行動に新しい解釈の可能性を提供するものであろう。

また、人日登高について、『拾芥抄』正月子日条に「正月七日登岳遠望四方、得陰陽静気、除煩悩之術也」とある。正月七日に登高遠望する風俗は、中国では南北朝期に流行した。『荊楚歳時記』に「郭縁生『述征記』云、「魏東平王翕、七日登寿張県安仁山、鑿山頂為会望処、刻銘於壁、文字猶在、銘云、正月七日、厥日為人。策我良駟、陟彼安仁。」……桓温参軍張望、亦有正月七日登高詩、近代以来、南北同耳」とあり、文学では晋の李充に「正月七日登剡西寺」、張望に「正月七日登高」といった人日登高を詠んだ詩がある。この風俗は後世にも広く行われ、唐の武平一『景隆文館記』に唐の中宗景隆三年正月七日の清輝閣登高のことが見える。韓愈の「人日城南登高」のような詩作においては唐詩中に散見する。

しかし、なぜ高いところに登るのか、その目的については明確な記述がない。晋人の人日登高の詩に「命駕升西山、寓目眺原疇」「眺眄肆脛目」とあり[21]、詩人たちがみな「遠眺」を強調している点は容易に看取される。その点、『十節記』の逸文に「正月七日登岳遠望四方」とあるのは、晋人が人日の登高詩になぜ「遠眺」を強調するのかについて、適切な注釈を施したものといえる[22]。さらに重要なのは、『十節記』逸文がわれわれに「正月七日登岳遠望四方」の目的を教えてくれている点であって、それは「陰陽静気」を得るためであり、それはまた

「除煩悩之術」という。これは古代の人日登高の習俗を理解する上で、貴重な参考資料を提供するものといえよう。

正月一五日におこなう「祈門戸」は早く漢末に見えている。後漢末の崔寔『四民月令』に「(正月) 乃以上丁祀祖於門」とある、[23]ここにいう祖とは後述の道祖神のことである。また「祈門戸」に豆粥を用いることも宗懍の『荊楚歳時記』に、「正月十五日、作豆糜、加油膏其上、以祠門戸」とみえるが、[24]門戸をなぜこの日に祭るのかについては、もとより説明がない。またなぜ豆粥を用いるのかについても、梁の呉均『続斉諧記』にみえる呉県の蚕神の故事によって養蚕者が蚕神を祭ったものと理解されているが、[25]同じ正月一五日に紫姑を祭るという話と同様、この蚕神の故事も後世の付会であろう。ここから連想して、白粥を用いるのは「取其白亮、以祈蠶繭優質豊収」などというのもまた近きを以て遠きを例した望文生義の説である。

『年中行事秘抄』(正月) 一五日主水司献御粥事条に「『十節』云、高辛氏之女、心性甚暴悪。正月十五日巷中死、其霊為悪神於道路憂吟、過路人相逢、即失神、人々令盗火、此人性好粥、故以此祭其霊無咎害、凡作屋産子、移徙有怗、即以粥灑於四方、災禍自消除矣」とある。この『十節記』の逸文により、上古の道祖神について比較的原型に近い伝説であることが知られ、また華北地方において引っ越しする際、粥を家の周りに撒く習俗が実は大変古い文化の伝承によることがわかる。

『年中行事抄』五月五日内膳司供御節供事に『十節記』を引いて「五月五日茎纏、昔高辛氏子乗船渡海、急逢暴風、五月五日没海中、其霊成水神、令漂失船、或人五月五日以五色糸茎纏投海中。茎纏変化成五色鮫龍、海神惶隠、敢不成害、後世相伝」とあるが、五月五日を水神の忌日とすることは他の文献に見えず、今日、端午節の起源を研究する学者にとって貴重である。聞一多はかつて端午が龍のトーテムを祭る呉越民族の古俗と関係があると言い、これに反対する人はその反証として、チマキを川に投げるのは大水を起こすミズチを怖がらせるためであり、その行為は龍トーテムの祭りと矛盾するという。しかしわれわれはこの逸文によって、端午が龍トーテムの起源と関係があるというだけでなく、五月におこなう龍舟の競争についても新しい解釈の可能性（海神が「五色鯾龍」を恐れて害を成さない）を見出しうるし、さらに五色の糸を巻きチマキを包むことについても一つの解釈を見出すことができる。

五月五日に五色の糸を用いる習俗はかなり古く遡る。呉均の『続斉諧記』に「屈原五月五日投汨羅水、楚人哀之。至此日、以竹筒子貯米、投水以祭之。漢建武中、長沙区曲忽見一士人、自云三閭大夫。謂曲曰、「聞君当見祭、甚善。常年為蛟龍所竊」、曲依其言。今五月五日作粽、並帯楝葉・五花絲、遺風也」とあるが、端午の起源が屈原の祭りと関係がないことはすでに古代歳時研究の常識であって、こうした話はもちろん小説家の言説にほかならない。しかし「今若有恵、当以截楝塞其上、以彩絲纏之。此二物蛟龍所憚」というのは、当時の俗信に依拠するところがあるのだろう。王嘉の『拾遺記』に周の昭王二四年、東甌が二女を献じたことを記して、「或結五色紗囊盛食……以驚蛟龍水蟲、不侵此食也」という。

『十節記』にいう五色の絲纏と『続斉諧記』の五花絲、そして『拾遺記』の五色紗囊とは明らかに内在的な関連がある。ミズチは何故に五色の糸を恐れるのか、五色の糸を巻いてチマキを食べるとなぜミズチの禍を避けられるのか、これらの点には明確な解釈がなかった。しかし五色の茎纏が五色の鯾龍に変化するという逸文によれば、問題は簡単に解決する。けだし古人には同類相侵害せずという観念があった。五色の茎纏が五色の鯾龍に変化するのであれば、五色の糸を身に纏っても当然ミズチを避ける効用はある。このことと古く呉越の民が入れ墨をしてミズチの害を避けたこととは同じ道理である。[26] この佚文の史料的価値については別稿に詳論したので、ここでは省略する。[27]

このほかに『年中行事抄』正月上子日内蔵寮内膳司等供若菜事（十二種）条に『十節記』を引いて「正月七日

採七種之羹、嘗甘味、是除邪気之術也」とあり、これと同文が『年中行事秘抄』や『師光年中行事』にみえるが、人日に「七種之羹」を採る目的が「嘗甘味」というのは管見の及ぶところ他にないようである。

五　『十節記』の性質および地域的特徴

あらためて日本の典籍に伝えられた『十節記』の逸文全体について考えてみよう。ここで注意すべきなのは、九条の逸文に「高辛氏」「高辛氏之女」「高辛氏子」などとあることで、「高辛氏」はおよそ四例ある。そして、『年中行事秘抄』一七日射礼・結射事条には、「『十節』云、蚩尤天下怨賊也。故歳首射其霊、以静国家。凡村里皆可結、邪気不起、的者蚩尤面目也。毬者蚩尤頭也。因之射之蹴之」とあるが、蚩尤は神話上、天下の怨賊で、これを殺したのは黄帝である。『史記』五帝本紀によると高辛氏帝嚳は黄帝の曾孫であるから[28]、これもまた「高辛氏」の系列に含めてもよいだろう。『十節記』逸文になぜかくも高い頻度で高辛氏系の神話・伝説が登場するのか。これがわれわれの取り組むべき問題である。

高辛氏すなわち帝嚳は、『史記索隠』に引く宋衷注に「高辛、地名、因以為号、嚳其名也」とあり、またの名を帝俊といった。『世本』帝系篇に「帝嚳、高辛氏」とあり、『初学記』巻九所引『帝王世紀』に「帝嚳生而神霊、自言其名曰夋」と言い、『山海経』はこれを「帝俊」に作る。王国維「殷卜辞中所見先公先王考」によると、卜辞中に散見する夋は高祖であり、夋は殷の高祖中もっとも地位が高い者だという[29]。長沙子弾庫楚帛書（甲篇）に「日月夋生」とあり、また「帝夋乃為日月之行」とある。『山海経』大荒南経に「羲和者、帝俊之妻、生十日」とあり、同大荒西経に「帝俊妻常義生月、十有二」とある。何新は「上古の中国にはかつて太陽神信仰が広く行われていた。……東方の一族（帝嚳族）は太陽を夋と呼び、鳳鳥を太陽神の象徴とした。彼らが殷人の先祖である」と述べている[30]。この見解は基本的に正しいと思う。高辛氏と太陽神信仰、そして殷の民族との関係をこのように明らかにしたあとで、ふたたび『十節記』の逸文をふり返ってみると、その重要な意味が浮かび上がってくるだろう。

われわれは中国古代の暦法が殷の時代に成熟していたことを知っている。周人と違い、殷人は「神を重んじ、民を率いて以て神に事え」、神話と信仰が作り上げた精神世界の中に生きた民族であった。したがって、暦法の発展にしたがい、これに関する多くの神話や伝説が生まれたことは疑いない。これらの神話や伝説によって作られた歳時の解釈の体系は、中国古代歳時文化発展の一つの重要な構成要素であった。惜しいかな、それら神話・伝説は一つには殷周革命後の思想の変革のなかで消滅し、二つには漢代儒学の思想統制によって破壊された。そして漢末になると、当時の中国の大多数の地域ではすでに壊滅してまったく手がかりのない状態に置かれていた。

しかし、古代中国の文化の発展を考える場合、地域性はもとより非常に重要な考察対象の一つとなる。民俗の分野ではいわずもがなで、たとえば寒食節の発展を考える際、山西地方の地域性は決定的な要素の一つとなる。では、本稿が問題とする殷文化の伝承という点について、参考となる地域性の要素はないのか。この問いについて、われわれが真っ先に思いつくのが史上に伝えられた箕子伝説である。史書の記載によると、殷王朝滅亡後、箕子は朝鮮に走り、そこで「八条之教」を行った。成王のとき入朝して『尚書』洪範篇を残した。箕子がなぜ朝鮮に逃げたかについて、「東方はもともと殷文化発祥の地である」という解釈がある。この見解を頭から信じるのは危険である。しかし、紅山文化の発見後、古代の東北地域と東夷文化との関係は再検証されつつあり、箕子の伝説についても新たに評価し直して（一説に殷は東方より起こったという）[31]、事実を確定する必要があるだろう。

『十節記』にみる高辛氏関連の伝説がどのようにして日本に伝えられたかについて、われわれははっきりとした経緯を示すことはできない。しかし方向性から推測すれば、これらの伝説は中原の文化が広く儒教思想により格式化され、上古の神話が滅びたあとも東方の特殊な文化的土壌の上で保存された上古の東方民族の伝説なのであろう。これら『十節記』に保存された逸文は、東遷した殷の遺民たちが伝えた歳時に関する最も古い神話・伝説の一部なのである。

以上の考察をまとめると、私の結論は次のようになる。

『十節記』の成立は古く、かつ限定的に流布した歳時記である。その成立時期についていえば、南北朝を下ることはない。南北朝の歳時文化を反映する『荊楚歳時記』と違い、内容的には上古殷代の文化の名残を伝え、地域的には主に上古の東方民族の伝説を残している。史料の内容についていえば、日本の典籍にみる『十節記』の逸文は隋唐期にはすでに失われた上古の神話体系に属する伝説を保存している。これを歳時節日文化の観点からみれば、それらは基本的に、伝統的な古い歳時解釈の体系がもっていた神秘的な宗教性が保持されており、その一方でまた後世の禁忌・迷信・魔除け・お祓いなどと結合した産物でもあった。

六　再び『十節記』の国籍について

『十節記』の国籍に関する問題も、ここまで来れば、すでに答えは見えているだろう。なぜなら『十節記』の逸文は、われわれがその国籍を判断する上で大変重要な内在的証拠を提供してくれているからである。考えてみると、中国古代の歳時に関する記載から一つ一つかくも整った、上古の殷文化の系統に属する伝説を抜き出すことは、当時の中国古代の碩学の士をしても決して容易なことではなく、ましてこれらの伝説は隋唐期すでに多く散逸していたのである。当時の日本の学者がもつ文献解読の能力と選択可能な範囲というアプリオリな制約を考慮するなら、山中裕のように『十節記』という逸書が日本人の編纂した和書であるという見方は、もはや成立しがたい。

実際、上述のように、『十節記』が和書であるとする山中の断定には、証拠と論理の上でともに再考の余地がある。山中が依拠した主な論拠は二つ、一は本書が『本朝書籍目録』に収められていること、もう一つは正月七日の白馬節に白馬を用いたことが、『十節記』の逸文の記述と符合することである。『本朝書籍目録』は編者不詳、およそ弘安八年～正応三年（一二八五～九〇）の間に成立したという、現存最古の和書の総目録である。[32]とはいえ、『十節記』がそこに著録されているというだけで、それが和書であるというのは明らかに武断の嫌いがあり、証拠が足りない。問題は主に第二点、すなわち『十節記』の白馬節会の逸文にある「馬性以白為本、天有白龍、地有白馬。是日見白馬、即年中邪気遠去不来」の年代をいかに理解するかにある。

山中によると、『礼記』月令に「孟春之月……天子居青陽左個、乗鸞路、駕倉龍、載青旂、衣青衣、服倉玉……」とあり、『師光年中行事』に「『礼記』云、迎春於東郊、以青馬七疋。註云、七、小陽之数也。時改正月、小陽也。青、春也。馬為陽、故用七疋也」とあって、五行に五色を配する月令のロジックにより、中国では正月に使用する馬を一般に青馬とした。[33]この中国文化の影響を受けて、律令時代には日本でも青馬を用いたことは、たとえば『続日本後紀』承和元年正月七日条に「天皇御豊楽殿、観青馬、宴群臣」とあるとおりである。[34]こうした情況は『貞観儀式』にも見えていて、少なくとも清和天皇の時期までは、依然として青馬を用いていた。村上天皇の頃になると青馬と白馬が混同されるようになり、延喜から天暦を両者混用の過渡期として、『日本紀略』天暦元年（九四七）正月七日条に「白馬宴」と記載されて以降、いくつかの特例を除くと、基本的に白馬を用いるようになった。山中はこの変化の要因を外来の「邪気を避ける」思想と日本固有の白を尊ぶ祓えの観念とが結合したもので、「国風の自覚」の結果であると指摘する。この色彩感覚の変化は服装の上にもあらわれている。衣装についていえば、平安初期には青が最高の色とされていたが、平安中期以降になると、白が最高の色となる。彼はこの分野の専門家である桜井秀の見解を引用する、「いつしか平安初期の唐化主義に対する反動が現れた結果、上下みな淡白な色を用いるようになった」[35]。このように白馬を用いた史実と『十節記』の逸文が一致し、また中国古代の現存史料中に正月に白馬を用いた記事がない以上、正月七日の「白馬節会」条を収める『十節記』は、疑いようもなく日本人がみずからの必要から編纂した歳時記であるということになる。

中国古代では正月七日を人日と称した。史書には三国魏よりすでに七日を人日と呼び、登高の風俗が行われていた。日本文化に最も大きな影響を与えた隋唐期には、人日は節日の一つとして定められた。『唐六典』巻二・吏部郎中条や敦煌出土の唐『仮寧令』逸文にも正月七日に暇一日と規定する。隋唐の節日体系における人日関連の規定が日本に影響し、白馬節に青馬を用いるようになったことは争えない事実である。しかしこれに関するもう一つの事実、すなわち中国の典籍にみる正月七日関連の記述には、七日に馬を観るという記述がない。これは大変重要な問題である。

日本の『養老雑令』には、正月一日・七日・一六日・三月三日・五月五日・七月七日・一一月の大嘗祭の日をみな節日と規定している。上述のように、中国古代の暦法が日本に伝来したあと、日本の朝廷では正月の歳時慣行として元日・白馬・踏歌の三大節会が形成された。前述のように、この三節がそれぞれ中国の新年・人日・上元という節日の影響を強く受けたことは疑いない。問題は、今日にいたるまで、こうした影響がいつ始まったかという点について、日本の学者がほとんど追究してこなかったことにある。私はここに問題があると考える。正月一六日の踏歌節会についていえば、通常、日本人は唐の睿宗先天二年（七一三）の踏歌の記事をその起源として説明する。これは中国で後に起きたことをもって日本で先に起きたことを説明する、おかしなやり方であって、日本の踏歌は早く持統七年（六九三）に見えており、先天二年より二〇年も早いのである。なおかつ、これを詳細に観察するなら、日本の正月七日が観馬を主とし、一六日が踏歌を中心として表面上、唐に似るとはいえ、実は隋唐の正月七日や一五日の習俗とはずいぶんと違うのである。

この違いをもたらした根本的な要因は、隋唐文化が流入したあと変化したのではなく、これらの節日が隋唐文化の伝来以前すでに中国から日本へと伝えられていて、日本で相応の節日の伝統が形成されていたと私は考える。踏歌節会については別稿で分析したので、読者にはそれを参照していただくことにして、ここでは省略する。[36]正月七日についてのみいえば、今日流布する中国の典籍に七日観馬の習俗が見えないということは、決して古代中国にこの風俗がなかったことを意味しない。『年中行事秘抄』に伝わる中国古代の逸書『帝皇世紀』には「高辛氏之子、以正月七日恒登崗、命青衣人令引青馬七疋、調青陽之気、馬者主陽、青者主春、崗者万物之始。……」とあり、この逸文が確かに中国のものであれば、七日観馬の習俗もやはり中国のある地域に存在し、それが日本に影響したものと考えられる。但し、その影響は必ずや隋唐以前に及んだものにちがいない。

『帝王世紀』は確かに五行思想の強い影響を受けた月令と同じロジックをもつが、その一方で古代中国の東方民族の習俗を伝えた『十節記』はおそらくまったく別のロジックで理解し、みずからの歳時節日に対する解釈を組織したのであろう。われわれはすでに『十節記』が非常に濃厚な殷文化の色彩を帯びていることを知った。白馬逸文に「馬性以白為本、天有白龍、地有白馬」とあるが、『大戴礼記』五帝徳に「(帝嚳)春夏乗龍、秋冬乗馬」とあり、また『論衡』龍虚に「龍之象、馬首蛇尾」とあるように、龍のイメージはこれを馬から取ったところがある。古代において馬と龍はつねにセットであらわれる。『呂氏春秋』本味篇に「馬之美者、青龍之匹」と言い、『後漢書』馬援伝には「夫行天莫如龍、行地莫如馬」という。さらに重要なのは両者が互換の関係にある点で、『周礼』夏官・廋人に「馬八尺以上爲龍」とあり、『法苑珠林』巻六(六道篇)に「屈支国東境城北天祠前有大龍池、諸龍易形交合牝馬、逐生龍駒之子、方乃馴駕、所以此国多出善馬」とあり、『北游録』記聞上に「馬邑県西北十里、洪濤山下、有水一弘……人伝池中有二龍、時化為馬。一驪一黄」とある。これらをふまえた上で、あらためて『大戴礼記』五帝徳篇が龍と馬を太陽神帝嚳の座騎とする点を考えると、われわれは馬と殷の神話体系との深い関わりを想到せずにはいられない。

具体的な史料がないので、この関係についてはっきりとしたことはいえないが、仮にわれわれが考えるような関係が存在したとすれば、殷人が歳時慣行において馬を使用した可能性を想定することができよう。『史記』殷本紀に「孔子曰、殷路車為善、而色尚白」とある。殷人は白を貴び、貝を用いる際にも白を貴んだ。もし彼らが馬を使ったなら、白馬を用いた可能性が高いのではなかろうか。『十節記』白馬節会の逸文は殷の神話体系に由来するものではないのか。また、『十節記』の影響を受けた日本ではかつて白馬を用いていたが、途中、隋唐文化の強烈な影響を受けて青馬を用いるようになり、やがて隋唐文化の影響が退潮すると再び白馬を使うようになった、というような可能性はないであろうか。すべては今後の本格的な研究を待つほかない。

ロジックについていえば、山中の基本的な立場は、日本人が中国の歳時関連の記事を集めて『十節記』を編纂したというものであろう。だが仮に『十節記』の逸文が明記する人日の白馬を観る行事が古代中国の故事であり、上古中国に関連する歳時の記事があったと認めるならば、この条文はまさしく上古には人日に白馬を用いる記載がなかったという見方が成立しない根拠になるだろう。反対にもし山中の推理を成立させようとするならば、そのロジックが導く終点は必然的に『十節記』の白馬逸文がもともと中国にはなかったと見ることになり、そうなると古代日本人が自分たちの白馬を用いる習慣にあわせて逸文を偽造したなどと考えることになるが、このようなことをいえば、『十節記』を古代日本人が中国の歳時関連記事を集めて編纂したものとみる山中氏自身も受け入れがたいであろう。

さらに一歩下がって、『十節記』の白馬逸文がもとより中国のものではなく、古代日本人がみずからの白馬を用いる習慣にあわせて逸文を偽造したとして、われわれはやはり『十節記』が和書であるとの結論を承認することはできない。なぜなら、よしんばこの逸文が日本人の偽造であったとしても、他の条文すべてが偽造だと証明することは不可能だからである。というのも、内容についていえば、『十節記』和書説と、現存する他の逸文の性格が符合しないからである。以上にみてきたように、『十節記』の他の逸文の内容には、強い内的関連と時代的な特徴が認められ、それらが、これら逸文の偽造の可能性が非常に低いことを示している。これらは中国古代の古い歳時に関する伝説の一部でしかありえない。これが『十節記』の国籍問題に対するわれわれの最終的な結論である。

(1) 和田英松『本朝書籍目録考証』（明治書院、一九三六年）五六三頁参照。
(2) 山中裕「十節記考」（『日本歴史』六八号、一九五四年）一一～一二頁。また同氏著『平安朝の年中行事』（塙書房、一九七二年）二九三頁参照。
(3) 『年中行事抄』（続群書類従一〇上所収）三二七頁。同条にはさらに『金谷園記』と『礼記』を引用する。
(4) 『年中行事抄』（同上）二六二頁。『師光年中行事』（同上）三三一頁は「採七種羹、嘗味何」に作り、また『年中行事秘抄』（群書類従四所収）四七七頁は「採七種、作羹、嘗味何」に作る。
(5) 『拾芥抄』（改訂増補故実叢書二二所収）二五七頁、頭注に一本「七日」「陰」字ナシとある。なお『年中行事秘抄』（同前）四七七頁は「正月子（七イ）日登岳遠望四方、得陰陽静気、触其目除煩悩之術也」に作り、『師光年中行事』（同前）三三一頁は「正月子日登岳遠望四方、陰陽静気、触耳目除煩悩之術也」に作る。
(6) 『年中行事抄』（同前）二六七頁。
(7) 『年中行事秘抄』（同前）四八一頁
(8) 『年中行事秘抄』（同前）四八五頁。
(9) 『年中行事抄』（同前）三〇三頁。
(10) 寺嶋良安著『和漢三才図会』（吉川弘文館縮刷版、一九〇六年）五〇頁。
(11) 『年中行事抄』（同前）三一二頁。『年中行事秘抄』（同前）五二八頁に出典不明の同文があり、「一足」を「二足」に作り、末尾を「年中除瘧病之悩、後世流其祭矣」に作る。また本条は江戸時代の貝原好古編の『日本歳時記』（さつき書房、一九七七年）にも見えているが、若干の異同がある。『日本歳時記』の引用文は和文で、「此説たしかなる出所を知らず」とあるが（一二一頁）、内容から見てその引文は上記の逸文と同系統のものと推定できる。

(12) 『養老令』雑令四〇諸節日条、岩波思想大系『律令』（一九九一年新装版）四八四頁。

(13) 按ずるに、日本に人日が入ったのは相当早い。『日本書紀』景行五一年正月七日条に宴を設けて群臣を歓待した記載がある。同様の記載は推古二〇年・天智七年・天武二年・同四年・同九年にも見える。

(14) 注(2)山中「十節記考」一一頁。

(15) 魯迅『中国小説史略』第二編「神話と伝説」参照。

(16) 宋唐慎微『証類本草』、文淵閣四庫全書本。

(17) ここにあげた関連神話は未だきちんとした整理や研究を経ていない。たとえば、ここの「高辛氏之女」や「天帝少女」「帝嚳女胥」は同様に正月一五日という節日に付会されているが、これは単純な偶然なのか。彼女たちは同一人物ではないのか。もしそうでなければ、彼女たちの関係はいかなるものか。このような大変基本的な問題が未だ手つかずの情況なのである。

(18) 劉暁峰『東亜的時間』（中華書局、二〇〇七年）引言、六～七頁。

(19) 『周礼』夏官・方相氏、十三経注疏本。

(20) 『礼記』月令、十三経注疏本。

(21) 『天中記』、四庫全書類書類。

(22) 『年中行事秘抄』所引『帝皇世紀』に、「高辛氏之子、以正月七日恒登崗、命青衣人令引青馬七疋、調青陽之気。馬者主陽、青者主春、崗者万物之始。人主之居、七者七耀之清徴、陽気之温始也」（同前、四七九頁）。これもまた古人の人日登高を知る上で大変貴重な史料である。

(23) 崔寔『四民月令』、守屋美津雄校訂本『中国古歳時記の研究』（帝国書院、一九六三年）一七三頁。

(24) 『荊楚歳時記』、注(23)守屋美津雄校訂本、三三五頁。

(25) 梁の呉均『続斉諧記』（四庫本）に「呉県張成夜起、忽見一婦人立于宅上南角、挙手招成。成即就之。婦人曰、『此地是君家蠶室、我即是此地之神。明年正月半、宜作白粥泛膏於上、祭我也。必當令君蠶桑百倍』。言絶失之。成如言作膏粥、自此後大得蠶、今正月半作白膏粥。自此始也」とある。

(26)『説苑』奉使篇に「諸発曰、「彼越……処海垂之際、屏外蕃以為居、而蛟龍又与我争焉。是以剪髪文身、爛然成章、以像龍子者、将避水神也」」とあり、また『漢書』地理志下に引く応邵注に「(越人)常在水中、故断其髪而文其身、以象龍子、故不見傷害也」とある。

(27)劉暁峰「端午節と水神信仰──日本典籍に保存された端午節の起源に関する重要史料──」(『民俗研究』二〇〇七年第一期)参照。

(28)『史記』五帝本紀に「顓頊崩、而玄囂之孫高辛立、是爲帝嚳。帝嚳高辛者、黄帝之曾孫也。高辛父曰蟜極、蟜極父曰玄囂、玄囂父曰黄帝」とある。

(29)『王国維遺書』第一冊、「殷卜辞中所見先公先王考」参照。

(30)何新『諸神的起源』(光明日報出版社、一九九六年)六一頁。

(31)閻海「箕子東走朝鮮探因」(『北方文物』二〇〇一年第二期)。

(32)『国史大辞典』(吉川弘文館、飯田瑞穂執筆)参照。

(33)この点については前掲『帝皇世紀』逸文参照。特に「高辛氏之子、以正月七日恒登崗、命青衣人令引青馬七疋」とあり、やはり馬の色は青とある。

(34)『続日本後紀』、吉川弘文館国史大系本。

(35)桜井秀「平安朝女装の史的研究」(『時代と風俗』宝文館、一九三一年)三〇七頁。

(36)劉暁峰「中日踏歌考──兼論古代正月十五節俗及其対日本的影響──」(『文史』二〇〇三年第三期)参照。

古代東アジア世界における高句麗勢力圏
――倭勢力圏理解の端緒として――

井上直樹

はじめに

紀元前一世紀、現在の中国東北地方東部で勃興した高句麗は、中国王朝への服属と抵抗のなかで次第に勢力を拡大させ、四世紀後半には中国東北地方南部から朝鮮半島北部を領有する大国へと成長していった。その後、高句麗には「広開土王碑」で史上つとに有名な広開土王が現れ、領土を飛躍的に拡大させる。その子、長寿王も父の偉業を受け継ぎ、領土を拡充させるとともに、五世紀前半には本拠地を現在の平壌に遷し、朝鮮半島南部への軍事的圧力を一層強めていった。

この高句麗に対抗し続けたのが、現在のソウル市南部を拠点とする百済であり、その百済と同盟する倭であった。倭は高句麗の支配秩序を乱すものとして「広開土王碑」に頻出しており[1]、高句麗は倭を高句麗に敵対する勢力として強く意識していたのであった。

一方、この倭も高句麗を強く意識していた。それを端的に示すのが、『宋書』倭国伝にみえる倭王武の上表文である。高句麗の無道さを訴え、祖父以来の高句麗征討計画を伝えるこの上表文は、強烈な高句麗への対抗意識に満ちあふれており、倭は高句麗に対抗心を懐いていたのであった。(2) この倭の高句麗への対抗意識は倭王武の上表文だけでなく、高句麗王が中国皇帝から授与された開府儀同三司を、倭王武も高句麗王に対抗するかのように自称し、その授与を求めたことにも確認できるように、中国皇帝を頂点とする世界秩序における序列にまで及んでいたのであった。(3)

そこで、本稿では五世紀の倭が強く意識し対抗しようとした、中国世界における高句麗の位相、さらには高句麗王を頂点とする高句麗勢力圏について論じ、五世紀の倭的世界およびそれをも包括する古代東アジア世界を理解する上での端緒にしたいとおもう。

一　古代東アジア世界における高句麗勢力圏と府官制

高句麗と中国王朝との通交は、倭の五王のそれに比べかなり早くから認められ、高句麗の中国王朝への遣使・朝貢は、後漢の光武帝の建武八年（三二）にまで遡る。史書は、その後の高句麗の歴代中国王朝への遣使・朝貢を伝えるが、そのような過程で、故国原王は三五五年、前燕から「営州諸軍事・征東大将軍・営州刺史・楽浪公・高句麗王」に冊立され（『資治通鑑』晋紀・永和一一年〈三五五〉一二月条）、広開土王も後燕から「平州牧、帯方・遼東二国王」（『梁書』高句麗伝）に、その息子の長寿王も四一三年に東晋から、「使持節・都督営州諸軍事・征東将軍」に封ぜられた。これによって高句麗は、前燕や後燕、さらには東晋の皇帝を頂点とする支配秩序のなかに位置づけられたことになるが、問題はこれら官爵号が高句麗勢力圏においてどれほどの有効性を有していたかである。これは中国王朝の支配秩序が高句麗をはじめとする周辺諸国においてどれほどの有効性を有していたのかという問題でもある。

このこととも関わって看過できないのは、中国皇帝から高句麗をはじめ周辺諸国の君長に授与された官爵号、特に将軍号を前提として、それら君主を府主とみなし、周辺諸国をさながら中国皇帝の秩序内の一つの将軍府とみなす考え方である。[4] この周辺諸国の支配体制を府主と府官とみなす府官制は、中国皇帝から除授された官爵号が周辺諸国の支配体制を規定しているると理解するところに特徴があるが、高句麗にもこうした府官制が導入されていたという見解がこれまで提示されてきた。[5] これは古代東アジア世界の秩序を理解する上で軽視できないが、高句麗勢力圏の解明という点において無視できない指摘でもある。そこでまずはこの問題について論及しておきたい。

（1）壁画古墳にみえる将軍号

高句麗における府官制と関わってこれまでもっとも注目されてきたのが、北朝鮮で発見された安岳三号墳（黄海北道安岳郡兪雪里）と徳興里古墳（南浦市江西区）の墨書であった。朝鮮西北部の高句麗故地で発見されたこれら二つの壁画墳は、見事な壁画と多数の墨書によって注目されたが、そのなかでも府官制と関わってとりわけ研究者の耳目を集めたのが、被葬者の経歴を示す墨書である。安岳三号墳の被葬者である佟寿は前燕から高句麗に亡命した人物であるが、安岳三号墳には彼の経歴として、「使持節、都督諸軍事、平東将軍、護撫夷校尉、楽浪□、昌黎・玄菟・帯方太守」（□文字は未確定、以下同様）が認められる。佟寿は高句麗亡命前に司馬であったため（『資治通鑑』咸和八年〈三三三〉一〇月条）、これらの官爵は高句麗亡命後のものとみてよい。その上で問題となるのは、これが虚職なのか、それとも高句麗王から授与されたものなのか、ということである。

早くからこれを虚職とみなす見解が提示されたが、[6] その一方で、その後もこれら官爵を高句麗王から授与されたものとみなす見解が提出され続けた。そのなかでも林起煥は「使持節、都督諸軍事」に注目し、高句麗が安岳三号墳のあった旧楽浪・帯方郡地域を支配するにあたり、「都督―幕府制」を導入し、佟寿を「使持節、都督諸軍事」に任命し支配したと説いた[7]。しかし、この「都督諸軍事」には具体的な管轄地域が記されておらず、高句麗が林起煥の指摘のように「都督―幕府制」を導入し、中国式官職を国内支配に導入していたとは考え難い。林起煥はこの「都督―幕府制」を、徳興里古墳の墨書からも強調しているが、次にそれを検討してみたい。

徳興里古墳は、高句麗の府官制のあり方をより具体的に示すものとしてこれまで注目されてきたが、ここには高句麗に亡命してきた被葬者某鎮の官歴として、「建威将軍・国小大兄・左将軍・龍驤将軍・遼東太守・使持節・東夷校尉・幽州刺史」が記されている。いち早くこれら官爵に注目した北朝鮮の研究者たちは、これら官職が高句麗王から某鎮に授与されたものと考え、その後、韓国や日本の一部の研究者も同様な見解を示した[8]。

これに対して、高句麗が幽州を現実的に支配していなかったことなどから、これら官爵を虚職とする見解もすぐさま提出された[9]。ここで提示されたさまざまな批判は説得力に富むものであったが、その後もこれらを高句麗のものとみなし、高句麗王が被葬者・某鎮に中国式官職を授与し、高句麗では中国式の官爵を用いて国内を支配していたという見解が提示され続けた[10]。こうした主張のなかには、必ずしも厳密な吟味・検証を経ずして徳興里古墳にみえる官爵を高句麗のものとみなすものもないわけではないが、高句麗の「都督―幕府制」導入説を説いた林起煥は、某鎮の経歴のうち、「国小大兄」が高句麗の官位であることをふまえ、それ以後に記載された左将軍・龍驤将軍も高句麗亡命後のものと解釈した。また、幽州刺史と関連する幽州についても、それを高句麗によって独自に設定されたものと理解し、某鎮は、この幽州の刺史に高句麗から任命されたとし、高句麗王のもとでの府官制の存在を積極的に認めた[11]。某鎮の官爵を虚職とする見解は、高句麗による幽州支配が認められないことをその根拠の一つとしていたが、林起煥は高句麗独自の幽州を設定することによって、これをクリアし、高句麗国内において中国式官職が用いられ、それにもとづいて府官制も実施されていたと説いたのである。

しかし、これによって必ずしも整合的に解釈できるわけではない。というのも林起煥は、墨書の幽州を高句麗独自のものとしたが、徳興里古墳にはこの幽州が一三郡から構成されていると記されており、なぜ旧楽浪・帯方二郡の地域を支配するために一三郡からなる幽州を設定しなければならなかったのかが説明し難いからである。加えて無視できないのは、同壁画墳では、幽州について「州治は広薊で、今は燕国にある。洛陽から二三〇〇里のところにある」という説明を加えており、幽州の中心が燕国にあるといっていることである。高句麗によって独自に設置されたはずの幽州の中心が高句麗ではなく燕国にあるとされていること、さらにここが高句麗からではなく、中原の洛陽を起点として説明されていることは問題である。このことは幽州が高句麗独自のものではなかったことを示しているといえる。つまり、林起煥の指摘するように、幽州を高句麗独自のものとしては理解できないのである。それならば幽州刺史や幽州を構成する一三郡と太守、さらには某鎮の経歴を示す将軍号などもまた虚職と考えざるを得ないであろう。

このように高句麗故地から発見された壁画古墳の墨書を検討してみると、現在までのところ、高句麗において太守や将軍号が実際に活用されていた事例は皆無であり、それら太守号、将軍号は虚職であるといわざるを得ず[12]、それを前提として高句麗国内において府官制が存在していたとみなすことも極めて難しいといわざるを得ないのである。

さらに、高句麗における中国王朝的将軍号の存在を別の出土文字資料からも検証してみよう。

（2）集安出土の文字資料

高句麗の王都であった集安からは、近年、いくつかの文字資料が出土しており、吉林省文物考古研究所・集安市博物館『集安高句麗王陵――一九九〇～二〇〇三年　集安高句麗王陵調査報告』（以下、報告書とする）[13]によって紹介されているが、高句麗における府官制、中国式将軍号の有無と関わって注目されるのが、千秋塚から出土した「将軍」と箆書きされた二つの文字瓦である（以下、将軍銘文字瓦とする）。そこには①「□浪趙将軍／因任永楽」、②「…乙未／胡将軍／□」とあり、「将軍」が確認される。[14] わずか二点の断片的な出土文字資料であるが、ここに「将軍」が認められることは重要である。

報告書はこの「将軍」を高句麗流入前のものとするが、徳興里古墳に高句麗独自の官位である「国小大兄」が認められることからも明らかなように、高句麗に流入した漢人に対しても高句麗独自の官位が授与されており、「将軍」もまた高句麗のものと理解すべきであろう。かりに流入前のものであったとすると、なぜ、流入前の「将軍」を記す必要があったのか、という疑問が生じてしまう。さらに①には高句麗独自の年号である「永楽」が確認できることも軽視できない。「永楽」は「広開土王碑」に認められる広開土王代の年号であり、ここに「永楽」とあることからみて、少なくともこの将軍銘文字瓦は、高句麗王を頂点とする世界を前提として製作されたものであった。さらにこの将軍銘文字瓦は高句麗王陵と推定される千秋塚から出土しており、千秋塚整備などとも関わっていた可能性がある。こうしたことから、瓦に箆書きされた「将軍」が高句麗流入前のものであったとは考え難く、むしろ、上述の理由や高句麗独自の年号である「永楽」ともあいまって、高句麗のものとして理解すべきである。

しかし、ここに「将軍」が認められるからといって、高句麗において中国王朝に認められるような相当品位に対応する位階的な将軍号が、存在していたと考えることはできない。中国王朝の将軍号は安岳三号墳の建威将軍や龍驤将軍などのように、建威・龍驤などが将軍に冠され、たんに「将軍」とのみ表記されていたわけではない。これら将軍銘文字瓦にみえる「将軍」の前に建威や龍驤などが入る余地はなく、ここには当初から「将軍」のみが記載されていたのであった。あるいはこれを中国王朝や徳興里古墳にみられるような建威将軍、龍驤将軍の省略と考えるむきもあるかもしれない。だが、建威将軍や龍驤将軍などの将軍を省略し、建威・龍驤と表記したとしてもどの将軍であったのかは理解できるが[15]、逆に建威・龍驤などを省略してしまうと、相当品位に定められていた種々の将軍のどれに該当するのかが不明となり、意味をなさなくなってしまい、問題である。この「将軍」のみから中国王朝や徳興里古墳にみえるような将軍号を想定するのは甚だ困難なのである。むしろ、「将軍」のみが記載されていたのは、当該期の高句麗において、中国王朝や徳興里古墳にみえるような序列化された将軍号が、存在しなかったことを示しているといえる。既述のように序列化された将軍号がかりに存在していたならば、このような曖昧な表記はされなかったはずであり、高句麗の支配体制を理解する上で、これが軽視されてはならない[16]。

このことからみて当該期の高句麗では、中国王朝に認められるような将軍号は通用せず、それゆえ安岳三号墳や徳興里古墳にみえる建威将軍や龍驤将軍などは虚職として考えざるを得ないのであって、壁画墳の墨書の将軍号から当該期の高句麗に中国的将軍号が存在し、それを前提として将軍府が開設され、その下に長史・司馬・参軍などの府官が存在していたとは考えられないのである。

こうした理解に大過なしとすれば、改めて問題となるのが、『建康実録』東南夷伝や『梁書』高句麗伝で、高句麗から中国王朝への使者に長史などの府官が認められることである。従来、高句麗の国内支配において府官制が導入されていたと考えられた根拠の一つは、これら史料に府官が確認できるからであった。こうした府官の存在は中国王朝からの高句麗王への冊封を前提とするが、『宋書』夷蛮伝のなかには、宋から冊立されていない諸国からの使者に長史を冠した使者がみえるものもある。高句麗の場合も、東晋からの冊立前に使者が長史を冠している。とするならば、『宋書』などにみえる使者の府官号も中国王朝との交渉上、便宜的に付した可能性も十分に想定されよう。そこで高句麗国内において府官の存在を検証するためにも、当該期の高句麗勢力圏における君主号に注目したい。なぜなら、高句麗勢力圏において高句麗王を府主とし、それに規定されて府官が存在するならば、その頂点たる高句麗君主号は、中国王朝から除授された官爵号であることが前提となるからである。

（3）高句麗勢力圏の君主号

改めて当該期の高句麗勢力圏における高句麗の君主号をみてみると、「広開土王碑」には「王」や「太王」[17]、同じく五世紀初頃の『牟頭婁墓誌』には「聖太王」[18]、建立年代の詳細は議論が分かれるものの、おおよそ五世紀に作成されたとされる「中原高句麗碑」には「高麗太王」[19]となっている。さらに近年、集安の将軍塚から出土した銅鈴にも「好大王」が確認できる[20]。「中原高句麗碑」や銅鈴の高句麗王が具体的にどの王を指すかは議論の余地もあるが、いずれも四世紀末から五世紀の高句麗国王を指すとみてよい。これらはみな高句麗勢力圏で使用された君主号である。「広開土王碑」の「王」は中国皇帝から除授された王爵である可能性もあるが、「広開土王碑」では「太王」とともに用いられ、互換性があることからみて、高句麗勢力圏でのみ通用する二次的な王号と考えられ、またこの太王号もその王号の美称とみてよい[21]。このように高句麗の勢力圏における高句麗君主号は中国王朝の王爵とは異なり、それ独自のものであったことが確認される。それならば、こうした君主号のもとで府官が常設的に設置されていたとは考え難く、既述した高句麗の府官は、あくまでも中国王朝との外交に利用されたのであろう。高句麗は、高句麗勢力圏においてそれとは異なる独自の支配体制を構築し、発展させていったのである。

それならば、こうした独自の君主号を称した高句麗王のもとに形成された高句麗勢力圏とはどのようなものであったのであろうか。次にそれについてみていくことにしたい。

二　高句麗勢力圏の構造

高句麗王を頂点とする高句麗勢力圏の実相は資料上の制限もあって不明な所も多いが、これを具体的に示すものとして注目されるのが「広開土王碑」である。広開土王を継いで高句麗王となった長寿王が、四一四年に建立した同碑は、高句麗人自身によって刻まれた碑文で、倭との交戦など既存の史料には認められない独自の情報や高句麗からみた周辺諸国との諸関係を伝える。そこで、ここではこれまで「広開土王碑」を精力的に研究してきた武田幸男の一連の研究成果[22]を参照しながら、高句麗独自の勢力圏についてみていくことにしよう。

（1）高句麗勢力圏の諸国

「広開土王碑」にみえる高句麗の勢力圏のあり方を理解する上でまず刮目せざるを得ないのが、早くから日本古代史と朝鮮半島諸国との関係を示す上でも注目されてきた辛卯年条にみえる「百残・新羅とは、元来、〔高句麗の〕属民であって、もとより朝貢していたのであった（百残新羅、旧是屬民、由来朝貢）」という記事である[23]。これによれば、少なくとも高句麗は、「百残（＝百済）」と新羅が高句麗に朝貢し、その民は高句麗の属民であったと考えていたことになる。この朝貢と属民関係は、武田が指摘するように、五世紀前後の特定の状況を指したわけではなく、高句麗が太古以来の関係を、漠然とそのように理解していたことを示すに過ぎないものである[24]。

だが、それは広開土王の治世下の現実と必ずしも無関係であったわけではない。「広開土王碑」の永楽一〇年（四〇〇）条には、「昔から、新羅の寐錦（君主）は、まだ自分自身が（高句麗）に来て、（政治の）事について奏上し、論定したことはなかった（しかし、今年の新羅救援戦をきっかけにして、はじめて）□国岡上広開土境好太王□□□□寐錦□□僕句□□□□朝貢した。（昔新羅寐錦未有身来論事□國罡上廣開土境好太王□□□□寐錦□□僕勾□□□□朝貢）」とあって、四〇〇年の新羅救戦をきっかけとして、はじめて新羅王が高句麗に赴いて朝貢して論事し、高句麗によって漠然と規定されていた新羅の高句麗朝貢が現実のものとなったのである。高句麗が太古以来、漠然と新羅を高句麗の朝貢国とし、その民を属民とみなしていたのは、おそらく、現実に進行する新羅の高句麗への朝貢をふまえてのことであったであろう。現実の新羅との関係が太古以来のものとされ、新羅の高句麗への朝貢が正統化されて、それにともなって、新羅の民は高句麗の属民であるという、高句麗の対新羅認識が形成されたのであろう。

この時、形成された朝貢関係がその後も具体的に維持され続けたかどうかは史料上の限界もあり不詳だが、その後も新羅領内には高句麗軍が駐屯し（「中原高句麗碑」）、高句麗は新羅の王位廃立に関与しつづけ、新羅からは王弟卜好（宝海）が高句麗へ人質として派遣されたのであった。[25] 少なくとも五世紀前半、新羅は政治的には高句麗の従属下にあったとみてよく、「広開土王碑」はそうした状況を反映していたのであろう。高句麗の対新羅認識は太古以来の漠然としたものであったが、現実に進行する高句麗と新羅の関係をある程度反映したものであったのである。

それに比して、同じく高句麗の属民で高句麗に朝貢すべきとされた百済は高句麗に対抗し続けた。永楽六年（三九六）、広開土王は百済に親征し、「五十八城、村七百」を得、百済王（阿莘王）は男女生口一千人、細布千匹を献上し、さらに広開土王に跪き、「永く奴客（自誓、従今以後永為奴客）」となることを誓約した。しかし、永楽九年（三九九）、百済は倭と和通し誓約に背き、高句麗と対立し続けた。こうした事態において、本来、百済が高句麗の属民で、朝貢すべきという高句麗の対百済認識は、高句麗の百済征討への正統性を付与するものとしても機能することになる。こうした大義名分のもとで、高句麗は対百済戦を展開することになったのである。

この属民・朝貢についてでは、東夫余にも認められる。すなわち、王碑の永楽二〇年（四一〇）条には、「二十年、庚戌のとし（西暦四一〇年）。東夫余はもと鄒牟王の属民であったが、中ごろ謀反をおこし、貢物を出さなくなった。［そこで］太王は、自ら官軍を率い、親征して討伐した。官軍が東夫余城に到達するや、東夫余の国城は駭き

□□□□□□□□□、太王の恩は広くすみずみまで覆いつくした。〔太王は〕そうしたところで旋還した。〔廿年庚戌、東夫余、舊是鄒牟王属民、中叛不貢、王躬率往討、軍到餘城而餘城国駭□□□□□□□□□王恩普覆、於是旋還〕」とあり、東夫余は高句麗の始祖鄒牟王以来の属民で、本来、高句麗に朝貢していたが、途中から朝貢しなくなったと理解されていたのであった。

東夫余は、三世紀初、慕容廆の攻撃後、高句麗始祖の出身地であった北夫余の王族の子弟が沃沮の地に逃れて建国した夫余の分派である。[26] したがって、東夫余の民が始祖鄒牟王以来の属民であったとは考え難い。東夫余の高句麗属民という認識は、広開土王の東夫余親征の大義名分であった。しかし、その背後には、北夫余と始祖鄒牟王を媒介として、東夫余を高句麗の属民として認識する高句麗の対夫余観があるのであって、これを軽視してはならない。高句麗における東夫余の重要性がここに認められるのである。

もっとも王碑には、「又た、東夫余の慕化して官に随って来たのは、味仇婁鴨盧・卑斯麻鴨盧・椯社鴨盧・粛斯舎鴨盧・□□□鴨盧〔の五つの鴨盧〕であった〔又其慕化随官来者、味仇婁鴨盧・卑斯麻鴨盧・椯社鴨盧・粛斯舎鴨盧・□□□鴨盧〕」とあり、五つの鴨盧〔移住可能の聚落〕が高句麗に投降したことを伝えるのみで、東夫余が高句麗に朝貢したとは明記されていないから、必ずしも東夫余がその後も定期的に高句麗に朝貢するまでにはいたっていなかったようである。

一方、「広開土王碑」には粛慎も高句麗勢力圏に入ったことを伝える。すなわち、「広開土王碑」には「〔永楽〕八年、戊戌のとし〔西暦三九八年〕。〔太王〕が教〔みことのり〕をくだし、官軍を遣わして、山ぶかい谷間の粛慎の領土を窺わせた。それによって、たちまち莫□羅城・加太羅谷の男女三百余人を掠めとった。これより以来、〔粛慎は太王に隷属して〕朝貢し、〔政治の〕事について奏上し、論定するようになった〔八年〈三九八〉戊戌、教偏使観粛慎土谷、因便掠得無□羅城・加太谷男女三百餘人、自此以来朝貢論事〕」とあり、粛慎はこの時以後、高句麗に朝貢し、論事するようになったという。

このように「広開土王碑」では、百済・新羅・東夫余が高句麗の属民として高句麗に朝貢すべきものとされていた。この朝貢は論事を介して軍政に参与しようとしたもので、高句麗の基本的な国際関係であった。[27]「広開土王碑」には新羅・粛慎との関係においてのみ、それが実現したことを伝えるが、百済や東夫余も高句麗に朝貢し、属民となる対象であり、その範囲は中国東北地方・朝鮮半島東北部から朝鮮半島南部の百済・新羅までに及んでいたのであった。

（2）高句麗勢力圏と倭・中国

こうした勢力圏のなかで注意すべき第一は、倭がそこには含まれていないことである。[28]「広開土王碑」に、倭は百済・新羅以上に登場し、高句麗にとっても倭は百済・新羅と同様、あるいはそれ以上に注視すべき存在であった。[29] しかし、倭と通和して高句麗に対抗しつづけた百済が本来、高句麗の属民で朝貢すべきものとされていたのに対して、倭は高句麗に一貫して敵対国として刻記されていた。そして、百済が一貫して「百残」として記載されたのと同じように、倭もまた時に「倭賊」（第二面八行目三九～四〇字）、「倭寇」（第三面四行目一三～一四字）とも記され、さらに「不軌（人の守る道から外れること）」（第三面三行目一三～一四字）とされたのであった。高句麗にとって倭は高句麗に朝貢し属民となるべき対象ですらなく、高句麗勢力圏を乱す高句麗の敵対国なのであった。

その一方で注意すべき第二は、「広開土王碑」には中国王朝が一切登場しないことである。これは研究当初から問題視されていたことで、いち早く「広開土王碑」研究に着手した横井忠直は『東国通鑑』にみえる対後燕記事と比較して「此ノ碑何ヲ以テカ録セサル」と指摘した。[30] その後も少なからぬ研究者が「広開土王碑」における中国記事の欠如を問題とし、「広開土王碑」の未釈字分を対後燕関係記事と想定したが、武田幸男が明らかにしたように[31]、それら未釈字部分は百済関係記事であり、「広開土王碑」に中国関係記事は欠如していたとみるのが妥当であろう。

しかし、『三国史記』高句麗本紀・広開土王条などにも明らかなように、広開土王は後燕や南燕とも通交し、積極的な対西方政策を展開していた[32]。にもかかわらず、「広開土王碑」は中国王朝との外交関係を示さず、百済・新羅などの高句麗勢力圏の動向のみを示しているのである。「広開土王碑」には意図的に中国王朝を切り離し、高句麗勢力圏のみに限定してそれら諸国の動向が刻記されたとみるべきであろう。

これは「広開土王碑」にみえる高句麗の王号からも確認できる。すなわち、「広開土王碑」には高句麗王の称号として、中国皇帝を頂点とする世界においては認められない「王」「太王」号がしばしば用いられており、ほぼ同時期である五世紀前半に作成されたと考えられる『牟頭婁墓誌』も「聖太王」としていた。これら「王」「太王」「聖太王」号は、武田幸男が指摘するように、高句麗独自の王号とその美称で、高句麗勢力圏のみで通用し、その存立基盤ははなはだ狭隘であった[33]。これら君主号は「広開土王碑」や『牟頭婁墓誌』に、高句麗の始祖を天帝と河伯の女の子とし、天帝と結びつけていることからも明らかなように、高句麗的な「天」によって権威づけられていた。その実体は必ずしも詳らかではなく、今後の検討課題であるが、少なくとも高句麗勢力圏における君主号は高句麗独自の権威にもとづき用いられていたのである。このことからも「広開土王碑」には中国皇帝を頂点とする世界とは異なる、高句麗独自の「天」によって権威づけられた高句麗王を頂点とする勢力圏が示されていたといえよう。

このように高句麗では、「広開土王碑」などからみて、五世紀初にすでに独自の「天」に裏付けられた、独自の勢力圏を形成していたが、その一方で、高句麗が中国皇帝を頂点とする世界を決して無視していたわけではないことも見逃せない。それと関わって注視すべきなのは、第一に、高句麗君主号があくまでも「王」号にもとづくものであったことである。高句麗は皇帝を頂点とする中国王朝や天王号を称した後燕との交渉などから、皇帝号や天王号を十分に承知していたはずであった。しかし、永楽という独自の年号を使用していたものの、高句麗がそれら君主号を用いることなく、あえて「王」号にとどまっていたのは、中国から除授された冊封号やその前提となる中国皇帝を頂点とした古代東アジア世界における国際秩序と、それにともなう外交上の問題などを十分に認識していたからであろう。高句麗勢力圏といえども高句麗王と中国皇帝の君臣関係の成立によって、中国皇帝を中心とする古代東アジア世界に包接されるのであり、高句麗の君臣号とてそれを意識せざるを得なかったのであろう[34]。この点を軽視するわけにはいかない。

これと関わって注視すべきなのは、既述のように、高句麗が中国皇帝から授与された君主号を前提とする府官を対中国王朝との外交で活用していた可能性があることである。縷述してきたように、高句麗の勢力圏では府官制は施行されていなかった。しかし、『宋書』夷蛮伝・高句麗条に、高句麗から宋に派遣された使者が「長史高翼」「長史馬婁」「長史董騰」と記されたように、高句麗が対中国王朝外交において、中国王朝から高句麗王に除授された官爵を前提として、使者に府官を冠し、外交を展開していたことを見落としてはならないであろう。

『宋書』夷蛮伝・高句驪条のように、高句麗使者が府官を称したのは、中国皇帝を頂点とした古代東アジア世界におけるそれの重要性を認識し、高句麗はそれを十分に意識しながら外交を展開したからであろう。高句麗は中国王朝の傘下にあることを標榜し、かつ中国皇帝を頂点とする世界における国際的な地位を高めつつ、対外戦略を推進させようとしたのであろう。これは高句麗が中国皇帝を頂点とする世界を過度に意識し、その重要性を十分に認識しつつ、外交を展開したことの証左といえるであろう。これを無視してはならず、ここに中国皇帝を頂点とする中国王朝との外交を推進し、それを前提としつつも、それとは異なる独自の勢力圏を構築していった高句麗の史的展開過程の独自性が認められるであろう。

高句麗勢力圏と倭勢力圏——小結に代えて——

このように高句麗は独自の支配機構を形成し、勢力圏を形成していった。だが、その一方で、これまで述べてきたように、高句麗は決して中国皇帝を頂点とする古代東アジア世界を無視していたわけではない。むしろ、それを強く意識し、かつそれを利用しつつ、対中国外交を展開していたのである。西方で直接中国王朝と国境を接する高句麗にとって、中国王朝の存在は決して軽視できないものであった。高句麗は中国皇帝を頂点とする世界・秩序を十分に意識しながら、それとは別に独自の勢力圏を、中国東北地方から朝鮮半島南部にかけての地域に構築していったのであった。ここに四・五世紀の高句麗の独自性が認められるのであるが、問題となるのは、こうした中国王朝の秩序世界を認めつつ、独自の勢力圏も構築していくという高句麗独自の勢力圏形成過程が、周辺諸国にも影響を与えたかどうかである。とりわけ、冒頭の問題と関わって注視されるのは、この時期、高句麗と敵対し、高句麗に対抗心を懐き続けた倭においてこうした高句麗の影響が認められるか否かである。

これを追究する際に注目されるのが、倭は中国皇帝を頂点とする冊封体制内に収まっていながら、それにもとづく一次的な「王」爵、さらに倭世界で使用された二次的な「王」号、さらにそこから派生した第三次的な「大王」号を有し、すでに高句麗君主が形成していた高句麗的世界に似せて、倭独自の世界を作り、高句麗に対立・対抗する姿勢を示していたという武田幸男の指摘である[35]。五世紀末の「稲荷山古墳出土太刀銘」（四七一年）には「獲加多支鹵大王」とあり、「江田船山古墳出土太刀銘」にも同一人物であると考えられる「獲□□□鹵大王」とあって、「獲加多支鹵大王」＝倭王武の治世において倭国では「大王」号が使用されていた。この倭の「大王」号は、それら鉄剣に「治天下」とあるように、倭独自の「天下」とも密接に関わっていたのであった。

この場合の「天下」の内実については、倭王武の上表文にみえる「毛人」・「衆夷」・「海北＝朝鮮半島」に及ぶと考えられ[36]、倭王武が「都督倭・百済・新羅・任那・加羅・秦韓・慕韓七国諸軍事」を自称し、宋に軍政権を求めた上記七国がその理念的な領域であったとされている[37]。そして、遡って倭王珍がすでにこれら七国の軍政権を求めているから、少なくとも倭王珍の段階で、それはすでに認識されていたと理解されている[38]。

このように遅くとも五世紀後半の倭王武代において、倭は独自の「天下」を認識し、その独自勢力圏で通用する「大王」号を使用していたのであった[39]。こうした独自の「天」に裏打ちされた勢力圏とそこでの「大王」号という君主号のあり方は、高句麗独自の「天」によって権威づけられた高句麗独自の勢力圏とそこで通用する高句麗の「太王」号とも類似する。倭王が高句麗君主の形成していた世界に似せて倭の世界を築き、高句麗に対立・対抗する姿勢を示した、という武田の指摘はこうした倭王のあり方からすれば首肯されるであろう。

武田は高句麗の「太王」号に限定して論究しているが、こうした高句麗の君主号やそれとも関連する「天下」と酷似するものが倭において形成されていたとするならば、その勢力圏のあり方もまた、対抗する高句麗のそれに影響を受けて形成された可能性も想定されうるのではないだろうか。それを考究する上で興味深いのは、高句麗勢力圏において、倭がその秩序を乱すものとして一貫してそこに含まれなかったように、倭もその勢力圏に朝鮮半島の百済や新羅、加羅などを含むのに対して、その仇敵とされた高句麗をそこに認めなかったことである。これは現実に敵対した高句麗との対立をふまえてのことであったであろう。倭や高句麗の勢力圏は当該期の朝鮮半島における高句麗の対倭認識、倭の対高句麗認識とも密接に関わっていたのであった。

倭が高句麗を強く意識していたことは、冒頭で示したように、倭王武の上表文や、高句麗のみが除授されていた開府儀同三司を、倭王武が自称し、かつその授与を希求していたことに端的に示されている。倭は高句麗に対抗するために、中国皇帝を頂点とする世界においてそれと対等の官爵を求めたが、その一方で高句麗王を頂点とし、高句麗独自の「天」に裏付けられた勢力圏に対抗しようとして、みずからの勢力圏を形成しようとしたのではないだろうか。高句麗の勢力圏は中国東北地方から朝鮮半島南部の新羅・百済にまで及ぶが、倭はそれに対抗して百済や新羅、さらには伽耶諸国も含めた朝鮮半島中南部を含む地域を勢力圏として設定しようとしたのではないかとおもわれるのである。

かりに、このように理解することが可能であれば、倭が宋に対してそれら地域の軍政権を自称し、除授されるよう要請したのは、高句麗に対抗する倭の勢力圏を中国王朝の権威によって認めてもらおうとしたからと考えられる。高句麗は実力で高句麗独自の勢力圏を構築しようとしたが、倭は単独で百済や新羅を支配するまでには至らず、その勢力圏構築には中国皇帝の権威を必要としたのであろう。そこに高句麗と倭の勢力圏の相違が認められよう。

だが、倭の要求に対して宋は一貫して百済をそこから除外していた。そのこととも関連しつつ、倭は高句麗が独自の「天」によってみずからの勢力圏を構築していったことをふまえて、それに対して独自の「天下」にもとづいて当該地域を倭の勢力圏として位置づけ、高句麗に対抗しようとしたのではないかと想像されるのである。

もちろん、倭の独自の世界形成にはそれ以外の要因も十分に想定し、検討すべきであろう。その形成過程には多方面からのさらなる追究が必要であるが、当該期の倭が敵対していた高句麗の君主号を模倣していたことを想起するとき、その独自の勢力圏構築において、高句麗の影響を考慮する余地もあるのではないかとおもわれる。倭独自の世界が、当該期の倭をめぐる国際状況と無関係であったとは考え難いことをふまえれば、当時の倭にとって最大のライバルである高句麗王の君主号や高句麗独自の勢力圏などは、倭にも直接的・間接的に影響を与えていたのであって、倭もそれに対抗する以上、それを無視できなかったのではないだろうか。これらを考慮すれば、武田の指摘が改めて説得力を増してくるのである。

さらに近年では、田中史生も武田説を認めつつ、倭が高句麗のように、中国の支配秩序を認めつつ、それとは別に独自の支配秩序を形成したことを指摘している。[40] 倭が高句麗を強く意識していたことをふまえるならば、倭の勢力圏形成過程を追究する上で、改めて高句麗との関係、さらに高句麗勢力圏のあり方が参照されてもよいのではないかとおもわれる。もちろん、そのために、まずは高句麗勢力圏における君主号や独自の「天」、さらに勢力圏内の諸国家・諸部族との関係などを解明することが重要となってくるであろう。また、高句麗だけでなく、それに対抗し、倭と同盟関係にあった百済の勢力圏形成過程にも注意すべきであろうが、それについては今後の課題としたい。

（1）「広開土王碑」における倭についてはこれまでかなりの研究があるが、それについての最新の研究については、武田幸男「わたしの「辛卯年」条解釈」（『広開土王碑との対話』白帝社、二〇〇七年）参照。

（2）倭王武の上表文については、坂元義種『倭の五王』（教育社、一九八一年）、鈴木英夫「倭王武上表文の基礎的考察」（『古代の倭国と朝鮮諸国』青木書店、一九九六年）、田中史生「武の上表文　もうひとつの東アジア」（平川南他編著『文字と古代日本二　文字による交流』吉川弘文館、二〇〇五年）・「倭の五王と列島支配」（『岩波講座　日本歴史』一巻、岩波書店、二〇一三年）、川崎晃「倭王武の上表文」（『東アジア世界の成立』〈日本の対外関係一〉、吉川弘文館、二〇一〇年）、熊谷公男「倭王武の上表文と五世紀の東アジア情勢」（『東北学院大学論集　歴史と文化』五三、二〇一五年）などを参照されたい。

（3）開府儀同三司の自称号から、倭王武が高句麗を強く認識していたことについては坂元義種「倭の五王――その遣使と授爵をめぐって――」（『古代東アジアの日本と朝鮮』吉川弘文館、一九七八年）、注（2）熊谷「倭王武の上表文と五世紀の東アジア情勢」参照。

（4）こうした理解にもとづいて中国の周辺諸国の支配体制について論じたものとして嶋崎昌「麴氏高昌国官制考」（『隋唐時代の東トゥルキスタン研究　高昌国史研究を中心として』東京大学出版会、一九七七年、［初出］『中央大学文学部紀要　史学科』八・九、一九六三年）、注（2）坂元『倭の五王』、鈴木靖民「倭の五王の外交と内政――府官制秩序の形成

――」（『倭国史の展開と東アジア』岩波書店、［初出］林陸朗先生還暦記念会編『日本古代の政治と制度』続群書類従完成会、一九八五年）などがある。

（5）高句麗の支配体制を府官制の観点から論じたものとしては朴晋煜「徳興里壁画古墳の幽州について」（社会科学院・朝鮮画報社編・高寛敏訳『徳興里壁画古墳』講談社、一九八六年）、孫永鍾「「広開土王陵碑文」と徳興里壁画古墳について」（『シンポジウム・東アジアの再発見　謎の五世紀を探る』読売新聞社、一九九二年）・「徳興里壁画古墳被葬者亡命人説について」（在日本朝鮮社会科学者協会歴史部会編『高句麗・渤海と古代日本』雄山閣、一九九三年）・「高句麗壁画古墳の墨書銘と被葬者」（『高句麗古墳壁画』学研文化社、一九九七年）、李仁哲「덕흥리벽화고분의 묵서명을 통해 본 고구려의 幽州経営」『고구려의 대외정복 연구』백산자료원、二〇〇〇年、［初出］『歴史学報』一五八、一九九八年）、馬大正他編『古代中国高句麗歴史論叢』（黒龍江教育出版社、二〇〇一年）、林起煥「四세기 고구려의 낙랑・대방경영」『고구려 정치사 연구』한나래、二〇〇四年、［初出］「四세기 고구려의 楽浪・帯方地域 경영――안악三호분・덕흥리 고분의 墨書銘 검토를 중심으로――」『歴史学報』一四七、一九九五年）、鈴木靖民「倭国と東アジア」（鈴木靖民編『倭国と東アジア』吉川弘文館、二〇〇二年）・注（4）「倭の五王の外交と内政」など。

（6）田中俊明「【討論】孫永鍾「高句麗壁画古墳の墨書銘と被葬者について」」（『高句麗古墳壁画』学研文化社、一九九七年）、「楽浪・帯方郡故地の高句麗帰属」『高句麗領域拡張史研究』（書景文化社、一九九八年）など。

（7）注（5）林起煥「四세기 고구려의 낙랑・대방경영」。

（8）金勇男「新しく発見された徳興里壁画古墳について」（『統一評論』一九七九年一二月号、一九七九年）、注（5）朴晋煜「徳興里壁画古墳の幽州について」、注（5）孫永鍾「「広開土王陵碑文」と徳興里壁画古墳について」・「徳興里壁画古墳被葬者亡命人説について」（在日本朝鮮社会科学者協会歴史部会編『高句麗・渤海と古代日本』雄山閣、一九九三年）・注（5）「高句麗壁画古墳の墨書銘と被葬者」、강세권・황병선「고구려의 무관직제도」（『고구려사연구논문집（一）』社会科学院、二〇〇〇年）、注（5）李仁哲「덕흥리벽화고분의 묵서명을 통해 본 고구려의幽州経営」、注（5）林起煥「四세기 고구려의낙랑・대방경영」、注（5）鈴木「倭国と東アジア」・注（4）「倭の五王の外交と内政」など。

（9）田中俊明「徳興里壁画古墳の墨書銘について」（『朝鮮史研究会会報』五九、一九八〇年）・注（6）「【討論】孫永鍾「高句麗壁画古墳の墨書銘と被葬者について」」、劉智永「幽州刺史墓考略」（『歴史研究』一九八三年二期、一九八三年）、

佐伯有清「徳興里壁画古墳の墓誌」（『古代東アジア金石文論考』吉川弘文館、一九九五年）、武田幸男「徳興里壁画古墳被葬者の出自と経歴」（『朝鮮学報』一三〇、一九八九年）、孔錫亀「楽浪・帯方郡故地의 高句麗帰属」（注（6）『高句麗領域拡張史研究』）など。

（10）注（5）林起煥「四세기 고구려의 낙랑・대방경영」、注（5）鈴木「倭国と東アジア」・注（4）「倭の五王の外交と内政」など。

（11）注（5）林起煥「四세기 고구려의 낙랑・대방경영」。

（12）これについては拙稿「集安出土文字資料からみた高句麗の支配体制についての一考察――安岳三号墳・徳興里古墳にみえる被葬者の職位の再検討と府官制――」（『朝鮮学報』二〇三、二〇〇七年）で詳論しており、詳細は拙稿を参照されたい。なお、拙稿発表後も注（4）鈴木「倭の五王の外交と内政」や注（2）田中「倭の五王と列島支配」などは、高句麗において太守号や将軍号が導入されていたとするが、徳興里古墳の墨書を除外すれば、高句麗における太守号や将軍号の具体的な使用例は認められない。すでに拙稿で指摘したように高句麗では中国王朝に認められるような将軍号はみえず、かつ五世紀の高句麗の地方官は太守ではなく守事で、他の金石資料などの実例からみても太守号の使用は確認できない。高句麗における将軍号や太守号の使用を主張するのであれば、まずは具体的な資料に即してそれらが実際に使用されていたことを明らかにする必要があるが、必ずしもそのような実例は示されていない。本文で述べたように、厳密な吟味・検証を経ずして、徳興里古墳の墨書などから安易に高句麗の太守号使用を指摘するのは慎まねばならないであろう。

（13）吉林省文物考古研究所・集安市博物館『集安高句麗王陵――一九九〇～二〇〇三年集安高句麗王陵調査報告――』（文物出版社、二〇〇四年）。

（14）この二つの将軍銘文字瓦の写真・拓本、釈文は注（13）報告書に掲載されているが、写真・拓本などからみて報告書の釈文には問題があり、ここでは注（12）拙稿「集安出土文字資料からみた高句麗の支配体制についての一考察」で示した試釈を示す。

（15）麴氏高昌国関係の文書には「将軍」のみが省略された表記もある（本間寛之「麴氏高昌国の将軍号と兼官」『史観』一五三、二〇〇五年）。

(16) この将軍銘文字瓦についても詳細は、注(12)拙稿「集安出土文字資料からみた高句麗の支配体制についての一考察」を参照されたい。

(17) 武田幸男「高句麗「太王」の国際性」(『高句麗史と東アジア――「広開土王碑」研究序説――』岩波書店、一九八九年)。

(18) 武田幸男「牟頭婁一族と高句麗王権」(注(17)『高句麗史と東アジア』、[初出]『朝鮮学報』九九・一〇〇、一九八一年)。

(19) 武田幸男「五～六世紀東アジア史の一視点――高句麗『中原碑』から新羅『赤城碑』へ――」(井上光貞他編『東アジア世界における日本古代史講座 四 朝鮮三国と倭国』学生社、一九八〇年)。

(20) 注(13)報告書。なお、同書は「好太王」と釈読するが写真をみる限り、「好大王」で、「好太王」ではない。

(21) 注(17)武田「高句麗「太王」の国際性」。

(22) 武田幸男「「朝貢」関係の基本性格」・「高句麗勢力圏の展開過程」(注(17)『高句麗史と東アジア』)。

(23) 「広開土王碑」の釈文・訳文・現代語訳は注(1)武田『広開土王碑との対話』による。

(24) 注(22)武田「「朝貢」関係の基本性格」。

(25) 注(18)武田「牟頭婁一族と高句麗王権」、木村誠「新羅国家生成期の外交」(『古代朝鮮の国家と社会』吉川弘文館、二〇〇四年、[初出]『アジアのなかの日本史Ⅱ』〈外交と戦争〉、東京大学出版会、一九九二年)、拙稿「高句麗の対北魏外交と朝鮮半島情勢」(『朝鮮史研究会論文集』三八、二〇〇〇年)。

(26) 池内宏「夫余考」(『満鮮史研究』上世篇、吉川弘文館、一九五一年、[初出]『満鮮地理歴史研究報告』一三、一九三〇年)。

(27) 注(22)武田「「朝貢」関係の基本性格」。

(28) これは加耶諸国にもあてはまるが、これについては今後の検討課題としたい。

(29) 武田幸男「長寿王の東アジア認識」(注(17)『高句麗史と東アジア』)。

(30) 横井忠直『高麗古碑考』(早稲田大学図書館本、一八八四年)。

(31) 注(29)武田「長寿王の東アジア認識」。

(32) 拙稿「広開土王의 対外関係와 永楽五年의 対稗麗戦」(『韓国古代史研究』六七、二〇一二年)。

(33) 注(17)武田「高句麗「太王」の国際性」。

(34) 注(12)拙稿「集安出土文字資料からみた高句麗の支配体制についての一考察」。

(35) 注(17)武田「高句麗「太王」の国際性」。

(36) 熊谷公男「倭の五王」(『大王から天皇へ』講談社、二〇〇一年)、注(2)田中「倭の五王と列島支配」。

(37) 川本芳昭『中国の歴史五　中華の崩壊と拡大　魏晋南北朝』(講談社、二〇〇五年)。

(38) 注(37)川本『中国の歴史五　中華の崩壊と拡大　魏晋南北朝』。

(39) 注(36)熊谷「倭の五王」、注(37)川本『中国の歴史五　中華の崩壊と拡大　魏晋南北朝』、注(2)田中「倭の五王と列島支配」。

(40) 注(2)田中「倭の五王と列島支配」も倭の天下が朝鮮半島南部を視野に含み、それを限界とするものであることをふまえ、朝鮮半島南部へ勢力を拡大する高句麗に対抗し、それを強く意識したものであったことを指摘しており、注視される。

梁の武帝と転輪聖王

河上麻由子

はじめに

筆者はかつて、仏教が社会で広く熱狂的に信奉されるなか、皇帝がみずから菩薩戒を受けるなどして菩薩となり、仏教（特に菩薩信仰）がもつ求心力を王権に内包しようとする試みが、南北朝時代以降に散見されることを指摘したことがある(1)。しかし、仏教のもつ求心力を王権に取り込む際に重視された存在は菩薩に限られない。先行研究でも繰り返し論じられてきたように、皇帝を転輪聖王と位置づけることも盛んに行われた。

転輪聖王とは、古代インドの理想的な君主のことで、仏教においては、正法（しょうぼう）による治世を実現する君主を意味した(2)。転輪聖王は、輪宝・白象宝・紺馬宝など七宝を所有し(3)、その所持する輪宝によって金・銀・銅・鉄の四種に分けられた。金輪聖王は四大陸、以下はそれぞれ三大陸・二大陸・一大陸を支配するという(4)。

転輪聖王としての権威獲得を目指した皇帝として、最も著名なのが則天武后であろう。アントニーノ・フォルテによれば、武后は、即位を予言する達摩流支訳『宝雨経』や、即位を正統化する『大雲経神皇授記義疏』をより所に、金輪聖王としての権威を獲得しようと試みたという(5)。また、武后よりも先に転輪聖王と同一視された皇帝には隋の文帝が知られる。山崎宏は、隋代仏教界が文帝を菩薩と称した事例を紹介、ただし、文帝は転輪聖王と称されるのが普通であったと述べた[6]。そして山崎は、皇帝を菩薩と称する先例は梁の武帝にあったとする。

他方倉本尚徳は、北朝の有紀年造像銘から転輪聖王関係の用語を収集するなかで、皇帝の威光神徳が転輪聖王を凌駕し、四大陸を覆うことを願う造像記は北魏太和七年（四八三）から見出せるものの、皇帝に金輪が来応し、輪王たることを願う願文は天保八年（五五七）以降北斉期に集中することを解明した。皇帝を転輪聖王と称賛することは、南北朝時代にすでに始まっていたことが明らかになったわけである[7]。

倉本の調査では、皇帝を転輪聖王に擬える事例は、北魏・東西魏の有紀年造像銘からは見出されていない。このことは、北斉以前の北朝では、皇帝と転輪聖王を結び付ける動きが、たとえあったとしても主流を占めるほどに大きなものではなかったことを示唆するのだろう。とはいえ、そのような動きが北斉期に突如として盛んになったと考えるべきではない。なぜなら、北斉皇帝の崇仏が、多く梁皇帝の崇仏事業を模倣したことが知られているからである[8]。とすれば、皇帝を転輪聖王と結び付けることは、倉本も示唆するように、梁代にまで遡りえる可能性が大きい[9]。倉本の研究に学びつつ、皇帝と転輪聖王とが結び付けられる時期を調査すべきであろう。

皇帝と転輪聖王との関係で、先行研究では十分には言及されていない点がもう一つある。先述したように、武后はその称号に金輪を取り込むなど、金輪聖王であると主張することで在位の正統性を仏教により裏付けようとした。武后が金輪聖王であるならば、その支配領域は四大陸に及ぶはずである。ところがフォルテが述べるように、武后を金輪聖王と称賛する史料は、その支配領域を閻浮提＝一大陸とするに過ぎない。閻浮提を含む須弥山下の四大陸を皇帝の支配領域とすることは、伝統的な皇帝の支配領域観念にはそぐわない。そのため、支配領域に関連する論理操作が行われたのであろうという[10]。極めて重要な指摘であるが、皇帝を転輪聖王と結びつける思考が武后以前に存在するからには、皇帝の支配領域と転輪聖王の支配領域との関係も、武后より以前から意識されていたはずである。皇帝を転輪聖王と称した人々が、二つの支配領域に関する表現の差異とどのように向き合ったかが調査されねばならない。

そこで本稿は、皇帝を転輪聖王と結びつける事例を文献史料から捜索するとともに、転輪聖王たる皇帝の支配領域を、当時の人々がどのように認識したのかを考察していく。

一　転輪聖王としての皇帝

本節では、皇帝が転輪聖王と称賛された事例を収集する。[11] 以下は、隋代を下限に、正史・『大正新修大蔵経』（以下『大正』）『文館詞林』『文選』『文心雕龍』『金楼子』『水経注』『芸文類聚』『建康実録』『資治通鑑』『通典』『太平御覧』『冊府元亀』といった文献史料から、皇帝を転輪聖王と結び付ける表現を調査したものである。その際、『五胡十六国覇史輯佚』も参照した。[12] 収集した事例は、文章が執筆された年代順に並べ、年代が推定できないものはその後に列挙した。

王朝	No.	年＊	発言者→対象	史料	史料所在
梁	1	天監7年（五〇八）頃[13]	王仲欣→武帝	皇帝叡性自天、機神独遠、五礼外照、三明内映、**金輪**徐転、則道済八紘	「建康令王仲欣答」『弘明集』巻一〇
	2	同上	蕭昞素→武帝	巍巍乎十善已行、**金輪**何遠	「丹陽丞蕭昞素答」『弘明集』巻一〇
	3	天監17年頃[14]	蕭綱→武帝	皇上託応**金輪**、均符玉鏡、低矜苦習、続照慈燈	「玄圃園講序」『広弘明集』巻二〇

梁

番号	年代	作者→宛先	本文	出典
4	大通3年（五二九）以前	劉孝綽→武帝	瑞花承足、人観雕輦之盛、**金輪**啓路、物覩重英之飾	「答雲法師書」『広弘明集』巻二八
5	大通3年（五二九）以降(15)	蕭繹→武帝	皇帝革命受図、補天紉地、転**金輪**於忍土、策紺馬於閻浮	「光宅寺大僧正法師碑」『芸文類聚』巻七六
6	中大通5年（五三三）	蕭子顕→武帝	超国城而大捨、既等王宮之時、量珍宝於四天、又同**転輪**之日	「御講金字摩訶般若波羅蜜経序」『広弘明集』巻一九
7	大同7年（五四一）頃(16)	蕭綱→武帝	伏惟陛下、玉鏡宸居、**金輪**馭世、（中略）不違本誓、開導愚蒙、駆十方於大乗、運万国於仁寿	「啓奉請上開講」『広弘明集』巻一九
8	太清元年（五四七）(17)	蕭綱→武帝	**転輪皇**、飛行聖、愍含識、資恵命、引蒼生、帰法性、菩提真、般若浄、七宝均、万邦寧	「馬宝頌」『文苑栄華』巻七七八(18)
9		蕭綱→武帝	属以皇上、慈被率土、甘露聿宣、鳴銀鼓於宝坊、転**金輪**於香地	「答湘東王書」『広弘明集』巻一六・二八、『芸文類聚』巻七五にもあり
10		蕭綱→武帝	大梁啓聖、功覆衆古、業高受命、**金輪**降道、玉衡斉政	「菩提樹頌」『広弘明集』巻一五
11		劉孝威→武帝	伏惟忘我徇物、屈己済民、該天地而大捨、総日月而為施、既脱屣於**金輪**、又解驂於紺	「梁劉孝威為皇太子謝勅賚功徳馬啓」『芸文類聚』巻九三

王朝	番号	年代	人物	本文	出典
				馬	
陳	12	天嘉4年（五六三）[19]	陳文帝	捨弟子自身及乗輿法服、五服鑾輅、六冕龍章、玉几玄裘、**金輪**紺馬（以下略）	「無礙会捨身懺文」『広弘明集』巻二八
	13		徐陵→陳皇帝	宝蓋王子、**金輪**託生、皇家茂戚	「陳徐陵四元畏寺刹下銘」『芸文類聚』巻七七
	14		江総→陳皇帝	四聡睿后、万行了因、運光玉鏡、道茂**金輪**	「陳江総懐安寺刹下銘」『芸文類聚』巻七七
隋	15	開皇17年（五九七）	費長房→隋文帝	豈唯七宝独顕**金輪**、寧止四時、偏和玉燭	『歴代三宝紀』巻一二
	16	同右	費長房→隋文帝	非夫位握**金輪**、化弘方等、先皇前帝弘化闡法、其孰並斯焉	『歴代三宝紀』巻一二
	17	同右	費長房→楊忠	伏惟、太祖武元皇帝（中略）用**輪王**之兵、申至仁之意、百戦百勝、為行十善	『歴代三宝紀』巻一二
	18	同右	費長房→隋文帝	其非大士応生、**金輪**託降、祐含識於死傷之際、安庶類於擾攘之間、孰能若是	『歴代三宝紀』巻一二
	19	同右	費長房→隋文帝	伏惟陛下、応運秉図、受如来記、紹**輪王**業、統閻浮提	『歴代三宝紀』巻一五
	20	智顗死去の開皇17年（五九七）以前	智顗→隋文帝	仰惟皇帝陛下、秉**金輪**而御八表、握宝鏡以臨四民、風雨順時、馬牛内向	「智者遺書与臨海鎮将解抜国述放生池」『国清百録』巻四

王朝	No.	年	人物	表現	出典
隋	21	仁寿元年（六〇一）	煬帝→隋文帝	願銷甘露、咸済苦海、応変穢土、通同浄国、天覆地載、長転**金輪**、七廟六宗、永安玉座	「皇太子於天台設斎願文」『国清百録』巻三
	22	仁寿2年（六〇二）	瀛州表→隋文帝	掘地欲安舎利石函（中略）其土即有黒文、雑間成篆書字云、「**転輪聖王**仏塔」	『広弘明集』巻一七
	23	仁寿4年（六〇四）	智越ら→煬帝	**金輪**紺宝、奕世相伝、重離少陽、時垂御弁	「仁寿四年皇太子登極天台衆賀至尊」『国清百録』巻三
	24		煬帝→隋文帝	聖御紺宝天飛、**金輪**雲動、納万善於仁寿、総一乗於普会、開発含識、済渡群生	「宝台経蔵願文」『広弘明集』巻二二
	25	大業元年（六〇五）	柳顧言→煬帝	龍図画卦、裁萠五典、**金輪**拯溺、止弘十善	「天台国清寺智者禅師碑文」『国清百録』巻四

＊年は推定可能な場合のみ記載した。

右の表からは、以下の三点を指摘することができる。

第一に、本表によれば、梁代より以前に、皇帝を転輪聖王と称賛したことが確実な事例はない。もちろん、収集から漏れた事例や、史料に残らなかった事例が存在する可能性はある。ただし残された事例数をみるに、少なくとも、皇帝を転輪聖王と結び付けることが梁代に盛んになったことはまず間違いない。陳文帝「無礙会捨身懺文」（№12）に、文帝が捨身に臨んで金輪・紺馬を捨すとするのも、梁代を経て、崇仏皇帝を金輪聖王と看做すことが広く受け入れられたためであろう。

第二に、梁滅亡以降では、陳・隋の文献史料で、皇帝がしばしば転輪聖王と称されている。石刻史料を調査した倉本の研究を踏まえるに、皇帝を転輪聖王と称賛することは梁代に盛んとなり、梁滅亡後は、陳・北斉を経て、南北朝を統一した隋に継承されたようにみえる。ここで、皇帝が菩薩戒を受けて菩薩になることが、国家的施策の一環として、梁―陳・北斉―隋へと継承されたことを想起したい[20]。前掲表に現れる皇帝は、すべて菩薩戒を受けている。皇帝を転輪聖王と看做すことは、梁代以降、皇帝を菩薩と看做すことと並行して、王朝間に継承されていったのであろう。

第三に、梁代以降、ほとんどの事例で皇帝は金輪聖王と称されている。皇帝を転輪聖王と称賛するにあたり、その主たる対象は当初からほぼ金輪聖王に限られたとしてよい。経典に数多登場する転輪聖王のなかで、中国仏教史上最も重視されたのが鉄輪聖王たる阿育王である。金輪聖王と称された梁の武帝や隋の文帝を始め、崇仏に熱心な皇帝には阿育王に倣った事業を展開するものが多かった。そうであるにもかかわらず、中華の支配者たる皇帝を仏教的に荘厳するには、金輪聖王が持ち出されねばならなかったのである[21]。

この点と関連して注目されるのが、金輪聖王たる梁武帝の支配領域もまた、武后の時と同様に、必ずしも四大陸に及んでいないことである。たとえば前掲表の蕭繹「光宅寺大僧正法師碑」(以下「光宅寺碑」、No.5)では、

皇帝命を革めて図を受け、天を補い地を紉べば、金輪を忍土に転じ、紺馬を閻浮に策ち、逸翮方を超え、図南軌を輟う。(『芸文類聚』巻七六、一三〇九頁)

と、金輪を忍土に転じる武帝が、その紺馬をめぐらす領域は閻浮提に限られている。

武帝と金輪聖王の支配領域との間に存在する差異は、フォルテの示唆するように、恐らくは皇帝の支配領域に関する伝統的観念と無関係ではあるまい。そこで次節では、皇帝の支配領域を指す伝統的表現であり、かつ、仏典では須弥山下の大陸を指す表現として用いられた天下について、特に梁代に限ってその使用を概観しておく。

二　武帝の天下

天下の本義については、渡辺信一郎により、戸籍・地図により掌握される実効的支配領域を指すことが明らかにされている[22]。渡辺がとりあげたのは主として漢唐代の史料であるが、以下に確認するように、梁代においても天下の意味に基本的な変化はなかった。

『梁書』巻三八賀琛伝（五四三～五四六頁、正史は中華書局本による）には、大同一一年（五四五）、武帝の治世を批判した賀琛の上奏文が引用される（年次は『資治通鑑』巻一五九による）。上奏文および武帝の返答には天下が複数回使用されており、梁代における天下の意味を知るのに有効である。天下の語に注意しながら賀琛の奏上をみておく。

其の一事に曰く、今北辺は稽服し、戈甲は解息す。政に是れ生聚教訓の時なるも、而も天下の戸口減落するは、誠に当今の急務なり。是れ彫流に処ると雖も、而も関外は弥よ甚だしく、郡は州の控総に堪えず、県は郡の裒削に堪えず、更に相い呼擾し、其の政術を治むるを得ず、惟だ応に徴斂に赴くべきを以て事と為す。

（以下略）

賀琛はまず、天下戸口の減少を述べる。冒頭に「北辺は稽服し、戈甲は解息す」とあるのは、北魏が東西分裂して北方からの軍事的圧力が低下した状況を指す[23]。賀琛は、国力回復の好機であるにもかかわらず、州郡の収奪により政務は乱れ、戸口が減少していると批判する。いうまでもなく、賀琛のいう天下には東西魏の領域は含まれない。

其の二事に曰く、聖主は恤隠の心、納隍の念もてし、之れを遐邇に聞え、翾飛蠕動に至るまで、猶お且つ度脱せしめんとす。況や兆庶に在りてをや。而も州郡は恤民の志無く、故に天下は顒顒として、惟だ一人を注仰す。誠に所謂「之れを愛すること父母の如く、之れを仰ぐこと日月の如く、之れを敬うこと鬼神の如く、之れを畏るること雷霆の如し」なり。苟に応痛の逗薬を須うるも、豈に之れを治めざるべけんや。今天下の宰守、皆な貪残を尚び、廉白なる者有る罕き所以は、良に風俗の侈靡、之れをして然らしむるに由る。（以下略）

第二事では、武帝は百姓を憐れみ、兆民を度脱（どだつ）させることに努めており、故に天下はみな武帝を仰ぎ敬っているものの、天下の宰守には清廉な者はおらず、みな貪欲で残酷、奢侈に流れていると指摘する。

其の三事に曰く、聖躬は蒼生を荷負して以て任と為し、四海を弘済して以って心と為し、胼胝の労を憚らず、臞瘦の苦を辞せず。豈に止だに日昃に飢を忘れ、夜分に寝を廃するのみならんや。百司に至りては、事を奏さざる莫く、上は下を責むるの嫌を息め、下は上に逼るの咎無く、斯れ実に道は百王を邁ぎ、事は千載を超ゆ。但だ斗筲の人、藻梲の子、既に帷扆に伏奏するを得て、便ち詭競して求進せんと欲し、国の大体を説かず。（以下略）

第三事では、武帝はみずからの身の労苦を顧みずに民家を養い、「四海」の救済を心願とし、百官もよく奏上し、上下は相和して王道が敷かれているが、小器のものや礼を解しないものが武帝の傍にあり、彼らは不正に争うのみで国家の大局を語らないと非難する。

其の四事に曰く、北境を征伐してより、帑蔵は空虚なり。今天下に事無く、而も猶お日に給するに暇あらざるは、良に以有るなり。夫れ国弊すれば則ちその事を省きてその費を息むべし。事を省けば則ち民を養い、費を息むれば則ち財は聚まる。止だ五年の中、無事を尚べば、必ず能く国をして豊ましめ民をして阜かならしめん。（中略）凡そ京師の治・署・邸・肆、応そ為す所は、十条或れば宜しく其の五を省き、三条或れば宜しく其の一を除き、及び国容・戎備、昔に在りては多かるべきも、今に在りては宜しく少かるべし。（中略）応そ四方の屯・伝・邸・治、旧より有るもの或り、益無きもの或り、民を妨ぐるもの或り。宜しく除くべき所有れば之れを除き、宜しく減ずべき所有れば之れを減ずべし。応そ四方の屯・伝・邸・治、旧より有るもの或り、益無きもの或り、民を妨ぐるもの或り。宜しく除くべき所有れば之れを除き、宜しく減ずべき所有れば之れを減ずべし。（以下略）

第四事は、北伐により国庫が空であるとの指摘から始まる。天下が平穏であるうちに国庫を回復させる策として、賀琛は、京師の治・署・邸・肆、儀制や軍備、四方の屯・伝・邸・治の一部廃止などを提言する。

以上賀琛は、第一事では梁が戸口を管理する領域を、第二事では梁の守宰が派遣される領域を、第四事では梁による種々の支配組織が置かれ、また梁の儀礼・軍制が敷かれる領域を天下、第三事では武帝による衆生救済が及ぶ範囲を四海と記している。

続いて賀琛伝より、武帝の反論にある天下をみてみよう（五四六～五五〇頁）。

高祖大いに怒り、主書を前に召し、口ずから敕を授け琛を責めて曰く、「謇謇として聞する有り、殊に期する所に称う。但だ朕天下を有つこと四十余年、公車の讜言、見聞聴覧、陳ぶる所の事、卿と異ならず、常に承用せんと欲し、懐抱を替うる無く、毎に倥偬に苦しみ、更に惛惑を増す。（中略）凡そ遣す所の使は、多く民訟に由り、或いは軍糧を復するは、諸そ颷急なる所にして、蓋し已むを獲ずして之れを遣す。若し使を遣わさざれば、天下の枉直は云何が綜理し、事実は云何が済辦せん。（中略）卿又た云く、守宰の貪残、皆な滋味の過度に由ると。貪残・糜費は、已に前に答うるが如し。漢文露台の産を愛むと雖も、鄧通の銭天下に布し。此を以て治むれば、朕愧ずる無し。下民の飲食過差あるが若きは、亦復た然らず。天監の初、之れを思うこと已に甚し。其れ勤力して産を営めば、則ち富饒せざる無く、惰遊して事を緩めれば、則ち家業貧窶す。勤めて産業を修め、以て盤案を営み、自己に之れを営み、自己に之れを食す、何ぞ天下を損わん。無頼の子弟、産業を営むを惰り、貧窶を致す、施設すべき無きは、此れ何ぞ天下を益さん。（中略）或いは卿の心を以て我の心を度る、故に知るを得る能わざるか。得る所の財用もて天下に暴し、辞を曲げて論を弁ずるを得ず。（中略）重奏を聞くを佇ち、当に復た省覧すべし。之れを尚書に付し、海内に班下し、庶くは乱羊永く除き、害馬長く息め、惟新の美、復た今日に見れんことを。

武帝は賀琛の上奏を処々引用して反論を述べている。ここでいう天下とは、漢文帝の天下について述べる個所を除けば、武帝が使を遣わし、勧業に励み、政策を共有する範囲に限られる。また末尾では、賀琛による再度の上奏を待って、それを尚書に付して海内に頒布しようと述べる。賀琛―武帝の論争が、一貫して梁の実効的支配領域である天下を念頭に置いていたことがわかる。

右以外にも、梁代の文章には数多くの天下が使用された。その全容を把握することは困難であるが、しかし少なくとも武帝その人に限っては、天下の語はみずからの支配が及ぶ範囲を意味した[24]。

以上を確認した上で、金輪聖王たる武帝の支配領域に言及する事例をみていこう。「光宅寺碑」（No.5）に、武帝が紺馬（転輪聖王の七宝の一）を巡らす領域について「閻浮」とあったことは前節に述べた。閻浮提とは、次掲の仏陀耶舎・竺仏念訳『長阿含経』にあるように、須弥山の南に位置する大陸を指す。

仏の比丘に告ぐるに、「須弥山の北に天下有り、欝単曰と名づく。其の土は正方にして、縦広一万由旬なり。人面亦た方にして、彼の地の形を像る。須弥山の東に天下有り、弗于逮と名づく。其の土は正円にして、縦広九千由旬なり。人面は亦た円にして、彼の地の形を像る。須弥山の西に天下有り、倶耶尼と名づく。其の土は形半月の如く、縦広八千由旬なり。人面も亦た爾り、彼の地の形を像る。須弥山の南に天下有り、閻浮提と名づく。其土は南は狭く北は広く、縦広七千由旬なり。人面も亦た爾り、此の地の形を像る。（以下略）」

（『大正』巻一、一一五頁b一三〜二一）

周知の如く、閻浮提はインドにおける地理的知識に構想を得たもので、天竺はもちろんそれと陸続きである中国もまた、閻浮提に含まれると考えられた[25]。

注目すべきは、須弥山下の四大陸がそれぞれ天下とあることである。右以外でも、須弥山下の大陸を天下と表記する仏典は枚挙にいとまない。「光宅寺碑」が、武帝の紺馬が巡る領域を、伝統的に皇帝の支配領域を指した天下などではなく、また金輪聖王の支配領域を指す四天下でもなく閻浮提に限定したのは、中国が閻浮提に含まれること、加えて閻浮提を含む須弥山下の大陸がしばしば仏典で天下と表記されることと関係するのではあるまいか。つまり「光宅寺碑」は、伝統的には皇帝の直接支配領域を指す天下が、漢訳仏典でしばしば閻浮提の訳語として用いられることに着目し、儒家的な世界観における天下と仏教的な世界観における天下とを重ね合わせることで、武帝の支配領域を閻浮提＝天下と表現したと解することはできまいか[26]。

しかし、金輪聖王たる武帝の支配領域は、基本的には儒家的世界観に則って表現されることが多かったようである。「建康令王仲欣答」（No.1）は、

五礼は外に照り、三明は内に映り、**金輪**徐かに転ずれば、則ち道を**八紘**に済しくし、玉瓚既に陳ぬれば、則ち孝は七廟に隆んなり。慧日を清漢に開き、法雲を大千に垂れ、如在の義、重ねて茲の晨を闡き、常住の明、永く来劫を證かにす。故に以て徳は百王に冠たり、声は万古より高し。（『大正』巻五二、六二一頁a二八〜b三）

とする。王仲欣によれば、武帝は、金輪を転じることで道を八紘に及ぼす聖王であった。八紘とは、四海を取り巻く広大な空間を指す[27]。金輪を備えた聖王である武帝は、四海を越えた、広大な空間にまで道を広めるわけである。

他方、丹陽丞であった蕭眎素は（「丹陽丞蕭眎素答」No.2）、

聖上道を**天下**に済しくし、機は無方を洞き、虎観と龍宮と幷びに闡し、至徳と実相と斉しく導く。故に能く

俗教に符いて真道を諦らかにせば、即ち孝享にして以って覚性を弘め、此の因蒙を照らし、茲の疑網を抜く。復た牟尼の柔軟巧説、孔丘の博約善誘と雖も、曷ぞ以て斯を喩えん。巍巍たるかな、十善已に行れば、**金輪**何ぞ遠からん。（『大正』巻五二、六五頁a一一〜一五）

と、武帝は道を天下に及ぼし、儒教と仏教とを盛んにしており、このように武帝が十善を行うからには、その金輪も近くいたるであろうと述べた。ここでいう天下は、武帝による教導の下で、仏教と儒教が共に盛んとなった梁の領域を指すのであり、須弥山を中心とする仏教的な世界観は反映されていない。

中大通五年の蕭子顕「御講金字摩訶般若波羅蜜経序」（No.6、以下「経序」）『広弘明集』巻一九には、

珍宝を**四天**に量り、又た**転輪**の日に同じきも、之れを軽んずること鴻毛の若く、之れを去ること脱屣の如し。（『大正』巻五二、二三六頁c二一〜二三）

と、聖王たる武帝には四天＝四天下の富が集まり、輪宝が転じられるが、武帝はそれらを惜しむことなく捨て去ってしまうとある。武帝が帝位にありながら捨身したことを讃嘆するものである。[28] 四天下の富が集まるというからには、武帝は、金・銀・銅・鉄の四種の輪宝のうち、金輪（四天下を支配する転輪聖王のもつ輪宝）を所有するはずである。しかし「経序」の中盤には、

天監元年、上始めて**天下**を光有し、方に心を礼楽に留め、未だ汾陽の寄に遑あらず。（同右、二三七頁a一五〜一六）

と、天監元年以来の武帝の支配領域を天下と記している。さらに「経序」の後半では、中大通五年に開催された般若経会では浄財をのみ用いたとあり、そこにも、

此の会に至りては、浄財より出づ。遠近の百姓願いて邑節を為し、欣欣として受を請い、争いて福分を取らんとす。号令を待たず、課率を須いず、黍稷馨香、期する如く即ち至る。数十万の衆、之れを饗するも尽さ

ず。所以に知る、是れ皇上化力の到す所にして、百姓善根の成すこと有るを。軍国の恒度・府庫の常蓄の如きに至りては、固より天下を以て公器と為し、則ち秋毫も侵す所無きなり。（同右、二三七頁c一一～一七）

と、武帝は天下を公器とするもので、法会に必要な財は百姓の喜捨により賄い、軍事財政や府庫の備蓄などはいささかも侵すことがなかったと述べる。「経序」もまた、武帝を金輪聖王としながら、その支配領域を表現するにあたっては、仏教的な世界観を採用することはなかった。

蕭綱「菩提樹頌」（No.10、撰述時期不明）は、史書にある聖王と武帝を並べて、金輪を備えた武帝を称えるもので、聖王たる武帝の恵沢を被る領域を九州とする。

綿史を載きて観、霊篇を眇かに鏡れば、宝冊は葳蕤にして、帝図を掩映し、鳥紀は祥を称し、龍書は慶を表し、九州に恵を布き、五弦に詠を作る。蒸かなるかな、至れるかな。大梁聖を啓き、功は衆古を覆い、業は受命に高く、金輪道を降し、玉衡政を斉す。（『大正』巻五二、二〇四頁c二〇～二三）

同時に作成された「上菩提樹頌啓」には、

伏して惟んみるに、陛下至徳欽明にして、玄猷広運なり。乃神乃聖にして道は軒媯を跨え、正覚正真にして功は円極に符う。常住を楽と為し、法喜を甘と為し、慈雨を無垠に被らせ、睿化を幽顕に覃ぼす。故に八風は調い四気は正い、天下は定まり海外は安んず。（同右、二〇四頁a一三～一六）

と、武帝の教化が遍く及んだことで、天下は定まり海外は安んじたとある。ここでいう天下も、海外（＝夷狄の居住する領域）に対する天下＝九州という、儒家的世界観に基づく意味で用いられている。

また蕭綱は、皇帝を「転輪皇」と称する「馬宝頌」（No.8、撰述時期不明）の冒頭でも、

皇帝百姓の心に応じ、四海の願に副い、復た玉衡を履み、還りて億兆に臨む。（『文苑栄華』巻七七八）

と、武帝の支配領域を四海＝九州であるとする。蕭綱にとって、金輪聖王たる武帝の支配領域はあくまでも天下

＝九州であった。なお「馬宝頌」が「還りて億兆に臨む」というのは、武帝による捨身とその後の還御を念頭に置く。

以上、金輪聖王たる武帝の支配領域に言及した史料をみてきた。その結果、金輪聖王＝武帝の徳化が被い、支配が及ぶ領域は、基本的には伝統的儒教的な世界観に基づいて表現されたことが分かった。梁代の人々の意識においては、天下＝皇帝の実効支配を中心に、四海―八紘と広がる伝統的な儒家的世界観は、武帝を転輪聖王、特に金輪聖王とする文脈においても、仏教的世界観に対する優勢を保ったと結論づけることができよう。

本節で述べたことと関連して注目したいのが、鉄輪聖王たる阿育王の存在である。阿育王塔を修造するなど、武帝が阿育王に強い関心を抱いたことはよく知られる。武帝の捨身についても、阿育王の布施行を模範としたことはこれまでも指摘されてきた[29]。また武帝は、僧伽婆羅が主事する『阿育王経』漢訳の初日に筆受を務めていた（『歴代三宝紀』巻一一、九八頁b九～一〇）。南朝ではこれよりも先に、皇帝が経典漢訳の筆受を務めた事例は見出せない[30]。みずから筆受を務めることで、武帝は、阿育王に対する並々ならぬ関心を周囲に示したといえる。

興味深いことに、西晋訳『阿育王伝』など、梁代より以前に漢訳された阿育王関係の仏典が、阿育王の支配領域をしばしば天下と表記するのに対し、『阿育王経』にはまったく天下の語が使用されない。梁代における、伝統的な世界観と仏教的な世界観との関係を考慮するに、『阿育王経』に天下が使用されなかったことが単なる偶然であったとは考え難い。

そこで次節では、天下の使用について、『阿育王経』とそれ以前に漢訳された阿育王関連仏典とを比較することで、二つの異なる支配領域観念について梁代の人々がどのように対処したのか、その一端を探りたい。

三　阿育王の天下

阿育王伝説は[31]、北方伝承と南方伝承とに分けられる。『阿育王伝』（以下『王伝』[32]）と『阿育王経』（以下『王経』）は共に北方伝承に属す。内容に細かな差異は多いものの、基本的には同本異訳とされてきた[33]。右に述べたように、両書の差異のなかでも特に注目したいのが、『王伝』は阿育王の支配領域をしばしば天下と表記するのに対し、『王経』には天下の語がまったく使用されないことである。本節では、『王伝』が天下とする個所を、『王経』、および同じく北方伝承に属する劉宋求那跋陀羅訳『雑阿含経』（以下『雑阿』）巻二三・二五の阿育王伝承と比較することで[34]、『王伝』以下がいかなる語句を天下と表現したのかを明らかにしておく。

まずは『王伝』で天下が使用される個所をすべて引用しておく。

①『王伝』巻一、本施土縁

使其の所に往きて耆梨に語りて言く、「汝能く阿恕伽王の為に罪人を治するや不や」と。耆梨答えて言く、「**天下**の悪人も我をして治せしめんとすれば、猶お故より能く為さん。何ぞ況や一阿恕伽をや。豈に能わざる可けんや」と。（『大正』巻五〇、一〇一頁a一七～二〇）

②同右

塔を造ること已に竟りて、一切人民号して為す、「正法阿恕伽王、広く能く安隠とせしめ、世間を饒益す。遍く国界に塔廟を起こし、善く滋長たるを得て悪名は消滅せり」と。**天下**皆称して正法王と為す。（同右、一〇二頁b五～八）

③『王伝』巻一、阿育王本縁伝之一

王即ち象より下り、一脚は船に登せ一脚は地に在り、尊者優婆毱多を扶接す。王身を卑く伏せ、五体投地し、尊者（優婆毱多）の足に嗚び、起ちて恭敬し、尊顔を瞻仰し、合掌して言く、「我今一切の怨敵を摧滅し、閻浮提の諸城山海を得て天下を富有す。歓喜の時、今日尊者を目視するに如かず。所以は何ん。今尊者に見ゆるに、便ち仏に見ゆと為し、三宝中に深く敬信を生ずればなり」と。（同右、一〇二頁c一九～二五）

④『王伝』巻三、半菴羅果因縁

上座夜奢の約して衆僧に勅すらく、「汝等皆な見よ。阿恕伽王の受福快楽にして、一天下に総攬すること自在なるも、今日諸の群下の為に制して王物を断絶し不自由ならしめらる。唯だ是の半菴摩勒果のみ随意に用うるを得て、慇重の心を以て、来りて僧に施す」と。即ち典事に勅して摩りて羹中に著き、一切僧をして普く其の供を得せしむ。（同右、一一一頁a三～八）

⑤『王伝』巻六

乃至東方拘舎弥国、王の名は曰く大軍、亦た十万の軍衆の囲繞する有り。大軍王一子を生む。身に鎧甲を著け、手中に血を把り、母の胎中より出づるに、其の身に大力士の力有り。爾の時五百長者同時に子を生む。皆身に鎧甲を著け、手中に血を捉りて、母胎より出づ。即ち其の日天大いに血を雨らす。大軍王便ち相師をして其の子を占相せしむ。相師言いて曰く、「此の兒必ずや当に一天下に王たるべし。唯だ一過有り、傷害する所多からん」と。（同右、一二六頁c九～c一六）

①は、地獄の番人に相応しい人物を探す阿育王の使者が、ギリカ（耆梨）という評判の悪人に王のために罪人を殺害できるかを尋ねたのに対し、ギリカは、天下の悪人すら一人で処刑できるのであって、阿育王一人のためならばそれは容易であると答えた個所である。②には、阿育王が閻浮提に八万四千塔を建立したことにより、天下の人々が阿育王を「正法王」と称したとある。③では、尊者ウパグプタ（優婆毱多）を迎えた阿育王が、天下に君臨する喜びよりもウパグプタに見え（まみ）た喜びが大きいと述べる。④は、皇太子と大臣らにすべての権限を奪わ

れ、半アーマラカ果（半菴摩勒果）のみを僧伽に布施した阿育王について、かつて一天下を支配した王による最後の布施を上座が讃嘆する個所である。⑤では、大軍王に王子が生まれ、相師から一天下を支配すると予言されている。

つづいて、右に対応する部分を『王経』『雑阿』から引用する。

①『王経』巻一、生因縁第一

使者語りて言く、「王今殺害を以て人を治めんと欲す。汝は能く為すや不や」と。其の人答えて言く、「**閻浮提**中悉く殺尽さしむるも、我亦た能く為さん」と。（『大正』巻五〇、一三三頁c二四～二六）

『雑阿』巻二三

時に王の諸使彼に語るに、「汝は能く王の為めに諸の兇人を斬るや不や」と。彼答えて曰く、「**一切閻浮提**有罪の者も、我能く浄除せん。況や復た此の一方をや」と。（『大正』巻二、一六三頁c九～一一）

②『王経』巻一、生因縁第一

乃至阿育王八万四千塔を起こし、已にして仏法を守護す。時に諸の人民謂いて阿育法王と為す。**一切世人**而して偈を説きて言く、「大聖孔雀王、法を知りて大いに饒益し、塔を以て世間に印し、悪名を地に捨て、善名を得て法王たり、法に依りて安楽を得」と。（『大正』巻五〇、一三五頁a二八～b三）

『雑阿』巻二三

是の如く乃至一日の中に、八万四千塔を立つ。**世間の民人**、興慶すること無量にして、共に名を号して曰く法阿育王と。偈の讃に曰うが如く、「王聖種孔雀、世間の人を安楽にせんと、此の閻浮提に、勝妙なる塔を建立す。本の名は悪王為るも、今勝妙の業を造さば、共に号して法王と名づけ、相い伝えて後に至らしめん」と。（『大正』巻二、一六五頁b一一～一七）

③『王経』巻二、見優波笈多因縁品第二

時に阿育王、一足は船に在り、一足は岸に在り、両手を以て優波笈多を捧げ、以て船中に置き、五体投地して其の足に敬礼すること、猶お大樹の摧折せられて地に墮つるが如し。又復た舌を以て其の両足を舐め、長跪合掌し瞻仰して厭くこと無し。而して偈を説きて言く、「大地は海を衣と為し、山は一繖を荘厳す。怨を除きて**此の地**を得れば、我をして歓喜を生ぜしむるも、今日に大徳と相い見ゆるに如ず。我今大徳に見え、心念を倍生す。是の故に我喜を生じ、謂は已に世尊に見ゆと。（以下略）」

（『大正』巻五〇、一三六頁a一二〜二〇）

『雑阿』巻二三

王諸の大臣眷属を将い、即ち出て尊者の所に往きて下食を為し、五体投地し、彼に向いて礼を作し、長跪合掌す。而して是の言を作すに、「我今此の**閻浮提**を領し、王位を受くるも、以て喜と為さず。今尊者を覩て、踊躍すること無量なり。如来の弟子、乃ち能く是の如し。仏を観るが如し」と。

（『大正』巻二、一六五頁c二七〜一六六頁a二）

④『王経』巻五、半菴摩勒施僧因縁品第五

是の時上座諸の比丘を集めて之れに語りて言く、「汝等は今当に怖畏心を起こすべし。仏の説く所の如く、他の無常を見て、是の処を畏るべし。誰か能く此に厭離を生ぜざらん。何を以ての故に。勇猛にして能く布施せる、孔雀阿育王、王として大地を領し、**閻浮提**に自在なるも、今日果報尽き、唯だ阿摩勒有るのみ、大地の諸の珍宝、悉く他の為めに護られ、今此の阿育王、半阿摩勒を捨す。諸有の凡夫人は、福徳力に慢を生ず。当に為めに無常を説き、其れをして厭離を生ぜしむべし」と。時に諸の衆僧、阿育王の半阿摩羅菓を得て、碎きて以て末と為し、以て羹中に置き、遍く衆僧に行かしむ。

（『大正』巻五〇、一四八頁c七〜一八）

『雑阿』巻二五

時に彼の上座、諸の大衆に告ぐるに、「誰か是の語を聞きて世間を厭わざらん。我等是の事を聞き、厭離を生ぜざるべからず。仏の経に説く所の如く、他の衰事を見て、応に厭離を生ずべし。若し有識類の衆生は、是の事を聞かば、豈に世間を捨てざるをえんや」と。而して偈を説きて曰く、「人王世中の最、阿育孔雀姓、**閻浮提**に自在なるも、阿摩勒の主と為る。太子及び諸臣、共に大王の施を奪えば、半阿摩勒を送る者を降伏し、彼をして厭心を生ぜしむ。愚夫は施の因果、妙楽を受くるを識らざるに、半阿摩勒を送る」と。時に彼の上座是の念を作して言く、「云何が此の半阿摩勒をして、一切衆僧に其の分食を得せしめん」と。即ち教して研磨せしめ、石榴の羹の中に著き、行き已りて衆僧一切皆な周遍するを得。

（『大正』巻二、一八一頁a七～一九）

⑤『雑阿』巻二五

時に拘睒弥国に王有り、名は摩因陀羅西那、其の王子を生むに、手は血塗に似て、身は甲冑に似て、大勇力有り。其の生まるるの日、五百の大臣五百子を生み、皆な王子に類し、血手冑身なり。時に拘睒弥国、一日血を雨らす。拘睒弥王此の悪相を見て、即ち大いに恐怖し、請いて相師に問う。相師王に白すらく、「王今子を生むに、当に**閻浮提**に王となり、人を殺害すること多からん」と。

（『大正』巻二、一七七頁c一七～c二三）

『王経』には該当箇所なし。[35]

①④は、『王伝』が天下とする個所を二書はいずれも「閻浮提」と記す。②は、『王経』は「一切世人」、『雑阿』は「世間人民」とする。③は、『王経』は「此地」、『雑阿』は「閻浮提」とする。⑤は、『雑阿』は「閻浮提」とする。また、一〇世紀頃の成立と推定されるサンスクリット本『ディビヤ・アヴァダーナ』中の「アシ

ヨーカ・アヴァダーナ」では、①「kṛtsnasya jambudvīpasya」（全閻浮提）②「pṛthivī」（世間）③「pṛthivī」（大地）④「jambudvīpaiśvaryasya」（閻浮提の主権）とあることも参考に値しよう（⑤該当箇所なし）。[36]

以上により、「閻浮提」「世間」「大地」などにあたる語を、『王伝』が天下と表記していたことが判明する。①～⑤については、『雑阿』でも、天下が使用されていなかった。梁での流布が疑問視される『王伝』はおくとして、[37]劉宋代に漢訳された『雑阿』中の阿育王伝承は、梁僧祐の『釈迦譜』や宝唱ら撰『経律異相』にも引用されるなど、梁代に広く読まれたことは疑いない。しかし、『王経』が天下の語を使用しないことの先例を『雑阿』に求めることはできない。『雑阿』は、以下に引用する箇所では天下の語を用いるからである。[38]

⑥『雑阿』巻二三

時に闍耶童子心に念じて言く、「我当に麦麨を以てすべし」と。仍りて手づから細沙を捧げ、世尊の鉢中に著く。（中略）時に彼の童子、而して発願して言く、「恵施の善根功徳を以て、**一天下**一繖蓋の王たるを得て、即ち此の生に諸仏を供養するを得せしめんことを」と。

（『大正』巻二、一六一 c九～一七）

⑦『雑阿』巻二三

時に彼の瞻婆国に一婆羅門の女有り。極めて端正と為す。人をして見るを楽しませ、国の珍ぶ所と為る。諸の相師の輩彼の女の相を見て、即ち彼の女に記すに、「当に王妃と為りて、又た二子を生むべし。一は当に**一天下**を領すべく、一は当に出家して道を学び、当に聖跡を成すべし」と。

（同右、一六二頁 a 一八～二二）

⑧『雑阿』巻二三

又復た諸天此の国に宣令すらく、「阿育は当に**此の天下**に王たるべし。汝等は逆意を興こす勿かれ」と。彼の国王即便ち降伏す。是の如く、乃至此の**天下**を平ぐること海際に至る。時に修師摩王子外に出て遊戯せんとし、又復た一大臣に遇逢す。臣の礼法を修めざれば、王子即ち人をして其の身を打拍せしむ。大臣念じて言く、「此の王子未だ王位を得ずして、用性是の如し。若し王たるを得ば、而して当るべからず。又た聞く、阿育は天下を得んと。五百大臣を壊すを得て、我等相い与に阿育を立てて王と為し、此の天下を領せん」と。

（同右、一六三 a 一二〜二〇）

⑥では、王舎城で托鉢する釈迦に、麨のかわりに土塊を布施したジャヤ（闍耶、のちの阿育王）が、その功徳をもって一天下に君臨し、諸仏を供養せんと発願している。⑦は、チャンパー（瞻婆国）の婆羅門の娘が、将来は王妃となって二人の子を生むこと、うち一人（阿育王）は一天下を支配し、いま一人は出家して道を学ぶであろうと予言される。⑧の前半は、阿育王がタキシラ（徳叉尸羅）討伐に向かった際、天下の王たるべき阿育王への反逆を諸天が戒めた結果、タキシラ王が降伏して天下は海際まで平定されたとする。後半では、阿育王の兄であるスシーマ（修師摩）王子に打たれたことを恨む大臣が、阿育王が天下を領有するという予言を聞き、他の大臣と結んで阿育王を即位させようと画策する個所である。

続いて対応する箇所を『王経』から引用しておく。

⑥『王経』巻一、生因縁品

第一の小兒、沙を以て糗と為し、捧げて仏鉢に内る。（中略）是の時闍耶供養すること已りて発願して言く、「此の善根を以て、当に我をして一繖地の王と為し、仏法中に広く供養を作さしめんことを」と。

（『大正』巻五〇、一三二頁 c 一三〜一九）

⑦同右

是の時に詹波城の婆羅門に一女を生む有り。色貌端正にして、国中第一なり。相師記して曰く、「是の女の夫は当に王と作るべし。女は応に二子をむべし。第一子は四分転輪王と作り、第二子は出家して道を得ん」と。

（同右、一三二頁 b 一三〜一六）

⑧同右

是の時諸天、而して声を発して言く、「阿育は当に四分転輪王と為りて閻浮提を領すべし。逆すべからざるなり」と。時に頻頭娑羅王の長子修私摩、苑中より還りて波吒利弗多城に入らんとす。是の時に頻頭娑羅王の第一大臣頂上に髪無きが、城内より出んとし、中路に相い逢う。修私摩戯れに手もて其の頭を拍つ。是の時大臣思惟して説きて言く、「其れ今は手を以て我を拍つ。若し王と作る時は、汝は刀を以て我を害さん。宜しく方便を作し、其れをして後時に王と為るを得ざらしむべし」と。是の時大臣五百臣をして修私摩より離れしむ。又た言く、「阿育は当に四分転輪王と為るべし。我等応当に悉く共に之れに事うべし」と。

（同右、一三三頁a二一～b一）

いずれの引用文も、『雑阿』と大概の内容は一致する。ただし『王経』は、『雑阿』が「一天下」「天下」とする個所を「一轍地」「閻浮提」とし（⑥⑧）、阿育王が天下を領有するという表現を「四分転輪王」と訳している（⑦⑧）[39]。また「アショーカ・アヴァダーナ」では⑥「pṛthivī」（大地）⑦「caturbhāgacakravartī」（四分の一転輪聖王）⑧「caturbhāgacakravartī」（同右）とある。

右に加えて、『王伝』『雑阿』以外に、符秦曇摩難提訳『阿育王息壊目因縁経』[40]や元魏吉迦夜・曇曜訳『付法蔵因縁伝』[41]など、『王経』に先行する漢訳北方伝承経典でも、天下の語は閻浮提・世間・大地などと併用される。現存する阿育王関係の経典では、『王経』のみが一貫して天下を使用しない。

ここで、『王経』漢訳が武帝の筆受により、宮内で始まったことを想起したい。また、武帝から筆受を引き継いだのは、武帝即位の天監初に僧正とされた慧超であった（『続高僧伝』巻六「慧超伝」）。『王経』漢訳に対する武帝の関心は一貫して高い。『王経』漢訳は、武帝の強い関心を後ろ盾として推進されたのであり、そこには武帝の意向が反映された可能性が否定できない。

前節では、武帝やその周辺では、天下は基本的に梁の実効的支配が及ぶ領域を指したことを確認した。さらに、梁代に武帝が金輪聖王と称される一方で、武帝を金輪聖王と称賛する文脈においても、儒家的支配領域観念（皇帝の実効支配は天下に及ぶ）は仏教的支配領域観念（金輪聖王の支配は四天下に及ぶ）に対する優位を保ったと論じた。金輪聖王たる武帝の支配領域を、伝統的な支配領域観念に基づいて天下と表現する限り、鉄輪聖王たる阿育王の支配領域を天下と表現するのは相応しくないであろう。『阿育王経』の訳場で天下の使用を避ける方針がとられたらしいことも、武帝を金輪聖王と同一視しつつも、儒家的支配領域観念を仏教的支配領域観念よりも重視する梁代の風潮と、まったく無関係ではなかったと推測されてよいように思われる。

おわりに

本稿の考察結果をまとめておく。第一節では、皇帝を金輪聖王と結び付けて称賛することが、早く梁の武帝の時代に見出せること、梁滅亡後は、陳・北斉・隋へと継承されたと述べた。それにしても、武帝を転輪聖王と同一視することはなぜ天監七年頃に始まったのか。その対象が当初から金輪聖王に限られた理由を含めて検討されねばならない。また、出土文献にも調査対象を広げることで、転輪聖王となった皇帝の事例を継続して収集するとともに、転輪聖王と称された皇帝と菩薩戒受戒などその他崇仏行為との関係を考察するべきである。

第二節では、梁代にも天下は基本的に皇帝の直接支配が及ぶ領域を意味したのであり、金輪聖王は「四天下」を支配するという仏教的な支配領域観念は、武帝を金輪聖王と称賛する文脈においてすら、そのような儒家的支配領域観念の前に退けられたと述べた。

第三節では、『王伝』や『雑阿』など、梁代以前に漢訳された阿育王関係の仏典では、阿育王の支配領域＝閻浮提を天下と言い換えることがあったのに対し、『王経』では天下が使用されないことを指摘した。金輪聖王たる武帝の支配領域が、儒家的支配領域である天下に限られるからには、『王経』が阿育王の支配領域について天下を用いないのは自然ともいえる。『王経』の漢訳が武帝の強い関心の下で遂行されたことを踏まえるに、『王経』では天下の使用が意識的に避けられた可能性がある。今後は、同様の傾向がその他訳経に見出せるか、とくに僧伽婆羅の漢訳した仏典全体の傾向を分析し、天下が使用されなかったことの事由を明らかにすべきであろう。(42)

表に列挙したとおり、武帝以降も複数の皇帝が金輪聖王と称賛された。しかし隋代にいたるまで、これら皇帝の支配領域が四天下とされることはなかった。たとえば、仁寿四年(六〇四)に智越らが煬帝即位を祝賀した啓には(「仁寿四年皇太子登極天台衆賀至尊」No.23)、文帝から金輪・紺宝を継承した金輪聖王であり、皇帝菩薩である煬帝が君臨する領域を、四海であると記す。

竊かに聞く、金輪紺宝、世を奕ねて相い伝え、重離少陽、時に御弁を垂る。伏して惟んみるに、皇帝菩薩の聖業、平成に纂臨し、**四海**に洪祚し、万邦の道俗幸と称す。

(『国清百録』巻三、八一四頁c二九〜八一五頁a二)

儒家的支配領域観念の優位は、梁代から隋代まで長く保たれたのである。

筆者が捜索した限り、四天下に徳を及ぼす金輪聖王とされた最初の皇帝は唐の高宗である。一例をあげておく。顕慶元年(六五六)、玄奘は、

伏して惟んみるに、皇帝陛下、金輪運に在り、玉暦時に乗じ、化は**四洲**を溢い、仁は**九有**を覃い、道は将聖を包み、功は迺神に茂し。

(『大唐大慈恩寺三蔵法師伝』『大正』巻五〇、二六八a九〜一二)

とあるように、四洲＝四天下に化を及ぼし、九有＝九州に仁をほどこす高宗を金輪聖王であると称賛した。

玄奘が、金輪聖王の支配領域たる四天下を伝統的な皇帝の支配領域たる「九州」と併用したことは、恐らく、

玄奘自身の入竺経験と関係するのであろう。梁代以降における皇帝と転輪聖王との関係と、玄奘を中心とする初唐仏教界の動向を探りつつ、唐初に金輪聖王の領域として四天下が意識されたことの意味を問うべきである。

（1）拙著『古代アジア世界の対外交渉と仏教』（山川出版社、二〇一一年）の第一部第三章、第二部第一～三・五章。

（2）仏教における転輪聖王については、中野義照「原始佛教における転輪聖王」（『密教文化』三二、一九五六年）、同「仏教と若干の政治思想」（『日本仏教学会年報』三七、一九七一年）、康楽「転輪王観念与中国中古的仏教政治」（『中央研究院歴史語言研究所集刊』六七―一、一九九六年）西村実則「千子と千仏――転輪聖王神話の一展開――」（『大正大学大学院研究論集』二九、二〇〇五年）などを参照。

（3）仏陀耶舍・竺仏念訳『長阿含経』には、七宝について「爾時大善見王七宝具足、王有四徳、主四天下。何謂七宝、一金輪宝、二白象宝、三紺馬宝、四神珠宝、五玉女宝、六居士宝、七主兵宝」（『大正』巻一、二一頁c一〇～一三）とある。後述するように、ここでいう天下は須弥山を取り巻く一つの大陸を意味している。

（4）金・銀・銅・鉄の区別について、浮陀跋摩・道泰等訳『阿毘曇毘婆沙論』には「若其輪是金王**四天下**、其力最勝。若其輪是銀王**三天下**、其力転減。若其輪是銅王**二天下**、其力復減。若其輪是鉄王**一天下**、其力最劣」（『大正』巻二八、一二〇a七～一〇）とある。

（5）Forte, Antonino. *Political Propaganda and Ideology in China at the End of the Seventh Century: Inquiry into the Nature, Authors and Function of the Dunhuang Document S6502*. 2nd ed. Kyoto: Italian School of East Asian Studies, 2005, pp. 204-214.

（6）山崎宏『支那中世仏教の展開』（清水書院、一九四二年）三四六～三五三頁。

（7）倉本尚徳「北朝造像銘における転輪聖王関係の用語の出現」（『印度学仏教学研究』一二五、二〇一一年）。

（8）諏訪義純「北斉文宣帝とその仏教信仰――北斉仏教の一考察（一）――」（『大谷学報』四五―二、一九六五年）、拙稿「隋代仏教の系譜――菩薩戒を中心として――」（注（1）拙著、初出二〇〇五年）。

（9）注（7）倉本論文、一九頁。

（10）注(5)フォルテ著、二〇八～二〇九頁。

（11）周伯戡は、後秦の姚興が号を皇帝から天王に改めたことについて、勢力拡大期にあった姚興がいささかの災異などで君主号を降格させたはずはないとして、姚興は、帝釈天と転輪聖王と混同しつつ、自身を帝釈天＝天王と位置づけるために天王号を採用したとする（「姚興与仏教天王」『台大歴史学報』三〇、二〇〇二年）。しかし姚興に先立って、後趙の石虎は、群臣が帝号を勧めるのを退け、王室の多難などを理由に天王号を用いていた。天王号は皇帝号よりも下位に位置づけられていたのであり、姚興が天王号を用いたことは石虎の先例を踏まえて理解されたはずである。天王号採用に仏教の影響を想定する氏の説は興味深いものの、天王号採用がもつ意味については現時点では賛同しない。

なお、後漢の恒帝以降、転輪聖王と称されるにふさわしい皇帝を見出す古正美の作業には一定の意義があると認めるが（古正美『従天王伝統到仏王伝統――中国中世仏教治国意識形態研究――』商周出版、二〇〇三年）、本稿では皇帝と転輪聖王とを結び付けることが確実な事例に限って収集した。五胡十六国の君主号については三崎良章「夏の年号と国家観」（『五胡十六国の基礎的研究』汲古書院、二〇〇六年、初出二〇〇四・二〇〇五年）一四一～一四四頁、同『五胡十六国――中国史上の民族大移動――』（東方書店、二〇一二年）一七〇～一七二頁にまとめられている。

（12）五胡の会編『五胡十六国覇史輯佚』（燎原書店、二〇一二年）。

（13）No.１・２は、「勅答臣下審神滅論」（范縝の「神滅論」に対する反論）を臣下に下し意見を提出させた折の回答中の表現。武帝の下問が少なくとも天監七年以前であったことは伊藤隆寿「梁武帝『神明成仏義』の考察――神不滅論から起信論への一視点――」（『駒沢大学仏教学部研究紀要』四四、一九八六年、二二九頁）。『弘明集』『広弘明集』『歴代三宝紀』『国清百録』は『大正』を使用した。

（14）蕭子雲「玄圃園講賦」『広弘明集』巻二九から、玄圃園の講経が天監一七年に開かれたことが分かる。

（15）法雲が大通三年に死去しており、「答雲法師書」はそれ以前、「光宅寺大僧正法師碑」はそれ以降となる。『芸文類聚』は上海古籍出版社校本（一九八二年）を使用した。

（16）『広弘明集』巻一九には、「啓奉請上開講」に続き、蕭綱「啓謝上降為開講」と「御講波若経序一」が列記される。後者から、武帝は大同七年に般若経を講義したことが知られる。蕭綱が開講を要請したのもその頃であろう。

（17）年次は『建康実録』巻一七によった。

(18) 『文苑栄華』は北京図書館出版の影印本（二〇〇六年）を使用した。

(19) 「無礙会捨身懺文」の撰述時期は諏訪義純「陳帝室と仏教」（『中国南朝仏教史の研究』法藏館、一九九七年、初出一九九七年）二四八頁によった。

(20) 「隋代仏教の系譜——菩薩戒を中心として——」（注(1)拙著、初出二〇〇五年）。

(21) 注(10)参照。

(22) 渡辺信一郎『中国古代の王権と天下秩序——日中比較史の視点から——』（校倉書房、二〇〇三年）。

(23) 北魏分裂後、東魏と梁との間では使者が頻繁に交換された。使者交換の事例は逯耀東「北魏与南朝対峙期間的外交関係」（『従平城到洛陽——拓跋魏文化転変的歴程——』東大図書股傍有限公司、二〇〇一年、初出一九六六年）に集められている。また、西魏と梁との通行も大統二年（五三六）に成立し、侯景の乱までは保たれた（前島佳孝「西魏・蕭梁通交の成立——大統初年漢中をめぐる抗争の顚末——」「西魏前半期の対梁関係の展開と賀抜勝」『西魏・北周政権史の研究』汲古書院、二〇一三年、初出はいずれも二〇〇二年）。

(24) 調査対象は前節の表と同じ。

(25) 仏教の世界観については定方晟『須弥山と極楽——仏教の宇宙観——』（講談社、一九七三年）を参照した。

(26) 笠松哲によれば、金輪聖王たる武后の支配領域を一天下とすることは、仏教的世界観における天下と、伝統的世界観である天下とを結びつけることで可能になったという（「金輪王、封禅す——武后の君主権と封禅——」『洛北史学』一四、二〇一二年、一〇九頁）。

(27) 注(22)渡辺著、一〇二〜一〇五頁。

(28) 武帝は在位中、①大通元年（『梁書』巻三、武帝本紀下、七一頁）、②中大通元年（『梁書』巻三、武帝本紀下、七三頁）、③中大同元年（『南史』巻七、梁本紀中、二一八頁）④太清元年（『梁書』巻三、武帝本紀下、九二頁）に捨身した。史料の所在は諏訪義純「梁武帝仏教関係事跡年譜考」（注(19)著、初出一九八二年）参照。

(29) 横超慧日「中国仏教に於ける国家意識」（『中国仏教の研究』法藏館、一九五八年、初出一九四〇年）三四九頁、船山徹「捨身の思想」（『東方学報』七四、二〇〇二年）八三〜八七頁（逆）など。

(30) 皇帝筆受の先例は、華北に求めることができる。『歴代三宝紀』巻九には、「十地経論十二巻（李廓録云、初訳宣武皇帝御親於大殿上、一日自筆受。後方付沙門僧弁訖了」」(『大正』巻四九、八六頁a一三～一四)とあり、菩提流支による『十地経論』漢訳の初日に、北魏の宣武帝が筆受を務めたことが知られる。同経の漢訳は、序文によれば永平元年(五〇八)四月に開始された(『大正』巻二六、一二三頁b一～五)。

(31) アショーカ王の名は、音訳して阿恕伽王・阿育王・阿輸柯王、意訳して無憂王などがあるが、本文では史料引用を除き阿育王に統一する。

(32) 現行本『王伝』は七巻であるが、宋・元・明版は五巻のみ。花山勝道は、元来五巻であったものが、後世『王経』の組織に倣って組み換えられた可能性を指摘する(「雑阿含経の阿育王譬喩 Aśokāvadānaについて」『大倉山学院紀要』一、一九五四年、四五～四六頁)。

(33) 阿育王伝説の成立背景については、山崎元一『アショーカ王伝説の研究』(春秋社、一九七九年)を参照した。

(34) 『雑阿』の巻二三・二五については、同じく求那跋陀羅訳の『無憂王経』が『雑阿』に編入されたと考えられている。ただし、僧祐『釈迦譜』が巻二三から八万四千塔建立に関連する記述を抜き出すこと、抜き出された記述が現行の『雑阿』と一致することから、現行『雑阿』の成立は僧祐が死去する天監一八年(五一九)以前であったことは疑いない(注(32)花山論文、五一頁)。

(35) 三悪王の出現に関わる個所は『王経』と「アショーカ・アヴァダーナ」にはみられない。詳しくは塚本啓祥『改訂増補・初期仏教教団史の研究』(山喜房佛書林、一九八〇年)二六九～二七〇頁。

(36) サンスクリット語については、龍谷大学の早島慧氏にご教示いただいた。ここに記してお礼申し上げる。なお、サンスクリット語は原文のまま提示する。

(37) 『出三蔵記集』に『王伝』が採録されないことから、『王伝』の南朝における流布は疑問視されている。

(38) この他『雑阿含経』では、巻四「生旃陀羅家、世称須陀夷、名聞遍天下」(『大正』巻二、二九頁a一九～二〇)、巻一〇「従是已後、復三十六反、作天帝釈、復百千反、作転輪聖王、領四天下」(同右、六七頁c二一～二二)、巻一九「即於此時、名此会名天下処」(同右、一三四頁c二一～二三)でも天下が使用される。

(39) 『王伝』は、⑥～⑧該当箇所では天下を使用していない。

⑥『王伝』巻一

爾時徳勝童子、施土已訖而発願言、「使我将来蓋於**天地**、復説偈供養」。（九九頁b二〇～二一）

⑦同右

瞻婆羅国有婆羅門生一女宝。相師占言、「必為王后、為王寵愛、当生二宝子。一者当作転輪聖王王**四分之一**、二者出家当得羅漢」。（九九頁c二一～二四）

⑧同右

天神作是唱言、「慎莫叛逆。何以故、阿恕伽応為転輪王、王**四分之一**」。漸漸征罰、**四海之内**、悉皆帰伏。阿恕伽兄名蘇深摩者方入花氏城。第一輔臣復欲出城、道中相逢。輔臣頭禿落、蘇深摩戯笑故以手打輔臣頭。輔相念言、「此王子者未紹王位、便用権勢敺我頭上。若紹王位、必当以刀而斬我首」。即向五百輔相、説蘇深摩過状言、「不中為王。唯阿恕伽者、相師記言、当作**転輪聖王四分之一**。我等諸臣応共立之」。（一〇〇頁b二一～c一）

（40）「王南**天下**、永劫積功、始乃得之」（『大正』巻五〇、一七九頁b七）。

（41）「上座耶舎告衆僧曰、『汝等当観、阿恕伽王、受福快楽、総御**天下**。今為群臣所共制奪、唯於半果得自在分（以下略）』」（『大正』巻五〇、三一〇頁c三～五）。

（42）僧伽婆羅の訳語に関する総括的な研究は未だ見出せない。訳者別訳語の研究史については河野訓『初期漢訳仏典の研究――竺法護を中心として――』（皇學館大学出版部、二〇〇六年）一八～三七頁を参照した。

中国南方の新羅人
――浙江省台州の地名を手がかりに――

榎本　渉

はじめに

九世紀、海商が東シナ海を結ぶ時代が到来する。その最初の主役は新羅海商たちだった。彼らは唐や日本を往来するのみならず、交通・流通の要地に居留区も設けた。その中に新羅坊と呼ばれるものもあったことは研究史上よく知られ、円仁『入唐求法巡礼行記』会昌五年六月二八日条・七月三日条・九日条・会昌七年六月五日条・一八日条に見える楚州と泗州漣水県の新羅坊が具体例として挙げられる。

だが実はより南方、浙江の地にも、高麗・新羅を冠する古地名があり、その中には新羅人に由来する伝承を持つものもある。これらは林士民によって一通り紹介されており〔林 一九九三〕、拙稿〔榎本 二〇〇七：第一部第一章〕や田中史生の研究〔田中 二〇一二：第二部第二章〕でも言及されるが、日本人研究者の間で十分に認識されているとはいいがたく、個々の記事の検討も林士民の研究から進んでいない。そこで本稿では、各地名について改めて検討し、具体的な位置を確定する作業を行ないたい。それは『巡礼行記』以外に分析する史料に乏しい在唐新羅人について、新たな検討素材を提供することにもなるだろう。

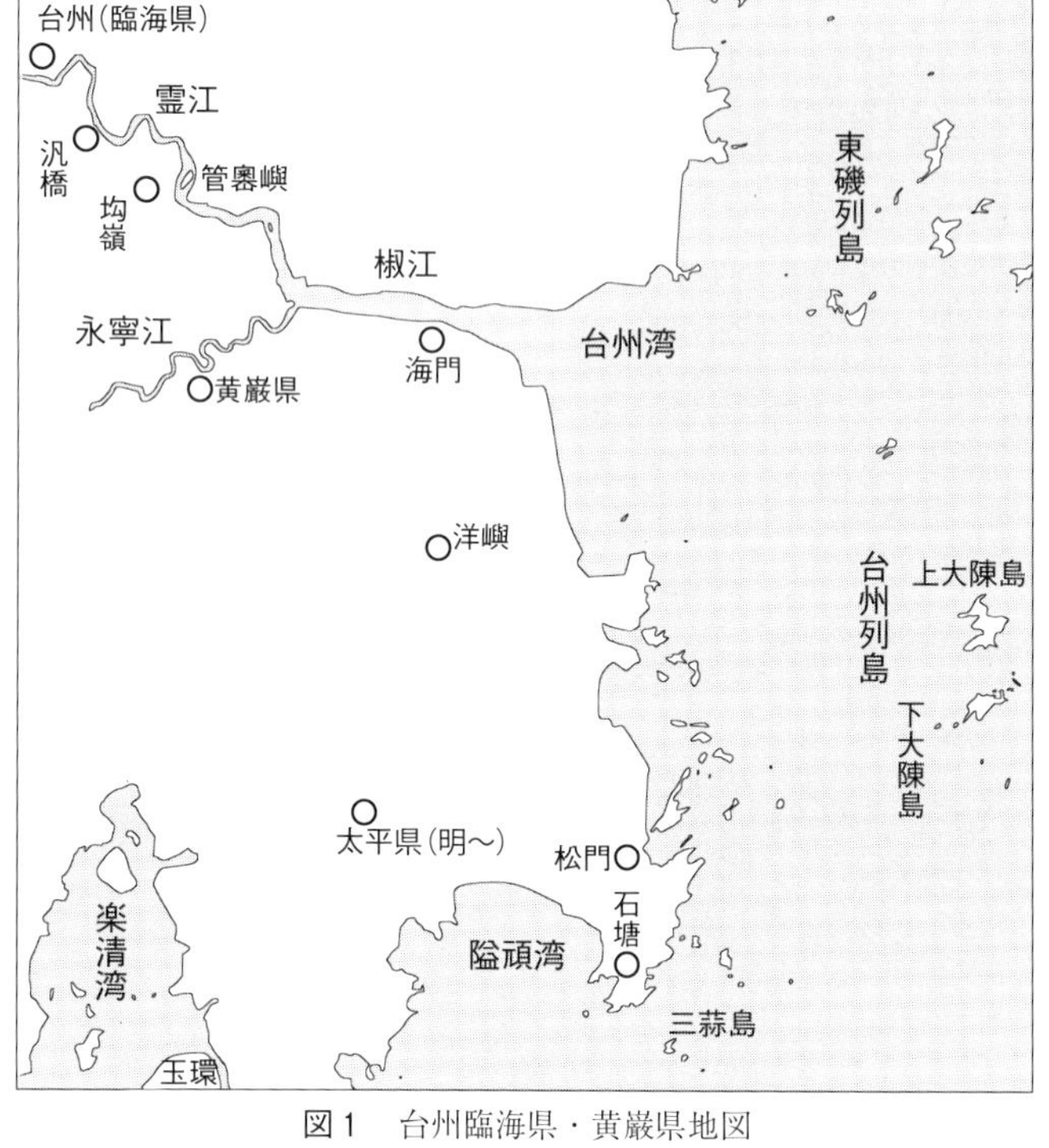

図１　台州臨海県・黄巌県地図

なお本稿では、現存する台州最古の地誌である南宋嘉定一六年（一二二三）序『嘉定赤城志』四〇巻を基本史料とし、明代台州の地誌である弘治一〇年（一四九七）序『弘治赤城新志』二三巻、および台州黄巌県の地誌である万暦七年（一五七九）序『万暦黄巌県志』七巻・康熙三八年（一六九九）序『康熙黄巌県志』八巻・光緒三年（一八七七）刊『光緒黄巌県志』四〇巻を参考史料として用いる。これらは頻繁に用いるため、それぞれ『嘉定志』『弘治志』『万暦県志』『康熙県志』『光緒県志』と略称することにする。

台州の地理についても確認しておこう（図1）。台州は、唐代は江南道、宋代は両浙路に属し、現在は浙江省台州市となっている。臨海は台州の附郭県であり、城壁を州と共有する。ここから川沿いに西へ向かうと仙居県、北へ向かうと天台県である。また沿海寄りの地域では、北に寧海県、南に黄巌県が置かれた。さらに明代一四六九年になると、黄巌県の島嶼部が温州楽清県の一部と合併して台州太平県となった。本稿で主に扱うのは、台州の中でも臨海県と黄巌県だが、両県の治所はともに台州中央部に位置する。台州の中心には台州湾から西に向かって大河椒江が流れるが、海から両県にアクセスする場合、東シナ海―台州湾―椒江までは同一ルートを取り、本流の霊江に乗って北西に進むと臨海県治（台州治）、南西に分流する永寧江に入ると黄巌県治に至る。なお現在の台州市政府は臨海ではなく、椒江河口の椒江区（旧臨海県域の海門衛周辺）に置かれている。また黄巌県域は、沿海部が路橋区、内陸部が黄巌区として、椒江区とともに台州市直轄となっている。前近代の台州城と現在の台州市政府所在地は場所が異なるので、注意されたい。

一　臨海県における高麗・新羅地名

（1）高麗頭山の位置

『嘉定志』巻一九、山水門に拠れば、高麗頭山は臨海県の東南二八〇里（一尺＝三〇・七二センチの宋代尺で約一五五キロ）にあり、人の首のように突出した峰があるために「頭山」と呼ばれた。「高麗」を冠する所以は、「此の山の下より路を分けて、高麗国に入る」ためだという(1)。中国地誌では一般に行政府からの方角・距離で位置を表示する。東南二八〇里が実測値に一致するとは限らないが、椒江河口の海門山を臨海県の東南一二六里とする認識を前提にすれば（『嘉定志』巻一九）、高麗頭山は陸から数十キロ離れた海上の島と考えざるを得ない（中国では島も「山」と呼ぶ）。台州から高麗を目指す船は、椒江から東シナ海に東進した上で、ランドマークとなるこの島の近くで、進路を北方、陸沿いに変えるのである。

『万暦県志』巻一、輿地志、山川、東鎮山の記事は、『嘉定志』巻二〇、山水門の東鎮山記事と同文を引いた上で、最後に「俗に高麗頭山と呼ぶ（俗呼高麗頭山）」と付け加え、高麗頭山と同定している。林士民も『万暦県志』は挙げていないが、同様の見解を取る。『嘉定志』に拠れば、東鎮山は黄巌県東二四〇里に位置するが、黄巌県は東六〇里で海門に達し海に入るとされるから（『嘉定志』巻一、地理門）、東鎮山はやはり海中の島である。

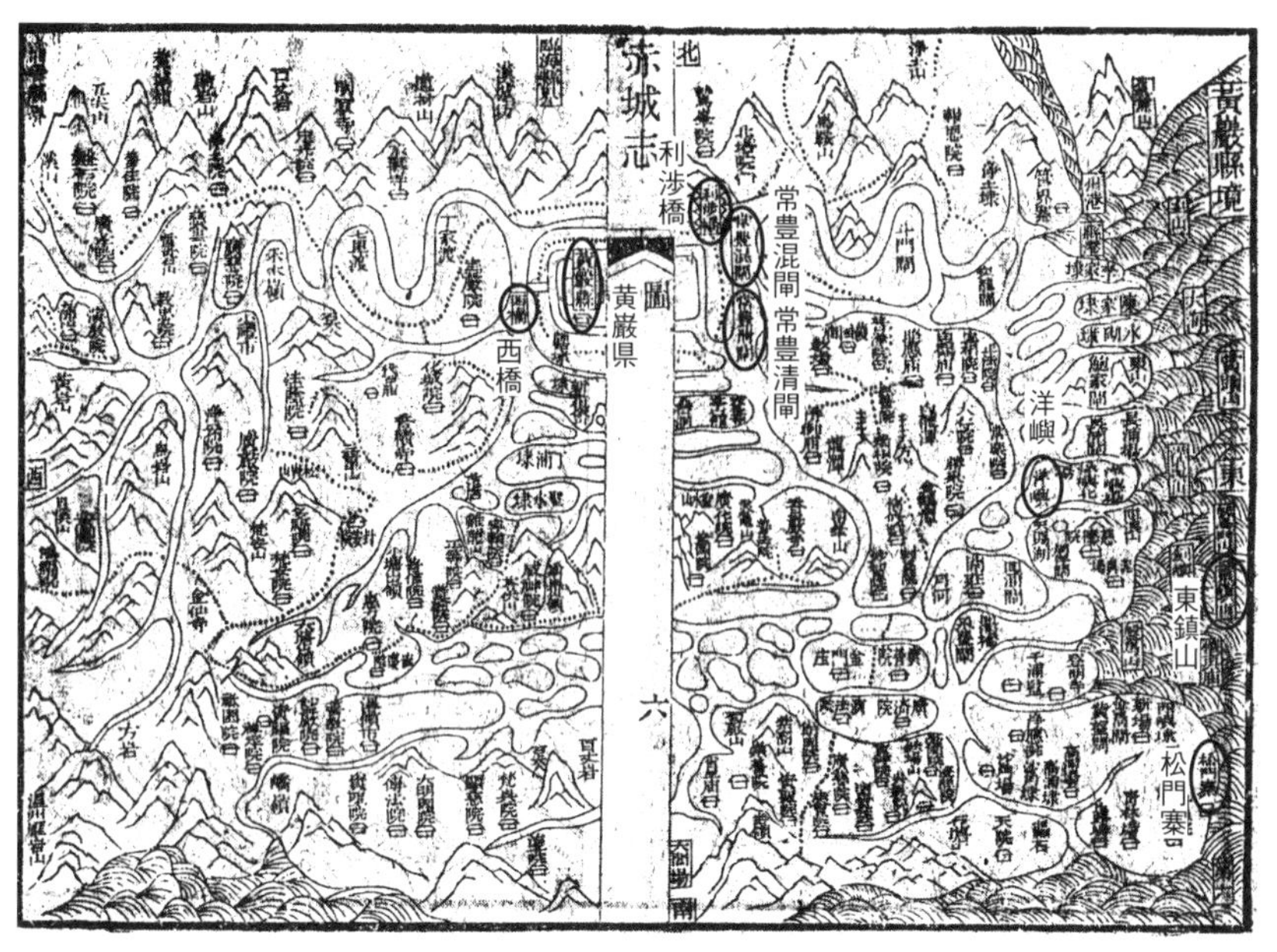

図２　『嘉定志』黄巖県境図（1223年）

『嘉定志』は東鎮山について、「山上にて海中に突出せる一石を望む。舟の高麗に往く者、必ず視て以て準と為す」と記し(2)、ランドマークになる突出した峰を持ち、高麗への目印としての機能を有した点で、高麗頭山と共通する特徴を伝える。ただし現代地図には高麗頭山も東鎮山もなく、その位置は自明ではない。

東鎮山の位置について、『嘉定志』は佚書『臨海記』(3)の「洋山の東百里、東鎮大山有り、岸を去ること二百七十里」の一文を引く。洋山は黄巖県東岸の湿地帯中の洋嶼にある洋嶼山だろう（現在の台州路橋空港近く）。『嘉定志』の「黄巖県境」図には、洋嶼東方にいくつかの島が描かれるが、その一つに東鎮山があり、椒江河口の東南、松門の北に位置する（図２）。この条件を満たす島が、台州列島の上大陳島・下大陳島である（図１）。林士民も根拠は示さないが、東鎮山を大陳島に充てている。明末に海防を目的に編纂された『籌海図編』の巻一に載せる地図には東鎮山がない一方で、松門の東方に大陳山（大陳島）が描かれるが、明代に東鎮山が大陳山と呼ばれるようになったと考えれば理解しやすい[4]。

ただし高麗頭山＝東鎮山説を認めれば、同一の島が『嘉定志』で高麗頭山（臨海県）・東鎮山（黄巌県）として二度立項されていることになる。椒江南岸は沿岸部が臨海県で、その南が黄巌県なので、河口東南方面の島は所轄が錯綜しやすかったと思われ、同一の島が臨海・黄巌両県で登録されてしまったのかもしれない。なお大陳島は明代に太平県が成立してから民国期まで太平県所属だったが[5]、現在の所属は台州市椒江区（旧臨海県域）である。

島の正確な位置はともかく、宋代、台州東方の海上に高麗への航路の目印となる島が存在したことは間違いない。その前提には高麗方面に向かう台州海商の貿易活動が推測される。また台州東方の海域は浙江―福建航路の経由地でもあるから、高麗頭山は福建―高麗航路の目印でもあったし、浙江以南で宋麗間と同じ航路を取る日宋交通でも利用されたはずである。高麗では一〇三一年に「宋台州商客陳惟志」、一〇三八年に「台州客陳維績」、一〇四九年に「宋台州客徐贇」の来航が確認できるし[6]、同じ頃日本にも鄭仁徳や周文裔・周良史父子など、台州海商の来航が相次いでいる（亀井 一九九五）。高麗頭山の地名は彼らの航海知識の一端を伝えるものなのだろう。

（2）臨海県の新羅山と新羅嶼

以上は高麗時代の中朝交通に関わるものだが、臨海には「新羅」を冠する地名として、新羅山・新羅嶼も確認される（『嘉定志』巻一九、山水門。『輿地紀勝』巻一二、台州、景物下にもほぼ同文あり）。特に臨海県東南三〇里の新羅嶼は、「昔新羅賈人有りて、舟を此に艤すれば、故に名づく」とされ[7]、新羅商船停泊地の伝承が知られる。県治東南という方角と舟の停泊地であることを考えるに、霊江にあったものだろう。霊江と永寧江の分流地点に置かれた管界寨が臨海県の東南七〇里なので（『嘉定志』巻一八、軍防門、諸県縣寨兵、臨海）、これよりは臨海寄りと見てよい。林士民は、これを臨海市風橋鎮の岸の船着場にある晒鶩岩と称する小山と推測する。「風（风）橋鎮」は「汎橋鎮」の誤だろうか。だが州志の限られた誌面にこのようなものをあえて著録するかは疑問もある。

むしろ私が候補地として挙げたいのは管嶴嶼（現在の沙渚）である（図1）。全長一・七キロに及び、霊江に浮かぶ最大の島である。『浙江全省輿図並水陸道里記』の「臨海県五里方図」に拠れば[8]、東に管嶴山、北西に弘化山、西に均嶺を控えるが、均嶺は『嘉定志』巻一九に拘嶺として著録され、県の南三〇里とされる。現実の方角は東南だが、ともかく『嘉定志』ではこの辺りが臨海県治から三〇里と認識されていたらしい。ならば東南三〇里とされる新羅嶼は、均嶺東に浮かぶ管嶴嶼の可能性が高いのではないか。その位置は海上から船で台州へ向かう途上で、河川交通上の貴重な寄港地だったと考えられる。

一方の新羅山は新羅人の伝承は伝わらないものの、臨海県西三〇里にあり、八畳嶺を望む位置にあった[9]。『嘉定志』の「州境」図では、新羅山は臨海県城の北にあり、東に隣接して望海尖、北西に八畳、南西に後嶺が見える（図3）。『嘉定志』巻一九に拠れば、臨海県の東北四里に望海尖、西二三里に八畳嶺、北四里に後嶺があった。ただしこれに従えば、県西二三里の八畳嶺は県西三〇里の新羅山よりも県治に近いはずだが、「州境」図では遠くに描かれており、林士民はそこから新羅山の位置を「西三里」の誤りとする。この訂正をただちに受け入れるのはためらわれるが、たしかに距離の誤りがある可能性もある。いずれにしろ新羅山から八畳嶺を望むという以上、両山は近くにあっただろう。

「臨海県五里方図」を見ると、台州城すぐ北に後嶺、その北東に望海尖、州城の西北西に八畳山（八畳嶺）が確認できる（図4）。八畳山は臨海県西で霊江から北に分流する始豊渓の東側に聳え、ふもとには八畳村なる集落も見える（現在も八畳という地名が残る）。始豊渓は宋代、臨海・天台両県を結ぶ運河の役割を果たした[10]。始豊渓沿いには公文書伝達に関わる逓鋪として八畳鋪・小石鋪・百歩鋪・花桃鋪が置かれたが、[11] これは始豊渓が臨海―天台間を結ぶ主要交通路だったからだろう。[12] 八畳山が臨海の北または北西というべき位置にありながら「西」とされるのは、臨海県西方を流れる始豊渓の近くという交通路の問題があるのだろう。その近くにあった新羅山が、「州境」図で県治の北（むしろ北東寄り）に描かれながら「西」とされるのも、始豊渓を経由したためと考えられ

図３　『嘉定志』州境図（1223年）

る。

八畳村は、西に始豊渓が流れる一方、南にも細い小河が流れている。この川は白馬山の北で始豊渓から分流し、八畳山とその南の許市山の間の谷間を東へ走っている。これに当たる川は「州境」図にも描かれ、浮江とされる。注目すべきは浮江が新羅山の近くまで流れているように描かれていることで、新羅山は浮江流路近くの山である可能性が高い。「臨海県五里方図」を見ると、浮江南には許市山・茶寮山・松山など様々な山名が見えるが、等高線を見る限りこれらは同一の山を各方面から見た時の別称らしい。より正確なものに一九一九年測量の五万分の一地図があるが、[13] そこでは許市山などを含む山は石生頭と総称されている（現代地図では石岩頭）。浮江の流れる谷間を挟み八畳山と対峙するこの山は、新羅山にふさわしいだろう。位置関係も「州境」図と対比してほぼ矛盾はない（図3・4）。

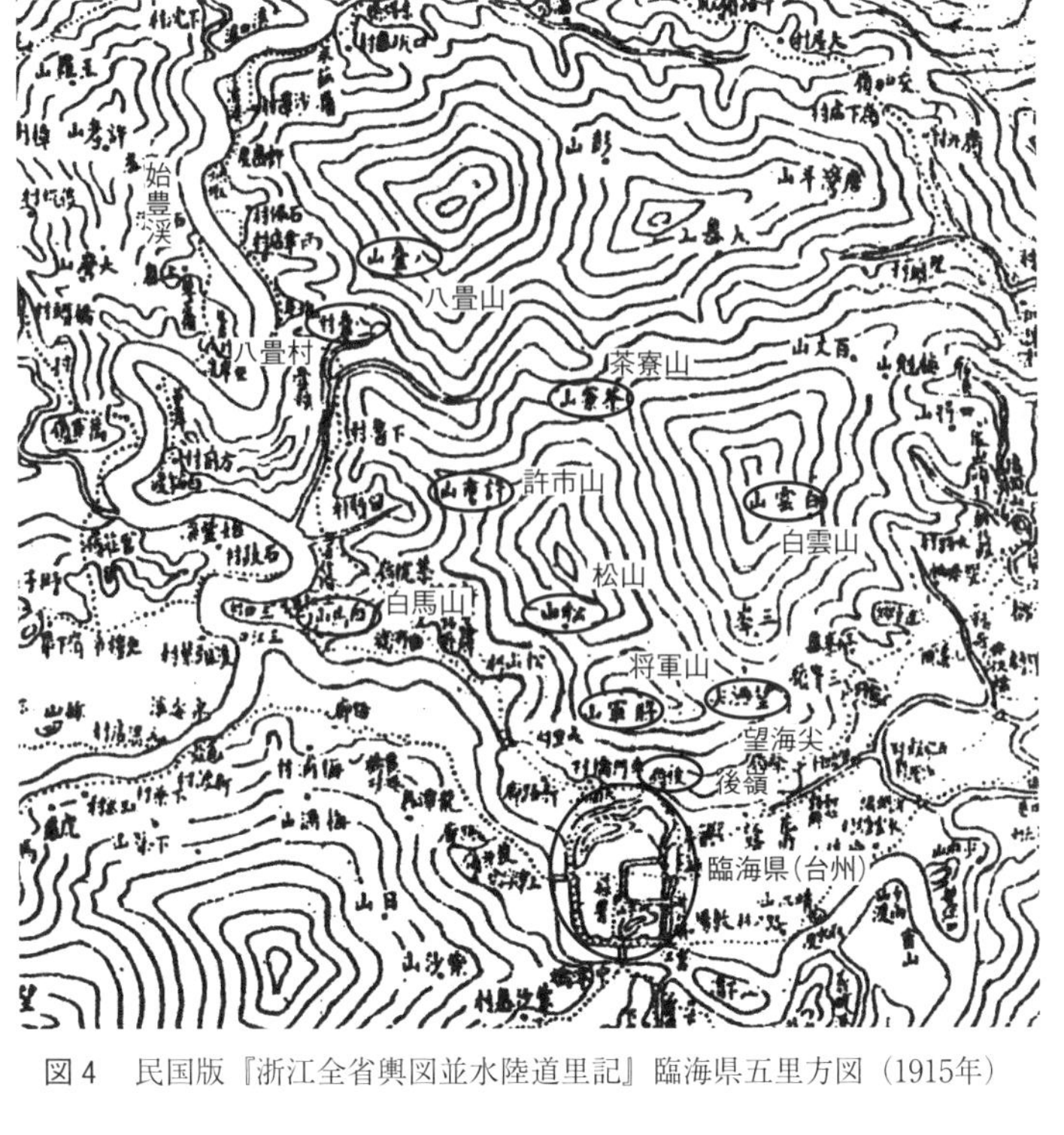

図4　民国版『浙江全省輿図並水陸道里記』臨海県五里方図（1915年）

以上のように考えた時に注目したいのが、八畳村の位置である。「臨海県五里方図」では、八畳村は始豊渓と浮江の間に描かれるが、五万分の一地図を見れば、浮江沿いの立地であることが分かる（始豊渓岸へは西に道が通されている）。「臨海県五里方図」には清末の陸路が点線で示されているが、図4に拠れば、その道は白馬山付近で始豊渓沿岸から外れ、浮江沿いに北上し、八畳村に至ってから始豊渓沿いに復帰している。おそらく宋代も大きくは変わらなかっただろう。[14]つまり八畳山と石生頭の間の谷間は、臨海―天台間の幹線路が通る場所だった。

石生頭が新羅山と称された事情は不明だが、新羅嶼と同様に新羅人にまつわる何らかの伝承があった可能性は考えてよく、それは臨海―天台間を行き来する新羅商人に関するものかもしれない。ただし天台県城の北に仏教聖地の天台山が控えていることを考えれば、天台山に参学した新羅僧に由来する可能性も考えられる。[15]彼らが州治のある臨海と往来したことの記憶が山名の由来であるというのも、推測だけならば可能だろう。よって新羅商人に短絡するのは慎重になりたいが、新羅人が臨海―天台間を行き来していた痕跡が新羅山の称である可能性は低くないと思う。

二　黄巌新羅坊の検討

(1)　黄巌新羅坊の記事

前節では臨海県を見てきたが、本節では黄巌県の新羅坊を検討したい。すなわち『嘉定志』巻二、地理門、坊市、黄巌に、以下のようにある（一二二一年序『輿地紀勝』巻一二、台州、古迹にもほぼ同文あり）。

新羅坊、在県東一里。旧志云、五代時、以新羅国人居此、故名。

本記事の「旧志」引用箇所については、以下の二通りの読みがひとまずは考えられる。

五代の時、新羅国人此に居するを以て、故に名づく。

五代の時、新羅国人を以て此に居うれば、故に名づく。

「五代時」が掛かるのは、前者は「故名」であり、後者は「居此」である。だが『嘉定志』の他の坊の記事は、もっぱら「…を以て、故に名づく」と読むべきであり、[16]新羅坊記事についても前者を採用すべきだろう。すなわち新羅人が住んでいた場所を五代の時（浙江の場合、呉越国支配下の九〇七～九七八年）に新羅坊と名付けたのである。

典拠の「旧志」は、「五代の時」の文言から見て、宋代の地誌と考えられる。『嘉定志』巻一一、秩官門、県令では、淳化元年（九九〇）の知臨海県張誼に「旧志に見ゆ」との注記を載せるので、「旧志」は九九〇年以後の成立だろう（顧 二〇一〇：一七七）。林士民はこれを大中祥符年間（一〇〇八～一六）の『祥符黄巌図経』とし、「五代時」からさほど時を経ていない頃の情報とするが、その根拠は挙げていない。たしかに『嘉定志』では、黄巌県の記事で「祥符図経」を引用した例がある（巻二、地理門、郷里、黄巌、靖化郷）。これは一〇一〇年、真宗の命で編まれた全国規模の地誌『祥符州県図経』一五六六巻に相当しよう。[17]林士民が『祥符黄巌図経』と呼ぶのは、その中の黄巌県部分を指すものと考えられる。

だがそもそも「図経」を「旧志」と呼ぶかという問題もある。たとえば『嘉定志』巻三九、紀遺門の黄巌県北一〇里の漢城の記事では、「県志」「旧郡志」「図経」が参照される。『嘉定志』に先行する地誌として、「図経」（『祥符州県図経』か）ではない台州や黄巌県の「志」があったらしい。また『嘉定志』巻八、秩官門、歴代郡守、龍朔二年（六六二）条には「臨海・黄巌の二旧志を按ずるに」とあり、黄巌県以外に臨海県の「旧志」もあったことが分かる。しかし『嘉定志』に附す斉碩の跋が「今天下の郡県、皆な紀録有るも、台独り闕典を為すのみ（今天下郡県、皆有紀録、台独為闕典）」と言うように、台州には『嘉定志』以前に地誌がなかった。編者陳耆卿の自序も、台州には『嘉定志』以前に地誌がなかったことを述べた上で、それ以前の地誌編纂の沿革を記す。すなわち尤袤・唐仲友・李兼の編纂事業があったものの果たされず、陳耆卿は黄嵤から編纂を託されるも完成を見なかったが、一〇年後に新任知州の斉碩の命を受けて『嘉定志』を完成させたという。[18] 尤袤・唐仲友・李兼・黄罃・斉碩はそれぞれ一一八〇～八二年、一一七五～七七年、一二〇七～〇八年、一二一〇～一二年、一二二一～二三年に台州の知州を務めており（『嘉定志』巻九、秩官門、本朝郡守）、州志編纂は一一七五年頃から知州の主導下に断続的に行なわれたらしい。

以上の経緯を見るに、『嘉定志』に先行する台州の「志」とは、少なくとも『嘉定志』に引用され得るものは、唐仲友・尤袤・李兼の時代に編まれ未完に終わった地誌以外にないだろう。県志についても、唐代以前の成立と思しき『臨海記』『臨海図経』などはともかく、宋代については一二世紀末頃の『寧海土風志』、一二〇二年の『嘉泰天台図経』五巻、一二二四年の『嘉定黄巌志』一六巻のように（いずれも佚書）、州志編纂の動きから少し遅れて、各県で確認されるようになる。州志編纂事業の中で、地誌情報が県レベルでも集積されたことが前提としてあるのだろう。[19] 新羅坊記事の出典は結局はっきりしないが、一一七〇年代以後に台州や黄巌県で整理された情報である可能性が高いと考えておきたい。

（2）黄巌新羅坊の性格

唐の新羅坊について、かつては新羅人居留区一般の称として理解する向きもあった。[20] だが堀敏一が正しく指摘するように、「坊」は「唐代都市の内部の区画をいみする言葉」である（堀 一九九八：二七四）。坊は牆壁で区切られた方形の区画で、東西南北の門を備えていた（曾我部 一九六三：第五章）。『巡礼行記』には新羅坊のトップとして物管が見えるが、これは坊に置かれ坊門の鍵の保管と姦非（不当行為）の督察を行なった坊正に当たるだろう。唐末の地方都市で新たに形成された新羅坊が、唐代の典型的な坊と同じ形態を取ったかは一考の余地があるが、都市内の一角の地名だったことは認めてよい。少なくとも山東沿岸に形成された新羅人集落などをも新羅坊と呼ぶのは妥当ではない。

黄巌新羅坊の命名が五代と考えられることは、前項で述べた。だが一方で『嘉定志』は、清鎮坊・欽賢坊・仁風坊・新羅坊の四坊について、「右の四坊、熙寧九年（一〇七六）、令范世文建つ（右四坊、熙寧九年、令范世文建）」という注記を載せている。これに拠れば、新羅坊を含む四坊は、一〇七六年に知県范世文によって設けられたことになる。[21] 五代に命名された坊が北宋期に建てられたとはどういうことだろうか。

よく知られるように、坊牆・坊門を伴い、大街との出入りを制限された坊のあり方は、宋代には崩壊した。これによって坊は本来の意味を離れ、街路の称として用いられるようになる（加藤 一九五二・宮崎 一九九二）。この点を論じた加藤繁は蘇州の事例から、宋代地誌に見える坊は街路を跨いで建てられた坊表（牌坊）を意味していることを指摘し、范世文の建坊記事も、坊表を立てたことを意味すると解釈する（加藤 一九五二：三一八）。つまり一〇七六年、新羅坊という街路の入口に知県が「新羅坊」と書かれた牌坊を建てたのである。『嘉定志』附載「黄巌県治」図に（以下「嘉定城図」と略称）、清鎮坊・欽賢坊・仁風坊を含む一九の坊名が街路入口の牌坊の中に記されていることからも、加藤の解釈は妥当と考える（図5・6）。

では五代の新羅坊は唐代のように坊牆で区切られた区画だったのか、それとも宋代のように街路の称だったのか。前者だとすれば、新羅坊の形態が成立当時とその後で変化したことになるが、五代は坊制変質の過渡期に当たり、判断が難しい。[22] もっとも後述するように、黄巌には明代まで城壁すらなく、坊牆に囲まれた坊の存在は考え難く思うが、ここではひとまず五代の黄巌に新羅人居留地が存在したことを指摘するに留めたい。

それにしても新羅人居留区の存在は、かなり重要な事実である。在唐新羅人に関する研究は非常に多いが、大部分は九世紀前半、長江沿岸部以北を対象とする。これは考察をほぼ『入唐求法巡礼行記』に依っているためである。『巡礼行記』は周知の通り八三八年から八四七年に在唐した天台日本僧円仁の旅行記で、その行動範囲は、

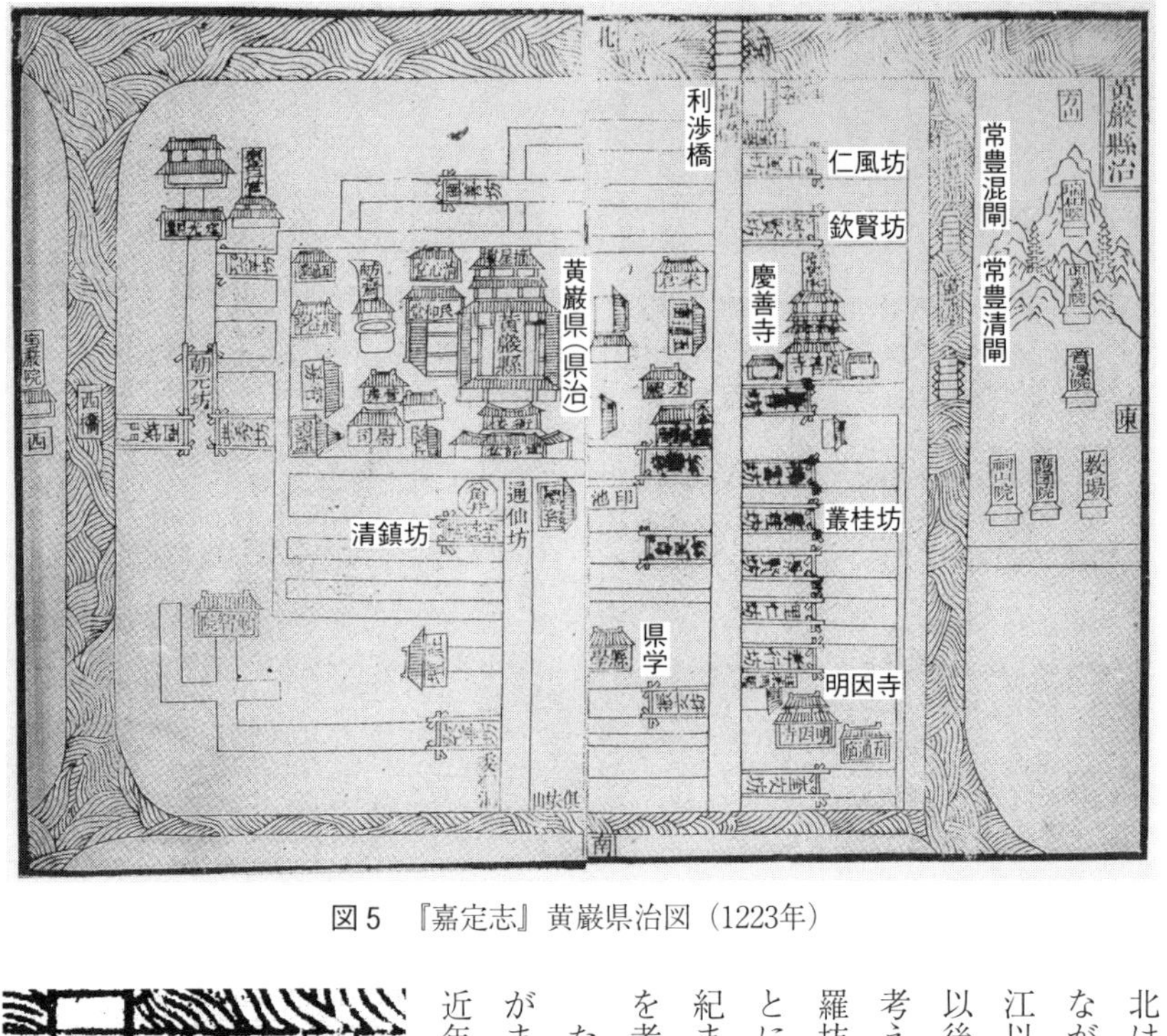

図5　『嘉定志』黄巌県治図（1223年）

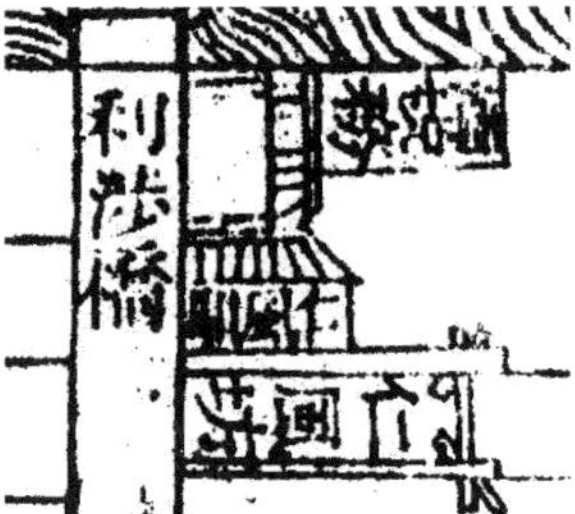

北は五臺山、西は長安、南は蘇州に及ぶ。当然ながらそこからは九世紀後半以後、あるいは浙江以南の状況を知ることはできない。一〇世紀以後の東シナ海貿易の中心が浙江であることを考えると、この状況は看過できないが、黄巌新羅坊の記事はこの欠を補う貴重な情報ということになる。また新羅海商の活動の痕跡が一〇世紀まで追える点も、九・一〇世紀の連続・変化を考える上で重要である。

ただしこれまでも浙江以南の新羅海商の活動がまったく不明だったわけではない。たとえば近年知られるようになった山東の登州牟平県の

図6　『嘉定志』黄巌県治図（仁風坊周辺拡大）

『無染院碑』（九〇〇年刻）には、「又た鶏林の金清押衙、家は榑桑に別れ、身は青社に来り、貲は鄞水に游び、心は金田に向かう（又鶏林金清押衙、家別榑桑、身来青社、貲游鄞水、心向金田）」とあり、鶏林（新羅）人の金清が榑桑（東方＝新羅）から青社（山東）に移住して鄞水（明州）で商売を行なっていたことが記される〔劉 一九九四〕。金清の本拠地は登州にあったが、浙江の明州まで商圏を伸ばしていた。また唐末昭宗頃（八八八～九〇四）の劉恂『嶺表録異』には、「新羅客」が山東から福建に向かう船に乗っていたことが見え、福建での新羅海商の活動が知られる。しかもその船が流虬（琉球）国に漂着した時、「新羅客」はその言葉を「半訳」したといい、彼らは台湾方面の情報も持っていたらしい[23]。

黄巌は明州の南、福建の北に位置するので、ここに新羅人の活動の痕跡があったとする『嘉定志』の記事は、自然に理解することができる。そしてその活動が五代まで続いたのならば、呉任臣『十国春秋』巻八一、呉越、忠懿王世家、建隆二年（九六一）一二月条に見える高麗船主王大世の記事も[24]、新羅海商の後裔が呉越の王都杭州で活動していたことを伝えるものとして理解することが可能である。

（3）黄巌新羅坊の位置

黄巌新羅坊について重要なのは、後世まで地名が記憶された点にある。たとえば南宋の夏肯甫が黄巌に築いた暁山亭について、『光緒県志』巻二三、古蹟志は、「案ずるに、当に新羅坊に在るべし」と注記する。この説の根拠は不明だが、清末にも新羅坊なる坊名は意識されていた。

九世紀の新羅人居留地として現在知られているのは、主に沿岸の港湾か都市の一角である。たとえば登州赤山浦の新羅人集落は唐羅交通上の寄港地の位置にあり、前者の代表例といえる。一方で楚州・漣水の新羅坊は後者に当たる。在唐新羅人は海上交通を活発化させるとともに、商品の流通・売却のため、都市近郊に拠点を必要と

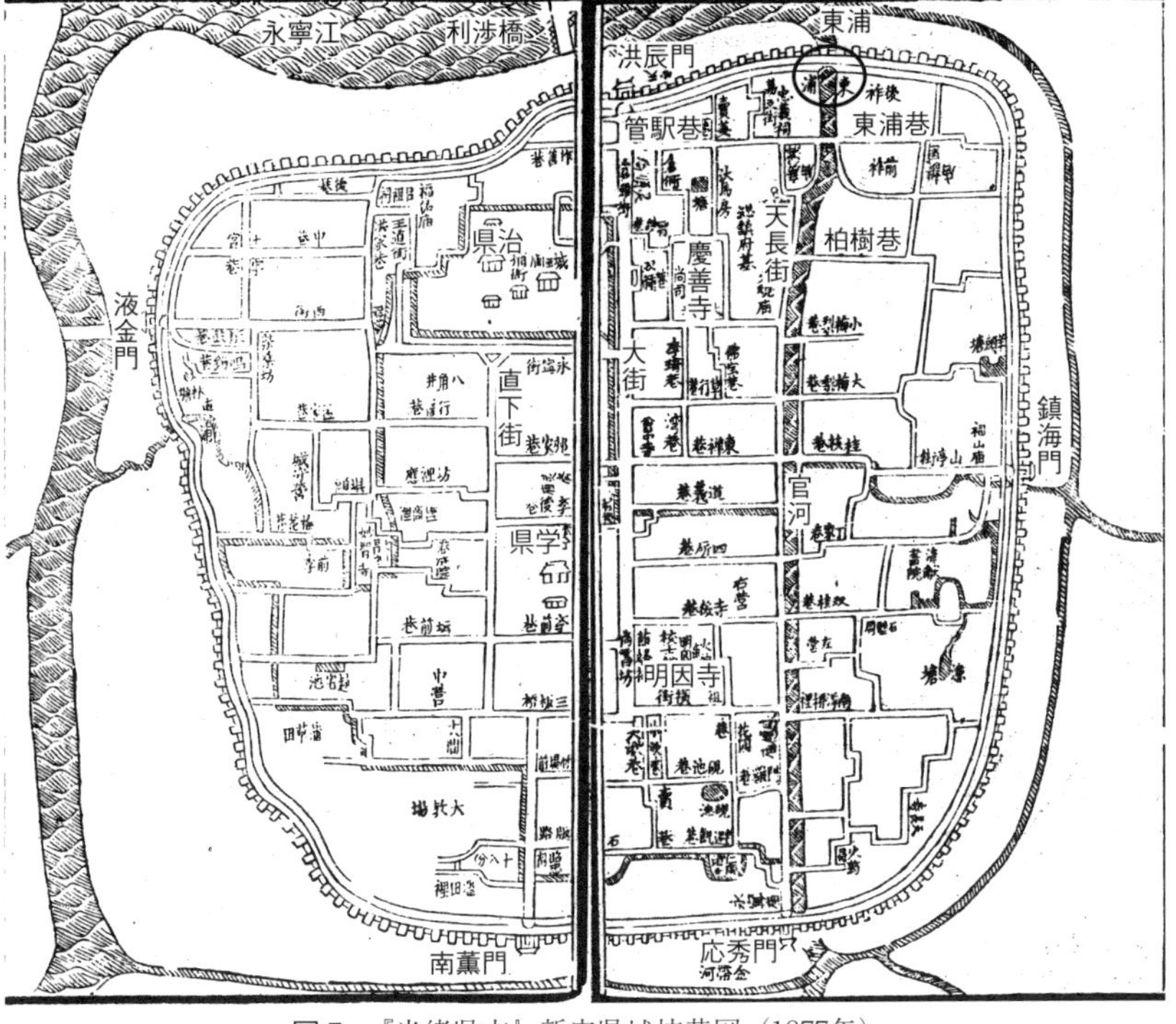

図７　『光緒県志』新定県城坊巷図（1877年）

したはずで、新羅坊は経済的拠点の機能を持ったことが予測できる。だが楚州・漣水新羅坊の位置は『巡礼行記』からはまったく不明である。その点で『嘉定志』に「県東一里に在り」と記される黄巌新羅坊は、新羅人居留地のあり方を考える上で重要なサンプルである。

黄巌に新羅坊なる地名は現存しないが、跡地は後世の資料に明記されている。『万暦県志』巻一、輿地志、坊市、新羅坊の注記に、『嘉定志』と同文を引いた後、「今栢樹巷と呼ぶ（今呼栢樹巷）」とあり、明末の栢樹巷が新羅坊とされたことが分かる。『万暦県志』では他の坊にも多く巷名が附されている。宋代以後、都市の地名表記として、坊名とともに民間では街・巷の別称も用いられたが（加藤 一九五二：三一九）、栢樹巷もその一つであろう。栢樹巷は、『光緒県志』附収「新定県城坊巷図」（以下「光緒城図」と略称）に栢樹巷として見える（図7）。黄巌県城内を南北に流れる川から東に延びる道で、黄巌県治の東方、県城の東北部に当たる。現在の台州黄岩区にも同じ場所に栢樹巷があることは、二〇一四年の現地調査で確認できた。

ただし『万暦県志』の新羅坊＝栢樹巷説の妥当性は、他の史料と併せて検証する必要もある。まず新羅坊が県治東一里に当たるという記述との整合性が問題になる。中国地方志の距離表記の起点は一般に治所であり、一里とは街路の入口までの距離である。一里は宋代尺で約五五三メートルだが、一九二一年の五万分の一地図より測定すると、県治から栢樹巷入口（西端）までの直線距離は地図上で約一・一センチ、すなわち約五五〇メートル＝約一里となる。[25]こうした数値は往々にして実数と一致せず、あまりこだわる意味もないが、一応実数とかけ離れた数値ではないことは指摘しておきたい。

もう一つ、新羅坊の位置を考察する上で重要なのが橋である。『嘉定志』巻三、地理門、橋梁、黄巌には「新羅坊橋、県の東北一里に在り、即ち清水牐橋なり（新羅坊橋、在県東北一里、即清水牐橋）」とあるが、新羅坊橋は新羅坊に架かる橋だろう。県治からの距離は新羅坊と同じ一里であり、新羅坊入口の前に架かっていたと見られる。方角は「県東北」で、新羅坊の「県東」と異なるが、新羅坊が栢樹巷ならば県治の真東よりも北にあるので、「東北」の表現も不可能ではない。

新羅坊橋の記事は清水牐橋なる異称を伝える。「牐」は水門、閘のことであり、清水牐なる閘の上に橋が架けられていたらしい。セットで見るべきは東浦橋で、『嘉定志』では新羅坊橋の次に立項され、「東浦橋、県の東北一里二十歩に在り、即ち混水牐橋なり（東浦橋、在県東北一里二十歩、即混水牐橋）」とされる。新羅坊橋よりも県治から二〇歩遠い位置にあるとされていた。混水牐橋の異称も見えるが、明らかに清水牐橋と対の命名である。清水牐・混水牐の関連史料として、『嘉定志』巻二四、山水門、水、黄巌に以下の如くある。[26]

官河、県の東南一里に在り。南浮橋より南流して嶠嶺に至ること一百三十里、陸程九十里、広さ一百五十歩。又た別れて九河と為り、各の二十里なり。支れて九百三十六涇と為り、丈を以て計れば七十五万なり。分れて二百餘埭と為るも、其の名殫くは紀すべからず。霊山・馴雉・飛凫・繁昌・太平・仁風・三童・永寧の八郷に綿亘し、田に漑ぐこと七十一万有奇。旧と閘一十有一を建て、時を以て啓閉す。其の仁風に隷くは、常豊清混斗門と曰う。

県治の東南一里から南流する官河という川があり、支流も含め広大な範囲を流れていた[27]。その川には仁風郷[28]所属の「常豊清混斗門」があったという。「斗門」は牐と同じく、閘のことである。「常豊清混斗門」と同じと思われるものは、『万暦県志』巻二、輿地志、水利に「常豊清混二閘」として見える[29]。

常豊清混二閘、県の東隅に在り。宋元祐中（一〇八六～九四）、羅提刑適建つ。元大徳中（一二九七～一三〇七）、韓知州国宝修す。舟楫往来すれば、潮の大小に随いて、以て啓閉を司る。必ず先ず清閘を啓き、河（官河）の内の船を混閘の中に出し、即ち清閘を閉ざして、混閘を啓き、之を江（永寧江）に放つ。又た江中の船を清閘の外に納め、即ち混閘を閉ざして、復た清閘を啓き、以て之を河に放つ。潮水の進、清水の洩を防ぐ所以なり。嘉靖壬子（一五五二）、城を築きて河を跨ぎ、東に陡門を河口に設くれば、僅かに水の往来を容るるのみにして、舟楫通ぜず、二閘存ずと雖も、用うる所無し。

「常豊清混二閘」は一一世紀末に設けられ、常豊の称を冠した清閘・混閘という水門だった。清水牐・混水牐と同じものだろう。永寧江との合流地点近くでは、清閘・混閘の開閉により官河の水位を調節し、舟の出し入れを行なっていた。濁流の永寧江の水を都市域に入れず、生活用水を確保するための工夫でもあった。閘の利用方法を具体的に記す興味深い記事だが、清閘を開いて官河の舟を中に入れ、混閘を開いてその舟を永寧江に出すとあることから、混閘は永寧江との合流地点近く、清閘はそれより上流にあったことが分かる。

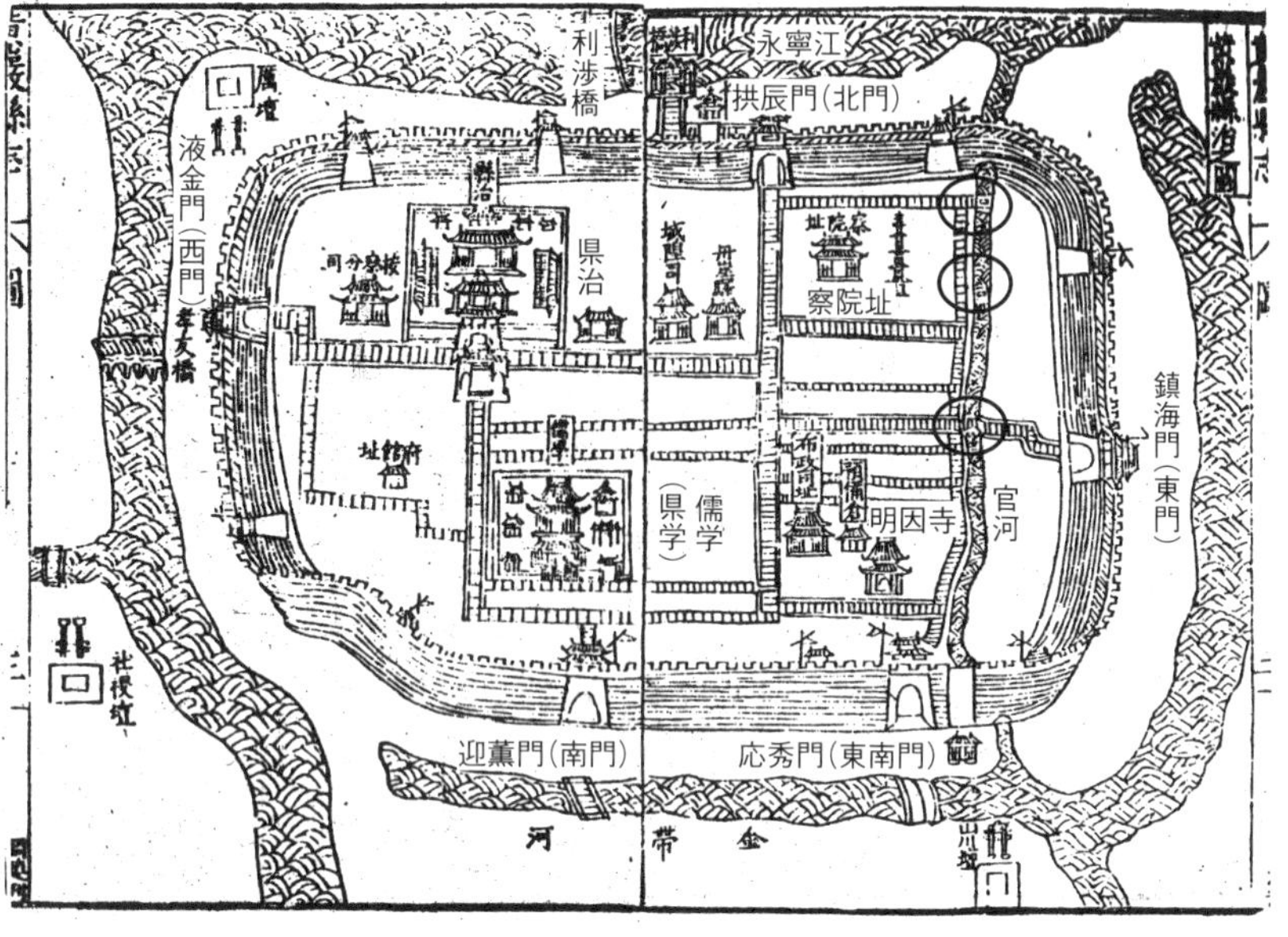

図8　『万暦県志』黄巌県治之図（1579年）

『嘉定志』所載の「黄巌県境」図を見ると、県治の東に流れる川の北側（下流）に「常豊混閘」、南側（上流）に「常豊□閘」と書かれている（図2）。また「嘉定城図」には慶善寺の東に橋と思しきものが二つ描かれ（図5）[30]、北側は「常豊混閘」と注記される。南側は字が縦に圧縮され読みづらいが、下二字は「清閘」と読め、上二字の字形も「黄巌県境」図を参考にすれば「常豊」のつぶれたものと見て良さそうである。つまり南側は「常豊清閘」だろう[31]。そして両閘が置かれた川が官河、混閘の上に架かっていたのが東浦橋、清閘の上に架かっていたのが新羅坊橋である。

これを踏まえて『万暦県志』所載の「黄巌県治之図」を見ると（以下「万暦城図」と略称）、官河には三本の橋が描かれている（図8、丸印参照）。一番南の橋は鎮海門（東門）から西に延びる道の延長上に架かり、桂枝橋と考えられるので[32]、他の二本が北から東浦橋（混閘）・新羅坊橋（清閘）ということになる。両橋は「察院址」と書かれた建物のある区画の東に位置する。『万暦県志』巻二、輿地志、公署に拠れば、察院は一五四〇年、慶善寺を廃してその跡地に建てたものだが、一五五二年の倭寇によって焼失した。察院「址」とあるのは倭寇の被害を踏まえたものだが、元は古刹慶善寺の跡地であり、仏塔も描かれている。(33)「万暦城図」では察院址の北の街路から官河を渡る地点に一本目の橋（東浦橋）が架かり、そこから少し南、察院址東の街路の途中に二本目の橋（新羅坊橋）が架かる。『康熙県志』巻一、輿図に収める黄巌県城の図（以下「康熙城図」と略称）も、橋こそ描かないが、同じ場所に「混閘」「清閘」の注記がある。

東浦橋の位置は、慶善寺北の道から官河を渡る地点と確定できるが、「嘉定城図」では、慶善寺の北に仁風坊・欽賢坊の二本の街路が描かれる。「万暦城図」「康熙城図」では一本しか描かれないので、片方は明代までに荒廃したのだろう。「光緒城図」でも慶善寺の北で官河に至る道は管駅巷の一本のみである（図7）。『万暦県志』巻一、輿地志、坊市は、仁風坊の俗称を舘駅巷とし、管駅巷に当たるものだろう。(34)『嘉定志』巻三、地理門、館駅に拠れば、宋代の黄巌県には仁風駅があったが、「嘉定城図」には仁風坊の西端に仁風駅と思しき建物が描かれる（図6）。仁風駅は明初に丹崖駅と改称されるが、一五五二年の倭寇に燃やされ県治近くに移転するまで同じ場所にあったようである（『万暦県志』巻二、輿地志、公署）。管駅巷・舘駅巷の称は駅に因むと見てよく、明代まで駅が置かれた重要な街路だった。「万暦城図」に描かれる慶善寺（察院址）北の街路もこれだろう。なお管駅巷は現存し、その位置を確認することもできる。また官河の位置については、「光緒城図」との対比から、現在の天長路に当たることが分かる。「光緒城図」では官河西岸に天長街が南北に走るが、民国期以後の官河埋め立てでこれが東に拡張され、天長路になったと考えられる。

以上から、現在の管駅巷・天長路の交差点がかつての東浦橋＝混閘の位置と考えられるが、現在その東には里東浦という道が走り、「光緒城図」では東浦巷とされる。東浦橋と関わる地名に違いない。「光緒城図」は北の城壁と官河の交点に東浦と記し（図7）、官河河口部、永寧江に注ぎ込む地点を東浦と呼んだことが知られる。元人潘士驤の『黄巌八景』に「東浦暮帆」が見え（『元詩選』癸集、癸之戊上）、東浦の地名は黄巌築城以前、元代には遡る。

東浦橋の南かつ慶善寺以北の渡河地点は、「光緒城図」を見る限り、柏樹巷の西しかない。これが新羅坊橋＝清閘であり、柏樹巷が新羅坊ということになる。以上から、『万暦県志』の新羅坊＝柏樹巷説は妥当な説として認めることができる。なお『光緒県志』巻七、輿地志、橋梁、新羅坊橋には、「咸豊辛酉、寇燬く。同治丙寅、重修す」とあり、新羅坊橋は一八六一年に太平天国によって燃やされた後、一八六六年に再建された。『光緒県志』が編まれた一八七七年以後、官河が埋められるまで存続していた可能性が高い。

混閘・清閘の間隔は、現在の地図で計ると約一四〇メートルである。宋代から明代にはこの中に舟を入れて水位を調節し、永寧江との間で舟の出し入れを行なっていた。元代浙江の内河船は、大きいもので一〇丈（≒三〇・七メートル）、小さいもので一丈（≒三・一メートル）というから[35]、大型船でも四艘、小型船ならば数十艘を入れることが可能な設計だったことになる。

三　中国都市における外国人居留区

（1）黄巌新羅坊の意味

新羅坊の位置については、いかなる評価ができるか。新羅坊は東浦すなわち官河河口部から少し遡ったところにあった。官河は水利の面で重視されると同時に、多くの船が行き来する水路の役割を果たしたことも、前節で挙げた「常豊清混二閘」の記事から明らかである。同記事に拠れば、倭寇の襲撃を受けて官河を跨いで城壁を建てた結果、官河の舟運は途絶したともいうが、逆にいえば黄巌人は、倭寇の如き危機的体験を経るまで、城壁を築こうとしなかった[36]。それだけ官河の流通機能を重視していたということだろう。

宋代黄巌の都市構造は、県治から南に向かう通仙坊（直下街）と、利渉橋から都市域の北限～南限を走る大街が軸となっている。『嘉定志』に記載がある二一坊の中で、「嘉定城図」には一九坊が描かれるが（新羅坊・寿寧坊の二坊以外）、軸となる二路に挟まれるエリアは巌瞻坊・阜民坊・振文坊の三坊が見えるのみで、坊は意外に少ない。巌瞻坊は県治の前を通る役所街、振文坊は県学の前を通る道で、政治的な性格が強い。大街以西の他坊は、西門付近の太平・朝元・洪秀の三坊を除けば、通仙坊とそこから西に延びる清鎮坊・教善坊（後者は妙智院の参道）、県治北九〇歩の興善坊の計四坊のみである。興善坊の少し南、県治北七〇歩には寿寧坊もあったが、中西部は概して坊がまばらで、坊のない街路も目立つ。

大街と官河に挟まれるエリアは、これと対照的に九本の街路すべてに坊が立てられている。県治前を東西に走る街路は、西門～大街で約七〇〇メートル、大街～官河で約三〇〇メートルであり、都市域の三〇％の範囲（しかも中心部から外れた地区）に約半分の坊が設けられていたことになる。坊は重要性の高い街路を選んで建てられたと考えられるので、坊の密度の違いは地区の繁栄度の差を反映していると予想できるが、東部の活況は黄巌の経済の動脈たる官河に面していたことに多くを依っているのだろう。『万暦県志』巻一、輿地志、坊市からは、明代黄巌県城内に設けられた市として、県治前の大井頭市の他に、官河の南出口に当たる応秀門（東南門）の天長市が知られ、官河の経済的重要性がうかがわれる[37]。

おおまかに言えば、中部は県治・県学を中心とした政治的空間であり、東部は官河沿いの商業空間だった。一〇七六年、最初に建てられた四坊の内、県治南の清鎮坊を除く三坊が官河から延びる街路だったことは、この経済的偏差が北宋中期まで遡ることを推測させる。黄巌都市域に残る寺院で唐以前に遡る伝承を持つ古刹は慶善寺（東晋三四八年）と明因寺（南梁天監年間五〇二～五一九年）だが、いずれも官河沿いに立地するのは偶然ではあるまい[38]。

官河とともに重要なのは、利渉橋の渡江地点である。利渉橋は一二一一年に竣工し、長さ千尺に及ぶといわれた大橋である。「嘉定城図」に描かれる通り、その架橋地点は黄巖唯一の北の出入り口である。都市域から出る場合、従来はここから船で永寧江を横断する必要があり、それは「奔渡争舟、傾覆蹴踏之患」というように難破の危険が高かったが、利渉橋の架橋によって免れたという（葉適『水心先生文集』巻一〇、利渉橋記）。その少し南には、酒税務（『嘉定志』巻七、公廨門、場務、黄巖）と仁風駅も描かれており（図6）、渡江地点が物流・交通を管理する場だったことがうかがえる。酒税務・仁風駅がいつからこの場所にあったのかは定かでないが、前者は一一五一年にここに再建され、後者も一一六七年に永寧駅から仁風駅に改称された時点ではここにあったと思われる[39]。さらに一二一一年には利渉橋が架けられた。ここから南は県治東を南北に通る大街であり、東に向かうと仁風坊を経て、東浦前の混閙に至る。つまり黄巖は政治的中心の県治から真北、経済的要地の東浦から真西に向かった地点が都市の出入り口になる構造だった。

上記の如き都市構造を踏まえると、新羅坊は黄巖の政治的中心地から少し外れ、かつ流通・経済の要地に接して設けられたことになる。ただ「嘉定城図」に全二一坊中の一九坊が描かれているにもかかわらず、新羅坊が見えないことも見逃せない。当時官河東岸の坊は新羅坊しかなかった。東岸は総体としては、西岸と比べて都市的発展が遅れた地区だったと見られ、都市域を描くことに主眼を置いた同図では省略されたのだろう。これは「万暦城図」でも同様で、「康熙城図」でも東岸には東浦巷以外描かれず、この傾向は清初まで続いたらしい。新羅坊の位置は都市域中では郊外、少なくとも辺縁にあったと考えることができる。これは新羅海商があえて中心から距離を取ろうとしたためというよりも、外来者が既成の都市中心部に入り込むのが困難だったためと推測する。新羅海商はこのような未開発地区、しかし運河河口部という経済的な可能性を秘めた場所を選び、居留区を形成した。彼らは当地の経済的発展に寄与し、その跡地には知県によって四坊の一つが建てられるに至るのである。最後に触れておきたいのは、黄巌にあった張太尉廟なる廟の縁起である。『嘉定志』巻三一、祠廟門、黄巌には、以下のようにある。(40)

張太尉廟、県の東二里に在り。紹興中（一一三一〜六二）建つ。俗に伝う、康定中（一〇四〇〜四一）、商人陳其姓なる者有り、岱岳より燔（幡カ）を奉じ以て帰すと。

廟にある幡は、陳某なる商人が康定年間に山東の泰山からもたらしたものだった。この文には続けて、宣和の寇（一一二〇年方臘の乱に呼応して挙兵した呂師囊）が黄巌を攻めた時、神が現れて軍を指揮し寇を退けたため、民は相帥（あいひき）いてこれを祀った、とある。泰山の幡から張太尉神が現れたということだろう。『万暦県志』巻七、外志、叢祠もこれとほぼ同文を載せるが、廟の場所は「県東二里新羅坊」となっている。新羅坊西端が県東一里だから、張太尉廟は東端の辺りだろうか。つまり陳某は新羅坊に所縁があり、新羅人と関わりの深い山東に行き来していた。彼が新羅海商の後裔であるという期待も浮かぶが、想像の域を出ない。だが新羅坊が新羅海商の活動した五代を引き継ぎ、北宋期にも黄巌における遠隔地商人の拠点として機能した可能性はあるだろう。もちろん幡が泰山から将来されたという説話をただちに事実とするのは危険だが、一つの逸話として紹介しておきたい。

（2）広州・泉州における外国人居留区

以上で検証したのは黄巌の一例に過ぎないが、他の新羅人居留区についても、ある程度敷衍できる可能性はあると思う。楚州・漣水でも都市中心部に新たな坊を作ることは困難だったことは推測され、新羅坊はやはり周縁部に設けられた可能性が高いのではないだろうか。

実は新羅人に限らなければ、同様のケースは南海貿易の拠点である広州でも指摘することができる。広州城は宋代から明初まで、州治周辺を囲む子城の東西に東城（番禺県治）・西城（南海県治）が連なる形態を取った。この中で子城は、九七一年十国南漢の制圧時に破壊された後、一〇四五年に再建されたが、東城は一〇六九年、西城は一〇七一年に初めて築城に着手された〔曾昭璇・曾憲珊 一九八五〕。東城・西城建設の契機は、広源で反旗を翻した儂智高の軍が、一〇五二年、子城の外を思うままに略奪したことだった。この時「其の蕃漢数万家、悉く賊の席巻して去るに委ねらる（其蕃漢数万家、悉委於賊席巻而去）」と言われたように、南海貿易の拠点広州には、漢人のみならず蕃人も多く居留していた。城壁建設は蕃人の希望も強かったようで、西城建設中の一〇七二年、大食勿巡国（オマーンのスハール）の進奉使を名乗る辛押陀羅（カシム＝アブドゥッラー）が帰国に当たり、「広州城を修するを助くる銭銀を進（たてまつ）る（進助修広州城銭銀）」ることを神宗に進言している。(41)

よく知られるように、唐宋代の広州には蕃坊なる地区が存在した。広州蕃人を管理する蕃長の存在も唐代より確認され、蕃人の処罰なども認められた〔桑原 一九八九：第二章〕。その位置は旧西城内に当たる光塔路と考えられる。宋元代、ここは蕃巷・番巷と呼ばれた〔曾昭璇 一九八九〕(42)。巷と言い換えられる坊は、黄巌新羅坊のそれと同じく、都市内の街路と見るべきだろう。(43)

光塔路の称の由来は光塔と呼ばれるミナレットにあるが、これは南宋・方信孺『南海百詠』にも番塔・懐聖塔として見え、毎歳五・六月、夷人がその頂上で風信を祈ったという。唐代創建との伝承もあった。(44) 蕃坊には他にも外国人との関わりを思わせるものが多く、たとえば朝貢使接待に用いられたと思しき来遠駅も、南宋期にはここにあった。(45) また『永楽大典』所収の明初「広州府南海県之図」では、番塔の西に南海県治と元妙観が見える（『永楽大典方志輯佚』五、図版七二）。この南海県治の場所には一三六九年まで崇報寺があった。崇報寺は初め宝光寺といい、番舶のために祈福する寺として市舶司が建てたものである。大観年間（一一〇七〜一〇）、賈胡の捨財で重修された時、朝廷は市舶司の要求に従って崇報寺の額を与えた。(46) 元妙観は宋代には天慶観と称したが（『成化広州志』巻二四)、儂智高の乱によって灰燼に帰した。だが『広州重修天慶観記』に拠れば、治平年間(一〇六四～六七)にこれを見た三仏斉の使者が帰国後に三仏斉地主都首領の地華迦囉に報告したところ、地華迦囉は向道崇起の心を起こし、一〇六七年以来使者を派遣して修理を続け、一〇七九年に竣工した[47]。蕃坊にはイスラム教・仏教・道教に関わる宗教施設が立ち並び、そのいずれも外国商人や朝貢使との関わりがあったことになる。蕃坊は広州の都市域でも、外国商人と特に密接に関わる街路だった。

広州は子城の前に船溜まりがなかったが、西城域には西澳と呼ばれる入江があり、停泊にも適していたと考えられる。西澳は一一世紀初めに整備され、南濠と呼ばれた(曾昭璇・曾憲珊 一九八五)。南濠から西城域には三脈の水路がめぐらされたが、一脈は大市街を通り、一脈は番巷(蕃坊)・新店街を通った(『大徳南海志』巻八、城濠、渠)。大市街・新店街は、名称から見て商業区だろう。さらに蕃坊の近くには瑪瑙巷・象牙巷・玳瑁巷など、南海貿易の商品名を冠する地名が点在し(曾昭璇 一九八九)、また正確な位置は不明だが、西城域の某所には宋初に「蕃市」があった(森田 二〇〇一:二七)。政治的中心地だった子城に対して、西城地区は商業区の性格が強く、それはおそらく西城建設以前に遡る。ここに蕃坊が形成されたのは、政治的中心地から離れた経済・流通の要地に黄巌新羅坊が設けられたのと同様の現象といえる。

広州と並ぶ南海貿易の拠点だった福建の泉州でも、近い現象が確認できる。泉州の外国人居留区は明確には分からないが、外来商人居留と関わると考えられるものにモスク(清浄寺)がある。その壁に刻まれるヒジュラ暦七一〇年(一三〇九～一〇)のアラビア語碑文は、創建をヒジュラ暦四〇〇年(一〇〇九～一〇)とし、一三四九年の漢語碑文は一一三一年商船で来航したムスリムの創建とするが[48]、いずれにしろ宋代の創建だろう。モスク所在地は現在の涂門街・中山路交差点の南東だが、涂門街は唐宋代の南城壁跡、中山路は泉州城の南北メインストリートに当たり、両路の交差点は鎮南門(南門)の跡地である(周主編 二〇〇七:一九五～二三八)。つまりモスクは南門の横に城壁に外接して建てられた。

鎮南門から中山路沿いに南南西に向かうと、道が二つに分かれる。南に曲がると中山路が続き、元末に設けられた新鎮南門（徳済門）の跡地へと向かうが、西南西に曲がると水門巷と称する小道に入る。ここは南宋期に設けられた南薫門（水門）の跡地である〔周主編 二〇〇七：一四〇～一四三〕。弘治二年（一四八九）序『八閩通志』巻一三、地理、城池に拠れば、宋～明代にはこの門の近くに泉州市舶司があり、貿易船のチェックを行なった。一帯には舶司庫巷（市舶司倉庫跡）・水門観音堂（南薫門前）などが現存し、市舶司跡地に比定される水仙宮もある。南薫門から鎮南門までは二〇〇メートル足らずで、外来商人はこの道を北上してモスクに礼拝したのだろう。彼らの拠点もこの一帯と考えられる。南宋・趙汝适『諸蕃志』巻上、志国に、南インド南毗国の羅巴智力干父子が泉州の城南（泉之城南）に住み、大食国（イスラム勢力）人の施那幃（シーラーヴィ）が泉州の南（泉南）に居を構えているとあるのも、南門の南一帯での外国人居住を示すものだろう〔桑原 一九八九：八八〕。一二三〇年、泉州城南の筍江沿いに翼城が築かれ、一三五二年に泉州城と翼城が統合されると、この一帯は城内に取り込まれたが、それ以前は城外だった（南薫門・徳済門は本来翼城の門）。泉州でも外来商人の拠点は、当初都市の政治的中心から離れた経済的要衝の地に設けられていたことになる。

おわりに

本稿では第一節で台州臨海県の高麗頭山・新羅嶼・新羅山など高麗・新羅関係地名を確認し、その交通上の位置を考察した。これらは東シナ海―臨海県―天台県の海・河・陸の交通幹線上に位置しており、台州人の対高麗貿易や新羅人の台州での活動のインパクトを物語るものと考えられる。一方で宋代に遡る「倭」「日本」関係地名を台州に見出すことができないのは、生成期の東シナ海海域における新羅海商の存在感を反映するものだろう。

第二節では黄巌新羅坊について、五代の時に新羅海商の居留区である街路に命名したものであることを明らかにし、一〇世紀に浙江以南で新羅海商が活動していたことを示すものとして、その重要性を喚起した。その位置は官河の東岸にあり、河口部に設けられた常豊清閘・混閘の内で、南側の清閘の上に架かる新羅坊橋から東に延びる街路だった。

第三節では黄巌新羅坊が、政治的中心地から少し外れ、かつ流通・経済の要地に接する位置にあったことを示した。その位置は都市の辺縁部に当たるが、これは外来商人が既成の都市の中心部に入り込むことが困難だったためと考えられ、同様の傾向は広州蕃坊や泉州の外国人居留区についても敷衍できる。

そして黄巌・広州・泉州のいずれでも、外国人居留区が最終的に城壁内に取り込まれる結末を迎える。その時代や事情は異なるが、外来商人によって経済的発展が実現した都市周縁部は、都市域が拡張の機を得た時に、取り込みの対象とされやすかったと見られ、必然的な結末でもあったのだろう。この点で「余所者」の活動は、都市域の発展を促す重要な契機となり得るものでもある。近代に広州などで設定された租界地も、その点では同様の事例として挙げることが可能であろう。

さて、本稿では宋~清代の地誌を主な史料として、台州の高麗・新羅人関係地名の考察を行なったが、同様の事例は他にもなお見出すことができる。たとえば少し北では、明州象山県の北七里に浮かび「耆旧相伝う、新羅国人、嘗て舟を此に泊すと（耆旧相伝、新羅国人、嘗泊舟於此）」とされる新羅嶴山があるし（『宝慶四明志』巻二一、象山県志、叙県、山）、南では温州平陽県の城内に新羅坊を見出すことができる（『弘治温州府志』巻六、坊門、平陽県）。際限がないのでこれらの検討は省くが、一見無味乾燥な地誌情報にも、東シナ海・南シナ海をめぐる交通の痕跡は意外と多く埋もれていると思われる。今後のさらなる発掘に期待したい。

(1) 「高麗頭山、在府城東南二百八十里。自此山下分路、入高麗国。其峯突立、宛如人首、故名」。

(2) 「東鎮山、在県東二百四十里。臨海記云、『洋山東百里、有東鎮大山、去岸二百七十里』。生昆布・海藻・甲香・礬等物、又有金漆木、用塗器物、与黄金不殊。永昌元年（六八九）、州司馬孟詵以聞。中有四墺、極嶮峻。山上望海中突出一石、舟之往高麗者、必視以為準焉」。

(3) 宋初成立『太平御覧』付録の「太平御覧経史図書綱目」に、撰者名を記さずに挙げられており、『太平御覧』巻四七でも数か所で引用されている。洪煥椿編著『浙江方志考』（浙江人民出版社、一九八四年）二七五頁によれば、劉宋孫詵の撰に成るとの説もある。

(4) 『民国台州府志』巻四二、山水路、太平県山は、東鎮山を石塘山（松門の南）の東南に浮かぶ三蒜山の外（二蒜山・一蒜山）とするが（図1）、『嘉定志』『嘉慶太平県志』など先行の地誌の記述を基に考証したものであり、所伝に基づくものではない。民国期には所在が不明だったからこそ、考証が必要となったと見るべきだろう。少なくとも三蒜山の外とする説は『嘉定志』の地図と矛盾するため、認められない。

(5) 『嘉靖太平県志』巻一、『民国台州府志』巻四二。

(6) 『高麗史』世家、顕宗二二年六月乙未条・靖宗四年八月戊子条・文宗三年八月己巳条。

(7) 「新羅嶼、在県東南三十里。昔有新羅賈人、艤舟於此、故名」。

(8) 『中国方志叢書』華中四七所収の一九一五年版に拠るが、不鮮明な文字も多いので、西安地図出版社発行『清代地図集彙編』収録の一八九四年版も参照した。

(9) 「新羅山、在県西三十里。与八畳嶺相望。鳥道巑岏。多野果、土人利之」。

(10) 『嘉定志』巻一、叙県、天台。「県在州西九十里、……東南由始豊渓四十七里入臨海、又東北七十里入州、此水程也」。

(11) 『嘉定志』巻一八、軍防門、諸県鋪兵。逓鋪については青山〔一九六三：第五章〕を参照。

(12) 入宋日本僧成尋が一〇七二年、天台県から臨海県に向かう際に宿泊した泊歩は、百歩と考えられる〔藤善訳注 二〇〇七：一三七〕。やはり始豊渓沿いに南下したものだろう。

(13) 『中国大陸五万分の一地図集成』Ⅱ、科学書院、臨海県城地図（台州五十七号）。

(14) 点線が示す道をたどると、宋代に逓鋪が置かれた小石嶺・百歩村・花桃村を経て天台県に至る。

(15) 著名な例では、九四七年に天台山に参学した高麗僧義通の例がある〔章 一九九六〕。なお『嘉定志』巻二八、寺観門、寺院、天台によれば、天台山国清寺の前には新羅僧悟空が唐代に基を作った新羅園があった。

(16) 通仙坊「面に委羽山に直るを以て、故に名づく（以面直委羽山故名）」。／梯雲坊「楊似雲・葉応輔の中第を以て、故に名づく（以楊似雲葉應輔中第故名）」。／叢桂坊「左蟬兄弟の中第を以て、故に名づく（以左蟬兄弟中第故名）」。／景賢坊「林鼐之に居するを以て、故に名づく（以林鼐居之故名）」。／朝元坊「定光観焉に在るを以て、故に名づく（以定光観在焉故名）」。／孝行坊「至道中、郭琮此に居するを以て、故に名づく（以至道中郭琮居此故名）」。／振文坊「県学焉に在るを以て、故に名づく（以県学在焉故名）」。／奎文坊「明因寺御書を賜るを以て、故に名づく（以明因寺賜御書故名）」。

(17) 諸路図経・諸道図経とも称す。佚書。一〇〇七年、宋の真宗は諸道の州府軍監に詔して地方図経を作成献上させたが体裁が整わず、一〇一〇年に改めて体例を整えて重修させ、写本三四二本を作成させて地方に頒下した〔青山 一九六三：四六四～四六八、四七九～四八〇〕。

(18) 「図牒之伝尚矣。今地隃万里、県不登万戸、亦必有成書焉。矧以台為名邦、且称輔郡、綿渉千歳、迭更数百守。而闕亡、以詔難之歟。抑因陋襲簡、不暇問歟。嗇昔有守四人、嘗厪其力於斯矣。如尤公袤・唐公仲友・李公兼、類鞅掌不克就。最後黄公畲、辱以命余、偕陳維等纂輯焉。会黄去、匆匆僅就未備也。束其稿十年矣。更久、則非惟不備、而幷与僅就者失之。今青社斉公碩始至、欲迄就未暇、逾年報政、遂復以命余。於是、郡傅士姜君容、総権之、邑大夫蔡君範以下、分訂之、又再嘱陳維及林表民等、採益之、既具」。

(19) 『赤城土風志』は『嘉定志』巻一、地理門、叙郡に引用される。『弘治志』巻二一、典籍に胡融の撰と見えるが、胡融は一一九一年に『図形菊譜』二巻を撰している（『百菊集譜』巻五）。『嘉泰天台図経』は南宋・尤袤『遂初堂書目』に著録され、『台州経籍志』巻一三には序も収める。『嘉定志』には巻一、地理門、叙郡に「天台県経」として引用されている。『嘉定黄巌志』は南宋・陳振孫『直斎書録解題』巻八に著録される。撰者の蔡範は一二二二年に知黄巌県となったが（『万暦県志』巻四、職官志、良吏）、『嘉定志』自序（注18前掲）に拠れば、『嘉定志』編纂に協力した人物でもある。『嘉定黄巌志』は『嘉定志』と並行して編纂されたものと見て間違いない。なお『嘉定黄巌志』は『嘉定志』と同時代の編だから、新羅坊記事出典の「旧志」には当たらないだろう。

(20) 森克己が「唐の山東・揚州・明州・楚州などには新羅人の居留地があり、新羅坊と呼んでいた」とし、山東・揚州・明州の新羅坊に言及するのは、新羅人居留地一般を新羅坊と考えていたためだろう〔森 二〇〇九：三八六〕。内藤雋輔が登州の赤城法花院の講に新羅人二百餘人が参加していることをもって、「当然この地に新羅坊の存在したことが考えられる」としているのも同様の発想である〔内藤 一九六一：五〇五〕。

(21) 范世文は一〇七六〜八〇年に知黄巌県を務めた（『嘉定志』巻一一、秩官門、県令）。大井を掘り坊巷を開き、邑人の信頼を得たという（『万暦県志』巻四、職官志、良吏）。

(22) 加藤繁は宋初まで坊制は生き続け、北宋の間に衰退したと考えるが、梅原郁は唐末五代の混乱を経て、宋初にはすでに唐代の坊制は変質していたことを想定する〔梅原 一九七七：五七〜五九〕。日野開三郎は唐末五代の城邑破壊と商業の発展によって、坊市制は消滅したとする〔日野 一九八三：三一九〜三二〇〕。

(23) 「陵州刺史周遇、不茹葷血。嘗語（劉）恂云、頃年自青社之海帰閩、遭悪風飄五日夜、不知行幾千里也。凡歴六国。第一、狗国。同船有新羅客、云是狗国逡巡。……又経流虬国。其国人么麼、一概皆服麻布而有礼。競将食物、求易釘鉄。新羅客、亦半訳其語」。

(24) 「高麗舶主王大世、選沈水千斤、畳為旖旎山象衡岳七十二峯。王許以黄金五百両、竟不售」。『十国春秋』は清代の撰だが、年月を欠くもののほぼ同文が五代宋初の人陶穀（九〇三〜九七〇）の『清異録』巻下、旖旎山条にも見える。

(25) 注(13)『中国大陸五万分の一地図集成』Ⅱ、黄巌県城地図（台州五十九号）。もちろん数百メートルの距離の測定に五万分の一という縮尺は充分ではないが、現代の地図を用いると、近代の道路拡張の問題もあるので、ここでは便宜上民国五万分の一地図に拠った。参考までに旧県治門前から柏樹巷前の距離をGoogle Earthで測量すると、約五〇〇メートルである。

(26) 「官河、在県東南一里、自南浮橋南流至嶠嶺一百三十里、陸程九十里、広一百五十歩。又別為九河、各二十里。支為九百三十六涇、以丈計者七十五万。分為二百餘埭、其名不可殫紀。綿亘霊山・馴雉・飛鳧・繁昌・太平・仁風・三童・永寧八郷、漑田七十一万有奇。旧建閘一十有一、以時啓閉。其隷仁風者、曰常豊清混斗門。……」。

(27) 官河の治水工事については、寺地遵の整理がある〔寺地 一九九二：一〇〜一二〕。

(28) 『嘉定志』巻二、地理門、郷里、黄巌に、県東二〇〇歩にあり、光沢里・安寧里を管すとある。県治東を中心に都市域および近郊を管轄したものだろう。安寧は県治と官河の間にある慶善寺の旧名安寧寺に因むか（『嘉定志』巻二八、寺観門、寺院、黄巌、禅院）。

（29）「在県東隅。宋元祐中、羅提刑適建、元大徳中、韓知州国宝修。舟楫往来、随潮大小、以司啓閉。必先啓清閘、出河内船於混閘中、即閉清閘、而啓混閘、放之于江。又納江中船于清閘外、即閉混閘、而復啓清閘、以放之于河。所以防潮水之進、清水之洩也。嘉靖壬子、築城跨河、而東設陡門于河口、僅容水之往来、舟楫不通、二閘雖存、無所用矣」。

（30）北の利渉橋と同じ形状で描かれており、橋を表現していると考えられる。

（31）『光緒県志』にも「嘉靖以前県治坊巷図」としてこの地図が復刻されるが、そこには明確に「常豊混閘」「常豊清閘」とある。

（32）「万暦城図」では察院址（慶善寺）と明因寺の間に、東西に走る六本の道が描かれるが、「嘉定城図」「康熙城図」「光緒城図」でも同じ場所に六本の道が見え、基本的な街路は宋清間で変化していない。「万暦城図」「康熙城図」では、その中の北から三本目に鎮海門へ向かう橋が架かるが、この道は「嘉定城図」に拠れば叢桂坊である。『嘉定志』巻二、地理門、坊市、黄巌は、叢桂坊の旧名を桂枝坊とするが、ここに架かっていたと思われるのが、同巻三、地理門、橋梁、黄巌に見える桂枝橋である。『嘉定志』に拠れば、桂枝坊の改称は左瑆兄弟の中第（科挙及第）に因むが、この左瑆は桂枝橋の前に住んでいたという。

（33）なお慶善寺は清初順治年間に再建され（『康熙県志』巻八、寺観）、「康熙城図」にも慶善寺とその塔が描かれている。

（34）管・舘（館）の音は平水韻では一致しないが、元・熊忠『古今韻会挙要』巻一三や明代勅撰『洪武正韻』巻八は古緩切に分類し、現代中国音でもguǎnで音通である。また『漢語大詞典』に拠れば、管は館に通じるという。

（35）袁桷『清容居士集』巻八、越船行（斯波 一九六八：六六）。また日本僧成尋は一〇七二年、運河で越州より杭州へ向かう際に一〇丈の「大船」に乗っているから（成尋『参天台五臺山記』熙寧五年八月一九日条）、やはり浙江の大型船は一〇丈程度らしい。

（36）黄巌に城壁がなかったことは「嘉定城図」でも表現されている（図5）。城壁のない県城は宋代江南ではかなり広く見られた〔伊原 一九九三：第四章〕。長安城など一部の都市を基準にして、中国都市一般を城郭都市と規定し、日本との相違を強調する常識的な論は、実は必ずしも正しくない。

（37）なお『康熙県志』巻三、坊市に拠れば、天長市は清代には廃絶していた。流通拠点としての官河の重要性が築城によって失われたことを反映しているのだろう。

（38）円珍は八五三年の入唐時、福州・温州・嶠嶺（後の太平県治）を経て、一一月一九日に黄巌の安寧寺（慶善寺旧称）に到り宿泊し、寺僧は即日県にこれを報告している〔小野 一九八二〕。九世紀黄巌において、慶善寺が重要な位置にあったことが分かる。

（39）ただし『嘉定志』は仁風駅を県北三里とする。これは永寧江に架かる利渉橋（県北一里）よりも遠い。駅は永寧江北岸に置かれていたことになるが、これは利渉橋の南に駅を描く「黄巌県治」図に矛盾する。『嘉定志』に拠れば、仁風駅は初め永寧駅と称し、一一六七年に改称されたというが、あるいは永寧駅と呼ばれた頃は永寧江北岸に置かれ、仁風坊に移転してから仁風駅と改称したのかもしれない。ならば『嘉定志』の記す駅の位置は、永寧駅時代の情報が残ったものとも考えられる。

（40）「張太尉廟、在県東二里。紹興中建。俗伝、康定中、有商人陳其姓者、従岱岳奉旛以帰。宣和寇犯邑、昼見神金甲、按兵河岸、列幟、皆神号。寇驚遁、邑得全。民相帥祠之」。岱岳（泰山）からもたらされた「旛」（干肉）は「幡」の誤か。『康熙台州府志』巻一三、寺観、黄巌県、張太尉廟も「幡」に作る。

（41）『宋会要輯稿』方域九―一七、熙寧五年八月一二日条、蕃夷四―九二、熙寧五年六月二一日条。辛押陀羅については、南海貿易に関わる漢人海商と思しき劉富とともに州学建設に出資したことも知られる〔森田 二〇〇一：三四〕。

（42）蕃巷を記す史料として、宋末元初成立の洪邁『夷堅志』丙志巻一六、広州女。曾昭璇は大徳八年（一三〇四）修『大徳南海志』巻八、城濠、渠に見える蕃巷の位置が光塔路に当たることを指摘している。嘉靖三九年（一五六〇）序『嘉靖広東通誌初藁』巻四、城池、広州城、広州古渠にもほぼ同文があるが、そこでは蕃巷が「番塔街」となっており、番塔（ミナレット）のある光塔路であることは認めてよい。

（43）亀井明徳は蕃坊を方形の区画として、その範囲を考察している〔亀井 二〇一五：二三～二五〕。これは蕃坊が街路を越えた広がりを持つ空間という前提に基づいているが、そもそも城壁すらなかった唐代広州において、坊牆で囲まれた空間としての坊があったと考えるのは難しいだろう。

（44）「始於唐時、曰懐聖塔、輪囷直上、凡六百十五丈、絶無等級。其顚標一金雞、随風南北。毎歳五六月、夷人率以五鼓登其絶頂、叫仏号以祈風信。下有礼拝堂」。

(45) 『大徳南海志』巻一〇、兵防、旧志館駅逓鋪に、「来遠駅、在蕃巷」とあり。

(46) 『成化広州志』巻二四、寺観類、広州府、南海県、寺、崇報寺。「在郡治西。按旧志、為宝光寺。廼市舶司始創啓之、以為番舶祈福之所。唐大観中、賈胡舎財重修。市舶司請于朝、賜今額。洪武二年、寺毀、以其址建南海県」。

(47) 本碑文については深見純生の研究を参照〔深見 一九八七・二〇〇六〕。深見は地華迦囉を三仏斉注輦国の王とし、同国を南インドのチョーラ朝（注輦）がマラッカ海峡に置いた属国とする。

(48) 「泉州清浄寺門楼阿文石刻訳文」「呉鑑清浄寺記」（『中国南方回族碑刻匾聯選編』寧夏人民出版社、一二二三～一二二四頁）。後者には「宋紹興元年、有納哈卜穆茲喜魯丁者、自撒陴威、従商船来泉、創茲寺于泉州之南城、造銀灯・香炉以供天、買田土・房屋以給衆」とある。

〔参考文献〕

青山定雄 一九六三『唐宋時代の交通と地誌地図の研究』吉川弘文館
伊原弘 一九九三『中国人の都市と空間』原書房
梅原郁 一九七七「宋代の開封と都市制度」『鷹陵史学』三・四
榎本渉 二〇〇七『東アジア海域と日中交流——九～一四世紀——』吉川弘文館
小野勝年 一九八二『入唐求法行歴の研究』上、法藏館
加藤繁 一九五二「宋代に於ける都市の発達に就いて」『支那経済史考証』上、東洋文庫
亀井明徳 一九九五「日宋貿易関係の展開」『岩波講座日本通史』6、古代5、岩波書店
亀井明徳 二〇一五『博多唐房の研究』亜州古陶瓷学会
桑原隲藏 一九八九『蒲寿庚の事蹟』平凡社東洋文庫
顧宏義 二〇一〇『宋朝方志考』上海古籍出版社
斯波義信 一九六八『宋代商業史研究』風間書房
周焜民主編 二〇〇七『泉州古城踏勘』厦門大学出版社

章輝玉　一九九六「東アジア仏教の相互交流――一〇・一一世紀の韓・中仏教の交流関係――」『シリーズ・東アジア仏教』5、東アジア社会と仏教、春秋社
曾昭璇　一九八九「広州懐聖寺光塔興建時代考」『広州伊斯蘭古蹟研究』寧夏人民出版社
曾昭璇・曾憲珊　一九八五「宋、明時期広州市歴史地理問題」『嶺南文史』一九八五―一
曾我部静雄　一九六三『中国及び古代日本における郷村形態の変遷』吉川弘文館
田中史生　二〇一二『国際交易と古代日本』吉川弘文館
寺地遵　一九九三「宋末期台州黄巌県事情素描」『唐・宋間における支配層の構成と変動に関する基礎的研究』平成三・四年度科学研究費補助金研究成果報告書（代表吉岡真）
内藤雋輔　一九六一『朝鮮史研究』東洋史研究会
深見純生　一九八七「三仏斉の再検討――マラッカ海峡古代史研究の視座転換――」『東南アジア研究』二五―二
深見純生　二〇〇六「〔史料紹介〕広州重修天慶観記」『仏教芸術』二八七
藤善眞澄訳注　二〇〇七『参天台五臺山記』上、関西大学出版部
堀敏一　一九九八『東アジアのなかの古代日本』研文出版
前嶋信次　一九七一「泉州の波斯人と蒲寿庚」『東西文化交流の諸相』誠文堂新光社
宮崎市定　一九九二「漢代の里制と唐代の坊制」『宮崎市定全集』7、岩波書店
森克己　二〇〇九『続日宋貿易の研究』勉誠出版
森田健太郎　二〇〇一「劉富と辛押陀羅――北宋期広州統治の諸相――」『史滴』二三
劉永智　一九九四「山東省文登市昆嵛山无染寺(院)係新羅人金清資助所建造」『東北亜研究』中州古籍出版社
林士民　一九九三「唐、呉越時期浙東与朝鮮半島通商貿易和文化交流之研究」『海交史研究』一九九三―一

〔図版出典〕
図1　台州臨海県・黄巌県地図（榎本作成）
図2　『嘉定志』黄巌県境図（一二二三年）（『宋元方志叢刊』七、中華書局）

図3　『嘉定志』州境図（一二二三年）（『中国古代地図集』戦国―元、文物出版社）

図4　民国版『浙江全省輿図並水陸道里記』臨海県五里方図（一九一五年）（『中国方志叢書』華中地方四七、成文出版社）

図5　『嘉定志』黄巌県治図（一二二三年）（『中国古代地図集』戦国―元、文物出版社）

図6　『嘉定志』黄巌県治図（仁風坊周辺拡大）（『宋元方志叢刊』七、中華書局）

図7　『光緒県志』新定県城坊巷図（一八七七年）（『中国方志叢書』華中地方二一一、成文出版社）

図8　『万暦県志』黄巌県治之図（一五七九年）（『天一閣蔵明代方志選刊』六、新文豊出版公司）

契丹国(遼朝)の祭祀・儀礼に関する歴史的変遷と方位観について

武田和哉

はじめに

契丹国（遼朝）は、唐朝の前半期には羈縻支配下に入り、その後は半独立的な王権勢力となった。そして、唐朝滅亡を契機にシラムレン河流域（現在の中国内蒙古自治区赤峰市・通遼市域など）を根拠地として成立した国家である。北アジア遊牧民族である契丹族がその中核となり建てた国家であることから、その初期は北アジアの伝統的な官制と部族制度を骨格としていた。後に、華北の一部である燕雲十六州を領有し、北宋との戦役や澶淵の盟約などの歴史的経過を経て、中華的制度・文化を受容し、後半期には中華王朝と比較しても遜色のない政治体制や五京を中心とする都城・州県城の造営などの地域統治制度も整備するに至る。

しかしながら、契丹固有の文化や習俗も依然として維持されており、例えば皇帝は常に都城に居住するのではなく、各季節の牧営地をめぐりつつ生活し（四時捺鉢）、各官衙の官吏もそれに随行するという、まさに草原の王朝とよばれるが如き様相であった。また祭祀についても、中華王朝で伝統的に行われてきた郊祀は行わず、独自の祭祀・儀礼を実施していたことが知られている。

唐朝の羈縻支配の時代や契丹国成立以降においても、中華王朝との接触・交渉の機会が多くあり、また燕雲十六州の獲得以後は治下に契丹人人口を凌駕する漢人人口を抱えることとなった。こうした歴史的環境の中で、必要に応じてその都度中華の文化や諸制度を選択的に採用しつつ、他方では独自の習俗・祭祀・儀礼も維持していたという点においては、古代の日本と共通する面があるようにも思われる。本稿では、契丹国における習俗・祭祀・儀礼の様相と歴史的変遷や、政治の舞台である都城の遺構の状況について概観し、それらにおいて重要な意味を持つ方位観に着目しつつその様相を探究してみたい。

一 契丹族の習俗に見える方位観

契丹族の習俗・祭祀・儀礼等については、既に多くの先行研究があり[1]、その個別の内容を改めて本稿で扱うことはせず、既に指摘されている点を概観しつつ、方位観という新たな視点からとらえなおすこととしたい。

まず、契丹人の習俗に見える方位観に関する記事としては、『遼史』巻四五・百官志一・北面諸帳官の条に、

遼の俗、東嚮して左を尚し、御帳は東嚮すれば、遙輦九帳は南嚮し、皇族三父帳は北嚮す。東西もて經と為し、南北もて緯と為し、故に御營を謂いて橫帳と為すと云う[2]。

とある。これは、契丹国の皇宮などにおける各皇族の帳幄もしくは席次等の配置関係を述べたものであるが、遼すなわち契丹の習俗では皇帝（君長）は（西の位置から）東に向って坐し、その際に左側を尊ぶことになっており、そのため東向きに坐す契丹国皇帝の左側すなわち北側には、契丹国成立以前の時代の君主の係累で、制度上は皇族内で最上位の待遇を受けた遥輦九帳が南向きに居て、その反対側の南側には契丹国皇帝の一族である皇族三父帳が北向きに居る、という配置構造であった。そのため、本来上下（縦）の方向を示す「経」は東西方向となり、同様に横方向を示す「緯」は南北方向になっている。そして、東に向かって坐す皇帝の御坐所は、南北方向の

「緯」のような位置となるため「横帳」と呼ばれたことが記されている。要するに、中華王朝における皇帝が南面して坐するという伝統的な政治空間の方位観に比較すると、九〇度振れている構造になっていることが判る。

また、『遼史』巻一一六・国語解・礼志の条には、

祭東。國俗、凡そ祭は皆東向にして、故に祭東と曰く。(3)

とあり、国俗（契丹固有の習俗）による祭祀は皆東向きの方向で行っていたことを記す。

このほか、『遼史』巻三七・地理志一・上京道・上京臨潢府の条に引用される宋の薛映の記録には、

宋大中祥符九年（一〇一六）、薛映の記に曰く（中略）西門より入るに、門は金徳と曰い、内に臨潢館有り。子城の東門は順陽と曰く。北行して景福門に至り、又た承天門に至れば、内に昭徳・宣政二殿と氈廬有りて、皆東向す。(4)

とある。これは、契丹国の首都である上京臨潢府に宋側の使節として赴いた薛映の記録に上京城内の様相が記されていて、特に門内の昭徳・宣政のふたつの宮殿と氈廬（遊牧民の移動式家屋＝今日のゲル・包のようなもの）があり、それらはすべて東向きに建てられていた、という注目すべき内容である。

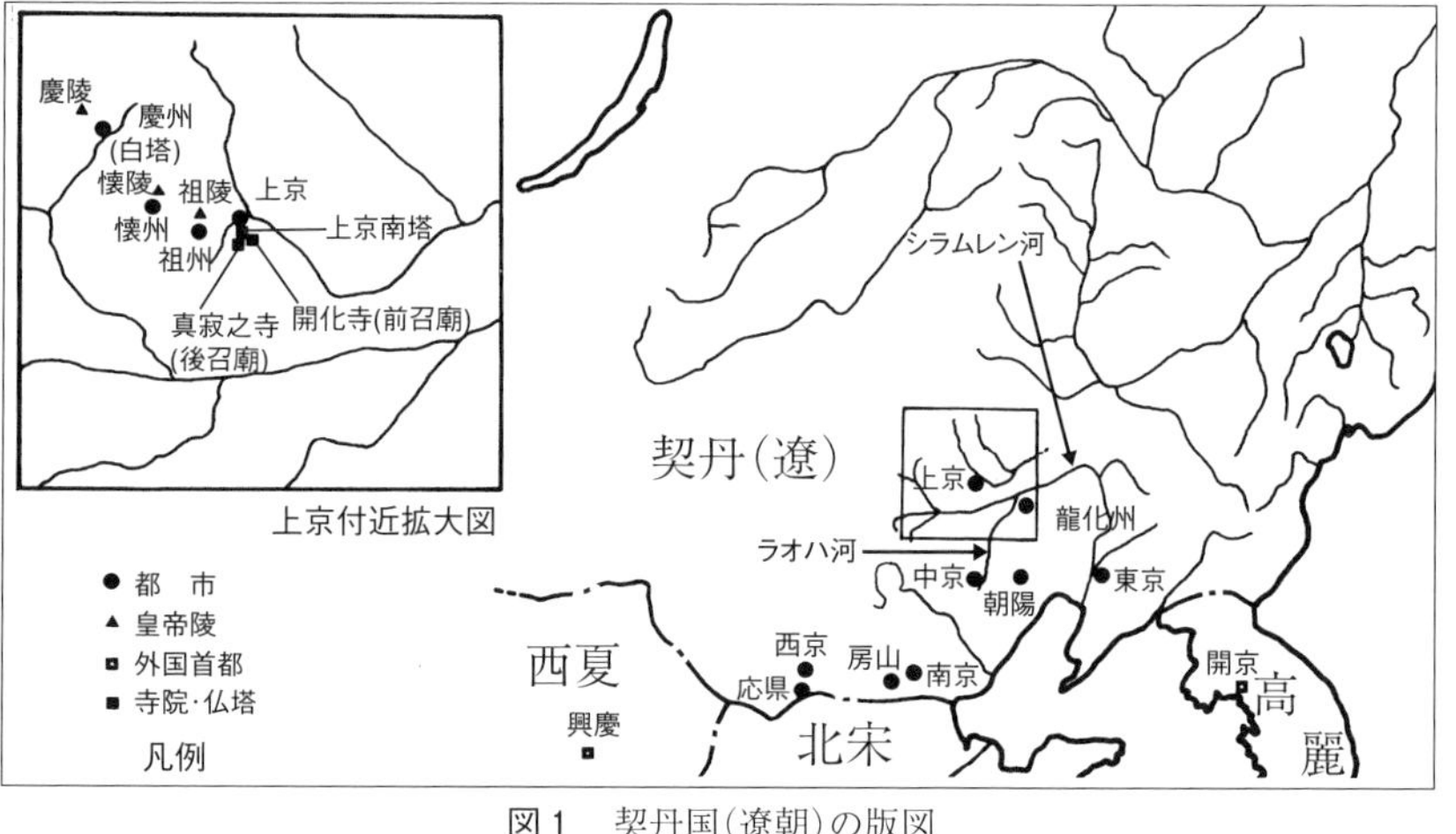

図1　契丹国(遼朝)の版図

王権・国家においては、皇帝（君長）が坐す方向は何らかの思想的体系に基づいたものである。そして、政治儀式を執り行う場を規定するという点で重要な意味を持つ。それゆえにこれらの舞台装置である宮殿の建物構造や方位配置はその規制により決まることとなり、最終的には首都の都市計画もその規制に沿って計画されていることは周知のとおりである。

契丹族がかつて羈縻支配下に入っていた唐朝は、皇帝が南面して坐す宮殿等の向きや構造と、それらに整合した諸々の祭祀・儀礼等の諸制度が完成した時期であった。しかし、上記のような様相を見る限りでは、契丹国の首都の宮殿の中に、東向きに建てられたものがあり、また祭祀はすべて東向きで行われていたということである。ところで、東を重要な方位とする習俗は、実は北アジア世界では多く見られる。例えば、『周書』巻四二・突厥伝には、

可汗は恆に都斤山[5]に處し、牙帳 東開するは、蓋し日の出ずる所を敬うがためなり。[6]

とみえ、その君長たる可汗の居所は、恐らく遊牧式テントながらも東向きに建てられ、それは日の出の方向を拝礼するためであろうと記している。さらに、突厥の後に北アジア世界に巨大版図を形成した回鶻に関しては、その可汗の居城址（ハラ・バルガス遺跡）が現在のモンゴル国内に残存している。方形の城郭であり、一見して中華世界の城郭のような形状ではあるが、東側に正門があり、内部の遺構状況からみると東西に基軸を持つ様相が明確である。[7]

このような方位観は、恐らく北アジア世界の遊牧民社会において見られる伝統的なものであったのであろう。ただし、政治空間や祭祀儀礼等の場で東方を重視する（向く）方位観は、実は中華世界においても存在していたとする考えもあり、秦や前漢の時代には皇帝は宮殿内の西南部分に坐して東面したとの指摘がある。[8] また、東南アジアにも東面する宮都遺跡はいくつか存在している。[9] このように見ると、東方を重視する方位観は世界的には

広く見られる並行的現象であり、それは恐らく太陽崇拝と関係するのではないかと推測できる。

二　契丹国時代の祭祀・儀礼の内容と方位観

契丹の祭祀・儀礼については、『遼史』巻四九～五三の礼志一～六に吉儀・凶儀・軍儀・賓儀・嘉儀がまとめられている。それらの概要については、表1に整理した。作成にあたっては先行研究等も参考とした[10]。

(1) 由来・内容・目的等による分類

これらの祭祀・儀礼は、その内容・由来・目的等により、A類：唐制をはじめとして中華王朝の制度の採用もしくは要素の入ったものと、B類：契丹固有のもの、C類：中華的要素と契丹固有の要素が結合したもの、の三つの範疇に分けることができる。

ここに挙げられた祭祀・儀礼六十余例のうち、A類の中華由来の内容、あるいは何らかの形で中華的要素が強いとみられる祭祀・儀礼は五〇例程度を数え、またC類の双方が結合したと思われるものは二例あり、残りがB類の契丹固有の習俗に由来する祭祀・儀礼である。

A類に関して共通する点としては、大半が聖宗期以降に開始もしくは整備されているという点である。その代表例が外交儀礼であり一四例あるが、これらの多くは聖宗・統和二二年（一〇〇四）に締結された澶淵の盟約の発効により開始された北宋との定期的な外交使節交換に伴う儀礼である[11]。また高麗や西夏との外交儀礼は、遼と各国との関係に基づき内容が決められているという点では、契丹国時代の独自の制度（遼制）とはなるが、これらも宋との外交儀礼と整合性のある内容とみられるので[12]、結果としては中華的な要素を多分に含んだ制度とみなしうる。

No.	由来	『遼史』本紀等に見える記事および開始・整備の時期 等	実施場所・儀式の方位・備考等
1	契丹固有制	契丹国成立前から？・遼代通じて実施・興宗時に整備・実施か	木葉山東郷・東西方向が基軸
2	契丹固有制	契丹国成立前から？・遼代通じて実施	屋外・詳細不明または規定なし
3	契丹固有制	契丹国成立前から？・遼代通じて実施	柴冊殿と壇・詳細不明
4	契丹固有制	契丹国成立前から？・遼代通じて実施	詳細不明または規定なし
5	唐制	実施の詳細は不明	太祖廟・廟に向かって実施
6	唐制	実施の詳細は不明	諸廟・廟に向かって実施
7	唐制	実施の詳細は不明	諸陵・諸陵に向かって実施
8	契丹固有制	実施の詳細は不明	遊牧家屋の前・詳細不明または規定なし
9	契丹固有制	実施の詳細は不明	殿前・詳細不明または規定なし
10	唐制と契丹固有制の混合	遼代を通じて実施・聖宗皇帝・道宗皇帝喪葬儀の記事あり	宮殿と陵墓・東面して拝礼の場面あり(聖宗崩御時)=東西方向が基軸か
11	唐制？	遼代を通じて実施	殿庭・臣僚は北面・南北方向が基軸
12	唐・宋制	聖宗・統和年間に初出記事あり	屋内・詳細不明または規定なし
13	遼・宋制	聖宗・統和年間以降	宮殿・太皇太后(聖宗欽愛皇后か？=道宗期)は南面(南北方向が基軸)
14	遼・宋制	聖宗・統和年間以降	宮殿・東西対称の場(南北方向が基軸)
15	遼・宋制	聖宗・統和年間以降	宮殿・東西対称の場(南北方向が基軸)
16	遼制	聖宗・統和年間以降	御帳・詳細不明もしくは規定なし
17	唐制	実施の詳細は不明・類例と思しき記事は太祖・景宗期にあり	廟前または屋外・詳細不明もしくは規定なし
18	唐制と契丹固有制の混合	穆宗期以降か	猟地・東方を祭る場面あり・東西方向が基軸か
19	契丹固有制	太宗期以降か・詳細は巻34・兵営志上に記述あり	屋外・詳細不明または規定なし
20	五代後唐制	実施の詳細は不明	宮殿・詳細不明
21	遼・宋制？	穆宗期以降か	宮殿・東西対称の場(南北方向が基軸)
22	唐制？	実施の詳細は不明	宮殿・詳細不明

表1　『遼史』禮志に見える儀式一覧

No.	『遼史』巻号	内容	儀式名称	概要	種類
1	巻49	吉儀	祭山儀	皇帝・皇后らによる天神地祇の祭祀。木葉山の東で行う。	宗教儀礼
2			瑟瑟儀	旱魃の際に行う祈雨の儀式。	その他儀礼
3			柴冊儀	柴を積んで壇を作り、燔柴して天を祀る。契丹国成立以前からの皇位継承儀式。	即位儀礼
4			拝日儀	皇帝らによる太陽を拝礼。	宗教儀礼
5			告廟儀	臣僚らによる太祖廟の参詣。	宗教儀礼
6			謁廟儀	臣僚らによる諸廟の参詣。	宗教儀礼
7			孟冬朔拝陵儀	十二月の朔日に皇帝・皇后らが山陵を拝礼。	宗教儀礼
8			爇節儀	皇帝・皇后に私的従属民らによる祭祀。	その他儀礼
9			歳除儀	勅使と夷離畢らにより火中に羊膏などを投入し、その火を皇帝なども拝礼。	その他儀礼
10	巻50	凶儀	喪葬儀	皇帝の崩御に伴う葬送。	葬祭儀礼
11			上謚冊儀	皇帝の謚を奉呈する際に行う。	葬祭儀礼
12			忌辰儀	皇帝・皇太后・皇后の忌日に、群臣の弔慰を受ける。	葬祭儀礼
13			宋使祭奠弔慰儀	皇帝の葬送儀式に際して、宋朝の使が奠を祀り、弔慰を伝える。	外交儀礼
14			宋使告哀儀	宋朝の皇帝が崩御した際に、その旨を契丹国皇帝に報告する。	外交儀礼
15			宋使進遺留禮物儀	宋朝皇帝の崩御に際し、皇帝の遺留の品を契丹国皇帝に献上する。	外交儀礼
16			高麗・夏國告終儀	高麗と西夏の両国の国主の崩御際に、その旨を報告する。	外交儀礼
17	巻51	軍儀	皇帝親征儀	皇帝が自ら出征する際して行われる。	軍事儀礼
18			臘儀	十二月に、狩猟を実施する際に行われる。	軍事儀礼
19			出軍儀	挙兵に際して、軍の進発時に行う。詳細は兵志に記事あり。	軍事儀礼
20			常朝起居儀	朝廷において、官僚が定期的に皇帝に拝謁する際に行う。	政治儀礼
21			正座儀	宮殿において、皇帝が視朝する際に行う。	政治儀礼
22			臣僚接見儀	皇帝が入朝した臣僚たちと接見する際に行う。	政治儀礼

23	唐制？	実施の詳細は不明	御帳・詳細不明
24	唐制？	実施の詳細は不明	宮内門・詳細不明もしくは規定なし
25	契丹固有制？	実施の詳細は不明	宮内門・詳細不明もしくは規定なし
26	遼・宋制	聖宗・統和年間以降	宮殿・東西対称の場(南北方向が基軸)
27	遼・宋制	聖宗・統和年間以降	宮殿・南北対称の場(東西方向が基軸)
28	遼・宋制	聖宗・統和年間以降	宮殿・東西対称の場(南北方向が基軸)
29	遼・宋制	聖宗・統和年間以降	宮殿・南北対称の場(東西方向が基軸)
30	遼・宋制	聖宗・統和年間以降	宮殿・南北対称の場(東西方向が基軸)
31	遼制	高麗国の使の入朝は太祖期より・興宗期より毎年実施化	宮殿・詳細不明
32	遼制	高麗国の使の入朝は太祖期より・興宗期より毎年実施化	宮殿・詳細不明
33	遼制	高麗国の使の入朝は太祖期より・興宗期より毎年実施化	宮殿・東西対称の場か？(南北方向が基軸か？)
34	遼制	西夏国の使の入朝は聖宗朝より	宮殿・詳細不明
35	遼制	西夏国の使の入朝は聖宗朝より	宮殿・詳細不明
36	唐制	別名「大冊禮」か・聖宗期以降に実施	宮殿・皇帝は南面・東西対称の場(南北方向が基軸)・聖宗の太平元年実施
37	唐制	聖宗期以降に実施か	宮殿・東西対称の場(南北方向が基軸)
38	唐制	聖宗期以降に実施か	宮殿・東西対称の場(南北方向が基軸)
39	唐制	聖宗期以降に実施か	宮殿・皇太子は西向・冊案は北にあり・基軸方向不明
40	唐制	聖宗期以降に実施か	宮殿・基軸方向不明
41	唐制	興宗・重熙年間に記事あり	宮殿・基軸方向不明
42	唐制？	興宗・重熙年間に記事あり	宮殿と嫁先の邸宅・詳細不明もしくは規定なし
43	唐制？	実施の詳細は不明	宮殿と嫁先の邸宅・詳細不明もしくは規定なし
44	唐制	太宗・天顕年間、興宗・重熙年間に記事あり	宮殿・東西対称の場(南北方向が基軸)
45	唐制	遼代を通じて実施	宮殿・東西対称の場(南北方向が基軸)
46	唐制	実施の詳細は不明	宮殿・詳細不明

23			問聖體儀	皇帝の四時捺鉢などの巡行の際に、御機嫌を伺う。	政治儀礼
24			車賀還京儀	皇帝が巡行より京師に還御した際に行う。	政治儀礼
25			勘箭儀	皇帝が巡行より還御した時に、宮殿の門の通過の際に行う。	政治儀礼
26			宋使見皇太后儀	正月や皇太后の誕生日などに宋朝皇帝の使いが拝謁する際に行う。	外交儀礼
27			宋使見皇帝儀	正月や皇帝の誕生日などに宋朝皇帝の使いが拝謁する際に行う。	外交儀礼
28	巻52	賓儀	曲宴宋使儀	契丹国に入朝した宋朝の使に対して宴を賜る際に行う。	外交儀礼
29			賀生辰正旦宋使朝辭太后儀	契丹国に入朝した宋朝の使が帰国する際に行う。	外交儀礼
30			賀生辰正旦宋使朝辭皇帝儀	契丹国に入朝した宋朝の使が帰国する際に行う。	外交儀礼
31			高麗使入見儀	高麗国の使が入朝して皇帝に拝謁する際に行う。	外交儀礼
32			曲宴高麗使儀	契丹国に入朝した高麗国の使に対して宴を賜る際に行う。	外交儀礼
33			高麗使朝辭儀	契丹国に入朝した高麗国の使が帰国する際に行う。	外交儀礼
34			西夏國進奉使朝見儀	西夏国の使が入朝して皇帝に拝謁する際に行う。	外交儀礼
35			西夏使朝辭儀	契丹国に入朝した西夏国の使が帰国する際に行う。	外交儀礼
36			皇帝受冊儀	皇帝が受冊し、即位する際に行う。	即位儀礼
37			冊皇太后儀	皇太后が受冊し、即位する際に行う。	即位儀礼
38			冊皇后儀	皇后が受冊し、即位する際に行う。	即位儀礼
39			冊皇太子儀	皇太子が受冊し、即位する際に行う。	即位儀礼
40	巻53	嘉儀（上）	冊王妃公主儀	王妃や公主が受冊し、即位する際に行う。	即位儀礼
41			皇帝納后之儀	皇帝に皇后が嫁ぐ際に行う。	婚姻儀礼
42			公主下嫁儀	公主が下嫁する際に行う。	婚姻儀礼
43			親王女封公主者婚儀	親王の娘で公主に封ぜられた者の婚姻の際に行う。	婚姻儀礼
44			皇太后生辰朝賀儀	皇太后の誕生日に、群臣が朝廷で拝謁する際に行う。	生誕儀礼
45			皇帝生辰朝賀儀	皇帝の誕生日に、群臣が朝廷で拝謁する際に行う。	生誕儀礼
46			皇后生辰儀	皇后の誕生日に、群臣が朝廷で拝謁する際に行う。	生誕儀礼

47	唐・宋制？	聖宗・統和年間以降	御帳側・詳細不明
48	唐・宋制？	聖宗・統和年間以降	宮殿・詳細不明
49	唐・宋制？	聖宗・統和年間以降	宮殿・詳細不明
50	唐・宋制？	聖宗・統和年間以降	宮殿・東西対称の場(南北方向が基軸)
51	唐制？	穆宗期以降か	東上閤門・詳細不明
52	唐制？	実施の詳細は不明	宮殿・詳細不明
53	唐制	道宗・乾統年間に記事あり	宮殿・詳細不明
54	唐制	臨時・道宗清寧年間に実施記録あり	宮殿・南北対称の場？(東西方向が基軸？)
55	唐制	遼代を通じて実施	宮殿・東西対称の場(南北方向が基軸)
56	唐制	太宗期以降か	宮殿・詳細不明
57	中華年中儀礼	実施の詳細は不明	宮殿・詳細不明
58	中華年中儀礼	実施の詳細は不明	御帳・詳細不明もしくは規定なし
59	中華年中儀礼	実施の詳細は不明	御帳・詳細不明もしくは規定なし
60	年中儀礼？	実施の詳細は不明	宮殿・契丹南面・漢人北面・南北対称の場(東西方向が基軸)
61	中華・契丹年中儀礼	実施の詳細は不明	各事例により様々・記述から方位等の判明する事例はなし
62	契丹固有制	契丹国成立前から？・遼代通じて実施	宮殿の北に設置する再生室・基軸方向不明

また、進士関係の補任儀礼は、貢挙制度自体の設置が聖宗期であり(13)、その他の政治儀礼・即位儀礼についても聖宗期以降に中華的な要素を採用して整備されたとみられる例が多くある。これらは和平が成立して北宋との交流が開始されたことによる影響が多大であることは否めない。

こうしてB類が比較的少ない中で、注目したい事例としては、「柴冊儀」と「皇帝受冊儀」のふたつの儀礼の並存である。双方ともに皇位継承に伴う即位儀礼であるが、「柴冊儀」は契丹固有の儀式であり、「皇帝受冊儀」は中華的儀式である。同様の目的でありながら、由来の異なる儀式がともに記載されている点は、ある意味で特異である。しかし、『遼史』本紀の記述等を検索すると、双方ともに契丹国時代を通じて実施されていたとみられる。すなわち、皇帝の皇位継承に伴う即位において、契丹的な

47	巻54	嘉儀（下）	進士接見儀	貢挙で及第した進士を引見する際に行う。	補任儀礼
48			進士賜等甲敕儀	貢挙で及第した進士に等甲敕を賜る際に行う。	補任儀礼
49			進士賜章服儀	貢挙で及第した進士に章服を賜る際に行う。	補任儀礼
50			宰相中謝儀	補任された宰相が皇帝に謝意を表する際に行う。	補任儀礼
51			拝表儀	皇帝が事情により賀表を受けられない場合に行う。	その他儀礼
52			賀生皇子儀	皇子が誕生し、群臣がお祝いを申し上げる際に行う。	生誕儀礼
53			賀祥瑞儀	瑞祥が観測された時に、報告をする際に行う。	その他儀礼
54			賀平難儀	国難を克服し平定した際に行われる。	その他儀礼
55			正旦朝賀儀	正月に群臣より賀を受ける際に行う。	季節儀礼
56			冬至朝賀儀	冬至に群臣より賀を受ける際に行う。	季節儀礼
57			立春儀	立春の節日に行う。	季節儀礼
58			重午儀	端午の節日に行う。	季節儀礼
59			重九儀	重陽の節日に行う。	季節儀礼
60			蔵鬮儀	時候の遊戯の際に行う。	季節儀礼
61			歳時雑儀	年中の諸行事の一覧。	季節儀礼
62			再生儀	皇帝・皇太后・皇太子が、12年に一度行う。契丹国成立以前からの儀式。	宗教儀礼

儀式と中華的な儀式の双方を実施していたことになる。つまり、異なる習俗に基づいた即位儀礼が併存していたことは、契丹国の皇帝権力には二面性があったことを示すものである。

一方で、先祖や先代皇帝の陵墓に関する祭祀・儀礼に限ってみれば、B類の契丹固有の習俗に基づくものが優勢である。特に、祭山儀は皇帝が行う祭祀として重要なものとされ[14]、北方遊牧民固有のシャーマニズム的な宗教要素が含まれた内容となっている。また、再生礼も中華王朝の儀礼にはみられないものである[15]。

このほか、C類に関しては、「喪祭儀」と「臘儀」が挙げられる。「喪祭儀」については、中華的な儀式次第を採用しつつも、要所では契丹固有の宗教的祭祀が織り込まれているといえよう[16]。また、「臘儀」は年末の時期に狩猟場で行うものであり、そのために遊牧的要素が入る結果になったのではないだろうか。ただし、こうした儀式規定は『大唐開元礼』に類似する規定があるとの指摘もある。(17)

(2) 儀礼における方位観の違いによる分類

続いて、これらの祭祀・儀礼に関して方位観に注意しながら概観すると、D類：皇帝が東面した場、または東西方向を基軸とする場で行われたと想定されるもの、E類：また皇帝が南面した場、または南北方向を基軸とする場で行われたと想定されるもの、そして、F類：方位について判別不明・詳細不明あるいは特に規定がないとみられるもの、の概ね三つの範疇に分類が可能である。

分析・分類の結果として、D類と想定される事例は八例、またE類と想定される事例は一五例あり、これ以外は史料等の制約もあり、現時点ではF類の事例とみなさざるを得ない。このうちD類については、当然にして契丹固有制度に由来する祭祀・儀礼が多くを占めているのではないかと予想されたが、明確に契丹固有制度に由来すると確認しうるものは「祭山儀」一例のみであり、このほか契丹と中華の制度の混合した儀式と確認できる事例は前項でC類とした「喪祭儀」・「臘儀」の二例だけであった。なお、先に示した『遼史』巻一一六・国語解・礼志条における「祭東」に関する記述に従えば、「祭山儀」のほか、「瑟瑟儀」・「拝日儀」・「再生礼」などの契丹固有制度による宗教祭祀的儀礼等もD類に入るのではないかという推測は成立しよう。他方で、E類については基本的にすべて中華王朝に由来するか、その要素が入っているものであることが確認しうる。

こうしたことは、南北方向が基軸であるタイプの儀礼は基本的に中華王朝に倣ったものであることを意味する。他方では中華王朝に由来のある儀礼の中にも東西基軸の場で行われているものがあることからすると、それらはあくまで場や方位観を選ばない祭祀・儀礼であるのかもしれない。特に、D類に分類している「宋使見皇帝儀」・「賀生辰正旦宋使朝辞太后儀」・「賀生辰正旦宋使朝辞皇帝儀」などは、宋使の入朝のタイミングに応じて行われたものであり、契丹国側に儀礼の開催や場所設定に関する主導権があったと理解されるものである。よって、儀礼における方位が最重要な意味を持つものではなく、東西に基軸方向がある場で開催しても差し支えはない儀礼であった可能性はある。

あと、F類の各事例については、『遼史』礼志の記事の問題もあり、特に年中儀礼などを中心に詳細が判明しないものが多い。

（3）契丹国の祭祀・儀礼の様相

以上のような分類と整理から、契丹国における祭祀・儀礼については、予想以上に中華的な要素が入っていることが判明した。特に、政治儀礼や外交儀礼・即位儀礼・葬祭儀礼・補任儀礼などについては、場所や次第の判明するものに関してみれば、これらは基本的には南北基軸型の中華王朝的な方位観に則って実施されている例が大半である。他方で、契丹固有の制度によるものは、宗教儀礼および即位儀礼・軍事儀礼・外交儀礼などの一部に留まっている。

ただし、ここでひとつ留意しておかねばならないこととしては、考察の基礎的史料である『遼史』礼志の記事についてである。もともと、『遼史』の志の部分については、契丹国の後半期の様相を反映した部分が多いことが指摘されている。礼志にも宋使を迎えて行う外交儀礼がいくつか含まれているという点では、聖宗期後半以降の要素が入っていることは明確である。そうであるならば、前項で行った分析結果とは澶淵の盟約を経て宋との外交・経済的交流が開始されて以降の時期、すなわち契丹国後半期の様相に関する結果として評価しなければならない。

なお、島田正郎による先行研究では、契丹国の儀礼・祭祀制度の特質に関して、

一、契丹国では、中華王朝で伝統的に行われてきた郊祀を行っていない。

二、最も重要な儀式は祭山儀であり、宗教儀礼ではあるが政治儀礼でもあった。

三、皇帝即位儀礼として、契丹固有の柴冊儀と、中華的な皇帝受冊儀の双方を行った。

という三点を指摘し、最終的には「（契丹国は）中華王朝ではなく胡族国家であったとみなさなければならない」旨の結論における重要な根拠としている。(18)

これらの三点については、本稿における分析結果による事実認識とも大きく異なるものではないが、これらを以て「中華王朝ではない」とする見解には同意できない。例えば、郊祀は漢代以降清代に至るまでの中華の各王朝で連綿と続けられた祭祀ではあるが、その様相は必ずしも一律ではない。特に漢代の頃は皇帝が自ら祭祀を執り行うものであったのが、唐朝では皇帝の代理として担当官司が祭祀を行うことも多かったことが知られている。(19)このことは、郊祀が続けられていたとはいえどもその実態は一様ではなかったことを示すものであり、たまたま郊祀を行わなかったという点にのみ拘泥し、その有無で以て直ちに中華王朝か否かの判断を行うことには無理がある。

（4）契丹国の祭山儀について

それでは次に、島田が契丹国において最重要の儀礼であるとした「祭山儀」の実施の様相について、『遼史』に見える記事について整理・分析をしたい。「祭山儀」は、契丹国成立以前に成立したとされ、(20)先に掲示した表1にも概要を記したが、『遼史』巻四九・礼志一・吉儀の条には、

祭山儀。天神・地祇の位を木葉山に設け、東郷して、中は君樹を立て、前は羣樹を植え、以て朝班を像（かたど）り、

又た二樹を偶い植え、以て神門と為す。皇帝、皇后至りて、夷離畢具に禮儀す。牲するに赭白馬・玄牛・赤白羊を用いるに、皆な牡なり。（以下略）[21]

とある。また、同じく巻一一六・国語解・景宗聖宗紀の条には、

拝山禮。木葉山を祀るの儀なり。[22]

とみえる。その木葉山についてであるが、同じく巻一一六・国語解・太祖紀の条には、

西樓。遼に四樓有り、上京に在るは西樓と曰い、木葉山は南樓と曰い、龍化州は東樓と曰い、唐州は北樓と曰う。歳時遊獵するは、常に四樓の間に在り。[23]

とあって、一年の大半を草原で過ごしたとされる契丹国皇帝が季節に応じて遊牧・狩猟をしつつ草原を巡っていた地域は、木葉山や上京など「四樓」各地の内側であったとも記す。具体的な地域としては、『遼史』巻三七・地理志一・上京道・永州条に、

永州。永昌軍、觀察。承天皇太后建つる所なり。太祖此に南樓を置く。乾亨三年（九八一）、州を皇子韓八の墓の側に置く。東のかた潢河、南のかた土河、二水合流し、故に永州と號す。冬月牙帳多くは此に駐し、之を冬捺鉢と謂う。木葉山有りて、上契丹始祖廟を建つるに、奇首可汗は南廟に在り、可敦は北廟に在り、繪塑二聖幷びに八子神像あり。[24]

とあるので、潢河（現在のシラムレン河）と土河（現在のラオハ河）が合流する地点付近にあったと考えられる。[25]

続いて、この「祭山儀」の実施に関する記事を表2にまとめた。関係記事は三八例あるが、このうち明確に祭祀を行ったと考えられるのは「祠木葉山」・「祭木葉山」・「望祠木葉山」・「行拝山」の三四例である。あとの「幸木葉山」・「輦致木葉山」の三例は行幸した記録と看做しうるが、恐らく皇帝本人が訪れている以上は祭祀も行ったものと推測されるので、最終的に合計三七例を「祭山儀」の事例として判断したい。そして、この一覧から看

表2 『遼史』に見える祭山儀の実施記事とその概要

皇帝		年	西暦	月日	記事場所	記事内容	摘要
太祖	1	7	九一三	4月己卯	巻1	夏四月戊寅、北追剌葛。己卯、次彌里、**問諸弟面木葉山**射鬼箭厭禳、乃執叛人解里向彼、亦以其法厭之。	「射鬼箭」とともに実施。
	2	7	九一三	11月	巻1	十一月、**祠木葉山**。還次昭烏山、省風俗、見高年、議朝政、定吉凶儀。	祭祀後に「吉凶儀」について定める。
	3	天賛3	九二四	9月丁巳	巻2	九月丙申朔、次古回鶻城、勒石紀功。庚子、拜日于蹛林。丙午、遣騎攻阻卜。南府宰相蘇、南院夷離菫迭里略地西南。乙卯、蘇等獻俘。丁巳、鑿金河水、取烏山石、**輦致潢河、木葉山、以示山川朝海宗嶽之意**。癸亥、大食國來貢。甲子、詔礱闢遏可汗故碑、以契丹、突厥、漢字紀其功。是月、破胡母思山諸蕃部、次業得思山、以赤牛青馬祭天地。回鶻霸里遣使來貢。	潢河と木葉山に行幸することで、「山川朝海宗嶽之意」を示す。
	4	天賛4	九二五	閏月壬辰	巻2	閏月壬辰、**祠木葉山**。壬寅、以青牛白馬祭天地于烏山。己酉、次撒葛山、射鬼箭。	祭祀後に「青牛白馬祭天地」「射鬼箭」も実施。
太宗	5	天顕4	九二九	9月戊寅	巻3	九月庚午、如南京。戊寅、**祠木葉山**。己卯、行再生禮。癸巳、至南京。	祭祀後に「再生禮」も実施。
	6	天顕6	九三一	5月乙丑	巻3	五月乙丑、**祠木葉山**。乙亥、至自南京。壬午、謁太祖陵。	祭祀後に「謁太祖陵（謁陵儀）」も実施。
	7	天顕7	九三二	正月戊申	巻3	十二月甲寅朔、祭太祖廟。丙辰、遣人以詔賜唐盧龍軍節度使趙徳鈞。七年春正月壬辰、征西將軍課里遣拽剌鐸括奏軍事。己亥、唐遣使來聘。癸卯、遣人使唐。戊申、**祠木葉山**。	前月に「祭太祖廟」を実施した後に祭祀を実施。
	8	天顕9	九三四	2月壬申	巻3	二月壬申、**祠木葉山**。戊寅、葬太皇太后於德陵。前二日、發喪于菆塗殿、上具衰服以送。後追謚宣簡皇后、詔建碑于陵。	祭祀後に、太皇太后の葬儀を実施。
	9	天顕12	九三七	12月甲申	巻3	十二月甲申、東幸、**祀木葉山**。己丑、醫來。	
	10	会同2	九三九	4月乙亥	巻4	夏四月乙亥、**幸木葉山**。癸巳、東京路奏狼食人。	
	11	会同8	九四五	10月辛未	巻4	冬十月辛未、**祠木葉山**。	
穆宗	12	応暦12	九六二	6月甲午	巻6	夏五月庚午、以旱、命左右以水相沃、頃之、果雨。六月甲午、**祠木葉山及潢河**。	

景宗	13	保寧元	九六九	11月甲辰	巻8	十一月甲辰朔、行柴冊禮、**祠木葉山**、駐蹕鶴谷。乙巳、蕭思温封魏王、北院大王屋質加于越。	**当年二月に即位し**、「柴冊禮」とともに実施。
	14	保寧3	九七一	4月己卯	巻8	夏四月丁卯、世宗妃啜里及蒲哥厭魅、賜死。己卯、**祠木葉山**、行再生禮。丙戌、至自東幸。戊子、蕭神覩伏誅。	「再生禮」とともに実施。
	15	保寧7	九七五	正月壬寅	巻8	七年春正月甲戌朔、宋遣使來賀。壬寅、**望祠木葉山**。	「望祠」の形式で実施。（史料上の初出事例）
	16	保寧7	九七五	4月己酉	巻8	夏四月、遣郎君籾思使宋。己酉、**祠木葉山**。辛亥、射柳祈雨。如頻蹕淀清暑。	祭祀後に「射柳祈雨」を実施。
	17	保寧9	九七七	11月癸卯	巻9	十一月丁亥朔、司天奏日當食不虧。戊戌、吐谷渾叛入太原者四百餘戸、索而還之。癸卯、**祠木葉山**。乙巳、遣太保迭烈割等使宋。乙卯、漢復遣使以宋事來告。十二月戊辰、獵于近郊、以所獲祭天。	祭祀の翌月に「以所獲祭天」を実施。
	18	統和元	九八三	5月戊寅	巻10	五月丙辰朔、國舅、政事門下平章事蕭道寧以皇太后慶壽、請歸父母家行禮、而齊國公主及命婦、羣臣各進物。設宴、賜國舅帳耆年物有差。壬戌、西南路招討請益兵討西突厥諸部、詔北王府耶律蒲奴寧以敵畢、迭烈二部兵赴之。癸亥、以于越休哥在南院過用吏人、詔南大王毋相循襲。庚午、耶律善補招亡入宋者、得千餘戸歸國、詔令撫慰。辛未、次永州、祭王子藥師奴墓。乙亥、詔近臣議皇太后上尊號冊禮、樞密使韓德度以後漢太后臨朝故事草定上之。丙子、以青牛白馬祭天地。戊寅、**幸木葉山**。西南路招討使大漢奏、近遣拽剌跋剌哥諭党項諸部、來者甚衆、下詔褒美。六月乙酉朔、詔有司、冊皇太后日、給三品以上法服、三品以下用大射柳之服。西南路招討使奏党項酋長執夷離菫子隈引等乞內附、詔撫納之、仍察其誠偽、謹邊備。丙戌、還上京。己丑、有司奏、同政事門下平章事、駙馬都尉盧俊與公主不協、詔離之、遂出俊為興國軍節度使。辛卯、有事于太廟。甲午、上率羣臣上皇太后尊號曰承天皇太后、羣臣上皇帝尊號曰天輔皇帝、大赦、改元統和。丁未、覃恩中外、文武官各進爵一級。以樞密副使耶律斜軫守司徒。	**前年九月に即位し**、**当年二月に景宗皇帝を陵に葬り**、行幸の前に「詔近臣議皇太后上尊號冊禮」・「以青牛白馬祭天地」を実施。

聖宗	19	統和2	九八四	5月乙卯	巻10	五月乙卯、**祠木葉山**。丁丑、駐蹕沿柳湖。六月己卯朔、皇太后決獄、至月終。秋七月癸丑、皇太后行再生禮。	祭祀の二月後に皇太后が再生禮を実施。
	20	統和3	九八五	4月乙亥	巻10	夏四月乙亥朔、**祠木葉山**。壬午、以鳳州刺史趙匡符為保靜軍節度使。癸未、以左監門衛大將軍王庭勗為奉先軍節度使、彰武軍節度使韓德凝為崇義軍節度使。	
	21	統和6	九八八	8月癸亥	巻12	八月丙辰、以青牛白馬祭天地。戊午、休哥與排亞、裊里曷捉生、將至易州、遇宋兵、殺其指揮使而還。庚申、幸黎園溫湯。癸亥、**以將伐宋、遣使祭木葉山**。丁丑、瀕海女直遣使速魯里來朝。西北路管押詳穩速撒哥以伐折立、助里二部、上所俘獲。東路林牙蕭勤德及統軍石老以擊敗女直兵、獻俘。大同軍節度使耶律抹只奏今歲霜旱乏食、乞增價折粟、以利貧民。詔從之。濱海女直遣厮魯里來修土貢。	祭祀前に「以青牛白馬祭天地」を実施し、伐宋の報告のために使を遣わして祭祀を実施。
	22	統和7	九八九	3月壬午	巻12	三月壬午朔、**遣使祭木葉山**。禁芻牧傷禾稼。宋進士十七人挈家來歸、命有司考其中第者、補國學官、餘授縣主簿、尉。李繼遷遣使來貢。丁亥、詔知易州趙質收戰亡士卒骸骨、築京觀。戊子、賜于越宋國王紅珠筋線、命入內神帳行再生禮、皇太后賜物甚厚。以雞壁砦民成廷朗等八戶隸飛狐。己丑、詔免雲州逋賦。乙室王貫寧擊鞠、為所部郎君高四縱馬突死、詔訊高四罪。丙申、詔開奇峰路通易州市。戊戌、以王子帳耶律襄之女封義成公主、下嫁李繼遷。	使を遣わして祭祀を実施し、その後に再生禮を実施。
	23	統和16	九九八	5月甲子	巻14	夏四月癸卯、振崇德宮所隸州縣民之被水者。丁未、罷民輸官俸、給自內帑。己酉、祈雨。乙卯、**如木葉山**。五月甲子、祭白馬神。丁卯、**祠木葉山、告來歲南伐**。庚辰、鐵驪來貢。乙酉、還上京。婦人年踰九十者賜物。	行幸して、「祭白馬神」を行い、祭祀を実施。
	24	統和26	一〇〇八	4月辛卯	巻14	夏四月辛卯朔、**祠木葉山**。五月庚申朔、還上京。丙寅、高麗進龍鬚草席。己巳、遣使賀中京成。庚午、致祭祖、懷二陵。辛未、駐蹕懷州。	祭祀の翌月に中京が完成し、「祭祖、懷二陵（太祖・太宗陵）」を実施。

	25	開泰元	一〇一二	正月庚寅	巻15	開泰元年春正月己巳朔、宋遣趙湘、符成翰來賀。癸未、長白山三十部女直酋長來貢、乞授爵秩。甲申、駐蹕王子院。丙戌、**望祠木葉山**。丁亥、女直太保蒲捻等來朝戊子、獵于買曷魯林。庚寅、**祠木葉山**。辛卯、曷蘇館大王曷里喜來朝。	まず「望祠」を行った上で、祭祀を実施。
	26	開泰元	一〇一二	3月乙酉	巻15	三月甲戌、以蔚州為觀察、不隸武定軍。乙亥、如葦濼。丁丑、詔封皇女八人為郡主。乙酉、**詔卜日行拜山**、大射柳之禮、命北宰相、駙馬、蘭陵郡王蕭寧、樞密使、司空邢抱質督有司具儀物。丁亥、皇弟楚國王隆祐徙封齊國王、留守東京。	日を卜させてから「大射柳之禮」とともに実施。
	27	開泰6	一〇一七	5月乙卯	巻15	五月戊戌朔、命樞密使蕭合卓為都統、漢人行宮都部署王繼忠為副、殿前都點檢蕭屈烈為都監以伐高麗。翌日、賜合卓劍、俾得專殺。丙午、錄囚。己酉、設四帳都詳穩。甲寅、以南京統軍使蕭惠為右夷離畢。乙卯、**祠木葉山、潢河**。乙丑、駐蹕九層臺。六月戊辰朔、德妃蕭氏賜死、葬兔兒山西。後數日、大風起塚上、晝暝、大雷電而雨不止者踰月。是月、南京諸縣蝗。	
興宗	28	重熙14	一〇四五	10月甲子	巻19	冬十月甲子、**望祀木葉山**。	「望祠」の形式で実施。
	29	重熙16	一〇四七	11月戊寅	巻20	冬十月辛亥、幸中京謁祖廟。丙辰、定公主行婦禮於舅姑儀。庚午、鐵驪仙門來朝、以始入貢、加右監門衛大將軍。十一月戊寅、**祠木葉山**。己丑、幸中京、朝皇太后。壬辰、禁漏泄宮中事。	前月に中京に行幸し、「謁祖廟（謁廟儀）」を実施した後に祭祀を実施。
道宗	30	清寧4	一〇五八	11月丙戌	巻21	十一月癸酉、行再生及柴冊禮、宴羣臣於八方陂。庚辰、御清風殿受大冊禮。大赦。以吳王仁先為南京兵馬副元帥、徙封隋王。壬午、謁太祖及諸帝宮。丙戌、**祠木葉山**。禁造玉器。	**皇帝即位に伴い**、再生及柴冊禮、大冊禮、謁太祖及諸帝宮（謁陵儀）を実施した後、祭祀を実施。
	31	咸雍6	一〇七〇	9月	巻68	獵于木葉山。	※祭祀を実施したかどうかは不明。
	32	咸雍10	一〇七四	9月癸亥	巻23	九月庚戌、幸東京、謁二儀、五鸞殿。癸亥、**祠木葉山**。	「幸東京、謁二儀、五鸞殿」の後に祭祀を実施。

	33	大康6	一〇八〇	閏9月壬寅	巻24	秋七月戊辰、觀市。癸未、為皇孫梁王延禧設旗鼓拽剌六人衛護之。甲申、獵沙嶺。閏九月壬寅、**祠木葉山**。己酉、駐蹕藕絲淀。	
	34	大安7	一〇九一	11月甲子	巻25	冬十月辛巳、命燕國王延禧為天下兵馬大元帥、總北南院樞密使事。十一月庚子、如藕絲淀。甲子、**望祀木葉山**。	「望祠」の形式で実施。
	35	壽隆元	一〇九五	9月甲寅	巻26	九月甲寅、**祠木葉山**。丙辰、詔西京砲人、弩人教西北路漢軍。	
	36	壽隆6	一一〇〇	9月癸未	巻26	九月癸未、**望祠木葉山**。戊子、駐蹕藕絲淀。	「望祠」の形式で実施。
天祚	37	乾統6	一一〇六	11月甲辰	巻27	十一月乙未、以謝家奴為南院大王、馬奴為奚六部大王。丙申、行柴冊禮。戊戌、大赦。以和魯斡為義和仁聖皇太叔、越國王淳進封魏國王、封皇子敖盧斡為晉王、習泥烈為饒樂郡王。己亥、謁太祖廟。甲辰、**祠木葉山**。	**皇帝即位に伴い**、再生及柴冊禮、謁太祖廟（謁廟儀）を実施した後、祭祀を実施。
	38	乾統9	一一一〇	10月癸酉	巻27	冬十月癸酉、**望祠木葉山**。丁丑、詔免今年租稅。	「望祠」の形式で実施。

取される傾向・特徴としては、左記の点がある。

一、興宗期以降は回数が減っている。

二、聖宗期末頃より、「望祠」の形式が多くなっている。恐らく、皇帝が木葉山を直接訪れずに、上京などから遥拝する形で実施したものとみられる。

三、「祭山儀」の前後一月程度の期間に、他の祭祀や儀礼が実施されている例が二四例程度ある。また、景宗期以降では、基本的に皇帝即位の際の儀式などとセットで実施されている（興宗期を除く）。

このようにみると、「祭山儀」は契丹国中葉以降においては、皇帝の即位儀礼と基本的にセットで実施されていくようになるものの、[26] 興宗期以降では特に実施回数が減少している上に、皇帝が木葉山に直接赴かない「望祠」形式での実施も多くなる。このことは、何らかの事由により「祭山儀」の重要性が相対的に低下していたことを示していると考えて差し支えないであろう。

このような「祭山儀」の重要性の低下の原因に関しては、直接的にその様相を伝える史料がなく不明であるが、ひとつには聖宗期以降の外交儀礼分野の増加に伴う儀礼数全体の増大があり、また興宗・道宗などの皇帝個人による仏教への深い帰依という事情などが、それらの原因になった可能性はあると推測する。

また、「祭山儀」以外の契丹固有の祭祀・儀礼も、「祭山儀」と同様に途絶こそしなかったものの、結果的には契丹国後半期に到って中華的儀礼が祭祀・儀礼の中で主流を占めるような事態となったことで、同様に存在感が薄れた可能性が高い。

三　契丹国の遺跡に見える方位観

前節では、主として祭祀・儀礼に関する史料から、契丹国における習俗・祭祀・儀礼等の様相の歴史的変化や、方位観に関する手掛かりを求めてみたが、本節では現地に残る契丹国時代の遺跡の様相から、当時の方位観に関する手掛りを探ってみたい。

現存する契丹国時代の遺跡に関しては、顕著な事例は概ね都城（城郭都市）・陵墓・寺院仏塔の三種類に集約できる。このうち、仏教については基本的に独自の方位観があり、これらの寺院仏塔もそれに則った造営がなされているので、契丹固有の様相が表出しにくい性質の遺跡であることを予め付言しておきたい。以下、遺跡の種別ごとにその様相を概観していく。

（1）都城

契丹国では、前述のように五京と呼ばれる拠点的な都市を中心に、各地の統治を担った州県城と呼ばれる都市、さらには皇帝陵の維持管理を目的とした奉領邑とよばれる都市や辺境地域の防衛を目的とした辺防城という都市など、いくつかのカテゴリーの都市群からなる都市制度が確立された。これらは、唐朝や渤海国の制度に倣ったものではあるが、それまで唐朝などの支配が及んでいなかった草原地域においても建設され、結果としてこれらは契丹国滅亡後も金朝やモンゴル帝国に継承されて利用されている。

これらの都市の多くは、中華世界における州県城と同様に方形を呈し、東西南北の方位を意識した造営をしている傾向にあるが、各地域の地形的要因もあって、必ずしも正確な方位に則っていないものも存在する。また、形状も方形ではあっても、均整な方形ではない事例がいくつかある。

この五京とは、契丹族興起の地にあり首都であった上京臨潢府、外交使節の主たる迎接の場であり後半期の事実上の首都となった中京大定府、そして東京遼陽府、南京析津府、西京大同府を指している。このうち、後者の三都市については、現在の市街地と重なる部分があり、詳細な規模や様相については不明である。よって、まずは前者の二都市について、その様相を見てみたい。

上京臨潢府　契丹国成立期からの首都である。契丹族の本拠地の中央に位置しており、現在の内蒙古自治区赤峰市巴林左旗林東鎮に所在する。基本的には、次の図2に示すように、皇城・漢城のふたつの区画からなる。皇城は東西・南北とも約一・七五キロの規模であり、西壁とその両端が斜めに折れ込む形状を呈している。城壁の総延長は約六・四キロで、一番残りの良い西壁中央付近では、高さは約一三メートルを測る（図3）。東・北・西の各門が現存し（図4）、南側は河に侵食されたためか、城壁の残り具合が悪く門の存在は確認できないが、史料では存在していたと記す[27]。また、漢城については城壁の遺存状況が悪く、詳細は不明である。

上京臨潢府遺跡については、二〇世紀中に簡単な発掘調査が実施されており、さらに地表面でいくつかの基壇状遺構が視認できることから、これらを踏まえて前掲の『遼史』巻三七・地理志一・上京道・上京臨潢府条の記事に見える官衙や寺院等を各遺構に比定する研究も提示された[28]。また、詳細な航空写真も撮影されているが、二一世紀以降に比較的まとまった面積で発掘調査が行われた結果、契丹国時代の遺構面は、西壁付近の標高の高い部分などを除いて、概ね現地表下約三メートル前後の深さにあり、その上にさらに金朝・元朝時代の面が複数存在することが判明している。これにより、皇城中央付近の部分で現状視認される東西方向に長い基壇状の遺構は、契丹国時代のものではない可能性が出てきている。(29)

さて、この上京臨潢府については東方が正面ではないかとする見方が有力視されている。(30)

図3　上京臨潢府城壁の断面

図4　上京臨潢府西壁と西門

図5　上京臨潢府西壁中央付近の遺構

図2　上京臨潢府の平面プラン
(註28文献より引用)

その根拠としては、西壁中央付近近くに標高の高い部分があり、ここに殿院型の基壇状遺構をはじめとする密集した遺構群が視認される点（図5）や、西壁の両端が折れ込むような形状になっていて、西壁を中心に見ると南北が対称の均等な形である点、そして前節でも概観したような契丹族社会において観察される、東向きを正方向とする固有の習俗などがあげられる。

なお、この部分も近年の発掘調査の結果、三座が連なる八角形の仏塔址で、東面していたことが判明した。[31] このほかにも、ボーリング調査により地中には内郭の城壁址と思しき遺構が確認されたとする見解もある。[32]

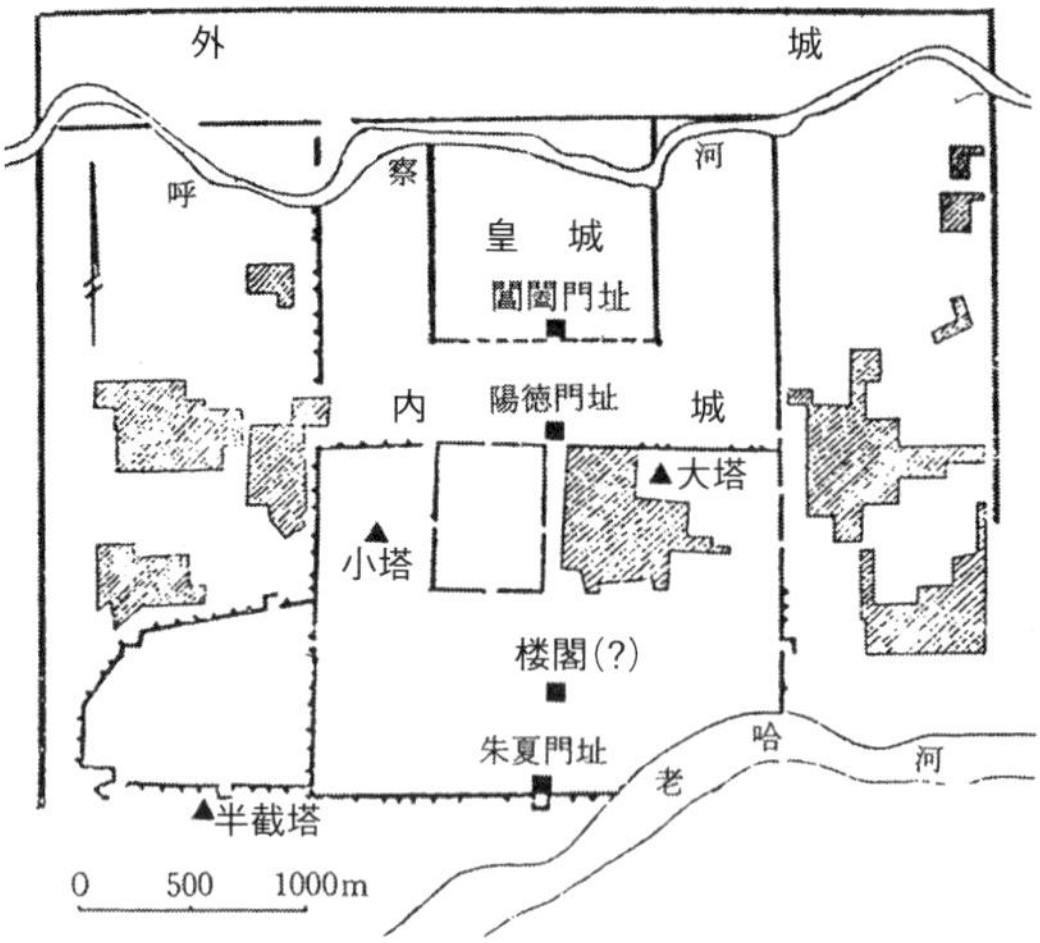

図6　中京大定府の平面プラン（註30高橋論文より引用）

このように、契丹国成立時に造営されて首都として機能した上京臨潢府に関していえば、都城の正方位は東向きであると考えるのが妥当と考える。

中京大定府　『遼史』巻一四・聖宗本紀五によると、契丹国成立後約一〇〇年が過ぎた統和二五年（一〇〇七）に、

（統和）二十五年春正月、中京を建つ。[33]

との記事が見え、この時に中京大定府は供用を開始したものと推測される。その三年前の統和二二年（一〇〇四）には、澶淵の盟約が成立したことは既に述べたとおりである。その後、中京は宋側の使節を迎えた際の主たる外交の場として活用され、また契丹国の後半期以降は皇帝の出御が上京よりも多くなり、まさに事実上の首都として機能した。[34]

この中京は、現在の内蒙古自治区赤峰市寧城県大明鎮に

図７　中京大定府の南門(朱夏門)

図８　中京大定府の城壁

所在する。現時点で様々な復原案が提示されているが、遼中京発掘委員会の復原案に従うと図６の通りであり、その形状は唐朝の長安城のように宮城が北面中央に位置していて南方を正方向とする都城であったことが一目瞭然である(35)。

規模は、東西約四・二キロ、南北約三・五キロであり、中央付近には大塔と呼ばれる高さ八六メートルの八角形の仏塔があり、また城の南西隅には丘陵状の高まりがあって、上部には方形に配置された礎石群が見つかっており、寺院址であったと想定されている。

中京における発掘調査事例は極めて少なく、またこの都城は明代頃まで活用されており、現存する城壁の中には明代に修復もしくは造営された可能性があるものも含まれているので、そのプランの詳細な復原については慎重に吟味する必要はあるが、前述した基本構造や規模については概ね問題はないとみられている。つまり、この中京は唐朝の長安城のように、いわゆる北闕型都城であったことが明確であり、当然にして宮城内部にあった宮殿なども南面する構造になっていたものと推定されるであろう。

州県城　契丹国時代に各地に造営された州県城に関しては、現時点で残存している事例を見る限りでは、明確に東向きと看做しうる事例はない。ただし、大半の州県城址は未発掘でもあり、今後の調査の進展次第では異なった様相が把握される可能性はある。

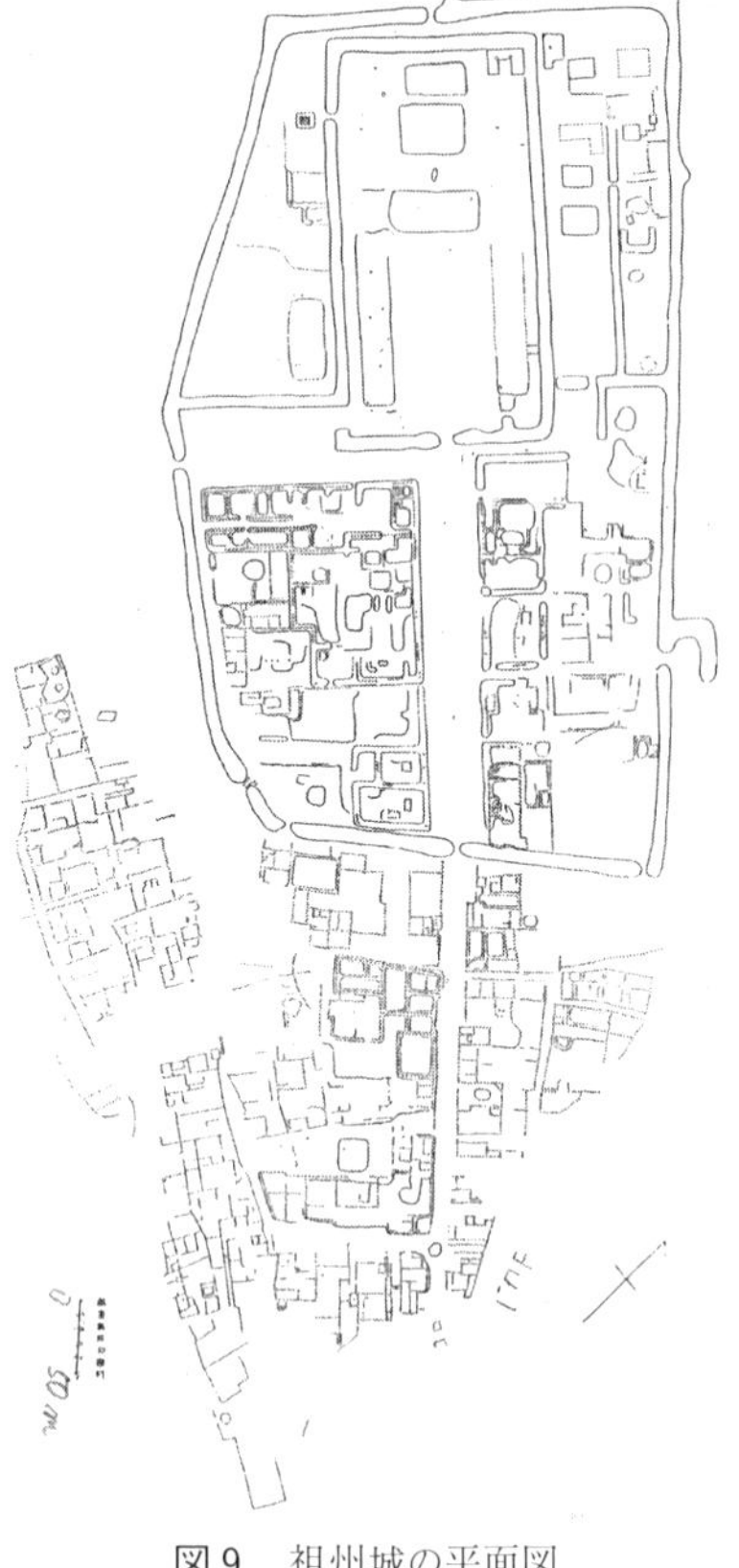

図９　祖州城の平面図
（註36島田報告書より引用）

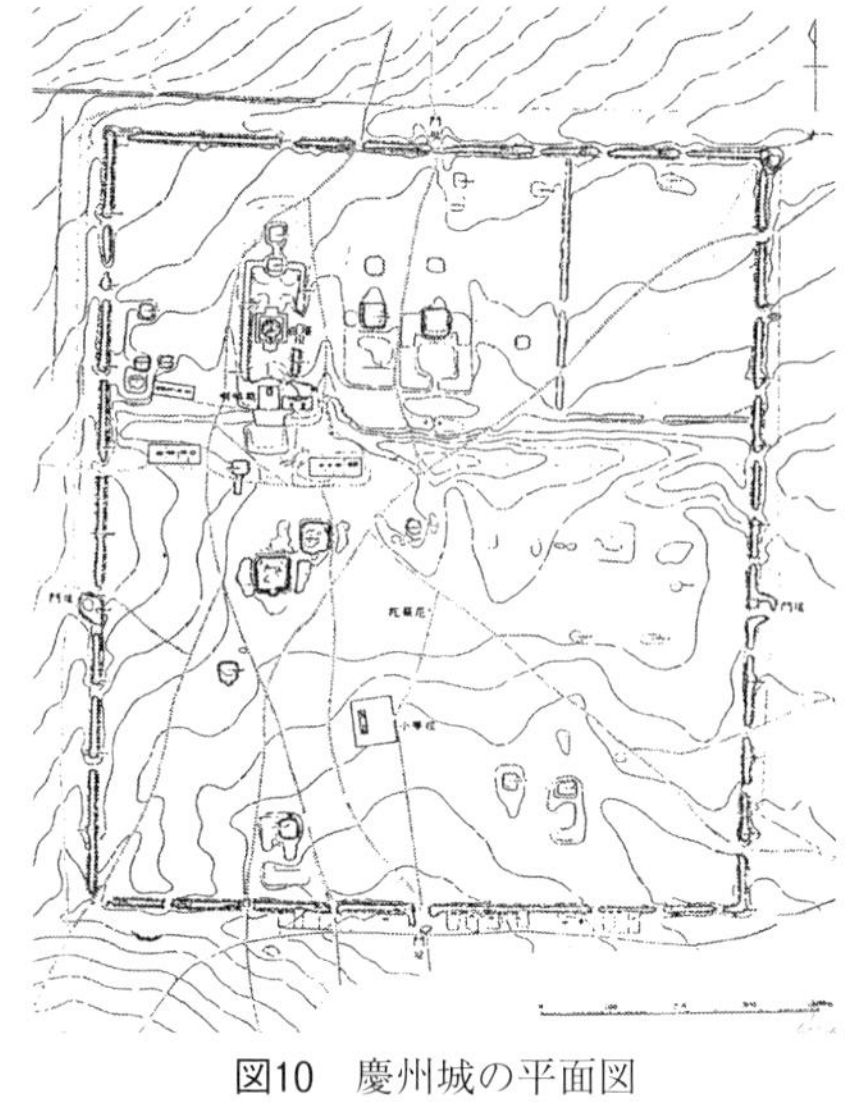

図10　慶州城の平面図
（註37文献より引用）

奉陵邑　契丹国の皇帝陵は、祖陵（太祖陵）・懐陵（太宗・穆宗陵）・顕陵（世宗陵）・乾陵（景宗陵）・慶陵（聖宗・興宗・道宗陵）である。これらの皇帝陵の維持管理などを目的として、祖州城・懐州城・顕州城・乾州城・慶州城がそれぞれ造営されている。

このうち、懐州城・顕州城・乾州城については遺構の残存状況が良好ではなく、詳細が不明であるが、最初に造営された祖州城と最後に造営された慶州城は極めて残存状況がよく、その様相をよくうかがい知ることができる。

祖州城は、現在の内蒙古自治区赤峰市巴林左旗に所在し、上京の西南西約二三キロに位置する。戦前に、日本人により調査されており[36]、これによると形状は方形ではなく南壁が中央付近で屈曲する形となっている（図9）。長辺は約〇・六キロ、短辺は約〇・三八キロで、内部の遺構の様相から西北中央には内郭と思しき区画があり、さらにそこから中央を貫く道路状遺構と東南東方向に開く門址が視認できる。このように、城郭の機軸線は東南東を向いている。一見して狭隘な地形に造営されているため、方位が振れているのは地形に制約された結果と見る向きもあるが、現地で踏査した結果では、北側の部分は谷の一部を大量の土砂で埋め立ててまで造営していることが判明している。よって、この方位はある程度意識して造営された可能性がある。

また、慶州城も同様に日本人による調査がなされており[37]、これによるとほぼ均質な方形を呈しており、方位も四方に極めて則った様相である（図10）。東西約〇・九五キロ、南北約一・一キロの規模であり、内部はいくつかの区画に分けられている。北西の区画の中央には高さ約七三メートルの八角形の仏塔があり、これが著名な慶州白塔である。

奉陵邑は、その性質から皇帝陵の造営とともに設置されるため、造営の年代が把握されており、祖州城は太祖薨去に伴い天顕二年（九二七）に設置され、慶州城は聖宗薨去に伴い景福元年（一〇三一）に設置されている。慶州城は均整で方位も正方位にかなり合致する様相であるのに対して、祖州城は形状も均整ではなく、方位の振れも著しい。このことは初期の城郭造営における方位観を示している。

（2）陵墓

契丹国における陵墓制度は、皇帝と皇后が葬られる皇帝陵、そして皇族や外戚であった国舅族、その他の部族

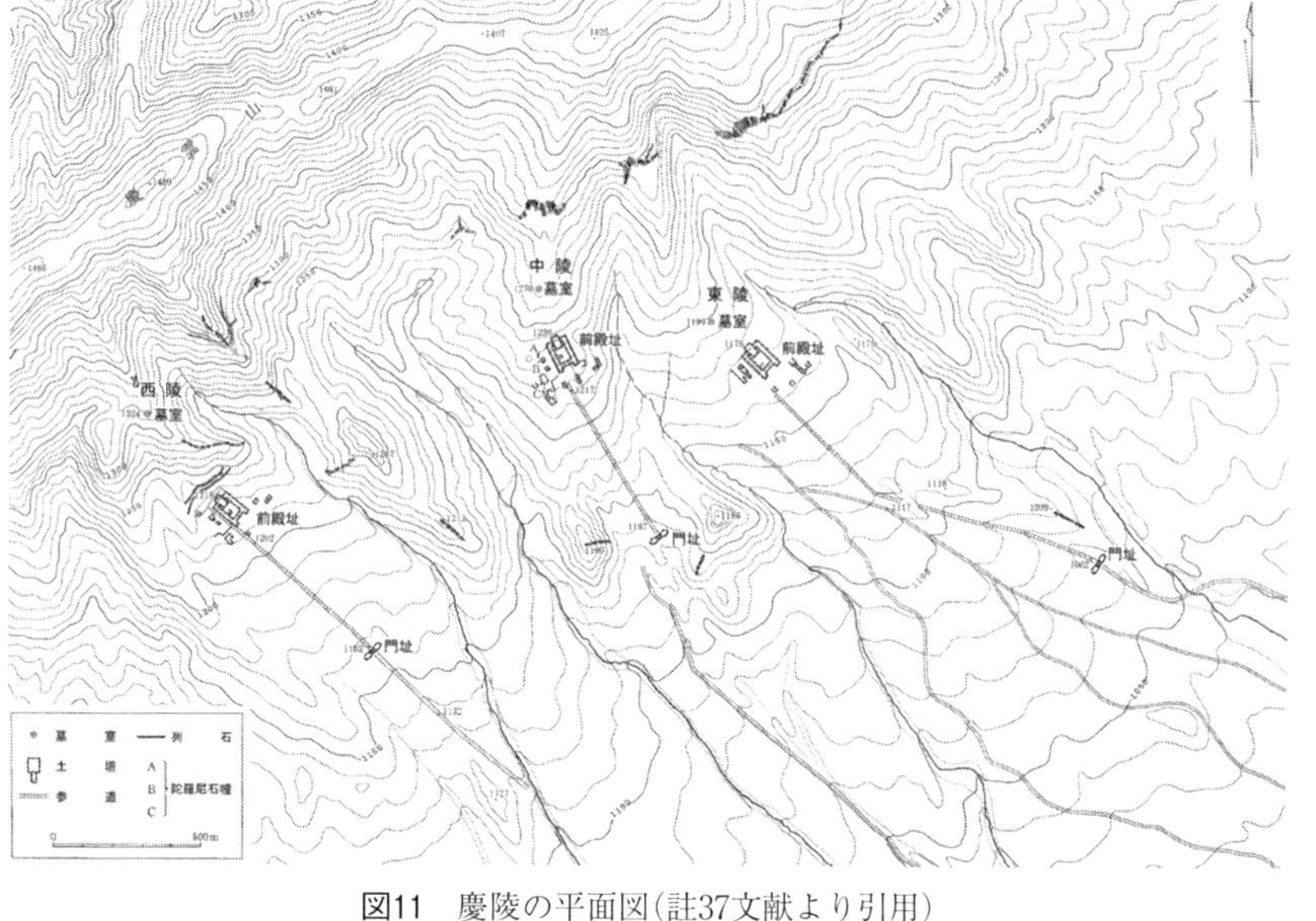

図11　慶陵の平面図(註37文献より引用)

の支配者層などのいわゆる貴族層が葬られる貴族墓があるが、いずれとも中華的な地下式墓を造営して葬られている。この地下式墓については、その基本構造は中華のそれとは大差はない。また、貴族墓の場合は家族単位で墓域を形成している例がいくつか見受けられる。この点については、当時の血統意識や所領と深い関係があるのではないかと思われる。

ただし、陵墓の方位については特徴的な傾向が見受けられる。これについては、既に別稿にて考察したことがあるので[38]、ここでそれらを詳論することは避けるとして、結論的には契丹国で造営された皇帝陵・貴族墓ともに、主としてほとんどの事例は東と南の間の方角に向かって開く谷地形の斜面地に構築されている。従って、こうした地形に構築された陵墓は、たいていの場合東南方向に墓門が開く事例となる傾向にある。これは同様の構造の陵墓を造営していながら、基本的に南方に墓門が開口する唐朝の陵墓と異なる点である。

なお、こうした様相は宋代に慶陵を訪れたことがある人物の記録にも見えており[39]、さらに慶陵の場合では東南方向に開口する墓門に併せて祭祀に用いる前殿が構築されていることも調査により判明している（図11）。当然にして、皇帝陵の向きに合わせて前殿も設置されるため、結果的にはこうした祭祀の方位にも規制を与えることになっているという点で、例えば前節で『遼史』礼志に見えた「謁陵儀」などにおける儀礼の方位を規制することにはなろう。

四　総括的考察

以上、史料と遺跡・遺構の双方の様相を通じて、契丹国の習俗や祭祀・儀礼に関する歴史的変遷を探り、併せて方位観についても観察してきた。

『遼史』などの史料を見る限り、契丹国における固有の習俗による祭祀は基本的には東向きの方位観に則って行われていたことは確実であろう。ただし、礼志を分析すると、契丹国後半期頃の内容と見られる諸々の祭祀・儀礼の大半を、唐や宋などの中華王朝の制度を倣い採用したとみられるものや、中華的要素を含むものが占めていることも判明した。

もちろん、「祭山儀」などに代表される契丹固有の祭祀は、契丹国末年まで実施されていることは確認できたが、その回数は興宗期以降の後期ではかなり減り、しかも皇帝自身が直接祭祀の場である木葉山に赴かずに行う「望祠」という形式での実施も急増している。こうしたことから、儀礼全体における「祭山儀」の相対的な重要度は実質的に低下していたとみられ、国家の諸儀式における契丹固有の文化・習俗的要素の衰退現象のひとつとして理解せざるを得ないであろう。

また、礼志に見える祭祀・儀礼の場の方位に関しても、東西に基軸がある場での開催と看做しうる事例はそれなりに存在するものの、南北に基軸がある場での開催事例の方が数的に凌駕している。

さて、ここで想定しうる東西を基軸とする政治空間はどこであったのかという点が問題となるが、それは前節でも概観した都城の様相からすると、やはり東向きに造営されていたとみられる上京臨潢府の宮殿等の政治空間ではなかったかと推測される。他方で、南北を基軸とする政治空間はどこかというと、それは恐らく南向きに造営されている中京大定府の宮殿等の政治空間であったのであろう。

このように分析すると、契丹国の祭祀・儀礼は本来契丹固有のもので行われていたところに、その後様々な政治的契機や諸制度整備により中華由来のものが順次採用・整備・拡充されていったと考えるのが自然である。またこのことは祭祀・儀礼を執り行う場が、契丹固有の習俗に伴う方位観に則った初期の都城（上京）から、いわゆる北闕型と呼ばれる中華的都城（中京）への段階的な推移が行われたという史実とも概ね合致するものである。

特に契丹国の後半期に入り、興宗期以降ではいくつかの変化が把握されたが、これらと関連性があるとみられる記事としては、『遼史』巻一八・興宗本紀一・重熙五年（一〇三六）条に、

夏四月（中略）丁卯、新定の條制を頒す[40]。

と見え、続いて『遼史』巻一九・興宗本紀二・重熙一二年（一〇四三）条には、

五月（中略）乙未、詔して復た禮制を定む[41]。

とあり、またさらに、『遼史』巻二〇・興宗本紀三・重熙二〇年（一〇五一）条には、

九月、詔して更めて條制を定む[42]。

とも見える。それにしてもこれほどに「禮制」を含む「條制」の修定・更改を数度にわたって実施した時期は、契丹国時代を通じて見当たらないであろう。この中で、重熙一二年九月の記事に見える「禮制」の制定が、恐らく『遼史』礼志に記されている祭祀・儀礼の内容の骨格になっているのではないかと推測する。

まとめにかえて——日本との比較——

契丹国においては、たしかに郊祀が行われていた記事は見当たらないが、礼志に記された祭祀・儀礼の様相は、時代が下るにつれて中華的色彩が濃くなってきている点は否めない。しかしながら、官制やその他諸制度、文化などの様相を概観すると、この点だけを以て軽々に純然たる中華王朝と看做しうると結論付けることは困難である。それでも、かつて島田が唱えたような論理により、契丹国を北アジア的「胡族国家」と位置づけることについても、同様に困難である。かかる歴史的事象とは、中華的か否かという視点だけでは理解できないものである。(43)

ところで、こうしたことは契丹国のみならず、中華世界の周縁において、特に唐朝の影響を受けてその制度等の導入・採用を経験した国家・王権においても見られるのではないだろうか。例えば、日本においても飛鳥時代以前の構築物である古墳や居館・建物等には、比較的限られた地域圏での特徴的な傾向等は別としても、日本列島の中の古墳文化が及んだ文化圏全体において共通する方位観は特段認めにくい。

しかしながら、飛鳥時代以降では東西南北の方位を意識した建物が出現し、仏教の導入により寺院も概ね方位を意識して建立されている。その後に造営された都城や地方官衙等も同様であって、これらの方位観は唐や朝鮮半島よりもたらされた制度・文化等に由来するものである。ある歴史的契機を境として、日本列島各地に方位を意識した官衙が各地に出現していく様相は、まさに契丹国において統治拠点たる方形の城郭都市が草原内の各地に造営・出現していくさまと類似している。政治上の礼制や制度の導入・採用に伴って、異なる方位観への転換と定着といった事象が発生し、それが統治地域各地に順次敷衍されていく様相が看取できるという点において、共通性が見出せるであろう。

そうした点では、東部ユーラシア地域の歴史的展開の中で唐朝が果たした役割はまことに大きいと、本稿でもまた改めて言わねばならない。唐朝の支配者層の多くは遊牧文化に慣れ親しんだいわゆる「武川鎮集団」から系出していることもあってか、その外交政策や統治制度は中華世界の伝統を継承しつつも対外的に開放性があり、この唐朝でいったん完成した中華制度・文化を、さらに周縁の地域に敷衍させる役割を果たした。またこの時期において日本や朝鮮半島、ベトナムなど、唐朝の文化・諸制度を受け入れて政権内部の整備を行った王権・国家は多くあり、今日の漢字文化圏の祖形は概ねこの時期に形作られたと言えよう。

かかる時期において、これらの地域では伝統的・地域的方位観から中華的な方位観への転換が進められていく様々な過程が看取される。その様相はもちろん一通りではないものの、その中に共通した状況や類似点が存在することは事実であり、比較史の立場から見れば、その後の東アジア理解の上で重要な示唆が含まれていると考える。

（1）松井等「契丹人の信仰」（『満鮮地理歴史研究報告』七、一九二〇年）、島田正郎『遼代社会史研究』（三和書房、一九五二年。のち、巌南堂書店より復刊、一九七八年）、同『遼制之研究』（中澤印刷　一九五四年。のち汲古書院より復刊、一九七三年）、同『遼朝史の研究』（創文社　一九七九年）、朱子方「論遼代柴冊礼」（『社会科学輯刊』総第三六期、一九八五年）、張国慶「遼代契丹人祭木葉山考探」（『遼寧大学学報』総第一一四期、一九九二年）、宋軍「契丹柴冊制度考」（『北京教育学院学報』第二一巻第二期、二〇〇二年）、呂富華・楊福瑞「契丹祭山礼儀考論」（『北方文物』二〇一四年第三期、二〇一四年）などがある。

（2）『遼史』巻四五・百官志一・北面諸帳官条「遼俗東嚮而尚左、御帳東嚮、遙輦九帳南嚮、皇族三父帳北嚮。東西為經、南北為緯、故謂御營為横帳云。」

（3）『遼史』巻一一六・國語解・禮志条「祭東　國俗、凡祭皆東向、故曰祭東。」

（4）『遼史』巻三七・地理志一・上京道・上京臨潢府条「宋大中祥符九年、薛映記曰上京者、中京正北八十里至松山館、七十里至崇信館、九十里至廣寧館、五十里至姚家寨館、五十里至咸寧館、三十里度潢水石橋、旁有饒州、唐於契丹嘗置饒樂州、今渤海人居之。五十里保和館、度黒水河、七十里宣化館、五十里長泰館。館西二十里有佛舍・民居、即祖州。

又四十里至臨潢府。自過崇信館乃契丹舊境、其南奚地也。入西門、門曰金德、內有臨潢館。子城東門曰順陽。北行至景福門、又至承天門、內有昭德・宣政二殿與氊廬、皆東向。臨潢西北二百餘里號涼淀、在饅頭山南、避暑之處。多豐草、掘地丈餘即有堅冰。」

（5）ここでいう「都斤山」とは、突厥にとって極めて重要な根拠地であるウチュケン山を指している。

（6）『周書』巻四二・突厥伝「可汗恆處於都斤山、牙帳東開、蓋敬日之所出也。」また同様の記事が、『新唐書』巻二一五上「突厥伝上」に「可汗建廷都斤山、牙門樹金狼頭纛、坐常東嚮。」とも見える。

ちなみに、突厥の方位観については、護雅夫「sïčï と四至」『古代トルコ民族史研究 Ⅰ』一九六七がある。

（7）ハラ・バルガス城に関しては、ロシアのラドロフの調査がある。W.Radloff〔B.B.Радлов〕, *Arbeiten der Orchon Expedition: Atlas der Altertumer der Mongolei* (St.Petersburg, 1892)。なお、彼の測量図および近年の遺跡踏査の結果については、林俊雄・森安孝夫「カラ・バルガスン宮城と都城址」（森安・オチル編『モンゴル国現存遺蹟碑文調査研究報告』中央ユーラシア学会、一九九九年）を参照されたい。

（8）楊寛著、西嶋定生監訳、尾形勇・高木智見共訳『中国都城の起源と発展』（学生社、一九八七年）。

（9）ミャンマーの古代城郭都市に関しては、辰已眞知子「ミャンマーの都城遺跡」（『立命館地理学』一二、二〇〇〇年）を参照。

（10）表1の作成にあたり、特に註(1)島田著書『遼制之研究』・『遼朝史の研究』を参考としたが、一部には従い難い内容もあったため、最終的には筆者の判断による内容とした箇所がある。

（11）澶淵の盟以降の外交関係に関する研究については、毛利英介「澶淵の盟の歴史的背景――雲中の会盟から澶淵の盟へ――」（『史林』八九―三、二〇〇六年）、同「澶淵の盟について――盟約から見る契丹と北宋の関係――」（『アジア遊学』一六〇、二〇一三年）、同「冊封する皇帝と冊封される皇帝――契丹（遼）皇帝と北漢皇帝の事例から――」（『関西大学東西学術研究所紀要』四六、二〇一三年）、および古松崇志「契丹・宋間の澶淵体制における国境」（『史林』九〇―一、二〇〇七年）、同「十～十二世紀における契丹の興亡とユーラシア東方の国際情勢」（『アジア遊学』一六〇、二〇一三年）、同「契丹・宋間の國信使と儀禮」（『東洋史研究』七三―二、二〇一四年）がある。

（12）註(1)島田著書『遼制之研究』参照。

(13) 遼代科挙の開始は、聖宗の統和六年（九八八）のことであり、『遼史』巻一二・聖宗本紀三・統和六年条には「是歳、詔開貢舉、放高舉一人及第。」と見える。

(14) 島田正郎「契丹の祭祀――祭山儀と柴冊儀――」（『民族学研究』一五―二、一九四九年、のち註1島田著書『遼朝史の研究』所収）。

(15) 島田正郎「契丹の再生礼」（『和田清先生還暦記念東洋史論叢』一九五一年。のち註1島田著書『遼朝史の研究』所収）。

(16) 註(1)島田著書『遼制之研究』参照。

(17) 註(1)島田著書『遼制之研究』参照。

(18) 島田正郎『遼の社会と文化』（弘文堂アテネ文庫、一九五六年。のち前掲註1島田著書『遼朝史の研究』所収）。

(19) 金子修一『中国古代皇帝祭祀の研究』（岩波書店　二〇〇六年）、佐川英治「西郊から円丘へ――『文館詞林』後魏孝文帝祭円丘大赦詔に見る孝文帝の祭天儀礼――」（『中国古代都城の設計と思想――円丘祭祀の歴史的展開――』（勉誠出版、二〇一六年）。金子は、唐代の皇帝祭祀は時代の経過とともにいわゆる「有司摂事」すなわち臣下による皇帝祭祀の代行が主流となる傾向は認めつつも、皇帝祭祀の重要性に時代的変化はなかったと論じる。他方で、佐川はかつて護雅夫が論じた北魏の西郊祭天と遊牧国家の祭祀の共通点（護雅夫「突厥の信仰」『古代トルコ民族史研究Ⅱ』山川出版社、一九九二年所収）に注目しつつ、孝文帝が行った円丘祭祀は「脱魂型シャマニズム」であった可能性を指摘し、唐朝における南郊の廃止は天の定義と関係があり、「鄭玄の説を借りて中国化した遊牧世界の天が、北朝隋唐の歴史を通じてかえって枢要を占めるようになり、ついに鄭玄説の外衣を必要としなくなったことを示すのであろう」と結論している。これに従うと、中華王朝の皇帝祭祀の本質や在り方は一様でなく、ただ郊祀の存在という外形的な事実のみを根拠として、中華王朝か否かという議論の根拠とすることはもはや困難であろう。

(20) 『遼史』巻四九・禮志一・序文「遙輦胡剌可汗制祭山儀、蘇可汗制瑟瑟儀、阻午可汗制柴冊・再生儀。其情朴、其用儉。敬天恤災、施惠本孝、出於悃忱、殆有得於膠瑟聚訟之表者。太古之上、椎輪五禮、何以異茲。太宗克晉、稍用漢禮。」

(21) 『遼史』巻四九・禮志一・吉儀条「祭山儀、設天神・地祇位于木葉山、東鄉、中立君樹、前植羣樹、以像朝班、又偶植二樹、以為神門。皇帝・皇后至、夷離畢具禮儀。牲用赭白馬・玄牛・赤白羊、皆牡。僕臣曰旗鼓拽剌、殺牲、體割、懸之君樹。太巫以酒酹牲。禮官曰敵烈麻都、奏「儀辦」。皇帝服金文金冠、白綾袍、絳帶、懸魚、三山絳垂、飾犀玉刀錯、絡縫烏靴。皇后御絳帓、絡縫紅袍、懸玉佩、雙結帕、絡縫烏靴。皇帝・皇后御鞍馬。羣臣在南、命婦在北、服從各部旗幟之色以從。皇帝・皇后至君樹前下馬、升南壇御榻坐。羣臣・命婦分班、以次入就位、合班、拜訖、復位。皇帝・皇后詣天神・地祇位、致奠、閤門使讀祝訖、復位坐。北府宰相及惕隱以次致奠于君樹、徧及羣樹。樂作。羣臣・命婦退。皇帝率孟父、仲父・季父之族、三匝神門樹、餘族七匝。皇帝・皇后再拜、在位者皆再拜。上香、再拜如初。皇帝・皇后升壇、御龍文方茵坐。再聲警、詣祭東所、羣臣、命婦從、班列如初。巫衣白衣、惕隱以素巾拜而冠之。巫三致辭。每致辭、皇帝・皇后一拜、在位者皆一拜。皇帝・皇后各舉酒二爵、肉二器、再奠。大臣・命婦右持酒、左持肉各一器、少後立、一奠。命惕隱東向擲之。皇帝・皇后六拜、在位者皆六拜。皇帝・皇后復位、坐。命中丞奉茶果、餅餌各二器、奠于天神・地祇位。執事郎君二十人持福酒・胙肉、詣皇帝・皇后前。太巫奠酹訖、皇帝・皇后再拜、在位者皆再拜。皇帝・皇后一拜、飲福、受胙、復位、坐。在位者以次飲。皇帝・皇后率羣臣復班位、再拜。聲蹕、一拜。退。太宗幸幽州大悲閣、遷白衣觀音像、建廟木葉山、尊為家神。於拜山儀過樹之後、增「詣菩薩堂儀」一節、然後拜神、非胡剌可汗之故也。興宗先有事于菩薩堂及木葉山遼河神、然後行拜山儀、冠服、節文多所變更、後因以為常。神主樹木、懸牲告辦、班位奠祝、致嘏飲福、往往暗合于禮。天理人情、放諸四海而準、信矣夫。興宗更制、不能正以經術、無以大過於昔、故不載。」

(22)『遼史』巻一一六・國語解・景宗聖宗紀条「拜山禮。祀木葉山之儀。」

(23)『遼史』巻一一六・國語解・太祖紀条「西樓。遼有四樓、在上京者曰西樓、木葉山曰南樓、龍化州曰東樓、唐州曰北樓。歳時遊獵、常在四樓間。」

(24)『遼史』巻三七・地理志一・上京道・永州条「永州、永昌軍、觀察。承天皇太后所建。太祖於此置南樓。乾亨三年、置州于皇子韓八墓側。東潢河、南土河、二水合流、故號永州。冬月牙帳多駐此、謂之冬捺鉢。有木葉山、上建契丹始祖廟、奇首可汗在南廟、可敦在北廟、繪塑二聖并八子神像。相傳有神人乘白馬、自馬盂山浮土河而東、有天女駕青牛車由平地松林泛潢河而下。至木葉山、二水合流、相遇為配偶、生八子。其後族屬漸盛、分為八部。每行軍及春秋時祭、必用白馬青牛、示不忘本云。興王寺、有白衣觀音像。太宗援石晉主中國、自潞州回、入幽州、幸大悲閣、指此像曰「我夢神人令送石郎為中國帝、即此也。」因移木葉山、建廟、春秋告賽、尊為家神。興軍必告之、乃合符傳箭於諸部。又有高淀山・柳林淀、亦曰白馬淀。隷彰愍宮。」

(25) 陳永志「遼代木葉山的再考察」(『契丹史若干問題研究』文物出版社、二〇一一年)では、木葉山の場所について再検討を行い、太祖陵である祖陵の正面の山を木葉山とする独自の説を提示する。

(26) 興宗即位直後には、各種の宮廷内闘争や皇位継承をめぐる皇親の叛乱等の事件が相次いだことにより、興宗の即位儀礼は中止もしくは簡素化された可能性はあろう。

(27) 『遼史』巻三七・地理志一・上京道・上京臨潢府条によると、「上京、太祖創業之地。(中略)門、東曰迎春、曰雁兒南曰順陽、曰南福西曰金鳳、曰西雁兒。其北謂之皇城、高三丈、有樓櫓。門、東曰安東、南曰大順、西曰乾德、北曰拱辰。中有大內。內南門曰承天、有樓閣東門曰東華、西曰西華。此通內出入之所。」とあり、南門の存在が記されている。

(28) 內蒙古文物考古研究所(張郁)「遼上京址勘査報告」(『內蒙古文物考古文集』一、一九九四年)、張郁「遼上京址勘査瑣議」(『內蒙古文物考古文集』二、一九九七年)。

(29) 以前、筆者は拙稿「契丹国(遼朝)における宮都の基礎的考察」(『条里制・古代都市研究』二一、二〇〇五年)にて、現地踏査の所見などを基に、註(28)張郁論文に関する再検討を行ったことがあるが、この際の内容も、その後の発掘調査による所見にて再検討を迫られる仕儀となっている点をここで付言しておく。

(30) 高橋学而「遼南京(燕京)析津府の平面プラン」(『古文化談叢』三七、古文化談話会、一九九七年)、ならびに註(29)拙稿。

(31) 董新林・陳永志・汪盈・蕭淮雁・岳夥明・馬東旗・左利軍「內蒙古巴林左旗遼上京皇城西山坡佛寺遺址考古獲重大発現」(『考古』二〇一三—一、二〇一三年)。

(32) 汪盈・董新林・陳永志・左利軍・蕭淮雁・李春雷「內蒙古巴林左旗遼上京宮城城墻二〇一四年発掘簡報」(『考古』二〇一五—一二、二〇一五年)、董新林・陳永志・汪盈・左利軍・蕭淮雁・李春雷「考古発掘首次確認遼上京宮城形制和規模」(『中国文物報』二〇一五年一月三〇日号、二〇一五年)。

(33) 『遼史』巻一四・聖宗本紀五・統和二五年条「二十五年春正月、建中京。」

(34) 註(29)拙稿。なお、中京の造営については、現在残る遺跡の規模等からすると、数年間の工期では到底困難であろうと観ている。

(35) 註(30)高橋論文。

(36) 島田正郎『祖州城——東蒙古モンチョックアゴラに存する一遼代古城址の考古學的歴史學的發掘調査報告——』(中澤印刷、一九五六年。のち註1島田著書『遼代社会史研究』所収)。このほか、近年では島田の調査図面の誤りを指摘したものとして、中尾幸一・町田吉隆「島田正郎氏作成祖州城址地形図の検証——衛星画像を用いて——」(『神戸市立工業高等専門学校研究紀要』五二、二〇一四年)があり、祖州城の門に接続する道の架橋遺構に関しては、高橋学而「遼祖州故城城外の遺跡——外城正門外の橋址について——」(『遼金西夏研究の現在』三、二〇一〇年)がある。

(37) 田村實造・小林行雄『慶陵——東モンゴリアにおける遼代帝王陵とその壁画に関する調査報告——』Ⅰ・Ⅱ(京都大学文学部、一九五二~一九五三年)。

(38) 拙稿「契丹国(遼朝)の皇帝陵および皇族・貴族墓の占地に関する一考察」(『真宗総合研究所研究紀要』三一、二〇一二年)。

(39) 宋・沈括の『夢渓筆談』巻二四には「契丹墳墓皆在山之東南麓」とあり、往時に慶陵を訪れた際の様相について記したものである。

(40) 『遼史』巻一八・興宗本紀一・重熙五年条「夏四月(中略)丁卯、頒新定條制。」

(41) 『遼史』巻一九・興宗本紀二・重熙一二年条「五月辛卯(中略)乙未、詔復定禮制。」

(42) 『遼史』巻二〇・興宗本紀三・重熙二〇年条「九月、詔更定條制。」

(43) 拙稿「契丹国の成立と中華文化圏の拡大」(『北東アジアの歴史と文化』北海道大学出版会、二〇一〇年)において、近年の研究成果を踏まえて、契丹国に関する従来研究の課題について論及したことがある。

あとがき──「時空」論集に向けて──

あれはもう五年も前、二〇一二年の夏のことであった。清華大学の劉暁峰さんを外国人研究員として受け入れる相談をしていた過程で、京都大学の吉川真司さんが、「自分も共同研究会を主宰してみたい」と言い出したのである。

もはや忘れられかけていることであるが、国際日本文化研究センター（日文研）はその創立当時、各歴史学会から激しいバッシングを受け、「非難声明」を相次いで出された。詳しくは「鼎談「日文研問題」をめぐって」（『日本研究』第五五号掲載、二〇一七年）をご覧いただきたい。「各歴史学会」の中心の一つが日本史研究会で、吉川さんもその若手メンバーであったことを思うとき、時代の変遷には感慨深いものがある。

また、日文研の側でも、それまでオーソドックスな文献歴史学者とは縁が薄く、国史学科出身の文献史学専任教員は、村井康彦・今谷明両氏を除いては在籍したことがなかった。特に東大の国史学科出身者は誰も日文研専任教員になっていなかったのはもちろん、共同研究員となったのも、管見の限りでは武光誠氏のみであった。

私は日文研に就職して以来、このような状況を、日文研の教員としても歴史学界の一員としても、憂慮しており、何とかして日文研と歴史学界との交流（和解）を促進しなければと念願していた。たまたまその当時、研究調整主幹（研究・国際担当）の任にあったので、余計に大束なことを考えていたのであろう。

ここで吉川さんの主宰する共同研究会を立ち上げ、京大・東大国史（日本史）学科の教員や出身者に参加していただくことで、この状況を打開する第一歩にできるのではないかと考えたのである。吉川さんのリストアップした関西中心の研究者に加え、東大の大津透さんとその関連の研究者を加えることで、歴史学界の中堅から若手に至る中心的な研究者を揃えることができた。これは日文研にとっても、歴史学界にとっても、大きな一歩となったはずである。吉川さんと大津さんが、日文研の共同研究会に席を並べるなんて、想像しただけでもわくわくしたものである。なお、東大のもう一人の古代史教員である佐藤信さんは、すでに私の主宰する「日記の総合的研究」に、二〇一〇年から参加されていた。

ところがその年は、「共同研究を主宰する客員教員」への応募が多く、共同研究委員会での選考は、かなり難航した。受け入れ教員の推薦演説では、「吉川さんは研究が卓越しているのみならず、人格も素晴らしい希有な存在である」と語り、その後の投票で、第一位となった吉川さんとその共同研究会が選ばれたのである。

というわけで二〇一三年にスタートした「時空」班であったが、始まってみると、そのような思惑とは関係なく、ただただ面白い研究会となった（特に二〇一四年三月に行なった長崎県対馬市での所外研究会）。久々に学問に対する純粋な情熱が湧き上がってきたような気がしたものである。これはすべてのメンバーにとっても同様であったものと思う。やはり吉川さんが設定したテーマと、二人で選んだメンバーの卓越性によるものであろう。日文研もこれに多少なりとも寄与できたとなると、いささか誇らしい。

ただ、一年間の共同研究で成果出版を行なうのは、なかなかに至難の業であった。種々の事情によって、この論集の刊行が遅れてしまったことは、編者の一人として、ここにお詫びする次第である。しかしできあがってみると、さすがにこのメンバーが書いた論集であり、そのレベルは、やはり自慢するに値するものであったと、いささか自負している。

二〇一七年四月一七日

倉本一宏

「日本的時空観の形成」共同研究会開催一覧

■準備回

〈二〇一三年三月一七日〉

吉川真司「〈日本的時空観の形成〉の射程」

■第一回研究会

〈二〇一三年六月一五日〉

西本昌弘「日出処の元日朝賀と銅烏幢」

武田和哉「東アジア地域とその周縁・日本における都城の方位と占地について」

〈二〇一三年六月一六日〉

上川通夫「中世的時空観の成立」

荒木　浩「言語のプライバシーと物語の三国構想」

堀井佳代子「遣唐使の出発時の儀礼について」

■第二回研究会

〈二〇一三年八月一七日〉

宇野隆夫「時空間情報科学からみた日本的時空観」

大津　透「日本古代のオオヤケ構造」

〈二〇一三年八月一八日〉

本庄総子「税帳と税帳使の年度サイクル」

武井紀子「古代日本の農事慣行と地域社会」

吉川真司「天寿国繡帳の時空」

徳永誓子「絵巻物にみる時間表現―「融通念仏縁起」を素材に―」

■第三回研究会

〈二〇一三年一〇月一九日〉

河上麻由子「梁職貢図とその世界観―研究状況の紹介と今後の課題―」

井上直樹「「高句麗勢力圏」と東アジア世界」

〈二〇一三年一〇月二〇日〉

下垣仁志「日本古代「国家形成期」の時空観」

今津勝紀「美作国の成立―古代における空間認識の復原的研究（に向けて）―」

横内裕人「日本中世仏教の世界観―法隆寺蔵『五天竺図』を手がかりに―」

■第四回研究会

〈二〇一三年一二月一四日〉

倉本一宏「摂関期古記録の時間軸について―特に『御堂関

白記』の執筆日時について―」
門井直哉「古代日本の方位観と国土観」
〈二〇一三年一二月一五日〉
細井浩志「古代の時刻制度について」
佐藤早紀子「「天下」観と天下触穢」
畑中彩子「親王にとっての過去・未来―『吏部王記』重明親王を例に―」
神戸航介「熟国・亡国概念と摂関期の地方支配」

■第五回研究会
〈二〇一四年一月一五日〉
劉　暁峰「比較文化視野の『本朝月令』研究」
林部　均「律令国家と畿内産土師器―土器からみた国家の空間認識とその変遷―」
〈二〇一四年一月一六日〉
上島　享「日本中世における〈冥界〉観―顕界と冥界―」
榎本　渉「遣明使を守る神々」
古松崇志「一〇〜一二世紀ユーラシア東方における天下観」

■第六回研究会（於・対馬）
〈二〇一四年三月二一日〉
横内裕人「豆酘多久頭魂神社の中世史料」（多久頭魂神社にて）
対馬南部の古代〜中世遺跡（天道法師塔ほか）の見学
井上亘「亀卜の時空―神話と儀式の現在―」
〈二〇一四年三月二二日〉
坂上康俊「金田城跡調査研究の成果と課題」（金田城跡にて）
金田城跡、対馬北部の古代〜中世遺跡（黒瀬観音堂ほか）の見学
〈二〇一四年三月二三日〉（対馬歴史民俗資料館にて）
亀卜関係資料、対外関係史料の検討
細井浩志「対馬の亀卜資料」

執筆者紹介（収録順）

吉 川 真 司（よしかわ　しんじ）
1960年生．京都大学大学院文学研究科博士後期課程研究指導認定退学．京都大学大学院文学研究科教授．
『律令官僚制の研究』（塙書房，1998年），『天皇の歴史02　聖武天皇と仏都平城京』（講談社，2011年），『シリーズ日本古代史③　飛鳥の都』（岩波新書，2011年）．

倉 本 一 宏（くらもと　かずひろ）
1958年生．東京大学大学院人文科学研究科博士課程単位修得退学．博士（文学，東京大学）．国際日本文化センター教授・総合研究大学院大学教授．
『日本古代国家成立期の政権構造』（吉川弘文館，1997年），『摂関政治と王朝貴族』（吉川弘文館，2000年），『蘇我氏』（中央公論新社，2015年），『戦争の日本古代史』（講談社，2017年）．

宇 野 隆 夫（うの　たかお）
1950年生．京都大学大学院文学研究科博士後期課程単位取得退学．帝塚山大学文学部教授．
『荘園の考古学』（青木書店，2001年），『実践 考古学GIS』（編，NTT出版，2006年），『ユーラシア古代都市・集落の歴史空間を読む』（編，勉誠出版，2010年）．

下 垣 仁 志（しもがき　ひとし）
1975年生．京都大学大学院文学研究科博士後期課程修了．京都大学大学院文学研究科准教授．
『古墳時代の王権構造』（吉川弘文館，2011年），『考古学的思考の歴史』（翻訳，同成社，2015年），『日本列島出土鏡集成』（同成社，2016年）．

門 井 直 哉（かどい　なおや）
1971年生．京都大学大学院文学研究科博士後期課程修了．福井大学教育学部教授．
「敦賀周辺の古代交通路と地域認識」（鈴木靖民・荒井秀規編『古代東アジアの道路と交通』勉誠出版，2011年），「古代日本における畿内の変容過程――四至畿内から四国畿内へ――」（『歴史地理学』54-5，2012年），「文学にみる七・八世紀の交通――『万葉集』『日本霊異記』より――」（舘野和己・出田和久編『日本古代の交通・交流・情報 2 旅と交易』吉川弘文館，2016年）．

林 部　均（はやしべ　ひとし）
1960年生．関西大学文学部卒業．国立歴史民俗博物館研究部考古研究系教授．
『古代宮都形成過程の研究』（青木書店，2001年），『飛鳥の宮と藤原京』（吉川弘文館，2008年）．

西本昌弘（にしもと　まさひろ）
1955年生．大阪大学大学院文学研究科博士課程修了．関西大学文学部教授．
『日本古代の王宮と儀礼』（塙書房，2008年），『日本史リブレット人　桓武天皇』（山川出版社，2013年），『飛鳥・藤原と古代王権』（同成社，2014年）．

今津勝紀（いまづ　かつのり）
1963年生．京都大学大学院文学研究科博士後期課程退学．岡山大学大学院社会文化科学研究科教授．
『日本古代の税制と社会』（塙書房，2012年），「日本古代地域史研究の新視点——空間分析と生態学的アプローチ——」（『歴史評論』786，2015年）．

大津　透（おおつ　とおる）
1960年生．東京大学大学院人文科学研究科博士課程中退．東京大学大学院人文社会系研究科教授．
『律令国家支配構造の研究』（岩波書店，1993年），『日本古代史を学ぶ』（岩波書店，2009年），『律令制とはなにか』（山川出版社，2013年）．

武井紀子（たけい　のりこ）
1981年生．東京大学大学院人文社会系研究科博士課程修了．弘前大学人文社会科学部准教授．
「古代日本における贓贖物の特徴」（『東方学』第125輯，2013年），「律令財政と貢納制」（岩波講座『日本歴史』第３巻古代３，岩波書店，2014年），「古代における倉庫出納業務の実態」（『国立歴史民俗博物館研究報告』第194集，2015年）．

細井浩志（ほそい　ひろし）
1963年生．九州大学大学院文学研究科博士後期課程単位取得退学．博士（文学，九州大学）．活水女子大学文学部教授．
『古代の天文異変と史書』（吉川弘文館，2007年），『古代壱岐島の世界』（編著，高志書院，2012年），『日本史を学ぶための〈古代の暦〉入門』（吉川弘文館，2014年）．

井上　亘（いのうえ　わたる）
1967年生．学習院大学人文科学研究科博士後期課程修了．常葉大学教育学部教授．
『虚偽的「日本」』（中国社会科学文献出版社，2012年），『偽りの日本古代史』（同成社，2014年），『古代官僚制と遣唐使の時代』（同成社，2016年）．

畑中彩子（はたなか　あやこ）
1973年生．学習院大学大学院人文科学研究科史学専攻博士後期課程修了．東海大学文学部歴史学科日本史専攻専任講師．
「労の基礎的考察——八世紀における用法と実態——」（笹山晴生編『日本律令制の構造』吉川弘文館，2003年），「長登銅山遺跡出土の銅付札木簡に関する一試論」（『木簡研究』25号，2003年），「長屋王家の「竹」——タケ進上木簡から考える古代のタケの用途——」（『古代文化』第65巻第４号，2014年）．

倉 本 一 宏（くらもと　かずひろ）→別掲

荒 木 　浩（あらき　ひろし）
1959年生．京都大学大学院文学研究科博士後期課程中退．京都大学博士（文学）．国際日本文化研究センター教授・総合研究大学院大学教授．
『徒然草への途――中世びとの心とことば』（勉誠出版，2016年），『かくして『源氏物語』が誕生する――物語が流動する現場にどう立ち会うか――』（笠間書院，2014年），川端善明・荒木浩校注『新日本古典文学大系41　古事談　続古事談』（岩波書店，2005年）．

横 内 裕 人（よこうち　ひろと）
1969年生．京都大学大学院文学研究科博士後期課程所定単位修得後退学．博士（文学，京都大学）．京都府立大学文学部教授．
『日本中世の仏教と東アジア』（塙書房，2008年）．

徳 永 誓 子（とくなが　せいこ）
1971年生．総合研究大学院大学文化科学研究科国際日本研究専攻博士後期課程修了．岡山大学大学院社会文化科学研究科准教授．
「後鳥羽院怨霊と後嵯峨皇統」（『日本史研究』512，2005年），「「庶民の出産図」の陥穽――「融通念仏縁起」をめぐって」（『比較日本文化研究』15，2012年），「修験道の成立」（『修験道史研究入門』岩田書院，2015年）．

劉 　暁 峰（りゅう　ぎょうほう）
1962年生．京都大学大学院文学研究科博士後期課程修了．中国，清華大学歴史系教授．
『東アジアの時間』（中華書局，2007年），『日本人の顔』（中央翻訳出版社，2007年），『端午』（三聯書店，2010年）．

井 上 直 樹（いのうえ　なおき）
1972年生．早稲田大学大学院文学研究科博士後期課程退学．京都府立大学文学部准教授．
『帝国日本と〈満鮮史〉――大陸政策と朝鮮・満州認識――』（塙書房，2013年），「六世紀末から七世紀半ばの東アジア情勢と高句麗の対倭外交」（『朝鮮学報』221，2011年），「『日本書紀』からみた５世紀後半～６世紀初の百済――文周王から東城王までの王統系譜の再検討を中心に――」（『全南地域馬韓諸国の社会性格と百済』学研文化社（韓国），2014年）．

河 上 麻由子（かわかみ　まゆこ）
1980年生．九州大学大学院人文科学府博士後期課程単位修得退学．奈良女子大学大学院人間文化研究科准教授．
『古代アジア世界の対外交渉と仏教』（山川出版社，2011年），「ベトナムバクニン省出土仁寿舎利塔銘、及びその石函について」（『東方学報』88，2013年12月），「『職貢図』とその世界観」（『東洋史研究』74-1，2015年６月）．

榎本　涉（えのもと　わたる）

1974年生．東京大学大学院人文社会系研究科博士課程単位修得退学．博士（文学，東京大学）．国際日本文化研究センター准教授・総合研究大学院大学准教授．

『東アジア海域と日中交流――九～一四世紀――』（吉川弘文館，2007年），『僧侶と海商たちの東シナ海』（講談社選書メチエ，2010年），『南宋・元代日中渡航僧伝記集成　附　江戸時代における僧伝集積過程の研究』（勉誠出版，2013年）．

武田和哉（たけだ　かずや）

1965年生．立命館大学大学院文学研究科博士前期課程修了．大谷大学文学部人文情報学科准教授．

『草原の王朝・契丹国（遼朝）の遺跡と文物』（主編，勉誠出版，2006年），「平城京――都城の発展――」（吉村武彦・川尻秋生・山路直充編『都城――古代日本のシンボリズム――』青木書店，2007年），「東アジア世界からみた平城京」（『季刊考古学』112，雄山閣，2010年）．

日本的時空観の形成

2017(平成29)年5月26日発行

編　者　吉川真司・倉本一宏

発行者　田中　大

発行所　株式会社　思文閣出版

〒605-0089 京都市東山区元町355

電話 075-533-6860(代表)

装　幀　井上二三夫

印　刷
製　本　亜細亜印刷株式会社

 ISBN978-4-7842-1892-9　C3021